Hau

Die Prüfung der Bürokaufleute

www.kiehl.de

Prüfungsbücher für kaufmännische Ausbildungsberufe

Die Prüfung der Bürokaufleute

8., aktualisierte Auflage

Von Diplom-Handelslehrer Studiendirektor Werner Hau

kiehl

Zur Herstellung dieses Buches wurde chlor- und säurefrei gefertigtes Recyclingpapier, zur Umschlagkaschierung eine Folie verwendet, die bei der Entsorgung keine Schadstoffe entstehen lässt. Mit diesem Weg wollen wir einen Beitrag zum Schutz unserer Umwelt leisten.

ISBN: 978-3-470-**45528**-0 · 8., aktualisierte Auflage 2009

Druck: Präzis-Druck GmbH, Karlsruhe – wa

Vorwort

Das vorliegende Buch ist für angehende Bürokaufleute geschrieben. Es ist nunmehr aktualisiert in der 8. Auflage erschienen.

Aus lernpsychologischen Gründen sind Aufgaben- und Lösungsteil voneinander getrennt.

Bei der Aufgabenstellung wurde Wert auf Realitätsnähe gelegt. Fächerübergreifende bzw. lerngebietsübergreifende Inhalte sind in die einzelnen Aufgaben integriert, der Aufgabenkatalog ist durch handlungsorientierte Fälle erweitert worden.

Die Auswahl des Stoffes erfolgte in enger Anlehnung an die Ausbildungsordnung für den Ausbildungsberuf für die Berufsausbildung zum Bürokaufmann/zur Bürokauffrau.

In Anlehnung an den schriftlichen Teil der Abschlussprüfung ist das Buch in folgende Fächer gegliedert: Bürowirtschaft, Rechnungswesen, Wirtschafts- und Sozialkunde.

Der Inhalt der Fächer ist auf die Begrifflichkeit des von der Kultusministerkonferenz beschlossenen Rahmenlehrplans abgestellt, sodass die Auszubildenden das Buch vom ersten Tag ihrer Berufsausbildung an unterrichtsbegleitend benutzten können. Die in der Abschlussprüfung abverlangten Inhalte des Fachs Bürowirtschaft entsprechen denen der Speziellen Wirtschaftslehre im Lehrplan.

Das Buch ist als Repetitorium gedacht. Es kann dem Leser in mehrfacher Hinsicht Hilfestellung geben:

- Zur Übung und Wiederholung bestimmter Themenkreise einzelner Lehrgänge bzw. Unterrichtsfächer vor Klassenarbeiten oder innerbetrieblichen Tests findet der Leser zu allen Gebieten Übungsaufgaben und Fälle.
- Zur Vorbereitung auf die durch das Berufsbildungsgesetz und die Verordnung über die Berufsausbildung vorgeschriebene Zwischenprüfung kann er die bis zum Prüfungstermin behandelten Lerninhalte, nach Fachgebieten geordnet, wiederholen.
- Zur Vorbereitung auf die Abschlussprüfung am Ende der Ausbildung ermöglicht das Buch dem Prüfling eine systematische Gesamtwiederholung und Übung in allen Prüfungsfächern, da es den gesamten Prüfungsstoff abdeckt.
- Darüber hinaus kann der Bürokaufmann/die Bürokauffrau das Buch auch als Nachschlagewerk – als eine Art Handbuch – benutzen, auf das er/sie in Zweifelsfällen zurückgreifen kann.

Das Buch ist kein Lehrbuch, sondern ein Lernbuch. Die verbalen Textfragen und zugehörigen Antworten sind so gestaltet, dass sich der Leser die Lerninhalte selbstständig aneignen kann. Den unterschiedlichen Prüfungstechniken in den einzelnen Bundesländern wird dadurch Rechnung getragen, dass im Anschluss an die Inhalte der drei schriftlichen Prüfungsfächer jeweils zusätzlich Multiple-choice Aufgaben angefügt sind. Der Lösungsteil auf den blauen Seiten des Buches ermöglicht eine gezielte Lernerfolgskontrolle.

Im Anhang finden Sie zusätzlich eine Musterprüfung mit Zeitrichtwerten und entsprechenden Punktvorgaben, anhand derer Sie sich unter „echten Prüfungsbedingungen“ selbst testen können. Die Bewertung des Testergebnisses kann mithilfe des in Kapitel 1 abgedruckten Punkteschlüssels erfolgen.

Autor und Verlagsredaktion haben sich bemüht, den komplizierten Stoff in klarer und übersichtlicher Form darzustellen. Das detaillierte Inhaltsverzeichnis und das am Ende des Buches angefügte umfangreiche Stichwortverzeichnis erleichtern das Nachschlagen in diesem Buch.

Nach intensivem Durcharbeiten dieses Repetitoriums können die Auszubildenden der Prüfung sicher mit viel mehr Gelassenheit entgegensehen.

Sofern Sie noch mehr über den Verfasser dieser Publikation, seine Arbeit und Hobbys in Erfahrung bringen wollen, so können Sie ihn auf seiner Homepage im Internet besuchen: www.hau-werner.de.

Mainz, im Frühjahr 2009

Werner Hau

Inhaltsverzeichnis

Abkürzungsverzeichnis

AG	Aktiengesellschaft
AGB	Allgemeine Geschäftsbedingungen
ADSp	Allgemeine Deutsche Spediteur-Bedingungen
AktG	Aktiengesetz
AO	Abgabenordnung
ArbSchG	Arbeitsschutzgesetz
ArbZG	Arbeitszeitgesetz
AWV	Außenwirtschaftsverordnung
BAB	Betriebsabrechnungsbogen
BBG	Beitragsbemessungsgrenze
BBiG	Berufsbildungsgesetz
BEEG	Bundeselterngeld- und Elternzeitgesetz
BetrVG	Betriebsverfassungsgesetz
BGB	Bürgerliches Gesetzbuch
BildscharbV	Bildschirmarbeitsverordnung
BUrlG	Bundesurlaubsgesetz
bzw.	beziehungsweise
COM	Computer Output on Microfilm
CPU	Central Processing Unit
dB	Dezibel
d.h.	das heißt
DOS	Disk Operating System
EAN	Europäische Artikel-Numerierung
EDV	Elektronische Datenverarbeitung
EStG	Einkommensteuergesetz
EWR	Europäischer Währungsraum
FGkZ	Fertigungsgemeinkostenzuschläge
GB	Gigabyte
GebrMG	Gebrauchsmustergesetz
GefStoffV	Gefahrstoffverordnung
GenG	Genossenschaftsgesetz
GG	Grundgesetz
GmbH	Gesellschaft mit beschränkter Haftung
GmbHG	Gesetz betreffend die Gesellschaft mit beschränkter Haftung
GVG	Gerichtsverfassungsgesetz
GWB	Gesetz gegen Wettbewerbsbeschränkungen
HGB	Handelsgesetzbuch
i. Allg.	im Allgemeinen
i.d.R.	in der Regel
i.e.S.	im engeren Sinn
inkl.	inklusive (= einschließlich)
InsO	Insolvenzordnung
i.S.d.	im Sinne des/der
ISDN	Integrated Services Digital Network
i. S. v.	im Sinne von
i. w. S.	im weiteren Sinne
JArbSchG	Jugendarbeitsschutzgesetz
KG	Kommanditgesellschaft
KGaA	Kommanditgesellschaft auf Aktien
KSchG	Kündigungsschutzgesetz
KStG	Körperschaftsteuergesetz
LasthandhabV	Lastenhandhabungsverordnung
MarkenG	Markengesetz
MGkZ	Materialgemeinkostenzuschläge
MitbestG	Mitbestimmungsgesetz
MuSchG	Mutterschutzgesetz
NachwG	Nachweisgesetz
OHG	Offene Handelsgesellschaft
PartGG	Partnerschaftsgesellschaftsgesetz
p.a.	per anno (= jährlich)
POS	Point of Sales
PR	Public Relations
PrAngVO	Preisangabeverordnung
ProdHaftG	Produkthaftungsgesetz
RVO	Reichsversicherungsordnung
ScheckG	Scheckgesetz
SGB	Sozialgesetzbuch
sog.	so genannte(r, s)
SprAnG	Sprecherausschussgesetz
TVG	Tarifvertragsgesetz
TzBfG	Teilzeit- und Befristungsgesetz
u. a.	unter anderem
UPS	United Parcel Service
UStDVO	Umsatzsteuerdurchführungsverordnung
UStG	Umsatzsteuergesetz
UStR	Umsatzsteuerrichtlinien
u.U.	unter Umständen
UWG	Gesetz gegen den unlauteren Wettbewerb
VtGkZ	Vertriebsgemeinkostenzuschläge
VVaG	Versicherungsverein auf Gegenseitigkeit
VwGkZ	Verwaltungsgemeinkostenzuschläge
WE	Wareneinkauf
WV	Warenverkauf
www	world wide web
ZPO	Zivilprozessordnung

1. Einführung

1.1 Das Ausbildungsverhältnis

Für die Ausbildung zum Bürokaufmann/zur Bürokauffrau gelten die Bestimmungen des Berufsbildungsgesetzes (BBiG), das am 1. September 1969 in Kraft getreten ist. Die Zuständigkeit für das Ausbildungswesen liegt nach dessen Vorschriften bei den zuständigen Stellen, wie den Industrie- und Handelskammern und den Handwerkskammern.

Der Berufsausbildungsvertrag, der zwischen dem Ausbildenden und dem Auszubildenden geschlossen wird und spätestens vor Beginn des Ausbildungsverhältnisses schriftlich niederzulegen ist, muss mindestens folgende Angaben enthalten:

- Art, sachliche und zeitliche Gliederung sowie Ziel der Berufsausbildung, insbesondere die Berufstätigkeit, für die ausgebildet werden soll,
- Beginn und Dauer der Berufsausbildung,
- Ausbildungsmaßnahmen außerhalb der Ausbildungsstätte,
- Dauer der regelmäßigen täglichen Ausbildungszeit,
- Dauer der Probezeit,
- Zahlung und Höhe der Vergütung,
- Dauer des Urlaubs,
- Voraussetzungen, unter denen der Berufsausbildungsvertrag gekündigt werden kann.

Der Berufsausbildungsvertrag ist in das von der zuständigen Kammer geführte Verzeichnis der Berufsausbildungsverhältnisse einzutragen. Es liegt in der Natur eines Ausbildungsverhältnisses, dass beide Vertragspartner Verpflichtungen übernehmen:

- der Ausbildende (der Betrieb) hat dafür zu sorgen, dass dem/der Auszubildenden Fertigkeiten und Kenntnisse vermittelt werden, die zum Erreichen des Ausbildungszieles nach der Ausbildungsordnung erforderlich sind,

- der/die Auszubildende muss sich bemühen, solche Fertigkeiten und Kenntnisse zu erwerben.

Der **Ausbildende** verpflichtet sich ferner,

- die Berufsausbildung nach einem Ausbildungsplan so durchzuführen, dass das Ausbildungsziel in der vorgesehenen Ausbildungszeit erreicht werden kann,

- selbst auszubilden oder einen persönlich und fachlich geeigneten Ausbilder damit zu beauftragen und diesen dem Auszubildenden bekannt zu geben,

- dem Auszubildenden die Ausbildungsmittel kostenlos zur Verfügung zu stellen, die zur Berufsausbildung und zum Ablegen von Prüfungen, auch soweit solche nach Beendigung des Berufsausbildungsverhältnisses stattfinden, erforderlich sind,

- den Auszubildenden in der Berufsschule anzumelden und ihn zum regelmäßigen und pünktlichen Schulbesuch anzuhalten und freizustellen,

- dem Auszubildenden vor Ausbildungsbeginn den Ausbildungsnachweis kostenlos auszuhändigen, ihm Gelegenheit zu geben, diesen Nachweis während der Ausbildungszeit zu führen sowie die ordnungsgemäße Führung durch regelmäßige Abzeichnung zu überwachen,

- dafür zu sorgen, dass der Auszubildende charakterlich gefördert sowie sittlich und körperlich nicht gefährdet wird,
- von dem jungen Auszubildenden sich Bescheinigungen darüber vorlegen zu lassen, dass dieser vor der Aufnahme der Ausbildung und vor Ablauf des ersten Ausbildungsjahres nachuntersucht worden ist (§§ 32, 33 Jugendarbeitsschutzgesetz),
- den Auszubildenden über die einschlägigen gesetzlichen Vorschriften zu unterrichten,

  den Berufsausbildungsvertrag unverzüglich nach dessen Abschluss der Kammer zur Eintragung in das Verzeichnis der Berufsausbildungsverhältnisse einzureichen und die in diesem Zusammenhang anfallenden Kosten zu übernehmen,
- der Kammer alle während der Ausbildungsdauer eintretenden Änderungen des Berufsausbildungsvertrages und eine vorzeitige Beendigung des Berufsausbildungsverhältnisses unverzüglich schriftlich mitzuteilen,
- den Auszubildenden zur Ablegung der Prüfung anzuhalten, ihn rechtzeitig zur Prüfung anzumelden, ihn für die Teilnahme an den Prüfungen freizustellen und die Kosten für die Prüfung zu übernehmen. Das Gleiche gilt für Ausbildungsmaßnahmen, die außerhalb der Ausbildungsstätte durchgeführt werden, soweit der Ausbildende die Teilnahme verlangt,
- dem Auszubildenden nur solche Verrichtungen zu übertragen, die dem Ausbildungszweck dienen und seinen körperlichen Kräften angemessen sind.

Der **Auszubildende** verpflichtet sich insbesondere,

- die ihm im Rahmen seiner Berufsausbildung übertragenen Verrichtungen und Aufgaben sorgfältig auszuführen,
- an den Ausbildungsmaßnahmen teilzunehmen, für die er freigestellt wird, so insbesondere die Berufsschule zu besuchen,
- den Weisungen zu folgen, die ihm im Rahmen der Berufsausbildung vom Ausbildenden, vom Ausbilder oder von anderen weisungsberechtigten Personen erteilt werden,
- den Ausbildungsnachweis ordnungsgemäß zu führen und regelmäßig vorzulegen,
- die für die Ausbildungsstätte geltende Ordnung einschließlich der Unfallverhütungsvorschriften zu beachten,
- Unterlagen, Maschinen und sonstige Einrichtungen pfleglich zu behandeln und nur zu den ihm übertragenen Arbeiten zu verwenden. Alle schriftlichen Anweisungen, Rundschreiben, Tabellen und sonstiges, dem Auszubildenden zur Verfügung gestelltes, Material bleiben Eigentum des Ausbildenden und sind spätestens bei Beendigung des Berufsausbildungsverhältnisses zurückzugeben.

Der **Auszubildende** verpflichtet sich ferner,

- dem Ausbildenden die Berufsschulzeugnisse unverzüglich vorzulegen,
- sich zu den vorgeschriebenen Terminen den Prüfungen zu unterziehen,

- bei Fernbleiben von der betrieblichen Ausbildung, vom Berufsschulunterricht oder von sonstigen Ausbildungseinrichtungen und -veranstaltungen, für die er freigestellt wurde, dem Ausbildenden unter Angabe von Gründen unverzüglich Nachricht zu geben und bei Krankheit spätestens am dritten Tage eine ärztliche Bescheinigung einzureichen,
- so weit auf ihn die Bestimmungen des Jugendarbeitsschutzgesetzes Anwendung finden, sich vor Beginn der Berufsausbildung ärztlich untersuchen sowie vor Ablauf des ersten Ausbildungsjahres nachuntersuchen zu lassen und die Bescheinigung hierüber dem Ausbildenden vorzulegen,
- keine Nebentätigkeiten ohne Genehmigung des Ausbildenden zu übernehmen,
- Zuwendungen, die ihm im Zusammenhang mit dem Berufsausbildungsverhältnis angeboten oder gewährt werden, unverzüglich dem Ausbildenden anzuzeigen,
- sich innerhalb und außerhalb der Ausbildungsstätte anständig und ordentlich zu verhalten.

Das Berufsausbildungsverhältnis kann während der Probezeit (§ 20 BBiG) von jedem Vertragspartner ohne Einhaltung einer Kündigungsfrist und ohne Angabe von Gründen gekündigt werden. Die Kündigung muss schriftlich erfolgen. Nach der Probezeit kann das Berufsausbildungsverhältnis nur gekündigt werden

- aus wichtigem Grund ohne Einhalten einer Kündigungsfrist,
- vom Auszubildenden mit einer Kündigungsfrist von vier Wochen, wenn er die Berufsausbildung aufgeben oder sich für eine andere Berufstätigkeit ausbilden lassen will.

Die Kündigung muss schriftlich unter Angabe der Kündigungsgründe erfolgen. Eine Kündigung aus wichtigem Grund ist unwirksam, wenn die ihr zu Grunde liegenden Tatsachen dem zur Kündigung Berechtigten länger als zwei Wochen bekannt sind. Wird das Berufsausbildungsverhältnis nach der Probezeit fristlos gekündigt, so kann der Ausbildende oder der Auszubildende Ersatz des Schadens verlangen, wenn der andere den Grund für die Auflösung zu vertreten hat (§ 22 BBiG).

Das Berufsausbildungsverhältnis endet mit Bestehen der Abschlussprüfung, wenn der Auszubildende vor Beendigung der vereinbarten Ausbildungsdauer die Abschlussprüfung besteht. Besteht der Auszubildende die Abschlussprüfung nicht, so verlängert sich das Berufsausbildungsverhältnis auf sein Verlangen bis zur nächstmöglichen Wiederholungsprüfung, höchstens aber um ein Jahr (§ 21 BBiG).

Beabsichtigen der Ausbildende und der Auszubildende im Anschluss an das Berufsausbildungsverhältnis eine Weiterbeschäftigung, so sollen sie innerhalb von drei Monaten vor dem voraussichtlichen Ende der Ausbildungsdauer eine arbeitsvertragliche Regelung über Art und Dauer treffen. Wird der Auszubildende im Anschluss an das Berufsausbildungsverhältnis beschäftigt, ohne dass hierüber ausdrücklich etwas vereinbart worden ist, so gilt ein Arbeitsverhältnis auf unbestimmte Zeit als begründet, d. h. es kommt ein Arbeitsvertrag zu Stande (§ 24 BBiG).

1.2 Die Ausbildungsordnung

Am 13.2.1991 trat die Verordnung über die Berufsausbildung zum Bürokaufmann/zur Bürokauffrau in Kraft (BGBl. I S. 436 vom 20.2.1991, S. 425 ff.). In § 3 beschreibt sie das Ausbildungsberufsbild, nach dem mindestens die folgenden Kenntnisse und Fertigkeiten Gegenstand der Ausbildung sein müssen:

1. Der Ausbildungsbetrieb:
   1.1 Stellung des Ausbildungsbetriebes in der Gesamtwirtschaft,
   1.2 Berufsbildung,
   1.3 Arbeitssicherheit, Umweltschutz und rationelle Energieverwendung;
2. Organisation und Leistungen:
   2.1 Leistungserstellung und Leistungsverwertung,
   2.2 Betriebliche Organisation und Funktionszusammenhänge;
3. Bürowirtschaft und Statistik:
   3.1 Organisation des Arbeitsplatzes,
   3.2 Arbeits- und Organisationsmittel,
   3.3 Bürowirtschaftliche Abläufe,
   3.4 Statistik;
4. Informationsverarbeitung:
   4.1 Textverarbeitung,
   4.2 Bürokommunikationstechniken,
   4.3 Datenverarbeitung für kaufmännische Anwendungen;
5. Betriebliches Rechnungswesen:
   5.1 Kaufmännische Steuerung und Kontrolle,
   5.2 Buchführung,
   5.3 Kostenrechnung;
6. Personalwesen:
   6.1 Grundlagen des betrieblichen Personalwesens,
   6.2 Personalverwaltung,
   6.3 Entgeltabrechnung;
7. Büroorganisation;
8. Auftrags- und Rechnungsbearbeitung, Lagerhaltung:
   8.1 Auftrags- und Rechnungsbearbeitung,
   8.2 Lagerhaltung.

Durch eine detaillierte Aufstellung verdeutlicht der Ausbildungsrahmenplan (§ 4) den sachlichen und zeitlichen Ausbildungsverlauf, wobei Richtwerte für die Dauer der Vermittlung von Kenntnissen und Fertigkeiten festgestellt werden.

Die in der Verordnung genannten Fertigkeiten und Kenntnisse sollen so vermittelt werden, dass der/die Auszubildende zur Ausübung einer im Sinne des Berufsbildungsgesetzes qualifizierten beruflichen Tätigkeit befähigt wird, die insbesondere selbstständiges Planen, Durchführen und Kontrollieren einschließt. Diese Befähigung ist auch in den Prüfungen nachzuweisen.

1.3 Die Zwischenprüfung

Der Auszubildende hat an einer Zwischenprüfung teilzunehmen. Sie dient der Ermittlung des Ausbildungsstandes und findet in der Mitte des zweiten Ausbildungsjahres statt (§ 7 Ausbildungsordnung). Die Prüfungsfragen erstrecken sich auf die laut Ausbildungsplan für das erste Ausbildungsjahr vorgesehenen Kenntnisse und Fertigkeiten sowie auf den im Berufsschulunterricht vermittelten Stoff.

Die Zwischenprüfung ist schriftlich anhand praxisbezogener Fälle oder Aufgaben in insgesamt höchstens 180 Minuten in folgenden Fächern durchzuführen:

1. *Bürowirtschaft*
2. *Rechnungswesen*
3. *Wirtschafts- und Sozialkunde.*

Die in der Ausbildungsordnung in Minuten angegebene Prüfungsdauer kann unterschritten werden, soweit die Prüfung in programmierter Form durchgeführt wird.

1.4 Die Abschlussprüfung

Die Abschlussprüfung erstreckt sich auf die im Ausbildungsrahmenplan für die Berufsausbildung zum Bürokaufmann/zur Bürokauffrau aufgeführten Fertigkeiten und Kenntnisse sowie auf den im Berufsschulunterricht vermittelten Lehrstoff, soweit er für die Berufsausbildung wesentlich ist.

1.4.1 Die Prüfungsfächer

Die Prüfung ist schriftlich in den Prüfungsfächern Bürowirtschaft, Rechnungswesen und Wirtschafts- und Sozialkunde und praktisch in den Prüfungsfächern Informationsverarbeitung, Auftragsbearbeitung und Büroorganisation durchzuführen.

In der **schriftlichen Prüfung** soll der Prüfling in den nachstehenden genannten Prüfungsfächern je eine Arbeit anfertigen:

1. Prüfungsfach: Bürowirtschaft

In 60 Minuten soll der Prüfling praxisbezogene Aufgaben und Fälle aus folgenden Gebieten bearbeiten und dabei zeigen, dass er grundlegende Fertigkeiten und Kenntnisse erworben hat:

a) Organisation und Leistungen
b) Bürowirtschaft und Statistik
c) Bürokommunikationstechniken
d) Büroorganisation.

2. Prüfungsfach: Rechnungswesen

In 90 Minuten soll der Prüfling praxisbezogene Aufgaben und Fälle aus den folgenden Gebieten bearbeiten und dabei zeigen, dass er grundlegende Fertigkeiten und Kenntnisse erworben hat:

a) Betriebliches Rechnungswesen,
b) Entgeltabrechnung.

3. Prüfungsfach: Wirtschafts- und Sozialkunde

In 90 Minuten soll der Prüfling praxisbezogene Aufgaben und Fälle aus der Berufs- und Arbeitswelt bearbeiten und dabei zeigen, dass er allgemeine, wirtschaftliche und gesellschaftliche Zusammenhänge der Berufs- und Arbeitswelt darstellen und beurteilen kann.

Die **praktische Prüfung** beinhaltet **zwei Fächer**:

1. Prüfungsfach: Auftragsbearbeitung und Büroorganisation:

Der Prüfling soll eine von zwei ihm zur Wahl gestellten praxisbezogenen Aufgaben mit Arbeits- und Organisationsmitteln bearbeiten. Für die Aufgaben kommen insbesondere die Gebiete Büroorganisation, Auftrags- und Rechnungsbearbeitung sowie Lagerhaltung in Betracht. Die Aufgaben sollen Ausgangspunkt für das folgende Prüfungsgespräch sein. Bearbeitung der Aufgaben und Prüfungsgespräch sollen für den einzelnen Prüfling nicht länger als zusammen 45 Minuten dauern.

2. Prüfungsfach: Informationsverarbeitung:

In 105 Minuten soll der Prüfling drei praxisbezogene Aufgaben, davon eine Aufgabe zur Textverarbeitung, bearbeiten und dabei zeigen, dass er grundlegende Fertigkeiten und Kenntnisse von Bürokommunikationstechniken erworben hat. Für die Aufgaben kommen insbesondere die Gebiete Bürowirtschaft und Statistik, Buchführung und Personalwesen in Betracht.

1.4.2 Die Anmeldung zur Abschlussprüfung

Da die Einstellungen der neuen Auszubildenden im Allgemeinen im Herbst und im Frühjahr erfolgen, führen die Industrie- und Handelskammern (bzw. Handwerkskammern), die für die Durchführung der Abschlussprüfung zuständig sind, im Jahr zwei Prüfungen durch. Die genauen Termine werden in den Berufsschulen und in den Mitteilungsblättern der IHKs rechtzeitig bekannt gegeben. Örtlich zuständig ist die Kammer, in deren Bezirk die Ausbildungsstätte bzw. in besonderen Fällen (Prüfungsordnung der IHK) die Arbeitsstätte des Prüfungsbewerbers liegt. Wenn es auch gewisse örtliche Unterschiede in den Prüfungsbestimmungen gibt, so sollen doch überall die gleichen Unterlagen bei der Anmeldung für die Prüfung eingereicht werden:

- Bescheinigung über die Teilnahme an der vorgeschriebenen Zwischenprüfung,
- das Berichtsheft (Ausbildungsnachweis),
- letztes Zeugnis der zuletzt besuchten Schule (Berufsschule),
- gegebenenfalls weitere Ausbildungs- und Tätigkeitsnachweise,
- Lebenslauf (tabellarisch).

Die Anmeldung zur Prüfung hat schriftlich zu den von der Kammer bestimmten Anmeldefristen auf entsprechenden Formularen durch den Ausbildenden (Betrieb) mit Zustimmung des Auszubildenden zu erfolgen.

In besonderen Fällen kann der Prüfungsbewerber selbst den Antrag auf Zulassung zur Prüfung stellen. Dies gilt insbesondere in Fällen gemäß der Prüfungsordnung der IHK (vorzeitige Zulassung, Nachweis der mindestens doppelt so langen Tätigkeit im entsprechenden Beruf, die für die Ausbildungszeit vorgeschrieben ist, Ausbildung in einer berufsbildenden Schule, wenn diese Ausbildung der Berufsausbildung in einem anerkannten Ausbildungsberuf entspricht). Außerdem kann der Prüfling den Antrag selber stellen, wenn eine Wiederholungsprüfung durchgeführt werden soll und kein Ausbildungsverhältnis mehr besteht.

In diesen besonderen Fällen muss statt der Teilnahmebescheinigung für die Zwischenprüfung und der Vorlage der Ausbildungsnachweise ein Tätigkeitsnachweis oder eine glaubhafte Darlegung über den Erwerb von Kenntnissen und Fähigkeiten beigebracht werden, die die Zulassung zur Prüfung rechtfertigen.

1.4.3 Der Ausbildungsnachweis

Der Ausbildungsnachweis soll sicherstellen, dass der zeitliche und sachliche Ablauf der Ausbildung für alle Beteiligten in möglichst einfacher Form nachweisbar gemacht wird (§ 14 Abs. 4 BBiG). Im Allgemeinen genügen also stichwortartige Angaben. Der Ausbildungsnachweis dient der Systematisierung der Berufsausbildung.

1.4.4 Der Lebenslauf

Während früher sehr viel Wert auf die Anfertigung eines handgeschriebenen Lebenslaufes gelegt wurde, genügt heute eine tabellarische Darstellung, die die wesentlichen Lebensdaten, zeitlich geordnet enthalten soll. Dazu gehören: Geburtsdatum und Geburtsort, Name des gesetzlichen Vertreters, Beruf des gesetzlichen Vertreters, Dauer und Ort der verschiedenen Schulbesuche, Ausbildungszeiten und Betriebe. Unterschrift und Datum sollten auch unter dem tabellarischen Lebenslauf nicht fehlen.

1.4.5 Die Zulassung zur Abschlussprüfung

Laut Prüfungsordnung der IHK ist zur Abschlussprüfung zuzulassen (vgl. § 43 BBiG):

1. wer die Ausbildungszeit zurückgelegt hat oder wessen Ausbildungszeit nicht später als zwei Monate nach dem Prüfungstermin endet,

2. wer an vorgeschriebenen Zwischenprüfungen teilgenommen sowie vorgeschriebene Berichtshefte (Ausbildungsnachweise) geführt hat und

3. wessen Berufsausbildungsstätte eingetragen oder aus einem Grund nicht eingetragen ist, den weder der Auszubildende noch dessen gesetzlicher Vertreter zu vertreten hat.

Behinderte Menschen sollen in anerkannten Ausbildungsberufen ausgebildet werden (§ 2 Abs. 1 Satz 1 des Neunten Buches Sozialgesetzbuch.

Die Zulassungsvoraussetzungen in besonderen Fällen (§ 45 BBiG) regelt die Prüfungsordnung der IHK. Danach ist für die Fälle der vorzeitigen Zulassung und für die „externen" Bewerber folgende Regelung geschaffen worden:

(1) *Auszubildende können nach Anhörung der Ausbildenden und der Berufsschule vor Ablauf ihrer Ausbildungszeit zur Abschlussprüfung zugelassen werden, wenn ihre Leistungen dies rechtfertigen.*

(2) *Zur Abschlussprüfung ist auch zuzulassen, wer nachweist, dass er mindestens das Eineinhalbfache der Zeit, die als Ausbildungszeit vorgeschrieben ist, in dem Beruf tätig gewesen ist, in dem die Prüfung abgelegt werden soll. Als Zeiten der Berufstätigkeit gelten auch Ausbildungszeiten in einem anderen, einschlägigen Ausbildungsberuf. Vom Nachweis der Mindestzeit nach Satz 1 kann ganz oder teilweise abgesehen werden, wenn durch Vorlage von Zeugnissen oder auf andere Weise glaubhaft gemacht wird, dass der Bewerber oder die Bewerberin die berufliche Handlungsfähigkeit erworben hat, die die Zulassung zur Prüfung rechtfertigt. Ausländische Bildungsabschlüsse und Zeiten der Berufstätigkeit im Ausland sind dabei zu berücksichtigen.*

(3) *Soldaten oder Soldatinnen auf Zeit und ehemalige Soldaten oder Soldatinnen sind nach Absatz 2 Satz 3 zur Abschlussprüfung zuzulassen, wenn das Bundesministerium der Verteidigung oder die von ihm bestimmte Stelle bescheinigt, dass der Bewerber oder die Bewerberin berufliche Fertigkeiten, Kenntnisse und Fähigkeiten erworben hat, welche die Zulassung zur Prüfung rechtfertigen (§ 45 BBiG).*

Die Entscheidung über die Zulassung zur Abschlussprüfung regelt die Prüfungsordnung der IHK in folgender Weise:

(1) *Über die Zulassung zur Abschlussprüfung entscheidet die Kammer. Hält sie die Zulassungsvoraussetzungen nicht für gegeben, so entscheidet der Prüfungsausschuss (§ 43 BBiG).*

(2) *Die Entscheidung über die Zulassung ist den Prüfungsbewerbern rechtzeitig unter Angabe des Prüfungstages und -ortes mitzuteilen. Die erlaubten Hilfsmittel sind ebenfalls rechtzeitig bekannt zu geben.*

(3) *Die Zulassung kann vom Prüfungsausschuss bis zum ersten Prüfungstag, wenn sie aufgrund von gefälschten Unterlagen oder falschen Angaben ausgesprochen wird, widerrufen werden.*

1.4.6 Die Durchführung der schriftlichen Prüfung

Die Prüfungsaufgaben werden von den Beauftragten der Kammer (Lehrer an berufsbildenden Schulen, erfahrene Praktiker) erstellt und dem entsprechenden Prüfungsausschuss vorgelegt, der dann endgültig über die Aufgaben entscheidet. Sehr häufig werden auch von entsprechenden Gremien (Aufgabenerstellungsausschüsse) die Prüfungsaufgaben überregional erstellt. In diesem Fall sind die Prüfungsausschüsse bei den örtlich zuständigen Kammern im Allgemeinen gehalten, diese Aufgaben zu übernehmen. Vor Beginn der schriftlichen Prüfung gibt der Aufsichtsführende den Prüflingen bekannt, dass Täuschungshandlungen (auch der Einsatz der Handys) oder Störungen den Ausschluss von der Prüfung zur Folge haben können. Es dürfen also nur ausdrücklich zugelassene Hilfsmittel, wie z. B. Gesetzestexte, benutzt werden.

Nach der Prüfungsordnung ist der Rücktritt von der Prüfung folgendermaßen geregelt:

(1) Der Prüfungsbewerber kann nach erfolgter Anmeldung rechtzeitig vor Beginn der Prüfung durch schriftliche Erklärung zurücktreten. In diesem Fall gilt die Prüfung als nicht abgelegt.

(2) Tritt der Prüfungsbewerber nach Beginn der Prüfung zurück, so können bereits erbrachte, in sich abgeschlossene Prüfungsleistungen nur anerkannt werden, wenn ein wichtiger Grund für den Rücktritt vorliegt (z. B. im Krankheitsfall durch Vorlage eines ärztlichen Attestes).

(3) Erfolgt der Rücktritt nach Beginn der Prüfung oder nimmt der Prüfungsbewerber an der Prüfung nicht teil, ohne dass ein wichtiger Grund vorliegt, so gilt die Prüfung als nicht bestanden.

(4) Über das Vorliegen eines wichtigen Grundes entscheidet der Prüfungsausschuss.

1.4.7 Die Durchführung der praktischen Prüfung

In der praktischen Prüfung soll der Prüfling Aufgaben in den Prüfungsfächern

1. Informationsverarbeitung
2. Auftragsbearbeitung und Büroorganisation

bearbeiten.

Die praktische Prüfung in dem Fach Informationsverarbeitung setzt sich aus drei Aufgaben zusammen, die er in 105 Minuten zu lösen hat. Im Rahmen der ersten Aufgaben ist im Teil „Textverarbeitung" ein auf einer Diskette gespeicherter Mustertext zu bearbeiten. In einem zweiten Teil „Textformulierung" ist ein Schriftstück des internen oder externen Schriftwechsels zu erstellen. Inhaltlich bezieht sich dieser Bereich auf die Gebiete „Bürowirtschaft und Statistik", „Buchführung" oder „Personalwesen". Das Abfassen des Textes erfolgt am Personalcomputer. Anschließend ist der Text auf einem Datenträger zu speichern.

Das Fach „Auftragsbearbeitung und Büroorganisation“ wird ausschließlich vom Prüfungsausschuss gestaltet und entspricht einer mündlichen Prüfung. Der Prüfling soll eine von zwei zur Auswahl gestellten Aufgaben mit Arbeits- und Organisationsmitteln bearbeiten. – Bei der Bewertung dieser Aufgabe spielen mehrere Kriterien eine Rolle. So soll die Aufgabe zunächst sachlich richtig dargestellt sein. Außerdem sind Ausdruck (z. B. flüssig oder stockend) und Darstellungsweise (z. B. klar, ungenau, nur unter Hilfestellung oder zusammenhanglos) für die Gesamtbeurteilung von Bedeutung.

1.4.8 Bewertung der Prüfungsleistungen

Die Abschlussprüfung erstreckt sich auf die im Ausbildungsrahmenplan der Ausbildungsordnung genannten Kenntnisse und Fertigkeiten sowie auf den im Rahmenplan der Berufsschule festgelegten Lehrstoff, soweit er für die Berufsausbildung wesentlich ist. In jedem Prüfungsfach können bis zu 100 Punkte erreicht werden. Die Bewertung basiert auf folgendem Notenschlüssel:

	100 - 92 Punkte = Note 1 (sehr gut)
unter	92 - 81 Punkte = Note 2 (gut)
unter	81 - 67 Punkte = Note 3 (befriedigend)
unter	67 - 50 Punkte = Note 4 (ausreichend)
unter	50 - 30 Punkte = Note 5 (mangelhaft)
unter	30 - 0 Punkte = Note 6 (ungenügend)

Die **Abschlussprüfung ist bestanden**, wenn folgende Leistungen erzielt wurden:

- in **keinem Fach „ungenügend“** und
- in der **schriftlichen Prüfung** Leistungen mit mindestens der Note „ausreichend“ und
- in der **praktischen Prüfung** insgesamt mindestens „ausreichend“ bei doppelter Bewertung des Faches Auftragsbearbeitung.

Der Prüfungsteilnehmer erhält bei bestandener Prüfung ein Prüfungszeugnis. In ihm wird das Bestehen der Prüfung bestätigt. Die Prüfungsleistung wird in jedem der zwei Prüfungsteile ausgewiesen. Außerdem erhält er die Kopien der Prüfungsniederschriften.

Ist die Prüfung nicht bestanden, so erhält der Prüfling nur die Kopien der Prüfungsniederschrift.

Eine nicht bestandene Abschlussprüfung kann zweimal wiederholt werden, frühestens zum nächstmöglichen Prüfungstermin (§ 37 BBiG). In den Prüfungsfächern, in denen der Prüfling mindestens ausreichende Leistungen erbracht hat, kann er sich von einer weiteren Prüfung befreien lassen, sofern er sich innerhalb von zwei Jahren, ab dem Tag der Beendigung der nicht bestandenen Prüfung, zur Wiederholungsprüfung angemeldet hat und an der nächstmöglichen Prüfung teilnimmt.

2. Die schriftliche Prüfung

Lösungen ab Seite 225

2.1 Bürowirtschaft (Spezielle Wirtschaftslehre)

2.1.1 Gestaltung von Arbeitsraum, Arbeitsplatz und Arbeitszeit

1. Simone Honig hat sich bei der Fluggesellschaft „Highfly" in der Abteilung Organisation und Datenverarbeitung beworben. Im Bewerbungsgespräch erfährt sie, dass sie ihre Tätigkeit im Großraumbüro ausführen muss.

a) Begründen Sie, warum in Unternehmen **Großraumbüros** geschaffen werden!
b) Nennen Sie Aspekte, die bei der Schaffung von Großraumbüros beachtet werden sollten!
c) Erläutern Sie an einem Beispiel, aus welchem Grund ein **Einzelbüro** sinnvoll ist!
d) Was ist ein **Gruppenbüro**?

2. Welche Bedeutung haben **Mischarbeitsplätze**?

3. Das Betriebsratsmitglied der Glaswerke Spring AG, Herr Wurscht beantragt bei seinem Vorgesetzten die Freistellung von der Arbeit, um an einer 1-tägigen Seminarveranstaltung zum Thema „Vorschriften über die Gestaltung von Arbeitsstätten" teilnehmen zu können. Der Arbeitgeber stellt ihn daraufhin von der Arbeit frei. Am Ende der vom Gewerbeaufsichtsamt angebotenen Veranstaltung wird den Teilnehmern ein Fragebogen mit dem Ziel vorgelegt, sich dahingehend zu überprüfen, ob die dargebotenen Inhalte verständlich vermittelt wurden. – Überprüfen Sie, ob auch Sie im Stande sind, die Auswahl der nachfolgenden Fragen zu beantworten! – Schauen Sie in die **Arbeitsstättenverordnung**!

a) Nennen Sie eine weitere, bei der Ausstattung eines Arbeitsplatzes zu beachtende, wichtige Rechtsgrundlage!

b) Nennen Sie Beispiele für **Arbeitsstätten**!

c) **Wer** gibt die von Fachkreisen und den Spitzenorganisationen der Arbeitgeberverbände und der Gewerkschaften erarbeiteten **Arbeitsstätten-Richtlinien wo** bekannt?

d) Nennen Sie stichwortartig Beispiele für Arbeitsstätten-Richtlinien, in denen vom Arbeitgeber zu beachtende Vorschriften über die Gestaltung von Büroräumen und sonstigen Räumen in Betrieben enthalten sind!

e) Welche **Raumtemperatur** muss in Arbeitsräumen, in denen aus betriebstechnischer Sicht keine spezifischen Anforderungen an die Raumtemperatur gestellt werden, herrschen?

f) Welche **Anforderungen** werden in einem Betrieb an **Erste-Hilfe-Räume** gestellt?

g) Was ist im Sinne der Beschäftigten in Büroräumen zu beachten, in denen eine **Klimaanlage** installiert werden soll?

h) Wie müssen **Fußböden** in **Betrieben** ausgestattet sein?

4. Die Kunststoff-Vertriebs GmbH, Düsseldorf, will ihre Büroräume mit einer **Klimaanlage** ausstatten.

a) Welche Vorschrift ist im Hinblick auf die Luftfeuchtigkeit zu beachten?
b) Wie wirkt sich eine **zu hohe Luftfeuchtigkeit** auf den Menschen aus?

5. **Lärm** ist ein störender oder gesundheitsschädlicher Schall, der auf das menschliche Ohr trifft. Um zu bewirken, dass Lärm möglichst vermieden oder vermindert wird, sind gesetzliche Vorschriften zur Lärmverringerung bzw. Lärmvermeidung erlassen worden.

a) Mit welcher **Maßeinheit** wird ein durch **Lärm** verursachter Lärmpegel gemessen?
b) Welche **Grundtypen der Geräuschentstehung** werden unterschieden?
c) Nennen Sie drei **Folgen**, die durch Lärmbelästigung entstehen können!

6. Adama Sumsemann arbeitet in der Mahnabteilung eines Chemiebetriebes. Ihr Büro, das sie mit drei Kolleginnen teilt, soll mit neuen Büromöbeln eingerichtet werden. Gleichzeitig wird den Mitarbeitern angeboten, die Wände neu streichen zu lassen. Sie haben die Möglichkeit der Farbwahl. Auf Empfehlung eines Betriebsratsmitglieds bitten sie den Sicherheitsbeauftragten um Rat. Dieser empfiehlt Informationsmaterial zur Farbgestaltung bei der **Bundesanstalt für Arbeitsschutz und Arbeitsmedizin** anzufordern.

a) Nennen Sie **Aufgaben** der **Bundesanstalt für Arbeitsschutz und Arbeitsmedizin**!
b) In welchen Betrieben gibt es **Sicherheitsbeauftragte**?
c) In welcher Rechtsgrundlage ist geregelt, dass es Sicherheitsbeauftragte in Betrieben zu geben hat?
d) Worauf wirkt sich die **farbliche Gestaltung von Arbeitsräumen** in Betrieben aus?
e) Welche grundlegenden **Eigenschaften** hat eine **Farbe**?

7. Farben haben eine unterschiedliche **Temperaturwirkung** und können die psychische Stimmungslage eines Menschen beeinflussen. Tragen Sie in das folgende Schaubild die jeweilige Wirkung oder Stimmung ein, die von den genannten Farben ausgeht!

Farbe	**Temperaturwirkung**	**Psychische Stimmung**
gelb		
orange		
grün		
rot		
blau		

8. Ein Büroraum eines Industriebetriebes soll farblich so gestaltet werden, dass dadurch Arbeitsleistung, Arbeitssicherheit und psychisches Wohlbefinden gesteigert werden. – Erstellen Sie einen **Farbplan**, in dem die Farbgestaltung der Arbeitsstätte „Büroraum 007“ festgehalten werden kann!

9. Bei der **Farbplanung in Arbeitsstätten** sind Sicherheits- und Ordnungsfarben vorgeschrieben.

a) Welche Bedeutung haben

- rote Sicherheitskennzeichen,
- gelbe Sicherheitskennzeichen,
- grüne Sicherheitskennzeichen,
- blaue Sicherheitskennzeichen?

b) Welche Bedeutung haben folgende Kennzeichen?

1. 

2. 

3. 

4. 

10. Willibald Zangenfest beabsichtigt ein Seminar als Vorbereitung für die künftige Stelle als Sicherheitsbeauftragter zu besuchen. Nennen Sie **Rechtsgrundlagen**, mit denen er sich inhaltlich auseinander setzen sollte, wenn er sich mit dem Arbeitsschutz für Büroarbeitsplätze beschäftigt!

11. Engelbert Immergrün ist Sicherheitstechniker in einem Betrieb, der überwiegend chemische Produkte verkauft. Er kümmert sich vorwiegend um die Einhaltung der Sicherheitsvorschriften bei der Lagerung der Güter.

a) Wie müssen die Verpackungen von **Gefahrstoffen** gekennzeichnet sein?

b) Ordnen Sie die folgenden Bezeichnungen den **Gefahrensymbolen** zu!

a) Leichtentzündlich
b) Brandfördernd
c) Ätzend
d) Reizend
e) Giftig
f) Explosionsgefährlich

1

3

5

2

4

6

c) Nennen Sie **Hilfsmittel**, die beim **Anheben von Lasten** in Lagern verwendet werden!

d) Nennen Sie zwei kraftbetriebene Fahrzeuge, die zum Unterfahren und Befördern in Lagern verwendet werden!

e) Nennen Sie vier Rechtsgrundlagen, in denen Vorschriften über die Beförderung von Gütern und über die Einhaltung von Sicherheitsregeln enthalten sind!

12. Angela Baumstumpf hat in einem Bewerbungsgespräch bei der Zukunfts-Anilin- und Sodafabrik AG (ZASF) erfahren, dass in diesem Unternehmen Gefahrstoffe produziert und gelagert werden. In dem Gespräch erfährt sie, dass in der **„Verordnung über gefährliche Stoffe, kurz Gefahrstoffverordnung (= GefStoffV)“** genau geregelt ist, welche Vorsichtsmaßnahmen ein Unternehmen zu treffen habe, das mit gefährlichen Stoffen konfrontiert ist.

a) Worin besteht der **Zweck der GefStoffV**?
b) Nennen Sie Beispiele für asbesthaltige Stoffe bzw. Erzeugnisse, die gemäß GefStoffV **nicht in den Verkehr** gebracht werden dürfen!
c) Nennen Sie ein asbesthaltiges Mittel, das von der zuständigen Behörde für den Verkauf zugelassen werden kann, weil kein geeigneter Ersatzstoff angeboten wird!
d) Was hat der Arbeitgeber gemäß GefStoffV zu tun, wenn in seinem Unternehmen Gefahrstoffe lagern?

13. In der im CH. Beck -Verlag wöchentlich erscheinenden „Neue Juristische Wochenschrift“ ist in einer Ausgabe des Jahrgangs 1997 auf Seite 1469 folgender Text zu lesen: „ ...Nicht zuletzt der von „Europa” ausgehende Druck hat den Gesetzgeber veranlasst, zunächst das arbeitsschutzrechtliche Grundgesetz – das Arbeitsschutzgesetz – zu verabschieden, um sodann auf diesem Gesetz und weiteren EG-Richtlinien nach Art 118 a EGV beruhende Einzelverordnungen umzusetzen”. Bei diesen Worten handelt es sich um einen Vorspann zu einem Bericht, in dem der Autor Verordnungen vorstellt, die, zusammen mit dem im Jahre 1996 in Kraft getretenen Arbeitsschutzgesetz, Bestandteil des umfassenden Rechtsgebiets „Arbeitsschutz” sind.

a) Nehmen Sie eine Arbeitsgesetzessammlung zur Hand. Schlagen Sie das Arbeitsschutzgesetz auf. Erstellen Sie nun eine Übersicht, aus der deutlich wird, wie die fünf Kapitel des Arbeitsschutzgesetzes aufgebaut sind!
b) Wozu dient das **Arbeitsschutzgesetz** im Hinblick auf die Beschäftigten bei der Arbeit?

14. Entscheiden Sie in den nachfolgenden Beispielen, aus welcher in Verbindung mit dem Arbeitsschutzgesetz bestehenden **Verordnung der jeweilige Text** entnommen wurde!

a) „Der Arbeitgeber hat unter Zugrundelegung (dieser Verordnung) geeignete organisatorische Maßnahmen zu treffen oder geeignete Arbeitsmittel, insbesondere mechanische Ausrüstungen, einzusetzen, um manuelle Handhabungen von Lasten, die für die Beschäftigten eine Gefährdung für Sicherheit und Gesundheit, insbesondere der Lendenwirbelsäule, mit sich bringen, zu vermeiden.”
b) „Diese Verordnung gilt für die Bereitstellung persönlicher Schutzausrüstungen durch Arbeitgeber sowie für die Benutzung persönlicher Schutzausrüstungen durch Beschäftigte bei der Arbeit.“
c) „Arbeitsmittel im Sinne dieser Verordnung sind Maschinen, Geräte, Werkzeuge oder Anlagen, die bei der Arbeit benutzt werden.“
d) „Zur Arbeitsstätte gehören auch Sanitärräume (Umkleide-, Wasch- und Toilettenräume.)”
e) „Bei der Benutzung der Arbeitsbedingungen nach § 5 des Arbeitsschutzgesetzes hat der Arbeitgeber bei Bildschirmarbeitsplätzen die Sicherheits- und Gesundheitsbedingungen, insbesondere hinsichtlich einer möglichen Gefährdung des Sehvermögens sowie körperlicher Probleme und psychischer Belastungen, zu ermitteln und zu beurteilen.”

f) „Die Oberflächen von Fußböden, Wände und Decken müssen so beschaffen sein, dass sie ... leicht zu reinigen sind."

15. Nennen Sie Ihnen, in Verbindung mit dem Arbeitsschutzgesetz bekannte, Verordnungen, mit denen die Sicherheit und der Gesundheitsschutz der Beschäftigten bei der Arbeit durch Maßnahmen des Arbeitsschutzes sichergestellt werden soll!

16. Arabella Schwung arbeitet als Sachbearbeiterin ständig an einem PC. Der Arbeitgeber möchte, dass sie täglich sieben Stunden ohne Pause arbeitet und statt der Pause eine Stunde früher nach Hause gehen kann.

a) Wie beurteilen Sie die rechtliche Lage im Hinblick darauf, dass die Vorschriften der **Bildschirmarbeitsverordnung** berücksichtigt werden?
b) Welche Rechtsfolge ergibt sich, wenn der Arbeitgeber nachweislich gegen die Bildschirmarbeitsverordnung verstößt?
c) Ein Arbeitgeber, der gegen die Bildschirmarbeitsverordnung verstößt, muss damit rechnen, dass er entweder eine Ordnungswidrigkeit oder gar eine Straftat begeht. – Welche unterschiedlichen Rechtsfolgen können sich aus einer begangenen Ordnungswidrigkeit oder einer Straftat ergeben?

17. In einer Broschüre der Bundesanstalt für Arbeitsschutz mit der Überschrift „Lehrgänge – Seminare" wird der Lehrgang „Ergonomische Gestaltung von Bildschirmarbeitsplätzen" angeboten. In dem Begleittext ist zu lesen: „Mit der Einführung der EDV-Technik kommen auf den einzelnen Betrieb Probleme zu, wobei einer dem Menschen angepasste Gestaltung von Bildschirmarbeitsplätzen ein entscheidender Stellenwert eingeräumt wird. Dieses Seminar soll den Teilnehmern aufzeigen, welche Faktoren für die ergonomische Gestaltung von Bildschirmarbeitsplätzen berücksichtigt werden müssen".

a) Was versteht man unter dem Begriff **Ergonomie**?
b) Welche **Zielgruppen**, die sich mit der **ergonomischen Gestaltung von Bildschirmarbeitsplätzen** aus beruflichen Gründen beschäftigen, können hierdurch angesprochen werden?
c) Welche Institution(en) geben **Richtlinien für Büro- und Bildschirmarbeitsplätze** heraus?
d) In welcher Maßeinheit wird die **Beleuchtungsstärke** gemessen?

18. **Arbeitsmöbel** sollen den Benutzern eine ergonomische Körperhaltung ermöglichen und die unterschiedlichen Körperhaltungen berücksichtigen.

a) Welche Arbeitsmöbel an Bildschirmarbeitsplätzen, die in einer **Ausstattungsliste** aufgeführt sind, müssen diesen Anforderungen gerecht werden?
b) Nennen Sie einige Gesichtspunkte, die beim Kauf der einzelnen für Bildschirmplätze erforderlichen Arbeitsmöbel zu berücksichtigen sind!

19. Wie kann eine erforderliche, möglichst geringe Differenz zwischen der Arbeitshöhe und der Beinraumhöhe erreicht werden?

20. Welche Oberfläche muss eine Tischplatte besitzen, auf der ein Computer installiert wird?

21. Welche Anforderung wird aus ergonomischen Gründen an die Tastatur in der Nähe des Bildschirms gestellt?

22. In welchen Abständen sollten an Bildschirmarbeitsplätzen **Pausen** in welcher Länge erfolgen?

23. Der Inhaber der Schnorreswackler GmbH Georg Flitzer bittet seine Angestellte, einen neuen Flachbildschirm zu kaufen.

a) Nennen Sie **Vorteile** eines **Flachbildschirms** gegenüber einem Röhrenbildschirm!
b) Welche **Fragen** stellen sich möglicherweise, wenn man beabsichtigt, einen **Flachbildschirm** zu **kaufen**?

24. Jolanda Schnellvogel hat sich als Beschäftigte des Bodenpersonals bei einer Fluggesellschaft beworben. Ihr wird ein Arbeitsvertrag vorgelegt u. a. mit dem Inhalt, dass die Gleit-, Kern- und Schichtarbeitszeiten gemäß geltender Betriebsvereinbarung zu beachten sind.

a) Wer schließt **Betriebsvereinbarungen** ab?
b) Erläutern Sie anhand eines selbst gewählten Beispiels den Zusammenhang zwischen **Gleitzeit und Kernarbeitszeit**!
c) Nennen und erläutern Sie die Arbeitszeitkombinationen der **Schichtarbeit**!

25. Die **arbeitswissenschaftliche Forschung** hat belegt, dass **regelmäßige Nachtarbeit** gesundheitliche Risiken in sich birgt.

a) Um welche Zeit in der Nacht ist aus der tagesperiodischen **Leistungskurve** ein absoluter Tiefpunkt feststellbar?
b) Welche Ursachen können bei regelmäßiger Nachtarbeit dazu führen, dass gesundheitliche Risiken entstehen? – Nennen Sie mindestens zwei Ursachen!

26. Existiert in einem Betrieb ein Betriebsrat, so hat er darauf zu achten, dass gegen die Vorschriften über die Dauer der Arbeitszeit und die Einhaltung von Pausen nicht verstoßen wird.

a) Nennen Sie **Rechtsgrundlagen**, in denen tägliche Arbeitszeiten und Pausen geregelt sind!
b) Wie lange dauert die gesetzlich geregelte **regelmäßige** werktätige **Arbeitszeit**.
c) Ist es möglich, die tägliche Arbeitszeit auf 12 Stunden zu verlängern?
d) Wie viel Stunden **Pause** stehen den volljährigen Arbeitnehmern nach Beendigung der täglichen Arbeitszeit mindestens zu?

27. Der 36-jährige Urban Wohlleben arbeitet täglich acht Stunden im Lager der Firma Rudomir Backstein KG.

a) Welche **Pausen** stehen ihm zu?
b) Gehören die Pausen zur Arbeitszeit?

28. Das Bundesverfassungsgericht hat im Jahr 1992 gegen die Auffassung des Bundesgerichtshofs und der Mehrzahl der deutschen Oberlandesgerichte entschieden, dass das **Verbot der Nachtarbeit für Arbeitnehmerinnen verfassungswidrig** ist.

a) Um welchen Artikel des GG handelt es sich, gegen den verstoßen wurde?
b) Inwiefern könnten nach Auffassung des höchsten deutschen Gerichts Frauen durch das Verbot der Nachtarbeit benachteiligt werden?

29. Welche Möglichkeiten haben Arbeitnehmer, um Einfluss auf die Arbeit am täglichen Arbeitsplatz zu nehmen?

30. Da die Umsätze in unserem Betrieb überproportional steigend sind, bedarf es der Erweiterung unseres Mitarbeiterstabs. Damit verbunden ist die Anschaffung einer Zentraleinheit, eines Monitors, eines Druckers und eines Scanners. – Welche Schritte müssen erfolgen, um die Bestellung systematisch und sinnvoll durchzuführen?

2.1.2 Arbeitsabläufe

Lösungen ab Seite 234

1. Marita Lobesam und Jonathan Umbrecht haben in Köln die Büroservice und -vertriebs GmbH gegründet. Sie beabsichtigen, in regelmäßigen Abständen Werbung für ihr Unternehmen dergestalt zu betreiben, indem sie im Zeitraum von sechs Wochen gekaufte Adressen von Schreibwarengeschäften und von Büroausstattungsbetrieben anschreiben und durch Werbeprospekte auf sich aufmerksam machen. Es ist deshalb unter anderem erforderlich, sich Gedanken über die **Arbeitsabläufe bei ein- und ausgehender Post** zu machen.

a) Welche Möglichkeiten des **Posteingangs** gibt es grundsätzlich?
b) Legt die Post AG grundsätzlich alle ankommenden Briefsendungen in ein gemietetes **Postfach**?
c) Warum ist es sinnvoll die eingehende Post mit einem **Eingangsstempel** zu versehen?
d) Nennen Sie **Hilfsmittel**, die beim **Öffnen der Post** verwendet werden!

2. Ein Unternehmen kann mit dem für seinen Firmensitz zuständigen Postamt vereinbaren, seine an Empfänger im Inland gerichteten gewöhnlichen Paketsendungen oder Pakete mit Wertangabe **selbst zu buchen**, wenn es **eine bestimmte Mindestanzahl Sendungen im Jahr** einliefert.

a) Wie hat der **Selbstbucher** von Paketsendungen zu verfahren?
b) Nennen Sie weitere **Entgelte**, die neben dem Paket- oder Postgutentgelt unter Umständen noch für eine Sendung zu berechnen sind!
c) Wie ist die **Postleitzahl** auf selbst gebuchten Paketsendungen zu vermerken?
d) Der Selbstbucher hat **Einlieferungslisten** auszufüllen. – Welche werden unterschieden?

3. Die **Vereinbarung über** die Benutzung der **Absenderstempelmaschinen** wird zwischen der Post AG, vertreten durch eine Post-Zweigstelle, und dem Kunden getroffen.

a) Unter welcher Voraussetzung darf die Absenderstempelmaschine erst benutzt werden?
b) Darf eine Absenderstempelmaschine einem anderen Unternehmen ausgeliehen werden?
c) Nennen Sie nützliche technische Hilfsmittel, die beim **Postausgang** verwendet werden.

4. Der Geschäftsführer der Karl Müller OHG beabsichtigt, einem Kunden Notenblätter zum Wiederverkauf als Büchersendung durch die Post AG zu schicken. – Beurteilen Sie die Situation!

5. Das Unternehmen Trinkhaus & Co., Ludwigshafen, beabsichtigt, ein Werbeprospekt per **Postwurfsendung** zu verschicken.

a) Welche drei Möglichkeiten der Postwurfsendungen werden unterschieden?
b) Wie schwer darf eine Postwurfsendung, die an alle Haushalte verteilt werden soll, höchstens sein?

6. Die Auszubildende Sara Blech arbeitet in dem Großhandelsunternehmen Wolfgang Grundwald GmbH, Möhrchenstraße 22, 66440 Blieskastel. Sie wird gebeten, einen elektrischen Entsafter für Küchen als Austauschgerät mittels Postpaket an die Firma Olga Findmich e.Kfr., Suchstraße 41, 17268 Böckenberg zu senden. Das Paket hat ein Gewicht von 2,3 kg.

a) Füllen Sie anstelle von Frau Blech den nachfolgenden **Paketschein** aus!

DHL Paket Deutschland

Absender

Postleitzahl Ort

Express Services
- Express Service
- vor 9:00 Uhr
- vor 10:00 Uhr
- vor 12:00 Uhr
- Samstagszustellung
- Sonn-/Feiertagszustellung
- Eigenhändig

Standard Services
- Nachnahme — EUR-Betrag, Bank, Konto-Nr., BLZ
- Unfrei
- Sperrgut
- Rückschein

(96)999999

Empfänger

b) Sara Blech bringt das Paket selbst zu einer Zweigniederlassung. – Welche **Gebühren** sind für das DHL-Paket zu entrichten?

c) Welche Gesamtgebühr ist zu zahlen, wenn für das Postpaket eine Transportversicherung über einen Wert von bis 25.000 € abgeschlossen wird?

Privatkunden | Geschäftskunden | Packstation | Kundenservice | Über DHL

DHL Paket

Mit dem DHL PAKET können Sie Pakete innerhalb Deutschland bis 31,5 Kilogramm versenden. In der Regel kommen die Pakete bereits am nächsten Werktag beim Empfänger an. Eine **Haftung** bei Verlust oder Beschädigung bis zu 500 Euro und **Sendungsverfolgung** sind inklusive.

Auf einen Blick

Maße	Gewicht	Filial-Preis in Euro	Online-Preis in Euro
min. 15 x 11 x 1 cm max. 120 x 60 x 60 cm*	bis 10 kg	6,90	**5,90**
	bis 20 kg	9,90	**8,90**
	bis 31,5 kg	13,90 **	**12,90**

*Sendungen, die die obigen Maße überschreiten oder ohne Kartonverpackung sind oder nicht gestapelt werden können, gelten als **Sperrgut**. Für den Versand von **Rollen** gelten besondere Beförderungsbestimmungen.

Pakete bis 31,5 Kilogramm können nur mit der **DHL Paketmarke Deutschland freigemacht werden. Preis inklusive gesetzlich gültiger Mehrwertsteuer.

Wertmarken

Sie versenden häufiger Pakete? Dann nutzen Sie die vorausbezahlten **DHL Paketmarken** (erhältlich in allen **Filialen**, im **DHL Shop** und telefonisch unter 01805 / 345 22 55 (14 Ct. je angefangene Minute aus den deutschen Festnetzen; ggf. abweichende Mobilfunktarife). Je größer das Marken-Set, umso geringer der Einzelpreis.

Services für das DHL Paket

- Abholung
- Eigenhändig
- GoGreen
- Nachnahme
- Rolle
- Rückschein
- Sperrgut
- Transportversicherung

Grundsätzlich haften wir für Ihre DHL PAKETE beim deutschlandweiten Versand gegen Verlust oder Beschädigung bis 500 Euro (nur gegen Vorlage des quittierten Einlieferungsbeleges). Für besonders wertvolle Sendungen bieten wir Ihnen darüber hinaus eine Transportversicherung bis 2.500 Euro oder 25.000 Euro an. Die äußere Verpackung darf keine Rückschlüsse auf den Wert der Sendung zulassen.

Beachten Sie bitte auch unsere Hinweise über **zulässige Werte**.

Versicherungssumme	Preis in Euro
Bis 2.500 EUR	+3,50 (zusätzlich zum Paketpreis)
Bis 25.000 EUR	+15,00 (zusätzlich zum Paketpreis)

7. Isabel Wunderlich arbeitet bei der Reinigungs-GmbH. Sie ist von ihrem Vorgesetzten, dem Prokuristen Schandtat, beauftragt worden, regelmäßig Postsendungen bei der Post AG für das Unternehmen abzuholen. – Was ist zu beachten?

8. „Ordnung ist das halbe Leben" heißt ein Sprichwort. Dieses ist auch anzuwenden auf die ordnungsgemäße Ablage von Geschäftsbriefen, Verträgen, Protokollen, Belegen für die Buchhaltung usw.

a) Nennen Sie **Gründe**, die aus der Sicht eines Betriebes für eine **ordnungsgemäße Ablage** sprechen!

b) Nennen Sie einen **handelsrechtlichen Grund**, der eine ordentliche Ablage von Schriftstücken erforderlich macht!

9. Gemäß **§ 257 HGB** ist jeder Kaufmann verpflichtet, Unterlagen ordnungsgemäß aufzubewahren.

a) Nennen Sie solche aufzubewahrenden Unterlagen!
b) Was sind **Handelsbriefe**?
c) Nennen Sie zwei Unterlagen, die – unter handelsrechtlichen Gesichtspunkten – **zehn Jahre** aufzubewahren sind!

10. In der betrieblichen Praxis werden Unterlagen in verschiedener Weise abgelegt. – Um welche **Ablageart** handelt es sich in den nachfolgenden Fällen?

a) DIN A 4 - Ordner im Schrank
b) Hängemappe auf dem Schreibtisch
c) Aktendeckel im Schrank
d) Diskette

11. Welchen **Vorteil** haben für Loseblatt- und Hefterablagen angeschaffte **Aktenboxen**?

12. Welche Waren wo und zu welchem Preis und Zeitpunkt zu bestellen sind, ist auch in Abhängigkeit zu sehen von den zur Verfügung stehenden **Bezugsquellen**.

a) Nennen Sie drei Beispiele für **Bezugsquellen**!
b) Was ist eine **Liefererkartei**?
c) Was ist eine **Warenkartei**?

13. Der Auszubildende Heinrich Schwungvoll versucht, Bezugsquellen für Damenbekleidung ausfindig zu machen, um so die eigene Produktpalette eventuell erweitern zu können. Zunächst möchte er nähere Hinweise über die Angebote von Konkurrenzunternehmen erhalten. Beim Surfen im Internet erscheint auf seinem Bildschirm folgende Information.

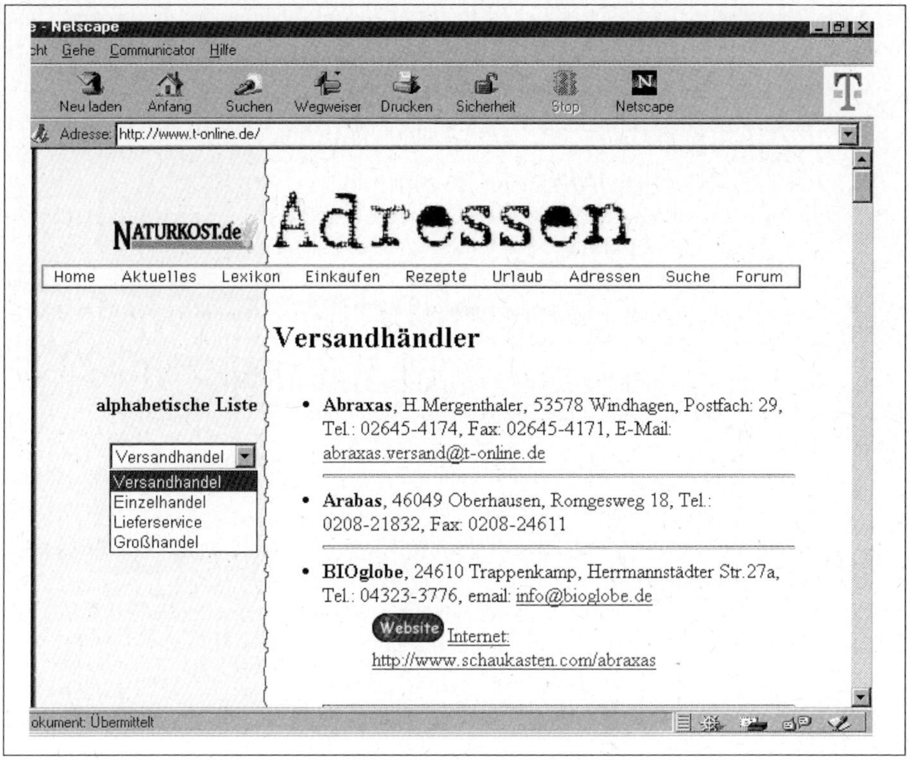

a) Aus welchen **Handelsbereichen/Handelsstufen** kann er sich sachkundig machen?
b) Erläutern Sie, was unter einem **Versandhandel** zu verstehen ist!
c) Welche Informationen kann man über den Großhandel abfragen?

2.1.3 Grundlagen der Betriebsorganisation

Lösungen ab Seite 237

1. Unternehmen verfolgen verschiedene Ziele, um ihre Existenz zu sichern und am Markt konkurrenzfähig zu bleiben.

a) Welches Ziel wird in **marktwirtschaftlichen Unternehmen** als **vorrangiges Ziel** betrachtet?
b) Ein weiteres Ziel ist die **Humanisierung der Arbeit**. – Nennen Sie Möglichkeiten, wie man diesem Ziel näher kommen kann!
c) Ein **unternehmerisches Teilziel** besteht darin, den Umsatz zu maximieren. – Was versteht man unter dem Begriff **Umsatz**?
d) Sind die Begriffe Absatz und Umsatz identisch?

2. Einer der **betriebswirtschaftlichen Produktionsfaktoren** ist der **dispositive Faktor**.

a) Nennen Sie weitere **betriebswirtschaftliche Produktionsfaktoren**!
b) Was versteht man unter dem **dispositiven Faktor**?
c) Nennen Sie einen im deutschen Sprachgebrauch verwendeten Begriff für den dispostiven Faktor!
d) Nennen Sie **Aufgaben des dispositiven Faktors**!
e) Nennen und erläutern Sie zwei **Interessenkonflikte**, die im Zusammenhang mit Entscheidungen der Führung eines Unternehmens entstehen können!

3. Um die Unternehmensziele bestmöglichst realisieren zu können, bedarf es einer wohl durchdachten **Unternehmensorganisation**.

a) Nennen Sie **Grundsätze der Unternehmensorganisation**!
b) Was versteht man unter dem **Substitutionsprinzip der Organisation**?

4. Die Frage, in welchem Ausmaß ein Unternehmen organisiert sein muss, hängt von mehreren Einflussfaktoren ab.

a) Nennen Sie **Bestimmungsgrößen** für beobachtete Unterschiede im Ausmaß **betrieblicher Organisation**!
b) Nennen Sie ein angestrebtes **Unternehmensziel**, das dazu führen kann, dass ein Personalabbau zu einer organisatorischen Straffung führen soll!

5. Die **Postbearbeitung** erfordert eine wohl durchdachte organisatorische Regelung, um einen zügigen Ablauf zu gewähren.

a) Welche Voraussetzungen muss die innerbetriebliche Organisation beispielsweise im Falle des Postausgangs erfüllen, wenn davon auszugehen ist, dass die Anzahl der zu versendenden Briefe häufig sehr unterschiedlich ist?
b) Was regelt die **Disposition**?
c) Verdeutlichen Sie an einem selbst gewählten Beispiel, dass z. B. beim Postausgang **Improvisation** erforderlich sein kann!

6. Organisation bedeutet u. a. auch, dass die **Arbeitssicherheit** in Betrieben gewährleistet ist.

a) Nennen Sie eine **Rechtsgrundlage**, in der geregelt ist, dass Feuerlöscheinrichtungen vorhanden sein müssen!
b) Wie müssen **Feuerlöscheinrichtungen** installiert sein?

7. In dem Büro des Sicherheitsingenieurs eines Betriebes steht in einem Regal ein Ordner mit der Abkürzung „UVV – Berufsgenossenschaft". – Was ist in dem Ordner vermutlich zu finden?

8. Im Falle eines **Brandes** ist es erforderlich, die Feuerwehr zu verständigen.

a) **Welche Fragen** stellen sich spontan, wenn festgestellt wird, dass in einem **Betrieb** ein **Brand ausgebrochen** ist?
b) Welche **Regeln** sind **bis zum Eintreffen der Feuerwehr** zu beachten?
c) Welche Regeln sind bei der **Verwendung von Feuerlöschern** zu beachten?

9. Nennen Sie vier **Kriterien der Menschenführung**, die geeignet sind, die Motivation von Arbeitnehmern zu fördern und den Leistungserfolg zu steigern!

10. In vielen Unternehmen erfolgt in regelmäßigen Zeitabständen eine **Beurteilung des Personals**.

a) Nennen Sie **Gründe**, die Anlass **für Beurteilungen** sein können!
b) Nennen Sie stichwortartig mindestens fünf **Kriterien, die in eine Beurteilung einfließen können**!
c) Kann ein Arbeitnehmer verlangen, dass ihm die Beurteilung seiner Leistung erörtert wird?
d) Kann der **Betriebsrat bei der Beurteilung** von Arbeitnehmern hinzugezogen werden?
e) Kann ein Arbeitnehmer Einsicht in seine **Personalakten** nehmen?

11. In einer Mitteilung der Industrie- und Handelskammer für Rheinhessen ist zu lesen: „Eine Bevölkerungsbefragung der Wirtschaftsjunioren Deutschland (WJD) macht Schluss mit der Mär vom Frust am Arbeitsplatz. Drei von vier Deutschen sind mit ihrem Beruf zufrieden. Als besonders wichtig gelten gutes Gehalt, sicherer Arbeitsplatz." – Nennen Sie weitere Faktoren, die das **Betriebsklima** am Arbeitsplatz bestimmen!

12. Nach dem Grad der Weisungsgebundenheit wird in Betrieben zwischen der **ausführenden** und der **leitenden Arbeit** unterschieden.

a) Was beinhaltet der Begriff leitende Arbeit?
b) Worin besteht der **Unterschied zwischen der leitenden und der ausführenden Arbeit**?
c) Nennen Sie die Ebenen der **Betriebspyramide**!

2.1.4 Aufbauorganisation

Lösungen ab Seite 240

1. Das Hydrierwerk Schonfrist GmbH in Berlin stellt einen Umsatzrückgang fest. In einem Gespräch der Unternehmensleitung wird der Beschluss gefasst, das Unternehmen zu sanieren. Der Produktionsablauf soll so gestaltet werden, dass die bisherigen Produktqualitäten bei Schmier- und Heizölen und bei Dieselkraftstoff gesichert sind. Um eine bessere Anpassung an die Marktbedingungen zu erreichen, bedarf es der Investition von weiteren modernen Anlagen. Diese müssen finanziert werden. Zu erreichen ist dies aber nur über einen Personalabbau und eine Umorganisation der bisherigen Organisationsstruktur. Das Unternehmen soll künftig in drei Unternehmensbereiche gegliedert werden. Diesen steht jeweils ein Geschäftsführer vor.

Der Unternehmensbereich I besteht aus dem Geschäftsbereich Personalleiter (U I) mit den Abteilungen Entgeltabrechnung und Sozialwesen (A 1), Personalplanung und -betreuung (A 2) und der Abteilung Berufsbildung (A 3). Diesem Unternehmensbereich sind die beiden Stabsabteilungen Betriebsorganisation und Datenverarbeitung (SA 1) und Sicherheit und Umweltschutz (SA 2) zugeordnet.

Dem Unternehmensbereich II mit den Stabsabteilungen Recht (SA 1) und Unternehmensplanung (SA 2) wird in zwei Geschäftsbereiche gegliedert. Der Bereich Direktor für Finanzen und Rechnungswesen (U II A) besteht aus den Abteilungen Steuern/Versicherungen/Zölle (Ak 1), Finanzierung/Banken (A 1) und Rechnungswesen (A 2). Zum Geschäftsbereich Direktor für Einkauf/Marketing/Vertrieb (U II B) gehören die Abteilungen Materialwirtschaft (A 1), Marketing (A 2) und Vertrieb (A 3).

Der Unternehmensbereich III mit den Stabsabteilungen Forschung/Entwicklung (SA 1) und Qualitätswesen (SA 2) ist in die Geschäftsbereiche Direktor für Produktion (U III A) und Direktor für Technik (U III B) gegliedert. Dem Geschäftsbereich U III A untergeordnet sind die Betriebsleiterbereiche Gase (BL 1), Erdölverarbeitung (BL 2), Hydrierung/Nachverarbeitung (BL 3), Energie/Wasser (BL 4) und Tanklager/Verladung (BL 5). Außerdem gehört dem Geschäftsbereich U III A die Abteilung Produktkoordinierung an (A 1). Dem Geschäftsbereich U III B untergeordnet sind die Abteilungen Zentrale Werkstatt (A 1), Elektrotechnik (A 2) und Technische Dienste (A 3).

a) Tragen Sie die Angaben aus der Aufgabe in das auf der nächsten Seite abgebildete Schaubild ein, aus dem die Unternehmensstruktur der Schonfrist GmbH deutlich wird!
b) Nennen Sie Möglichkeiten, wie der Personalbestand in der Schonfrist GmbH – unter Beachtung von Gesetzesvorschriften – möglicherweise verringert werden könnte!
c) Nennen Sie Möglichkeiten der **Sanierung** unter dem Gesichtspunkt der Veränderung des bilanzmäßigen Vermögensaufbaus!

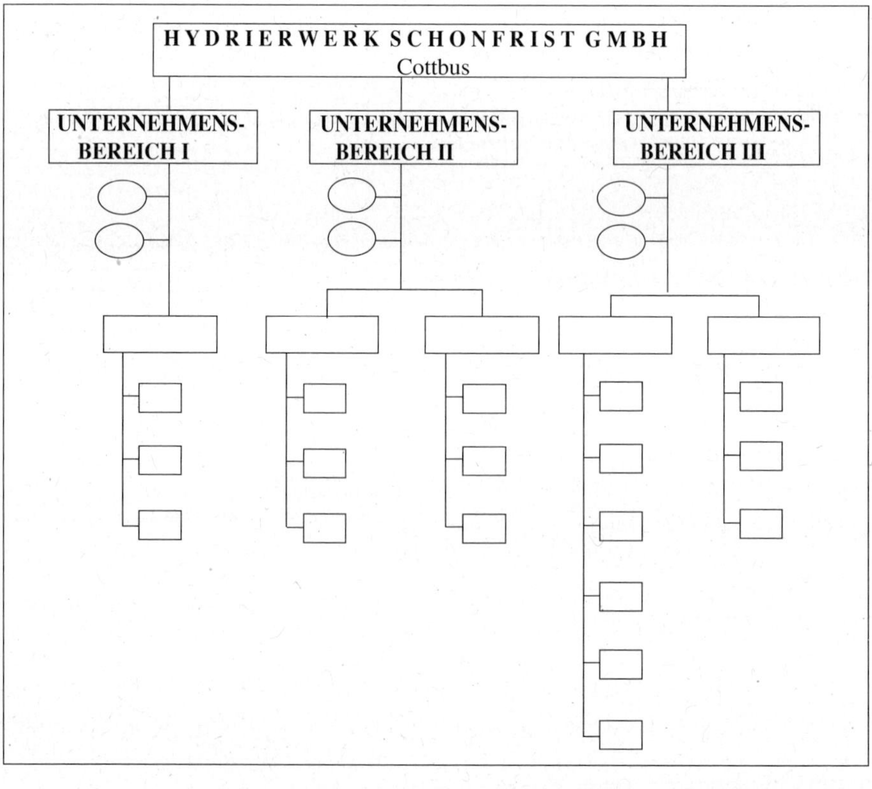

2. Ähnlich wie die Schonfrist GmbH gibt es jährlich eine Vielzahl von **Unternehmen**, die **notleidend** werden. – Nennen Sie je zwei **innerbetriebliche** und **außerbetriebliche Ursachen**, die dazu führen, dass Unternehmen notleidend werden.

3. Im **elektronischen Bundesanzeiger** ist folgende Anzeige veröffentlicht worden. Lesen Sie sich den Text durch und beantworten Sie dazu die nachfolgenden Fragen.

> **41061 Mönchengladbach**
>
> **820 IN 87.... - 14.05.20..**
> Über das Vermögen des Peter Nasbohr, Spedition, *Kölner Str. 224a,* **41119 Mönchengladbach,** wurde am 21. 05. 20.., 9:00 Uhr, das Insolvenzverfahren eröffnet.
>
> Insolvenzverwalter: Rechtsanwalt Ingo Querbalk, Werrastr. 12, 41065 Mönchengladbach, Tel. 0 21 66/......... Fax: 0 21 66/ ..... .
>
> Forderungen der Insolvenzgläubiger sind bis zum 28. 06.20... unter Beachtung des § 174 InsO Insolvenzverw. anzumelden.
>
> Berichtstermin und gleichzeitig Prüfungstermin: Montag, 05. 08. 20.., 9:30 Uhr, im Gebäude des Amtsgerichts Mönchengladbach, Hauptstelle, Hohenzollernstraße 157, 41061 Mönchengladbach, B-Bau, 4. Etage, B 403.
>
> Amtsgericht Mönchengladbach

a) Auf welcher **Rechtsgrundlage** basiert das in der Anzeige genannte **Verfahren**?
b) Die Eröffnung eines Insolvenzverfahrens setzt voraus, dass ein Eröffnungsgrund gegeben ist. – Nennen Sie Beispiele für einen Eröffnungsgrund!
c) Welches **Gericht** ist grundsätzlich aufgrund der geltenden Rechtsgrundlage **örtlich zuständig**?
d) Welches **Ziel** wird mit dem Insolvenzverfahren verfolgt?
e) Wer ist im Rahmen des Insolvenzverfahrens antragsberechtigt?
f) Unter welcher Voraussetzung ist es zulässig, dass ein Gläubiger den Antrag zur Eröffnung des Insolvenzverfahrens stellt?
g) Was versteht man unter dem Begriff **Insolvenzmasse**?
h) In der Anzeige ist auf einen Auszug aus der Insolvenzordnung Bezug genommen. Um welchen Inhalt der Rechtsgrundlage geht es im konkreten Beispiel?

4. Auf welche Art und Weise kann der Gläubiger im Insolvenzverfahren seine Forderungen geltend machen?

5. Welche **Auswirkungen** hat ein fehlgeschlagenes Insolvenzverfahren für

a) **Gläubiger**,
b) **Arbeitnehmer** und
c) die gesamte **Volkswirtschaft**?

6. Die Gliederung von Betrieben kann unter verschiedenen Gesichtspunkten erfolgen.

a) Nennen Sie am Beispiel eines Handelsbetriebes sachliche **Gliederungskriterien**!
b) Nennen Sie **formale Kriterien** für die Gliederung eines Betriebes!

7. Unternehmen sind nach verschiedenen **Leitungssystemen** aufgebaut.

a) Wie lässt sich das **Einliniensystem** charakterisieren?
b) Nennen Sie **Vor-** und **Nachteile des Einliniensystems**!
c) Wie lässt sich das **Mehrliniensystem** charakterisieren?
d) Nennen Sie je einen **Vor**- und einen **Nachteil** des Mehrliniensystems!
e) Nennen Sie eine betriebliche Organisationsform, in der das Mehrliniensystem realisiert ist!
f) Welchem System **ähnelt das Stabliniensystem**?
g) Charakterisieren Sie das **Stabliniensystem**!
h) Wodurch unterscheiden sich **Stabstellen** von **Leitungsstellen**?
i) Um welche Organisationsform handelt es sich im folgenden Schaubild?

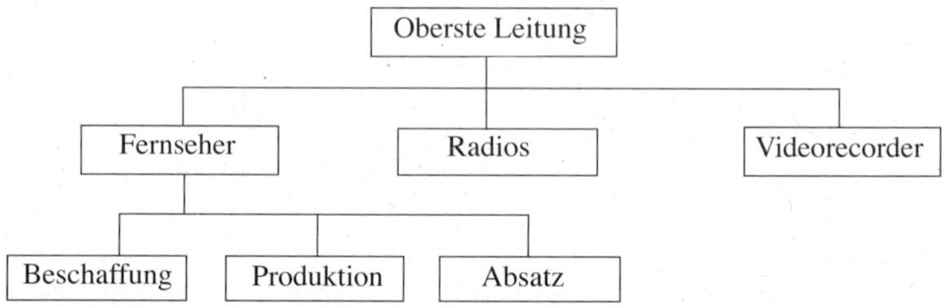

8. Um festzustellen, welche Stellen besetzt werden sollen, bedient man sich häufig der Daten aus einem **Stellenbesetzungsplan**! – Erstellen Sie einen Stellenbesetzungsplan für die Marketingabteilung, indem Sie selbst gewählte Angaben über insgesamt sechs Mitarbeiter anführen!

9. Um die Motivation der Mitarbeiter zu fördern, beschließt das Flugunternehmen Schnellflug AG künftig mehr Stellen mit Mitarbeitern des Betriebes zu besetzen, die mindestens fünf Jahre im Betrieb beschäftigt sind. Aus diesem Grunde soll ein für alle Abteilungen geltendes Formular für die **innerbetriebliche Stellenausschreibung** entwickelt werden. – Welche Angaben sollte Ihrer Meinung nach ein solches Formular enthalten?

10. § 81 des Betriebsverfassungsgesetzes schreibt vor, dass der Arbeitgeber den Arbeitnehmer über dessen Aufgabe und Verantwortung sowie über die Art seiner Tätigkeit und ihre Einordnung in den Arbeitsablauf des Betriebs zu unterrichten hat. Diese Unterrichtungspflicht wird häufig umgesetzt durch eine **Arbeitsplatzbeschreibung**. – Nennen Sie mögliche Inhalte einer solchen Beschreibung!

11. Der Geschäftsführer Peter Habacht der Haus- und Immobilien-Vertriebsgesellschaft mit beschränkter Haftung in Mannheim liest im Handelsblatt unter „Amtliche Bekanntmachungen" folgende Anzeige:

> **Handelsregister Amtsgericht Ulm**
> HRB 0014 - 13.05.20..: **Firma: Ullrich Verwaltungsgesellschaft mit beschränkter Haftung, Ulm.** Die Prokura Jasmin Sonder, Ulm, ist erloschen. Dem Wirtschaftsingenieur Otto Jubilau, Ulm, ist dergestalt Prokura erteilt, dass er die Gesellschaft mit einem anderen Prokuristen vertritt.

a) Um welche **Art von Prokura** handelt es sich im vorliegenden Fall?
b) Welche Bedeutung hat diese Art der Prokura für die Geschäftsbeziehungen zwischen dem Geschäftsführer Peter Habacht und dem Prokuristen Jubilau?
c) Nennen Sie die Formen der Prokura und erläutern Sie diese kurz!
d) Wie hat ein Prokurist zu zeichnen?
e) Aus der Anzeige ist zu entnehmen, dass die Prokura von Frau Sonder erloschen ist. – Ist für den Entzug der Prokura eine Frist zu beachten?
f) Nennen Sie **Rechtsgeschäfte**, die ein Prokurist **nicht ausführen** darf!
g) Wer darf Prokura erteilen?

12. Die Prokura ist eine **durch Rechtsgeschäft erteilte Vertretungsvollmacht.**

a) Nennen Sie zwei durch Rechtsgeschäft erteilte handelsrechtliche Vollmachten!
b) Nennen Sie eine **durch Gesetz** erteilte **Vertretungsvollmacht**!
c) Was ist ein **Handlungsgehilfe**?
d) Nennen Sie Beispiele für Handlungsgehilfen!

13. In allen Unternehmen müssen täglich viele Entscheidungen getroffen werden, wie z. B. Personaleinstellungen, Einkäufe von Waren zum Wiederverkauf, Investitionen durch den Zukauf von maschinellen Anlagen. Die in diesem Zusammenhang anstehenden Entscheidungen können nach dem sog. **Direktorialprinzip** oder dem **Kollegialprinzip** erfolgen.

a) Erläutern Sie den Unterschied zwischen beiden Prinzipien!
b) Nennen Sie einen **Vorteil des Direktorialprinzips**!
c) Wie erfolgen Entscheidungen beim System der **Primatkollegialität**?

14. Neben der betrieblichen Mitbestimmung durch den Betriebsrat gibt es auch die **Mitbestimmung auf Unternehmensebene**.

a) Wo wird die unternehmensbezogene Mitbestimmung vollzogen?
b) Über welches Organ erfolgt die innerbetriebliche Mitbestimmung?
c) Nennen Sie drei **Gesetze**, in denen die Mitbestimmung auf Unternehmensebene geregelt ist!
d) Auf welche **Unternehmen** sind diese Gesetze anwendbar?
e) **Wie setzt sich** im jeweiligen Fall i. S. d. drei Mitbestimmungsgesetze **der Aufsichtsrat** in Unternehmen **zusammen**?

15. Einige aus den USA stammende **Managementprinzipien** werden auch in Deutschland angewandt. Erläutern Sie folgende Begriffe und nennen Sie je einen Vor- und Nachteil der Prinzipien!

a) **Management by exception**,
b) **Management by delegation**,
c) **Management by objectives**.

16. Je nachdem, wie sich ein Vorgesetzter seinen Mitarbeitern gegenüber verhält, ist von verschiedenen **Führungsstilen** die Rede. – Was versteht man unter einem

a) **autoritären Führungsstil**,
b) **kooperativen Führungsstil**,
c) **bürokratischen Führungsstil**?

17. In einer Zeitung ist zu lesen: „Die lückenhafte Information der Belegschaft von Unternehmen über die Firmenpolitik ist nach Auffassung von Arbeitsmedizinern und Psychologen für gesundheitliche Probleme von Arbeitnehmern verantwortlich".

a) Welche Bedeutung kann diese Aussage für das Funktionieren eines Betriebes haben?
b) Nennen Sie einen Grund, der dazu führen kann, dass die Belegschaft möglicherweise nicht hinreichend gut über innerbetriebliche Vorgänge informiert wird!

2.1.5 Personalwirtschaft

Lösungen ab Seite 246

1. In der Automobil- und Metallindustrie soll es laut Pressemitteilungen zu einer Vielzahl von Entlassungen kommen. Deshalb muss sich die Personalabteilung der Betriebe mit der Frage auseinander setzen, welche Arbeitnehmer zu entlassen sind. Auskunft auf diese Frage gibt ein ausgebautes **Personalinformationssystem**.

a) Welche Bedeutung hat der Aufbau eines Personalinformationssystems in der betrieblichen Praxis?
b) Nennen Sie andere Begriffe, die anstelle des Personalinformationssystems in der betrieblichen Praxis und der Literatur verwendet werden!
c) Welchen **Vorteil** bietet ein **EDV-gestütztes Personalinformationssystem** einem Betrieb im **Vergleich** zu der **traditionellen Organisation**?
d) Welchen **Vorteil** bringt ein **EDV-gestütztes Personalinformationssystem**, wenn man berücksichtigt, dass der Arbeitgeber den Betriebsrat **gemäß § 90 BetrVG** über die Planung von Arbeitsverfahren, Arbeitsabläufen und Arbeitsplätzen rechtzeitig zu unterrichten hat?

2. Welche **Aufgabe** hat die **Personalbedarfsplanung**?

3. Um Prognosen (Vorhersagen) über den Personalbedarf stellen zu können, ist es erforderlich, dass die Datenbank eines Personalinformationssystems alle notwendigen Daten enthält. – Nennen Sie Beispiele für **Daten**, die **für die Personalplanung** von Bedeutung sind!

4. Für Großbetriebe ist es von Bedeutung, eine hinreichend aussagekräftige **Personalstatistik** aufzustellen.

a) Was versteht man in diesem Zusammenhang unter der **Personalstruktur**?
b) Verdeutlichen Sie, aus welchen Gründen es zu **Personalbewegungen** kommen kann!
c) Nennen Sie Gründe, die in einem Betrieb **Arbeitsausfallzeiten** zur Folge haben!
d) Welche Auskunft gibt eine **Personalfluktuationsstatistik**?

5. Im Rahmen der betrieblichen Personalplanung ist es nicht nur von Bedeutung, die betriebsinternen Daten über die Mitarbeiter zu speichern, sondern auch **externe Faktoren** zu berücksichtigen. – Nennen Sie solche Faktoren!

6. Durch zusätzliche Auftragseingänge und durch altersbedingte Personalabgänge ist es erforderlich geworden, dass die Leder- und Textilproduktions GmbH in Großostheim weiteres Personal einstellen muss.

a) Welche Möglichkeiten gäbe es grundsätzlich, ohne zusätzliche Einstellungen und ohne innerbetriebliche Personalbewegung die zusätzliche Arbeit zu leisten?
b) Welche Möglichkeiten erlaubt die innerbetriebliche Personalbedarfsplanung, frei werdende oder offene Stellen zu besetzen?
c) Welche Möglichkeiten gibt es grundsätzlich, offene Stellen durch außerbetriebliche Maßnahmen zu besetzen?

7. Welche Fragen stellen sich für ein Unternehmen, wenn Stellenbesetzungen durch die Versetzung von Mitarbeitern erfolgen sollen?

8. Welche Überlegungen werden im Rahmen der **Personalsteuerung** angestellt?

9. Anja Flink ist Mitarbeiterin in der Personalabteilung in einem neu gegründeten Unternehmen der Getränkeindustrie. Sie soll ein Konzept entwickeln, aus dem Arbeitsplatz- und Personaldaten ableitbar sind. - Nennen Sie einige **Merkmalsgruppen**, mit Beispielen versehen, die Sie Anja empfehlen würden!

10. In Stellenanzeigen sind häufig **qualitative Anforderungen** enthalten, die ein künftiger Mitarbeiter erfüllen soll. – Nennen Sie Beispiele für solche Anforderungen bzw. Aufgaben, die

a) ein Buchhalter im Finanz- und Rechnungswesen,
b) ein Sachbearbeiter in der Abteilung Einkauf eines Baumarktes,
c) ein Marketing-Assistent,

mitbringen soll.

11. Haben sich auf eine Stellenanzeige mehrere Personen beworben, so ist es erforderlich, dass die Personalabteilung neben einer Tätigkeitenübersicht zusätzlich genaue Angaben hinsichtlich der erforderlichen Qualifikationen eines zukünftigen Stelleninhabers liefert. Deshalb empfiehlt sich auch eine **quantitative Bewertung der Fähigkeiten** in Form einer **Bewertungsskala**. – Wie kann eine solche Skala aussehen?

12. Adelheid Gotthelf arbeitet als ausgelernte Bürokauffrau seit zwei Jahren in der Personalabteilung der Spielwaren-Vertriebs-GmbH, Dresdner Str. 411, Mainz. Inhaber und Geschäftsführer des Unternehmens ist Ingo Schmuckelchen. Auf eine Annonce „Mitarbeiter in der Abteilung Marketing und Vertrieb gesucht" in der Allgemeinen Zeitung Mainz haben sich 35 Personen beworben. Nachdem die Bewerberzahl aufgrund der vorliegenden Unterlagen auf 8 begrenzt wurde, fiel die Wahl auf Roland Urban, Rosenstr. 24, Bingen. Frau Gotthelf wird beauftragt, einen Arbeitsvertrag zu entwerfen, der an Herrn Urban zur Unterschrift übersandt werden soll. Es wurde ein Bruttogehalt von 2.400,- € vereinbart. Außerdem gewährt das Unternehmen Herrn Urban vermögenswirksame Leistungen nach dem Vermögensbildungsgesetz. Am Ende des Kalenderjahres erhält der Mitarbeiter ein 13. Monatsgehalt. Die Ansprüche auf Erholungsurlaub sind abzuleiten aus dem geltenden Tarifvertrag. Der Beginn des Arbeitsverhältnisses ist der 01. Oktober ..

a) Nennen Sie die im **Nachweisgesetz** aufgeführten 10 **Inhalte**, die in einer Niederschrift zur Begründung eines Arbeitsverhältnisses mindestens enthalten sein müssen! – Schauen Sie hierzu in Ihr Gesetz!
b) Welche **Hauptpflichten** gehen die beiden **Vertragspartner** eines **Arbeitsvertrages** ein, wenn das Rechtsgeschäft durch Leistung der Unterschriften zu Stande kommt?
c) Nennen Sie **Nebenpflichten**, die sich aus einem **Arbeitsvertrag** ergeben!
d) Nennen Sie drei **Urlaubsansprüche**, die ein Arbeitnehmer geltend machen kann!
e) Welche **Arbeitspapiere** muss der Arbeitgeber dem Arbeitnehmer bei Beendigung des Arbeitsverhältnisses aushändigen?
f) Eines der auszuhändigenden Arbeitspapiere ist das Zeugnis. Worin besteht der Unterschied zwischen dem **einfachen Zeugnis** und dem **qualifizierten Zeugnis**?

13. Nennen Sie je zwei Beispiele für

a) **gewerbliche Mitarbeiter,**
b) **kaufmännische Mitarbeiter,**

die in Unternehmen beschäftigt sein können!

14. Harald Blondschopf arbeitet seit 1. Juli des Jahres bei der Vielprodukt-Vertriebs GmbH. Am 6. September bittet er den Arbeitgeber ihm einen Arbeitsvertrag vorzulegen. Der Geschäftsführer teilt Herrn Blondschopf daraufhin mit, dies sei nicht nötig. Man habe ja ausreichende mündliche Vereinbarung getroffen. – Beurteilen Sie die Rechtslage!

15. Georg Ratzebutz arbeitet 32 Wochenstunden in der Otto Blitzblank KG. Da er keinen vollen Job hat, so argumentiert sein Arbeitgeber, könne er im Gegensatz zu den anderen vollbeschäftigten Mitarbeitern des Betriebes keine kostenlosen Essensmarken beanspruchen. – Beurteilen Sie die Rechtslage!

16. Aufgrund von derzeit bestehendem Arbeitskräftemangel kommt zwischen einem Arbeitgeber und einem Arbeitnehmer per Handschlag ein Arbeitsvertrag über einen Zeitraum von neun Monaten zu Stande. Ist dieses Rechtsgeschäft rechtswirksam? – Begründung!

17. Jens Schneeweiß hat seit zwei Jahren einen Arbeitsplatz in der Controlling-Abteilung eines Chemieunternehmens. Seit dieser Zeit arbeitet er als einziger Beschäftigter des Unternehmens wöchentlich 24 Stunden, während die Kollegen eine Arbeitszeit von 40

Stunden absolvieren. Der Arbeitgeber teilt Herrn Schneeweiß mit, dass er als Teilzeitkraft aus Spargründen in diesem Jahr das den übrigen Arbeitnehmern zustehende Urlaubsgeld nicht bekommen könne.

a) Kann der Arbeitgeber das **Urlaubsgeld** streichen?
b) Nachdem Herr Schneeweiß den Arbeitgeber informiert hat, dass er mit dieser neuen Urlaubsgeldregelung nicht einverstanden ist, teilt ihm sein Vorgesetzter mit, morgen brauche er nicht zu kommen, dafür aber in zwei Tagen. Danach hätte er eine Woche Urlaub zu nehmen und würde danach alle zwei Tagen vorher erfahren, an welchen Tagen man ihn bitte als Teilzeitkraft im Betrieb zu erscheinen. – Beurteilen Sie die Rechtslage.

18. Jedes **Arbeitseinkommen**, das für einen Arbeitnehmer eine **Einkommensquelle** darstellt, ist für den **Arbeitgeber** zugleich ein Kostenfaktor.

a) Welche Arbeitnehmer eines Betriebes beziehen **Gehalt**, welche erhalten **Lohn**?
b) Nennen Sie **Sonderzahlungen**, die Arbeitnehmer erhalten können!
c) Sind Sonderzahlungen sozialversicherungspflichtig?

19. In einer Betriebszeitung ist folgendes Schaubild abgebildet.

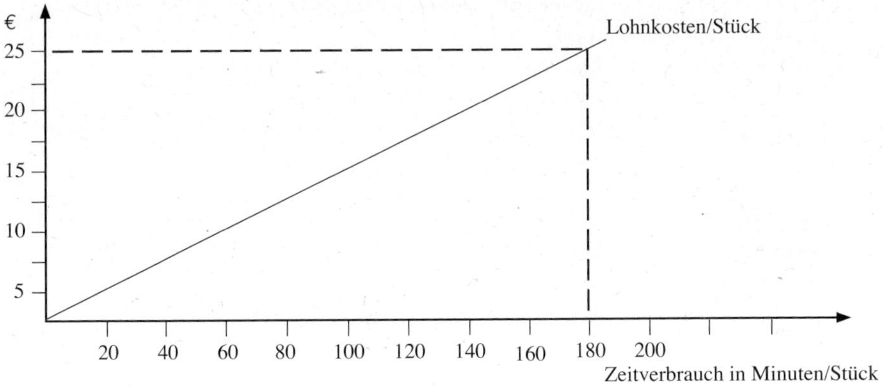

a) Welche **Lohnform** wird dargestellt?
b) Nennen Sie jeweils **Vor- und Nachteile**, die sich für den **Arbeitgeber** und den **Arbeitnehmer** bei dieser Lohnform ergeben können!

20. In welchem Fall spricht man von **Leistungslohn**?

21. Wie wird der **Bruttolohn** eines Arbeiters berechnet, der nach **Stückgeldakkord** oder **Stückzeitakkord** bezahlt wird?

22. Nennen Sie jeweils zwei **Vor- und Nachteile** für Arbeitgeber und Arbeitnehmer, die der **Akkordlohn** mit sich bringt!

23. Nennen Sie zwei Vergütungen, die Unternehmer zahlen, um so ein **Lohnanreizsystem** zu schaffen!

24. Die 22-jährige Susanne Arabel arbeitet seit drei Jahren als Angestellte in der Südfrüchte-Vertriebs GmbH.

a) Susanne hat auf eine Bewerbung bei der Joe Sumsemann OHG eine Zusage erhalten. Welche **gesetzliche Kündigungsfrist** muss sie einhalten, wenn sie am 1. August ihre neue Arbeitsstelle antreten und möglichst spät kündigen will?
b) In dem ihr zur Unterschrift vorgelegten Arbeitsvertrag ist folgende Formulierung enthalten: „Die Joe Sumsemann OHG hat eine Kündigungsfrist von sechs Wochen, der/die Angestellte eine Kündigungsfrist von zwei Monaten einzuhalten.“ – Beurteilen Sie die Rechtslage!
c) Wie beurteilen Sie folgende Formulierung in dem Arbeitsvertrag: „Während der vereinbarten Probezeit von neun Monaten kann das Arbeitsverhältnis beidseitig mit einer Frist von vier Wochen gekündigt werden.”
d) Besteht für den Fall der Kündigung eines Arbeitsverhältnisses ein **gesetzlich** vorgeschriebener **Formzwang**?

25. Klaus Schwab ist Personalchef in einem Betrieb mit 400 Beschäftigten geworden. Im Zusammenhang mit Fragen aus dem Arbeitsrecht beschäftigt er sich auch mit dem Problem der **Abmahnung**.

a) Ist Herr Schwab berechtigt einen Arbeitnehmer abzumahnen, wenn dieser regelmäßig zu spät zur Arbeit kommt?
b) Nennen Sie ein Beispiel für das Verhalten eines Arbeitnehmers, durch das eine **Abmahnung** gerechtfertigt ist!
c) Einem Mitarbeiter, der im Außendienst tätig ist, kann mehrfacher Spesenbetrug nachgewiesen werden. – Ist in diesem Fall eine Abmahnung vor einer fristlosen Kündigung erforderlich?
d) Ist für eine Abmahnung die Schriftform erforderlich?
e) Unter welcher Voraussetzung kann ein Arbeitnehmer verlangen, dass ihm eine **Abmahnung aus der Personalakte entfernt** wird?

26. Neben der gesetzlichen und der vertraglich vereinbarten Kündigung gibt es die **fristlose Kündigung**.

a) Nennen Sie einen **anderen Begriff für** die **gesetzliche** und **vertragliche Kündigung**!
b) Nennen Sie einen **anderen Begriff für** die **fristlose Kündigung**!
c) Richard Nathan erfährt am 11.5., dass Schwarz, einer seiner Angestellten, Geld unterschlagen hat. Daraufhin schickt Nathan seinem Angestellten am 28.5. per Übergabeeinschreiben die schriftliche fristlose Kündigung. Schwarz vertritt daraufhin die Meinung, man könne ihm nun nicht mehr kündigen. – Beurteilen Sie die Rechtslage!

27. Das **Kündigungsschutzgesetz** (KSchG) versucht das Prinzip der Kündigungsfreiheit auf Arbeitgeberseite einzuschränken.

a) Welche **Kündigungen** sind im Sinne des KSchG **unwirksam**?
b) In welchen Fällen gilt eine **Kündigung als sozial ungerechtfertigt**?
c) Herr Meier arbeitet als Sachbearbeiter in der Groß GmbH. Am Wochenende verliert er wegen Trunkenheit am Steuer seinen Führerschein. Aus diesem Grunde kündigt ihm sein Arbeitgeber. – Beurteilen Sie die Rechtslage!

28. In einer Tageszeitung war zu lesen: „Der Interessenausgleich für 114 Crash-AG-Mitarbeiter in Dietzenbach und Castrop-Rauxel ist perfekt. Der Sozialplan für die durch Rationalisierungsmaßnahmen entlassenen Beschäftigten hat ein Volumen von 40 Millionen €. Die durchschnittliche Abfindungssumme pro Mitarbeiter liegt bei 30.000 €."

a) Aus welchem Gesetz ist ableitbar, was ein Sozialplan ist?
b) Was ist ein **Sozialplan**?
c) Nennen Sie Beispiele für **Betriebsänderungen**!
d) Verdeutlichen Sie an Beispielen, welche Regelungen ein Sozialplan beinhalten kann!

29. Neben der Kündigung gibt es weitere **auflösende Tatbestände**, die **zur Beendigung eines Arbeitsverhältnisses** führen können.

a) Nennen Sie mindestens zwei weitere **Beendigungsgründe von Arbeitsverhältnissen**!
b) Durch welche **Rente** ist ein Arbeitnehmer in der **Erwerbsunfähigkeit** sozial abgesichert?
c) Welcher **Versicherungsträger** ist zuständig für die Zahlung einer **Hinterbliebenenrente** an die Witwe?
d) Welche staatliche Institution ist zuständig für die Zahlung der **Arbeitslosenunterstützung**?
e) Von welchem Träger der Sozialversicherung erhält ein vor zwei Monaten arbeitslos gewordener früherer Arbeitnehmer **Arbeitslosengeld**?
f) Welche **Arbeitspapiere** werden einem Arbeitnehmer nach Beendigung des Arbeitsverhältnisses vom Arbeitgeber ausgehändigt?

30. Neben dem allgemeinen Kündigungsschutz gibt es noch den **besonderen Kündigungsschutz**.

a) Nennen Sie mindestens drei **Personengruppen**, die einem besonderen Kündigungsschutz unterliegen!
b) Warum unterliegt der **Betriebsrat** einem **besonderen Kündigungsschutz**?
c) Wie lange unterliegt der **Betriebsrat** einem besonderen Kündigungsschutz?
d) Inwiefern unterliegen **Auszubildende** einem besonderen Kündigungsschutz?

31. Ralf Butterkeks arbeitet seit sechs Jahren in einem Unternehmen der Spielwarenindustrie. Soeben hat er telefonisch erfahren, dass er Vater einer Tochter geworden ist. – Ist nun auf seine persönliche Situation das Mutterschutzgesetz anzuwenden?

32. Ulun Schmackes absolviert im zweiten Ausbildungsjahr eine Berufsausbildung zur Bürokauffrau. Sie hat vor zwei Wochen erfahren, dass sie schwanger ist. Hat Sie aufgrund der gesetzlichen Lage nach der Geburt ihres Kindes Anspruch auf **Mutterschaftsgeld**?

33. Die Auszubildende Olga Supergirl hat ihre Ausbildung im September des Jahres 1 begonnen. Sie erfährt im Juni des darauffolgenden Jahres, dass sie schwanger ist.

a) Muss sie ihren Arbeitgeber über die **Schwangerschaft** informieren?
b) Wie beurteilen Sie die Situation, wenn sie ihren Arbeitgeber nicht in Kenntnis darüber setzt, dass sie schwanger ist?

34. Helene Turnschuh arbeitet als Angestellte in einem Großhandelsbetrieb, in dem Getränke vertrieben werden. Von dem für Arbeitnehmerangelegenheiten in dem Betrieb gewählten Betriebsratsmitglied Jörg Pulverfass erfährt sie, dass für sie aufgrund ihrer Schwangerschaft sowohl individuelle als auch generelle Beschäftigungsverbote bestehen.

a) Nennen Sie mindestens ein **individuelles Beschäftigungsverbot** i. S. d. MuSchG!
b) Nennen Sie **generelle Beschäftigungsverbote**!
c) Warum gelten diese Beschäftigungsverbote?

35. Belinda Salzstreuer arbeitet bei der Brauerei Suff in der Abteilung Vertrieb. Sie hat von ihrem Frauenarzt erfahren, dass sie schwanger sei und Zwillinge erwarte. Nun möchte sie wissen, welche Leistungen sie während der Schwangerschaft und der anschließenden Mutterschaft in Anspruch nehmen kann. – Nennen Sie solche Leistungen!

36. Naomi Brunnenbaum arbeitet seit drei Jahren in der Johanna Glaubmir GmbH. Sie hat am 26. Mai die Kündigung ihres Arbeitsverhältnisses schriftlich erhalten. Am 29. Mai legt sie ihrem Arbeitgeber die Bescheinigung ihres Frauenarztes vor, aus der ersichtlich ist, dass sie schwanger ist. – Beurteilen Sie die Rechtslage!

37. Welche gesetzlich garantierten Rechte kann eine Mutter während der Stillzeit ihres Kindes grundsätzlich in Anspruch nehmen? – Nennen Sie zwei Beispiele!

38. Patrizia Butterkeks ist im vierten Monat schwanger. Sie beabsichtigt, zum Arzt zu gehen, um sich im Rahmen der ihr zustehenden Leistungen der gesetzlichen Krankenversicherung bei Schwangerschaft untersuchen zu lassen. – Muss sie dafür einen Teil ihres Erholungsurlaubs in Anspruch nehmen? – Begründung!

39. Innerhalb welcher Zeit hat eine Frau, die schwanger bzw. Mutter ist, Anspruch auf Mutterschaftsgeld?

40. In welchem Gesetz ist der Anspruch auf Elternzeit geregelt?

41. In vielen Betrieben der privaten Wirtschaft vertritt der **Betriebsrat** die Interessen der Arbeitnehmer.

a) In welchem Gesetz sind Vorschriften enthalten, die die Voraussetzungen der Wahl von Betriebsratsmitgliedern betreffen?
b) In welchen Betrieben werden in der Regel Betriebsräte gewählt?
c) Welche Personen sind bei Betriebsratswahlen **wahlberechtigt**?
d) Wer ist bei Betriebsratswahlen **wählbar**?
e) **Wann** finden die **regelmäßigen Betriebsratswahlen** statt und aus welchen Gründen finden Betriebsratswahlen **unregelmäßig** statt?
f) Neben dem Betriebsrat gibt es weitere **betriebsverfassungsrechtliche Sondervertretungsorgane**. – Nennen Sie diese und erläutern Sie kurz die Voraussetzung für deren Existenz!
g) Nennen Sie ein **Vertretungsorgan**, das die Interessen der Arbeitnehmer im **öffentlichen Dienst** vertritt!

42. Der **Betriebsrat** hat verschiedene Aufgaben wahrzunehmen.

a) Nennen Sie **allgemeine** und **besondere Aufgaben** des **Betriebsrates**!
b) In welchen Betrieben gibt es einen **Wirtschaftsausschuss**?
c) Welche **Aufgaben** hat der **Wirtschaftsausschuss**?

43. Das **Arbeitszeitgesetz (ArbZG)** wurde geschaffen, um die Sicherheit der Arbeitnehmer am Arbeitsplatz zu gewähren und Aspekte der Arbeitszeitgestaltung innerhalb der Länder der Europäischen Union möglichst einheitlich festzulegen!

a) Erklären Sie **Begriffsbestimmungen**, die das **ArbZG** enthält!
b) Schauen Sie in das **ArbZG**, schreiben Sie die Überschriften der **wichtigsten Paragrafen** des zweiten und dritten Abschnitts heraus und subsummieren (unterordnen) Sie diese unter den Gliederungspunkten „Werktägliche Arbeit“ und „Sonn- und Feiertagsruhe“!
c) Mit welchen **Rechtsfolgen** muss ein Arbeitgeber rechnen, wenn er gegen das Arbeitszeitgesetz verstößt?

44. Worin besteht der **Unterschied** zwischen den **Mitbestimmungsrechten** und den **Mitwirkungsrechten des Betriebsrates**?

45. Handelt es sich in den nachfolgenden Fällen um

I. **Mitbestimmungsrechte**
II. **Mitwirkungsrechte**

des Betriebsrats?

a) In einem Betriebsgebäude soll als Unfallverhütungsmaßnahme die gesamte elektrische Anlage neu installiert werden.
b) Personalfragebogen sollen inhaltlich umgestaltet werden.
c) Einigen Beschäftigten soll gekündigt werden.
d) Die Arbeitszeit soll an drei Wochentagen um je 2 Stunden gekürzt werden.
e) Es sollen Fortbildungslehrgänge in Datenverarbeitung ermöglicht werden.

46. Frau Maria Cézanne arbeitet seit vier Jahren als Angestellte bei einem Spielwarenhersteller. In diesem Betrieb gibt es einen **Betriebsrat**. Am 15.5. wird ihr zum 30.6. gekündigt.

a) Kann der Arbeitgeber ohne Einschaltung des Betriebsrats fristgerecht kündigen?
b) Was kann der Betriebsrat tun, wenn er gegen die Kündigung Bedenken hat?
c) Welches **Gericht** ist zuständig für die Erhebung einer **Kündigungsschutzklage**?
d) Innerhalb welcher **Frist** kann nach erfolgter Kündigung **Kündigungsschutzklage** erhoben werden?
e) Welche Konsequenz ergibt sich für das Beschäftigungsverhältnis aus der Kündigungsschutzklage?

47. Regelmäßig finden in Betrieben **Betriebsversammlungen** statt.

a) Was ist eine Betriebsversammlung?
b) Wer **leitet** die Versammlung?
c) **Wie oft** finden Betriebsversammlungen statt?
d) Können Kunden eines Betriebes an Betriebsversammlungen teilnehmen?

48. Der 22-jährige Wolfgang Schlegel absolviert seit einem Jahr eine Ausbildung zum Bürokaufmann. Aufgrund seines Engagements für die Interessen der anderen 24 Auszubildenden in dem Betrieb, in dem er beschäftigt ist, empfiehlt ihm ein Freund, sich in die Jugend- und Auszubildendenvertretung wählen zu lassen.

a) In welchen Betrieben kann eine **Jugend- und Auszubildendenvertretung** gewählt werden?
b) Kann Wolfgang Mitglied der Jugend- und Auszubildendenvertretung werden? – Begründung!
c) **Wann finden die regelmäßigen Wahlen** der Jugend- und Auszubildendenvertretung statt?
d) Begründen Sie anhand eines Beispiels, warum es auch zu nicht regelmäßigen Wahlen der Jugend- und Auszubildendenvertretung kommen kann!
e) Nennen Sie zwei **Aufgaben** der Jugend- und Auszubildendenvertretung!

49. Regelmäßig handeln die Tarifvertragsparteien neue **Tarifverträge** aus.

a) Wer sind die **Tarifvertragsparteien**?
b) Nennen Sie zwei **Tarifvertragsarten**!
c) Nennen Sie mindestens vier **Gesichtspunkte**, die in **Manteltarifverträgen** festgelegt sein können!
d) Was beinhaltet der Grundsatz der **Tarifautonomie**?
e) Was versteht man unter der **Allgemeinverbindlichkeitserklärung**?
f) Was ist das sog. **Tarifregister**?

50. Gewerkschaften sind Vertragspartner der Tarifvertragsparteien.

a) Welcher Begriff verbirgt sich hinter der Abkürzung **„Verdi"**?
b) Nennen Sie mindestens drei **Aufgaben der Gewerkschaften**!

51. Die **Arbeitskampfmittel** der Tarifvertragsparteien sind der **Streik** und die **Aussperrung**.

a) Was ist ein **legaler Streik**?
b) Nennen Sie ein Beispiel für einen **unrechtmäßigen Streik**!
c) Was ist eine **Aussperrung**?
d) Ist eine Aussperrung legal? – Begründung!

52. Olaf Mondamin surft im Internet und schaut sich die Homepage der in der nachfolgenden Hardcopy erkennbaren Gewerkschaft an.

a) Um welche Gewerkschaft handelt es sich?
b) Wofür steht die **Abkürzung** dieser Gewerkschaft?
c) Welche **Interessen vertritt** diese **Gewerkschaft**?

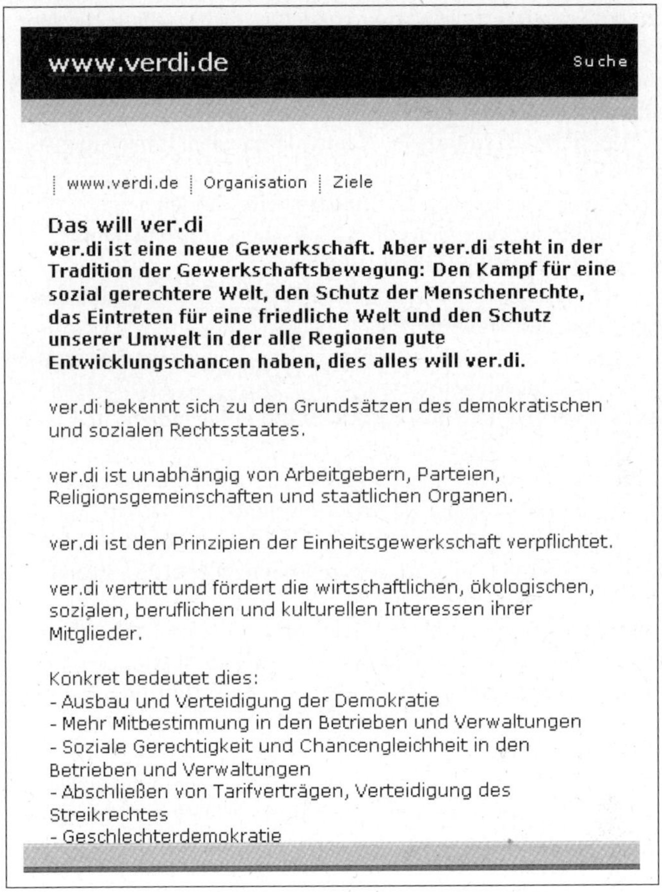

www.verdi.de Suche

| www.verdi.de | Organisation | Ziele

Das will ver.di

ver.di ist eine neue Gewerkschaft. Aber ver.di steht in der Tradition der Gewerkschaftsbewegung: Den Kampf für eine sozial gerechtere Welt, den Schutz der Menschenrechte, das Eintreten für eine friedliche Welt und den Schutz unserer Umwelt in der alle Regionen gute Entwicklungschancen haben, dies alles will ver.di.

ver.di bekennt sich zu den Grundsätzen des demokratischen und sozialen Rechtsstaates.

ver.di ist unabhängig von Arbeitgebern, Parteien, Religionsgemeinschaften und staatlichen Organen.

ver.di ist den Prinzipien der Einheitsgewerkschaft verpflichtet.

ver.di vertritt und fördert die wirtschaftlichen, ökologischen, sozialen, beruflichen und kulturellen Interessen ihrer Mitglieder.

Konkret bedeutet dies:
- Ausbau und Verteidigung der Demokratie
- Mehr Mitbestimmung in den Betrieben und Verwaltungen
- Soziale Gerechtigkeit und Chancengleichheit in den Betrieben und Verwaltungen
- Abschließen von Tarifverträgen, Verteidigung des Streikrechtes
- Geschlechterdemokratie

2.1.6 Ablauforganisation

Lösungen ab Seite 263

1. Julia Wunderkind arbeitet seit 5 Jahren in der Zumbaro-Electric GmbH. Sie hat sich aufgrund einer betriebsinternen Stellenausschreibung auf eine Stelle als Sachbearbeiterin in der Vertriebs-Abteilung beworben. In dem Gespräch mit ihrem möglichen künftigen Vorgesetzten erfährt sie, dass der neue Stelleninhaber die Aufgabe übernehmen müsse, die Abteilung so **umzuorganisieren**, dass einzelne Arbeitsabläufe reibungsloser als bisher vonstatten gingen. Außerdem sei geplant, einige Einzelarbeitsplätze zu Gruppenarbeitsplätzen zusammenzufassen. Unter dem Gesichtspunkt Sicherheit am Arbeitsplatz soll der neue Stelleninhaber auch für die Installierung einer neuen Büroeinrichtung zuständig sein.

a) Um welche **Art der Organisation** handelt es sich im Falle der hier angesprochenen **Umorganisation**?
b) Nennen Sie einen Nachteil für den Betrieb, der durch das Einrichten von **Einzelarbeitsplätzen** entsteht!
c) Welche Vorteile sehen Mitarbeiter häufig darin, einen Einzelarbeitsplatz einnehmen zu können?
d) Nennen Sie einen Vorteil von **Gruppenarbeitsräumen**!
e) Worauf ist unter dem Gesichtspunkt **Sicherheit am Arbeitsplatz** zu achten, wenn es um den Erwerb neuer Büromöbel geht?
f) Wie wird die organisatorische Umgestaltung am Arbeitsplatz bezeichnet, bei der die Arbeitsbedingungen derart umgestaltet werden, dass – so wie dies für den Stelleninhaber der neu zu besetzenden Stelle vorgesehen ist – einem Mitarbeiter zusätzliche Entscheidungsbefugnisse übertragen werden?
g) Erläutern Sie die Begriffe **Job rotation**, **Job enlargement** und **teilautonome Gruppe**!
h) Bei Fragen, die die betriebliche Organisation betreffen und bei denen es um die **Aufgabenanalyse** geht, sind die Begriffe **Verrichtungsprinzip** und **Objektprinzip** von Bedeutung. – Erklären Sie, was diese beiden Grundsätze beinhalten!
i) Nennen Sie Gründe, die eine **innerbetriebliche Neuorganisation** rechtfertigen!

2. In einem Gespräch mit einem Kreditsachbearbeiter einer Bank erklärt der Inhaber eines Unternehmens, dass es im Rahmen der Sanierungsbestrebungen des Unternehmens zu einer grundlegenden Änderung der **Aufbauorganisation** und der **Ablauforganisation** kommen wird. – Erklären Sie die beiden Begriffe!

3. Das Flugunternehmen Airfly beabsichtigt, die Stelle eines Systemanalytikers zu besetzen. Voraussetzung ist ein abgeschlossenes Studium als Diplomwirtschaftsingenieur an einer Fachhochschule oder Universität. – Verdeutlichen Sie in einer **Abfolge** den Weg von der **Stellenausschreibung** bis zur **Stellenbesetzung**!

4. Der Vorstand einer Automobil Aktiengesellschaft stellt in seiner monatlich stattfindenden Sitzung fest, dass aufgrund der schlechten Wirtschaftslage ein starker Umsatzrückgang in den Monaten Juli bis Oktober zu verzeichnen ist. Alle in Wirtschaftszeitungen erscheinenden Berichte und Statistiken weisen darauf hin, dass die Wirtschaft immer mehr in die rezessive Phase gerät. Aus diesem Grund werden alle Abteilungsdirektoren aufgefordert, einen schriftlichen Bericht über den Ist-Zustand ihrer Abteilung im Monat November abzugeben. Der Direktor des Geschäftsbereichs Produktion wird gebeten, Vorschläge zu unterbreiten, welchen Mitarbeitern eine Vorruhestandsregelung angeboten werden soll.

a) Worin besteht der Unterschied zwischen **Ist-Zustand** und einer **Soll-Planung**?
b) Welche Möglichkeiten einer **Befragung** von Mitarbeitern gibt es grundsätzlich?
c) Formulieren Sie mindestens drei Fragen, die in einem **Fragebogen** enthalten sein sollten, die den Mitarbeitern dieses Automobilwerkes zum Zwecke von Verbesserungsvorschlägen und zur Abwendung einer drohenden Zahlungsunfähigkeit vorgelegt werden sollten!
d) Nennen Sie die Abkürzung für den Verband, der sich mit **Arbeitsstudien** beschäftigt.
e) Welche Nachteile ergeben sich, wenn Mitarbeiter beim Arbeitsprozess beobachtet werden?

5. Informationen über die Bevölkerung, bestimmte Personengruppen wie z. B. Steuerberater oder über innerbetriebliche Vorgänge können mittels einer **Primärerhebung** oder einer **Sekundärerhebung** gewonnen werden.

a) Nennen Sie zwei Möglichkeiten einer Primärerhebung im innerbetrieblichen Bereich!
b) Nennen Sie eine Methode der Primärerhebung eines Marktforschungsinstituts!
c) In welchem Fall spricht man von einer Sekundärerhebung?

6. Im Folgenden sehen Sie ein Diagramm, das in einem Industriebetrieb verwendet wird.

25. Woche - Urlaubsplanung							
Mitarbeiter Marketing-Abt.	Mo	Di	Mi	Do	Fr	Sa	So
Müller							
Schwarz							
Ottenbreit							
Efe							

a) Tragen Sie die geplanten Urlaubstage für die 25. Woche ein (senkrechte Striche)!
Müller = Urlaub am Montag
Schwarz = keinen Urlaub
Ottenbreit = Urlaub von Mittwoch bis Freitag
Efe = Urlaub am Montag und Dienstag.
b) Wie wird ein solches Diagramm bezeichnet?
c) Nennen Sie zwei weitere betriebliche Bereiche, in denen solche Diagramme eingesetzt werden!

7. Warum wird das **Balkendiagramm** auch als **Gantt-Diagramm** bezeichnet?

8. Welchen **Vorteil** hat ein **Gantt-Diagramm** beim „Einsatz“ in der **Produktion**?

9. Die schnellstmöglichste Durchlaufzeit ist bei der Produktion von Küchen nicht unbedingt die optimale Durchlaufzeit. – Begründen Sie diese Aussage!

10.

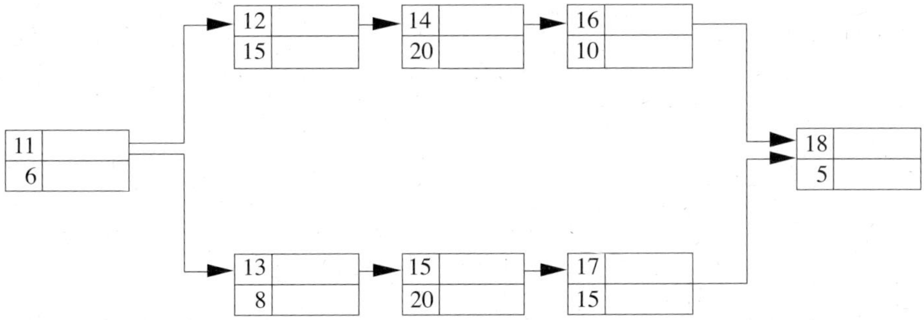

a) Um welche Art der Darstellung handelt es sich hier?
b) Worin besteht der Unterschied zwischen einem Strukturplan und der obigen Darstellungsform?
c) Welche Bedeutung hat der **Puffer**?

2.1.7 Auftragsbearbeitung und Organisation der Lagerhaltung

Lösungen ab Seite 266

1. Die Möbel-Produktions-GmbH, Kiel, erhält am 24. September 20.. per Telefax folgende Anfrage der Möbel-Ausstattungs GmbH, Ulm: Teilen Sie uns bitte umgehend die Preise und Lieferungsbedingungen folgender Artikel mit:

- Vitrinenkombination ROM, Erle massiv, 152/210/46 cm;
- Sitzgruppe TURIN, 215 cm breit;
- Wohnwand MALAGA, Korpus und Front Erle massiv, 285/200/60 cm;
- Schlafzimmerprogramm MONIKA in der Ausführung Esche sahara.

a) Wie kann die Möbel-Produktions-GmbH die **Kreditwürdigkeit** dieses Kunden überprüfen?
b) Nennen Sie einen anderen Begriff für Kreditwürdigkeit!
c) Von welchen Faktoren hängt es ab, bis zu welchem Zeitpunkt das Möbelunternehmen in Ulm spätestens beliefert werden kann?

2. Ein Industrieunternehmen, das Motorteile, wie z. B. eine Lichtmaschine produziert, kann aus vorhandenen Stücklisten erkennen, aus welchen Bestandteilen sich ein Erzeugnis zusammensetzt.

a) Warum ist es sinnvoll, **Stücklisten** zu führen?
b) Wozu dient die **Gesamtstückliste**?
c) Welche Angaben enthält eine **Kalkulationsstückliste**?

3. In einem Vortrag zum Thema „Neue Beschaffungsstrategien" berichtet ein Manager eines großen Unternehmens, dass durch die zu beobachtende radikale Reduzierung der Fertigungstiefe deutscher Unternehmen gleichzeitig die Erhöhung der Fremdbezugsanteile einhergehe. – Erklären Sie an einem Beispiel, was man unter einer Reduzierung der **Fertigungstiefe** versteht!

4. Eine Beschaffungsstrategie ist das **Global-Sourcing**, durch das ein weltweit guter Überblick über wichtige Beschaffungsmärkte erreicht werden soll.

a) Nennen Sie einen Vorteil dieser **Beschaffungsstrategie**!
b) Nennen Sie Kritikpunkte dieser Strategie, die als nachteilig betrachtet werden können!
c) Wann spricht man von **Single-Sourcing** und **Multi-Sourcing**?
d) Nennen Sie Vorteile des Einkaufs im Single-Sourcing-Verfahren!

5. Aus der Presse ist zu erfahren, dass DaimlerChrysler im Hinblick auf die Zukunft den Umweltschutz zur gleichrangigen Handlungsmaxime neben die Wirtschaftlichkeit gestellt hat. – Verdeutlichen Sie diese Aussage an einem Beispiel!

6. In einer Karikatur ist ein im Verkehr stehender LKW mit der Aufschrift **„Just in time"** abgebildet. – Was ist damit gemeint?

7. Der Geschäftsführer der Metall AG liest im Teil „Termin- und Rohstoffmärkte" i. d. R. von Montag bis Freitag erscheinenden Wirtschaftszeitung Handelsblatt, dass auf den deutschen Metallmärkten eine erhebliche Verunsicherung durch die schwache Nachfrage ausgelöst wurde.

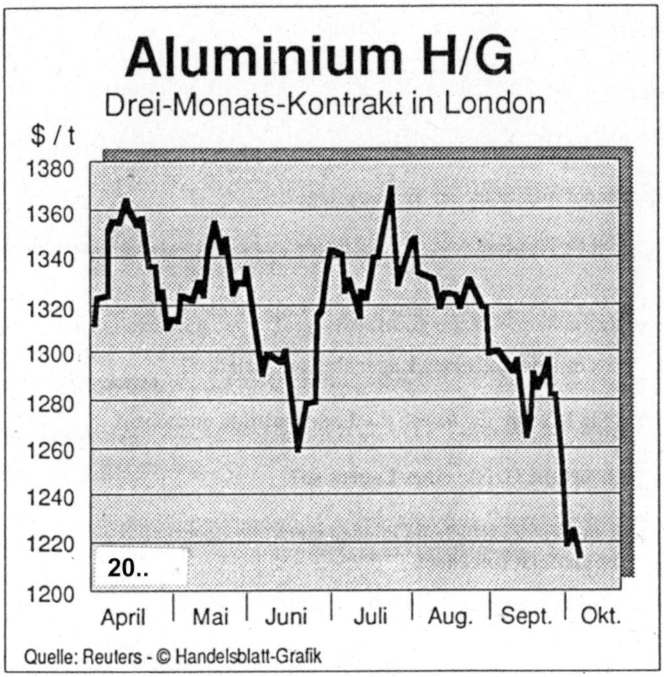

a) Wie wirkt sich ein Anstieg des Dollar-Wechselkurses auf den Preis für Aluminium aus?
b) Mit welcher Recheneinheit wird der Preis für Aluminium auf dem Markt für Aluminium bewertet?
c) In welchem Monat war gemäß obiger Grafik der Aluminiumpreis am höchsten?
d) In welchem Monat des zweiten Viertelhalbjahres hätte es sich gelohnt, Aluminium zur Lagerung zu kaufen?

8. In einer Zeitung ist zu lesen: Kanadische Investoren haben in Tansania mit dem Abbau der größten Nickelvorkommen der Welt begonnen.

a) Wo liegt Tansania? – Schauen Sie in Ihren Atlas!
b) Wie kann sich dieser Abbau langfristig auf den Nickelpreis auswirken?
c) Aus welchem Grund könnte der Preis für Nickel trotz gestiegenem Abbau steigen?
d) Welche Konsequenz für die Lagerhaltung kann, unter der Annahme eines etwa gleichbleibenden Dollarkurses, die Ankündigung des auf der Welt zusätzlichen Nickelabbaus haben?

9. Personen, die für die Lagerung in einem Betrieb zuständig sind, müssen Kenntnisse über die **Lagerorganisation** haben.

a) Welche Güter können in einem **offenen Lager** aufbewahrt werden?

b) Aus welchen Gründen können bestimmte Güter nur in **geschlossenen Lagern** aufbewahrt werden?
c) Nennen Sie **Vorteile von zentralen Lagern**!
d) Welche **Gründe** können Unternehmer veranlassen **dezentrale Lager** einzurichten?

10. Was versteht man unter der **Warenpflege**?

11. Nennen Sie **Grundsätze**, nach denen ein **Lager eingerichtet** werden sollte!

12. Nennen Sie **Beförderungsmittel**, die **in Lagern** eingesetzt werden!

13. Warum ist es sinnvoll, einen **Lagerplan** aufzustellen?

14. Nennen Sie **Kosten**, die **durch die Lagerhaltung** entstehen!

15. Wovon hängt die **Größe eines Lagers** ab?

16. Um eine aus wirtschaftlichen Gründen sinnvolle Lagerhaltung zu gewährleisten, werden **Lagerkennziffern** berechnet.

a) Was versteht man unter dem **Mindestbestand**?
b) Kann der Mindestbestand gesenkt werden?
c) Was ist der **Meldebestand**?
d) Wie errechnet sich der **Höchstbestand**?
e) Wie lautet die Formel für die Berechnung des **durchschnittlichen Lagerbestands**?
f) Wie ändert sich die Formel für den **durchschnittlichen Lagerbestand**, wenn die Bestände aus den monatlichen Inventuren übernommen werden?
g) Berechnen Sie die **Umschlaghäufigkeit** bei einem zu Grunde liegenden Jahresabsatz einer Ware in Höhe von 60.000 Stück und einem durchschnittlichen Lagerbestand von 6.000 Stück!
h) Wie wird die **durchschnittliche Lagerdauer** berechnet?

17. Zu den **Lagerkosten** zählen neben den zu zahlenden Versicherungsprämien und den anfallenden Raum-, Energie- und Personalkosten auch die Zinskosten.

a) **Warum** wird der **Lagerzinssatz** berechnet?
b) Nennen Sie die **Formel** für die Berechnung des **Lagerzinssatzes**!
c) Wie wird der **Jahreszinsfuß** ermittelt?

18. Eine Erweiterung des Warensortiments eines Handelsbetriebes kann zur Folge haben, dass die vorhandenen Lagerräume nicht ausreichen und deshalb neue geschaffen werden müssen. Aus Kostengründen ergibt sich dann die Alternative **Eigenlagerung** oder **Fremdlagerung**.

a) Unter welcher **Voraussetzung** lohnt **Eigenlagerung**?
b) **Wer** unterhält **Fremdlager**?
c) Nennen Sie drei **Gründe**, die eine **Fremdlagerung** rechtfertigen können!
d) Was ist ein **Lagerschein**?
e) Um welche **Art von Wertpapier** handelt es sich beim **Lagerschein**?
f) Der **Lagerschein** ist ein **Verfügungspapier**. – Was bedeutet dies?

19. Nennen Sie drei Möglichkeiten der **Erfolgsermittlung** eines **Warenwirtschaftssystems!**

20. Was ist ein **geschlossenes Warenwirtschaftssystem**?

21. Welche **Erfolgsgrößen** sind in Handelsunternehmen im Rahmen eines Warenwirtschaftssystems von Bedeutung?

22. Die Auszubildende Maria Meilenweit wird in der Berufsschule gebeten zu beschreiben, welche **Schritte** bei der Bearbeitung des **Warenverkaufs ab Lager** zu vollziehen sind.

a) Nennen Sie drei wesentliche Schritte der Warenbearbeitung ab Lager!
b) Nennen Sie Ihnen aus Ihrem Unternehmen bekannte Schritte bei der Bearbeitung des Warenverkaufs ab Lager.

23. Harald Klein hat seine Ausbildung als Bürokaufmann erfolgreich beendet. Nun hat er ein Arbeitsverhältnis in einem kleinen Großhandelsbetrieb begonnen. Er schlägt seinem Arbeitgeber vor, ein Warenwirtschaftssystem zu installieren. Dies würde viele Vorteile mit sich bringen, so z. B. einen Zeitspareffekt und eine Kostenreduzierung. Aufgrund seiner vorgetragenen Idee will der neue Arbeitgeber, Herr Schwarz, von Harald mehr über das Warenwirtschaftssystem wissen. Daraus entwickeln sich mehrere Fragen. Beantworten Sie anstelle von Harald die Folgenden.

a) Worum handelt es sich bei einem **Warenwirtschaftssystem**?
b) Artikelnummerierungssysteme mittels EAN-Code erleichtern den Einsatz von Warenwirtschaftssystemen. Welche Bedeutung hat die **EAN-Normalnummer**?
c) Was ist ein **geschlossenes Warenwirtschaftssystem**?
d) Wann spricht man von einem **integrierten Warenwirtschaftssystem**?

24. Nennen Sie stichwortartig **Vorteile**, die eine Abteilung **Finanz- und Rechnungswesen** feststellen kann, wenn der Betrieb ein **Warenwirtschaftssystem** installiert hat!

25. In einem Warenwirtschaftssytem können für den Auftragsprozess benötigte Stammdaten eingegeben, gespeichert und sehr schnell nach unterschiedlichen Kriterien ausgesucht werden. Nennen Sie **Stammdaten**, die für ein Großhandelsunternehmen von Bedeutung sein können!

26. Welche **Phasen** beinhaltet ein Warenwirtschaftssystem auf der Kundenseite im Rahmen der **Auftragsabwicklung**?

27. Mitarbeiter können durch ein Provisionssystem am Umsatz beteiligt werden.

a) Was ist eine **Fixprovision**?
b) Was ist eine **variable Provisionsabrechnung**?

28. In Warenwirtschaftssystemen ist meist ein Modul „Inventur" integriert. Welchen Vorteil sehen Sie durch eine **permanente Inventur**, die mittels eines **Warenwirtschaftssystems** durchgeführt werden kann?

29. Die Wirtschaft muss ihren Verpackungsmüll selbst entsorgen. Dieser Sachverhalt lässt sich aus der **„Verordnung zur Vermeidung von Verpackungsabfällen"** kurz **Verpackungsverordnung**, ableiten.

a) Nennen Sie jeweils **Beispiele** für Transport-, Verkaufs- und Umverpackungen i. S. d. Verpackungsverordnung!
b) Wozu dienen **Transportverpackungen**?
c) Wozu dienen **Verkaufsverpackungen**?
d) Wozu sind **Umverpackungen** bestimmt?
e) Nennen Sie zwei Verkaufsgegenstände mit Umverpackungen!

30. Unter dem Dach der „Gesellschaft Duales System Deutschland (DSD)" hat die Wirtschaft ein privates System für Verpackungen gestartet.

a) Was beinhaltet das **Duale System** im Sinne der Verpackungsverordnung?
b) Wie **kennzeichnen** Hersteller, die sich am Dualen System beteiligen, ihre Produkte?
c) Nennen Sie einen **Kritikpunkt** am **Dualen System**!

31. Was bedeutet der **Grüne Punkt** grundsätzlich auf Verpackungen?

32. Welche getrennten **Sammelmöglichkeiten** von Verpackungen sind in Regionen, in denen das Duale System eingeführt ist, vorgesehen?

2.1.8 Organisation der Textverarbeitung

Lösungen ab Seite 272

1. Marie-Jeanette Pourquoi arbeitet seit einem halben Jahr im Vorzimmer des Direktors der neu geschaffenen Marketing-Abteilung der Gegenwind GmbH, Piccoloministr. 2, 51063 Köln. Ihr Chef, Herr Diplomkaufmann Xaver Orgafritz bittet sie, einen Vordruck zu entwerfen, der geeignet ist, auf innerbetriebliche Anfragen oder die Rückgabe von umlaufenden schriftlichen Informationen und sonstigen häufig anfallenden Vorgängen, in Kurzform zu antworten. Die Gegenwind GmbH besteht aus vier Abteilungen und je drei Unterabteilungen.

a) **Entwerfen** Sie einen solchen **Vordruck** anstelle von Frau Pourquoi!
b) **Warum** werden **Vordrucke** verwendet?
c) Nennen Sie mindestens zwei Beispiele für häufig **innerbetrieblich** verwendete **Vordrucke**!
d) Nennen Sie mindestens zwei Beispiele für **Vordrucke**, die die **Postbank AG und Post AG** ihren Kunden zur Verfügung stellt bzw. übergibt!
e) Nennen Sie zwei weitere Beispiele für **Vordrucke**, die **im täglichen Leben** verwendet werden!
f) Nennen Sie ein Beispiel für die Konzeption von Vordrucken, bei denen bestimmte **Anforderungen** erfüllt sein müssen!
g) Wie werden Vordrucke genannt, die in einem Computer „abgelegt" werden können?

2. Im täglichen **Schriftverkehr** ist es wichtig, die Anschriften den DIN-Vorschriften gemäß richtig zu schreiben und korrekte **Anreden** zu wählen.

a) Erklären Sie jeweils, was man versteht unter

- einer Amtsbezeichnung,
- einer Berufsbezeichnung,
- einer Funktionsbezeichnung,
- einem Titel,
- einem akademischen Grad!

b) Kreuzen Sie in den nachfolgenden Fällen die jeweilige Begriffsbestimmung an!

	Amtsbezeichnung	Berufsbezeichnung	Titel	akademischer Grad
Professor				
Notar				
Kammersänger/in				
Landtagsabgeordneter				
Studiendirektor				
Bundesminister				
Dr.				
Steuerberater				

3. Die Auszubildende Jaqueline Umbara erhält eine Reihe von Briefen zurück mit der Bitte um jeweilige Überprüfung der Einhaltung der DIN-Vorschriften. – Überprüfen Sie die Anschriften auf Richtigkeit!

a)
Herrn Dipl.-Kfm.
Prokurist Rolf Achterbusch
Adalbertstr. 54

60486 Frankfurt/Main

b)
Frau
Ingeborg Kistenheim

13585 Berlin
Blumenstr. 11

c)
Monsieur
Pierre Noir
Boulevard de la Plage 24
33120 Arcachon
Frankreich

d)
Familie
Ingo Braubach
Goethestr. 48 A
30169 Hannover
Übergabeeinschreiben

4. Der Frankfurter Rechtsanwalt und Notar Dr. Axel Gerth äußert sich im Gespräch mit einem Frankfurter Bankier begeistert über das doch recht ausgereifte **Multifunktionsfeld** seines kürzlich neu gekauften Handdiktiergerätes.

a) Was ist unter einem **Multifunktionsfeld** zu verstehen?
b) Wie wird der **Tonträger** bezeichnet, der in Diktiergeräten enthalten ist?
c) Aus welchen Anlässen ist es sinnvoll, ein **Handdiktiergerät** zu kaufen?
d) Welche Bedeutung hat ein in einem Handdiktiergerät eingebauter **Mikroempfindlichkeitsregler**?

5. Die heutige Generation der Diktiergeräte sind in **Modultechnik** aufgebaut. – Was bedeutet dies?

6. Nennen Sie einige **Leistungen**, die aus einer Leistungstabelle für **Handdiktiergeräte** ersichtlich sein können!

7. Im Rahmen einer innerbetrieblichen Schulungsmaßnahme beschließen Auszubildende über die von den Ausbildern vermittelten Kenntnisse ein Skriptum zu erstellen. Vor dem Druck sind die mit Maschine getippten Texte mithilfe der **Korrekturzeichen** nach den **Korrekturregeln** des **Duden** zu berichtigen.

a) Welche Vorschrift bezeichnet der Duden als Hauptregel bei Korrekturen?
b) Korrigieren Sie bitte folgenden Text handschriftlich nach den **Korrekturregeln** des Duden!

Sicherlich ist die Grenzlinie zwischen denen, die im Arbeit integriert
sind und denen, die drauben stehen, nicht ganz eindeutig zu ziehen,
denn es gibt eine beachtliche Fluktuation zwischen Arbeitslosigkiet
und Beschäftigung und der Wechsel von einem Arbeitsplatz zum
anderen bringt auch unter normalen Bedingungen friktionelle
Arbeitslosigkeit mit sich. Aber die Arbeitsplatßbesitzer werden durch
eine ganze Reihe rechtlicher Regelungen vor dem Wettbewerb mit den
Außenstehenden geschützt, so durch den Kündigungsschutz, der die
Arbeitsplatzbesitzer in Beschäftigung absichert, soaber auch durch
alle Regelungen, welche die tarifvertragliche Bezahlung garantiere
wie das Günstigkeitsprinzip und die Allgemeinverbindlichkeit. Wer
einen Arbeitsplatz besitzt, hat ohnehin relativ zum Arbeitslosen große
Vorteile, denn er eignet sich bei seiner Tätigkeit neue
Kenntnisse an, darunter auch spezifische Fähigkeiten, die ihn für
seinen Betrieb attraktiver machen, er ist über offene Stellen in seinem
Unternehmen besser informiert und er kann die sichim Unternehmen
bietenden Chancen des Aufstiegs nutzen; seine Qualifikation ist dem
Arbeitgeber relativ genau bekannt. Angesichts dieser Vorteile der
Arbeitsplatzbesitzer bedeutet ihre Ab-sicherung durch die
Arbeitsmarktordnung, dass den Außenstehenden der Zugang in die
Beschäftigung erheblich erschwert, wenn nicht verwehrt widr: Die
Außenstehenden werden diskriminiert. Tendenziell ist es den
Arbeitsplatzbesitzern gelungen, die vilkswirtschaftlahgen
Produktivitätssteigerungen für ihre Einkommensverbesserungen zu
verwenden, so dass sie nicht zu Gunsten der Integration der
Arbeitslosen genutzt werden konnten. Daraus und aus dem
Organisationsinteresse der Tarifvertragsparteien, erklärt sich auch die
Schwierigkeit, eine größere Flexibilität auf derrrr Arbeitsmarkt zu
Gunsten der Arbeitslosen zu erreichen.

8. Oliver Wolkenlos soll ein Referat über die Entwicklung der sozialen Sicherung in der Bundesrepublik Deutschland schreiben. Er hat bisher folgenden Text unter dem Dateinamen „Sozialv" auf der Diskette gespeichert (Laufwerk a):

Während der Zeit Bismarcks wurden drei **Sozialversicherungsgesetze** verabschiedet:
- am 15.06.1883 das „Gesetz betreffend die **Krankenversicherung** der Arbeiter",
- am 06.07.1884 das „Gesetz betreffend die **Unfallversicherung**",
- am 22.06.1889 das „Gesetz betreffend die **Invaliditäts- und Altersversicherung**".

Die von Bismarck im Reichstag verlesene Botschaft war für die damaligen Verhältnisse fast revolutionär. Sie blieb nicht ohne Auswirkungen. Die Prophezeiung, dass „diese Sache ihre Zukunft hat" wurde Wirklichkeit. Wenn heute Verbesserungen gefordert werden im Krankheitswesen, höhere Renten, höhere Ausbildungsvergütungen für Auszubildende u. Ä., dann werden diese Forderungen in unserer **sozialen Marktwirtschaft** als berechtigte Forderungen dieses Wirtschaftssystems angesehen. Die Betonung liegt aber auf „heute"; denn vor Bismarck gab es keinerlei gesetzliche Absicherung im Krankheitsfall und auch keine gesetzlich garantierte Zukunftsabsicherung durch eine Rente oder Pension im Alter. Es dauerte auch einige Jahre, bis die Forderungen der „Kaiserlichen Botschaft" im Reichstag in Form von Gesetzen umgesetzt wurden.

a) Oliver möchte den Text mit der Angabe der hier genannten drei Sozialversicherungsgesetze (ab: „Während der Zeit Bismarcks...") an das Ende des gesamten Textes setzen. – Wie lauten die auszuführenden Schritte in WORD einschließlich des Kopier-Befehls?
b) Führen Sie den Befehl aus!

9. In der Personalabteilung der Chemiefaserprodukt AG sind neue Formulare für Gesprächsnotizen am Telefon geplant. Es ist beabsichtigt, 5.000 Exemplare zu lagern.

a) Welche **Vervielfältigungsmöglichkeiten** gibt es grundsätzlich?
b) Welche Vervielfältigungsmöglichkeit ist als Übergangsmöglichkeit bei einer Auflage von 100 Stück die vermutlich günstigste?
c) Welche Vervielfältigungsmöglichkeit ist bei einer Auflage von 5.000 oder mehr Exemplaren am günstigsten?

10. In der Werbeabteilung der Feinglas GmbH soll ein neues Kopiergerät angeschafft werden.

a) Welche Überlegung beim Kauf eines Kopierers sollte angestellt werden, wenn häufig Vervielfältigungen in Auflagen zwischen 50 und 100 Blatt erfolgen sollen?
b) Nennen Sie wichtige Leistungskomponenten eines Kopierers, der in der Werbeabteilung aufgestellt werden soll!

11. Nennen Sie **Kosteneinflussfaktoren**, die bei einem Druckauftrag an eine Druckerei zu beachten sind!

2.1.9 Übermittlung von Informationen (Kommunikationssysteme)

Lösungen ab Seite 277

1. Nennen Sie Medien, die der Übermittlung von Informationen auf **innerbetrieblichem** und **außerbetrieblichem Wege** dienen!

2. In welchen Büros findet häufig **direkte Kommunikation** statt?

3. In welcher Form findet in Betrieben **indirekte Kommunikation** statt?

4. Kommunikation kann auch durch **nonverbale Kommunikation** erfolgen.

a) Was ist nonverbale Kommunikation?
b) Worin besteht die Gefahr der nonverbalen Kommunikation?

5. In einer Werbebroschüre ist zu lesen: „Digitale Telefone machen Kommunikation sichtbar". – Was ist damit gemeint?

6. Wer sich mit den Telefonen der verschiedenen Anbieter wie Telekom oder Siemens auseinander setzt, der erkennt ihre vielfältigen Einsatzmöglichkeiten. Die Leistungsvielfalt wird deutlich an den Symbolen, die bestimmte Funktionen bildhaft darstellen.

a) Eines der Symbole stellt die **Notizbuchfunktion** dar. – Was ist darunter zu verstehen?
b) Welche Bedeutung hat eine **Signaltaste**?
c) Was ist eine **Zielwahltaste**?

7. Nennen Sie ein Beispiel, aus dem deutlich wird, dass sich der Einbau von **Sprechanlagen** lohnen kann!

8. Ein Unternehmer bietet ein Komfort-Telefon mit Spracherkennung an. – Wie funktioniert ein solches Telefon?

9. Um die Erreichbarkeit zu erhöhen, können Unternehmen eine **Mailbox** in eine Nebenstellenanlage installieren lassen. Schildern Sie kurz die Funktionsweise einer solchen **Mailbox**!

10. Ein Anbieter für Telefonanlagen wirbt mit der Überschrift „Round-table-Gespräche: per Telefon, national und weltweit". – Erklären Sie kurz, was eine **Telefonkonferenz** ist!

11. Es ist feststellbar, dass zunehmend mehr Einkäufe mittels Teleshopping erfolgen.

a) Was ist **Teleshopping**?
b) Was versteht man im Zusammenhang mit Teleshopping unter der **Ein-Weg-Kommunikation**?
c) Erläutern Sie den Begriff **Zwei-Wege-Kommunikation** im Teleshopping!

12. In einer Fachzeitschrift ist zu lesen: „Neue Techniken und Dienste verbessern die Kommunikationsinfrastruktur für die Wirtschaft“.

a) Nennen Sie Beispiele für neue Techniken und Dienste!
b) Nennen Sie Vorteile, die neue Techniken und Dienste mit sich bringen!
c) Nennen Sie mögliche Nachteile/Risiken!

13. Mittels Onlinebanking können bequem über den eigenen Computer 24 Stunden lang Bankgeschäfte getätigt werden.

a) Um welchen **Bankgeschäftsvorgang** handelt es sich in nachfolgender Abbildung?
b) Unter welchen **Voraussetzungen** kann der Konto-Inhaber nur **Onlinebanking** betreiben?
c) Welches **Kreditinstitut** ist im vorliegenden Fall das Konto führende Institut?
d) Um welche **Zahlungsart** handelt es sich im vorliegenden Fall? – Begründung!

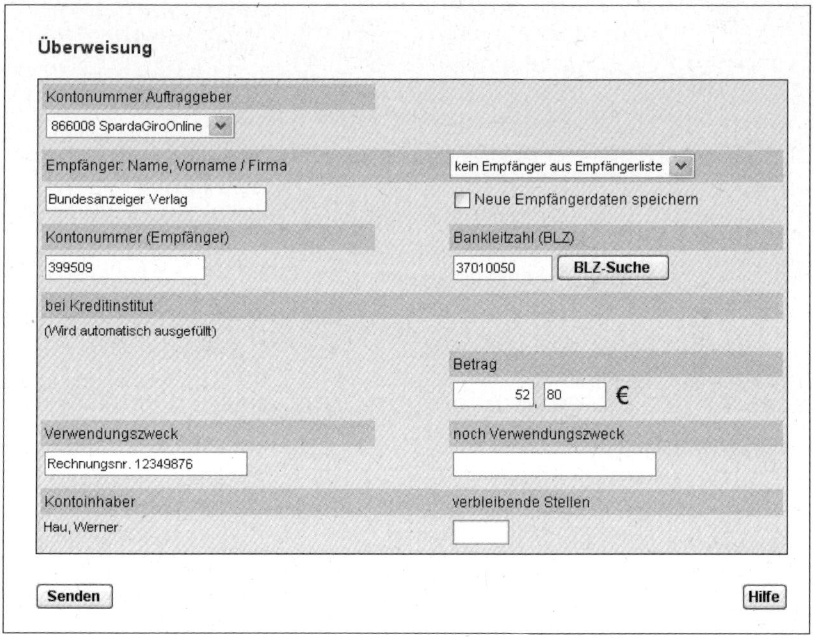

14. Mittels Onlinebanking sind neben der Möglichkeit der Überweisung weitere Bankdienstleistungen möglich. – Nennen Sie zwei weitere **Möglichkeiten** der **Nutzung** von **Onlinebanking**!

15. Jens Brechstein liest im Handelsblatt, dass ein Unternehmen führender E-Commerce-Anbieter werden will. Deshalb wählt er über seinen Computer die Internet-Adresse des Unternehmens an und sieht auf seinem Bildschirm folgende Homepage.

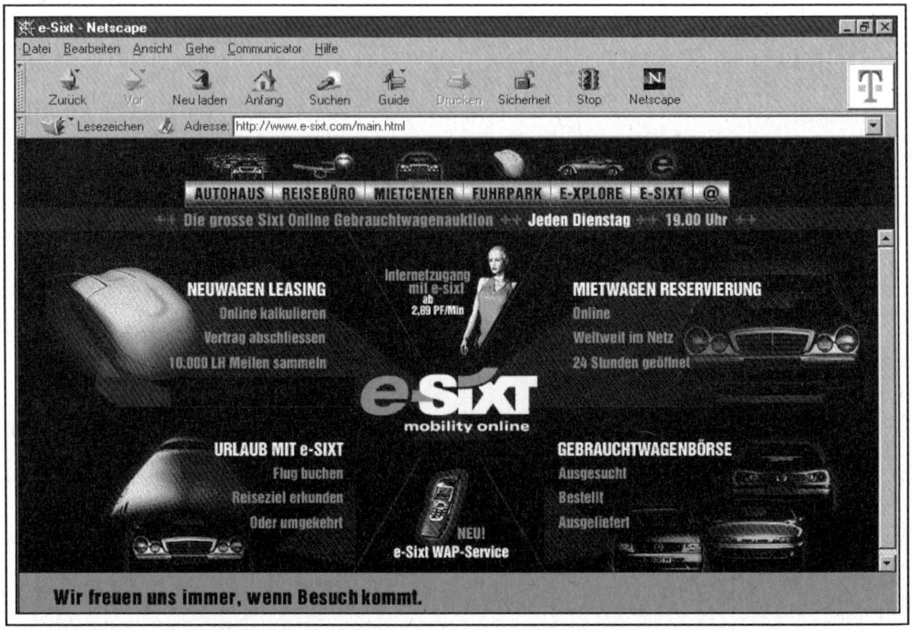

a) Welche Internet-Adresse hat Jens eingegeben?
b) Wofür steht die Abkürzung **E-Commerce**?
c) Welche Vertragsmöglichkeiten via Internet sind auf dem Bildschirm zu erkennen?

2.1.10 Einsatz der Datenverarbeitung und ihre Integration in die betriebliche Organisation

Lösungen ab Seite 280

1. Informationen, die zu Verarbeitungszwecken in Form von Zeichen dargestellt werden, nennt man **Daten**.

a) Wie heißt die **Einzahl von Daten**?
b) Nennen Sie drei **Stammdaten**, die auf der Kundenrechnung eines Großhandelsbetriebes ausgewiesen sind!
c) Nennen Sie drei **Bewegungsdaten** auf Kundenrechnungen!

2. Handelt es sich in den nachfolgenden Beispielen um

I = alphabetische Daten
II = nummerische Daten
III = alphanumerische Daten?

a) Petra Peitz OHG
b) 66450 Bexbach
c) Hamburg, den 11. November
d) 2009-08-02
e) Rechnung: 007

3. Erläutern Sie folgende Formen der Datenverarbeitung:

a) **Manuelle Datenverarbeitung**,
b) **mechanische Datenverarbeitung**,
c) **automatisierte Datenverarbeitung**!

4. Ein Marktforschungsinstitut verwertet für eine Studie Informationen aus einer Befragung. Aus dem Interview-Bogen von Karl-Ulrich Klein ist bekannt, dass dieser einen roten Opel Kadett fährt.

a) Bilden Sie den Code!
I Mercedes
II Volkswagen
III Opel
IV Ford
V Talbot

a) rot
b) gelb
c) grün
d) weiß
e) schwarz
f) blau

b) Nennen Sie einen deutschen Begriff für **Codieren**!

5. Erklären Sie folgende Begriffe:

a) **Bit**,
b) **Byte**!

6. Stellen Sie die Dezimalziffern 0 bis 9 im Dualsystem dar!

7. Stellen Sie folgende **Rechenbeispiele im Dualsystem** dar!

a) 4 + 5 = 9
b) 8 – 6 = 2
c) 2 x 3 = 6

8. **Rechnen Sie** die Dezimalzahl 89 in eine Dualzahl **um**!

9. Nennen Sie drei **Speichermedien**!

10. Nennen Sie **Vorteile**, die sich durch den **EAN-Code** ergeben!

11. Die **elektronische Warenkasse** ist ein **Dateneingabegerät**!

a) Nennen Sie einen **anderen Begriff** für dieses **Eingabegerät**!
b) Wie **funktionieren** diese **Eingabegeräte**?
c) Nennen Sie **Vorteile** dieser Art von **Warenkassen**!
d) Was ist ein **Handleser**?

12. Was versteht man unter den Begriffen

a) **Hardware**,
b) **Software**?

13. Nennen Sie **Prinzipien**, die bei **der Datenerfassung** zu beachten sind!

14. In der Praxis werden verschiedene Verfahren angewandt, um die Daten zu erfassen. Erklären Sie die in diesem Zusammenhang auftretenden Begriffe:

a) **Offline-Betrieb**,
b) **Online-Betrieb**!

15. Was versteht man unter der **Konfiguration einer EDV-Anlage**?

16. Wofür steht die Abkürzung **EVA**?

17. Welche **Aufgabe** hat

a) das **Leitwerk der Zentraleinheit**,
b) das **Rechenwerk der Zentraleinheit**?

18. Um welche **Art von Speicher** handelt es sich beim

a) **Hauptspeicher** der Zentraleinheit,
b) **Magnetband**?

19. Nennen Sie **Dialoggeräte**!

20. Was sind Dialoggeräte?

21. Wofür steht die Abkürzung **CPU**?

22. Erklären Sie den Begriff **„Spool-Betrieb"**!

23. Was ist ein **Plotter**?

24. Was versteht man unter der **Datensicherung**?

25. Worin besteht die **Aufgabe des Datenschutzes**?

26. Nennen Sie drei **Rechte**, die der **Bürger nach dem Bundesdatenschutzgesetz** hat!

27. Nennen Sie einige **betriebliche Funktionen**, die **durch** ein vorhandenes **Warenwirtschaftssystem kontrolliert und gesteuert** werden können!

28. Im engeren Sinn umfasst der Begriff **Warenwirtschaft** materielle Warenvorgänge in Handelsunternehmen. – Was bedeutet dies?

29. In einer Broschüre der **Bundesanstalt für Arbeitsschutz und Arbeitsmedizin** mit der Überschrift „Lehrgänge – Seminare" wird der Lehrgang „Ergonomische Gestaltung von Bildschirmarbeitsplätzen" angeboten. In dem Begleittext ist zu lesen: „Mit der Einführung der EDV-Technik kommen auf den einzelnen Betrieb Probleme zu, wobei einer dem Menschen angepasste Gestaltung von Bildschirmarbeitsplätzen ein entscheidender Stellenwert eingeräumt wird. Dieses Seminar soll den Teilnehmern aufzeigen, welche Faktoren für die ergonomische Gestaltung von Bildschirmarbeitsplätzen berücksichtigt werden müssen".

a) Was versteht man unter dem Begriff **Ergonomie**?
b) Welche **Zielgruppen**, die sich mit der **ergonomischen Gestaltung von Bildschirmarbeitsplätzen** aus beruflichen Gründen beschäftigen, können hierdurch beispielsweise angesprochen werden?
c) Welche Institution(en) geben **Richtlinien für Büro- und Bildschirmarbeitsplätze** heraus?
d) In welcher Maßeinheit wird die **Beleuchtungsstärke** gemessen?

30. Der Geschäftsführer der Getränke Vertriebs GmbH teilt seinem Auszubildenden Tom Schwarz mit, dass beabsichtigt, sei alle Bildschirme durch neue zu ersetzen. Tom solle Kriterien zusammentragen, die geeignet seien, sich für den Kauf des „richtigen" Bildschirms zu entscheiden.

a) In welcher **Maßeinheit** wird die **Größe eines Bildschirms** gemessen?
b) Nennen Sie vier **Kriterien**, die geeignet sind, sich für den **Kauf eines bestimmten Bildschirms** zu entscheiden!
c) Welche Bedeutung hat eine **Stromsparfunktion**?
d) Ein Entscheidungskriterium beim Kauf eines Bildschirms ist die **Bildstabilität**. – Was ist unter diesem Begriff zu verstehen?
e) Moderne Monitore bieten dem Anwender **Einstellmöglichkeiten**. – Um welche handelt es sich?

31. Bruno Weitsicht und Gisela Schön haben vor vier Monaten ein Geschäft eröffnet, in dem sie Elektroartikel verkaufen. Außerdem werden Reparaturen bei Kunden ausgeführt. – Bisher haben sie sich noch nicht mit der Frage auseinander gesetzt, welche **Konfiguration** beim Kauf eines modernen Computers für sie infrage kommt.

a) Nennen Sie einige **Regeln**, die **beim Computerkauf** beachtet werden sollten!
b) Welche **Druckerarten** kommen grundsätzlich infrage, wenn es darum geht, den für den Betrieb „richtigen" **Drucker** zu wählen?
c) Nennen Sie **Kriterien**, die beim **Kauf** eines **Druckers** als **Entscheidungsgrundlage** für eine **bestimmte Marke** herangezogen werden können!

32. Fritz Bechtmann will sich auf jeden Fall einen Laserdrucker kaufen. Worauf sollte er achten, wenn er häufig Grafiken zu erstellen hat?

33. In einem Fachaufsatz ist zu lesen, dass Laserdrucker und Kopiergeräte in gut belüfteten Räumen aufzustellen sind. – Begründen Sie, warum diese Forderung erhoben wird!

34. In einem Einstellungsgespräch der EDV-Vertriebs GmbH erfährt Frau Backstein, dass in diesem Unternehmen, das aus vier Betrieben mit jeweils mehreren Abteilungen besteht, eine zentrale Datenverarbeitungsanlage existiert.

a) Was ist mit **zentraler Datenverarbeitung** gemeint?
b) In welchem Falle spricht man von **dezentraler Datenverarbeitung**?

35. Um welche Art von Datenverarbeitung handelt es sich, wenn ein Unternehmen **Daten außer Haus** von Dienstleistungsunternehmen **verarbeiten** lässt?

36. In einer Informationsbroschüre der Telekom ist zu lesen: „Für electronic cash mit Tele-Cash bekommt der Handel ein vom Zentralen Kreditausschuss zugelassenes Terminal – je nach Konfiguration des Kassensystems – mit und ohne Drucker, z. B. einen Telefon- oder Datex-P-Anschluss.

a) Wie funktioniert **electronic cash mit TeleCash**?
b) Was verbirgt sich hinter dem Begriff **TeleCash**?

37. Max Schönborn hat ein Unternehmen neu gegründet. Er überlegt sich nun, ob er eine Datenverarbeitungsanlage kaufen oder leasen soll.

a) Was ist **Leasing**?
b) Was ist **Finanzierungsleasing**?
c) Was versteht man unter **non full pay out leasing**?
d) Nennen Sie einen Grund, warum Leasing – insbesondere PCs betreffend – sinnvoller sein kann als Kauf!
e) Wie wirkt sich Leasing auf die Bilanz eines Unternehmens aus?

38. Wer sich einen Computer anschaffen will, der wird unter Umständen feststellen, dass beim Verfall des Preises der Hardware die gekaufte **Software** im Vergleich erheblich teurer erscheint. – Nennen und erläutern Sie verschiedene Softwarebegriffe, die im alltäglichen Sprachgebrauch verwendet werden!

39. Der Handelsvertreter Peter Nimmerklein lässt sich in einem Computer-Fachgeschäft beraten. In dem Gespräch erfährt er, dass zurzeit besonders preisgünstige **Notebooks** und **Notepads** angeboten werden. – Erklären Sie diese Begriffe!

40. Monika Schwungvoll liest in einer Computer-Zeitschrift den Satz: „Kalkulieren Sie beim Kauf der Hardwarekonfiguration auch ein, dass Sie die Daten mittels eines **Streamers** und unter Umständen einer **MO-Disk** sichern sollten". – Erklären Sie diese in dem Text genannten **Datensicherungsmöglichkeiten**!

41. Harald Hüpffloh beabsichtigt, sich selbstständig zu machen. Aus diesem Grund beschäftigt er sich unter anderem mit der Frage, welche Eigenschaften ein neu zu kaufender Personalcomputer haben sollte. In diesem Zusammenhang wird er in einem Werbeprospekt mit Fachausdrücken konfrontiert, deren Bedeutung er herausfinden will. – Erklären Sie dies nachfolgend genannten Begriffe!

a) Netzwerk
b) PS/2-Stecker
c) Taktfrequenz
d) USB-Anschluss
e) Wireless LAN
f) Firewire
g) DVD im Vergleich zur CD-ROM
h) Parallel Port
i) Prozessor
j) TFT-Bildschirm
k) RAM
l) ROM-Laufwerk

42. Brigitte Schuster arbeitet bei der Spar- und Kreditbank. Sie erfährt, dass sie in einem Monat in die Abteilung **Electronic Banking** versetzt werden soll. Vorher soll sie aber von ihrer Vorgängerin, die Elternzeit antritt, eingearbeitet werden und sich insbesondere mit dem **Datenschutz gemäß Bundesdatenschutzgesetz** auseinander setzen.

a) Nennen Sie Beispiele für **Electronic-Banking-Leistungen**, die Kreditinstitute anbieten!
b) Was beinhaltet das **Datengeheimnis** gemäß Bundesdatenschutzgesetz?
c) Haben Personen das Recht auf **Auskunft über die über sie gespeicherten Daten**?
d) Welche rechtliche Konsequenz kann eine nachgewiesene **unzulässige Verarbeitung von Daten** mit sich bringen?

43. Hans Unvorsicht arbeitet für eine Zeitarbeitsfirma bei einer großen Versicherung. Mit welcher Konsequenz muss Hans rechnen, wenn er angezeigt wird, weil er nachweislich Adressen von Versicherungsnehmern an einen Zeitschriftenverlag verkauft hat?

44. Für automatisierte Daten gelten verschiedene technische und organisierte **Maßnahmen der Datensicherung**. Erläutern Sie kurz die folgenden Maßnahmen:

- **Zugangskontrolle**,
- **Datenträgerkontrolle**,
- **Speicherkontrolle**,
- **Zugriffskontrolle**,
- **Eingabekontrolle**,
- **Auftragskontrolle**,
- **Transportkontrolle!**

45. Klaus Habrecht will einem Angestellten per Telefax eine Abmahnung schicken, weil dieser häufig zu spät zur Arbeit kommt. – Ist dies rechtlich möglich?

46. Der Unternehmer Pierre Steinbach will aus Kostenersparnisgründen sein neues Telefaxgerät nutzen, um **Werbung** für seine Produkte zu machen. – Beurteilen Sie die Rechtslage!

47. Klara Schwimmfuß erzählt ihrer Freundin Elena, dass sie ein neues Software-Paket gekauft habe. In ihm sei ein **Textverarbeitungsprogramm**, ein **Tabellenkalkulationsprogramm** und ein **Datenbankprogramm** enthalten. Erläutern Sie kurz an Beispielen, was die einzelnen Programme leisten können!

2.1.11 Tabellenkalkulation und Grafik

Lösungen ab Seite 289

1. Der jüngste in den Deutschen Bundestag gewählte Bundestagsabgeordnete schlägt in einer Talk-Show vor, Personen bereits ab Vollendung des 16. Lebensjahres das aktive kommunale Wahlrecht ausüben zu lassen. Aus diesem Grunde wird in mehreren ausgewählten Städten, u. a. im Bundesland Hessen, von einem Marktforschungsinstitut eine Umfrage gestartet um herauszufinden, wie die Bevölkerung diesem Vorschlag gegenübersteht. Im Rahmen der Erhebung werden die nachfolgenden Ergebnisse erzielt. Enthaltungen werden vorher abgezogen.

Stadt	Befragte	Befürworter	Gegner
Bad Soden	567	128	439
Darmstadt	1.832	334	1.498
Frankfurt/M.	5.486	3.211	2.275
Fulda	612	96	516
Kassel	2.446	1.026	1.420
Kronberg	948	312	636
Limburg	1.856	496	1.360
Offenbach/M.	2.488	1.458	902
Rüsselsheim	848	536	312
Wiesbaden	3.586	1.012	2.574

a) Erklären Sie den **Unterschied** zwischen dem **aktiven** und dem **passiven Wahlrecht**!
b) Nennen Sie bekannte **Marktforschungsinstitute**, die in der Bundesrepublik Deutschland ansässig sind!
c) Erläutern Sie den Unterschied zwischen einer **Teilerhebung** und einer **Vollerhebung**!
d) Nennen Sie je ein **Beispiel** für eine **Teilerhebung** und eine **Vollerhebung**!
e) Berechnen Sie mithilfe eines **Tabellenkalkulationsprogramms** (z. B. Excel), wie viel **Prozent der Befragten** in den einzelnen hessischen Städten für die Einführung des **aktiven Wahlrechts auf kommunaler Ebene** sind!
f) Runden Sie die Prozentsätze ganzzahlig!
g) Erstellen Sie aus den Prozentsätzen der Umfrageergebnisse ein **Säulendiagramm**!

2. Nach abgeschlossener Berufsausbildung als Bürokauffrau unterschreibt die 20-jährige Sibylle Janotte einen Arbeitsvertrag bei einem Hersteller für Elektrogeräte. In dem Betrieb sind 99 Arbeitnehmer im Alter von mindestens 18 Jahren seit mindestens einem halben Jahr beschäftigt. Sibylle arbeitet nun zwei Monate in dem Unternehmen. Sie erfährt, dass in 6 Wochen Betriebsratswahlen durchgeführt werden.

a) In welchem **Gesetz** ist geregelt, innerhalb welchem **Zeitraum Betriebsratswahlen** stattfinden?
b) Innerhalb welcher **Zeit** finden die **regelmäßigen Betriebsratswahlen** statt?
c) Aus wie viel Betriebsratsmitgliedern wird der neu zu wählende Betriebsrat gemäß § 9 Betriebsverfassungsgesetz (BetrVG) bestehen?

§ 9 BetrVG: Zahl der Betriebsratsmitglieder

Der Betriebsrat besteht in Betrieben mit in der Regel

5	bis	20	wahlberechtigten Arbeitnehmern aus einer Person,
21	bis	50	wahlberechtigten Arbeitnehmern aus 3 Mitgliedern,
51	bis	100	wahlberechtigten Arbeitnehmern aus 5 Mitgliedern,
101	bis	200	Arbeitnehmern aus 7 Mitgliedern,
201	bis	400	Arbeitnehmern aus 9 Mitgliedern,
401	bis	700	Arbeitnehmern aus 11 Mitgliedern,
701	bis	1.000	Arbeitnehmern aus 15 Mitgliedern,
			*
			*
			*
7.001	bis	9.000	Arbeitnehmern aus 35 Mitgliedern.

In Betrieben mit mehr als 9.000 Arbeitnehmern erhöht sich die Zahl der Mitglieder des Betriebsrats für je angefangene weitere 3.000 Arbeitnehmer um 2 Mitglieder.

d) Nach den Betriebsratswahlen ergibt sich aufgrund der Auszählung der Stimmen, dass sich 99 Arbeitnehmer rechtmäßig an der Wahl beteiligt haben. Von den abgegebenen Stimmen war eine ungültig. Die gültig abgegebenen Stimmen verteilten sich auf die Kandidaten wie folgt:

- Jörg Adams 14 Stimmen
- Inge Baldewein 5 Stimmen
- Wolfgang Bäcker 4 Stimmen
- Hans Damm 16 Stimmen
- Ulf Dolljäb 8 Stimmen
- Kerstin Emmerich 3 Stimmen
- Adalbert Ellerfeld 9 Stimmen
- Magdalena Hupfgras 11 Stimmen
- Harald Jubilau 5 Stimmen
- Ulrike Jammervoll 2 Stimmen
- Jens Rohbein 6 Stimmen
- Jonathan Wall 3 Stimmen
- Hanna Wandbank 12 Stimmen

Welche Personen haben Anspruch, **Betriebsratsmitglied** zu werden?

e) Wie viele der aufgestellten Kandidaten und Kandidatinnen kommen nicht in den **Betriebsrat**?

f) Wie viel **Prozent der gültig abgegebenen Stimmen** erhielten die einzelnen Betriebsratsmitglieder? – Ermitteln Sie Ihr Ergebnis mittels eines **Tabellenkalkulationsprogramms** (wenn möglich Excel)!

g) Stellen Sie mithilfe des Tabellenkalkulationsprogramms in einem **Kreisdiagramm** dar, welchen Anteil jedes in den Betriebsrat gewählte Mitglied an Stimmen erhalten hat!

h) Stellen Sie an einem **Säulendiagramm** dar, wie viel Stimmen jedes gewählte Betriebsratsmitglied erhalten hat!

2.1.12 Programmierte Aufgaben

Lösungen ab Seite 303

1. Die Lautstärke in einem Raum wird gemessen in:

a) Ohm
b) Decibel
c) Ampère
d) Phon
e) Nanosekunden

2. Wer sich informieren will, welche Personen einen Anspruch auf Arbeitslosengeld haben, muss nachschlagen im

a) Kündigungsschutzgesetz
b) Bürgerlichen Gesetzbuch
c) Sozialgesetzbuch III
d) Sozialgesetzbuch V
e) Betriebsverfassungsgesetz

3. Welche der folgenden Aussagen zum Bereich Personalwesen ist richtig?

a) Im Zusammenhang mit veränderten Arbeitsbedingungen bedeutet der Begriff job enrichement Arbeitserweiterung.
b) Management by objectives bedeutet Führen durch Aufgabenübertragung.
c) Der englische Ausdruck für Führen nach dem Ausnahmeprinzip ist management by exception.
d) Wenn in einem Betrieb der kooperative Führungsstil praktiziert wird, so arbeiten die Mitarbeiter nur nach Vorschriften.
e) Wenn Mitarbeiter ihren Vorgesetzten gegenüber zum kritiklosen absoluten Gehorsam verpflichtet sind, spricht man von einem praktizierten bürokratischen Führungsstil.

4. Welche Aussage zum Arbeitsverhältnis ist falsch:

a) Auf der Grundlage bestimmter Rechtsgrundlagen können Mindestinhalte vorgeschrieben werden, die in den Arbeitsvertrag aufzunehmen sind.
b) Das Günstigkeitsprinzip ist nicht anwendbar auf die Festschreibung der Arbeitsbedingungen im Arbeitsvertrag.
c) Beim Zustandekommen eines Arbeitsvertrages müssen immer die Vorschriften des HGB berücksichtigt werden.
d) Im Arbeitsvertrag können Kündigungsfristen festgelegt werden.
e) Das Nachweisgesetz ist eine Rechtsgrundlage für das Eingehen eines Arbeitsverhältnisses.

5. Eine der folgenden Lösungen ist eine Nebenpflicht aus dem Arbeitsverhältnis:

a) die Fürsorgepflicht des Arbeitnehmers
b) die Treuepflicht des Arbeitgebers
c) das Direktionsrecht des Arbeitnehmers
d) die Verschwiegenheitspflicht des Arbeitnehmers
e) die Zahlung des Gehalts.

6. Welche Aussage zum Thema gesetzliche Urlaubsansprüche ist richtig?

a) Jeder Arbeitnehmer in der BRD hat gemäß BGB das Recht auf mindestens 18 Tage bezahlten Erholungsurlaub.
b) Jeder Arbeitnehmer in der BRD hat die Pflicht, Bildungsurlaub vom Arbeitgeber zu verlangen.
c) Elternzeit gibt es nicht in allen Bundesländern.
d) Bei manchen Arbeitnehmern ist der Anspruch auf Erholungsurlaub aus dem Manteltarifvertrag abzuleiten.
e) Im Mutterschutzgesetz ist die Dauer der Elternzeit geregelt.

7. Welche Aussage zum Thema Tarifvertragsrecht ist richtig?

a) Der Zweck eines Tarifvertrages besteht darin, Arbeitsbedingungen für einen einzelnen Betrieb festzulegen.
b) In Manteltarifverträgen sind Ausbildungsvergütungen festgelegt.
c) Der Mindestinhalt von Tarifverträgen ist im Tarifvertragsgesetz für alle Tarifvertragsarten festgelegt.
d) Gehaltstarifverträge können Eingruppierungsmerkmale und Angaben zum Verhältnis der Gehaltsgruppen zueinander beinhalten.
e) Jeder Arbeitnehmer kann einen Anspruch aus Tarifverträgen geltend machen.

8. Folgende Aussage zum Zeitlohn ist richtig:

a) Es handelt sich um eine leistungsunabhängige Lohnform.
b) Er wird für die Produktion eines einzelnen Gutes bezahlt.
c) Der Lohn steigt proportional zur Leistungsmenge.
d) Ein Vorteil besteht im Anreiz zu erhöhter Leistung.
e) Die Entlohnung erfolgt nach der Dauer der Arbeitszeit.

9. Ein besonderer Kündigungsschutz besteht für den Betriebsrat in folgendem Fall:

a) während seiner Amtszeit und ein Jahr danach
b) bis zur Wahl eines neuen Betriebsrats
c) bis zu vier Jahren nach seiner Amtszeit
d) bis zu fünf Jahren nach seiner Amtszeit
e) nur während seiner Amtszeit.

10. Folgende Aussage zur Tarifautonomie ist richtig:

a) Tarifverträge werden ohne Einmischung des Staates ausgehandelt.
b) Der Begriff Tarifautonomie ist aus dem Tarifvertragsgesetz abzuleiten.
c) Die Tarifautonomie wird beim Bundesminister für Arbeit und Sozialordnung im Tarifregister eingetragen.
d) Wenn ein neuer Tarifvertrag zu Stande gekommen ist, besteht Tarifautonomie.
e) Nach Ablauf der Tarifautonomie gelten die Rechtsnormen bis zum Abschluss eines neuen Tarifvertrages.

11. Im Internet ist folgende Abbildung zu finden. Welche der nachfolgenden Aussagen trifft darauf zu?

a) Es handelt sich um das Logo einer Versicherungsgesellschaft.

b) Es handelt sich um die Homepage verdienter Mitglieder der Interessengemeinschaft der Arbeitgeber.

c) Es handelt sich um das Logo der Vereinten Dienstleistungsgewerkschaft.

d) Es handelt sich um das Logo einer Religionsgemeinschaft.

e) Es handelt sich um den Hinweis auf die illegale Organisation des Zusammenschlusses vereinigter Diebe.

12. Folgender Beleg ist bei der Warenausgabe zwingend erforderlich:

a) Mahnschreiben
b) Auftragsbestätigung
c) Lieferschein
d) Lieferrechnung
e) Warenrücknahmeschein

13. Welche Aussage zur Aufbauorganisation ist falsch?

a) Im Einliniensystem ist die übergeordnete Rolle der untergeordneten Stelle gegenüber weisungsberechtigt.

b) Der Nachteil des Mehrliniensystems besteht in der Möglichkeit der Spezialisierung.

c) Der Vorteil des Einliniensystems besteht darin, dass die Befehlswege übersichtlich sind.

d) Das Einliniensystem ähnelt dem Stabliniensystem.

e) Im Rahmen der Betrachtung der Aufbauorganisation geht es nicht um betriebliche Abläufe.

14. Folgende Aussage zur Netzplantechnik ist richtig:

a) Für alle Vorgänge, die nicht auf dem kritischen Weg liegen, gilt, dass die „früheste Endzeit" gleich der „spätesten Endzeit" ist.

b) Von einer Rückwärtsrechnung spricht man, wenn der Anfangszeitpunkt bei gegebenem Endzeitpunkt bestimmt wird.

c) Die Netzplantechnik ist lediglich eine andere grafische Darstellungsweise der Vorgänge wie sie in einem Gantt-Diagramm dargestellt werden und unterscheidet sich deshalb nicht von einem Balkendiagramm.

d) Der Gesamtpuffer drückt die zeitliche Reserve eines Teils der vorher festgelegten freien Puffer aus.

15. Auf einem Werbeprospekt über PCs ist zu lesen: PC einschließlich TFT-Bildschirm. – Welche Aussage ist zu dieser Werbeaussage richtig?

a) Bei TFT handelt es sich um die Funktion Timeshift, die zeitversetztes Fernsehen ermöglicht.

b) Bei TFT handelt es sich um ein Datenverbindungsmodul zwischen dem PC und dem Drucker.

c) Nur im Falle des Vorhandenseins von TFT ist eine Übertragung des Fernsehbildes auf dem Bildschirm des PCs möglich.

d) Bei TFT handelt es sich um eine Bildschirmtechnik, die mit Flüssigkeitskristallen arbeitet.

e) TFT ist die Abkürzung für Total Freenet Time.

16. Welches Gerät eines Datenverarbeitungssystems wird für die Dateneingabe und die Datenausgabe eingesetzt?

a) Keyboard
b) Terminal
c) ZIP-Diskette
d) Laserdrucker
e) Scanner

17. Aus welchen Grundeinheiten besteht eine Zentraleinheit?

a) Terminal, Arbeitsspeicher, Rechenwerk
b) Magnetplatte, Rechenwerk, Markierungsbeleg
c) Hauptspeicher, Steuerwerk, Rechenwerk
d) Magnetbandspeicher, Drucker, Plotter
e) Magnetband, Steuerwerk, Rechenwerk

18. Welche Aussage zur Bildschirmmaske ist richtig?

a) Es handelt sich um einen integrierten Schaltkreis.
b) Sie kann nur auf Magnetplatten gespeichert werden.
c) Es ist eine Leseeinrichtung für maschinenlesbare Ausweise.
d) Es handelt sich um den festprogrammierten Aufbau einer ganzen Bildschirmseite.
e) Sie ist in jedem Programm integriert.

19. Welche Aussage zum Thema „Daten" ist falsch?

a) Rechnungsnummern gehören zu den Stammdaten.
b) Alphanumerische Daten stellen eine Kombination von Ziffern, Buchstaben und Sonderzeichen dar.
c) Bewegungsdaten werden häufig geändert.
d) Daten werden durch Zeichen dargestellt.
e) Unter dem Gesichtspunkt der Funktion der Daten unterscheidet man zwischen Ordnungsdaten und Rechendaten.

20. Eine der nachfolgenden Aussagen aus einem Lexikon der Datenverarbeitung ist falsch.

a) Telefax ist die Fernübertragung von geschriebenen oder gezeichneten Vorlagen zwischen zwei Fernkopier-Geräten.
b) Unter der Zugriffszeit versteht man den Zeitraum zwischen dem Beginn des Lesebefehls bis zur Bereitstellung des Speicherinhalts.
c) Der EAN-Code ist eine Belegart, die für die Belegerkennung durch Computer geeignet ist.
d) Die Lochkarte wurde von Hermann Hollerith entwickelt.
e) ASSEMBLER ist eine problemorientierte Sprache.

2.2 Rechnungswesen

Lösungen ab Seite 305

2.2.1 Einführung in das Rechnungswesen

1. Ina Linke bereitet sich auf ein Vorstellungsgespräch vor. Sie hat sich als Mitarbeiterin im Rechnungswesen in einem Industriebetrieb beworben und überlegt, welche Fragen ihr gestellt werden könnten. – Nennen Sie **Aufgaben**, die das **Rechnungswesen** zu erfüllen hat!

2. Eine der Aufgaben des Rechnungswesens besteht darin, dass es eine **Informationsfunktion** zu erfüllen hat. – Verdeutlichen Sie diese Funktion am Beispiel eines **Privathaushalts**!

3. Verdeutlichen Sie, inwieweit das Rechnungswesen bei der **Planung** innerhalb **betrieblicher Abläufe** von Bedeutung ist und warum es eine **Kontrollfunktion** erfüllt!

4. Auch der **Staat** muss Rechenschaft ablegen über die Ausgaben und Einnahmen. – Welche Bedeutung hat diese spezielle **Rechenschaftslegung**?

5. Nennen Sie **Aufgabenbereiche** des betrieblichen Rechnungswesens!

6. Wenn ein Hauseigentümer, der sein Haus an mehrere Mieter vermietet hat, die insgesamt anfallenden Heizungskosten oder Aufwendungen für die Wasserversorgung auf die einzelnen Parteien aufteilen muss, so erfolgt dies – in Abhängigkeit von der jeweiligen Größe der Wohnung – jeweils in Bruchteilen. Deshalb ist es erforderlich – auch in anderen Lebenssituationen – die Grundregeln der Bruchrechnung zu beherrschen. Beantworten Sie deshalb die nachfolgenden Fragen und rechnen Sie die nachfolgenden Aufgaben aus!

a) Was ist ein **echter Bruch**?

b) Was ist ein **unechter Bruch**?

c) Was ist eine **gemischte Zahl**?

d) **Verwandeln** Sie folgenden **unechten Bruch in** eine **gemischte Zahl**!

$$\frac{124}{5}$$

e) Was sind **gleichnamige**, was **ungleichnamige Brüche**?

f) Machen Sie folgende Brüche gleichnamig!

$$\frac{3}{4} + \frac{2}{8} + \frac{3}{5} =$$

7. **Addieren** Sie folgende Brüche!

a) $$\frac{12}{20} + \frac{3}{20} + \frac{34}{20} + \frac{19}{20} + \frac{154}{20} =$$

b) $$\frac{11}{4} + \frac{18}{32} + \frac{2}{8} + \frac{246}{2} + \frac{3}{4} =$$

8. **Subtrahieren** Sie folgende Brüche!

a) $\frac{12}{15} - \frac{3}{45} =$

b) $\frac{7}{16} - \frac{3}{8} =$

c) $\frac{2.000}{30} - 15 =$

d) $15 - \frac{3}{8} =$

9. **Multiplizieren** Sie folgende Brüche und Zahlen!

a) $\frac{24}{8} \text{ x } \frac{5}{12} =$

b) $8\frac{3}{4} \text{ x } 12 =$

c) $15 \text{ x } 3\frac{4}{15} =$

d) $\frac{5}{6} \text{ x } 63 =$

10. **Dividieren** Sie folgende Brüche und Zahlen!

a) $\frac{3}{4} : \frac{5}{6} =$

b) $5 : 3\frac{5}{9} =$

c) $66\frac{2}{8} : 20 =$

d) $\frac{4}{5} : 3 =$

e) $\dfrac{\frac{7}{15}}{\frac{3}{5}} =$

11. Roland Zöllner, Carsten Rodwald und Christian Sterkel machen gemeinsam in Cala Ratjada auf der Insel Mallorca Urlaub. Dort wollen sie sich umschauen, um herauszufinden, ob sie gemeinsam auf dieser von vielen Deutschen besuchten Insel der Ballearen ein Unternehmen gründen können. Der Preis für eine Woche in einem Appartment, inkl. Flug und Bustransfer setzt sich für sie zusammen aus einer Fahrt mit öffentlichen Verkehrsmitteln von Mainz nach Frankfurt. Für diese Fahrt muss eine Person 5,60 Euro zahlen. Aus der Reisebestätigung, die sie von dem Reiseveranstalter erhalten, ist zu ersehen, dass sich der Teilnehmerpreis wie folgt zusammensetzt: Appartement Guya Playa, Typ S Euro 562,00, Flughafenzuschlag Euro 16,00, Treibstoffzuschlag Euro 10,00, Versicherungspreis Euro 25,00 und Reise-Rücktrittskosten-Vollschutz Euro 25,00. Die drei Freunde kommen nach einer Woche in der Nacht am Flughafen Frankfurt an. Von dort fahren sie gemeinsam mit einem Taxi nach Mainz. Für die Taxifahrt zahlen sie insgesamt Euro 45,00.

a) Wie viel Euro hat jeder Einzelne für die einwöchige Reise als Gesamtpreis gemäß der sich aus der Aufgabe ergebenden Angaben zahlen müssen?

b) In dem kleinen Küstenstädtchen mit Hafen Cala Ratjada spazieren die drei Freunde an einem Tag an der Mauer des Hafens entlang. Dort befinden sich einige Lokale. An diesem Tag hat Carsten Geburtstag. Er schlägt vor, alle Hauptgerichte, d.h. außer Krabben, die auf der im Freien aufgestellten Speisekarte des Restaurants El Puerto aufgelistet sind, zu bestellen. Bei den drei verbleibenden Gerichten sollen sich die Freunde so einigen, dass jeder ein anderes der Gerichte wählt, so dass alle Speisen getestet werden können. Das Geburtstagskind gibt bekannt, dass alle Essen auf seine Rechnung gehen. – Welchen Betrag musste Carsten für sich und die Freunde bezahlen, wenn er veranlasst, dass für jeden noch als Vorspeise „Krabben in Knoblauchsoße" gereicht werden?

Nr. 1

c) Am Abend gehen die drei Freunde in eine Bar. Dort nutzen sie die Chance, nur die verbilligten Getränke zu bestellen, die auf der Karte Nr. 2 angeboten werden.

☺ Roland trinkt 1 Bitburger, 4 Longdrinks und ein Glas Sangria.
☺ Carsten trinkt 5 Gläser Sangria und 2 Longdrinks.
☺ Christian trinkt 7 Bitburger.

Jeder der drei Freunde bestellt sich noch eine Portion Backkartoffeln in Knoblauchsoße für je 5,80 € . – Wie viel Geld hat jeder an diesem Abend in der Bar ausgegeben.

d) Als Roland ein Jahr zuvor in Cala Ratjada in Urlaub war, haben die Bratkartoffeln mit Knoblauchsoße nicht 5,80 € gekostet, sondern 4,80 €. – Um wie viel Prozent hat sich das Essen verteuert?

e) Die drei Freunde fragen sich in gut gelaunter Runde, wie sie mit ihrem noch zu gründenden Unternehmen firmieren sollten, in dem sie saarländische Gerichte und Karlsberg Urpils aus Homburg/Saar anbieten sollten. – Was ist die sog. **Firma** eines Kaufmanns?

f) Welche **Kapitalgesellschaft**(en) können sie gründen, wenn sie gemeinsam ein Geldkapital von 30.000 € zur Verfügung haben.

g) In welchem Gesetz sollten sie nachschauen, wenn sie sich außerdem über die **Personengesellschaften** informieren wollen?

12. Das Unternehmen Peter Lanzenbrecher e. Kfm. verkaufte jeden Monat Dosen mit Katzenfutter in folgenden Mengen:
Januar: 350; Februar: 282; März: 420; April: 386; Mai: 236; Juni: 376; Juli: 302; August: 540; September: 324; Oktober: 180; November: 320; Dezember: 220.

a) Wie viel Dosen Katzenfutter sind insgesamt verkauft worden?

b) In welchem Monat wurden die meisten Dosen verkauft, in welchem die wenigsten Dosen?

c) Wie viel Prozent mehr Dosen wurden im Monat mit dem stärksten Absatz im Vergleich zu dem mit dem niedrigsten Absatz verkauft?

d) Wie viel Dosen Katzenfutter wurden pro Monat im Durchschnitt verkauft?

13. Wie viel Prozent aller Steuereinnahmen beträgt die Lohnsteuer, wenn das gesamte Steueraufkommen 662 Milliarden (Mrd. €) beträgt und der Staat von seinen Bürgern insgesamt 215 Mrd. € Lohnsteuer kassierte?

14. Der Baumarkt „SELFMADE AG" hat folgendes Inserat in verschiedenen Tageszeitungen veröffentlicht.

a) Welchen Betrag haben die einzelnen Kunden des Baumarktes zu zahlen, wenn sie Waren mit folgendem Gesamtpreis kaufen? (Berechnung mit zwei Stellen hinter dem Komma). – Ergänzen Sie bitte nachfolgende Tabelle.

b) Welchen **Vorteil** hat der **Baumarkt** bei diesen Kunden gemacht, vergleicht man den bezahlten Preis mit dem auf den Preisschildern ausgezeichneten Preis ohne Rabatt?

c) Aus welchem Grund hat ihrer Meinung nach der Baumarkt diese **Rabattaktion** durchgeführt?

Kunde Nr.	**Gesamtpreis- der eingekauften Waren €**	**20 % Rabatt**	**25 % Rabatt**	**Rechnungsbetrag**
I	75,70			
II	23,80			
III	124,50			
IV	80,76			
V	96,80			
VI	102,20			
VII	74,10			
VIII	49,80			
IX	58,60			
X	63,40			

15. Manuela Freudich arbeitet als Assistentin in der Abteilung Marketing in einem Unternehmen der Automobilindustrie. Sie erfährt aus der Presse, dass sie aufgrund eines Tarifabschlusses der Tarifvertragspartner mit einer Gehaltserhöhung von 5,5 % ihres Bruttogehaltes in Höhe von 2.240,- € rechnen kann.

a) Wie hoch ist der Bruttobetrag, der nach der tariflichen Gehaltserhöhung auf ihrem Gehaltszettel ausgewiesen sein wird?

b) Manuela beabsichtigt, den durch die Tariferhöhung erzielten zusätzlichen Nettobetrag in Höhe von ca. 70 % ihrer tariflichen Gehaltserhöhung zu sparen. - Wie hoch ist dieser Betrag?

16. Gisbert Bourget erwartet in diesem Jahr eine Gehaltserhöhung von 6 1/3 %. Im vorangegangenen Jahr erhielt er bereits eine Gehaltserhöhung von 5 %. Zurzeit bezieht er ein Monatsgehalt in Höhe von 1.900,- €.

a) Wie hoch war sein Gehalt im vergangenen Jahr?
b) Wie viel Euro betrugen die einzelnen Gehaltserhöhungen?

17. Herr Sauberbach verkauft sein Unternehmen. Da er keine Kinder hat, will er den Verkaufserlös in Höhe von 420.000,- € an seine Geschwister wie folgt verteilen: Maria soll 1/3, Johannes 1/4, Petra 1/6 erhalten. Den Rest behält er für sich. – Wie viel Euro erhält jede Person?

18. Frau Luzzi Wunschtraum macht eine Wochenendreise nach Los Angeles. Sie tauscht bei ihrer Bank in Stuttgart Euro um und erhält bei einem Kurs von 0,96 insgesamt 1.480 $.

a) Wie viel Euro muss sie zahlen?
b) Was sind **Sorten**, was **Devisen**?
c) Worin besteht der Unterschied zwischen dem **Geldkurs** und dem **Briefkurs**?

19. Dr. Axel Gerth bringt von einem Aufenthalt in Japan 1.280 Yen nach Bingen zurück. Bei seiner Bank tauscht er den Betrag bei einem **Kurs** von 103,55 in Euro um. – Wie viel Euro erhält er?

20. Bei der Textilgroßhandlung Rock & Mantel GmbH geht ein Rechnungsbetrag per Banküberweisung von 18.300,- sfr (Schweizer Franken) ein. Wie viel Euro schreibt ihr die Bank gut? – Gehen Sie von folgender Kurstabelle aus!

alle Preise für ein €		Devisenpreis am 3.3.20.. Geld/Brief		Vortag Geld/Brief	
Referenzpreise für Devisen					
USA	$	0,9618	0,9678	0,9678	0,9738
Großbritannien	Pfd	0,6093	0,6133	0,6111	0,6151
Kanada	$	1,3977	1,4097	1,3999	1,4111
Schweiz	sfr	1,6047	1,6087	1,6055	1,6095
Japan	yen	103,6500	104,1300	103,5800	104,0600

21. Ein LKW eines Betriebs wurde an 5 Tagen während der Woche 11 Stunden, 7 Stunden, 5,5 Stunden, 8,5 Stunden und 6 Stunden eingesetzt. – **Wie viele Stunden** war er **im Durchschnitt** eingesetzt?

22. Aus verschiedenen Kaffeelieferungen soll eine Mischung zum Verkauf angeboten werden. Es werden uns geliefert:

25 kg zu 6,05 € je kg,
40 kg zu 5,90 € je kg,
30 kg zu 5,30 € je kg.

Was kostet ein kg der Mischung?

23. Das **Höchstgewicht eines Pakets**, das durch die Deutsche Post AG versendet werden kann, beträgt 20 kg. Überprüfen Sie, ob folgende Sendung das Höchstgewicht überschreitet!

42 Beutel Tee zu je 125 Gramm,
13 Beutel Tee zu je 0,5 kg,
30 Beutel Tee zu je 62 Gramm,
3 Beutel Tee zu je 1,5 kg,
3 Beutel Tee zu je 1 kg,
Verpackung 1,2 kg.

24. Julia Gambke arbeitet an Samstagen in einem Pferdestall, um sich ihr Taschengeld aufzubessern. Sie erhält für vier Samstage, an denen sie jeweils 6 Stunden gearbeitet hat, 168,- €. **Wie viel Euro** hat sie **pro Stunde** erhalten?

25. Aufgrund des Fahrtenbuches verbraucht der PKW von Joachim Schrankvoll 7,5 Liter Super-Benzin, wenn er im Durchschnitt 100 km Fahrtweg zu Grunde legt. Joachim beabsichtigt von Mainz nach Saarbrücken und zurück zu fahren. Insgesamt legt er 330 km zurück.

a) **Wie viel Liter Benzin** muss er für diese Fahrt einplanen?
b) **Wie viel Geld** muss er für den Spritverbrauch vermutlich insgesamt hinlegen, wenn der Liter Super **1,48 €** kostet?
c) Wie viel wird die **Reise** vermutlich **insgesamt kosten**, wenn Joachim für vier Übernachtungen 240,- € einkalkuliert und er seine Ausgaben für Verpflegung an 5 Tagen mit täglich 18,- € veranschlagt?
d) Welchen **Preis** muss Joachim **für eine Übernachtung** bezahlen?
e) Was wird die **Reise pro Tag** vermutlich kosten?

26. Irina Lobesam besucht im Monat 4 x eine Sauna. Sie gibt dann täglich 12,50 € aus. Im Gesamtpreis sind Getränke enthalten. Wie oft könnte sie die Sauna besuchen, wenn diese modernisiert wird und sie deshalb künftig einen Preis von 21,- € zu zahlen hat?

27. Mit der Überschrift „Magere Renditen belasten die Textilbranche" ist ein Bericht in einer Wirtschaftszeitung überschrieben. Es ist darin zu erfahren, dass die zunehmende Internationalität der Textilmärkte sich auch im Spektrum der Messe widerspiegelt: 72 % der 2.659 Aussteller kommen aus dem Ausland.

a) Wie viel **Prozent** der **Aussteller** in der Textilbranche auf Messen sind **deutsche Aussteller**?
b) **Wie viele deutsche Aussteller** haben auf Messen einen Platz gemietet?
c) **Wie viele Aussteller aus dem Ausland** stehen auf Messen den deutschen Ausstellern gegenüber?

28. In einer Pressemitteilung ist zu lesen: „Aufgrund der überzogenen Gebührenerhöhungen des Kommunalen Abfallentsorgungsverbandes Saar für die Entsorgung von Gewerbemüll hat sich das Aufkommen aus diesem Bereich drastisch reduziert. Allein seit der letzten Gebührenerhöhungsrunde gingen die Mengen um rund 40.000 Tonnen auf 107.000 zurück". – Welcher **prozentualen** Minderung entspricht der **Mengenrückgang an Müll**?

29. In der Zeitschrift „SaarWirtschaft" der IHK Saarbrücken ist zu lesen, dass die Zahl der Übernachtungen im heilklimatischen Kurort Weiskirchen nach einem Bericht des Statistischen Landesamtes von 201.584 vor zwei Jahren auf 216.159 im vergangenen Jahr gestiegen ist. – Wie hoch war die **prozentuale Steigerungsrate der Übernachtungen**?

30. Wir erfahren, dass aufgrund eines Firmenjubiläums unser Lieferant uns anbietet, bei einem Warenwert von mindestens 40.000,- € zusätzlich eine Vertrauensprämie von 15 ‰ (Promille) von dem diese Grenze überschreitenden Betrag zu bezahlen. Wir bestellen daraufhin Waren für insgesamt 68.000,- €. Wie hoch ist der **zu zahlende Betrag**, wenn wir bei einer Zahlung innerhalb von 14 Tagen insgesamt noch 2 % Skonto vom Warenwert abziehen können?

31. Die Rita Stahl OHG weist am Jahresende einen Gewinn von 50.000,- € aus. Die Kapitalanteile der Gesellschafter betragen:

Rita Stahl	20.000,- €	Jörg Großmann	40.000,- €
Dieter Jung	60.000,- €	Dagmar Ober	30.000,- €

Wie viel Euro Gewinn erhält jeder Gesellschafter, wenn der Gewinn **nach § 121 HGB** verteilt wird?

32. Die Jennifer Grey KG hat am Jahresende einen Gewinn in Höhe von 80.000,- € erzielt. Die Kapitalanteile der Gesellschafter betragen:

Jennifer Grey	50.000,- €	Johanna Ziegler	45.000,- €
Patrick Swayze	45.000,- €	Lothar Kurz	40.000,- €

Gemäß Gesellschaftsvertrag erhalten alle Gesellschafter vom Gewinn zunächst 4 % ihrer Kapitalanteile. Der Restgewinn wird im Verhältnis 5 : 1 : 1 : 1 verteilt, wobei Grey als Komplementär den größten Restgewinnanteil erhält. Erstellen Sie eine **Gewinnverteilungstabelle**!

33. Die vier Freunde Rolf, Peter, Hans und Tom haben das dritte Obergeschoss eines Hauses gemietet, um eine Wohngemeinschaft zu gründen. Der Grundriss der Wohnung, für die sie monatlich 1.056,- € Kaltmiete bezahlen, ist in dem nachfolgenden Schaubild dargestellt.

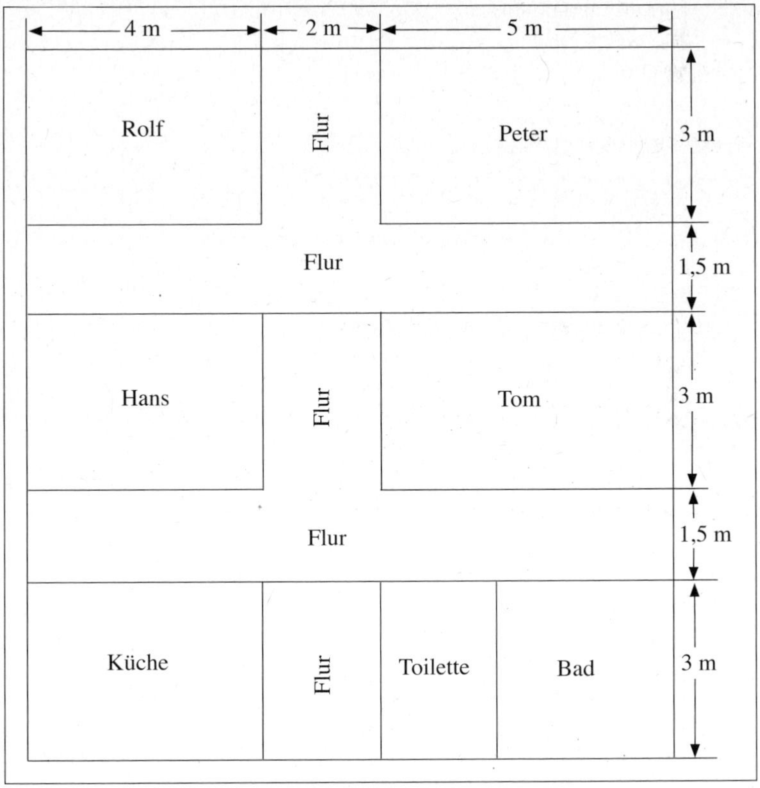

a) Wie groß ist der **gesamte Wohnraum**?
b) Wie **groß** ist die von jedem **einzeln genutzte Fläche** Wohnraum?
c) Wie **groß ist der gemeinsam genutzte Raum**, der sich aus der addierten Fläche von Fluren, Küche, Toilette und Bad ergibt?
d) **Was kostet ein m²** gemietete Fläche der gesamten Wohnfläche?
e) Was kostet die **gemeinsam genutzte Fläche**?
f) Wie viel Euro muss jeder einzeln an Miete zahlen? – Tragen Sie Ihre Ergebnisse in das Schaubild ein!

Name der Freunde	**Miete je Raum in Euro**	**Miete für die gemeinsam genutzten Räume in Euro**	**Miete insgesamt je Person in Euro**
Rolf			
Hans			
Peter			
Tom			
Summe			

g) Der Mietvertrag wurde am 1. März abgeschlossen. Im Mietvertrag ist der Zusatz enthalten, dass innerhalb der nächsten fünf Jahre sich die vereinbarte Kaltmiete jährlich um 50,- € erhöht, erstmalig am 1. März des nächsten Jahres. – Überprüfen Sie anhand des nachfolgenden Auszugs aus dem BGB, ob die vereinbarte Regelung über die Staffelmiete erlaubt ist!

> **Bürgerliches Gesetzbuch**
>
> **§ 557 a Staffelmiete.** (1) Die Miete kann für bestimmte Zeiträume in unterschiedlicher Höhe schriftlich vereinbart werden; in der Vereinbarung ist die jeweilige Miete oder die jeweilige Erhöhung in einem Geldbetrag auszuweisen (Staffelmiete).
> (2) Die Miete muss jeweils mindestens ein Jahr unverändert bleiben. Während der Laufzeit einer Staffelmiete ist eine Erhöhung (...) ausgeschlossen.
> (3) Das Kündigungsrecht des Mieters kann für höchstens vier Jahre seit Abschluss der Staffelmietvereinbarung ausgeschlossen werden. Die Kündigung ist frühestens zum Ablauf dieses Zeitraums zulässig.
> (4) Eine zum Nachteil des Mieters abweichende Vereinbarung ist unwirksam.

h) **Um wie viel Prozent** erhöht sich die **Miete** jährlich, vergleicht man ihn mit der anfänglichen Kaltmiete?

i) **Um wie viel Prozent** hat sich die **Miete nach Ablauf von insgesamt fünf Jahren erhöht**, vergleicht man ihn mit der anfänglichen Kaltmiete?

34. Nina Blaubart ist Auszubildende im ersten Ausbildungsjahr in der „Saskia Osterhas OHG". Sie öffnet jeden Morgen die Post. Heute öffnet sie einen Briefumschlag und findet die nachfolgende Rechnung (siehe Abb. nächste Seite).

a) Welchen Betrag hat die Saskia Osterhas, OHG zu überweisen, wenn der Rechnungsbetrag am 15. März beglichen wird?

b) Welche rechtliche Konsequenz ergibt sich, wenn die Rechnung am 01. April noch nicht überwiesen ist?

c) Welche Zinsen fallen an, wenn der Rechnungsbetrag erst am 16. April auf dem Konto der Bürobedarf-Vertriebs GmbH eingeht? – Schauen Sie sich hierzu §§ 286 ff BGB an! Der aktuelle Basiszinssatz beträgt zurzeit 1,62 %.

Schreibwaren und Telekommunikations KG

- Büromöbel - Multifunktionsgeräte - Möbelprogramm -

Schreibwaren und Telekommunikations KG; Schönauer Str. 84; 69118 Heidelberg

Saskia Osterhas OHG
Grenzweg 234
59071 Hamm

Rechnung

Datum: 09. März .
Rechnungsnummer: 42 68 15
Kundennummer: 963246

ST-NR. 32019/06281/FA Heidelberg

Position	Menge	Artikelbezeichnung	Art. Nr.	Preis/Einheit	Gesamtpreis/ €
1	25	Hängesammler	LA3 - 55	2,85	71,25
2	5	Stabilo Boss Mark.	LA3 - 67	4,90	24,50
3	6	FS 1010 Toner	LA3 - 99	64,60	387,60
				Netto	483,35
				+ 19 % USt	91,83
				Rechnungsbetrag	**575,18**

Wir danken für Ihren Auftrag. - Bei Zahlung innerhalb von 14 Tagen ab Rechnungsdatum 2 % Skonto. Zahlbar spätestens am 31. März d. J.

Freundliche Grüße

i. A. Julia Rosenstolz

Schönauer Str. 84
69118 Heidelberg
Tel.: 06221 - ....

Geschäftsführer
Peter Superschlau
HRA 421 Amtsgericht/Heidelberg

Bankverbindungen
Postbankkonto Karlsruhe
BLZ 660 100 75
Konto- Nr. 82 000-543

Bürgerliches Gesetzbuch - Auszug

§ 286 [Verzug des Schuldners]

(1) Leistet der Schuldner auf eine Mahnung des Gläubigers nicht, die nach dem Eintritt der Fälligkeit erfolgt, so kommt er durch die Mahnung in Verzug. Der Mahnung stehen die Erhebung der Klage auf die Leistung sowie die Zustellung eines Mahnbescheids im Mahnverfahren gleich.

(2) Der Mahnung bedarf es nicht, wenn

1. für die Leistung eine Zeit nach dem Kalender bestimmt ist,
2. der Leistung ein Ereignis vorauszugehen hat und eine angemessene Zeit für die Leistung in der Weise bestimmt ist, dass sie sich von dem Ereignis an nach dem Kalender berechnen lässt,
3. der Schuldner die Leistung ernsthaft und endgültig verweigert,
4. aus besonderen Gründen unter Abwägung der beiderseitigen Interessen der sofortige Eintritt des Verzugs gerechtfertigt ist.

(3) Der Schuldner einer Entgeltforderung kommt spätestens in Verzug, wenn er nicht innerhalb von 30 Tagen nach Fälligkeit und Zugang einer Rechnung oder gleichwertigen Zahlungsaufstellung leistet; dies gilt gegenüber einem Schuldner, der Verbraucher ist, nur, wenn auf diese Folgen in der Rechnung oder Zahlungsaufstellung besonders hingewiesen worden ist. Wenn der Zeitpunkt des Zugangs der Rechnung oder Zahlungsaufstellung unsicher ist, kommt der Schuldner, der nicht Verbraucher ist, spätestens 30 Tage nach Fälligkeit und Empfang der Gegenleistung in Verzug.
(4) Der Schuldner kommt nicht in Verzug, solange die Leistung infolge eines Umstands unterbleibt, den er nicht zu vertreten hat.

§ 288 [Verzugszinsen]

(1) Eine Geldschuld ist während des Verzugs zu verzinsen. Der Verzugszinssatz beträgt für das Jahr fünf Prozentpunkte über dem Basiszinssatz.
(2) Bei Rechtsgeschäften, an denen ein Verbraucher nicht beteiligt ist, beträgt der Zinssatz für Entgeltforderungen acht Prozentpunkte über dem Basiszinssatz.
(3) Der Gläubiger kann aus einem anderen Rechtsgrund höhere Zinsen verlangen.
(4) Die Geltendmachung eines weiteren Schadens ist nicht ausgeschlossen.

Bürgerliches Gesetzbuch

§ 247 [Basiszinssatz]

(1)Der Basiszinssatz beträgt 3,62 Prozent. Er verändert sich zum 1. Januar und 1. Juli eines jeden Jahres um die Prozentpunkte, um welche die Bezugsgröße seit der letzten Veränderung des Basiszinssatzes gestiegen oder gefallen ist. Bezugsgröße ist der Zinssatz für die jüngste Hauptrefinanzierungsoperation der Europäischen Zentralbank vor dem ersten Kalendertag des betreffenden Halbjahrs.
(2) Die Deutsche Bundesbank gibt den geltenden Basiszinssatz unverzüglich nach den in Absatz 1 Satz 2 genannten Zeitpunkten im Bundesanzeiger bekannt.

2.2.2 Einführung in die Systematik der Buchführung

Lösungen ab Seite 309

1. Wer sich zum ersten Mal mit der Buchführung auseinander setzt, der muss wissen, welche **Rechtsgrundlagen** es gibt, aus denen **Buchführungsvorschriften** abgeleitet werden können. – Nennen Sie solche Rechtsgrundlagen!

2. Jede Person, die ein Unternehmen gründen will oder ein bestehendes führt, weiß, dass die Kenntnisse über die innerbetrieblichen Vorgänge aus verschiedenen Gründen von Bedeutung sind.

a) Verdeutlichen Sie an einem Beispiel, warum es wichtig ist, dass sich jeder Unternehmer über alle Geschäftsfälle seines Unternehmens jederzeit informieren können muss!

b) Begründen Sie, warum es unumgänglich ist, dass **Rechenschaft gegenüber Mitarbeitern, Gesellschaftern, Gläubigern** und **der Öffentlichkeit** abgelegt werden muss!

c) Inwiefern stellt die Buchführung die **Grundlage für die Besteuerung** dar?

d) Verdeutlichen Sie, inwiefern die Buchführung ein **Beweismittel** gegenüber Behörden darstellt!

3. Was versteht man unter der **einfachen** und der **doppelten Buchführung**?

4. Das Handelsgesetzbuch weist nur einige Vorschriften über die Buchführung aus, verweist aber auf die **Grundsätze ordnungsmäßiger Buchführung**, kurz **GoB**.

a) Die GoB gelten für die gesamte Rechnungslegung von Unternehmen. – Was bedeutet dies?
b) Nennen Sie Grundsätze ordnungsmäßiger Buchführung!
c) Was versteht man unter dem **Jahresabschluss**?
d) Welche **Grundsätze** sind **bei der Aufstellung des Jahresabschlusses** im Sinne des HGB zu beachten?

5. Nennen Sie **Teilgebiete des betrieblichen Rechnungswesens**!

6. Wie unterscheidet sich die **Gewinn- und Verlustrechnung** einer Kapitalgesellschaft im Hinblick auf den Aufbau von der für Kaufleute gemäß HGB?

7. Wie wird der **Gewinn bzw. Verlust** in der Gewinn- und Verlustrechnung ermittelt?

8. Was versteht man unter der **Inventur** und dem **Inventar**?

9. Wie wird bei der Aufstellung eines Inventars das **Reinvermögen** ermittelt?

10. Je nachdem, zu welchem Zeitpunkt eine Inventur erfolgt, werden drei **Inventurarten** unterschieden. – Erläutern Sie folgende Begriffe!

a) **Bestandsermittlung**
b) **Stichtagsinventur**
c) **Permanente Inventur**
d) **Zeitlich verlegte Inventur**

11. Verdeutlichen Sie anhand von drei Kriterien den **Unterschied** zwischen dem **Inventar** und der **Bilanz**!

12. Gemäß HGB gelten für den Aufbau einer Bilanz unterschiedliche Vorschriften, je nachdem, ob es sich um Kapitalgesellschaften handelt oder um andere Unternehmensformen.

a) Welche Vorschriften bzgl. des Inhalts der Bilanz gelten **für** im elektronischen Handelsregister eingetragene **Einzelkaufleute und Personengesellschaften**?
b) Welche Gegenstände sind in der Bilanz als **Anlagevermögen** auszuweisen?

13. Wie wird das **Eigenkapital** ermittelt?

14. Die Vorschrift, wie die **Bilanz von Kapitalgesellschaften** zu gliedern ist, ergibt sich aus § 266 HGB.

a) Stellen Sie eine **Bilanzgliederung** nach HGB auf!
b) Nennen Sie drei Beispiele für **immaterielle Vermögensgegenstände**!
c) Nennen Sie drei Beispiele für **Sachanlagen**!
d) Nennen Sie mindestens drei Positionen, die zu **Finanzanlagen** zählen!
e) Welche **Gewinnrücklagen** werden nach HGB unterschieden?

15. Nennen Sie je einen **Geschäftsfall** für

a) einen **Aktiv-Tausch**,
b) einen **Passiv-Tausch**,
c) eine **Aktiv-Passiv-Mehrung**,
d) eine **Aktiv-Passiv-Minderung**!

16. Wie wird im jeweiligen Konto gebucht?

a) **Zugang** auf einem **Aktivkonto**,
b) **Abgang** auf einem **Aktivkonto**,
c) **Zugang** auf einem **Passivkonto**,
d) **Abgang** auf einem **Passivkonto**.

17. Nennen Sie jeweils einen konkreten Geschäftsfall für

a) einen **Zugang** auf einem **Passivkonto**,
b) einen **Abgang** auf einem **Aktivkonto**,
c) einen **Zugang** auf einem **Aktivkonto**,
d) einen **Abgang** auf einem **Passivkonto**!

18. Wie lauten die **Buchungssätze** für folgende **Geschäftsfälle**?

a) Einkauf von Ordnern gegen bar	132,- €
b) Tilgung eines Darlehens	
- durch Banküberweisung	10.000,- €
- durch Postbanküberweisung	5.000,- €
c) Banküberweisung auf eigenes Postgirokonto	2.000,- €

19. Wie wird am **Jahresende das Privatkonto abgeschlossen**?

20. Der **Kontenrahmen** stellt eine systematische Gliederung der Konten dar.

a) Nach welchem Rechensystem ist der Kontenrahmen **aufgebaut**?
b) Aus **wie viel Kontenklassen** besteht der Kontenrahmen?
c) Nach welchem **Prinzip** sind die **Kontenklassen** gegliedert?
d) Wie ist der **Industriekontenrahmen** vom Aufbau her gegliedert?
e) Welche Kontenklassen stehen für die Bilanz, welche für die Gewinn- und Verlustrechnung?
f) Wofür ist die Kontenklasse 9 vorgesehen?
g) In welcher Kontenklasse ist das Schlussbilanzkonto aufgeführt?

21. Ordnen Sie folgende Positionen den einzelnen Kontenklassen im Industriekontenrahmen (IKR) zu!

a) Postbankguthaben
b) Büromöbel
c) Vergütungen an gewerbliche Auszubildende
d) Fertige Erzeugnisse
e) Umsatzsteuer
f) Gesetzliche Rücklagen
g) Vorsteuer
h) Aufwendungen für Personaleinstellung
i) Hilfsstoffe
j) Grundsteuer

22. Was ist das **Grundbuch**?

23. Wie werden Geschäftsfälle im **Hauptbuch** gebucht?

24. Neben dem Hauptbuch werden noch **Nebenbücher** geführt.

a) Nennen Sie zwei Beispiele für Nebenbücher!
b) Wozu dienen die Nebenbücher?

25. Was versteht man unter der **Kontokorrentbuchhaltung**?

26. Was sind

a) **Debitoren**,
b) **Kreditoren**?

27. Nennen Sie die **Buchungssätze** für folgende Geschäftsfälle!

a) Mieteingang auf Bankkonto	2.600,- €
b) Privateinlagen auf Postbankkonto	250,- €
c) Kauf eines Schreibtisches auf Ziel	1.800,- €
+ 19 % Umsatzsteuer	342,- €
Rechnungsbetrag	2.142,- €
d) Banküberweisung durch einen Kunden	24.375,- €
e) Banküberweisung der Stromrechnung	3.425,- €
f) Verkauf von Fertigerzeugnissen auf Ziel	36.200,- €
+ 19 % Umsatzsteuer	6.878,- €
g) Zinsgutschrift auf Festgeldanlage durch die Bank	1.260,- €

28. Die Geschäftsführerin Petra Blumig sendet wichtige geschäftliche Unterlagen an den Steuerberater der Thomas Knallball GmbH & Co. KG. Sie erhält in einer Geschäftsstelle der Deutschen Post AG folgende Belege (siehe nachfolgende Seite).

a) Um welche **Unternehmensform** handelt es sich bei der Thomas Knallball GmbH & Co KG?
b) In welcher Abteilung des **Handelsregisters** ist das Unternehmen eingetragen?
c) Worum handelt es sich bei Beleg I?
d) Worum handelt es sich bei Beleg II?
e) Wie lautet der Buchungssatz zu diesem Geschäftsfall?

Einlieferungsbeleg **Deutsche Post**

Postvermerk

Deutsche Post AG 55124 Mainz
07 6109 4579 7DE E Nat RSch
85012520 1020 17.05... 10:56

ggf. Sendungsnummer einkleben, Tagesstempel anbringen, unterschreiben

Informationen zum Sendungsstatus erhalten Sie unter:

National **Telefon: 0 18 05/29 06 90**
(12 ct je Minute im Festnetz) – Mo.-Fr. 8-18 h, Sa. 8-14 h
www.deutschepost.de/briefstatus

International **Telefon: 0 18 01/80 55 55**
(5 ct je Minute im Festnetz) – Mo.-Sa. 7-20 h

Angaben des Kunden: Bitte füllen Sie die nachstehenden Felder aus.

z. B. Empfänger, Postleitzahl, Bestimmungsort oder andere kundenbezogene Angaben:

Wichtige Hinweise auf der Rückseite!

- [ ] EINSCHREIBEN EINWURF
- [x] EINSCHREIBEN
- [ ] EIGENHÄNDIG
- [ ] EIL INTERNATIONAL
- [ ] PÄCKCHEN INTERNATIONAL
- [x] RÜCKSCHEIN
- [ ] NACHNAHME

NACHNAHME-Betrag: Euro, Cent

912 666 000 03/02

Beleg I

Deutsche Post AG
55124 Mainz
85012520 1021 17.05...

*5,37 EUR

Postwertzeichen ohne Zuschlag

Vielen Dank für Ihren Besuch.
Ihre Deutsche Post AG

Beleg II

29. Die Angestellte Iris Schmunzel wird von Herrn Loblied gebeten, Büroartikel einzukaufen und bar zu bezahlen. Iris erhält folgende Rechnung (siehe Anlage). Wie lautet der Buchungssatz?

BÜRO IMMERGUT

Die neue Dimension – in Mainz zeigen wir Ihnen die größte Auswahl auf 2000 m² Verkaufsfläche -

55120 Mainz · Rheinstraße 418 · Tel: 06131/...., Fax: 06131/....

Büro Immergut GmbH, Rheinstr. 418, 55120 Mainz

Firma
Joe Loblied KG
Händelstraße 241
55124 Mainz

Auftr.-Nr.	KD.-Nr.	Datum
12181	02121	07. Juni ...

Rechnung

vom	unser Zch.	zuständig für Sie
07.06....	Schw	Frau Schwarz

PN	Art.nr.	Bezeichnung	Menge	PE	Einzelpreis		Gesamtpreis
1	9800150	Ibico Pouchman	1	0	68,92 €	NET	68,92 €
2	3938010	Edding Flipchartmarker	1	0	1,06 €	10,0	0,95 €
3	9800823	Ibico Pouches	1	0	35,70 €	NET	35,70 €

Nettowarenw.	Versandkosten	Zw.summe	USt %	USt (Euro)	Auftragswert
Euro 105,57	0,00	105,57 €	19,0	20,05	125,62 €

Versandadresse:
Firma
Joe Loblied KG
Händelstraße 241
55124 Mainz

Zahlungsbed. : 30 Tage Netto 8 Tage 3% Skonto

Bankverbindungen

Commerzbank	BLZ 550 400 22	12345678
Deutsche Bank	BLZ 550 700 40	87654321
Sparkasse	BLZ 550 501 20	1324

Geschäftsführer:
Ludwig Immergut; John Denver, Paolo Conte
Amtsgericht Mainz, Handelsregister B 8765

30. Welche Geschäftsfälle liegen folgenden Buchungssätzen zu Grunde?

a) Kasse an Fuhrpark
b) Verbindlichkeiten an Darlehensschulden
c) Grundstück an Kasse und Hypothekenschulden
d) Bank an Kasse

31. Wolfgang Kicherle bringt 20.000,- € in bar als **Privateinlage** in sein Unternehmen ein.

a) Wie lautet die Buchung?
b) Wie wirkt sich die Privateinlage auf das Eigenkapital aus?
c) Wie lautet die **Abschlussbuchung** für das Privatkonto?
d) Wie wirkt sich eine Privatentnahme auf das Eigenkapital aus?

32. In vielen Unternehmen findet die Verarbeitung von Informationen über Geschäftsfälle mithilfe der elektronischen Datenverarbeitung statt.

a) Nennen Sie **Buchführungsprogramme**, die Teilbereiche des Rechnungswesens sind!
b) Nennen Sie **Stammdaten**!
c) Nennen Sie **Bewegungsdaten**!
d) Wie erfolgt die **Buchung der Belege** per EDV?

33. Charly Frohnatur arbeitet in dem Elektro-Großhandel Kimberly Sonnenschein GmbH in der Buchhaltung. Mittels betriebsinternem Beleg erfährt Herr Frohnatur, dass ein Lieferant akzeptiert hat, dass für einen mit einem Mangel versehenen Staubsauger eine Gutschrift erfolgen soll. – Buchen Sie folgenden Beleg.

ELEKTROARTIKEL-VERTRIEB

Elektro-Vertrieb GmbH & CoKG - Ruhrstraße 83 a - 10709 Berlin

Berlin, 12. März ....

Gutschrift

Menge	Artikelbezeichnung		
1	Staubsauger Flitz PB64L		96,40 €
		Netto	96,40 €
		- Rabatt 5 %	4,82 €
			91,58 €
		+ 19 % USt	17,40 €
		Rechnungsbetrag	**108,98 €**

34. Alida Roncalli ist in der Buchhaltung der Baustoff-Fachhandel KG in Heidesheim beschäftigt. Ihr liegt eine Rechnung gemäß Anlage A vor. Es sind folgende Berechnungen und Buchungen vorzunehmen.

a) Wie lautet die Buchung bei Eingang der Rechnung?
b) Ermitteln Sie die Bezugskosten als Wertspesen auf die drei Warenpositionen.
c) Warum ist es sinnvoll, Wertspesen zu ermitteln?
d) Im Juli erhalten wir von der Baustoff-Produkt AG einen vorher vereinbarten Bonus wegen des Überschreitens eines Umsatzlimits in Höhe von 243,60 € brutto. Wie lautet die Buchung?

Baustoffe Produkt GmbH

*Baustoffe * Bauelemente * Baudekorationen*

Baustoffe Produkt GmbH - Gutenbergstraße 42 - 74074 Heilbronn

Baustoff-Fachhandel KG
Rosenstraße 14
55262 Heidesheim

Rechnung
Datum: 25. Juni ....
Rechnungsnummer: 182374
Kundennummer: 11631

Position	Menge	Artikelbezeichnung	Art. Nr.	Preis/Einheit	Gesamtpreis/Euro
1	15 kg	Haftgrunddispersion	25HD	24,00	360,00
2	20 Dosen	Bitumen-Kaltkleber	6851BK	4,25	85,00
3	30 Sack	Rauputz	341RPL	7,80	234,00
		Frachtkosten			21,10
		Transportversicherung			2,10
				Netto	702,20
				+ 19 % USt	133,38
				Rechnungsbetrag	**835,38**

Wir danken für Ihren Auftrag.
Zahlbar innerhalb 14 Tagen ohne Abzug.

Rosenstraße 14
55262 Heidesheim
Tel.: 06132 - ....

Geschäftsführer
Hannibal Bumbum
HRB 3200 Amtsgericht/Mainz

Bankverbindungen
* Postbank Frankfurt/Main
BLZ 50010060
Kto-Nr. 314392-601
* Volksbank Gonsenheim eG
BLZ 55060417
Kto-Nr. 6241500

Anlage A

35. Die Ole Ratzebutz KG verkauft einen betriebseigenen, gebrauchten, zeitanteilig abgeschriebenen Kleinbus zum Buchwert von 21.000 € zuzüglich 19 % Umsatzsteuer gegen Barzahlung.

a) Wie wirkt sich der Verkauf auf die Bilanz aus?
b) Bilden Sie die Buchungssätze!

36. Die Hans-Dieter Wohlauf GmbH beliefert die Jutta Blütenreich KG auf Grund einer Bestellung mit Leim und Eimern. Der Transport der Ware erfolgt mittels PKW durch einen Spediteur, der für seine Leistung eine Rechnung in Höhe von 78,40 € brutto erstellt. – Der Auszubildende Andreas Grenzer hat die Buchungen in der Hans-Dieter Wohlauf KG vorzunehmen.

a) Wie lautet die Buchung für die Ausgangsrechnung gemäß Anlage A?
b) Wie lautet die Buchung der Rechnung, die der Spediteur erstellt?

Hans-Dieter Wohlauf GmbH

Hans-Dieter Wohlauf GmbH; Andaustraße 19; 61348 Bad Homburg v.d.H.

Jutta Blütenreich KG
Astorstaße 111
69126 Heidelberg

RECHNUNG

28. September ...

Rechnungsnr.
22118
Auftragsnummer:
24365-8

Kundennummer:
4711

Lieferdatum: 28. September ...

Position	**Menge**	**Artikel**	**Art.Nummer**	**Preis/Stück**	**Gesamtpreis/€**
1	110	Planatol Bbsuperior 5,5 kg Eimer	1218 PB	6,27 €	689,70 €
				Warenwert	689,70 €
				+ 19 % USt	131,04 €
				Rechnungsbetrag	**820,74 €**

Anlage A

2.2.3 Die Funktionen eines Betriebes in der Praxis der Buchführung

Lösungen ab Seite 326

1. In Industriebetrieben werden die zur Produktion notwendigen **Vorprodukte, Rohstoffe, Hilfsstoffe und Betriebsstoffe** eingekauft.

a) Nennen Sie mindestens zwei **Beispiele** für **Vorprodukte** in der Autoindustrie!
b) Nennen Sie **Beispiele** für **Rohstoffe** in der **Textilindustrie**!
c) Nennen Sie zwei **Beispiele** für **Hilfsstoffe** in der **Holz verarbeitenden Industrie**!
d) Nennen Sie Beispiele für **Betriebsstoffe**!
e) Worin besteht der **Unterschied** zwischen **Hilfsstoffen** und **Betriebsstoffen**?
f) Unter welchem Oberbegriff werden die unter a) bis d) genannten Begriffe subsummiert (untergeordnet)?

2. Wo werden im Rahmen des Jahresabschlusses eines Unternehmens Roh-, Hilfs- und Betriebsstoffe buchhalterisch erfasst? – Sehen Sie in den Kontenrahmen!

3. In welcher **Kontenklasse** sind **Roh-, Hilfs- und Betriebsstoffe** erfasst?

4. In welcher **Kontenklasse** werden **Aufwendungen für Roh-, Hilfs- und Betriebsstoffe** erfasst?

5. Buchen Sie folgende Geschäftsfälle und geben Sie die jeweiligen Kontennummern an (siehe Industriekontenrahmen)!

a) Ein Unternehmen kauft Rohstoffe über 64.000,- € ein. Es werden 19 % Umsatzsteuer in Rechnung gestellt.

b) Einem Möbelproduzenten werden 50 Uhren für den Einbau in Küchenschränke geliefert. Der Preis für eine Uhr beträgt 36,- € zuzüglich 19 % Umsatzsteuer.

c) Ein Produzent erhält eine Rechnung über den Kauf von Schrauben und Nägeln. Die Rechnung weist einen Betrag von 9.576,- € einschließlich 19 % Umsatzsteuer aus. Er begleicht die Rechnung bar.

d) Vereinbarungsgemäß sendet ein Unternehmer die Verpackung, die bereits beim Bezug von Lacken in Rechnung gestellt wurde, zurück und erhält die Gutschrift über 320,- € zuzüglich 19 % Umsatzsteuer.

e) Ein Unternehmer hat bereits Handelswaren auf Ziel gekauft. Der Warenwert beträgt 24.600,- € zuzüglich 19 % Umsatzsteuer. Einen Teil dieser Ware im Wert von 4.600,- € einschließlich 19 % Umsatzsteuer erhält er zurück, da es sich um eine Falschlieferung handelt.

6. Eine Ware hat einen Verkaufspreis von 234,- €. Die Bezugskosten betragen 26,- €, die Geschäftskosten 33 1/3 % und der Gewinn 12 1/2 %. – Berechnen Sie den **Einkaufspreis**!

7. Der Großhändler Siegfried Zimmermann in Hamburg bezieht von einem Bremer Lieferanten Waren. Das Bruttogewicht beträgt 5.080 kg, die Verpackung 80 kg. Im Kaufvertrag wurden folgende Vereinbarungen getroffen: Preis ab Fabrik 180,- € für 100 kg netto. Bei Bezahlung innerhalb 14 Tagen wird ein Skonto von 3 % gewährt, zudem ein Wiederverkaufsrabatt von 6 %. Für 100 kg Fracht entstanden 2,80 € Frachtkosten. Für die gesamte Sendung ist ein Rollgeld von 30,- € zu zahlen. Die allgemeinen Geschäftskosten betragen 20 %, der Gewinn wird mit 12 ½ % veranschlagt. Berechnen Sie den **Verkaufspreis** für 1 kg! – Umsatzsteuer ist nicht zu berücksichtigen.

8. Worin besteht für einen Großhändler der Unterschied zwischen dem **Bareinkaufspreis** und dem **Selbstkostenpreis**?

9. In den Geschäftsbüchern eines Großhandelsunternehmens sind am Ende des Jahres folgende Beträge ausgewiesen:

Warenanfangsbestand	80.000,- €	Warenumsatz	620.000,- €
Wareneinkauf	460.000,- €	Bezugskosten	24.200,- €
Warenendbestand	60.800,- €	Geschäftskosten	52.000,- €

a) Ermitteln Sie den **Warenrohgewinn**!
b) Wie viel Prozent vom Einstandspreis beträgt der **Geschäftskostenzuschlag**?
c) Berechnen Sie den **Kalkulationszuschlag**!
d) Berechnen Sie die **Handelsspanne**!

10. Berechnen Sie den **Kalkulationsfaktor** bei einem Bezugspreis von 420,- € und einem Verkaufspreis von 880,- €!

11. Das **Kontokorrentkonto** eines Unternehmens wird zum 30. Juni abgerechnet. Die Zinsstaffel ergibt folgende Summenzeile:

Verfall	S/H	€	Tage	#S	#H
30.06.	S	4.200,--	180	6.525	5.400

Wie viel € beträgt der Saldovortrag im Soll per 1. Juli, wenn von folgenden Konditionen auszugehen ist: 0,5 % Habenzinsen, 12 % Sollzinsen, 16,- € Auslagen?

12. Wir kaufen Spielwaren ein. Im Rechnungsbetrag der Eingangsrechnung in Höhe von 9.576,- € sind 19 % Umsatzsteuer und 200,- € für Fracht enthalten.

a) Was kosten uns die Spielwaren netto?
b) Wie lautet die Buchung?

13. Aufgrund zurückgesandter Waren erhalten wir von unserem Lieferer eine **Gutschriftsanzeige** in Höhe von 456,- €, inklusive 19 % Umsatzsteuer. – Welche Buchung müssen wir vornehmen?

14. Wie werden **Sofortrabatte** buchungsmäßig erfasst?

15. Die Spielwaren-Großhandel John Grün KG sendet einem Kunden Waren. Die Warenausgangsrechnung weist einen Warenverkaufswert in Höhe von 4.200,- € und Umsatzsteuer in Höhe von 798,- € aus. – Wie lautet die Buchung?

16. Aufgrund einer vorzeitig bezahlten Rechnung wird uns von unserem **Lieferer** ein **Skontoabzug** von 2 % **gewährt**. Der Wert der gelieferten Ware beträgt 8.000,- €, die Umsatzsteuer 1.520,- €.

a) Welche **Buchung** muss erfolgen, wenn wir den **Rechnungsbetrag** mittels **Banküberweisung** begleichen?
b) Wie lautet die **Korrekturbuchung** zur Berichtigung der **Steuer**?

17. Wir buchen **Kundenskonti**. – Wie lautet der **Buchungssatz zur Steuerberichtigung**?

18. Ein Lieferer gewährt uns einen Bonus von 4 %, weil wir in den letzten 6 Monaten bei ihm Waren im Werte von 240.000,- € bezogen haben.

a) Wie lautet unsere Buchung?
b) Wie bucht der Lieferer?

19. Wie viel **Zinsen** bringt ein Kapital in Höhe von 45.000,- €, das bei einem Zinssatz von 5 % vom 4.3. bis 31.10. angelegt wird?

20. Wegen Zahlungsverzug müssen wir unserem Lieferanten für die Zeit von 18.4. bis 03.6. 6 % Verzugszinsen in Höhe von 30,- € bezahlen. – Wie hoch war der **Rechnungsbetrag**?

21. Ein Betrieb nimmt ein Darlehen in Höhe von 60.000,- € für die Zeit vom 12.5. bis 17.7. auf. Zu welchem **Zinssatz** wird ihm das Darlehen gewährt, wenn am Ende der Laufzeit 60.812,50 € zurückzuzahlen sind?

22. Herr Knubbelnase legt 4.800,- € auf einem Sparbuch an. Der Sparzins beträgt 4 %. **Wie lange** war das Sparguthaben bisher angelegt, wenn ihm am Jahresende 112,- € Zinsen gutgeschrieben werden?

23. Inge Schnappschuss stellt bei der Kreditbank Überall einen Kreditantrag. Nach Überprüfung ihrer Kreditwürdigkeit wird ihr die Kreditzusage über einen Betrag in Höhe von 30.000,- € für den Zeitraum vom 15. März bis zum 30. Oktober gewährt. Das Kreditinstitut berechnet einen Jahreszins von 9 %, eine Bearbeitungsgebühr von 0,05 % und eine Auslagenpauschale von 12,- €.

a) Wie viel **Kreditkosten** fallen insgesamt an?
b) Wie hoch ist der **Effektivzinssatz**?

24. Brigitte Gloryland beabsichtigt, einen Computer für ihr neu zu gründendes Unternehmen zu kaufen. Sie findet folgende Anzeige in einem Werbeprospekt:

DAS GROSSE SPARPAKET:

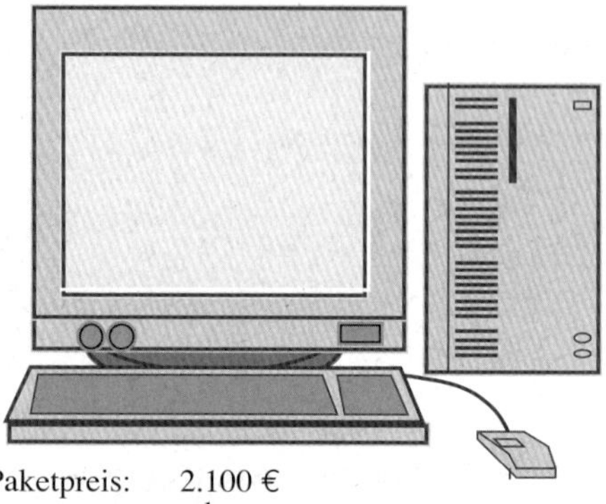

SIE SPAREN

420,– €

Tower *Intel Pentium D Prozessor mit 3,2 GHz*
16 MB Elsa Victory II
1024MB RAM Speicher
2 x 250 GB Festplatte
4 USB Schnittstellen
Windows XP

Shamrock Super VGA Color Monitor
17" Bildschirmdiagonale, max. Aufl. 1280 x 1024, strahlungsarm nach TC099

Tower	***1.800 €***
Monitor	***300 €***
	2.100 €

Paketpreis: 2.100 €
oder
24 x 100 € = 2.400 €

a) Auf wie viel Zinsen muss sie bei einem Zinssatz von 4 % verzichten, wenn sie den Computer zum angegebenen Paketpreis bar bezahlt, statt das Geld 24 Monate anzulegen?
b) Brigitte hat keine Ersparnisse. Wie viel Kreditzinsen muss sie bei einem Zinssatz von 12 % bezahlen, wenn der Kreditvertrag eine Laufzeit von 24 Monaten hat?
c) Wie viel Euro Zinsen fallen monatlich an, wenn sie sich zur Aufnahme eines Kredites bei einem Kreditinstitut entscheidet?
d) Wie viel Euro muss Brigitte zusätzlich bezahlen, wenn sie sich nicht für den Paketpreis entscheidet, sondern den Preis in Raten begleicht?
e) Wie viel Prozent Zinsen muss Brigitte bezahlen, wenn sie den Computer in Raten abbezahlt?
f) Welches ist die günstigste Alternative, wenn Brigitte keine Ersparnisse hat?

25. Wir lesen in den IHK-Nachrichten unter der Rubrik „Insolvenzen" folgenden Text:

> Insolvenzverfahren wurde eröffnet durch Beschluss des Amtsgerichts Saarbrücken
> - 19 N 28/20.. -
> über das Vermögen der Firma Schulze-Dach- und Fassadenbau GmbH, Niemandstr. 44, 66271 Kleinblittersdorf.
> Insolvenzverwalter: Rechtsanwalt Jan Poltermann, Poststr. 13
> 66115 Saarbrücken

a) Die von uns belieferte Schulze-Dach- und Fassadenbau GmbH hat von uns gelieferte Waren in Höhe von 3.450,- € einschließlich 19 % USt noch nicht bezahlt. – Wie lautet die Buchung?

b) Wie lautet die Buchung, wenn wir erfahren, dass im gleichen Geschäftsjahr das Insolvenzverfahren über unseren Kunden dazu führt, dass unsere Forderung vollständig abgeschrieben werden muss?

26. Forderungen können zweifelhaft oder uneinbringlich werden.

a) Wie sind **zweifelhafte Forderungen** beim Jahresabschluss gemäß HGB anzusetzen?
b) In welcher Höhe sind **uneinbringliche Forderungen** gemäß HGB abzuschreiben?

27. Wir erfahren, dass über das Vermögen unseres Kunden Stiller & Co das Insolvenzverfahren eröffnet wurde. Deshalb betrachten wir die ausstehende Forderung in Höhe von 14.030,- € als zweifelhaft und buchen entsprechend. Aus dem abgeschlossenen Verfahren im Laufe des Geschäftsjahres wird uns vom Insolvenzverwalter ein Betrag von 2.300,- € auf das Konto unserer Hausbank überwiesen. – Wie lauten die Buchungen?

28. In der Lohnbuchhaltung eines Industriebetriebes wird der Personalaufwand gebucht.

a) Wie wird das **Nettogehalt** eines Arbeitnehmers ermittelt?

b) Wie hoch ist der **Arbeitnehmeranteil** und der **Arbeitgeberanteil** zur Sozialversicherung in Prozent?

c) In welcher **Kontenklasse** im Industriekontenrahmen sind die **Personalkosten** enthalten? – Schauen Sie im Kontenrahmen nach!

d) Nennen Sie **Personalkosten**, die im **Industriekontenrahmen** enthalten sind!

29. **Wie** ermittelt die Lohnbuchhaltung, welche **Lohnsteuer** der einzelne Arbeitnehmer zu **zahlen** hat?

30. Wonach richtet sich die **Höhe der zu zahlenden Lohnsteuer** eines Arbeitnehmers?

31. Welche Bedeutung haben die **Beitragsbemessungsgrenzen**?

32. Unter welcher Voraussetzung kann sich ein Arbeitnehmer **freiwillig krankenversichern** lassen?

33. An wen hat ein Betrieb abzuführen:

a) die **Lohnsteuer** und den **Solidaritätszuschlag**,
b) die **Kirchensteuer**,
c) die einzelnen **Sozialversicherungsbeiträge**?

34. Bis zu welchem **Zeitpunkt** soll der Arbeitgeber die **Steuern und Sozialversicherungsbeiträge**, die die Abzüge für den Monat Mai seiner Angestellten darstellen, **abführen**?

35. Wie lautet die **Buchung**, wenn die Angestellte Angela Wienand im Februar einen Gehaltsvorschuss in Höhe von 1.000,- € bar erhält?

36. Für ihre Arbeitsleistung als Sachbearbeiterin in der Vertriebsabteilung in einem Elektro-Groß- und Außenhandelsunternehmen in Mainz bezieht die ledige 21-jährige Angestellte Monalisa Naomi 2.500 €. Der Beitragssatz für die gesetzliche Krankenversicherung beträgt 14,9 %, der für die gesetzliche Rentenversicherung 19,9 % und der für die gesetzliche Arbeitslosenversicherung 2,8 %. Der Beitragssatz für die gesetzliche Pflegeversicherung beträgt 1,7 %. Frau Noaomi ist römisch katholisch. Sie arbeitet seit Mai ... im Unternehmen.

Auszug aus der Lohnsteuertabelle ......

Lohn/Gehalt in € bis	**Lohnsteuer-klasse**	**Lohnsteuer**
2.500,00	I, IV	405,50
	II	372,58
	III	136,50
	V	759,33
	VI	791,50

a) Ermitteln Sie die Sozialversicherungsbeiträge, die das Bruttogehalt von Monalisa verringern!

b) Wie hoch ist der in der Monatslohnsteuer-Tabelle ausgewiesene Lohnsteuerbetrag, den Monalisa zu zahlen hat?

c) Wie viel **Kirchensteuer** hat Monalisa zu zahlen, wenn in dem Bundesland Rheinland-Pfalz ein Kirchensteuersatz von 9 % zu Grunde gelegt wird?

d) Welches ist die **Bezugsgröße** zur Berechnung der **Kirchensteuer**?

e) Der **Solidaritätszuschlag** wird in Prozenten von dem Betrag der Lohnsteuer berechnet. – Wie viel Prozent Solidaritätszuschlag sind zu entrichten?

f) Wie hoch ist für Monalisa der betragsmäßig zu entrichtende Solidaritätszuschlag?

g) In welche Unterlagen ist der Solidaritätszuschlag einzutragen?

h) In welche **Lohnsteuerklasse** wäre Monalisa einzureihen, wenn sie als **ledige** Frau ihr kleines Kind zu ernähren hat?

i) In welche **Lohnsteuerklasse** wäre Monalisa einzureihen, wenn sie verheiratet wäre und ihr Mann ein Gehalt in gleicher Höhe bezieht?

j) Welche Lohnsteuerklasse wäre sinnvollerweise zu wählen, wenn Monalisa verheiratet wäre, ihr **Mann** aber ein **erheblich höheres Gehalt** bezieht als sie?

k) Welche Konsequenz im Hinblick auf die Steuerklasse hätte es, wenn Monalisa ihrem Arbeitgeber die Lohnsteuerkarte nicht vorlegt?

l) Wo hat Monalisas Arbeitgeber die einbezahlte Lohnsteuer und den einbehaltenen Solidaritätszuschlag anzumelden?

m) Bis zu welchem Zeitpunkt hat die **Abführung der Lohnsteuer** und die des Solidaritätszuschlags durch den Arbeitgeber zu erfolgen?

n) Ermitteln Sie aus den Angaben in der Aufgabe und den bisherigen Lösungen das **Nettogehalt** von Monalisa!

o) Ergänzen Sie folgende Übersicht!

Gehaltsabrechnung für Mai 20..								
Mitarbeiter/in:		Monalisa Naomi				**Abteilung:**		Verkauf
Steuerklasse:		I		**Konfession:** rk		**Beschäftigt seit:**		August 20....
Bruttogehalt	Vermögenswirksame Leistungen des Arbeitgebers	Gesamtbrutto	Lohnsteuer	Solidaritätszuschlag	Kirchensteuer	Sozialvers.-anteil des Arbeitgebers + 0,9 % nur Arbeitnehmer	Nettogehalt	Überweisung

37. Wodurch können **Wertminderungen** von Gegenständen **des Anlagevermögens** begründet sein?

38. Bei der Berechnung der planmäßigen Abschreibung werden verschiedene **Abschreibungsmethoden** unterschieden:

a) Was versteht man unter der **linearen Abschreibung**?

b) Erläutern Sie das Wesen der **arithmetisch-degressiven** und **geometrisch-degressiven Abschreibung**!

c) Skizzieren Sie in einem Koordinatenkreuz den Verlauf der unter a) und b) genannten Abschreibungsmethoden.

39. Die Bundesregierung hat zum 1. Januar 2009 zeitlich befristet für zwei Jahre eine degressive Abschreibung für bewegliche Wirtschaftsgüter des Anlagevermögens in Höhe von 25 % eingeführt.

a) Nennen Sie einen Grund, **warum** grundsätzlich die **degressive Abschreibung** gewählt wird!

b) Warum hat die Bundesregierung diese Gesetzesänderung beschlossen?

40. Eine Maschine A hat einen Anschaffungswert von 8.000,- €. Ihre betriebsgewöhnliche Nutzungsdauer beträgt 10 Jahre.

Berechnen Sie für Maschine A den jährlichen **Abschreibungsbetrag** und die Buchwerte **nach** der Methode der **linearen Abschreibung**! – Die Maschine wird vollständig abgeschrieben.

41. Worin besteht der **Unterschied** zwischen der **direkten Abschreibung** und der **indirekten Abschreibung**? – Erklären Sie den Unterschied am Beispiel „Maschinen"!

42. Welche Bedeutung hat die **kalkulatorische Abschreibung**?

43. In welchem Gesetz schlagen Sie nach, wenn Sie sich über die gesetzlich vorgegebenen Abschreibungsmöglichkeiten informieren wollen?

44. Wie lautet der Buchungssatz im Falle der **indirekten Abschreibung** für eine Transportmaschine, die jährlich mit 2.500,- € abgeschrieben wird?

45. Die Marinda Ballerina GmbH wurde am 01. Mai neu gegründet. Gegenstand des Unternehmens ist der Verkauf von Elektroartikeln. Für ihre Geschäftsräume kauft sie unter anderem eine Büroeinrichtung und einen Kleintransporter.

a) Handelt es sich bei den gekauften Gegenständen um **Wirtschaftsgüter**?
b) Was sind **bewegliche Wirtschaftsgüter** im steuerlichen Sinn?
c) **Wonach bemisst sich** die Absetzung für Abnutzung, also die **Abschreibung**?

46. Das Einkommensteuergesetz ermöglicht unterschiedliche Abschreibungsmethoden für bewegliche Güter des Anlagevermögens.

a) Nennen Sie zwei **bewegliche Güter des Anlagevermögens**!
b) Nennen Sie ein Beispiel für ein unbewegliches Gut des Anlagevermögens!
c) Welche Alternativen hat der Steuerpflichtige bei der **Wahl der Abschreibungsmethode** bei **beweglichen Wirtschaftsgütern** des Anlagevermögens?
d) Welcher **Übergang** von **Abschreibungsmethoden** ist aus steuerrechtlichen Gründen möglich?

47. Schauen Sie sich den nachfolgenden Beleg an und formulieren Sie den Buchungssatz auf der Grundlage der angegeben Konten in der folgenden Übersicht.

•	Aufwendungen für Waren
•	Bank
•	Bezugskosten
•	Forderungen aus Lieferungen und Leistungen (= LL)
•	Frachten und Fremdlager
•	Fuhrpark
•	Kasse
•	Umsatzsteuer
•	Verbindlichkeiten aus Lieferungen und Leistungen (= LL)
•	Vorsteuer

Rollschnell Spedition GmbH

- Gensingen -

Rollschnell Spedition GmbH ♦ Kreuzstr. 12; ♦ 55457 Gensingen

Ronaldo Grenzgänger
Pädagogstr. 43
64283 Darmstadt

Rechnungsnummer: 99 67 85
Kundennummer: 694500

ST-NR. 40244/55457/FA Gensingen

Ihre Zeichen	**Unsere Zeichen**	**Telefon**	**Datum**
	Ratzi	06727/999	05. August 20..

Rechnung

Aufgrund Ihres Auftrags haben wir in den Monaten Mai und Juli an die in der beigefügten Übersicht aufgeführten Unternehmen verschiedene Waren geliefert. Wir danken Ihnen im Voraus für die Begleichung des Rechnungsbetrages.

Bei Zahlung innerhalb von 14 Tagen 2 % Skonto; zahlbar innerhalb 30 Tagen netto Kasse.

	Lkw Rollgeld	4.240,00 €
+	19 % Umsatzsteuer	805,60 €
		5.045,60 €

Freundliche Grüße

i. A. *Bingo Schussi*

Kreuzstr. 12
55457 Gensingen
06727/999

Geschäftsführer
Julia Immerda
HR B 332 Amtsgericht/Bingen

Bankverbindungen
Sparda-Bank Südwest
BLZ 550 905 00
Konto- Nr.. 443009

48. Die Büroausstattung GmbH hat seit Jahresbeginn des Jahres 5 eine größere Anzahl Kaufverträge mit Kunden abgeschlossen. Am 14. Juli Jahr 5 schaut der Geschäftsführer in die Wirtschaftszeitung Handelsblatt und stellt fest, dass bei zwei Kunden beim jeweils zuständigen Amtsgericht ein Insolvenzantrag gestellt wurde.

a) Lesen Sie sich die beiden Auszüge aus dem Handelsblatt durch und tragen Sie die Namen der Kunden und den Sitz in nachfolgende Übersicht ein! Bei Kunde 1 stehen Forderungen in Höhe von 1.180,50 €, bei Kunde 2 stehen 12.900,00 € aus. Ergänzen Sie in der Übersicht die Forderungsbeträge!

Kunde 1

Über das Vermögen der im Handelsregister des Amtsgerichts Hamburg-Mitte unter HRB 77.829 eingetragenen Jens Kraft GmbH, Philip Straße 8, 52068 Aachen, gesetzlich vertreten durch die Geschäftsführer Petra Schwarz, Philip Straße 8, 52068 Aachen und Harald Schneider, Blumenstraße, 55283 Nierstein wurde am 1.5.20.., 9:00 Uhr das Insolvenzverfahren eröffnet. Insolvenzverwalter: Rechtsanwalt Dr. Volker Hupser, Schwarzgeldstraße 38, 52070 Aachen. Forderungen der Insolvenzgläubiger sind bis zum 19.6.20.. unter Beachtung des § 174 InsO beim Insolvenzrechtverwalter anzumelden. Berichtstermin: Donnerstag, 29.6.20.., 12:00 Uhr, im Gerichtsgebäude des Amtsgerichts Aachen, Saal 339 (Schwurgerichtssaal), Adalbertsteinweg 90, 52070 Aachen. Prüfungstermin: Montag, 31.7.20.., 9:00 Uhr, im Gebäude des Amtsgerichts Aachen, Alter Posthof 1,52062 Aachen, 3. Etage, Raum Sitzungssaal K 5.

Kunde 2

In dem Insolvenzeröffnungsverfahren über das Vermögen der im Handelsregister des Amtsgerichts Düsseldorf unter HRB 40393 eingetragenen Singsang-Musikverlag GmbH, Baldaufstr.92, 40210 Düsseldorf, gesetzlich vertreten durch den Geschäftsführer Futschei Peng, ist am 12. Juni 20.. um 00:00 Uhr, Rechtsanwältin Dr. Jennifer Grünhals, Rosenstraße 3, 40479 Düsseldorf, zur vorläufigen Insolvenzverwalterin bestellt und ein Zustimmungsvorbehalt angeordnet worden (§21 Absatz 2 Nr. 2, § 22 InsO).

Name des Kunden	**Geschäftssitz**	**Forderung in €**

b) In welcher Rechtsgrundlage ist geregelt, unter welchen Umständen ein Insolvenzantrag gestellt werden kann?

c) Aus welchen Gründen kann es zu einem Insolvenzantrag kommen?

d) Wie lautet der jeweilige Buchungssatz für die beiden Kunden?

e) Am 14. Dezember Jahr 5 erfährt die Büroausstattungs GmbH, dass im Rahmen eines Vergleichsvorschlags beim Kunden „Singsang- Musikverlag GmbH“ 40 % der Insolvenzquote ausgezahlt werden können. Der Betrag wird daraufhin am 28. Dezember auf dem Konto der Gläubigers gutgeschrieben. – Wie lautet der Buchungssatz der Büroausstattungs GmbH?

2.2.4 Statistik

Lösungen ab Seite 340

1. Um der Allgemeinheit oder bestimmten Personengruppen interessierende Tatbestände in kurzer und übersichtlicher Form darzustellen, bedient man sich der statistischen Darstellungsweise.

a) Nennen Sie **gesamtwirtschaftliche Sachverhalte**, die statistisch dargestellt werden!
b) Nennen Sie **betriebsinterne Sachverhalte**, über die Statistiken erstellt werden!
c) Nennen Sie Sachverhalte des **Umweltschutzes**, die mit statistischen Methoden dargestellt werden!
d) Nennen Sie Sachverhalte, die die **Bundesagentur für Arbeit** mit statistischen Methoden darstellt!
e) Nennen Sie weitere **sonstige Sachverhalte**, die statistisch dargestellt werden!

2. Verdeutlichen Sie am Beispiel der **Marktforschung**, mit welchen Methoden statistische Daten erhoben werden!

3. Nennen Sie **innerbetriebliche Bereiche**, in denen statistische Daten erhoben werden!

4. Nennen Sie Möglichkeiten, wie statistische Daten **grafisch dargestellt** werden können!

5. Wer sich mit der beschreibenden Statistik auseinander setzt, der muss bestimmte **Grundbegriffe** kennen.

a) Was versteht man unter dem Begriff **Grundgesamtheit**?
b) Nennen Sie einen anderen Begriff für Grundgesamtheit!
c) Was ist eine **Stichprobe**?

6. Nennen Sie **Vorteile** des **Stichprobenverfahrens**!

7. Nennen Sie **Beispiele** für einwandfrei festgelegte **Grundgesamtheiten**!

8. Bei der Festlegung der Grundgesamtheiten geht es um die **sachliche, zeitliche und örtliche** Abgrenzung. – Erläutern Sie diesen Satz anhand von selbstgewählten Beispielen!

9. In einem Betrieb wird eine Untersuchung durchgeführt mit dem Ziel zu erfahren, wie viel Arbeitnehmer in den einzelnen Abteilungen wie lange im Kalenderjahr krank sind.

a) Erläutern Sie an diesem Beispiel, was man unter den Begriffen **Merkmal** und **Merkmalsausprägung** versteht!
b) Wer ist in dem vorliegenden Fall **Merkmalsträger**?

10. In einem Betrieb wird eine Statistik erstellt, um zu erfahren, wie viele Mitarbeiter im Halbjahr wie oft weniger als 3 Tage krank waren. Die Personalabteilung ermittelt folgende Zahlen über die Mitarbeiter und teilt sie in Altersklassen ein.

<table>
<tr><th>Altersklassen</th><th>Strichliste</th></tr>
<tr><td>15 - 20</td><td>|||||</td></tr>
<tr><td>21 - 25</td><td>|||</td></tr>
<tr><td>26 - 30</td><td>||</td></tr>
<tr><td>31 - 35</td><td>|||||||||</td></tr>
<tr><td>36 - 40</td><td>|||</td></tr>
<tr><td>41 - 45</td><td>||||</td></tr>
<tr><td>46 - 50</td><td>|||||</td></tr>
<tr><td>51 - 60</td><td>|||||||</td></tr>
<tr><td>61 - 65</td><td>||||</td></tr>
</table>

a) Ermitteln Sie aus der **Strichliste** die **Häufigkeiten**!
b) Ermitteln Sie die **aufsummierten Häufigkeiten**!
c) Ermitteln Sie für die jeweilige Altersklasse die **relativen Häufigkeiten**!
d) In welcher Gruppe der Altersklassen waren die meisten Krankmeldungen zu verzeichnen?
e) In welcher Gruppe der Altersklassen waren die geringsten Krankmeldungen zu verzeichnen?
f) Welches ist der **Modalwert**?

11.

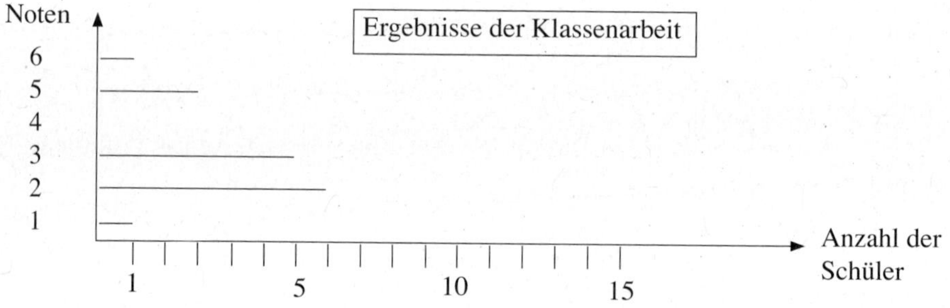

a) Um welche **grafische Art der Darstellung** handelt es sich in vorliegendem Schaubild?
b) Wie viele Schüler haben die Klassenarbeit mitgeschrieben?
c) Verdeutlichen Sie mithilfe einer anderen Darstellung die Notenskala der vorliegenden Klassenarbeit!
d) Berechnen Sie das **arithmetische Mittel** der Noten!

12. Ein Unternehmen will künftig kein Tierfutter mehr verkaufen. Am Lager befinden sich noch 300 Dosen Katzenfutter à 0,95 €, 200 Dosen à 1,10 € und 250 Dosen à 1,20 €. Alle Dosen haben das gleiche Gewicht von 825 Gramm. Diese Dosen sollen so verkauft werden, dass von ihrem durchschnittlich ermittelten Wert pro Dose noch 30 % abgezogen werden.
– Wie hoch ist der Verkaufspreis pro Dose?

13. Aufgrund steigender Nachfrage nach Waschmitteln in unserem neu eröffneten Unternehmen wurden in den letzten sieben Monaten folgende Bestellungen vorgenommen:

1. Bestellung	Warenwert	1.265,- €
2. Bestellung	Warenwert	1.400,- €
3. Bestellung	Warenwert	1.580,- €
4. Bestellung	Warenwert	1.720,- €
5. Bestellung	Warenwert	1.840,- €
6. Bestellung	Warenwert	2.180,- €
7. Bestellung	Warenwert	2.460,- €.

a) Wie hoch war der **Gesamtwert** für die Waschmittelbestellung in den letzten sieben Monaten?

b) Wie hoch war der **Durchschnittswert** der Bestellung in den letzten sieben Monaten?

c) Welches ist der **Zentralwert**?

d) Wie wird der Zentralwert noch bezeichnet?

e) Was ist die **Spannweite**?

f) Nennen Sie einen anderen Begriff für Spannweite!

g) Wie groß ist die Spannweite im konkreten Beispiel?

h) Was besagt die Spannweite im konkreten Beispiel?

14. In einem Statistischen Jahrbuch des Statistischen Bundesamtes ist der Altersaufbau in folgender grafischen Darstellungsform abgebildet.

a) Wie wird diese Form der grafischen Darstellung bezeichnet?

b) Nennen Sie ein Argument, mit dem sich der Frauenüberschuss begründen lässt!

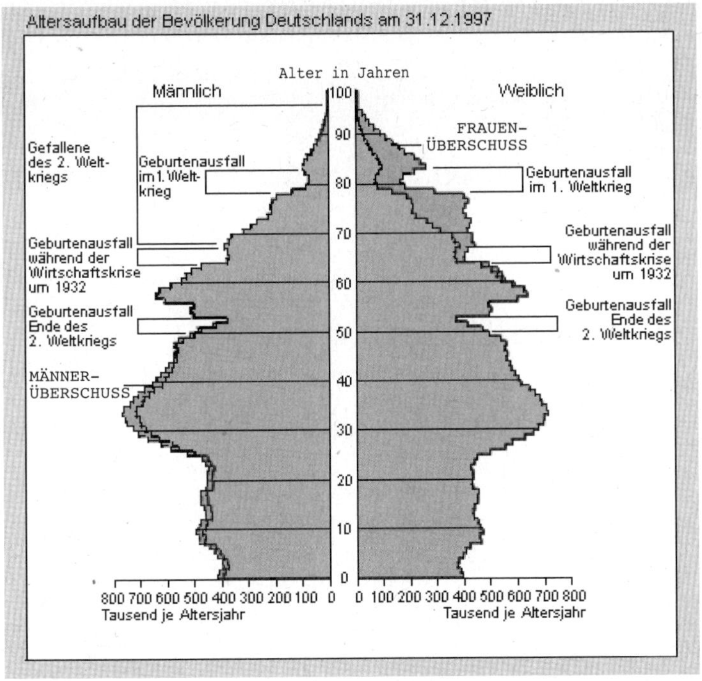

Quelle: Statistisches Jahrbuch 1999 für die Bundesrepublik Deutschland und für das Ausland, CD-ROM, Herausgeber: Statistisches Bundesamt, Wiesbaden

15. Schauen Sie sich das nachfolgende Schaubild an und beantworten Sie die zugehörigen Fragen.

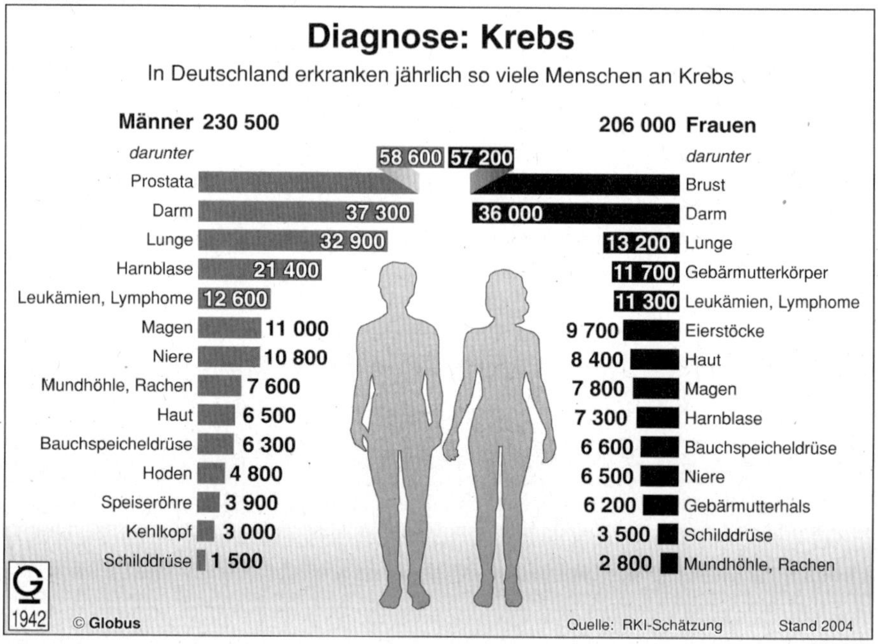

a) Welche Krebsart ist die bei beiden Geschlechtern am häufigsten?
b) Bei welchem der beiden Geschlechter tritt am häufigsten Krebs am größten menschlichen Organ auf?
c) Gibt es in dem Schaubild eine Krebsart, die nur für eines der beiden Geschlechter ausgewiesen ist?

2.2.5 Jahresabschluss

Lösungen ab Seite 346

1. Was sind

a) **Sonstige Forderungen**
b) **Sonstige Verbindlichkeiten**?

2. Wir haben den Mietzins für die Dezember-Miete an unseren Vermieter noch nicht überwiesen.

a) Wie lautet die Buchung am 31.12.?
b) Wie lauten die Abschlussbuchungen?

3. Wozu dienen **Rechnungsabgrenzungsposten**?

4. Was sind **aktive Rechnungsabgrenzungsposten**?

5. Nennen Sie zwei **transitorische Posten**, die nicht unter Rechnungsabgrenzungsposten fallen!

6. Was sind **passive Rechnungsabgrenzungsposten**?

7. Wir erhalten Miete im Dezember für den Monat Januar des darauffolgenden Jahres auf unser Postbankkonto.

a) Um welche Art von **Rechnungsabgrenzungsposten** handelt es sich?
b) Wie lautet die **Buchung im alten Jahr** nach dem Industriekontenrahmen?
c) Wie lautet die **Buchung im neuen Jahr** nach dem Industriekontenrahmen?
d) Wo sind beim Jahresabschluss Rechnungsabgrenzungsposten ausgewiesen?

8. Die Bilanz ist ein Bestandteil des Jahresabschlusses.

a) Welches ist – nach Hauptüberschriften geordnet – der **Inhalt der Bilanz**?
b) Wofür sind **Rückstellungen** zu bilden?
c) Welche Posten dürfen als **Rechnungsabgrenzungsposten auf der Aktivseite** ausgewiesen werden?
d) Welche Posten dürfen als **Rechnungsabgrenzungsposten auf der Passivseite** ausgewiesen werden?

9. Der Kaufmann muss regelmäßig seine **Umsatzsteuerschuld** ermitteln.

a) Was versteht man in diesem Zusammenhang unter der **Zahllast**?
b) Wie lautet die **Buchung** für die **Überweisung der Umsatzsteuer** an das Finanzamt?
c) Wie wird am Jahresende im Schlussbilanzkonto die Zahllast als Verbindlichkeit, wie als Vorsteuerüberhang bilanziert?

10. Wie lauten die **Abschlussbuchungen** für

a) die **Aufwands- und Ertragskonten**,
b) das **Gewinn- und Verlustkonto**,
c) die **Bestandskonten**?

11. Wie wird das **Privatkonto am Jahresende abgeschlossen**?

12. Am Jahresende ist es erforderlich, die Vermögenspositionen und die Schulden mit dem richtigen Wert in das Inventar und in die Schlussbilanz einzusetzen.

a) Nennen Sie **allgemeine handelsrechtliche Bewertungsvorschriften**!
b) Wie sind **Vermögensgegenstände anzusetzen**?
c) Wie sind **Verbindlichkeiten** in der Bilanz **anzusetzen**?
d) Was versteht man unter dem Grundsatz der **„Maßgeblichkeit der Handelsbilanz für die Steuerbilanz"**?

13. Die Sandra Bobbel GmbH hat im laufenden Kalenderjahr Ordner eingekauft. Der Bestand soll am Jahresende bewertet werden. Der Endbestand der Ordner beträgt 2.200 Stück. Der Marktpreis wird am 31. Dezember mit 7 € angegeben.

a) Das Unternehmen bewertet diesen Anteil des Umlaufvermögens i. S. d. § 256 HGB nach dem **Fifo-Verfahren**. – Was bedeutet dies?

§ 256 HGB: Bewertungsvereinfachungsverfahren. Soweit es den Grundsätzen ordnungsmäßiger Buchführung entspricht, kann für den Wertansatz gleichartiger Vermögensgegenstände des Vorratsvermögens unterstellt werden, dass die zuerst oder dass die zuletzt angeschafften oder hergestellten Vermögensgegenstände zuerst oder in einer sonstigen bestimmten Folge verbraucht oder veräußert worden sind. § 240 Abs. 3 und 4 ist auch auf den Jahresabschluss anwendbar.

§ 240 HGB: Inventar.
(2) Vermögensgegenstände des Sachanlagevermögens sowie Roh-, Hilfs- und Betriebsstoffe können, wenn sie regelmäßig ersetzt werden und ihr Gesamtwert für das Unternehmen nachrangiger Bedeutung ist, mit einer gleichbleibenden Menge und einem gleichbleibenden Wert angesetzt werden, sofern ihr Bestand in seiner Größe, seinem Wert und seiner Zusammensetzung nur geringen Veränderungen unterliegt. Jedoch ist in der Regel alle drei Jahre eine körperliche Bestandsaufnahme durchzuführen.
(3) Gleichartige Vermögensgegenstände des Vorratsvermögens sowie andere gleichartige oder annähernd gleichwertige bewegliche Vermögensgegenstände und Schulden können jeweils zu einer Gruppe zusammengefasst und mit dem gewogenen Durchschnittswert angesetzt werden.

b) Was ist das so genannte **Lifo-Verfahren**?
c) Welche Konsequenz für die Bewertung hat die Tatsache, dass im Falle der Anwendung des Lifo-Verfahrens der Tagespreis niedriger ist als der Einkaufspreis? – Schauen Sie sich hierzu § 253 (3) HGB an!

§ 253 HGB
(3) Bei Vermögensgegenständen des Umlaufvermögens sind Abschreibungen vorzunehmen, um diese mit einem niedrigeren Wert anzusetzen, der sich aus einem Börsen-oder Marktpreis am Abschlussstichtag ergibt. Ist ein Börsen- oder Marktpreis nicht festzustellen und übersteigen die Anschaffungskosten oder Herstellungskosten den Wert, der den Vermögensgegenständen am Abschlussstichtag beizulegen ist, so ist auf diesen Wert abzuschreiben. Außerdem dürfen Abschreibungen vorgenommen werden, soweit diese nach vernünftiger kaufmännischer Beurteilung notwendig sind, um zu verhindern, dass in der nächsten Zukunft der Wertansatz dieser Vermögensgegenstände aufgrund von Wertschwankungen geändert werden muss.

d) Bewerten Sie die Ordner in der nachfolgenden Tabelle nach dem Fifo-Verfahren!

Eingänge	Stückzahl	Preis je Stück in €
Anfangsbest. 01. Jan.	600	4,00
Zugang 02. Febr.	400	5,00
Zugang 23. April	1.000	4,50
Zugang 26. Mai	800	4,80
Zugang 16. Juli	600	5,00
Zugang 12. Okt.	600	5,20
Zugang 18. Dez.	1.400	6,00
	5.400	

14. Um zu ermitteln, inwieweit sich ein Unternehmen **selbstfinanzieren** kann, wird der Cash-flow ermittelt.

a) Wie wird der **Cash-flow** berechnet?
b) Wozu wird die **Cash-flow-Umsatzverdienstrate** berechnet?

15. Am Jahresende wird folgende Bilanz erstellt:

Aktiva	**Bilanz zum 31.12.20..**		**Passiva**
	€		€
I Anlagevermögen		I Eigenkapital	1.288.000,--
1. Unbebaute Grundstücke	60.000,--		
2. Bebaute Grundstücke	320.000,--	II Fremdkapital	
3. Fahrzeuge	40.000,--	1. Hypothekenschulden	140.000,--
4. Geschäftsausstattung	90.000,--	2. Darlehensschulden	80.000,--
II Umlaufvermögen		3. Verbindlichkeiten	120.000,--
1. Waren	920.000,--		
2. Forderungen	36.000,--		
3. Kasse	12.000,--		
4. Bank	140.000,--		
5. Postbank	10.000,--		
	1.628.000,--		1.628.000,--

Ermitteln Sie die folgenden Kennziffern:

a) **Vermögensaufbau** (Konstitution),
b) **Finanzierung**,
c) **Investierung**,
d) **Liquidität**.

16. Wie berechnet man folgende **Kennzahlen für die Bilanzanalyse**:

a) **Lagerumschlagshäufigkeit**,
b) **Durchschnittliche Lagerdauer**,
c) **Eigenkapitalrentabilität**?

17. Die **Gewinn- und Verlustrechnung** ist gemäß § 275 HGB in Staffelform nach dem Gesamtkostenverfahren oder dem Umsatzkostenverfahren aufzustellen.

a) Was versteht man unter dem **Gesamtkostenverfahren**?
b) Unter welcher Voraussetzung wendet man das **Umsatzkostenverfahren** an?

18. Welchen **Vorteil** bringt eine **Betriebsübersicht**?

19. Nennen Sie einen anderen Begriff für **Betriebsübersicht**!

20. Beantworten Sie zur Betriebsübersicht folgende Fragen!

a) Worüber informiert eine Betriebsübersicht?
b) Warum wird eine Betriebsübersicht erstellt?
c) Wie wird die **Summenbilanz** noch bezeichnet?
d) In welcher Form wird eine Betriebsübersicht erstellt?
e) Welche **vorbereitenden Abschlussbuchungen** werden durchgeführt?
f) Nennen Sie die Spalten einer Betriebsübersicht!

21. Ermitteln Sie das **Eigenkapial am Ende des Jahres**, wenn das Eigenkapital am Anfang 120.000,- €, die Privatentnahme 30.000,- € und der Gewinn 75.000,- € betrugen!

22. Wie lange müssen **aufbewahrt** werden:

a) **Handelsbücher**,
b) **Buchungsbelege**,
c) **Handelsbriefe**,
d) **Jahresabschlüsse**?

2.2.6 Kosten- und Leistungsrechnung

Lösungen ab Seite 350

1. Nennen Sie **Aufgaben** der **Kosten- und Leistungsrechnung**!

2. Wie werden die **Selbstkosten** ermittelt?

3. Nennen Sie Beispiele für **Handlungskosten**!

4. Worin besteht der **Unterschied** und der **Zusammenhang** zwischen der „**Buchführung**" und der „**Kosten- und Leistungsrechnung**"?

5. Wer sich mit der Kosten- und Leistungsrechnung beschäftigt, der muss deren Grundbegriffe kennen und verstehen.

a) Was sind **Aufwendungen**?
b) In welchen Kontenklassen des Industriekontenrahmens werden Aufwendungen erfasst?
c) Nennen Sie Beispiele für **betriebliche Aufwendungen**!
d) Nennen Sie **weitere Aufwendungen**!
e) Welche **Steuern** müssen Unternehmen **vom „Einkommen und Ertrag"** bezahlen?
f) In welcher Kontenklasse des Industriekontenrahmens sind **Erträge** ausgewiesen?
g) Welcher Rechnung sind Aufwendungen und Erträge, welcher Kosten und Leistungen zuzurechnen?
h) Was sind **Leistungen**?
i) Nennen Sie **Beispiele** für Leistungen im Rahmen der **betrieblichen Leistungserstellung**!

6. Bedingt durch eine allgemeine Konjunkturflaute und des damit verbundenen Rückgangs der Nachfrage nach Textilien, wurde von der Kleider-Produktions GmbH einige im letzten Jahr angeschaffte neue Maschinen für die Hemdenproduktion ein sehr hoher degressiver Abschreibungssatz gewählt.

a) Wie sind Vermögensgegenstände des Anlagevermögens gemäß HGB, d. h. handelsrechtlich, höchstens anzusetzen?
b) Wovon hängt der Wert der **kalkulatorischen Abschreibung** ab?
c) Nennen Sie zwei Bestimmungsgrößen für die tatsächlich erwartete Nutzungsdauer eines Gegenstandes des Anlagevermögens!

d) Welche Größe ist die steuerrechtliche **Bemessungsgrundlage** für die **kalkulatorische Abschreibung**?
e) Worauf wirkt sich bei der Ergebnisrechnung die bilanzmäßige Abschreibung, worauf die kalkulatorische Abschreibung aus?
f) Ein Schreibtisch wird **direkt abgeschrieben**. – Wie lautet die Buchung?
g) Warum wird ein Anlagegut **indirekt abgeschrieben**?
h) Nennen Sie die Buchung für eine indirekte Abschreibung!
i) Wie wird das Konto **Wertberichtigungen** am Jahresende **abgeschlossen**?

7. Nennen Sie **kalkulatorische Kosten**!

8. Aus welchem Grund wird **kalkulatorische Miete** angesetzt?

9. Wie hoch ist der **kalkulatorische Unternehmerlohn**, wenn der monatliche Lohn 6.200,- € beträgt?

10. Was sind **kalkulatorische Wagnisse**? – Nennen Sie mindestens zwei Beispiele!

11. Eine Anlage der Energiegewinnung mit Anschaffungskosten von 800.000,- € und einer Nutzungsdauer von 8 Jahren wird mit 20 % jährlich degressiv abgeschrieben. Die kalkulatorische Abschreibung wird mit 150.000,- € von den Wiederbeschaffungkosten festgelegt.

a) Wie lautet die **Buchung** für die **bilanzmäßige Abschreibung**?
b) Tragen Sie die Angaben in eine **Ergebnistabelle** ein!
c) Wie wirkt sich die bilanzmäßige, wie die kalkulatorische Abschreibung in der Geschäftsbuchführung aus?

12. Ein Teilgebiet des Rechnungswesens ist die **Kostenrechnung**. Was versteht man unter der

a) **Kostenartenrechnung**?
b) **Kostenstellenrechnung**?
c) **Kostenträgerrechnung**?

13. In der Kostenrechnung werden verschiedene **Kostenarten** unterschieden. Was sind

a) **Einzelkosten**?
b) **Gemeinkosten**?
c) **fixe Kosten**?
d) **variable Kosten**?
e) **Gesamtkosten**?

14. Ein Betrieb setzt in einem halben Jahr pro Monat 100 Stück eines Gutes ab. Während dieses Zeitraums fallen fixe Kosten in Höhe von 3.000,- € an.

a) Verdeutlichen Sie den **Zusammenhang zwischen der Absatzmenge und den** genannten **fixen Kosten**!
b) Wie entwickeln sich die **fixen Kosten pro Stück mit zunehmender Absatzmenge**?
c) Nennen Sie zwei Beispiele für **fixe Kosten**!

15. Auf einer Anlage werden Autoreifen produziert. Jährlich entstehen fixe Kosten in Höhe von 145.000,- €. An variablen Kosten entstehen pro Stück 40,- €. – Jeden Monat werden 1.000 Reifen produziert.

a) Wie hoch sind die **fixen Kosten** in den ersten fünf Monaten?
b) Ermitteln Sie die **variablen Kosten** für die gleiche Zeit!
c) Wie hoch sind die Stückkosten bei der Produktion von einem Reifen, 1.000 Reifen, 2.000 Reifen und 10.000 Reifen?
d) Worin liegt die **Bedeutung** der Berechnung der **Stückkosten**?

16. In der Kostenrechnung gelten **Grundsätze der Kostenzurechnung**. Erläutern Sie das

a) **Verursachungsprinzip**,
b) **Tragfähigkeitsprinzip**,
c) **Durchschnittsprinzip**!

17. Welche Kostenrechnung **widerspricht** dem **Verursachungsprinzip**? – Begründung!

18. Im betrieblichen Rechnungswesen wird mit Begriffen argumentiert, die voneinander unterschieden werden müssen. Unterscheiden Sie deshalb folgende Begriffspaare:

a) **Auszahlung/Einzahlung**,
b) **Ausgaben/Einnahmen**!

19. Was sind betriebsbedingte **Aufwendungen** und **Erträge** eines Großhandelsbetriebes?

20. Welche Bedeutung hat die **Kostenstellenrechnung**?

21. Die Kostenstellenrechnung wird monatlich auf einem **Betriebsabrechnungsbogen (BAB)** durchgeführt.

a) Nennen Sie **Aufgaben der Kostenstellenrechnung**!
b) Nennen Sie **Kostenstellen in Großhandelsbetrieben**!
c) Worin besteht der **Unterschied zwischen** den **Kostenstelleneinzelkosten** und den **Kostenstellengemeinkosten** im Hinblick auf die Zurechenbarkeit auf die Kostenstellen?
d) Wie hoch ist der in einem **BAB** ausgewiesene **Betriebsgewinn/-verlust** für den Kostenträger Fernseher, wenn die Selbstkosten im Mai 320.000,- € und der Nettoverkaufserlös im Mai 400.000,- € betragen?

22. Ein Großhändler kauft eine Ware für 1.200,- € ein. Es werden ihm 30 % Rabatt und 2 % Skonto wegen Barzahlung gewährt. Die Bezugskosten betragen 16,80 €. Er rechnet mit einem Geschäftskostenzuschlag von 33 1/3 % und einem Gewinnzuschlag von 20 %. Seinen Kunden gewährt er 10 % Rabatt und 2 % Skonto. – Berechnen Sie den **Listenpreis**!

23. In Produktionsbetrieben werden Konsum- oder Investitionsgüter hergestellt.

a) Welches sind die **Hauptfunktionen eines Produktionsbetriebes**?
b) Welche **Materialien** benötigt ein **Handwerksbetrieb** oder ein **Industriebetrieb** zur Güterproduktion?
c) Nennen Sie verschiedene **Fertigungsverfahren**!

d) Um welche Art der Fertigung handelt es sich, wenn für einen hochrangigen Manager in der Wirtschaft ein einzelner PKW mit Überlänge und besonderen Sicherheitsvorkehrungen, wie Panzerglas, gebaut werden soll?
e) Um welche Art der Fertigung handelt es sich bei der Produktion von Damenkostümen in verschiedenen Größen, aber aus dem gleichen Rohmaterial?
f) Um welche Art der Fertigung handelt es sich bei der Produktion von Bleistiften?
g) Beschreiben Sie kurz die beiden Fertigungsverfahren **Sortenfertigung** und **Chargenfertigung**!

24. Was beinhaltet das **Gesetz der Massenproduktion**?

25. Je nachdem, um welche Fertigungsart es sich bei der Produktion handelt, werden verschiedene **Kalkulationsverfahren** angewendet.

a) Nennen Sie **Kalkulationsverfahren in Fertigungsbetrieben**!
b) Ordnen Sie die Kalkulationsverfahren den Fertigungsverfahren zu!
c) **Welche Gemeinsamkeit** gilt für alle **Kalkulationsverfahren**?

26. Wann wird die **Divisionskalkulation** gewählt?

27. Erklären Sie kurz, was man versteht unter

a) der **einfachen Divisionskalkulation**?
b) der **mehrstufigen Divisionskalkulation**?

28. Wenn für einen besonderen Zweck ein einzelnes Produkt hergestellt wird, erfolgt die Berechnung des Verkaufspreises mithilfe der **Zuschlagskalkulation**.

a) Wie lautet das **Berechnungsschema** für die Berechnung des Verkaufspreises eines einzelnen hergestellten Produkts?
b) Auf welche Größen werden im Berechnungsschema die Material-, Fertigungs- und Verwaltungs- und Vertriebsgemeinkostenzuschläge bezogen?
c) Worin besteht der **Unterschied** zwischen dem **Barverkaufspreis** und dem **Zielverkaufspreis**?
d) Worin besteht der **Unterschied** zwischen dem **Zielverkaufspreis** und dem **Verkaufspreis**?

29. Ein Unternehmen der chemischen Industrie produziert ein Pflanzendüngungsmittel. Monatlich fällt eine Produktion von 4.000 Tonnen des Produkts an. Die dabei anfallenden Kosten sind:

• gesamter Materialverbrauch	380.000,- €
• Fertigungslöhne	68.000,- €
• Sonstige Fertigungskosten	126.000,- €
• Verwaltungs- und Vertriebskosten	58.000,- €

Berechnen Sie die **Selbstkosten** pro Tonne!

30. Berechnen Sie den **Verkaufspreis** für ein Mikrowellengerät mithilfe des **Kalkulationsschemas**! Es sind folgende Informationen zu berücksichtigen:

Fertigungsmaterial 45,- €; Fertigungslöhne 32,- €; Materialkostenzuschlag (MGkZ) 4 %; Fertigungsgemeinkostenzuschlag (FGkZ) 140 %; Verwaltungsgemeinkostenzuschlag (VwGkZ) 14 %; Vertriebsgemeinkostenzuschlag (VtGkZ) 10 %. Außerdem fallen 6,50 € Sondereinzelkosten der Fertigung und 3,50 € Sondereinzelkosten des Vertriebs an. In die Kalkulation gehen außerdem ein: 15 % Gewinnzuschlag, 2 % Kundenskonto, 6 % Vertreterprovision und 15 % Kundenrabatt.

31. Wenn große Maschinen für die Produktion eingesetzt werden, können bestimmte Gemeinkosten einer Fertigungsstelle direkt auf die Maschine verrechnet werden.

a) Wie kalkuliert man bei der **Zuschlagskalkulation** die **Fertigungskosten**, wenn Maschinenstundensätze vorgegeben sind?
b) Nennen Sie drei Beispiele für **maschinenabhängige Fertigungskosten**!
c) Nennen Sie **Restfertigungsgemeinkosten**!

32. Die Kalkulation in der Sortenfertigung erfolgt mithilfe der **Äquivalenzziffernkalkulation**.

a) Was sind **Äquivalenzziffern**?
b) Worin besteht das Hauptproblem der Äquivalenzziffernkalkulation?

33. Wozu dient

a) eine **Vorkalkulation**?
b) eine **Nachkalkulation**?

34. Für Betriebe ist es wichtig zu erfahren, welchen Anteil der einzelne Kostenträger am Umsatzergebnis hat. Aus diesem Grund wird eine **Kostenträgerzeitrechnung** durchgeführt.

a) Wie wird die Übersicht bezeichnet, mit der die Kostenträgerzeitrechnung durchgeführt wird?
b) In welchem Fall spricht man von einer **Kostenunterdeckung**?
c) Unter welcher Voraussetzung kommt es zu einer **Kostenüberdeckung**?

35. Die Vollkostenrechnung kann mit der **Deckungsbeitragsrechnung** verglichen werden.

a) Worin liegt der wesentliche **Mangel der Vollkostenrechnung**?
b) Wie wird der **Deckungsbeitrag** eines Produkts ermittelt?
c) Wozu dient die **Summe aller Deckungsbeiträge** in der Kostenrechnung?

36. Unternehmen, die einen Rückgang ihres Absatzes verzeichnen, müssen wissen, welche Preise sie für den Verkauf ihrer Waren mindestens verlangen müssen, um auch künftig am Markt existieren zu können. Aus diesem Grunde werden Preisuntergrenzen bestimmt.

a) Welche Bedeutung hat die Bestimmung der **langfristigen Preisuntergrenze**?
b) Was versteht man unter der **kurzfristigen Preisuntergrenze**?

37. Ein Unternehmen erzielte im laufenden Jahr durch den Verkauf von

Produkt A	40.000,- € Umsatzerlöse
Produkt B	60.000,- € Umsatzerlöse
Produkt C	20.000,- € Umsatzerlöse

Die **variablen Kosten** betrugen bei

Produkt A	18.000,- €
Produkt B	25.000,- €
Produkt C	8.000,- €.

Die gesamten **fixen Kosten** betrugen 54.000,- €.

a) Wie werden die **gesamten Umsatzerlöse pro Produkt** ermittelt?
b) Wie hoch ist der **Preis** des Produkts A, wenn 1.000 Stück verkauft wurden?
c) Wie hoch ist der **gesamte Deckungsbeitrag für alle Produkte**?
d) Wie hoch ist der **Gewinn** in diesem Beispiel?

38. Es war ein großer Tag, als im Januar 2005 in der an der französischen Mittelmeerküste liegenden Stadt Toulouse das größte Flugzeug der Welt, der von Airbus gebaute A 380 erstmalig als Fertigprodukt vorgestellt wurde. Der europäische Flugzeugbauer Airbus schuf damit ein Konkurrenzprodukt zu dem von Boing gebauten bisher größten Flugzeug, die Boing 747. Aus Pressemitteilungen ist zu entnehmen, dass Airbus ca. 12 Milliarden Dollar Entwicklungskosten aufwenden musste, um den A 380 bauen zu können. Wann dieses Unternehmen behaupten kann, ob sich der Bau dieses Flugzeuges gelohnt hat, lässt sich noch nicht genau voraussagen. So ist in einer Meldung zu lesen, dass Airbus erstmalig die Gewinnschwelle erreicht haben wird, wenn 250 Exemplare zu einem Stückpreis von 200 Millionen Dollar verkauft wurden; aus einer anderen Quelle geht die Vermutung hervor, dass es ca. 530 verkaufte Exemplare sein müssen, bis der Break-Even-Point überschritten sein wird. Es geht also um die Frage, ab welcher verkauften Ausbringungsmenge die Gesamtkosten gedeckt sein werden. Schauen Sie sich zu diesem Thema das nachfolgende Schaubild an und geben Sie in der Spalte „X = richtig“ durch Eintragung an, welche der zugehörigen Aussagen richtig sind!

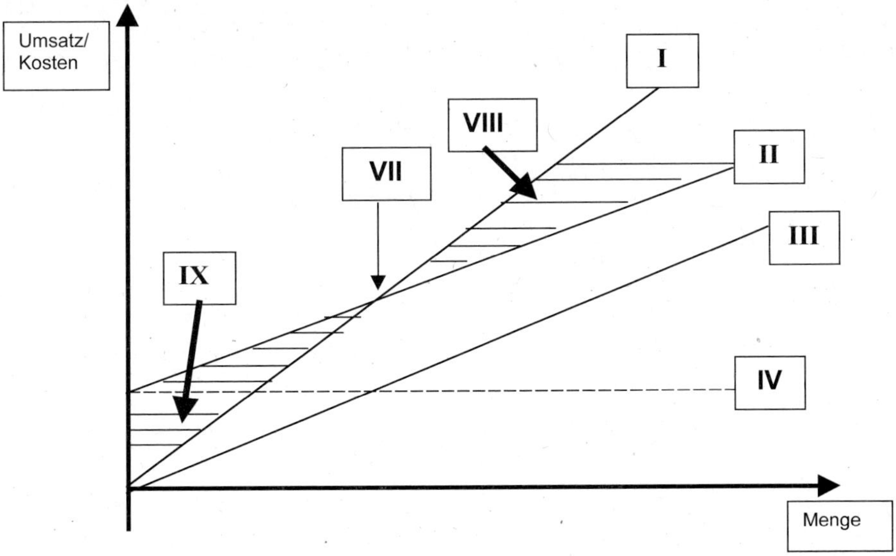

		X = richtig
a)	Bei der Linie III handelt es sich um den Umsatz.	
b)	Der Punkt VII ist der Break-Even-Point.	
c)	Die Linie IV stellt die Gesamtkosten dar.	
d)	Mit der Linie I ist der Umsatz, mit der Linie III sind die variablen Kosten dargestellt.	
e)	Bei der Linie II handelt es sich um die Gesamtkosten.	
f)	Im Feld VIII handelt es sich um die dargestellten Verluste, im Feld IX um die Gewinnzone.	
g)	Die Linie III stellt die variablen Kosten dar, das Feld VIII die Gewinnzone.	
h)	Der Schnittpunkt von den Linien III und IV ist der Break-Even-Point.	
i)	Die Linie I stellt die variablen Kosten, die Linie IV die fixen Kosten dar.	

2.2.7 Planungsrechnung/Controlling

Lösungen ab Seite 361

1. **Kostenrechnungssysteme** können nach dem Gesichtspunkt der verrechneten Kosten unterschieden werden.

a) Was versteht man unter der **Istkostenrechnung**?
b) Was sind **Normalkosten**?

2. Nach dem Umfang der verrechneten Kosten werden zwei Kostenrechnungssysteme unterschieden. – Erklären Sie den **Unterschied** zwischen der **Voll- und Teilkostenrechnung**!

3. Worin liegt die Bedeutung der **Teilkostenrechnung**?

4. Die **Plankostenrechnung** dient der Steuerung des zukünftigen Betriebsablaufes.

a) Unter welcher Voraussetzung spricht man von einer **starren Plankostenrechnung**?
b) Wie wird die Plankostenrechnung bezeichnet, bei der die Kosten in Abhängigkeit vom Beschäftigungsgrad betrachtet werden?

5. Wofür steht der Begriff **Direct Costing**?

6. In der Jörg Oberrhein GmbH soll die Abteilung Rechnungswesen und Controlling eingerichtet werden.

a) Was versteht man unter **Controlling**?
b) Welche Funktionen erfüllt Controlling als Instrument der Unternehmensführung?
c) Welche Bedeutung messen Sie den Instrumenten des Controlling in der Warenwirtschaft zu?

7. Was versteht man unter der **internen Revision**?

8. Nennen Sie zwei **Unterschiede** zwischen der „**internen Revision**“ und dem „**Controlling**“!

9. Helga Linke arbeitet als Auszubildende bei der Gut-Versicherungs AG. Zurzeit ist sie in der Personalabteilung eingesetzt. Ihr Vorgesetzter erzählt ihr, dass für das „Zentralressort Informations-Systeme“ ein qualifizierter Mitarbeiter bzw. Mitarbeiterin für das DV-Controlling gesucht wird. Er bittet deshalb Helga , ihm eine Anzeige zu entwerfen, die in einer regionalen Tageszeitung erscheinen soll. – Entwerfen Sie an Helgas Stelle eine solche Anzeige!

2.2.8 Programmierte Aufgaben

Lösungen ab Seite 364

1. Um den wie vielten Teil des Grundwertes handelt es sich bei dem Prozentsatz 16 2/3?

a) 1/5
b) 1/6
c) 1/8
d) 2/9
e) 1/12

2. Die Bürokosten eines Unternehmens stiegen um 8 % auf 885.600,- €. Wie hoch waren die Bürokosten im Vorjahr?

a) 820.000,- €
b) 890.000,- €
c) 895.000,- €
d) 920.000,- €
e) 925.000,- €

3. Eine Rechnung wurde am 20.01. ausgestellt. Zahlungsbedingung: 60 Tage Ziel, innerhalb von 10 Tagen 2,5 % Skonto; Valuta 01.03. – Bis zu welchem Termin kann Skonto abgezogen werden?

a) 2.2.
b) 1.3.
c) 11.3.
d) 15.3.
e) 15.3.

4. Welche Aussage zur Deckungsbeitragsrechnung ist richtig?

a) Die Differenz zwischen dem Stückpreis und den variablen Stückkosten ergibt den Deckungsbeitrag eines Produkts.
b) Die Differenz zwischen dem Stückpreis und den fixen Kosten ergibt den Deckungsbeitrag eines Produkts.
c) Die Differenz zwischen den gesamten Kosten und den fixen Kosten ergibt den Deckungsbeitrag eines Produkts.
d) Es handelt sich um ein Kalkulationsschema.
e) Der Deckungsbeitrag stellt die Basis der Vollkostenrechnung dar.

5. Welche der folgenden Aussagen zur Kontokorrentrechnung ist richtig?

a) Banken berechnen im Kontokorrentkonto grundsätzlich keine Überziehungsprovision.
b) Der Rechnungsabschluss erfolgt jährlich einmal, sofern nicht ein anderes bestimmt ist.
c) Der Saldo kann nur im Soll erscheinen.
d) Es handelt sich um die Verrechnung ausländischer Zahlungsmittel.
e) Zinsen werden nicht nach der Staffelmethode berechnet.

6. Welche Aussage über das Privatkonto ist richtig?

a) Es ist ein Aktivkonto.
b) Es ist ein Passivkonto.
c) Es wird über das Eigenkapitalkonto abgeschlossen.
d) Es wird über das GuV-Konto abgeschlossen.
e) Es ist ein Konto der Klasse 0.

7. Welches Konto ist ein transitorischer Buchungsposten?

a) Sonstige Forderungen
b) Sonstige Verbindlichkeiten
c) Vorsteuer
d) Aktive Rechnungsabgrenzung
e) Privat

8. Welches Konto gilt als antizipativer Buchungsposten?

a) Betriebsfremde Aufwendungen
b) Sonstige Forderungen
c) Aktive Rechnungsabgrenzung
d) Passive Rechnungsabgrenzung
e) Außerordentliche Erträge

9. Wie lautet die Buchung der Miete für das eigene betrieblich genutzte Gebäude eines Handelsbetriebes?

a) Privat an Mietkosten
b) Haus- und Grundstückserträge an Mietkosten
c) Mietkosten an Haus- und Grundstückserträge
d) Mietkosten an außerordentliche Aufwendungen
e) Mietkosten an Bank

10. Die Getränke Vertriebs GmbH erhält im Januar die Miete für die Monate November und Dezember des vorangegangenen Geschäftsjahres. – Wie lautet der Buchungssatz?

a) Bank an sonstige Forderungen
b) Bank an Wertberichtigungen
c) Bank an Miete
d) Bank an Haus- und Grundstücksaufwendungen
e) Bank an sonstige Verbindlichkeiten

11. Welche Aussage zur linearen Abschreibung ist richtig?

a) Der Abschreibungsbetrag wird von Jahr zu Jahr größer.
b) Der Abschreibungsbetrag ist jährlich gleich hoch.
c) Der Abschreibungsbetrag ändert sich von Jahr zu Jahr.
d) Der Abschreibungsprozentsatz vom jeweiligen Buchwert bleibt konstant.
e) Der Abschreibungsprozentsatz vom jeweiligen Anschaffungswert fällt bei gleichbleibendem Abschreibungsbetrag.

12. In einem Lager lagern folgende Produkte

240 x Ware A	à 21,20 €	260 x Ware C	à 36,45 €
410 x Ware B	à 4,95 €	120 x Ware D	à 56,80 €.

Wie hoch ist der Wert des gesamten Warenbestandes?

a) 21.592,70 €
b) 23.410,50 €
c) 26.400,75 €
d) 27.216,00 €
e) 28.946,70 €

13. In welchem Fall handelt es sich in der Buchführung um eine Aktiv-Passiv-Mehrung?

a) Waren werden gekauft und per Postbank bezahlt.
b) Bareinzahlung auf Bankkonto.
c) Waren werden auf Ziel gekauft.
d) Verbindlichkeiten werden bar beglichen.
e) Ein PKW wird gekauft. Der Kaufpreis wird durch Banküberweisung beglichen.

14. Im Industrie-Kontenrahmen ist das Konto Urlaubs- und Weihnachtsgeld zu finden in Kontenklasse

a) 6
b) 8
c) 4
d) 3
e) 7

15. Welche Aussage aus der Buchführung ist richtig?

a) Lack ist kein Hilfsstoff.
b) Rohstoffe werden in der GuV-Rechnung ausgewiesen.
c) Aufwendungen für Betriebsstoffe werden nicht in Kontenklasse 6 ausgewiesen.
d) Strom ist ein Rohstoff.
e) Schrauben zählen nicht zu den Hilfsstoffen.

16. Welche Aussage zu Sofortrabatten ist richtig?

a) Sie werden gewährt, wenn die Rechnung innerhalb von drei Wochen beglichen wird.
b) Sie werden beim Warenverkauf buchungsmäßig nicht erfasst.
c) Sie werden gewährt, wenn im Laufe des Jahres ein bestimmter Umsatz nachgewiesen werden kann.
d) Sie werden mit zweifelhaften Forderungen verrechnet.
e) Es handelt sich um fixe Kosten.

17. Eine der nachfolgenden Aussagen aus dem Bereich der Statistik ist richtig.

a) Die Spannweite wird auch Median genannt.
b) Variationsbreite ist ein anderer Begriff für Median.
c) Bei der Berechnung des gewogenen arithmetischen Mittels wird die Stückzahl durch den Preis dividiert.
d) Population ist ein anderer Begriff für Grundgesamtheit.
e) Ein Pictogramm ist eine Darstellung, durch die Größe der Häufigkeit durch den jeweiligen Flächeninhalt von Säulendiagrammen bestimmt wird.

18. Welche Aussage zu Kalkulationsverfahren ist falsch?

a) Bei Massenfertigung wird die Äquivalenzziffernkalkulation angewendet.
b) Bei Serienfertigung wird die Zuschlagskalkulation angewendet.
c) Bei Einzelfertigung wird die Zuschlagskalkulation angewendet.
d) Bei der Sortenfertigung wird mit der Äquivalenzziffernkalkulation gerechnet.
e) Die Gemeinsamkeit aller Kalkulationsverfahren besteht darin, dass die Kosten einer Periode auf die Kostenträger verteilt werden.

19. Welche Aussage zu Softwareprogrammen ist richtig?

a) Beim Einsatz von reinen Textverarbeitungsprogrammen können nur Säulendiagramme erstellt werden.
b) Mithilfe von Tabellenkalkulationsprogrammen können statistische Daten dargestellt werden.
c) Mit allen Tabellenkalkulationsprogrammen können auch Serienbriefe geschrieben werden.
d) Begriffe können in Textverarbeitungsprogrammen durch Fettdruck nicht hervorgehoben werden.

20. Welche Aussage zur Kalkulation ist richtig?

a) Die Nachkalkulation wird durchgeführt, um einen Angebotspreis zu ermitteln.
b) Sind höhere Kosten geplant als tatsächlich entstanden, spricht man von Kostenunterdeckung.
c) Sind die geplanten Sollkosten größer als die Istkosten, so spricht man von einer Kostenunterdeckung.
d) Die Nachkalkulation dient unter anderem dazu festzustellen, ob Abweichungen zur Vorkalkulation bestehen.
e) Ein Bestandteil der Fertigungslöhne sind die Fertigungskosten.

2.3 Wirtschafts- und Sozialkunde

Lösungen ab Seite 365

2.3.1 Berufsausbildung

1. Jasmin Rumpelstilz beabsichtigt, eine Berufsausbildung als Bürokauffrau zu beginnen. Mithilfe welcher **Rechtsgrundlagen** kann sie sich sachkundig machen, wenn sie sich über Vorschriften die Ausbildung betreffend informieren will?

2. Berufsausbildung ist nicht gleich Berufsbildung.

a) In welchem Gesetz sind diese beiden Begriffe geregelt?
b) Was versteht man unter der **Berufsbildung**?
c) Welches Ziel wird mit der **Berufsausbildung** verfolgt?

3. Die Ausbildung in Ausbildungsberufen findet im Rahmen des so genannten **„Dualen Ausbildungssystems“** statt.

a) Was versteht man unter dem dualen Ausbildungssystem?
b) Nach welcher „Vorlage“ wird im Betrieb ausgebildet?
c) Wie wird der Plan bezeichnet, der Lehrern in der Berufsschule als Vorlage für die Unterrichtsgestaltung dient?

4. Bei der Ausbildung zum Bürokaufmann handelt es sich um einen Querschnittsberuf, da Auszubildende in verschiedenen Wirtschaftszweigen, unterschiedlichen Branchen und Betrieben der unterschiedlichen Größe ausgebildet werden.

a) Nennen Sie stichwortartig **Wirtschaftszweige**!
b) Nennen Sie stichwortartig **Branchen**, in denen eine Berufsausbildung stattfinden kann!

5. Nennen Sie zwei Beispiele für **wirtschaftszweigspezifische Ausbildungsberufe**!

6. Aus welcher Rechtsgrundlage ist abzuleiten, **wie lange** regelmäßig die **Ausbildung dauert**?

7. Zuständig für die Abnahme der **Zwischen- und Abschlussprüfung** für Ausbildungsberufe ist die **zuständige Stelle**.

a) Welches ist die zuständige Stelle für Bürokaufleute?
b) Nennen Sie weitere drei zuständige Stellen für die Abnahme von Prüfungen für andere Ausbildungsberufe!
c) Nennen Sie **Aufgaben** der **zuständigen Stellen**! – Schauen Sie in Ihr BBiG!

8. Die Auszubildende Conny Darling berichtet ihrer Ausbilderin Tatjana Zimperlich, dass in der Berufsschule verschiedene Gesetze verwendet werden, um Rechtsfälle zu lösen. Sie bezeichnet es deshalb als für sie unlogisch, dass in der Abschlussprüfung Gesetzestexte als Hilfsmittel nicht erlaubt seien. Daraufhin empfiehlt ihr Frau Zimperlich, sich an den Berufsbildungsausschuss bei der so genannten zuständigen Stelle, also an die Industrie- und Handelskammer, zu wenden, damit „diese Leute“ sich mit diesem Problem auseinander setzen und vielleicht dazu beitragen, dass auch künftig in der Prüfung so verfahren wird, wie in der Schule.

a) Welche **Aufgaben** hat der **Berufsbildungsausschuss** grundsätzlich zu bewältigen?
b) Was meint die Ausbilderin, wenn sie von „diesen Leuten" im Berufsbildungsausschuss spricht?
c) Nennen Sie zwei weitere **Ausschüsse**, die bei einer **zuständigen Stelle** errichtet werden können!

9. Während der Ausbildung kann es zu **Konflikten** zwischen Arbeitgeber und Auszubildendem kommen. – Nennen Sie Institutionen, bei denen ein Auszubildender seine **ausbildungsrechtlichen Ansprüche** durchsetzen kann!

10. Beim Zu-Stande-Kommen des Berufsausbildungsvertrages ist der **Grundsatz der Vertragsfreiheit** eingeschränkt. – Erläutern Sie diesen Satz!

11. Schauen Sie in Ihr Berufsbildungsgesetz und nennen Sie vier **Angaben**, die der **Berufsausbildungsvertrag** enthalten muss!

12. Nennen Sie mindestens je drei **Pflichten des Ausbildenden** und **des Auszubildenden**!

13. Überprüfen Sie jeweils die **Rechtslage**!

a) Die 17-jährige Anke setzt neben die Unterschrift des Arbeitgebers die ihrige unter den Berufsausbildungsvertrag, um ein Berufsausbildungsverhältnis einzugehen.
b) Der 20-jährige Peter verlangt am Ende seiner Berufsausbildung von seinem Arbeitgeber, dass dieser ihm im Zeugnis seine Führung und besondere fachliche Fähigkeiten bescheinigt. Der Arbeitgeber lehnt ab.
c) Die Auszubildende Petra wird nach 2 Monaten Ausbildungszeit entlassen.
d) Der Auszubildende Rolf, der seit 8 Monaten eine Ausbildung zum Versicherungskaufmann absolviert, kündigt am 18.6. zum 30.6. weil er ab 1.7. eine Ausbildung zum Bürokaufmann beginnen möchte.
e) Ein Auszubildender besteht die Abschlussprüfung zum ersten Mal nicht. Sein Arbeitgeber will ihn nicht weiterbeschäftigen.
f) Ein Auszubildender besteht die Abschlussprüfung am 18.5. Sein Berufsausbildungsverhältnis endet laut Ausbildungsvertrag am 31.3. des nachfolgenden Jahres. Der Arbeitgeber verlangt von ihm, seine Pflichten als Auszubildender solange wahrzunehmen, wie er gemäß Ausbildungsvertrag verpflichtet sei.

14. Kann der Arbeitgeber verlangen, dass ein Auszubildender seinen **Erholungsurlaub** von 28 Werktagen so wählt, dass er zu verschiedenen Zeitpunkten maximal vier Tage zusammenhängend nehmen muss? – Begründung!

15. In der Bundesrepublik gibt es die Möglichkeit für Arbeitnehmer, **Bildungsurlaub** in Anspruch zu nehmen.

a) Hat jeder Arbeitnehmer einen grundsätzlichen Anspruch auf Bildungsurlaub?
b) Welche Ziele können mit der Wahrnehmung von Bildungsurlaub verfolgt werden?
c) Wie lange dauert im Allgemeinen der Bildungsurlaub?
d) Besteht während der Inanspruchnahme einer vom Arbeitgeber genehmigten Bildungsurlaubsveranstaltung ein Anspruch auf Gehaltsfortzahlung?

16. Bereits beim Abschluss eines Berufsausbildungsvertrages muss jeder Vertragspartner an eine mögliche **Kündigung** denken.

a) In welchem Gesetz ist die **Probezeit** geregelt?
b) Welche gesetzliche Vorschrift gilt für den Fall einer Kündigung während der Probezeit?
c) Der Auszubildende unterliegt einem **besonderen Kündigungsschutz**. – Was bedeutet dies?
d) Welche gesetzliche Regelung gilt, wenn ein Auszubildender nach sechsmonatiger Ausbildung ein anderes Berufsziel anstreben will?
e) In allen Fällen besteht bei einer Kündigung nach der Probezeit **Formzwang**. – Was bedeutet dies?
f) Fassen Sie die Ergebnisse aus den Aufgaben a) bis e) zusammen!

17. Auszubildende haben einen Anspruch auf **Erholungsurlaub**.

a) Nennen Sie Rechtsgrundlagen, in denen **Mindesturlaubstage** festgeschrieben sind!
b) Wie viele Tage Erholungsurlaub stehen der 20-jährigen Heike als Auszubildende gesetzlich mindestens zu?
c) Wie viel Tage Urlaub stehen der Auszubildenden Martina im laufenden Kalenderjahr gesetzlich zu, wenn sie am 15.3. des Jahres ihr 16. Lebensjahr vollendet?
d) Wie viel Tage Urlaub stehen dem Auszubildenden Heinz im laufenden Kalenderjahr gesetzlich zu, wenn er am 9.7. des Jahres sein 18. Lebensjahr vollendet?
e) Wie viel Tage Urlaub stehen der Auszubildenden Jutta im laufenden Kalenderjahr gesetzlich zu, wenn sie am 13.4. ihr 17. Lebensjahr vollendet?
f) Laut Ausbildungsvertrag stehen dem 17-jährigen Auszubildenden Peter im laufenden Kalenderjahr 26 Werktage Urlaub zu. Er wird am 5.8. des Jahres 18 Jahre alt. Der Manteltarifvertrag sieht für alle Auszubildenden 30 Werktage Urlaub vor. Welchen Urlaubsanspruch kann Peter geltend machen?

18. Petra Wind hat ihre Abschlussprüfung zur Bürokauffrau erfolgreich abgelegt. – Sie bittet ihren Arbeitgeber, ihr ein qualifiziertes Zeugnis auszustellen.

a) Worin besteht der **Unterschied** zwischen einem **einfachen** und einem **qualifizierten Zeugnis**?
b) Verdeutlichen Sie, welche Inhalte sich hinter den in qualifizierten Zeugnissen enthaltenden Begriffen **„Führung"**, **„Leistung"** und **„besondere fachliche Fähigkeiten"** verbergen!
c) Der Arbeitgeber lehnt es ab, ihr ein qualifiziertes Zeugnis auszustellen. – Beurteilen Sie die Rechtslage!
d) Nennen Sie stichwortartig Aspekte, die für die Zeit während der Berufsausbildung von Bedeutung sind!

19. Ein Auszubildender beabsichtigt, nach abgeschlossener Berufsausbildung die allgemeine Fachhochschulreife zu erwerben.

a) An welchen Institutionen kann eine Person mit **allgemeiner Fachhochschulreife** studieren?
b) Nennen Sie drei mögliche Studienrichtungen!
c) Welche Berechtigung erwirbt man mit der **allgemeinen Hochschulreife**?

20. Nennen Sie **Fortbildungsmöglichkeiten** bei Industrie- und Handelskammern!

21. Über Industrie- und Handelskammern kann eine Ausbildung zum Fachwirt oder Fachkaufmann erworben werden.

a) Worin besteht der Unterschied zwischen der Ausbildung zum **Fachwirt** und zum **Fachkaufmann**?
b) Nennen Sie Richtungen für eine Fachwirt- oder Fachkaufmannausbildung!

22. Lesen Sie folgenden Text und beantworten Sie die nachfolgenden Fragen!

Bundesarbeitsgericht

Pressemitteilung Nr. 49/99

Außerordentliche Kündigung eines Berufsausbildungsverhältnisses wegen rassistischen Verhaltens.

Der im März 1980 geborene Kläger befand sich seit September 1996 bei der Beklagten in der Ausbildung zum Industriemechaniker. Im Februar 1997 fertigte er zusammen mit einem anderen Auszubildenden ein 5 x 25 cm großes Blechschild mit dem Text „ARBEIT MACHT FREI – TÜRKEI SCHÖNES LAND“ und dem handschriftlichen Zusatz „Döner“ und schraubte dieses Schild an die Werkbank eines türkischen Auszubildenden. Im Zuge der daraufhin aufgenommenen Ermittlungen der Beklagten stellte sich ferner heraus, dass im Dezember 1996 von dem Kläger und anderen Auszubildenden mehrmals neonazistische Lieder mit antisemitischem Inhalt gesungen worden waren, u.a. ein Lied mit dem Titel „Auschwitz, wir kommen“.

Die Beklagte erklärte am 12. März 1997 die außerordentliche Kündigung des Berufsausbildungsverhältnisses. Hiergegen richtet sich die Kündigungsschutzklage des Klägers.

Arbeitsgericht und Landesarbeitsgericht haben nach Vernehmung mehrerer Zeugen der Kündigungsschutzklage stattgegeben. Das Landesarbeitsgericht ist davon ausgegangen, dass das Verhalten des Klägers an sich einen wichtigen Grund für eine außerordentliche Kündigung des Berufsausbildungsverhältnisses darstelle, im konkreten Einzelfall sei aber eine vorherige Abmahnung erforderlich gewesen, zumal auch das jugendliche Alter des Klägers zu berücksichtigen sei.

Die Revision der Beklagten hatte Erfolg. Bei besonders schwerwiegenden Pflichtverletzungen, deren Rechtswidrigkeit dem Auszubildenden ohne weiteres erkennbar und bei denen eine Hinnahme durch den Ausbildenden offensichtlich ausgeschlossen ist, bedarf es vor dem Ausspruch der Kündigung keiner Abmahung. Dies hat das Landesarbeitsgericht nicht ausreichend berücksichtigt. Zudem hat es bei der Interessenabwägung die über die Einzelprüfung der Kündigungsgründe hinaus gebotene Gesamtabwägung nicht vorgenommen.

Der Senat konnte allerdings die Sache nicht selbst abschließend entscheiden, weil das Landesarbeitsgericht die durchgeführte Beweisaufnahme entgegen § 160 Abs. 3 ZPO nicht protokolliert hat, sodass der zu beurteilende Sachverhalt nicht vollständig festgestellt ist. Dies führte zur Aufhebung des Urteils und zur Zurückweisung an das Landesarbeitsgericht.

BAG, Urteil vom 1. Juli 1999 - 2 AZR 676/98 -
Vorinstanz: LAG Berlin, Urteil vom 30. Januar 1998 - 16 Sa 128/97

Datum:01. Juli 1999, **Autor**: Pressestelle;

a) Worum geht es in dieser Publikation?
b) Welche rechtlichen Schritte wurden unternommen, bevor das Bundesarbeitsgericht zu urteilen hatte?
c) Wo liegt örtlich die Vorinstanz, die vor dem Bundesarbeitsgericht ein **Urteil** zu fällen hatte?
d) Aus welchen fortlaufenden Paragrafen des **Arbeitsgerichtsgesetzes** kann abgeleitet werden, in welchem der beiden Verfahren der Arbeitsgerichtsbarkeit (**Urteilsverfahren** und **Beschlussverfahren**) die Angelegenheit zu behandeln ist?
e) Aus welcher Rechtsgrundlage ist abzuleiten, unter welchen Bedingungen eine **außerordentliche Kündigung** während des Berufsausbildungsverhältnis von Seiten des Arbeitgebers möglich ist?
f) Schauen Sie in Ihr Gesetz und beschreiben Sie, welche Aspekte im Falle einer außerordentlichen Kündigung während der Berufsausbildung zu beachten sind!
g) Welche **Rechtsmittel** wurden hier im Laufe des gesamten Arbeitsgerichtsverfahrens eingelegt?
h) Zu welchem Ergebnis kommt das Bundesarbeitsgericht für den Fall, dass einem Auszubildenden eine besonders schwer wiegende Pflichtverletzung im Rahmen seiner Berufsausbildung nachgewiesen werden kann.
i) Wegen welchem fehlenden Formerfordernis konnte das Bundesarbeitsgericht in der Angelegenheit nicht abschließend entscheiden?
j) Welche Konsequenz entstand durch das **fehlende Formerfordernis**?
k) Verdeutlichen Sie abschließend die **Instanzenwege** im Zuge der Arbeitsgerichtsbarkeit und nennen Sie die möglichen **Rechtsmittel**, die gegen Urteile in den ersten beiden Instanzen eingelegt werden können!
l) Das Bundesarbeitsgericht ist gemäß Art. 95 GG ein oberster Gerichtshof. – Schauen Sie in Ihr Grundgesetz und nennen Sie alle **obersten Gerichtshofe**!“

2.3.2 Grundlagen des Wirtschaftens

Lösungen ab Seite 374

1. In einer Tageszeitung ist zu lesen: „Die Bundesbürger haben zunehmend mehr Kapital auf der hohen Kante liegen“.

a) Nennen Sie stichwortartig **Geldanlagemöglichkeiten**, die Mitglieder der privaten Haushalte wahrnehmen können, um ihr Vermögen zu vermehren!
b) Nennen Sie Beispiele für **Einkünfte**, die Privatpersonen erzielen können!

2. Nennen Sie mindestens 10 Beispiele dafür, wie Privathaushalte ihr **Nettoeinkommen verwenden**!

3. In einer **Volkswirtschaft** stehen die Wirtschaftssubjekte in Beziehung.

a) Nennen Sie **Wirtschaftssubjekte** in einem **Wirtschaftskreislauf**!
b) Nennen Sie zwei Beispiele für einen **Geldstrom**, der zwischen den Wirtschaftssubjekten fließt!

4. Im Folgenden ist das Modell eines **einfachen Wirtschaftskreislaufs** (ohne den Staat) dargestellt:

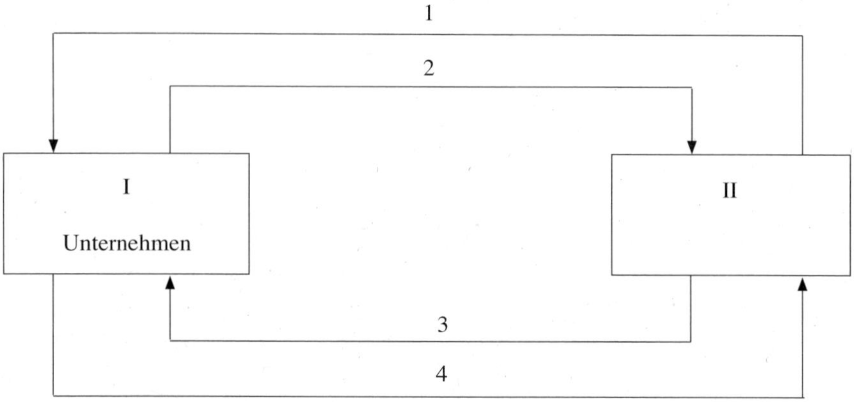

a) Um welches Wirtschaftssubjekt handelt es sich bei II?
b) Welche Ströme sind mit 1, 2, 3 und 4 dargestellt?
c) Welche Wirtschaftssubjekte müssten in den obigen **Wirtschaftskreislauf** integriert werden, um einen **erweiterten Wirtschaftskreislauf** darzustellen?

5. „Eine steuerliche Entlastung der Privathaushalte kann zu Unternehmensinvestitionen führen". – Erläutern Sie diesen Satz!

6. Die Bundesregierung beabsichtigt, den Bauern durch finanzielle Anreize den Weg in eine umweltverträgliche Bewirtschaftung der Böden zu erleichtern.

a) Wie setzt sich die **Bundesregierung** zusammen?
b) Was ist unter diesem Satz zu verstehen, der in einer Umweltschutz-Werbebroschüre abgedruckt ist? **„Extensivierung**, **Flächenstilllegung** und **Produktionsumstellung** sind Wege, eine umweltverträglichere Bewirtschaftung der Böden zu ermöglichen".
c) Was versteht man unter dem Begriff **Ökologie**?

7. Nicht nur durch Schonung der Rohstoffreserven, sondern auch durch Abfallverwertung können Abfallmengen verringert werden.

a) Was versteht man unter den beiden Begriffen **„stoffliche Verwertung"** und **„energetische Verwertung"**?
b) Nennen Sie **Rohstoffe**, die durch die stoffliche Verwertung von Papier **eingespart** werden können!
c) Aus welchen **Stoffen** wird **Glas hergestellt**?
d) Nennen Sie **Probleme**, die beim **Recycling** von Limonaden- und Cola-Dosen auftreten!
e) Nennen Sie Beispiele für Küchenabfälle, die durch Kompostierung umweltfreundlich umgesetzt werden können!

8. Jeder, der beabsichtigt, ein Unternehmen zu gründen, muss die Frage nach der Zielsetzung dieses Vorhabens stellen.

a) Nennen Sie **Unternehmensziele**!
b) Welche Ziele verfolgen **erwerbswirtschaftliche Betriebe**?
c) Welche Ziele verfolgen **gemeinwirtschaftliche Betriebe**?

9. Welche Aussagen zum Thema **Individual- und Kollektivbedürfnisse** sind richtig?

a) Individualbedürfnisse werden vom Einzelmenschen empfunden.
b) Individualbedürfnisse sind immer im begrenzten Umfang vorhanden.
c) Unter dem Gesichtspunkt der Dringlichkeit werden Bedürfnisse in Individual- und Kollektivbedürfnisse eingeteilt.
d) Der Wunsch der Menschen nach einem besseren Ausbau der Infrastruktur ist den Kollektivbedürfnissen zuzuordnen.
e) Individualbedürfnisse entstehen beim Menschen erst mit dem Zeitpunkt, in dem er seine Umwelt optisch wahrnimmt.

10. Welche der folgenden Aussagen zum Thema **„Bedarf"** und **„Bedürfnis"** sind richtig?

a) Bedarf entsteht, wenn Menschen einen Teil ihrer Bedürfnisse mit Geldmitteln befriedigen.
b) Bedarf wird am Markt zum Angebot.
c) Bildung kann den Luxusbedürfnissen zugeordnet werden.
d) Ein teurer modischer Anzug ist ein Beispiel für ein Kulturbedürfnis.
e) Der Wunsch nach einer Weltreise gehört für untere Einkommensschichten zur Kategorie der Luxusbedürfnisse.
f) Luxusbedürfnisse können von den meisten Menschen befriedigt werden.

11. Nennen Sie ein Kriterium, das geeignet ist, den Unterschied zwischen **freien Gütern** und **wirtschaftlichen Gütern** zu verdeutlichen!

12. Wirtschaftliche Güter werden nach **Sachgütern** und **Dienstleistungen** untergliedert.

a) In welche beiden Kategorien lassen sich Sachgüter untergliedern?
b) Nennen Sie ein Beispiel für ein **Produktionsgut**, das **Gebrauchsgut** ist!
c) Nennen Sie ein Beispiel für eine **personenbezogene Dienstleistung**!
d) Nennen Sie ein Beispiel für ein **Konsumgut**, das **Verbrauchsgut** ist!
e) Nennen Sie ein Beispiel für ein **Produktionsgut**, das **Verbrauchsgut** ist!
f) Nennen Sie ein Beispiel für eine **sachbezogene Dienstleistung**!
g) Nennen Sie ein Beispiel für ein **Konsumgut**, das **Gebrauchsgut** ist!

13. Erläutern Sie folgende Fragen zum Thema Güter!

a) Was sind **Substitutionsgüter**?
b) Was sind **Komplementärgüter**?
c) Nennen Sie ein Beispiel für Substitutionsgüter!
d) Nennen Sie ein Beispiel für Komplementärgüter!

14. Avladina Belova spaziert mit ihrer Freundin Sania Tuchel durch die Altstadt von Saarbrücken und sieht in dem Schaufenster eines Geschäfts für Geschenkartikel folgende Auslage (siehe Abbildung). Sie betritt den Laden und stellt fest, dass in dem Laden als Besonderheit kleine Schiefertäfelchen angeboten werden. Diese wurden früher – allerdings etwas größer

– von Schülern in der Schultasche verstaut. Im Unterricht wurden sie dann mit weißer und bunter Kreide beschriftet und bemalt. Im Gespräch der beiden Freundinnen merkt Sania an, dass derjenige, der heute ein solches Täfelchen kauft, wohl kaum darüber nachdenkt, auf welche Art und Weise dieses Gut „Schiefertafel" hergestellt wurde und welcher Einsatz von Mitteln, wie Holz, Schiefer, Farbe usw., für die Produktion erforderlich waren. So wird Tonschiefer beispielsweise im Untertagebau abgebaut, merkt Avladina noch an.

a) Wenn Schiefertafeln produziert werden, so kommen alle volkswirtschaftlichen Produktionsfaktoren zum Einsatz.- Erläutern Sie diesen Sachverhalt!
b) Nennen und erläutern Sie die drei **volkswirtschaftlichen Produktionsfaktoren**!
c) Was versteht man unter dem Begriff Volkswirtschaft?
d) Bei welchen Produktionsfaktoren handelt es sich um die sog. **originären Produktionsfaktoren**?
e) Was versteht man unter dem **abgeleiteten Produktionsfaktor**?
f) Wie wird der **Produktionsfaktor Arbeit** untergliedert?
g) Wie wird der **Produktionsfaktor Boden** unter wirtschaftlichem Gesichtspunkt genutzt?
h) Wie lässt sich der **Produktionsfaktor Kapital** untergliedern?
i) Nennen Sie stichwortartig die **betriebswirtschaftlichen Produktionsfaktoren**!

15. Wirtschaftssubjekten stehen nur begrenzt Mittel zur Verfügung, mit denen sie versuchen, ihre Bedürfnisse zu befriedigen.

a) Was sind **Wirtschaftssubjekte**?
b) Viele Wirtschaftssubjekte arbeiten nach dem **ökonomischen Prinzip**. – Erläutern Sie diesen Begriff!
c) Wie wird das ökonomische Prinzip noch bezeichnet?

16. Das Zusammentreffen von Angebot und Nachfrage bezeichnet man als **Markt**.

a) Nennen Sie drei **Marktarten**!
b) Verdeutlichen Sie anhand einer Matrix den Unterschied zwischen den einzelnen **Marktformen**!
c) Wodurch kann die mangelnde **Markttransparenz** der Verbraucher verbessert werden? – Verdeutlichen Sie Ihre Aussage anhand zweier Beispiele!

17.

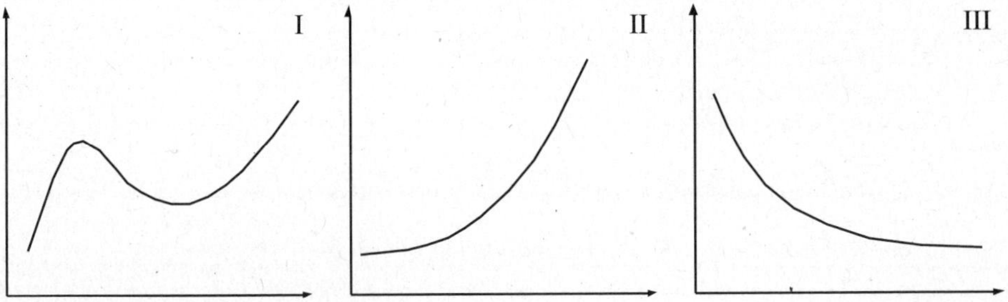

a) Welches ist die **Angebotskurve**?
b) Welche Begriffe stehen an den beiden **Achsen**?
c) Stellen Sie den **typischen Verlauf der Nachfragekurve** in einem Schaubild dar!

18. Wo liegt der **Gleichgewichtspreis**? - Verdeutlichen Sie Ihre Aussage zusätzlich anhand eines Schaubildes!

2.3.3 Betrieblicher Leistungsprozess

Lösungen ab Seite 380

1. Wer am Wochenende den Anzeigenteil einer Zeitung studiert, der kann feststellen, dass es Betriebe gibt, die ihre Sach- oder Dienstleistungen anbieten. – Nennen Sie Beispiele für **Sach-** und **Dienstleistungsbetriebe**!

2. Bis ein Produkt den Konsumenten oder einen Betrieb erreicht, durchschreitet es mehrere Stufen. – Welche **Wirtschaftssektoren** sind davon berührt?

3. In Deutschland gibt es mehrere Betriebe, die Autos produzieren.

a) Nennen Sie vier Automarken!
b) Welchem Wirtschaftszweig gehören Auto-produzierende Unternehmen an?
c) Nennen Sie weitere Wirtschaftszweige!
d) Nennen Sie Beispiele für Unternehmen der **Zuliefererindustrie**, die Autoteile produzierende Unternehmen beliefern!
e) Nennen Sie die **Hauptfunktionen eines Industriebetriebes**!

4. Nennen Sie Beispiele für **Industriebetriebe**!

5. Nennen Sie Beispiele für **Dienstleistungsbetriebe**!

6. Je nach Produkt werden Güter in Industriebetrieben mittels unterschiedlichen Fertigungsprozessen hergestellt.

a) Um welche Art der Fertigung handelt es sich, wenn ein Produkt nur ein einziges Mal auf besondere Bestellung eines Kunden angefertigt wird?
b) Wann spricht man von **Mehrfachfertigung**?
c) Um welche Art von Fertigung handelt es sich bei einem Spiel, das für mehrere Kunden produziert wird?
d) Um welche Art von Fertigung handelt es sich, wenn verschiedene Größen von Hemden aus demselben Stoff hergestellt werden?
e) Um welche Art von Fertigung handelt es sich im Falle der Produktion von Schrauben in großen Mengen?
f) Nennen Sie zwei Nachteile, die die Einzelfertigung für einen Betrieb mit sich bringt!

7. Nennen Sie **Organisationstypen** eines Industriebetriebes!

8. Nennen Sie Beispiele für das **verarbeitende Gewerbe**!

9. Nach welchem Prinzip läuft der Leistungsprozess in einem **Bankbetrieb** ab?

10. Nach welchem Prinzip läuft der Leistungsprozess in einem **Versicherungsbetrieb** ab?

11. Nach welchem Prinzip läuft der Leistungsprozess in einem **Handelsbetrieb** ab?

12. Entscheiden Sie in den nachfolgenden Beispielen, um welche Art von Beschaffungsmarkt es sich im jeweiligen Fall handelt?

a)

MAINZ-DRAIS
Top-Reihenhaus
Grundstück 379 m², ca. 130 m² Wohnfläche, 5 Zi., Kü., Bad, Gäste-WC, Terrasse und angelegter Garten
315.000 €
Massivhaus-Service Imm.
Telefon (0 61 31 .....

b)

1–2 Fliesenleger gesucht!
Wohnung/Firmenwagen kann gestellt werden
Fliesen-Schult
Mainz-Hechtsheim
Alte Mainzer Straße 326
Telefon (0 61 31) .....

c)

Opel Astra G-Caravan
Elegance, Starsilber,
1,8 l, 115 PS, Radio/CD,
EZ 2/2000, 9.000 km
14.200 €, Tel. 0 68 26/.....

d)

AOK
Die Gesundheitskasse.

e)

DIE ZUKUNFTS-CREDIT-VERMITTLUNGSGESELLSCHAFT mbH
hilft Ihnen wenn Sie Geld benötigen!
von 4.000 bis 40.000 €

Ihre persönliche Kreditberatung
Tag + Nacht - auch Samstage, Sonntage und Feiertage
☎
02 03 / .....

Wir garantieren Ihnen eine sofortige Bearbeitung sowie Auszahlung nach Genehmigung POSTBAR oder auf Ihr Girokonto. Unsere Dienstleistung erfolgt diskret und erspart Ihnen die Vorsprache am Bankschalter. Den Verwendungszweck bestimmen Sie selbst. Wir helfen Ihnen auch bei bestehenden Krediten. Sprechen Sie unverbindlich mit uns. Wir garantieren: KEINE VORKOSTEN und KEINE NACHNAHMEKOSTEN.

f)

FLUG, HIN UND ZURÜCK UND ÜBERNACHTUNG IM 5-STERNE HOTEL

€ 1.650

g)

Nachmieter
für komfort. 4 1/2 ZKBB, ca. 106 m², Maisonettewohng. mit EBK, Gartenbenutzung, Keller u. Garage, nach Essenheim gesucht. Miete 820 € zzgl. NK/KT.
Telefon (0 61 36) .....

h)

DB

i)

TELEFON	TELEFAX
(0611) 38 38 47 32 00 53	(0611) 38 27 87

ARCHITEKTURBÜRO
IRMGARD POLT
DIPLOMINGENIEURE
ARCHITEKTEN ARS
AM TAUBERTSBERG
65189 WIESBADEN

13. Nennen Sie zwei sog. **Absatzmärkte**!

2.3.4 Rechtliche Grundlagen im Wirtschaftsprozess

Lösungen ab Seite 382

1. Sibylle Fuchs will sich in grundlegende rechtliche Zusammenhänge einarbeiten. Am Anfang steht das Kennenlernen von Rechtsgebieten. Sie schlägt Gesetzessammlungen auf und findet folgende Gesetzesauszüge.

a) Ergänzen Sie zu diesem Sachverhalt die Tabelle auf der nächsten Seite!
b) Was versteht man unter dem **Privatrecht**?
c) In welchem Fall spricht man von **öffentlichem Recht**?
d) Ergänzen Sie das folgende Schaubild, in das Ihnen bekannte Rechtsbereiche einzutragen sind!

Auszüge aus Gesetzestexten	**Rechtsbereiche**	**Rechtsgebiete:** - Privatrecht - öffentliches Recht	**Rechts-grundlage**
§ 8 (1) An Kreuzungen und Einmündungen hat Vorfahrt, wer von rechts kommt.	Ordnungswidrig-keitsrecht		
§ 542 Das Mietverhältnis endigt mit dem Ablauf der Zeit, für die es einge-gangen ist.		Privatrecht	
§ 24a (1) Ein Amt mit lei-tender Funktion wird zu-nächst im Beamtenverhält-nis auf Probe übertragen.			Bundesbeamten-gesetz (BBG)
§ 12 (1) Die Steuer be-trägt für jeden steuerpflich-tigen Umsatz neunzehn vom Hundert der Bemes-sungsgrundlage.			
§ 6 Der Mindestnennbe-trag des Grundkapitals ist fünfzigtausend Euro.			
§ 253 (1) Die Erhebung der Klage erfolgt durch Zustellung eines Schrift-satzes (Klageschrift).			

d)

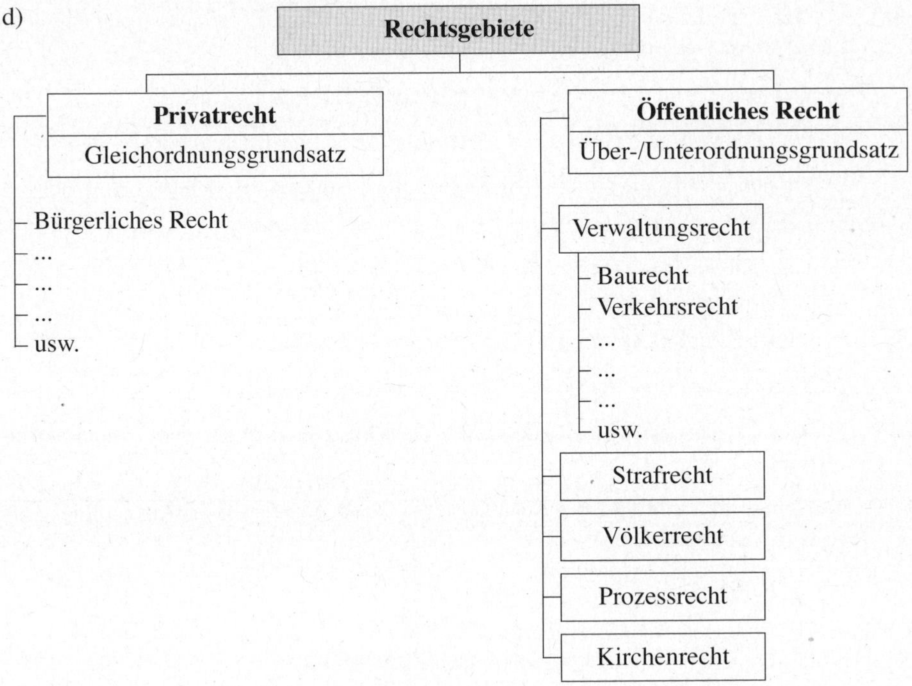

2. Zur Aufrechterhaltung unserer Rechtsordnung gibt es **Rechtsquellen**.

a) Nennen Sie **ursprüngliche Rechtsquellen**!
b) Was versteht man unter dem **Gewohnheitsrecht**?
c) Nennen Sie **abgeleitete Rechtsquellen**!
d) Was versteht man unter den Rechtsquellen **„Gesetz, Rechtsverordnung und Satzung“**?

3. Im juristischen Sprachgebrauch unterscheidet man zwischen den Begriffen **Rechtsobjekt** und **Rechtssubjekt**.

a) Nennen Sie zwei Rechtsobjekte!
b) Nennen Sie Rechtssubjekte!
c) Wie erlangen **juristische Personen des privaten Rechts** die Rechtsfähigkeit?
d) Nennen Sie juristische Personen des privaten Rechts!
e) Nennen Sie **juristische Personen des öffentlichen Rechts**!

4. Im Jahre 1986 wurde das **Tierschutzgesetz** geändert. – Welche Rechtsstellung nimmt seit dieser Gesetzesänderung das **Tier** gegenüber dem Menschen ein?

5. In welchem Gesetz schlagen Sie nach, wenn Sie sich über die Gesellschaft der Freiberufler wie Rechtsanwälte und Steuerberater, die sog. Partnerschaftsgesellschaft, informieren wollen?

6. Für die rechtliche Handlungsfähigkeit von **natürlichen Personen** sind mehrere Rechtsbegriffe von Bedeutung.

a) Was versteht man unter dem Begriff **Rechtsfähigkeit**?

b) Wann beginnt und endet die **Rechtsfähigkeit von natürlichen Personen**?

c) Wann beginnt und endet die **Rechtsfähigkeit von juristischen Personen des privaten Rechts**?

d) Was beinhaltet der Begriff **Handlungsfähigkeit**?

e) In Abhängigkeit vom Alter der natürlichen Person werden **drei Stufen der Geschäftsfähigkeit** unterschieden. – Nennen und erklären Sie diese!

f) Nennen und erläutern Sie die **Stufen der Deliktsfähigkeit**!

g) Mit welchem Alter kann frühestens eine **Ehe** zu Stande kommen, wenn der künftige Ehegatte volljährig ist?

h) Welche der nachfolgenden Rechtsgeschäfte kann ein 16-jähriger Auszubildender rechtswirksam abschließen:
- Kauf einer Hose für 45,- €,
- Kauf eines Motorrads für 23.000,- €,
- Kauf eines Personalcomputers auf Raten,
- Entgegennahme eines Kassettendecks als Geschenk?

7. In der „Allgemeinen Zeitung Mainz" war die Anzeige auf der folgenden Seite veröffentlicht:

a) Um welchen Sachverhalt geht es im Prinzip in der Anzeige?

b) Aus der Anzeige ist zu erkennen, dass der Abwasserverband eine Körperschaft des öffentlichen Rechts ist. – Um welche Art von Person handelt es sich im rechtlichen Sinne?

c) Nennen Sie ein weiteres Beispiel für eine **Körperschaft des öffentlichen Rechts**!

d) Nennen Sie weitere Beispiele für juristische Personen des öffentlichen Rechts!

e) Wie **erlangen juristische Personen des öffentlichen Rechts** die **Rechtsfähigkeit**?

f) Wie **verlieren juristische Personen des öffentlichen Rechts** die **Rechtsfähigkeit**?

g) Fassen Sie strukturiert zusammen, welche juristischen Personen des öffentlichen Rechts es gibt?

Abwasserverband Flörsheim
Körperschaft des öffentlichen Rechts

Öffentliche Ausschreibung

Der Abwasserverband Flörsheim beabsichtigt, den Bau einer Abfüll- und Lagereinrichtung für Eisen-III-Chlorid auf der Kläranlage zu vergeben:

1	Lagerbehälter (30 m^3) mit Auffangwanne
ca. 160 m	Entnahme- und Dosierleitungen DN 50 / DN 25
ca. 55 m^3	Bodenaushub
ca. 17 m^3	Beton für Tankfundament und Lkw-Abfüllfläche
ca. 30 m^2	Beschichtungsarbeiten der Abfüllfläche
ca. 200 m	Kabelverlegung

Die Ausschreibungsunterlagen sind schriftlich beim Ingenieurbüro für Umwelttechnik und Bauwesen GmbH, Dipl.-Ing. Scheuermann und Martin, Rohrbergstraße 7, 65343 Eltville am Rhein, anzufordern. Die Quittung über die Einzahlung des Selbstkostenbetrages für zwei Ausfertigungen in Höhe von 40,- € auf das Konto bei der Postbank Frankfurt am Main des Ingenieurbüros für Umwelttechnik und Bauwesen GmbH, Dipl.-Ing. Scheuermann und Martin, Rohrbergstraße 7, 65343 Eltville am Rhein, Nr. 520427-607, BLZ 500 100 60, ist beizufügen.

Eine Auftragserstellung erfolgt nur an solche Bieter, die im Besitz eines gültigen Fachbetriebsnachweises nach VAwS bzw. WHG, § 19, sind. Bei Angebotsabgabe ist eine Abschrift des Fachbetriebsnachweises vorzulegen.

Eröffnungstermin: **Freitag, der 7. Oktober 20..**, 10.30 Uhr
Verwaltungsgebäude Grabenstraße 40,
1. Stock, 65439 Flörsheim am Main

Zuschlagsfrist: **6. November 20..**

Flörsheim am Main, den 6. September 20..

Abwasserverband Flörsheim

8. Für das Zustandekommen von Rechtsgeschäften (z. B. Kaufverträgen) spielt der **Grundsatz der Vertragsfreiheit** eine bedeutende Rolle.

a) Welche **Aspekte der Vertragsfreiheit** unterscheidet man?
b) Was beinhalten diese Aspekte?
c) Nennen Sie je ein Beispiel, aus dem verdeutlicht wird, dass der jeweilige Aspekt möglicherweise eingeschränkt wird!

9. Im Wirtschafts- und Gesellschaftsleben kommen täglich verschiedene **Arten von Rechtsgeschäften** zu Stande.

a) Wodurch **unterscheiden** sich **einseitige** von **zweiseitigen Rechtsgeschäften**?
b) Nennen Sie je ein Beispiel für ein **einseitig empfangsbedürftiges Rechtsgeschäft** und ein **einseitig nicht empfangsbedürftiges Rechtsgeschäft**!
c) Nennen Sie mindestens vier **zweiseitige bzw. mehrseitige Rechtsgeschäfte**!
d) Nennen Sie stichwortartig Gründe, die zur **Anfechtbarkeit** von Rechtsgeschäften führen können!
e) Nennen Sie drei **Nichtigkeitsgründe**!
f) Welche **Rechtswirkung** hat ein **anfechtbares Rechtsgeschäft**, das angefochten wird?
g) Paul Schlaufuchs kauft Aktien für 12.000 €. Als der Kurs sinkt, will er den Kaufvertrag anfechten mit der Begründung, er habe sich beim Kauf geirrt. – Beurteilen Sie die Rechtslage!

10. Im täglichen Leben kommen zwar eine Vielzahl von Verträgen zu Stande. Es ist jedoch häufig mühsam, den Unterschied zwischen verschiedenen Rechtsgeschäften zu unterscheiden.

a) Erklären Sie den **Unterschied** zwischen dem **Kauf** und der **Schenkung**!
b) Grenzen Sie **Dienstvertrag** und **Werkvertrag** voneinander ab!
c) Worin besteht der Unterschied zwischen einem **Leihvertrag** und einem **Mietvertrag**?
d) Worin besteht der **Unterschied** zwischen **Miete** und **Pacht**?
e) **Mietverträge** können **über bewegliche** und **unbewegliche Sachen** abgeschlossen werden. – Verdeutlichen Sie diesen Sachverhalt!

11. Verdeutlichen Sie zusammenfassend, wie **einseitige** und **zweiseitige Rechtsgeschäfte** untergliedert werden können!

12. Um welche **Vertragsart** handelt es sich in den folgenden Fällen? - Begründen Sie jeweils Ihre Aussage!

a) Frau Becker überlässt ihrer Nachbarin während einer einwöchigen Abwesenheit ihre Kaffeemaschine.
b) Herr Kurz leiht sich am Flughafen Frankfurt für eine Tagespauschale von 150,- € einen PKW.
c) Frau Braun schließt mit einem Rechtsanwalt einen Dauerberatungsvertrag ab.
d) Herr Wagner lässt sich beim Schneider eine Hose gegen ein Entgelt von 7,- € kürzen.
e) Herr Baumhoch zieht sich am Zigarettenautomat ein Päckchen Zigaretten.
f) Frau Maurer erntet auf dem Grundstück ihres Nachbarn zur Selbstversorgung Gemüse und Obst. Sie zahlt ihrem Nachbarn dafür monatlich 30,- €.

13. Entscheiden Sie in den nachfolgenden Fällen, ob das jeweilige Rechtsgeschäft nichtig oder anfechtbar ist! – Bitte ankreuzen in Spalte II oder III und stichwortartige Begründung in Spalte IV!

Fall	**II anfechtbar**	**III nichtig**	**IV Begründung**
(1) Rolf bestellt bei einem Weinhändler den Rotwein Nr. 13 statt Nr. 15 der Preisliste.			
(2) Die beiden Freundinnen Monika und Beate vereinbaren schriftlich, dass das Eigentum des Hauses von Monika durch den fertig gestellten Schriftsatz auf Beate übergegangen ist.			
(3) Ein Sachverständiger stellt fest, dass das vor zwei Wochen von Herrn Ballschlag gekaufte Auto ein Unfallwagen ist. Im schriftlichen Kaufvertrag wurde Unfallfreiheit bescheinigt.			

14. In unserem Wirtschaftsleben werden täglich **Kaufverträge** über bewegliche Gegenstände und über Rechte abgeschlossen.

a) Nennen Sie die **Pflichten der Vertragspartner** beim Kaufvertrag!
b) Das **Erfüllungsgeschäft** muss nicht zwingend auf das **Verpflichtungsgeschäft** folgen. – Was bedeutet diese Aussage?
c) Was ist ein **Bürgerlicher Kauf**?
d) Was ist ein **Handelskauf**?
e) Nennen Sie **Inhalte eines Kaufvertrages**!
f) Wer trägt die **Kosten der Verpackung**, wer die **Kosten der Übergabe** der verkauften Sache?

15. Besitz und Eigentum sind Begriffe, die dem Sachenrecht zugeordnet werden.

a) Wie wird **Besitz erworben**?
b) Was ist **Eigentum**?
c) Wie kann Eigentum an beweglichen Sachen erworben werden? - Nennen Sie mindestens drei Beispiele.
d) Wie erfolgt die **Eigentumsübertragung** an beweglichen Sachen?
e) Peter findet 8,- € auf der Straße. Wird er zum Besitzer oder Eigentümer des Geldes? – Begründung!
f) Sybille findet 900,- € auf der Straße. – Wie ist die Rechtslage zu beurteilen?
g) Im Zusammenhang mit **Ratenlieferungsverträgen** spielt der **Eigentumsvorbehalt** eine beondere Rolle. – Erläutern Sie diesen Begriff!
h) Wie erfolgt regelmäßig die **Eigentumsübertragung an einem Grundstück**?

16. Wer mit Flugzeugen in Urlaub fliegt, muss wissen, dass nicht alle Gegenstände als Handgepäck mitgeführt werden dürfen. Wer Gegenstände im Handgepäck mitführt, die nicht erlaubt sind, wie z. B. eine Nagelfeile oder eine Flasche Mineralwasser, muss z. B. in Frankfurt am Flughafen diese Sachen in folgende Tonne werfen. Was bedeutet der auf der Tonne aufgeklebte Hinweis? – Informieren Sie sich mithilfe Ihrer Rechtsgrundlage über den Sachverhalt!

17. Im Wirtschaftsleben spielen die **Allgemeinen Geschäftsbedingungen**, d. h. das sog. **Kleingedruckte** auf der Rückseite von Verträgen, eine besondere Rolle.

a) In welchem Gesetz muss man nachschauen, um herauszufinden, ob bestimmte Formulierungen im sog. Kleingedruckten erlaubt sind?
b) Nennen Sie **Inhalte**, die häufig Bestandteil **von Allgemeinen Geschäftsbedingungen** sind!
c) Unter welchen **Voraussetzungen** können Allgemeine Geschäftsbedingungen nur Bestandteil eines Vertrages werden?
d) In den Allgemeinen Geschäftsbedingungen eines Kaufvertrags ist zu lesen, dass bei Zahlungen innerhalb von 10 Tagen 3 % Skonto gewährt werden. – Ist es rechtmäßig, wenn zwei Vertragspartner schriftlich vereinbaren, dass bei einer Zahlung von 14 Tagen 2 % Skonto gewährt werden? – Begründung!
e) In den Allgemeinen Geschäftsbedingungen eines Auto-Großhändlers ist zu lesen: „Für alle Teile, die nicht aus unserer Fabrikation stammen, leisten nur die Herstellungsfirmen Garantie". – Wie ist die Rechtslage zu beurteilen?

18. Kaufverträge können nicht nur über bewegliche Sachen wie Autos und unbewegliche Sachen (Immobilien), wie Häuser, Eigentumswohnungen und unbebaute Grundstücke abgeschlossen werden, sondern auch über **Rechte**. – Nennen Sie stichwortartig Rechte, die käuflich erworben werden können!

19. Wird durch die Verjährung der Anspruch des Schuldners auf eine Geldzahlung gelöscht?

20. Wann beginnt die **regelmäßige Verjährung** zu laufen?

21. Nach welcher Zeit endet die regelmäßige Verjährungsfrist?

22. Die Antwort auf die Frage, was Gegenstand der Verjährung sein kann, lässt sich aus § 194 BGB ableiten. Schauen Sie sich diesen Gesetzesauszug an und geben Sie mit eigenen Worten den Inhalt wider!

23. Auch **erbrechtliche Ansprüche** können **verjähren**.

a) In welchem Zeitraum verjähren sie?

b) In welchem Zeitraum verjährt der Pflichtanteilsanspruch des Pflichtteilsberechtigten im Rahmen des Erbfalls?

c) Worin besteht im Hinblick auf den Verlauf der Verjährungsfrist der Unterschied zwischen der Verjährung des Pflichtanteilsanspruch des Pflichtteilsberechtigten im Rahmen eines Erbfalls und der Ansprüche eines Rechtsanwalts aus einer Kostenrechnung aufgrund der Beurkundung eines Testaments gegenüber einem Mandanten?

24. Besondere Verjährungsfristen sind aus den in der nachfolgenden Tabelle enthaltenen Paragrafen abzuleiten. Ergänzen Sie die Tabelle durch ein „√" unter Zuhilfenahme Ihres Bürgerlichen Gesetzbuches!

	BGB §§		Besondere Verjährungsfristen 6 Monate	2 Jahre	5 Jahre	10 Jahre	30 Jahre
Rechte an einem Grundstück	**196**						
Ansprüche aus dinglichen Rechten	**197 I**						
kaufrechliche Mägelansprüche	**438**						
Rückgriffsansprüche beim Verbrauchsgüterkauf	**479 I**						
Reisevertragliche Mängelansprüche	**651 g**						

25. **Übertragen** Sie „**Ereignisse**", die eine Hemmung der Verjährung zur Folge haben, in nachfolgende Tabelle und fügen Sie jeweils **Beispiele ein**!

BGB §§	Ereignisse	Beispiele
203	**Hemmung der Verjährung** bei Verhandlungen	
204		
205		Rücktritt vom Kaufvertrag
206		
207		
208		

26. Wie **wirkt** sich eine **Hemmung der Verjährung** auf den Lauf der **Verjährungsfrist** aus?

27. Erklären Sie den Sachverhalt der **Ablaufhemmung** der Verjährung!

28. Nennen Sie einen Grund, der dazu führen kann, dass die **Verjährungsfrist von neuem** zu laufen beginnt!

29. Wie wirkt sich der Ablauf der Verjährungsfrist für den Schuldner aus?

30. Die Ralf Schwammbaum KG erhält von einem Rechtsanwalt auf Grund einer erfolgten Beratung eine Kostenrechnung in Höhe von 1.240 €. Das Dokument ist auf den 23. März des Jahres 1 datiert.

a) Wann ist der Rechnungsbetrag verjährt?

b) Welche Folgen hat der Ablauf der Verjährungsfrist für den Schuldner?

c) Wie wirkt sich eine Abschlagzahlung vor Ablauf der Verjährungsfrist auf die Verjährung aus?

31. Mit rechtskräftigem Urteil vom 24. April des Jahres 4 wird Frau Judith Greifklaue ein Unterhaltsanspruch zugesprochen, den ihr Mann ihr auf Grund der erfolgten Scheidung zahlen muss. – Wann ist dieser Anspruch verjährt?

32. Beurteilen Sie in den folgenden Fällen, welche Auswirkung folgende Beispiele auf die noch nicht abgelaufene Verjährungsfrist hat?

a) Weil Frau Pechsträhn ihre Rechnung vom 21. Juni trotz Mahnung und Fristsetzung noch nicht bezahlt hat, wird ihr am 23. September des gleichen Jahres ein Mahnbescheid zugestellt.

b) Jana Rotkirsch schuldet ihrer Freundin Basilika Wunderbaum seit 2 Jahren 800 €. Das Geld wollte sie ursprünglich bereits nach einem Jahr zurückgezahlt haben. Um ihren guten Willen zu zeigen, überweist Jana zumindest die vereinbarten Zinsen, die Basilika in dieser Zeit verloren hat, weil sie den ausstehenden Betrag nicht selbst anlegen konnte.

c) Peter Holzknecht gibt seinem Freund Jens Beinhart die 250 € zurück, die dieser ihm vor 4 Monaten geliehen hat.

33. Beurteilen Sie, ob in folgenden Fällen die gesetzlichen Vorschriften für **Fernabsatzverträge** anwendbar sind!

a) Der Geschäftsführer der Paroli AG sucht einen Notar auf, um sich über die Änderung der Satzung der Aktiengesellschaft beraten zu lassen.

b) Rolf Brummschädel beabsichtigt, sich von einem Steuerberater dahingehend beraten zu lassen, ob es sich für ihn lohnt, eine Eigentumswohnung zu kaufen, die er vermieten will.

Deshalb setzt er sich in die Straßenbahn, fährt zu einem Steuerberater, dessen Adresse er im Branchenfernsprechbuch gefunden hat und lässt sich von diesem noch am gleichen Tag beraten.

c) Beatrix Brathuhn schickt einem Rechtsanwalt eine E-Mail mit dem Inhalt, dass sie gerne Mandantin bei ihm werden würde, um die Frage klären zu lassen, ob die durch ihren Arbeitgeber ausgesprochene fristlose Kündigung rechtmäßig ist.

34. Oliver Schnürschuh, wohnhaft in Saarbrücken, besucht eine Veranstaltung in Hamburg, um ein Konzert mit Joe Cocker zu besuchen. An einem Stand wird er von der Sound GmbH, Geschäftssitz Mainz, dazu animiert, eine „sehr günstige Musikanlage" zu kaufen. Er unterschreibt zweimal den Vertrag. Am nächsten Tag entdeckt er die tags zuvor bestellte Anlage in einem Schaufenster. Dort wird diese zu 120 € günstiger angeboten als in dem Vertrag, den er vor einem Tag abgeschlossen hat.

a) Warum hat Oliver zweimal den **Kaufvertrag** unterschrieben?
b) Was würden sie Oliver empfehlen, unter Berücksichtigung der Möglichkeit, die das BGB für den Verbraucher vorsieht?
c) In welcher Stadt muss Oliver **Klage** erheben, um Rechtsstreitigkeiten mit der Sound GmbH klären zu lassen?

35. Nadine Feuerflamm hat am 24. Januar an der Haustür ein Küchengerät der Feinkoch GmbH für 420 € gekauft. Ihr wird mitgeteilt, dass sie damit rechnen kann, dass die Ware spätestens in vier Wochen geliefert wird. Wegen Lieferengpässen versendet das Unternehmen die bestellte Ware aber erst am 05. März . Frau Feuerflamm nimmt am 07. März das Paket mit dem Küchengerät in Empfang.

a) Wann läuft die **Widerrufsfrist** ab?
b) Welcher Tag ist der letzte Tag der Frist, wenn dieser ein Sonntag ist?

36. Im Vergleich zum „Kauf gegen Barzahlung" müssen beim „Ratenlieferungsvertrag" Besonderheiten berücksichtigt werden, die den **Grundsatz der Vertragsfreiheit"** einschränken.

a) Nennen Sie die **Aspekte** des **Grundsatzes der Vertragsfreiheit**!
b) Welche **Aspekte** werden beim Ratenlieferungsvertrag **eingeschränkt**?

37. Im Recht gibt es den Grundsatz **„pacta sunt servanda"**.

a) Was beinhaltet dieses Prinzip?
b) Inwiefern ist dieses Prinzip nicht immer auf Haustürgeschäfte anwendbar?

38. Ankathrin Supermoon kauft im Bahnhof in Kaiserslautern einen neuartigen Toaster. Sie bezahlt dafür 35 € in bar. Da sie bereits einen Toaster hat, möchte sie am nächsten Tag den Vertrag rückgängig machen. – Wie ist die Rechtslage zu beurteilen?

39. Sandra Mandarina, München, möchte wegen einer Rechtsstreitigkeit aus einem Haustürgeschäftekauf gegen die Firma Hopladi & Hoplada KG, Darmstadt, vor Gericht Klage erheben. Welches ist der **örtliche Gerichtsstand**? – Begründung!

40. Was versteht man unter der so genannten **Textform**?

41. Was ist die so genannte **digitale Signatur**?

42. In welcher Rechtsgrundlage ist die digitale Signatur geregelt?

2.3.5 Absatzwirtschaft

Lösungen ab Seite 397

1. Wer sich in einem Betrieb mit dem Problem auseinander setzt, wie eine **Absatzsteigerung** seiner Produkte erzielt werden kann, der muss sich verschiedene Fragen stellen.

a) Inwiefern wird das Wort Absatz in der Wirtschaftslehre in zweifacher Hinsicht verwendet?
b) Erläutern Sie, was man unter **Vorbereitung, Anbahnung und Durchführung** der Absatztätigkeit versteht!
c) Nennen Sie Fragen, die geeignet sind, sich mit dem Problem einer Absatzsteigerung von Produkten auseinander zu setzen!

2. Wer seine Produkte verkaufen oder neue Märkte erschließen will, der muss ein wohl durchdachtes **Marketing-Konzept** haben.

a) Was ist **Marketing**?
b) Worin liegt der Unterschied zwischen **Werbung** und **Marketing**?

3. Wer eine Absatzsteigerung beabsichtigt, der muss verschiedene Aktivitäten ergreifen. Die eingesetzten Mittel, Methoden und Wege nennt man in der Betriebswirtschaftslehre auch **absatzpolitische Instrumente**.

a) Nennen Sie diese Instrumente!
b) Nennen und beschreiben Sie Elemente der **Produktgestaltung**!
c) Inwiefern fördert die Werbung die **Markttransparenz**?
d) Welche Rolle spielt die Werbung in Wirtschaft und Gesellschaft?
e) Was beinhaltet die in Artikel 5 GG geregelte **Meinungsfreiheit**?

4. Um Informationen, Botschaften oder Emotionen im Rahmen der Werbung zu transportieren, bedienen sich Unternehmen einer Vielzahl von Werbeträgern und Werbemitteln.

a) Nennen Sie **Werbemittel**!
b) Über welche **Werbeträger** können Informationen „transportiert" werden?
c) In welchem Fall spricht man von **Einzelwerbung**?
d) Nennen Sie einen anderen Begriff für **Einzelwerbung**!
e) In welchem Fall spricht man von **Gemeinschaftswerbung**?
f) Nennen Sie einen anderen Begriff für **Gemeinschaftswerbung**!
g) Nennen und erläutern Sie die **Grundsätze der Werbung**!
h) Was versteht man unter der **Werberendite**?
i) Wie setzen sich die **Aufwendungen für die Werbung** zusammen?

5. Public relations ist von Bedeutung in der Wirtschaft, in der Politik und im Kulturleben.

a) Was versteht man unter **Public Relations**?
b) Nennen Sie drei **Ziele**, die Unternehmen mit **Public Relations** erreichen wollen!

6. Was ist **Sales promotion**?

7. In der Beilage der Wochenzeitung „Das Parlament" Nr. 44 aus dem Jahre 2004 ist zu lesen: **„Größe**, **Dichte** und **Heterogenität"** konstituieren eine Großstadt. – Diese Information soll der Ballaleika-Lebensmitel GmbH als Grundlage dienen, um Entscheidungen zu treffen, wo noch Zweigniederlassungen gebaut werden sollen.

a) Erklären Sie diesen Sachverhalt, der sich aus dem ersten Satz des Eingangstextes ableiten lässt!
b) Erläutern Sie die in der nachfolgenden Tabelle ausgewiesenen Gebiete unter dem Gesichtspunkt der Dichte der Bevölkerung!

Gebiet im Jahr 2000	Fläche in km²	Bevölkerungszahl	Bevölkerungsdichte Einwohner pro km²	Prozentualer Anteil der Ausländer/innen
Deutschland	357.031	82.536.700	231	8,9
Rhein-Main Region	14.755	5.496.121	372	12,6
Kernstädte[1)]	964	1.598.552	1.658	20,09

[1)] Aschaffenburg, Darmstadt, Frankfurt a. M., Hanau, Mainz, Offenbach a. M., Wiesbaden und Worms
Quelle: Industrie- und Handelskammer Frankfurt/Main

8. Aus der in den USA erworbenen Erkenntnis, dass der Umworbene, wie z. B. der Konsument, eine bestimmte Stufenfolge der Wahrnehmung der Werbung durchläuft, ist die **AIDA-Formel** entstanden. – Was ist darunter zu verstehen?

9. Im Jahre 1854 wurde von einem Berliner Buchdrucker ein Werbemittel aufgestellt, das der Werbung einen neuen Impuls gab. – Wie heißt das nach diesem Buchdrucker benannte Werbemittel?

10. Der Verbraucherschutz hat in den letzten Jahren einen stets höheren Stellenwert durch neue Urteile von Gerichten und neuen Verbraucherschutzgesetzen erhalten. Im Jahre 1990 ist ein weiteres Gesetz zum Schutze der Verbraucher, das **Produkthaftungsgesetz**, in Kraft getreten.

a) Welche **Bedeutung** hat das Produkthaftungsgesetz **für den Hersteller** eines Produkts?
b) Worin besteht der **Zweck** des Produkthaftungsgesetzes?
c) Nennen Sie drei **Gruppen von Produktfehlern**, aufgrund derer der Verbraucher im Falle eines Schadens einen Schadensersatzanspruch ableiten kann!

11. Um welche Gruppe von Produktfehlern handelt es sich im Sinne des Produkthaftungsgesetzes in den nachfolgenden Fällen?

a) Verunreinigung von Impfstoff.
b) Fehlerhafter Hinweis auf eine sichere Befestigung eines Sportgerätes.
c) Fehlerhafte Montage einer Lenkvorrichtung an einem Mottorad.
d) Explodierende Einwegflasche.

12. Das **Produkthaftungsgesetz** sieht auch Fälle vor, in denen die **Ersatzpflicht des Herstellers ausgeschlossen** ist. – Schauen Sie in dieser Rechtsgrundlage nach und nennen Sie solche Fälle!

13. In welchen der nachfolgenden Fällen ist das **Produkthaftungsgesetz anwendbar**? – Begründung!

a) Roland Urban kauft sich eine Hose. Zu Hause bemerkt er einen Webfehler.
b) Friedl Areld stürzt mit ihrem neuen Moped und beschädigt dadurch das Einfahrtstor einer Garage. Ein Sachverständiger stellt fest, dass der Sturz nur deshalb erfolgte, weil der Hersteller die Lenkvorrichtung fehlerhaft montiert hat.

14. Für die **Produktpolitik** sind einige Begriffe von Bedeutung.

a) Wann spricht man von **Produktinnovation**?
b) Was versteht man unter **Produktvariation**?
c) Was ist **Produktelimination**?

15. Nennen Sie Kriterien, die bei **Angebotsvergleichen** von Bedeutung sein können!

16. Die **Preis- und Konditionenpolitik** von Unternehmen soll sich auf den Absatz und den Umsatz von Waren auswirken.

a) Worin besteht der Unterschied zwischen **Absatz** und **Umsatz**?
b) Nennen Sie **Arten des Rabatts**!
c) Was ist ein **Skonto**?
d) Was ist ein **Bonus**?
e) Worin besteht der Unterschied zwischen dem **Brutto**- und dem **Nettopreissystem**?

17. Nennen Sie **Arten des Sortimentgroßhandels** nach dem Bedürfnis der Abnehmer!

18. Ein **Sortiment** ist eine Zusammenstellung von Waren eines Anbieters.

a) Wann spricht man von **Sortimentsbreite**, wann von **Sortimentstiefe**?
b) Was ist ein **Kernsortiment**, was ein **Randsortiment**?
c) Was ist eine **Sortimentsbereinigung**, was eine **Sortimentserweiterung**?
d) Wann spricht man von **Sortimentskooperation**?

19. Die **Erweiterung des Warensortiments** ist nicht gleichzusetzen mit dem Begriff der **Diversifikation**.

a) Erklären Sie den Unterschied zwischen beiden Begriffen!
b) Erläutern Sie die **Arten der Diversifikation**!
c) Wodurch kann es zu einer **lateralen Diversifikation** kommen?

20. Die **Kundenselektion** erfolgt unter den Gesichtspunkten

a) **Liquidität**,
b) **Wirtschaftlichkeit**,
c) **Rentabilität**.

Erklären Sie diese drei Begriffe!

21. Wie ist die **Umsatzrentabilität** zu ermitteln?

22. Großhändler beliefern aus Rentabilitäts- und Wirtschaftlichkeitsgründen nicht jeden möglichen Abnehmer.

a) Nennen Sie Kriterien der **Abnehmergruppenbestimmung**!
b) Nennen Sie Daten einer **Tourenanalyse**, die für die Kostenrechnung eines Betriebes von Bedeutung sind!

23. Was versteht man unter **Sprungwerbung**?

24. Was versteht man unter dem Begriff „**Display**"?

25. In der **Marktforschung** werden **Teilbereiche** unterschieden. Erklären Sie die Begriffe:

a) **Marktanalyse,**
b) **Marktbeobachtung,**
c) **Marktprognose**!

26. Zur Marktanalyse bedient sich die Marktforschung verschiedener **Erhebungstechniken**.

a) Was versteht man unter der **Primärerhebung**?
b) Erklären Sie den Begriff **Sekundärerhebung**!
c) Welchen **Nachteil** hat die **Sekundärerhebung gegenüber** der **Primärerhebung**?

27. Worin besteht der **Unterschied** zwischen der **Marktforschung** und der **Markterhebung**?

28. Die Marktforschung bedient sich verschiedener **Erhebungsmethoden**.

a) Warum werden **Verbraucherbefragungen** durchgeführt?
b) Was soll mit der **Handelsforschung** erreicht werden?
c) Was soll mit **Testuntersuchungen** erreicht werden?
d) Was will die **Produktforschung** erreichen?
e) Was ist das so genannte **Quoten-Verfahren**?
f) Was ist das **Random-Verfahren**?

29. Im Wettbewerbsrecht wurde in den letzten Jahren durch Gesetzesänderungen mehr Freiraum im wettbewerbsrechtlichen Verhalten der Unternehmen geschaffen.

a) Welches Gesetz muss ein Textil-Einzelhändler beachten, wenn er einen **Räumungskauf** durchführen will?
b) Verdeutlichen Sie, inwieweit Apotheken in den gegenseitigen Wettbewerb treten können!

30. Kaufleute, die ihren Kunden Rabatt gewähren, setzen diesen Preisnachlass als Mittel der Werbung ein. – Nennen Sie stichwortartig **Preisnachlässe**!

31. In einem Schaufenster hängt ein Schild mit der Aufschrift: „Bei uns erhalten Sie auf alle Waren bis 10. Juli 15 % Rabatt." – Was will der Inhaber damit erreichen?

32. Nennen und erläutern Sie gewerbliche **Schutzrechte** im Zusammenhang mit dem Verkauf von Produkten!

33. Um welche Art von Schutzrecht handelt es sich bei dem Waschmittel „Persil"?

34. Je nachdem, auf welchem Wege die Ware vom Produzenten zum Verbraucher gelangt, unterscheidet man verschiedene **Absatzformen**. – Erläutern Sie, was man unter dem **direkten Absatz** und dem **indirekten Absatz** versteht!

35. Was ist ein **Rack-Jobber**?

36. Worin besteht der **Vorteil** des **Fahrverkaufs**?

37. Um sich vor jedem Schaden zu bewahren, machen die Haftungsbeschränkungen der am Transport beteiligten Personen wie Frachtführer und Spediteure einen **Risikoausgleich** durch den Abschluss einer **Transportversicherung** erforderlich. – Nennen und erklären Sie kurz Arten der Transportversicherung!

38. Die **Beförderung von Gütern** zwischen Hersteller und Großhändler einerseits und Großhändler und Einzelhändler andererseits erfolgt **im Rahmen des Güterverkehrs**.

a) Nennen Sie **Verkehrswege**!
b) Nennen Sie **Verkehrsträger**!
c) Nennen Sie **Verkehrsmittel**!

39. Die **Aufgabe des Güterverkehrs** besteht darin, verschiedene Gegenstände schnellstmöglichst an verschiedene Orte zu transportieren.

a) Welche **Arten des Güterverkehrs** unterscheidet man im Hinblick auf die Verschiedenartigkeit der Güter?
b) Nennen Sie typische **Massengüter**!
c) Warum grenzt man die Massengüter von den Stückgütern ab?
d) Welche **Verkehrsmittel** eignen sich insbesondere **für Massengüter**?
e) Warum ist der Stückgutversand zum Teil aufwändiger als der Versand von Massengütern?
f) Welche **Verkehrsmittel** eignen sich insbesondere für den **Kleingutversand**?
g) Nennen Sie **Güter**, die im **Rohrleitungsverkehr** transportiert werden!
h) Nennen Sie einen anderen **Begriff für Rohrleitungen**!

40. Beim Gütertransport hängt die **Entscheidung für** ein bestimmtes **Verkehrsmittel von** verschiedenen **Kriterien** ab. – Nennen Sie solche Bestimmungsgründe!

41. **Güter** werden auch im **Flugverkehr befördert**.

a) Welche **Güter** werden insbesondere **im Flugzeug transportiert**?
b) Welchen **Nachteil** hat die **Beförderung** von Gütern **per Flugzeug** gegenüber anderen Verkehrsmitteln?
c) In welcher Rechtsgrundlage ist festgelegt, wie **Güter**, die im **Luftverkehr** transportiert werden, zu **verpacken** sind?

d) Welchen **Beweiswert** hat der **Luftfrachtbrief**?
e) Was ist das **Montrealer Übereinkommen**?

42. Das Unternehmen Peter Junghans KG fährt die Kunden im Allgemeinen mit eigenem Werkverkehr an.

a) Was heißt **Werkverkehr**?
b) Welche gesetzlichen Vorschriften müssen Unternehmen beachten, wenn sie Waren mit eigenen Fahrzeugen an ihre Kunden ausliefern?
c) Nennen Sie einen Vorteil für Unternehmen, die Werkverkehr betreiben!
d) Der Vorteil des Werkverkehrs besteht u. a. darin, dass Kunden „**just in time**" beliefert werden können. – Was bedeutet dies?
e) Nennen Sie mindestens einen Nachteil für Unternehmen, die Werkverkehr betreiben!

43. Die Bürobedarfs GmbH setzt zum Warentransport eigene LKWs ein. Es wird täglich für den nachfolgenden Tag ein **Tourenplan** erstellt. Zum Kundenkreis gehören regelmäßig 24 Einzelhandelsgeschäfte.

a) Nennen Sie Bestandteile, die Sie in einen Tourenplan aufnehmen würden!
b) Nennen Sie einen Nachteil der Lieferung mit eigenem LKW im Vergleich zur Bahn!

44. Die Frage, wie schnell die zu transportierenden Waren den Empfänger erreichen, hängt u. a. von der Art der Beförderung ab. – Welche Bedeutung hat in diesem Zusammenhang der **InterCargo**?

45. Im **Güterverkehr** werden verschiedene **Transportmittel** eingesetzt. DB Schenker Rail setzt u. a. folgenden Wagon ein.

a) Um welche Gattungsart von Wagen handelt es sich?
b) Welche Güter sollten sinnvollerweise mit diesem Transportmittel befördert werden?

46. Die Ariane Gerth GmbH beabsichtigt, eine größere Anzahl Gefrierschränke als Wagenladung zu befördern. Aus diesem Grunde benötigt sie einen **Güterwagen**.

a) Wo kann sie den Güterwagen beantragen?
b) Welche Konsequenz ergibt sich, wenn der Wagen auf einem **Freiladegleis** bereitgestellt wird?
c) Wer ist in diesem Falle dazu verpflichtet, die Kühlschränke so zu verpacken, dass sie nicht beschädigt werden?

47. Viele Güter werden im **multimodalen** (kombinierten) **Transport** befördert.

a) Erläutern Sie kurz diese Art des Transports.
b) Wie wird der Unternehmer bezeichnet, der einen multimodalen Transport durchführt?

48. Nachfolgend sehen Sie einen Frachtbrief.

a) Um welche **Art von Frachtbrief** handelt es sich?
b) Wer ist im vorliegenden Fall **Frachtführer**?
c) Welche Angaben muss ein solcher Frachtbrief enthalten? – Schauen Sie in Ihr HGB!
d) „Der Frachtbrief ist sowohl **Begleitpapier** als auch **Beweisurkunde**". Erläutern Sie diese Aussage!

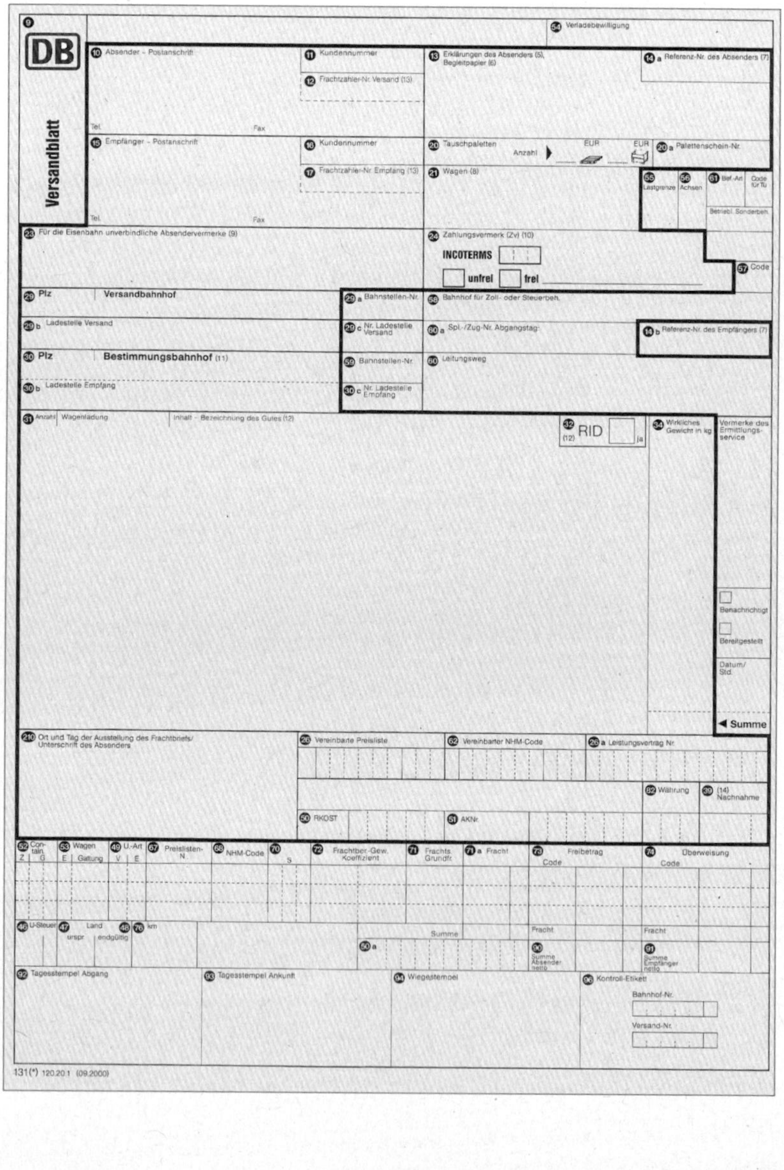

DB
Versandblatt
Verladebewilligung
Absender – Postanschrift
Kundennummer
Frachtzahler-Nr. Versand (13)
Erklärungen des Absenders (5), Begleitpapier (6)
a Referenz-Nr. des Absenders (7)
Tel. Fax
Empfänger – Postanschrift
Kundennummer
Frachtzahler-Nr. Empfang (13)
Tauschpaletten Anzahl EUR EUR
a Palettenschein-Nr.
Wagen (8)
Lastgrenze Achsen Bef.-Art Code für TU
Betriebl. Sonderbeh.
Tel. Fax
Für die Eisenbahn unverbindliche Absendervermerke (9)
Zahlungsvermerk (Zv) (10)
INCOTERMS
unfrei frei
Code
Plz Versandbahnhof
a Bahnstellen-Nr.
Bahnhof für Zoll- oder Steuerbeh.
b Ladestelle Versand
c Nr. Ladestelle Versand
a Spl.-/Zug-Nr. Abgangstag
b Referenz-Nr. des Empfängers (7)
Plz Bestimmungsbahnhof (11)
Bahnstellen-Nr.
Leitungsweg
b Ladestelle Empfang
c Nr. Ladestelle Empfang
Anzahl Wagenladung Inhalt – Bezeichnung des Gutes (12)
(12) RID ja
Wirkliches Gewicht in kg
Vermerke des Ermittlungs-service
Benachrichtigt
Bereitgestellt
Datum/Std.
Summe
Ort und Tag der Ausstellung des Frachtbriefs/Unterschrift des Absenders
Vereinbarte Preisliste
Vereinbarter NHM-Code
a Leistungsvertrag Nr.
Währung
(14) Nachnahme
RKOST
AKNr.
Contain. Z G
Wagen E Gattung
U.-Art V E
Preislisten-N.
NHM-Code
S
Frachtber.-Gew. Koeffizient
Frachts. Grundfr.
a Fracht
Freibetrag Code
Überweisung Code
U-Steuer
Land urspr. endgültig
km
Summe
a
Fracht
Summe Absender netto
Fracht
Summe Empfänger netto
Tagesstempel Abgang
Tagesstempel Ankunft
Wiegestempel
Kontroll-Etikett
Bahnhof-Nr.
Versand-Nr.
131(*) 120.20.1 (09.2000)

49. Die Marina Balla KG, München, will Waren von einem Frachtführer zu einem Einzelhändler nach Mannheim transportieren lassen. Es handelt es sich hierbei um **gefährliche Güter**.

a) Auf welche Art und Weise muss das Unternehmen den Frachtführer informieren?
b) Welche Maßnahmen kann der Frachtführer ergreifen, wenn ihm bei Übernahme der Güter nicht bekannt war, dass es sich um gefährliche Güter handelt?

50. Im HGB sind grundlegende Vorschriften zum **Frachtvertrag** festgelegt.

a) Nennen Sie **Vertragspartner** des Frachtvertrages und **Pflichten** der Vertragspartner!
b) Wird der **Frachtbrief** immer vom Frachtführer unterzeichnet?
c) Ein Frachtführer drückt einen Faksimilestempel auf den Frachtbrief. Der Absender behauptet, dass nur die Originalunterschrift erlaubt sei. – Beurteilen Sie die Rechtslage!

51. In einer Zeitschrift ist zu lesen: „Gemäß § 453 HGB wird der Speditionsvertrag nicht mittelbar über die Definition der Person des Spediteurs festgelegt.“ – Was ist damit gemeint?

52. Kommt ein Speditionsvertrag zu Stande, so wird der **Spediteur** verpflichtet, die Versendung des Gutes zu besorgen. Die Verpflichtung umfasst die **Organisation der Beförderung**. – Was bedeutet dies?

53. Der Spediteur hat ein **Selbsteintrittsrecht**. – Was bedeutet dies?

54. Nennen Sie drei gesetzlich garantierte **Rechte des Spediteurs**! Schauen Sie hierzu in Ihr HGB und geben Sie jeweils den dazugehörigen Paragrafen an.

55. Nennen Sie eine Rechtsgrundlage, aus der abzuleiten ist, dass der Spediteur seine Tätigkeit mit der Sorgfalt eines ordentlichen Kaufmanns auszuführen hat!

56. Worin besteht der **Unterschied** zwischen einem **Frachtführer** und einem **Spediteur**?

57. Nachfolgend sehen Sie ein Dokument.

ISSUING ASSOCIATION
Association émettrice
Ausgebender Verband

DIHK

INTERNATIONAL GUARANTEE CHAIN
CHAINE DE GARANTIE INTERNATIONALE
INTERNATIONALE BÜRGSCHAFTSKETTE

ICC W.C.F.

A.T.A. CARNET FOR TEMPORARY ADMISSION OF GOODS
CARNET A.T.A. POUR L'ADMISSION TEMPORAIRE DES MARCHANDISES
CARNET A.T.A. FÜR DIE VORÜBERGEHENDE EINFUHR VON WAREN

CUSTOMS CONVENTION ON THE A.T.A. CARNET FOR THE TEMPORARY ADMISSION OF GOODS / *CONVENTION DOUANIERE SUR LE CARNET A.T.A. POUR L'ADMISSION TEMPORAIRE DES MARCHANDISES* / ZOLLÜBEREINKOMMEN ÜBER DAS CARNET A.T.A. FÜR DIE VORÜBERGEHENDE EINFUHR VON WAREN

(**Before completing the Carnet, please read Notes on cover page 3** / *Avant de remplir le carnet, lire la notice en page 3 de la couverture* / Bitte erst die Anleitung auf Seite 3 des Umschlagblattes lesen, dann das Carnet ausfüllen)

ATA CARNET — CARNET ATA

A. HOLDER AND ADDRESS / *Titulaire et adresse* / Inhaber und Anschrift

Firma und Anschrift

oder

Name und Anschrift (bei Privatpersonen)

B. REPRESENTED BY* / *Représenté par** / Vertreten durch*

Reisender und Anschrift oder
Spedition und Anschrift oder
laut Vollmacht

C. INTENDED USE OF GOODS / *Utilisation prévue des marchandises* / Beabsichtigte Verwendung der Waren

Berufsausrüstung oder
Messegut oder
Warenmuster

G. FOR ISSUING ASSOCIATION USE / *Réservé à l'association émettrice* / Vom ausgebenden Verband auszufüllen

FRONT COVER / *Couverture* / Vorderes Umschlagblatt

a) CARNET No. / *Carnet N°* / Carnet Nr. **DE**

NUMBER OF CONTINUATION SHEETS: / *Nombre de feuilles supplémentaires:* / Anzahl der Zusatzblätter: ______

b) ISSUED BY / *Délivré par* / Ausgegeben durch

c) VALID UNTIL / *Valable jusqu'au* / Gültig bis

year / *année* / Jahr — **month** / *mois* / Monat — **day (inclusive)** / *jour (inclus)* / Tag (einschließlich)

TO BE RETURNED TO THE ISSUING CHAMBER IMMEDIATELY AFTER USE
Das Carnet nach Verwendung umgehend zurück an die ausgebende IHK

P. THIS CARNET MAY BE USED IN THE FOLLOWING COUNTRIES / CUSTOMS TERRITORIES UNDER THE GUARANTEE OF THE ASSOCIATIONS LISTED ON PAGE FOUR OF THE COVER: / *Ce carnet est valable dans les pays / territoires douaniers ci-après, sous la garantie des associations reprises en page quatre de la couverture:* / Dieses Carnet ist in nachstehenden Ländern / Zollgebieten unter Bürgschaft der Verbände gültig, die auf Seite vier des Umschlags aufgelistet sind.

ALGERIA (DZ)
ANDORRA (AD)
AUSTRALIA (AU)
AUSTRIA (AT)
BELGIUM (BE)
BULGARIA (BG)
CANADA (CA)
CHINA (CN)
IVORY COAST (CI)
CROATIA (HR)
CYPRUS (CY)
CZECH REPUBLIC (CZ)
DENMARK (DK)
ESTONIA (EE)
FINLAND (FI)
FRANCE (FR)
GERMANY (DE)
GIBRALTAR (GI)
GREECE (GR)
HONG KONG (HK)
HUNGARY (HU)
ICELAND (IS)
INDIA (IN)
IRELAND (IE)
ISRAEL (IL)
ITALY (IT)
JAPAN (JP)
KOREA (KR)
LATVIA (LV)
LEBANON (LB)
LITHUANIA (LT)
LUXEMBOURG (LU)
MACEDONIA (MK)
MALAYSIA (MY)
MALTA (MT)
MOROCCO (MA)
MAURITIUS (MU)
NETHERLANDS (NL)
NEW ZEALAND (NZ)
NORWAY (NO)
POLAND (PL)
PORTUGAL (PT)
ROMANIA (RO)
RUSSIAN FEDERATION (RU)
SENEGAL (SN)
SINGAPORE (SG)
SLOVAKIA (SK)
SLOVENIA (SI)
SOUTH AFRICA (ZA)
SPAIN (ES)
SRI LANKA (LK)
SWEDEN (SE)
SWITZERLAND (CH)
THAILAND (TH)
TUNISIA (TN)
TURKEY (TR)
UNITED KINGDOM (GB)
UNITED STATES OF AMERICA (US)

THE HOLDER OF THIS CARNET AND HIS REPRESENTATIVE WILL BE HELD RESPONSIBLE FOR COMPLIANCE WITH THE LAWS AND REGULATIONS OF THE COUNTRY / CUSTOMS TERRITORY OF DEPARTURE AND THE COUNTRIES / CUSTOMS TERRITORIES OF IMPORTATION. / *A charge pour le titulaire et son représentant de se conformer aux lois et règlements du pays / territoire douanier de départ et des pays / territoires douaniers d'importation.* / Der Carnetinhaber und sein Vertreter haben die Gesetze und sonstigen Vorschriften des Ausgangslandes/Ausgangszollgebietes und der Einfuhrländer/Einfuhrzollgebiete zu beachten.

H. CERTIFICATE BY CUSTOMS AT DEPARTURE / *Attestation de la douane, au départ* / Bescheinigung der Zollbehörden bei Abgang

a) IDENTIFICATION MARKS HAVE BEEN AFFIXED AS INDICATED IN COLUMN 7 AGAINST THE FOLLOWING ITEMS NO(S) OF THE GENERAL LIST / *Apposé les marques d'identification mentionnées dans la colonne 7 en regard du (des) numéro(s) d'ordre suivant(s) de la liste générale* / Die in Spalte 7 vermerkten Nämlichkeitsmittel wurden an den in der Allgemeinen Liste unter folgende(r)(n) Nummer(n) aufgeführten Waren angebracht

b) GOODS EXAMINED* / *Vérifié les marchandises** / Die Waren wurden beschaut*

YES / *Oui* / Ja ☐ **NO** / *Non* / Nein ☐

c) REGISTERED UNDER REFERENCE NO* / *Enregistré sous le numéro** / Eingetragen unter Nr.*

d) ______ / ______ / ______

CUSTOMS OFFICE / *Bureau de douane* / Zollamt — **PLACE** / *Lieu* / Ort — **DATE (YEAR / MONTH / DAY)** / *Date (année / mois / jour)* / Datum (Jahr / Monat / Tag) — **SIGNATURE AND STAMP** / *Signature et timbre* / Unterschrift und Stempel

I. SIGNATURE OF AUTHORISED OFFICIAL AND STAMP OF THE ISSUING ASSOCIATION / *Signature du délégué et timbre de l'association émettrice* / Unterschrift des Beauftragten und Stempel des ausgebenden Verbandes

PLACE AND DATE OF ISSUE (year / month / day) / *Lieu et date d'émission (année / mois / jour)* / Ort und Ausgabedatum (Jahr / Monat / Tag)

J.

Firmenname und Unterschrift

X ______ X

SIGNATURE OF HOLDER / *Signature du titulaire* / Unterschrift des Inhabers

*) If applicable / * *S'il y a lieu* / * Soweit zutreffend

WK WILHELM KÖHLER VERLAG Bestell-Nr. 800

a) Worum handelt es sich?
b) Was heißt „**Carnet A.T.A**."?
c) Welchen **Vorteil** bringt ein „Carnet A.T.A." mit sich?
d) Wer stellt ein Carnet A.T.A. aus?
e) Können Waren anstelle mit Carnet A.T.A. mit einem Carnet T.I.R. vorübergehend in ein anderes Land eingeführt werden?
f) Wie kann eine **zollsichere Herrichtung** an Fahrzeugen, die im Carnet T.I.R.-Verfahren unterwegs sind, nachgewiesen werden?

58. Die Spielwarenhersteller Arnold Schluckauf KG hat sich beim Wilhelm Köhler Verlag eine Testdiskette bestellt. Nach dem Öffnen der Datei sieht man auf dem Bildschirm folgende Maske, die ausgefüllt werden kann. – Beantworten Sie hierzu die folgenden Fragen!

a) Um welche Art von Formular handelt es sich hierbei?

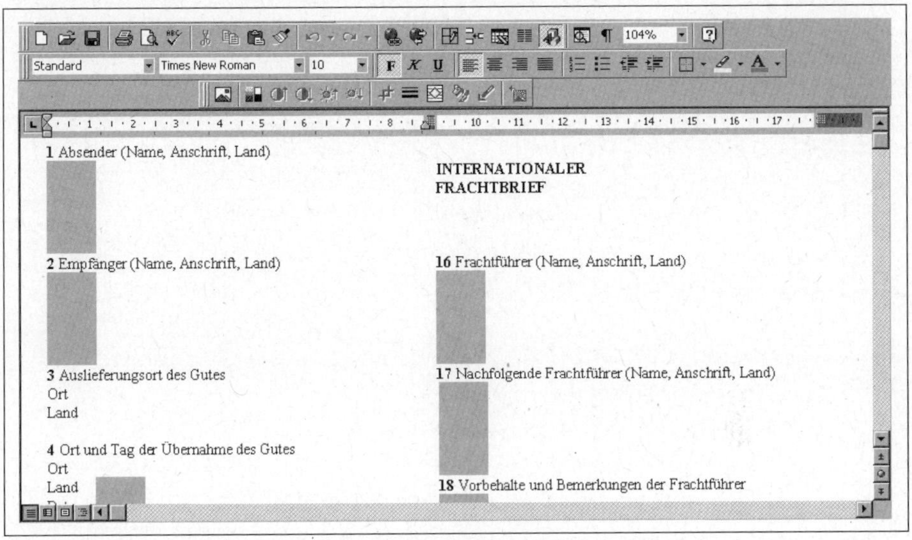
1 Absender (Name, Anschrift, Land)

INTERNATIONALER FRACHTBRIEF

2 Empfänger (Name, Anschrift, Land)

16 Frachtführer (Name, Anschrift, Land)

3 Auslieferungsort des Gutes
Ort
Land

17 Nachfolgende Frachtführer (Name, Anschrift, Land)

4 Ort und Tag der Übernahme des Gutes
Ort
Land

18 Vorbehalte und Bemerkungen der Frachtführer

b) In welcher Rechtsgrundlage ist diese Beweisurkunde geregelt?
c) In wie viel Ausfertigungen wird das Formular ausgestellt.
d) Zu welcher Überprüfung ist der **Frachtführer** bei der Übernahme des Gutes verpflichtet?
e) Inwiefern dient diese Urkunde als Beweis?
f) Der Frachtbrief ist ein **Beförderungsdokument**. – Welche Konsequenz hat diese Tatsache für die Zeit des Transports?

59. Die Auszubildende Mirijam Holler wird von ihrem Arbeitgeber gebeten, zur IHK zu gehen und verschiedene Formulare mitzubringen. – Unter anderem erhält sie folgenden Vordruck, dessen obere Hälfte im Nachfolgenden abgebildet ist.

a) Worum handelt es sich bei diesem Vordruck?
b) Wann ist die Ausstellung dieser **öffentlichen Urkunde** erforderlich?
c) Wie lautet der englische Ausdruck für dieses Formular?
d) Welchen Vorteil bietet das **Dokumentenakkreditiv** dem Exporteur?
e) Im Rahmen der Beantragung eines **Ursprungszeugnis** ist § 4a **Außenwirtschaftsverordnung** zu **beachten**. – Was bedeutet dies?

1 Absender · Consignor · Expéditeur · Expedidor ABC Handelsgesellschaft mbH Industriestr. 1 D-33602 Bielefeld Deutschland	A 574528 — **ORIGINAL** **EUROPÄISCHE GEMEINSCHAFT** EUROPEAN COMMUNITY · COMMUNAUTE EUROPEENNE · COMUNIDAD EUROPEA **URSPRUNGSZEUGNIS** CERTIFICATE OF ORIGIN · CERTIFICAT D'ORIGINE · CERTIFICADO DE ORIGEN
2 Empfänger · Consignee · Destinataire · Destinatario xy Import GmbH Uferstr. 1 8002 Zürich Schweiz oder an Order Schweiz	3 Ursprungsland · Country of origin · Pays d'origine · País de origen Deutschland (siehe Beispiel 1 und 2) oder siehe Feld 6 (siehe Beispiel 3)
4 Angaben über die Beförderung · means of transport · expédition · expedición LKW	5 Bemerkungen · remarks · observations · observaciones Importlizenz-, Auftrags- und/oder Rechnungsnummer Darüber hinausgehende Eintragungen nur nach Absprache mit der IHK.
6 Laufende Nummer; Zeichen, Nummern, Anzahl und Art der Packstücke; Warenbezeichnung Item no., marks, nos., number and kind of packages, description of goods No. de pos., marquage, nos., nombre et nature des colis, description de marchandises No. de orden, marcas, nos., cantidad y naturaleza de los bultos, descripción de las mercancías	7 Menge Quantity Quantité Cantidad

2.3.6 Beschaffungswesen

Lösungen ab Seite 412

1. Monika Lingenbrinck will zusammen mit ihrer Freundin Barbara Mühl die Lingenbrinck KG gründen. Die beiden Frauen wollen Textilien und Lederwaren verkaufen.

a) Um welche **Unternehmensform** handelt es sich im vorliegenden Beispiel?
b) Wie werden die Gesellschafter genannt?
c) Welche Fragen müssen sich Monika und Barbara grundsätzlich stellen, wenn es sich um die **Bedarfsermittlung** ihres Warenbestandes handelt?
d) Sie wollen ein **Warenwirtschaftssystem** aufbauen. – Was ist darunter zu verstehen?
e) Die beiden Gesellschafterinnen wollen sich eine **elektronische Registrierkasse** anschaffen. – Welche Vorteile bietet eine solche Kasse?

2. Um die Lagerhaltung wirtschaftlich zu gestalten, werden in Betrieben sog. **Lagerkennziffern** berechnet.

a) Was ist der **Mindestbestand**?
b) Wie groß muss der **Meldebestand** sein?
c) Nennen Sie jeweils einen andern Begriff für Mindestbestand und Meldebestand!

3. Nennen Sie die durch die Lagerung von Waren entstehenden **Lagerungskosten**!

4. Nennen Sie Kriterien, die einen Einfluss auf die **Warenbestellung** ausüben!

5. Horst Prizelius will ein Radio- und Fernsehgeschäft eröffnen. Nennen Sie **Bezugsquellen**, aus denen er ableiten kann, bei welchen Händlern er Waren bestellen kann!

6. Was ist eine **Liefererkartei** und eine **Warenkartei**?

7. Eine mögliche Bezugsquelle stellen **Adressbücher** dar.

a) Nennen Sie **Arten** von Adressbüchern!
b) Verdeutlichen Sie an einem Beispiel, wie Adressbücher **gegliedert** sind!

8. Was sind die sog. **„Gelben Seiten"** der Deutschen Telekom AG?

9. Hans Lobesam arbeitet in der Bürobedarfs GmbH. Sein Chef hat ihn beauftragt herauszufinden, welches Unternehmen günstig Dekorationsartikel für die Faschingszeit anbietet. Hans versucht über das Internet Informationen zu bekommen. Auf seinem Bildschirm sieht er folgenden Text:

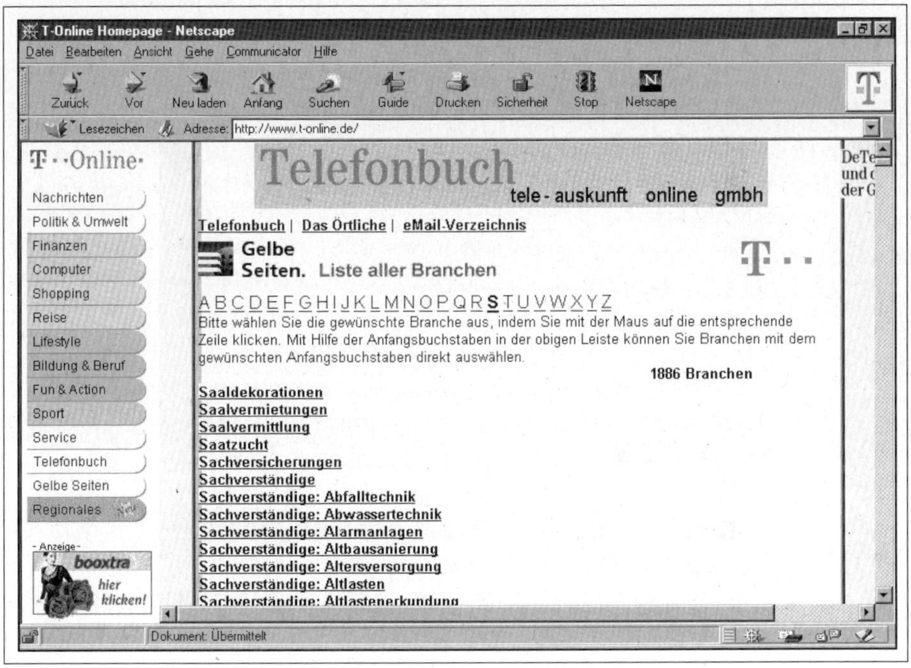

a) Welche Internet-Adresse hat Hans angewählt?
b) Was sucht er im Moment?
c) Welche Möglichkeiten kann er über das Anklicken von Links noch wahrnehmen?
d) Welchen Vorteil bietet das E-Mail-Verzeichnis?
e) Welchen Link könnte Hans anklicken um Informationen für seinen Chef zu erhalten?

10. Wie sind **Fachzeitschriften** aufgebaut?

11. Erläutern Sie an Beispielen, welche **Ziele** mit einer **Messe** oder mit **Ausstellungen** verfolgt werden!

12. Der AUMA informiert in einer eigenen Dokumentation wie folgt:„Die Messewirtschaft gehört zu den Dienstleistungsbranchen der deutschen Wirtschaft, die sich durch besonders hohe internationale Ausstrahlung und Innovationskraft auszeichnen. ... Messen dienen dazu, Innovationen zu präsentieren, den Bekanntheitsgrad des eigenen Unternehmens zu erhöhen, die Wettbewerbssituation zu analysieren, Kontakte zu alten und neuen Kunden herzustellen sowie dazu, den Absatz von Produkten und Dienstleistungen vorzubereiten".

a) Wofür steht die Abkürzung **AUMA**?
b) In welcher **Rechtsgrundlage** ist definiert, was eine Messe, Ausstellung und ein Großmarkt ist?
c) Definieren Sie die Begriffe **Messe**, **Ausstellung** und **Großmarkt** im rechtlichen Sinne!

13. Dank PC-gestütztem Warenwirtschaftssystem kann heute täglich relativ schnell in Unternehmen festgestellt werden, wie hoch der **Mindestbestand** einer bestimmten Ware ist. – Welche Bedeutung hat diese Lagerkennziffer?

14. In der Zeitschrift „Die Messewirtschaft" ist zu lesen:
Im letzten Jahr wurde die Absatzförderung ostdeutscher Produkte des Programms „Qualität aus Ostdeutschland" auf Verbraucherausstellungen fortgesetzt. Slogan und ein spezielles Logo sind bundeseinheitlich vorgegeben. Das Bundesministerium für Wirtschaft hat Aussteller aus den neuen Bundesländern mit einem Förderprogramm unterstützt. Dies hat Auswirkungen auf die Anzahl der Aussteller gehabt, was folgende Statistik verdeutlicht.

	Voriges Jahr	**Dieses Jahr**
Veranstaltungen	136	163
Aussteller	3.205	4.653
Fläche (m^2)	76.688	101.403
Fläche/Aussteller (m^2)	23,9	21,8
Fördersumme (Mio. €)	9,0	7,7
€/Aussteller	2.268	1.974

a) Was ist ein **Slogan**?
b) Nennen Sie irgendeinen Slogan, der ihnen im Privat- oder Geschäftsleben aufgefallen ist!
c) Was ist ein **Logo**?
d) Erläutern Sie die Tabelle!
e) Nennen Sie einen **Vorteil**, den sich Besucher einer **Ausstellung** versprechen!

15. Beim Einkauf von Waren werden häufig **Angebote** eingeholt. - Nennen Sie **Vergleichskriterien**!

16. Erläutern Sie folgende **Arten** des **Kaufvertrages**:

a) **Spezifikationskauf**,
b) **Fixkauf**,
c) **Terminkauf**,

d) **Versendungskauf**,
e) **Fernkauf**,
f) **Streckenkauf**,
g) **Platzkauf**.

17. Aus welchen Gründen kann es zum **Erlöschen** eines **Angebots** kommen?

18. Die Einzelkauffrau Brigitte May e. Kfr. in Bexbach bestellt bei dem Großhandelsgeschäft Sofie Wunderhaus GmbH in Saarbrücken Spielwaren. – Wo ist der **gesetzliche Erfüllungsort** für die Warenübergabe?

19. Sind **Geldschulden** Holschulden oder Schickschulden?

20. Die Manfred Oswald OHG, Frankfurt/Main, verklagt die Marion Schubert GmbH Mainz wegen mangelhaft gelieferter Ware. – Wo ist der **Gerichtsstand**?

21. Nennen Sie stichwortartig **Leistungsstörungen**, die im Zusammenhang mit dem Abschluss eines Kaufvertrages auftreten können!

22. Nennen Sie die beiden Ihnen bekannten Fälle der **Unmöglichkeit**!

23. Nennen Sie ein Beispiel, das im Zusammenhang mit dem Abschluss eines Kaufvertrages zur Leistungsstörung „Unmöglichkeit" führen kann!

24. Um welche drei möglichen Situationen geht es, wenn man von dem Rechtsinstitut **„culpa in contrahendo"** spricht? – Schauen Sie hierzu in § 311 BGB!

25. Nennen Sie die gesetzlich fest geschriebenen „vertragstypischen Pflichten beim Kaufvertrag"!

26. Welche beiden Arten von Mängeln unterscheidet das BGB?

27. Nennen Sie Beispiele für **Sachmängel**, die nach Abschluss eines Kaufvertrages auftreten können!

28. Nennen Sie ein Beispiel für einen **Rechtsmangel**!

29. Julia Mandarin hat sich einen neuen Rasenmäher gekauft. Nach mehrmaligem Einsatz innerhalb von zwei Wochen nach dem Kauf stellt sie fest, dass die Stromzufuhr am Gerät nicht immer funktionsfähig ist. Beschreiben Sie die Rechte, die Frau Mandarin geltend machen kann, nachdem sie diesen Sachmangel festgestellt hat!

30. In welchen Situationen kommt ein **Werkvertrag** zu Stande?

31. Was versteht man unter einer „**positiven Forderungsverletzung**"?

32. Schauen Sie in Ihren Gesetzestext und stellen Sie fest, ab welchem Paragrafen der „**Verbrauchsgüterkauf**" gesetzlich geregelt ist!

33. Wie werden die **Vertragspartner** beim **Verbrauchsgüterkauf** genannt?

34. Nennen sie Kaufverträge, bei denen man nicht von einem so genannten Verbrauchsgüterkauf spricht!

35. Handelt es sich im Falle einer öffentlichen **Versteigerung** von gebrauchten Sachen auch um einen Verbrauchsgüterkauf?

36. Welchen Sachverhalt beinhaltet die „**Beweislastumkehr**" im Zusammenhang mit dem Verbrauchsgüterkauf?

37. Unter welchen Voraussetzungen kommt ein **Schuldner in Verzug**?

38. In welchen Fällen ist gemäß BGB bei einem Verzug eine Mahnung nicht erforderlich?

39. Nennen Sie ein selbstgewähltes Beispiel für einen **Lieferungsverzug**!

40. Nach wie viel Tagen kommt ein Schuldner gemäß BGB in Verzug, wenn er eine Geldforderung nicht beglichen hat?

41. Wie kann man herausfinden, wie hoch der **Basiszinssatz** ist?

42. Wie viel Prozentpunkte über dem Basiszinssatz sind im Falle einer zu verzinsenden Geldschuld anzusetzen, wenn

a) die Hausfrau Juliane Schwarz nach erfolgter Mahnung wegen einer nicht bezahlten Rechnung in Zahlungsverzug gerät,
b) der Einzelkaufmann Peter Mankowitsch e.Kfm. einem Großhändler eine Rechnung nach 5 Wochen noch nicht beglichen hat?

43. Unter welcher Voraussetzung spricht man von einem **Fixhandelskauf**?

44. Nennen Sie mögliche Situationen, die dazu führen können, dass ein Unternehmen in **Zahlungsverzug** gerät!

45. Nennen Sie die **Voraussetzungen** eines **Annahmeverzugs**!

46. Welche **Besonderheit** ist im Falle eines **Zahlungsverzugs** zu beachten, wenn der Schuldner „**Verbraucher**" ist?

47. Um welche Art der **Leistungsstörung** handelt es sich in den nachfolgenden Situationen?

a) Cynthia Mongo hat bei einem Elektrogeschäft in München ein elektrisches Küchengerät gekauft. Die Montageanleitung ist so missverständlich, dass es ihr nicht gelingt, das Küchengerät zusammenzubauen.
b) Ariane Tierlieb hat sich ein neues Pferd gekauft. Aufgrund einer Krankheit, mit der das Tier befallen ist, steckt es andere Pferde im Stall an. Deshalb sind umfangreiche tierärztliche Maßnahmen zur Rettung der Tiere erforderlich.

c) Der Student Alexander Lang betritt die Buchhandlung Natalie Schlange OHG, um sich Fachliteratur zu kaufen. Er rutscht auf einem Blatt Papier aus und bricht sich ein Bein.
d) Saskia Tanzbein hat sich in einem Elektroladen das letzte an Lager befindliche Modell einer Hifi-Anlage bestellt, das noch auf Lager ist. Wegen des Ausverkaufs wurde der Preis um 80 € gesenkt. Es wird vereinbart, dass die Anlage vom Unternehmer geliefert wird. Am nächsten Tag brennt das Geschäft, alle Waren werden vernichtet. Frau Tanzbein kann deshalb nicht mehr beliefert werden.
e) Bianca Knabber hat ihrer Tochter das eigene Haus geschenkt, in dem sie heute und auch bis zu ihrem Ableben wohnen wird. Das Wohnrecht wird im Grundbuch falsch eingetragen.

48. Wie **unterscheidet** sich der **Verbrauchsgüterkauf** vom **zweiseitigen Handelskauf** im Hinblick auf die Bezeichnung der Vertragspartner?

49. Martin Feierbub bestellte bei der Wein Vertriebs GmbH 30 Flaschen Rotwein, trocken, Bestellnummer 3468. Nach 14 Tagen werden 24 Flaschen Weißwein, halbtrocken geliefert. – Beurteilen Sie die Rechtslage!

50. Brigitta Frohsinn hat nach einem Kostenanschlag, den ihr ein Schneider zuvor ohne ihren Auftrag übersandt hatte, diesen beauftragt, ihr ein Hochzeitskleid herzustellen. Vereinbarungsgemäß wird es ihr von einem Paketdienst übersandt. Beim Anprobieren stellt sie fest, dass das Kleid zu kurz ist.

a) Der Schneider hat auf der Rechnung den **Kostenanschlag** mit 25 € ausgewiesen. Beurteilen Sie die Rechtslage!
b) Welche **Art von Vertrag** wurde zwischen den beiden Vertragspartnern abgeschlossen?
c) Wie wird diese von Frau Frohsinn festgestellte **Leistungsstörung** bezeichnet?
d) Kann Frau Frohsinn vom Schneider verlangen, dass das Kleid nach ihren Vorstellungen verändert wird?
e) Innerhalb welchem Zeitraum **verjähren** grundsätzlich die dem Rechtsgeschäft zu Grunde liegenden **Ansprüche aus einer Leistungsstörung**?
f) Worin besteht im Hinblick auf diese **Leistungsstörung** der **Unterschied** zwischen einem **Kaufvertrag** und einem **Werkvertrag**?

51. Rosa Bolero hat für eine Party am 15. Juni bei einer Metzgerei Essen für 20 Gäste bestellt. Die Bestellung erfolgte per E- Mail und mit Rückantwort. Die für 19 Uhr bestellte Ware wird nicht geliefert. Es stellt sich heraus, dass die Angestellte der Metzgerei den Termin wegen Falscheintragung im Kalender versäumt hatte. – Beurteilen Sie die Rechtslage!

52. Die „Haushaltswaren OHG" bestellt bei der „Rondo GmbH" Töpfe zum Wiederverkauf. Es wird vereinbart, dass die Ware am 18. August geliefert wird. – Um welche **Art von Kauf** handelt es sich **im handelsrechtlichen Sinne**?

53. Das Großhandelsunternehmen „Obst & Gemüse KG" will – wie vereinbart – der „Beate Traurigblick e. Kfr." Obst und Gemüse liefern. – Bei Anlieferung stellt der Großhändler fest, dass die Einzelhändlerin wegen Krankheit 14 Tage geschlossen hat. – Welche Rechte kann der Großhändler gegenüber der Einzelhändlerin grundsätzlich geltend machen?

54. Humphry Casablanca hat sich von dem Malermeisterbetrieb Flink & Sauber OHG das Wohnzimmer und den Flur seines Hauses renovieren lassen. Er erhält nun am 14. April 20.. eine Rechnung mit folgendem Text:

> 12. April 20..
>
> Wohnungsrenovierung
>
> Überweisen Sie bitte für die von mir erbrachten Leistungen 5.285 Euro auf das auf dieser Rechnung genannte Konto. In dem Gesamtrechnungsbetrag sind 65 Euro für den ihnen übersandten Kostenanschlag enthalten.
>
> Freundliche Grüße
>
> Karl Speckschwart

Am 20. Mai findet Herr Casablanca erneut ein Schreiben in seinem Briefkasten. Nun fordert der Malerbetrieb die Zahlung des Rechnungsbetrages bis spätestens 28. Mai, zuzüglich 10,4 % Verzugszinsen (= 8 % Zinsen über dem aktuellen Basiszinssatz von 2,4 %).

a) Um welche **Vertragsart** handelt es sich?
b) Kann Herr Casablanca mit der Rechnungsaufstellung zufrieden sein, wenn eine Vereinbarung zwischen den beiden Vertragspartnern über einen Kostenanschlag nicht getroffen war?
c) Hat der Inhaber des Malerbetriebs, Herr Speckschwart, das Recht, **Zinsen** zu verlangen?
d) Wie kann man den aktuellen **Basiszinssatz** in Erfahrung bringen?

55. Peter Manderscheidt lässt sich von einem Datenverarbeitungskaufmann ein Softwareprogramm gegen fest vereinbartes Entgelt erstellen. – Um welche Vertragsart handelt es sich?

56. Staubsauger, Brotschneidemaschinen, Bügeleisen usw. sind Geräte, die in jedem Haushalt zu finden sind. In Betrieben werden Arbeitnehmer mit verschiedenen technischen Arbeitsmitteln, wie Maschinen, Dampfkesselanlagen, Getränkeschankanlagen usw. konfrontiert. Wer mit diesen Gegenständen nicht richtig umgeht, für den bestehen Gefahren, die dem Körper des Menschen, ob Verbraucher, Arbeitnehmer oder Arbeitgeber Schaden zufügen können. Um dafür zu sorgen, dass bereits bei der Produktion dieser Geräte die Sicherheit erhöht wird, müssen diese Produkte den Sicherheitsanforderungen des „Gesetzes über technische Arbeitsmittel und Verbraucherprodukte, kurz: Geräte- und Produktsicherheitsgesetz – GPSG" genügen. Beantworten Sie zu diesem Thema folgende Fragen!

a) Wozu dient das **Geräte- und Produktsicherheitsgesetz**?
b) Wie ist zu verfahren, wenn beim Inverkehrbringen von Produkten europäische Vorgaben fehlen?
c) Was versteht man im Sinne des GPSG unter **Produkten** und **technischen Arbeitsmitteln**?

57. Viele europäische Produktrichtlinien sehen eine Kennzeichnung vor. Um welche Kennzeichnungen handelt es sich in den folgenden Fällen?

a)

b)

58. Die Isabell Sulimann OHG mit Sitz in Mainz ist ein Großhandelsunternehmen. Gegenstand des Unternehmens ist der Verkauf von Büroartikeln. Am 7. Mai geht bei der Isabell Sulimann OHG ein Angebot ein (siehe Anlage A auf der nächsten Seite). Bei Warenlieferung ist die Rechnung (siehe Anlage B + C auf den nächsten Seiten) beigefügt.

a) Nennen Sie **Tätigkeiten**, die bei **Wareneingang** vorzunehmen sind!
b) Beurteilen Sie die **Rechnung** auf ihre **Rechtmäßigkeit**!
c) Um welche **Gesellschaftsform** handelt es sich bei den beiden Unternehmen?
d) Wie hoch ist der Überweisungsbetrag der Isabell Sulimann OHG, wenn keine Ersatzlieferung für die Falschlieferung und kein Skontoabzug erfolgen?

59. Maja Olivenbaum hat am 04. Juni im Möbelhaus „Suleika" in Saarbrücken einen Vertrag unter anderem mit folgendem Inhalt unterschrieben:

Verkäufer: Möbelhaus Suleika	Käufer: Maja Olivenbaum
Kauf eines antiken Schrankes (Unikat) , Artikelnummer 007, zum Preis von 2.100 €. Es wird vereinbart, dass Frau Olivenbaum den Schrank bis spätestens 12. Juni selbst abholt.	

Am 08. Juni gewinnt Frau Olivenbaum eine Reise nach Gran Canaria, die sie sofort am 10. Juni antritt. Sie kehrt am 24. Juni wieder von dieser kanarischen Insel zurück. Am 16. Juni ist das Möbelhaus vollständig ausgebrannt. Die Käuferin verlangt den bereits mittels Kreditkarte bezahlten Kaufpreis zurück. – Beurteilen Sie die Rechtslage!

Lumumba GmbH & Co KG

Lumumba GmbH & Co KG, Rathausstraße 12, 66450 Bingen

Isabell Sulimann OHG
Elbestraße 66
55112 Mainz

Bingen, 17. Mai 20...

Rechnung

Guten Tag, sehr geehrte Damen und Herren,

besten Dank für Ihre Anfrage vom 26. April d. J. Ihren Wunsch erfüllen wir Ihnen gerne und unterbreiten Ihnen folgendes Angebot:

Artikel	**Artikelnummer**	**Einzelpreis**
TFT-Monitor 19"	LG 4153	228,00 €

Ab einer Abnahme von 8 Stück gewähren wir Ihnen einen Rabatt von 4 %, ab 15 Stück 6 %, ab 20 Stück 10 % und ab 40 Stück 12 %. Wir beliefern Sie gerne innerhalb von 14 Tagen frei Haus. Zahlungsziel beträgt 30 Tage. Sollten Sie den Rechnungsbetrag innerhalb von 10 Tagen begleichen, gewähren wir Ihnen 2 % Skonto.

Wir freuen uns auf Ihren Auftrag.

Mit freundlichen Grüßen

R. Langhals

i. A. R. Langhals

Unternehmenssitz Rheinstraße 6 66450 Bingen	Tel.: 06721/43204 Fax.: 06721/43205 E-Mail: Lumumba@t-online.de	Amtsgericht Bingen HRA 1216	Bankverbindung VR-Bank Mainz e.G. BLZ 55060417 Kto-Nr. 36511866

Anlage A

Lumumba GmbH & Co KG

Lumumba GmbH & Co KG, Rathausstraße 12, 66450 Bingen

Isabell Sulimann OHG
Elbestraße 66
55112 Mainz

Bingen, 17. Mai 20...

Rechnung

Guten Tag, sehr geehrte Damen und Herren,

wir danken Ihnen für Ihren Auftrag und freuen uns, Sie beliefern zu dürfen.

Pos.	**Artikel**	**Artikelnummer**	**Einzelpreis**	**Menge**	**Rabatt**	**Gesamtpreis**
1	FTG-Monitor	LG 4153	228,00	26	10 %	5.335,20 €
2	Transportkosten	-----------------------	-----------	-----	-------	145,00 €
						5.480,20 €
				19 % Umsatzsteuer		1.041,23 €
						6.521,43 €

Mit freundlichen Grüßen

R. Langhals

i. A. R. Langhals

Unternehmenssitz Rheinstraße 6 66450 Bingen	Tel.: 06721/43204 Fax.: 06721/43205 E-Mail: Lumumba@t-online.de	Amtsgericht Bingen HRA 1216	Bankverbindung VR-Bank Mainz e.G. BLZ 55060417 Kto-Nr. 36511866

Anlage B

Wareneingangsschein

Lieferant:	Lumumba GmbH & Co KG	Lieferscheindatum:	18. Mai 20..
Lieferscheinnummer:	328	Eingangsdatum:	18. Mai 20..

Artikelbezeichnung	Artikelnummer	Bestellung	Lieferung	angenommene Menge
FTG- Monitor	LG 4153	26	26	24

Bemerkungen bei Mengendifferenz:

Artikel Nr. PHV 571 a wurde nicht bestellt.

geprüft: *Bandolini* **Datum**: 20. Mai 20...

Anlage C

60. Um sich im Privatleben fit zu halten, kauft sich Beate Schnappschuss bei der Flitz GmbH ein Fahrrad zum Preis von 500 €. Es wird am 12. Mai geliefert. Auf der Rechnung ist zu lesen: Zahlen Sie den ausstehenden Betrag umgehend auf unser, im unteren Teil des Rechnungsformular angegebenes Bankkonto. Am 28. Mai wird Frau Schnappschuss gemahnt, da der Rechnungsbetrag noch nicht beglichen wurde. Sie wird gebeten, den Betrag bis spätestens 10. Juni zu begleichen. Am 28. Juni ist der Betrag immer noch nicht auf dem Bankkonto der Flitz GmbH eingegangen. – Kann das Fahrradgeschäft nun **Verzugszinsen** verlangen? – Begründung!

61. Das Großhandelsunternehmen Harald Junghans GmbH erhält folgenden Brief des Winzervereins Irgendwo:

> Wir erlauben uns, Ihnen folgendes Angebot an Weinen zu unterbreiten:
>
> ☛ Rauenthaler Rothenberg, Riesling Kabinett trocken € 7,20
> ☛ Rauenthaler Langenstück, Riesling Kabinett halbtrocken € 7,20
> ☛ Rauenthaler Rothenberg, Riesling Spätlese trocken € 9,30
>
> - Bei einer Abnahme von 200 Flaschen je Sorte gewähren wir einen Rabatt von 6 %, bei größerer Anzahl von Flaschen 7 % Rabatt.
> - Der Versand der Weine erfolgt verpackungskostenfrei in einer der Versandart angepassten Transportverpackung ab 36 Flaschen frei Haus des Käufers im Umkreis von 50 km, ab 250,- € innerhalb des Bundesgebietes.
> - Bis zur gänzlichen Bezahlung des Rechnungspreises gilt die Vorschrift des § 449 BGB.

a) Herr Junghans schreibt an den Winzerverein folgenden Text: Gerne bin ich bereit, insgesamt 600 Flaschen bei Ihnen zu bestellen, wenn Sie mir einen Rabatt von 8 % einräumen. – Beurteilen Sie die Rechtslage!

b) Welche Bedeutung hat § 449 BGB?

> **§ 449 BGB Eigentumsvorbehalt**
>
> (1) Hat sich der Verkäufer einer beweglichen Sache das Eigentum bis zur Zahlung des Kaufpreises vorbehalten, so ist im Zweifel anzunehmen, dass die Übertragung des Eigentums unter der aufschiebenden Bedingung vollständiger Zahlung des Kaufpreises erfolgt und dass der Verkäufer zum Rücktritt von dem Vertrage berechtigt ist, wenn der Käufer mit der Zahlung in Verzug kommt.
>
> (2) Aufgrund des Eigentumsvorbehalts kann der Verkäufer die Sache nur herausverlangen, wenn er vom Vertrag zurückgetreten ist.
>
> (3) Die Vereinbarung eines Eigentumsvorbehalts ist nichtig, soweit der Eigentumsübergang davon abhängig gemacht wird, dass der Käufer Forderungen eines Dritten, insbesondere eines nur dem Verkäufer verbundenen Unternehmens erfüllt.

62. Die Hausfrau Karin Wagner kauft in einem Lebensmittelgeschäft Waren ein. An der Kasse erfährt sie, dass eine Dose Fisch nicht wie ausgezeichnet 1,20 € kostet, sondern 1,80 €. Die Kassiererin erklärt, dass dieser Preis noch der Angebotspreis von letzter Woche gewesen sei. Sie dürfe die Dose aber jetzt nur zu dem Preis von 1,80 € abrechnen. Frau Wagner besteht nun darauf, die Ware zu dem auf der Dose angebenen Preis kaufen zu können. – Beurteilen Sie, wer Recht hat!

63. In den **Allgemeinen Geschäftsbedingungen** eines Kaufvertrages ist zu lesen, dass bei Zahlungen innerhalb von 14 Tagen 2 % Skonto gewährt werden. – Ist es rechtmäßig, wenn der Verkäufer den Vorschlag des Käufers akzeptiert und in den Kaufvertrag die Vereinbarung aufnimmt: Bei Zahlung innerhalb von 10 Tagen werden 3 % Skonto gewährt?

2.3.7 Zahlungsverkehr und Überwachung von Zahlungsterminen

Lösungen ab Seite 425

1. **Geld** dient den Wirtschaftssubjekten als Zahlungsmittel, um wirtschaftliche Transaktionen durchführen zu können.

a) Nennen Sie die **Funktionen des Geldes**!
b) Welche **Geldarten** unterscheidet man?
c) Worin besteht der **Unterschied** zwischen **Scheidemünzen** und **Kurantmünzen**?
d) Was ist **Buchgeld**?
e) Wer ist zuständig für die **Produktion und Vernichtung von Euro-Banknoten**?
f) In welcher wirtschaftlichen Situation verliert das Geld zunehmend an Bedeutung, sodass es zur **„Flucht in die Sachwerte“** kommt?

2. Welche **Bedeutung** hat der **bargeldlose Zahlungsverkehr für**

a) **Kontoinhaber**,
b) **Kreditinstitute**,
c) **die Gesamtwirtschaft**?

3. Im Zahlungsverkehr der Geld- und Kreditinstitute werden drei **Zahlungsformen** unterschieden.

a) Wodurch ist die **Barzahlung** gekennzeichnet?
b) Was versteht man unter der **halbbaren Zahlung**?
c) Wann spricht man von der **bargeldlosen Zahlung**?

4. Handelt es sich in den nachfolgenden Fällen um

I. Barzahlung, II. halbbare Zahlung, III. bargeldlose Zahlung?

a) Überweisung mittels Onlinebanking,
b) Verrechnungsscheck,
c) Zahlschein,
d) Barscheck,
e) Postbanküberweisung mit Formular.

5. Schauen Sie sich folgende Abbildung an. – Um welche Zahlungsart handelt es sich?

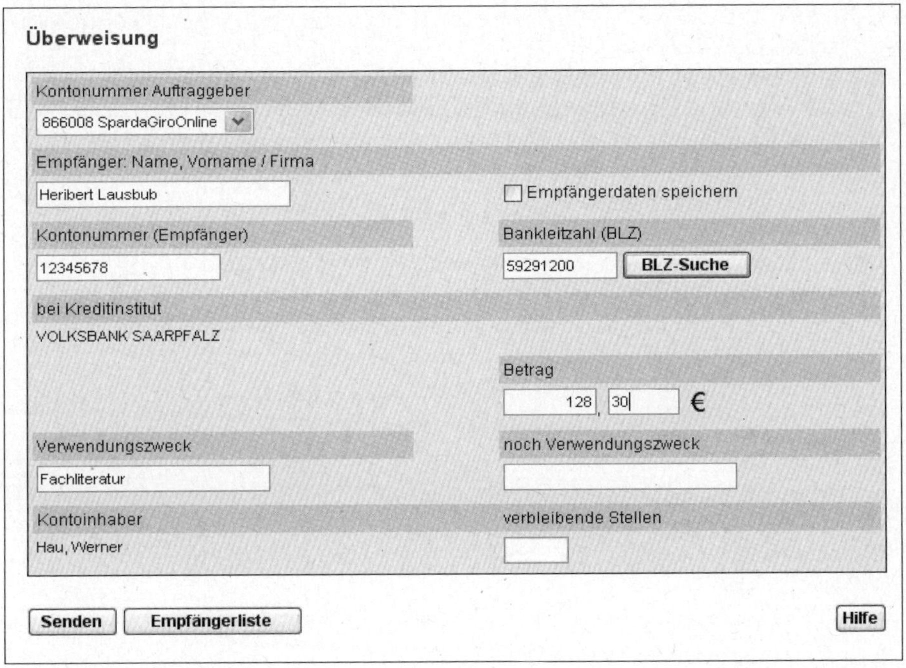
Überweisung

Kontonummer Auftraggeber
866008 SpardaGiroOnline

Empfänger: Name, Vorname / Firma
Heribert Lausbub
Empfängerdaten speichern

Kontonummer (Empfänger)
12345678

Bankleitzahl (BLZ)
59291200
BLZ-Suche

bei Kreditinstitut
VOLKSBANK SAARPFALZ

Betrag
128, 30 €

Verwendungszweck
Fachliteratur

noch Verwendungszweck

Kontoinhaber
Hau, Werner

verbleibende Stellen

Senden
Empfängerliste
Hilfe

6. Frau Dagmar Fremelt will 120,- € nicht mit einem Überweisungsträger der Postbank an Frau Jutta May überweisen. Was sollte sie beachten, wenn sie stattdessen einen Scheck ausstellt und diesen in einem Brief versendet?

7. Im Gegensatz zum Überweisungsverkehr wird beim Lastschriftverkehr der Zahlungsvorgang vom Zahlungsempfänger ausgelöst.

a) Was versteht man unter dem **Lastschriftverfahren**?
b) Was ist eine **Einzugsermächtigung**?
c) Was ist ein **Abbuchungsauftrag**?
d) Worin besteht der **Unterschied** zwischen der **Lastschrift** und dem **Dauerauftrag**?

8. Welche der nachfolgenden Zahlungen werden sinnvollerweise abgewickelt per

I. Dauerauftrag,
II. Einzugsermächtigung?

a) Mietzahlung,
b) Ratenzahlung,
c) Telefongebühren,
d) Zahlungen für Strom und Gas.

9. Der **Scheck spielt im Zahlungsverkehr eine bedeutende Rolle**.

a) Worin besteht der **Unterschied** zwischen einem **Barscheck** und einem **Verrechnungsscheck**?

b) Welche rechtliche Konsequenz ergibt sich grundsätzlich, wenn einer der **gesetzlichen Bestandteile** fehlt?
c) Warum gibt es die **kaufmännischen Bestandteile**?
d) Wie ist die Rechtslage zu beurteilen, wenn die in Ziffern geschriebene Summe auf dem Scheck von der in Buchstaben angegebenen Summe abweicht?
e) Unter welcher Voraussetzung spricht man von einem **Inhaberscheck**?
f) Welche **Vorlegungsfristen** unterscheidet das Scheckgesetz?
g) Rainer Volk erhält einen Verrechnungsscheck und streicht den Zusatz „Nur zur Verrechnung" durch. – Wie ist die Rechtslage zu beurteilen?

10. Ankathrin Sting erhält folgenden Scheck. – Beurteilen Sie die Rechtslage!

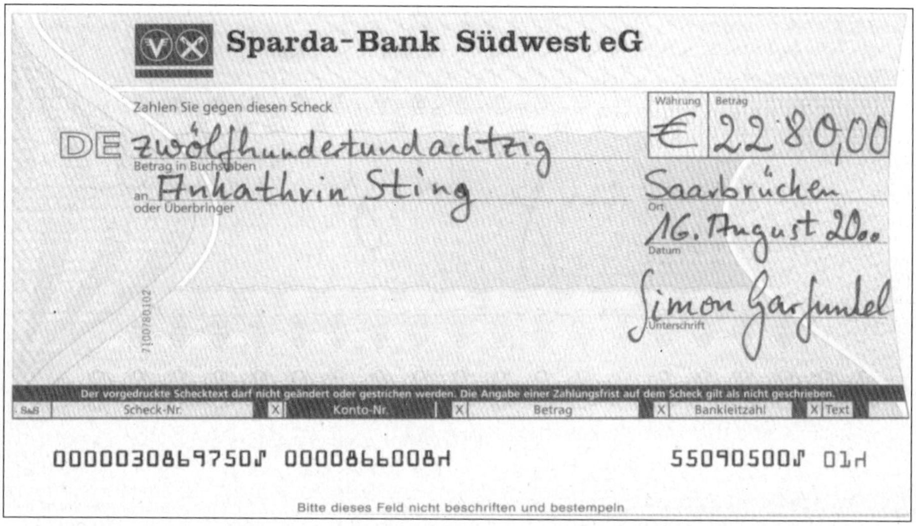
Sparda-Bank Südwest eG

Zahlen Sie gegen diesen Scheck

DE zwölfhundertundachtzig

Betrag in Buchstaben

an Ankathrin Sting

oder Überbringer

Währung € Betrag 2280,00

Saarbrücken

Ort

16. August 20..

Datum

Simon Garfunkel

Unterschrift

Der vorgedruckte Schecktext darf nicht geändert oder gestrichen werden. Die Angabe einer Zahlungsfrist auf dem Scheck gilt als nicht geschrieben.

S&B | Scheck-Nr. | X | Konto-Nr. | X | Betrag | X | Bankleitzahl | X | Text

0000030869750⑆ 0000866008⑈ 55090500⑆ 01⑈

Bitte dieses Feld nicht beschriften und bestempeln

11. Paula Silberling hat bei ihrer Bank eine **Bankcard** beantragt.

a) Nennen Sie **Verwendungsmöglichkeiten** der Bankcard!
b) Kann ein nicht berechtigter Inhaber die verloren gegangene Bankcard verwenden um an einem **Geldautomaten** Geld abzuheben? – Begründung!

12. Nicht nur in den USA, sondern auch in der Bundesrepublik Deutschland wird die **Kreditkarte** zunehmend mehr verwendet.

a) Nennen Sie vier in der Bundesrepublik bekannte **Gesellschaften, die Kreditkarten ausgeben**!
b) Nennen Sie **Voraussetzungen**, unter denen Personen Kreditkarten erhalten können!
c) Kreditkarten erfüllen eine **Kreditierungsfunktion**. – Was bedeutet dies?
d) **Haftet** der Kreditkarteninhaber für den Verlust der Kreditkarte?

13. Nach der Lieferung von Waren an Kunden erfolgt die Debitorenkontrolle.

a) Was versteht man unter der **Debitorenkontrolle**?
b) Nennen Sie **Gründe, warum Kunden** möglicherweise ihre **Rechnungen nicht** umgehend **begleichen**!

14. Wenn Kunden ihren Zahlungsverpflichtungen nicht nachkommen, muss unter Umständen das **Mahnverfahren** eingeleitet werden.

a) Was ist das **außergerichtliche Mahnverfahren**?
b) Unter welcher **Voraussetzung** ist das **gerichtliche Mahnverfahren** zulässig?
c) **Wie** wird das **gerichtliche Mahnverfahren** eingeleitet?
d) Können auf dem Vordrucksatz des Mahnbescheids mehrere Antragsgegner eingetragen werden?
e) Welches **Gericht** ist **sachlich** für Anträge auf Erlass von Mahnbescheiden **zuständig**?
f) Welches **Gericht** ist **örtlich** für einen Antrag auf Erlass eines Mahnbescheides **zuständig**?
g) Prüft das Gericht, ob der Anspruch dem Antragsteller tatsächlich zusteht und ob er begründet ist?
h) Nennen Sie **Vorteile des Mahnverfahrens gegenüber dem Klageverfahren**!

15. Nach Erlass des Mahnbescheids durch das Amtsgericht erfolgt die Zustellung des Mahnbescheids an den Schuldner.

a) Wie wird der **Mahnbescheid** zugestellt?
b) Welche Folgen hat es, wenn der Schuldner zahlt?
c) Innerhalb welcher **Frist** hat der **Schuldner** gemäß Aufforderung im Mahnbescheid **an den Gläubiger** zu leisten?
d) Welche **Rechtsfolge** ergibt sich, **wenn** der **Schuldner Widerspruch** gegen den Mahnbescheid **einlegt**?
e) Innerhalb welcher **Frist** kann **Widerspruch gegen den Mahnbescheid** eingelegt werden?
f) Welche **Rechtsfolgen** ergeben sich, **wenn** der **Schuldner nach** Zustellung eines **Mahnbescheids nicht zahlt**?
g) Welche **Rechtsfolge** ergibt sich, wenn der **Schuldner nach Zustellung des Vollstreckungsbescheids zahlt**?
h) Welche **Rechtsfolge** ergibt sich, **wenn** der **Schuldner nach Zustellung** des **Vollstreckungsbescheids nicht zahlt**?
i) Welche **Rechtsfolgen** ergeben sich, **wenn** der **Schuldner nach** Zustellung des **Vollstreckungsbescheides Einspruch einlegt**?

16. Der Widerspruch gegen den Mahnbescheid und der Einspruch gegen den Vollstreckungsbescheid führen zum **streitigen Verfahren**.

a) Welches **Gericht** ist für die Klageerhebung **sachlich zuständig**?
b) Welches **Gericht** ist **örtlich zuständig**?
c) Welches **Rechtsmittel** kann **gegen das Urteil des Amtsgerichts** eingelegt werden?
d) Welches **Rechtsmittel** kann **gegen das Urteil des Oberlandesgerichts** eingelegt werden?

17. Zahlt der Schuldner **nach Zustellung des Vollstreckungsbescheids** nicht, so wird die **Zwangsvollstreckung** eingeleitet.

a) Welches ist die **Voraussetzung** für die **Zwangsvollstreckung**?
b) Was ist ein **Vollstreckungstitel**?

c) Weswegen kann eine Zwangsvollstreckung erfolgen?
d) Nennen Sie **Organe der Zwangsvollstreckung**!
e) Wofür ist ein **Gerichtsvollzieher** sachlich zuständig?
f) Wofür ist das **Vollstreckungsgericht** sachlich zuständig?
g) Was soll mit einer **eidesstattlichen Versicherung** bewirkt werden?

18. Kreditinstitute betrachten das Factoring als Ergänzung der üblichen Finanzierungsangebote.

a) Was ist **Factoring**?
b) Ist Factoring ein Bankgeschäft im Sinne des Kreditwesengesetzes?
c) Wie ändern sich die Vermögensverhältnisse in der Bilanz des Factoringkunden?
d) Worin besteht der Unterschied zwischen der **offenen Form des Factorings** und der **stillen Form des Factorings**?

2.3.8 Rechtsformen der Unternehmen

Lösungen ab Seite 430

1. Diana Krall liest in einer Tageszeitung folgende Anzeige:

> **ANNKATRIN URQUELL KG**
>
> Wir sind ein europaweit tätiges Groß- und Außenhandelsunternehmen und vertreiben chemische Produkte. Aus Überzeugung verfolgen wir nicht nur wirtschaftliche, sondern auch ökologische und soziale Ziele.
>
> Für die Marketingabteilung suchen wir eine engagierte Sachbearbeiterin. Wenn sie eine mindestens fünfjährige Erfahrung im kaufmännischen Bereich nachweisen können, Word und Excel beherrschen und fließend Englisch sprechen, freuen wir uns über Ihre Bewerbung.
>
> Übersenden Sie Ihre Unterlagen an Frau Sonja Ratekin, Postfach 2210, 53003 Bonn.

Erläutern Sie stichwortartig an je zwei Beispiele, welche Ziele das Unternehmen verfolgt!

2. Einer der betriebswirtschaftlichen Produktionsfaktoren ist der dispositive Faktor.

a) Nennen Sie weitere **betriebswirtschaftliche Produktionsfaktoren**!
b) Was versteht man unter dem **dispositiven Faktor**?
c) Nennen Sie einen im deutschen Sprachgebrauch verwendeten Begriff für den dispositiven Faktor!
d) Nennen Sie Aufgaben des dispositiven Faktors!
e) Nennen und erläutern Sie zwei Interessenkonflikte, die im Zusammenhang mit Entscheidungen der Führung eines Unternehmens entstehen können!

3. Nennen Sie zwei Beispiele an denen deutlich wird, dass **internationale Arbeitsteilung** erforderlich ist!

4. Was ist die **Firma** eines Kaufmanns?

5. Nennen Sie **Firmengrundsätze**!

6. Peter Helling möchte die mit seiner Frau neu gegründete Gesellschaft ins Handelsregister wie folgt eintragen lassen: Pierre Helling & Co OHG. – **Wie ist die Rechtslage?**

7. Darf die im Handelsregister **eingetragene Einzelkauffrau** Monika Hallacher wie folgt firmieren: Firma Monika Hallacher?

8. Welche Bedeutung hat die Firma eines **Einzelkaufmanns** für gerichtliche Auseinandersetzungen?

9. Bearbeiten Sie zur **OHG** folgende Arbeitsaufträge! – Schauen Sie in Ihr HGB!

a) Welcher personellen Mindestvoraussetzung bedarf es bei der Gründung?
b) Wie haften die Gesellschafter?
c) Wer ist für die **Geschäftsführung** verantwortlich?
d) Ist die OHG eine juristische Person?
e) Wie kann eine OHG firmieren, wenn die Gesellschafter Lothar Kurz und Gisela Schön sind? – Nennen Sie ein Beispiel!
f) Wer **vertritt** die **Gesellschaft** nach außen?
g) Wie wird der **Gewinn** nach HGB **verteilt**?

10. Bearbeiten Sie zur **KG** folgende Arbeitsaufträge!

a) Kann man eine inhaltliche Aussage machen, wenn eine Gesellschaft mit Hasenfratz & Schönnagel KG firmiert?
b) Wer führt die Geschäfte, und wer **vertritt** die **Gesellschaft**?
c) Wie ist die gesetzliche Regelung bzgl. der **Haftung**?
d) Warum erhalten die Komplementäre i. d. R. einen höheren Anteil vom Jahresgewinn einer KG als die Kommanditisten?

11. Sie haben erfahren, dass das GmbH-Gesetz im Jahre 2008 novelliert wurde. Deshalb wollen Sie wissen, welche bedeutsamen Informationen aus dieser Rechtsgrundlage ableitbar sind. Beantworten Sie folgende Fragen aufgrund Ihres Wissensstandes oder schauen Sie in Ihr Gesetz!

a) Nennen Sie zwei **Mindestvoraussetzungen**, um eine **GmbH** zu gründen!
b) Welche rechtlichen Konsequenzen ergeben sich, wenn im Rahmen der Gründung einer GmbH **Sacheinlagen** eingebracht werden sollen?
c) Jedes im elektronischen Handelsregister eingetragene Unternehmen, wie z.B. die GmbH, muss firmieren. – Welche Bedeutung hat die **Firma**?
d) Der **Gesellschaftsvertrag** einer GmbH unterliegt einem **Formzwang**. – Was ist damit gemeint?
e) Wie ist die Situation zu beurteilen, wenn einem Notar in Hamburg der Gesellschaftsvertrag einer GmbH vorgelegt wird, aus dem zu entnehmen ist, dass sich der **Sitz der Gesellschaft** in Paris befindet?
f) In welchen **öffentlichen Registern** wird eine GmbH eingetragen?

g) Welche gesetzliche **Haftung** besteht gegenüber den Gläubigern der GmbH?
h) Welche rechtliche Folge bringt die **Zahlungsunfähigkeit** der **GmbH** mit sich?
i) In welchem Fall spricht man von einer **Insolvenzverschleppung**?
j) Nennen Sie mögliche **Organe einer GmbH**!
k) Was ist eine **Unternehmergesellschaft (haftungsbeschränkt)**?
l) In welchem Gesetz schlägt man nach, wenn man sich über die Unternehmergesellschaft (haftungsbeschränkt) informieren will?
m) Verdeutlichen Sie, welche **Schritte** zu unternehmen sind, wenn man eine **GmbH gründet**?

12. Bearbeiten Sie zum Thema **Aktiengesellschaft** folgende Arbeitsaufträge! – Schauen Sie in Ihr Aktiengesetz!

a) Nennen Sie zwei **Gründungsvoraussetzungen**!
b) Welche Vorschrift gilt zwingend bei der **Firmierung**?
c) Nennen Sie die **Organe der AG**!
d) Welche Haftungsregelung gilt den Gläubigern der Gesellschaft gegenüber?
e) Wer ist zuständig für die **Geschäftsführung**?
f) Wer **vertritt** die Gesellschaft nach außen?

13. Svenja Feinkost liest regelmäßig die Wirtschaftszeitung „Handelsblatt“:

PANGRESIUS AG

Die Aktionäre unserer Gesellschaft laden wir hiermit zu der

Ordentlichen Hauptversammlung

am Dienstag, 19. Mai ...., 10 Uhr, in den Räumen der Pangresius-Gesellschaft, Schillerstr. 12, Köln, ein mit folgender

Tagesordnung:

1. Vorlage des festgestellten Jahresabschlusses, des Lageberichts und des Berichts des Aufsichtsrats für das Jahr ....
2. Beschlussfassung über die Verwendung des Bilanzgewinns.
3. Beschlussfassung über die Entlastung des Vorstands.
4. Beschlussfassung über die Entlastung des Aufsichtsrats.
5. Neuwahl von Aufsichtsratsmitgliedern.
6. Wahl der Wirtschaftsprüfer für die Dauer eines Jahres.
7. Verschiedenes.

Köln, 19. Februar ....

Pangresius Aktiengesellschaft
Der Vorstand

a) Um welche **Gesellschaftsform** handelt es sich im vorliegenden Fall?
b) Um welche **Unternehmensform** handelt es sich?
c) In welcher **Rechtsgrundlage** muss man nachschauen, um sich über eine solche Gesellschaft zu informieren?
d) Aus welchem Grund wurde dieses Anzeige veröffentlicht?
e) Welche **Organe** sind in der Anzeige genannt?

f) Nennen Sie einige gesetzlich vorgeschriebene Aufgaben bzw. Rechte dieser Organe!
g) Nennen Sie zwei Mindestvoraussetzungen, die erfüllt sein müssen, um eine solche Gesellschaftsform zu gründen!
h) Muss ein Aktionär das **Stimmrecht** in der **Hauptversammlung** selbst ausüben?
i) Lässt sich aus der Einladung zur ordentlichen Hauptversammlung erkennen, wer die Aktiengesellschaft nach außen **vertritt**?
j) Wie muss eine Aktiengesellschaft **firmieren**?

14. Die **Hauptversammlung** der Zukunftprodukte-Vertriebs-Aktiengesellschaft wurde für den 15. August einberufen. Alle acht namentlich bekannten Aktionäre der AG wurden vom Vorstand per Fax über die Tagungspunkte informiert. Der Aktionär Peter Fallbeil behauptet in der Hauptversammlung, dass der Jahresabschluss wegen Formmangels nicht rechtmäßig zu Stande kommen könne. Die restlichen Aktionäre widersprechen dieser Ansicht. – Beurteilen Sie die Rechtslage!

15. Freiberufler wie Rechtsanwälte oder Architekten können sich zu einer **Partnerschaftsgesellschaft** zusammenschließen.

a) Nennen Sie die Rechtsgrundlage für diese Gesellschaftsform!
b) Wie muss der Name der Gesellschafter gestaltet sein?

16. Peter Schwarz hat ein neues Unternehmen gegründet mit der Firmierung „Peter Schwarz Zukunftprodukt GmbH". Er beabsichtigt, drei Verkäufer neu einzustellen, die Berufserfahrung mitbringen.

a) Um welche **Gesellschaftsform** handelt es sich im vorliegenden Fall?
b) Wie viel **Mindestkapital** ist erforderlich, dieses Unternehmen zu gründen?
c) In welcher Abteilung des **Handelsregisters** ist das Unternehmen eingetragen? – Begründung!

17. Die Erika Wunsch OHG, Juliusstr. 25, Köln, vertreibt Haushaltswaren. Am Jahresende ermittelt sie einen Gewinn von 200.000,– €. Die Kapitalanteile der Gesellschafter betragen:

• Erika Wunsch	80.000 €	• Alice Kurbel	160.000 €
• Ina Schwamm	240.000 €	• Peter Holbein	120.000 €

Wie viel Euro Gewinn erhält jeder Gesellschafter, wenn der Gewinn so verteilt wird, dass jeder Gesellschafter gemäß Gesellschaftsvertrag zunächst 6 % seiner Kapitaleinlage erhält und der Restgewinn nach Köpfen verteilt wird?

18. Die Urania Ratzebutz KG hat am Jahresende einen Gewinn in Höhe von 480.000,– € erzielt, die Kapitalanteile der Gesellschafter betragen:

• Juliane King	120.000 €
• Petra Kratzfuß	350.000 €
• Urania Ratzebutz	130.000 €

Alle Gesellschafter erhalten laut Gesellschaftsvertrag zunächst 8 % ihrer Kapitaleinlage. Der verbleibende Restgewinn wird im Verhältnis King : Kratzfuß : Ratzebutz mit 1 : 2 : 5 verteilt. Wie viel € vom Gesamtgewinn erhält jeder Gesellschafter?

19. Im elektronischen **Bundesanzeiger** ist folgende Anzeige publiziert:

> **55113 Mainz**
>
> **Neueintragung**
>
> PR 116 - 21.06....: Ariano, Rumpler & Partner Steuerberater, 55122 Mainz, Elbestr. 444
>
> Gegenstand der Partnerschaft: Ausübung steuerberuflicher Tätigkeit.
> Partner sind die Steuerberater und Steuerberaterinnen: Iris Ohrfloh, Baldewin Weingeist, Isabel Igelstach, Peter Haaraus, Werner Tierknie, Rosalinde Schenkwein, Otto Ariano, Jens Rumpler.
> Jeweils zwei Partner vertreten die Partnerschaft gemeinsam. Der Name Ariano ist fortgeführt nach Umwandlung der bisherigen Gesellschaft bürgerlichen Rechts.

a) Um welche **Gesellschaftsform** handelt es sich im vorliegenden Fall?
b) In welchem **öffentlichen Register** ist diese Gesellschaft eingetragen?
c) Welche **Personengruppen** können diese Gesellschaftsform wählen?
d) Vergleichen Sie die von den bisherigen Gesellschaftern gewählte ursprüngliche Gesellschaftsform mit der durch die Eintragung im öffentlichen Register entstandene Gesellschaftsform!
e) Nennen Sie **Gründe**, die zur **Auflösung** dieser Gesellschaftsform führen können!

20. Welche Aussagen zu der folgenden Veröffentlichung im elektronischen Handelsregister sind richtig?

> HRB 113 - 20.. - 12 - 0l:
> **HORTEN Zweigniederlassung der Horten Aktiengesellschaft, Witten.**
> Prokura gemeinsam mit einem Vorstandsmitglied: Uwe Nagel, Köln. Die Prokura Dr. Herbert Schulte ist erloschen. Nicht eingetragen: Die gleiche Eintragung ist im Handelsregister des Gerichts des Sitzes in Düsseldorf erfolgt und unter Nr. 217/09 im elektronischen Bundesanzeiger bekannt gemacht.

a) Es handelt sich um eine Veränderung innerhalb des Unternehmens, die im Handelsregister eingetragen ist.
b) Es handelt sich um eine Personengesellschaft.
c) Es handelt sich um eine Kapitalgesellschaft.
d) Die Eintragung ist in der Abteilung A des Handelsregisters erfolgt.
e) Die Eintragung ist in der Abteilung B des Handelsregisters erfolgt.

21. Welche Aussagen zu folgender im elektronischen Bundesanzeiger veröffentlichten Anzeige sind richtig?

> Neueintragung
> PR 209-12. August ....: Hupsfrosch, Springreh & Partner Steuerberater, 66450 Bexbach, Ohrflohstr. 007.
> Gegenstand der Partnerschaft: Ausübung steuerberatlicher Tätigkeit.
> Partner sind die Steuerberater und Steuerberaterinnen mit Sitz in Bexbach: Dr. Sigrid Himmelhoch, Olga Lobsam, Gary Moore, Karl Steinwurf, Fritz Spitzbart. Der Name Hupsfrosch der bisherigen Gesellschaft bürgerlichen Rechts wird fortgeführt.

a) Es handelt sich um eine in der Abteilung B im Handelsregister eingetragene Kapitalgesellschaft.
b) Eine Gesellschaft des Bürgerlichen Rechts wurde in eine Partnerschaftsgesellschaft umgewandelt und im zuständigen öffentlichen Register eingetragen.
c) Es handelt sich um eine Personengesellschaft, die in eine Kapitalgesellschaft umgewandelt wurde.
d) Aus der Abkürzung PR in der Veröffentlichung ist ersichtlich, dass es sich um eine im Partnerschaftsregister eingetragene Gesellschaft handelt.
e) Aus der Abkürzung PR ist ersichtlich, dass sich die Publik Relations Gesellschaft ausschließlich mit Werbemaßnahmen beschäftigt.

22. Jasmin Urugunda liest in der Zeitung „Handelsblatt" und findet die folgende Anzeige. – Welche Aussagen hierzu sind richtig?

SCHLIRINIBUS-AG

Die Aktionäre unserer Gesellschaft laden wir hiermit zu der

Ordentlichen Hauptversammlung

am Freitag, 23. August, 10 Uhr; in den Räumen der Schlirinibus-Gesellschaft, Jakobstr. 13, Kiel, ein mit folgender

Tagesordnung:

1. Vorlage des festgestellten Jahresabschlusses, des Landgerichts und des Berichts des Aufsichtsrats für das Jahr ....
2. Beschlussfassung über die Verwendung des Bilanzgewinns.
3. Beschlussfassung über die Entlastung des Vorstands.
4. Beschlussfassung über die Entlastung des Aufsichtsrats.
5. Neuwahl von Aufsichtsratsmitgliedern.
6. Wahl der Wirtschaftsprüfer für die Dauer eines Jahres.
7. Verschiedenes.

Kiel, 15. Juni ....

Schlirinibus Aktiengesellschaft

Der Vorstand

a) Diese Personengesellschaft lädt die Mitglieder des Aufsichtsrats zu einer Hauptversammlung ein.
b) Die Einladung zur Hauptversammlung erfolgt durch den Vorstand der Kapitalgesellschaft.
c) In der Veröffentlichung werden alle Organe der Aktiengesellschaft gemäß Aktiengesetz genannt.
d) Wenn nicht jeder einzelne Aktionär an der Hauptversammlung teilnimmt, kann keine Abstimmung erfolgen.
e) Bei der Wahrnehmung der Mitbestimmung im Aufsichtsrat handelt es sich nicht um die Mitbestimmung auf Betriebsebene, sondern die Mitbestimmung auf Unternehmensebene.
f) Der Aufsichtsrat wird von den Mitgliedern des Vorstands gewählt.

23. Ergänzen Sie folgende Übersicht!

Abgrenzungskriterien ↓	Kapitalgesellschaften		Personengesellschaften	
	GmbH	AG	OHG	KG
☛ Rechtsgrundlage				
☛ Eintragung im Handelsregister Abteilung				
☛ Mindestgründerzahl				
☛ Mindestgründungskapital				
☛ Firmierung				
☛ Organe				
☛ Geschäftsführung				
☛ Vertretung				
☛ Haftung				

2.3.9 Finanzierung und Investition

Lösungen ab Seite 439

1. In einer Wirtschaftszeitung ist zu lesen: „Nach der Fusion der Provider-Rasant AG und der Internet-Vorweg AG zur Providint AG im letzten Jahr wird in der Geschäftsführung diskutiert, wie die geplanten Investitionen in Frankreich im Herbst des Jahres zu finanzieren seien."

a) Was ist eine **Fusion**?
b) Erklären Sie, was man unter einer **Investition** versteht!
c) Was versteht man unter dem Vorgang einer **Finanzierung**?

2. Unterscheiden Sie **Finanzierungsarten** unter dem Gesichtspunkt der Herkunft des Geld- und Sachkapitals!

3. Nennen Sie Arten der **Fremdfinanzierung**!

4. Wie erfolgt die **Innenfinanzierung**? – Beispiel!

5. Wie unterscheiden sich **offene und stille Selbstfinanzierung**?

6. Was ist **Eigenfinanzierung**, was ist **Selbstfinanzierung**?

7. Voraussetzung für die Kreditgewährung ist die Überprüfung der **Kreditwürdigkeit** des Kreditnehmers durch das Kreditinstitut.

a) Was beinhaltet die Überprüfung der **materiellen Kreditwürdigkeit**?
b) Was versteht man unter der Überprüfung der **personellen Kreditwürdigkeit**?

8. Wer bei einem Kreditinstitut einen **Kredit** aufnehmen will, muss **Sicherheiten** vorweisen.

a) Nennen Sie zwei Beispiele für **Personensicherheiten**!
b) Nennen Sie **Sachsicherheiten**!

9. **Private Kapitalbeteiligungsgesellschaften** sind eine Form der Förderung der gewerblichen Wirtschaft.

a) Worin besteht die **Aufgabe der Kapitalbeteiligungsgesellschaften**?
b) Welchen **Vorteil** hat das zur Verfügung gestellte Kapital für **Unternehmen**?
c) Nennen Sie **Vorhaben, die** durch das zur Verfügung gestellte Beteiligungskapital **finanziert werden** können!

10. Bobby Vinton bietet am 20. Mai im Rahmen des Gesprächs über die Aufnahme eines Kredits einer Bank als Kreditsicherheiten Werte in Höhe von 64.000 € an. In diesem Betrag enthalten sind Aktien. Am 20. Mai setzt sich dieser Betrag wie folgt zusammen: Die Hälfte des Betrags besteht nur aus Aktien, ein Viertel besteht aus festverzinslichen Wertpapieren. Der Rest ist ein Betrag, der auf einem Sparkonto eingezahlt ist. – Die Bank akzeptiert folgende Sicherheiten: 50 % des Aktienbetrags, 80 % des Betrags der festverzinslichen Wertpapiere und 100 % der Spareinlage. – Wie hoch ist die gesamte **Kreditsicherheit**, die die Bank akzeptiert?

11. Der **Kontokorrentkredit** ist eine der wichtigsten Kreditarten. Beantworten Sie nachfolgende Fragen!

a) Um welche **Art von Kredit** handelt es sich **im Hinblick auf die Fristigkeit**?
b) Welche **Sicherheiten** können gestellt werden?
c) Nennen Sie die **Wesensmerkmale** des Kontokorrentkredits!
d) Wodurch wird der Kontokorrentkredit zum langfristigen Kredit?

12. Beantworten Sie zum **Bürgschaftskredit** folgende Fragen!

a) Welche **Rechtsgeschäfte** kommen **bei** der Aufnahme eines **Bürgschaftskredits** zu Stande?
b) Worin besteht das **Wesen der Bürgschaft**?
c) Die **Bürgschaft ist akzessorisch**. – Was bedeutet dies?
d) Was ist eine so genannte **Ausfallbürgschaft**?

13. Schauen sie sich die Urkunde an und beantworten Sie die dazugehörigen Fragen!

Kreditbank Mainz

Die Bank mit Ideen!

Kreditbank Mainz · Postfach 1007 · 55028 Mainz
Bahnstraße 680

55028 Mainz

Telefon (0 61 31)....
Telefax (o 61 31) ...
Bankleitzahl ....

B ü r g s c h a f t s u r k u n d e Nr. 6000044218

Mit Kaufvertrag vom 10.09...., UR-Nr. 1234/00 des Notars Dr. Jörg Wohlauf in Mainz, hat
Herr Harald Wogenhoch, Sahnehäubchenstr. 77, 55123 Mainz
- nachstehend „Käufer" genannt –
von der Firma
Überall Hausbaugesellschaft mbH,
Burgstr. 11, 55130 Mainz
- nachstehend "Verkäufer" genannt –
den in dem genannten Vertrag bezeichneten Grundbesitz erworben.

Die erste Kaufpreisrate ist fällig, gemäß den unter Ziffer V Nr. 1 u. 2 des Kaufvertrages genannten Voraussetzungen.

Unabhängig vom Eintritt der in der Kaufvertragsurkunde genannten Voraussetzungen kann die Verkäuferin jedoch zu dem in Ziffer V Nr. 1 angegebenen Fälligkeitstermin Zahlung verlangen, sofern sie auf ihre Kosten in Höhe des fälligen Betrages dem Käufer eine selbstschuldnerische Bankbürgschaft zur Verfügung stellt.

Dies vorausgeschickt verbürgt sich hiermit die Kreditbank Mainz in Mainz bis zum Höchstbetrag von insgesamt

476.350,— € (i. W.: vierhundertsechsundsiebzigtausenddreihundertfünfzig Euro)

unter Verzicht auf das Recht der Einrede der Anfechtung und der Aufrechnung und der Vorausklage (§§ 770, 771 BGB) sowie auf das Recht aus § 776 BGB gegenüber dem Käufer.

Die Kreditbank Mainz kann nur auf Zahlung eines Geldbetrages in Anspruch genommen werden.

Die Bürgschaft dient der Sicherstellung der mit 476.350,— € angeforderten ersten Kaufpreisrate gemäß Ziffer V Nr. 1 der angeführten Kaufvertragsurkunde.

a) Inwiefern ist die vorliegende Urkunde eines Rechtsgeschäft von zwei Rechtsgeschäften im Rahmen eines Kreditvertrages?
b) Es handelt sich hier um eine **selbstschuldnerische Bürgschaft**. – Erklären Sie, was man unter dieser Kreditsicherheit versteht!

14. Ein **Hypothekarkredit** ist ein durch eine Hypothek gesicherter Kredit.

a) Was ist eine **Hypothek**?
b) Wie **entsteht** eine **Hypothek**?
c) Was ist eine **Briefhypothek**?
d) Was ist eine **Buchhypothek**?

15. Durch **Sonderkreditprogramme** gewähren nicht nur Verbände und Genossenschaften sondern auch staatliche Instanzen dem mittelständischen Handel Finanzierungshilfen.

a) Nennen Sie **Anlässe**, für die **Finanzierungshilfen** gewährt werden!
b) In welcher **Form** kann der Staat **Finanzierungshilfen** gewähren?
c) Nennen Sie zwei **Institutionen**, die mit der **Durchführung staatlicher Finanzierungshilfen** betraut sind!

16. **Bürgschaftsgemeinschaften** sind gemeinnützig anerkannte Institutionen.

a) In welcher **Rechtsform** werden sie geführt?
b) Wer sind die **Gesellschafter**?
c) Worin besteht ihre **Aufgabe**?
d) Handelt es sich um Kreditinstitute?
e) In welcher Weise **fördert** der **Staat** die **Bürgschaftsgemeinschaften**?

17. Beschreiben Sie das **Delkrederegeschäft der Einkaufsgenossenschaften**!

18. Neben anderen Institutionen gewährt auch die **Kreditanstalt für Wiederaufbau** (KfW) staatliche Finanzierungshilfen.

a) Für welche **Zwecke** gewährt die Kreditanstalt **Kredite im Inlandsgeschäft**?
b) Für welche **Zwecke** gewährt sie **Kredite im Rahmen von Exportgeschäften**?
c) Sie ist **Entwicklungsbank des Bundes**. – Was bedeutet dies?
d) Aufgrund welcher Sicherung erfolgt die Kreditgewährung durch die KfW in der **Exportfinanzierung**?

19. **Leasing** ist eine **Finanzierungsform für die Beschaffung und den Absatz von Investitionsgütern**.

a) Worin besteht der Unterschied zwischen **direktem** und **indirektem Leasing**?
b) Was ist **Financial-Leasing**?
c) Wie setzt sich die **Leasinggebühr** beim Financial-Leasing zusammen?
d) Wer trägt beim **Operating-Leasing** das Investitionsrisiko?
e) Wie **unterscheiden** sich das **Financial-Leasing** und das **Operating-Leasing** im Hinblick auf die Kündigung des Leasing-Vertrages während der Grundmietzeit?
f) Welche **Vorteile** bringt **Leasing** für den Leasingnehmer mit sich?

20. Welche zwei Aussagen treffen auf die nachfolgende Anzeige in einer Tageszeitung im Hinblick auf die Finanzierung zu?

a) Es handelt sich um Leasing, also um eine Sonderform der Finanzierung.
b) Wird das Angebot von einem Unternehmen in Anspruch genommen, so wird das Umlaufvermögen in der Bilanz erweitert.
c) Wird das Angebot von einem Unternehmen in Anspruch genommen, so wird das Anlagevermögen nicht verändert.
d) Es handelt sich um die Aufnahme eines Kredits, der zur Kreditleihe gehört.
e) Unter dem Gesichtspunkt der Laufzeit handelt es sich um die Aufnahme eines langfristigen Kredits.

RUND-UM-LEASING
FÜR 138 €
IM MONAT

UNSER ANGEBOT. IHR EINSTIEG:
2.875 € einmalige Leasing-Sonderzahlung
45.000 km max. Laufleistung, 36 Monate Laufzeit
138 € monatliche Leasingrate
Ein Angebot der Auto Leasing GmbH & Co. OHG
zuzüglich 376 € Überführung

21. In einer Wirtschaftszeitung war zu lesen, dass nur ein geringer Prozentsatz der Unternehmen, die einen Insolvenzantrag gestellt haben, Franchising-Unternehmen waren. Abgeleitet von dieser Feststellung ist in der Informationszeitung einer Industrie- und Handelskammer festgestellt: „Franchising weiter auf dem Vormarsch – Entwicklungspotenzial noch nicht ausgeschöpft."

a) Was versteht man unter **Franchising**?
b) Welche **Voraussetzungen** bringt der **Franchise-Geber** in das neu gegründete Unternehmen ein?
c) Welches ist die **Gegenleistung** des **Franchise-Nehmers gegenüber** dem **Franchise-Geber**?
d) Wie kann der **Franchise-Geber** sein Vorhaben **finanzieren**?
e) Nennen Sie bereits auf dem Markt existierende **Franchise-Unternehmen**!

22. Der Geschäftsführer der Arabell Kingard GmbH, Herr Ballwein, ist im Gespräch mit dem Kreditsachbearbeiter der Hongitongi-Bank. Zur Finanzierung eines LKWs wird vereinbart, dass das Kreditinstitut einen **Sicherungsübereignungskredit** zur Verfügung stellt.

a) Welche beiden **Rechtsgeschäfte** kommen zu Stande?
b) Welche Vereinbarung trifft die Bank mit dem Sicherungsgeber, also Herrn Ballwein hinsichtlich des LKWs?
c) Nennen Sie einen **Vor-** und einen **Nachteil** des Sicherungsübereignungskredits für den **Kreditnehmer**!

23. Die Bürobedarfs GmbH & Co KG stellt rückgehende Umsätze fest. Ursache dafür ist u. a. die konjunkturelle Lage. Außerdem begleichen viele Kunden nicht rechtzeitig oder teilweise längere Zeit nicht ausstehende Forderungen aufgrund von Warenlieferungen. Das Unternehmen gerät deshalb wegen fehlender Liquidität in Zahlungsschwierigkeiten und kann zudem eigene Vorteile durch Skontierung oder Sonderrabatte beim Einkauf nicht mehr hinreichend gut nutzen. Der Leiter der Abteilung Rechnungswesen und Controlling unterbreitet deshalb dem Geschäftsführer des Unternehmens den Vorschlag, einen Factor einzuschalten. Im Gespräch der beiden ergeben sich mehrere Fragen. Beantworten Sie diese!

a) Was versteht man unter dem Begriff **Factoring**?
b) Verdeutlichen Sie in Worten das **Grundprinzip des Factorings** anhand eines Schaubilds!
c) In welchem Fall spricht man von **offenem Factoring**?
d) Was ist **Export-Factoring**?

24. Das Textil-Vertriebsunternehmen Olga Schwarzgras KG beabsichtigt, in Hamburg eine Niederlassung zu gründen. Herr Schwarzgras unterschreibt bei einem Notar einen Kaufvertrag über ein Geschäftsgebäude, das im Laufe der nächsten Monate gebaut werden soll. Der Kaufpreis in Höhe von 1.200.000 € wird gemäß Kaufvertrag wie folgt fällig:

1. bei Beginn der Erdarbeiten 30 %,
2. bei Rohbaufertigstellung 28 %,
3. bei Fertigstellung der Rohinstallation einschließlich Innenputz, ausgenommen jedoch Beisputzarbeiten 17,5 %,
4. bei Fertigstellung der Schreiner- und Glasarbeiten, ausgenommen jedoch die Innentüren 10,5 %,
5. bei Bezugsfertigkeit und Zug um Zug mit Besitzübergabe 10,5%,
6. nach vollständiger Fertigstellung 3,5 %.

Die jeweils fälligen Beträge sind innerhalb von 10 Tagen auf ein Notaranderkonto des Notars zu überweisen. Dieser überweist dann nach Überprüfung des Sachverhalts den jeweiligen Geldbetrag an den Bauträger.

a) Berechnen Sie die nach und nach fällig werdenden **Raten**, so wie sie im Kaufvertrag ausgewiesen sind!
b) Das Kreditinstitut verlangt als Kreditsicherheit für das zur Verfügung gestellte Darlehen die Eintragung einer Grundschuld im Grundbuch! – Was ist eine **Grundschuld**?
c) In welcher Weise erfolgt die Übertragung des **Eigentums** an einer **beweglichen Sache**?
d) Wie erfolgt die Übertragung des **Eigentums** an einem **Grundstück**?
e) Wo wird das Grundbuch geführt?
f) In welcher **Abteilung des Grundbuchs** wird die Grundschuld eingetragen?
g) Wie ist das **Grundbuch aufgebaut**?

25. Tim Orleander hatte eine Lebensversicherung abgeschlossen. Mitte des Jahres 1 erfährt er, dass er monatlich aus dieser Lebensversicherung 204,52 Euro erhält. Diesen Betrag benötigt er im Moment nicht und legt ihn ab 01. Oktober Jahr 1 vollständig zum Kauf von Anteilen an einem Investmentfonds an. Dabei handelt es sich um einen reinen Aktienfonds. Bei diesem, Investment-Plus-Paket genannt, handelt es sich um eine sog. fondsgebundene Lebensversicherung, die einen Versicherungsschutz in Verbindung mit einem Investmentvermögen enthält. Die nachfolgenden Formulare Nr. 1 und Nr. 2 geben jeweils an, welche (Aktien-)Fonds die Manager des Fonds dieser sog. Kapitalanlagegesellschaft zu diesem Zeitpunkt für den Vertrag ausgewählt haben. Die Übersicht zeigt außerdem die Anzahl der dem Vertrag mit Herrn Orleander gutgeschriebenen Fondsanteile (z. B. 27,748 % DWS Eurovesta im Jahr 4. Jährlich erhält Herr Orleader im Oktober eine Übersicht, aus der ersichtlich ist, wie sich sein regelmäßig eingezahltes Kapital bis zum 30.09. des jeweiligen Jahres verzinst hat. Die Abrechnungen der Jahre 4 und 5 hat er aufbewahrt.

a) Welchen Betrag hat er seit Abschluss des Vertrages bis zum 30. September Jahr 4 eingezahlt?

b) Wie hat sich sein eingesetztes Kapital entwickelt, wenn man die Abrechnung des Jahres 4 zu Grunde legt?

c) Wie hat sich sein eingesetztes Kapital von Anfang an absolut entwickelt, wenn man die Abrechnung des Jahres 5 zu Grunde legt?

d) Wie hat sich sein Kapital prozentual entwickelt, wenn man die Wertentwicklung des Guthabens im Jahr 4 und die des Guthabens im Jahr 5 vergleicht?

e) Neben Aktienfonds gibt es auch noch Fonds mit anderen Inhalten. – Nennen Sie solche!

Nr. 1

Informationen zur Wertentwicklung Ihres Investment-Plus Pakets (IPP)

Deutscher Herold
Ein Unternehmen der **ZÜRICH** *Gruppe*

(Fondsgebundene Lebensversicherung)

Bitte bewahren Sie diese Information sorgfältig auf. Sie dokumentiert Ihnen den Vertragsstand Ihres Investment-Plus Pakets zum **01.10. Jahr 4.** Sie ersetzt alle bisherigen Wertbestätigungen, die hiermit ungültig werden. Die laufende Beitragszahlung wurde von uns bei der Erststellung vorausgesetzt.

Policenausfertigung
Nr. 1

Versicherungsnummer	**1 EP 4388239**
Versicherungsteilnehmer	**Herr Tim Orleander, geb. am 22. 03. 1954**
Versicherte Person	**Herr Tim Orleander, geb. am 22. 03. 1954**

Versicherungsschutz	Mindesttodesfallsumme		20.615,29 EUR
Beitragszahlung	monatlicher Beitrag IPP bis	30. 09. 2018	204,52 EUR

Fondsanlage
zum 01.10. Jahr 4

Die Anlage findet im Rahmen der gemanagten Fondsanlage statt. Die Ausrichtung der Anlage erfolgt entsprechend des von Ihnen gewählten Depotgrundmodells Wachstum (W). Derzeit wird wie folgt angelegt.

DWS Eurovesta	27,748 %
DWS Akkumula	23,589 %
DWS Eurorents	11,143 %
DWSEuro Reserve	6,908 %
DWS Top 50 Welt	21,126 %
DWS Top 50 Asien	9,486 %

Fondsguthaben per 30 .09. Jahr 4

DWS Eurovesta	27.067 Anteile zu je	75, 98 EUR	2,056,55 EUR
DWS Akkumula	4.180 Anteile zu je	418,38 EUR	1.748,82 EUR
DWS Eurorents	15.916 Anteile zu je	51,89 EUR	825,88 EUR
DWSEuro Reserve	4.356 Anteile zu je	117,56 EUR	512,09 EUR
DWS Top 50 Welt	31.035 Anteile zu je	50,45 EUR	1.565,71 EUR
DWS Top 50 Asien	12.812 Anteile zu je	54,88 EUR	703,12 EUR

Das gesamte Guthaben Ihres Vertrages (Zeitwert) belief sich somit am 30. 09. Jahr 4 **7.412,17 EUR**

Besondere Hinweise

Zusätzlich zu dieser Information erhalten Sie jeweils im 1. Quartal eines jeden Jahres einen Bericht über die Tätigkeit des Anlagegremiums vorausgegangenen Jahr.

Die allgemeinen Erläuterungen zu dieser Information finden Sie auf der Rückseite.

Ausgefertigt durch Deutscher Herold Lebensversicherung AG
Hauptverwaltung Bonn, am 08. 10. Jahr 4

Futschei Peng

Nr. 2

Informationen zur Wertentwicklung Ihres Investment-Plus Pakets (IPP)

Deutscher Herold
Ein Unternehmen der **ZÜRICH** *Gruppe*

(Fondsgebundene Lebensversicherung)

Bitte bewahren Sie diese Information sorgfältig auf. Sie dokumentiert Ihnen den Vertragsstand Ihres Investment-Plus Pakets zum **01.10. Jahr 5.** Sie ersetzt alle bisherigen Wertbestätigungen, die hiermit ungültig werden. Die laufende Beitragszahlung wurde von uns bei der Erststellung vorausgesetzt.

Policenausfertigung Nr. 1

Versicherungsnummer	**1 EP 4388239**
Versicherungsteilnehmer	**Herr Tim Orleander, geb. am 22. 03. 1954**
Versicherte Person	**Herr Tim Orleander, geb. am 22. 03. 1954**

Versicherungsschutz	Mindesttodesfallsumme		20.615,29 EUR
Beitragszahlung	monatlicher Beitrag IPP bis	30. 09. 2018	204,52 EUR

Fondsanlage zum 01.10. Jahr 5

Die Anlage findet im Rahmen der gemanagten Fondsanlage statt. Die Ausrichtung der Anlage erfolgt entsprechend des von Ihnen gewählten Depotgrundmodells Wachstum (W). Derzeit wird wie folgt angelegt.

DWS Akkumula	26.003 %
DWS Euro Reserve	10.508 %
DWS TOP 50 Asien	11.027 %
DWS PharmaMed	5.926 %
DWS Vermögensbildungsfonds I	23.740 %
DWS Provesta	10.210 %
DWS Vermögenbildungsfonds R	

Fondsguthaben per 30 .09. Jahr 5	DWS Akkumula	5.667 Anteile zu je	506,85 EUR	2.872,31 EUR
	DWS Euro Reserve	9.672 Anteile zu je	120,01 EUR	11.60,73 EUR
	DWS Top 50 Asien	16.031 Anteile zu je	75,99 EUR	1218,19 EUR
	DWS PharmaMed	12.868 Anteile zu je	50,87 EUR	654,59 EUR
	DWS Vermög.bild-fonds I	29.799 Anteile zu je	88,01 EUR	2.622,60 EUR
	DWS Provesta	7.571 Anteile zu je	183,69 EUR	1.127,90 EUR
	DWS Vermög.bild-fonds R	612.592 Anteile zu je	18,02 EUR	

Das gesamte Guthaben Ihres Vertrages (Zeitwert) belief sich somit am 30. 09. Jahr 5 **11.047,90 EUR**

Besondere Hinweise

Zusätzlich zu dieser Information erhalten Sie jeweils im 1. Quartal eines jeden Jahres einen Bericht über die Tätigkeit des Anlagegremiums vorausgegangenen Jahr.

Die allgemeinen Erläuterungen zu dieser Information finden Sie auf der Rückseite.

Ausgefertigt durch Deutscher Herold Lebensversicherung AG
Hauptverwaltung Bonn, am 08. 10. Jahr 5

Futschei Peng

2.3.10 Wirtschaftsordnung

Lösungen ab Seite 446

1. In einer Zeitung steht geschrieben: „Die Analyse der Ordnungsformen, in denen sich das Wirtschaftsleben der Völker vollzieht, führt zu einer Zweiteilung der Wirtschaftsordnungen."

a) Welche beiden **idealtypischen Wirtschaftsordnungen** werden unterschieden?
b) Worin besteht die **Gemeinsamkeit der idealtypischen Wirtschaftsordnungen**?
c) Was beinhaltet das **Subordinationsprinzip** der Zentralverwaltungswirtschaft?
d) Welche Funktion haben die **Preise in der Zentralverwaltungswirtschaft**?

2. Ein **Vergleich** zwischen der **Marktwirtschaft** und der **Zentralverwaltungswirtschaft** lässt sich anstellen, wenn man die Ordnungselemente dieser Wirtschaftsordnung analysiert.

a) Nennen Sie **Ordnungselemente** des Modells **der Marktwirtschaft**!
b) Nennen Sie **Ordnungselemente** des Modells **der Zentralverwaltungswirtschaft**!

3. Die **Wirtschaftsordnung** in der Bundesrepublik wird **soziale Marktwirtschaft** genannt.

a) Ist im Grundgesetz die Wirtschaftsordnung der Bundesrepublik Deutschland näher festgelegt?
b) Kann der Staat in das Marktgeschehen eingreifen?
c) In welchem Grundgesetz-Artikel sind die **Grundelemente unserer staatlichen Ordnung** festgelegt?
d) Von wem wurde der **Grundstein für** unser **soziales Sicherungssystem** gelegt?
e) Nennen Sie die **Sozialversicherungszweige**!
f) Welche **Rechtsgrundlage** wird **als Fundament der sozialen Sicherung** bezeichnet?
g) Nennen Sie **Elemente** unseres sog. **sozialen Netzes**!

4. Das Bundeskartellamt informierte am 24. November 1998 in einer Presseerklärung:

> .. **Geldbuße gegen Benetton wegen Verstoß gegen Regeln der unverbindlichen Preisempfehlung.** Das Bundeskartellamt hat gegen die Benetton Group SpA, Italien, Bußgelder ...verhängt. Mitarbeiter von inländischen Agenturen, die für den Vertrieb der Benetton Group in Deutschland tätig sind, hatten den selbstständigen Inhabern von Benetton-Einzelhandelsgeschäften Verkaufspreise für Benetton-Artikel in verbindlicher Form vorgegeben. In einigen Fällen kam es auch zur Ausübung von Druck durch die Agenturen, um Einzelhändler zur Einhaltung von Preisempfehlungen zu bewegen. Dieses missbräuchliche Verhalten der Agenturen hat das Bundeskartellamt bereits im August 1998 mit Bußgeldern geahndet. Nun hat das Bundeskartellamt wegen dieser Verstöße auch Geldbußen gegen die Benetton Group verhängt. Sie hat durch die vorsätzliche Unterlassung der erforderlichen Aufsichtsmaßnahmen zugelassen, dass die betreffenden Agenturen in Deutschland gegen die kartellrechtlichen Regelungen zur unverbindlichen Preisempfehlung verstießen. Ob die Benetton Group selbst das missbräuchliche Verhalten der Agenturen veranlasst hat, konnte nicht nachgewiesen werden. Das Unternehmen ist jedoch mitverantwortlich, wenn seine Agenturen die kartellrechtlichen Regeln bei der Vertretung des Unternehmens gegenüber den Einzelhändlern nicht einhalten und sich herausstellt, dass die Benetton Group keine Vorkehrungen getroffen hat dies zu verhindern. Der Bußgeldbescheid gegen Benetton ist noch nicht rechtskräftig; das Unternehmen hat Einspruch eingelegt.

a) Welcher Vorwurf wird gegen Benetton erhoben?
b) Gegen welches Gesetz hat Benetton verstoßen?
c) Schauen Sie im GWB nach und erläutern Sie, was man unter dem **Empfehlungsverbot versteht**!
d) Welche Behörden gelten i. S. d. GWB als **Kartellbehörden**?
e) Welche Rechtsfolge ergibt sich aus dem im vorliegenden Beispiel vom Bundeskartellamt festgestellten Gesetzesverstoß?
f) Welche Möglichkeit nimmt im konkreten Fall Benetton wahr um zu verdeutlichen, dass es mit der Entscheidung der Kartellbehörde nicht einverstanden ist?

5. Auf der Homepage wird eine Wettbewerbsinstitution angezeigt.

a) Um welche Institution handelt es sich?
b) Wo hat die Institution ihren Sitz?

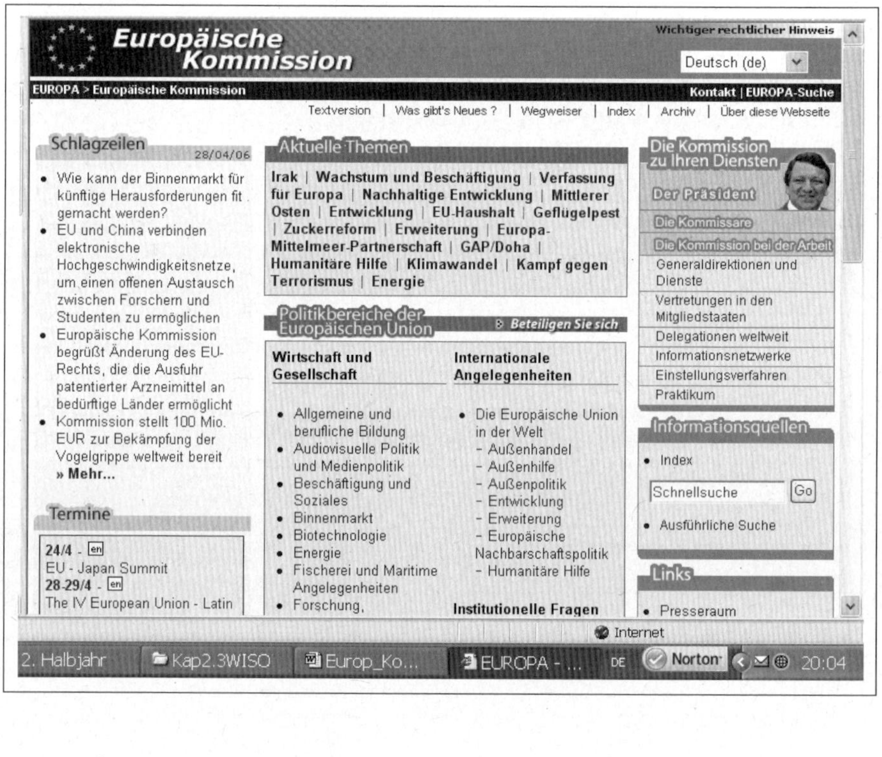

2.3.11 Grundzüge der Wirtschaftspolitik

Lösungen ab Seite 448

1. Im nachfolgenden Schaubild ist der **typische Konjunkturverlauf** in einem Koordinatenkreuz dargestellt.

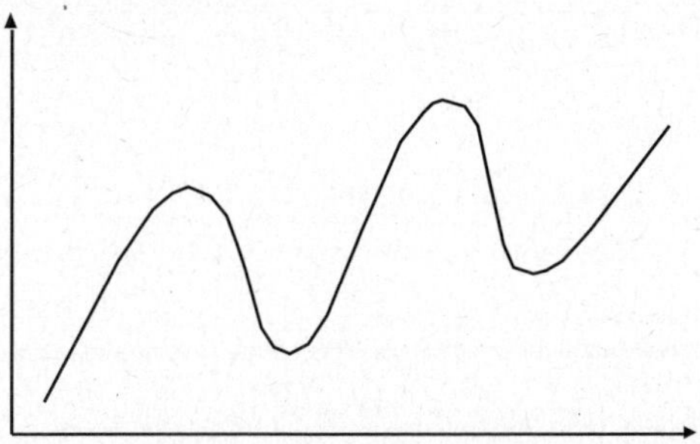

a) Wie werden die beiden **Achsen** in der Mathematik bezeichnet?
b) Nennen Sie für die Ihnen bekannten vier **Konjunkturphasen** je zwei Begriffe!
c) Was ist ein **Konjunkturzyklus**?
d) Charakterisieren Sie die **Konjunkturphasen** anhand der **Kriterien Beschäftigungszahl, Bruttoinlandsprodukt, Gewinne, Auftragseingänge**!
e) Übertragen Sie die Angaben a) bis c) in das Schaubild!

2. Im November konnte man in einer Tageszeitung die Überschrift „Sachverständigenrat beim Bundeskanzler“ lesen. Dabei stellt sich die Frage, welche Inhalte sich hinter dieser Publikation verbergen. Beantworten Sie zu dem Thema „Rund um den Sachverständigenrat“ die folgenden Fragen. Im Nachfolgenden sehen Sie einen Auszug aus dem „Gesetz über die Bildung eines Sachverständigenrates zur Begutachtung der gesamtwirtschaftlichen Entwicklung“. Er soll Ihnen die Beantwortung eines Teils der Fragen erleichtern.

Der Bundestag hat das folgende Gesetz beschlossen:

§ 1

(1) Zur periodischen Begutachtung der gesamtwirtschaftlichen Entwicklung in der Bundesrepublik Deutschland und zur Erleichterung der Urteilsbildung bei allen wirtschaftspolitisch verantwortlichen Instanzen sowie in der Öffentlichkeit wird ein Rat von unabhängigen Sachverständigen gebildet.
(2) Der Sachverständigenrat besteht aus fünf Mitgliedern, die über besondere wirtschaftswissenschaftliche Kenntnisse und volkswirtschaftliche Erfahrungen verfügen müssen.

§ 2

Der Sachverständigenrat soll in seinen Gutachten die jeweilige gesamtwirtschaftliche Lage und deren absehbare Entwicklung darstellen. Dabei soll er untersuchen, wie im Rahmen der marktwirtschaftlichen Ordnung gleichzeitig Stabilität des Preisniveaus, hoher Beschäftigungsstand und außenwirtschaftliches Gleichgewicht bei stetigem und angemessenem Wachstum gewährleistet werden können.
In die Untersuchung sollen auch die Bildung und die Verteilung von Einkommen und Vermögen einbezogen werden. Insbesondere soll der Sachverständigenrat die Ursachen von aktuellen und möglichen Spannungen zwischen der gesamtwirtschaftlichen Nachfrage und dem gesamtwirtschaftlichen Angebot aufzeigen, welche die in Satz 2 genannten Ziele gefährden. Bei der Untersuchung sollen jeweils verschiedene Annahmen zugrunde gelegt und deren unterschiedliche Wirkungen dargestellt und beurteilt werden. Der Sachverständigenrat soll Fehlentwicklungen und Möglichkeiten zu deren Vermeidung oder deren Beseitigung aufzeigen, jedoch keine Empfehlungen für bestimmte wirtschafts- und sozialpolitische Maßnahmen aussprechen.

§ 6

(1) Der Sachverständigenrat erstattet jährlich ein Gutachten (Jahresgutachten) und leitet es der Bundesregierung bis zum 15. November zu. ....
(2) Der Sachverständigenrat hat ein zusätzliches Gutachten zu erstatten, wenn auf einzelnen Gebieten Entwicklungen erkennbar werden, welche die in § 2 Satz 2 genannten Ziele gefährden.

§ 7

Die Mitglieder des Sachverständigenrates werden auf Vorschlag der Bundesregierung durch den Bundespräsidenten berufen. Zum 1. März eines jeden Jahres - erstmals nach Ablauf des dritten Jahres nach Erstattung des ersten Gutachtens gemäß § 6 Abs. 1 Satz 1 - scheidet ein Mitglied aus. Die Reihenfolge des Ausscheidens wird in der ersten Sitzung des Sachverständigenrates durch das Los bestimmt.
(2) Der Bundespräsident beruft auf Vorschlag der Bundesregierung jeweils ein neues Mitglied für die Dauer von fünf Jahren. Wiederberufungen sind zulässig. Die Bundesregierung hört die Mitglieder des Sachverständigenrates an, bevor sie ein neues Mitglied vorschlägt.

§ 9

Das Statistische Bundesamt nimmt die Aufgaben einer Geschäftsstelle des Sachverständigenrates wahr. Die Tätigkeit der Geschäftsstelle besteht in der Vermittlung und Zusammenstellung von Quellenmaterial, der technischen Vorbereitung der Sitzungen des Sachverständigenrates, dem Druck und der Veröffentlichung der Gutachten sowie der Erledigung der sonst anfallenden Verwaltungsaufgaben.

§ 11

(1) ....

a) Aus wie viel **Mitgliedern** besteht der Sachverständigenrat?

b) Aus dem Gesetz ist nicht abzuleiten, wie der Sachverständigenrat in der Bevölkerung noch genannt wird. – Um welche Bezeichnung geht es?

c) Bis zu welchem **Zeitpunkt** hat der Sachverständigenrat das jährliche **Gutachten** vorzulegen?

d) Der Sachverständigenrat soll in seinem Jahresgutachten untersuchen, wie im Rahmen der marktwirtschaftlichen Ordnung die **Ziele des Stabilitätsgesetzes** gewährleistet werden können. – Um welche Ziele handelt es sich?

e) **Wie** wird eine Person **Mitglied** des Sachverständigenrats?

f) Wo schlagen Sie nach, wenn Sie sich darüber informieren wollen, wie sich die **Bundesregierung** zusammensetzt?

g) Wie setzt sich die Bundesregierung zusammen?

h) Wo befindet sich die **Geschäftsstelle** des Sachverständigenrats?

i) Ein Ziel des Stabilitätsgesetzes wurde seit seinem Inkrafttreten im Jahre 1967 aus sachlichen Erwägungen umformuliert. - Um welches Ziel handelt es sich?

j) Wie wird das Stabilitätsgesetz im Volksmund noch genannt?

k) Warum fordert das Stabilitätsgesetz kein **maximales Wirtschaftswachstum**?

l) Nennen Sie zwei **wirtschaftspolitische Ziele**, die **nicht im Stabilitätsgesetz** enthalten sind!

m) Im Statistischen Bundesamt ist nicht nur der Sachverständigenrat zur Begutachtung der gesamtwirtschaftlichen Entwicklung tätig, sondern auch ein anderer Sachverständigenrat. - Um welchen Rat handelt es sich dabei? Schauen Sie sich hierzu den nachfolgenden Internetauszug an!

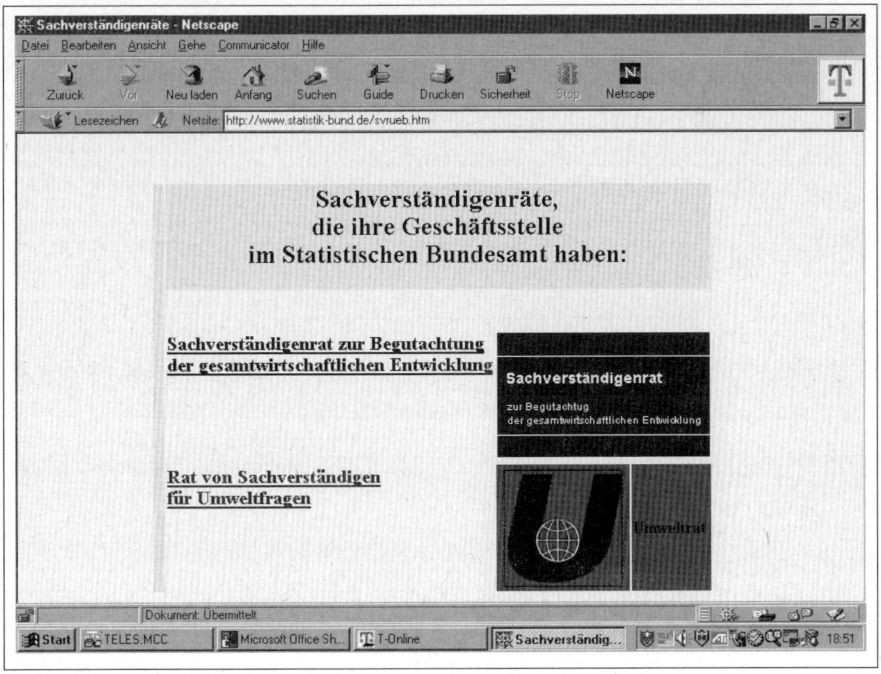

n) Nennen Sie stichwortartig mindestens vier Problemfelder, mit denen sich der in der Voraufgabe genannte Sachverständigenrat auseinander zu setzen hat!

3. Mithilfe von **Indikatoren** (Maßgrößen) kann ermittelt werden, ob die **Ziele des Stabilitätsgesetzes** erreicht wurden oder nicht.

a) Nennen Sie den **Indikator** für das Ziel „**Preisniveaustabilität**“!

b) Nennen Sie **Indikatoren** für das Ziel „**Hoher Beschäftigungsstand**“!

c) Nennen Sie den **Indikator** für das Ziel „**Außenwirtschaftliches Gleichgewicht**“!

d) Nennen Sie den **Indikator** für das Ziel „**Wirtschaftswachstum**“!

4. Die Berechnung des **Verbraucherpreisindex** basiert auf der Zusammensetzung des **Warenkorbs**.

a) **Wer berechnet** den Verbraucherpreisindex!
b) **Warum wird** für die Berechnung des Verbraucherpreisindex von Zeit zu Zeit ein **neues Basisjahr zu Grunde gelegt**?
c) Was ist der Verbraucherpreisindex?

5. Mithilfe des **Bruttoinlandsprodukts** werden Aussagen über das Wirtschaftswachstum gemacht.

a) Definieren Sie den Begriff Bruttoinlandsprodukt (BIP)!
b) Worin besteht der Unterschied zwischen dem **nominalen** und dem **realen Bruttoinlandsprodukt**?
c) Wo **entsteht** das BIP?
d) Wie wird das BIP **verteilt**?
e) Wie wird das BIP **verwendet**?

6. Die **Arbeitslosigkeit** ist eines der größten wirtschaftspolitischen Probleme.

a) Nennen Sie zwei **Ursachen** der Arbeitslosigkeit!
b) Was ist **konjunkturelle Arbeitslosigkeit**?
c) Wodurch kommt es zu **saisonaler Arbeitslosigkeit**?
d) Wodurch entsteht **friktionelle Arbeitslosigkeit**?
e) Nennen Sie eine weitere Art der Arbeitslosigkeit!

7. Was ist das **Volkseinkommen**?

8. Welche **Maßnahmen** ergreift der Staat im Rahmen seiner **antizyklischen Fiskalpolitik**?

9. Beantworten Sie zu den Begriffen „Inflation“ und „Deflation“ nachfolgende Fragen!

a) Was ist eine **Inflation**?
b) Wann spricht man von einer **inflatorischen Lücke**?
c) Wodurch entsteht eine **importierte Inflation**?
d) Wann spricht man von einer **Deflation**?
e) Wie wirkt sich eine Deflation auf die Preise und die Gewinne aus?
f) Als Gegenmaßnahme zur Deflation betreibt der Staat eine Politik des **deficit spending**. – Was ist darunter zu verstehen?

10. Auf den Devisenmärkten werden **Währungen** verschiedener Länder ausgetauscht.

a) Was versteht man in diesem Zusammenhang unter dem **Wechselkurs**?
b) Was sind **feste Wechselkurse**?
c) Was sind **flexible Wechselkurse** für Devisen?

11. Die Arinalda Jaras GmbH betreibt In- und Export mit Textilien.

a) Wann spricht man von einem sog. **Importhandel**?
b) In welchem Fall spricht man von einem sog. **Exporthandel**?
c) Wein aus den USA wird über Holland nach Deutschland geliefert. Um welche **Art des Handels** handelt es sich hierbei?
d) Wie wird der Handel zwischen den Ländern der Europäischen Union bezeichnet?

12. Neben den Grundformen des Außenhandels Import, Export und Transithandel gibt es u. a. die Sonderform **Veredelungsverkehr**. – Worum handelt es sich hierbei?

13. Wo schauen Sie nach, wenn Sie sich über den Umfang des **Reiseverkehrs** zwischen Deutschland und der restlichen Welt informieren wollen?

14. Im Nachfolgenden sehen Sie einen Auszug aus der Einfuhrliste.

a) Zu welchem Gesetz stellt die **Einfuhrliste** eine **Anlage** dar?
b) An welche **Institution** muss sich ein Importeur wenden, wenn er entcoffeinierten Kaffee importieren will? – Schauen Sie sich die Auszüge aus der Einfuhrliste an!
c) An wen muss sich ein Importeur wenden, wenn er gemahlenen Pfeffer importieren will?

09.01

— 58 —

Waren-nummer	Warenbezeichnung	Zu-ständig-keits-bereich	Genehmigungs- oder Lizenz-erfordernis	Bemerkungen
1	2	3	4	5

Kapitel 9

Kaffee, Tee, Mate und Gewürze

	Kaffee, auch geröstet oder entkoffeiniert, Kaffeeschalen und Kaffeehäutchen; Kaffeemittel mit beliebigem Kaffeegehalt:			
	– Kaffee, nicht geröstet:			
0901 11 00	**– – nicht entkoffeiniert**	15		
0901 12 00	**– – entkoffeiniert**	15		
	– Kaffee, geröstet:			
0901 21 00	**– – nicht entkoffeiniert**	15		
0901 22 00	**– – entkoffeiniert,**	15		
	– andere:			
0901 90 10	**– – Kaffeeschalen und Kaffeehäutchen**	15		
0901 90 90	**– – Kaffeemittel mit Kaffeegehalt**	15		
	Pfeffer der Gattung „Piper"; Früchte der Gattungen „Capsicum" oder „Pimenta", getrocknet oder gemahlen oder sonst zerkleinert:			
	– Pfeffer:			
	– – weder gemahlen noch sonst zerkleinert:			
0904 11 10	– – – zum industriellen Herstellen von etherischen Ölen oder von Resinoiden	60		MO 2
0904 11 90	– anderer	60		MO 2
0904 12 00	**– – gemahlen oder sonst zerkleinert**	60		MO 2

Auszug aus: Bundesanzeiger, Einfuhrliste

Zuständigkeitsbereiche
im Bundesamt für Wirtschaft*)

(Spalte 3 der Warenliste)

01	Eisen und Stahl
02	NE- und Edelmetalle, Ferrolegierungen
03	Feste Brennstoffe, Kohle- und Torferzeugnisse
04	Schiffbau
05	Bergbau (außer Kohle)
06	Chemische Grundstoffe und Erzeugnisse der chemischen und pharmazeutischen Industrie
07	Kautschuk und Asbest
08	Mineralöl und Gase
09	Textilien
10	Leder, Schuhe, Rauchwaren
11	Holz, Zellstoff, Papier, Druckerzeugnisse
12	Steine, Erden und Bauwirtschaft
13	Glas und Keramik
14	Tabak
15	Kaffee
16	Maschinen-, Fahrzeug- und Stahlbau
17	Luftfahrzeugbau
18	Elektrotechnik, Elektronik, Feinmechanik, Optik, Uhren
19	Eisen-, Blech- und Metallwaren
20	Kunststoffwaren

Bundesamt für Wirtschaft
Frankfurter Straße 29—31, 65760 Eschborn
Postfach 51 71
65726 Eschborn
Fernruf: (0 61 96) 404—0
Telex: 407 2666 bawd
Telefax: (0 61 96) 9 42 26
40 42 12

*) bekanntgegeben im Bundesanzeiger Nr 179 vom 25. September 1981

Auszug aus: Bundesanzeiger, Einfuhrliste, 1998

Zuständigkeitsbereiche
bei der Bundesanstalt
für Landwirtschaft und Ernährung

(Spalte 3 der Warenliste)

51	Getreide
52	Zucker
53	Fleisch und Fleischerzeugnisse, Milch
54	Fette
60	alle mit dieser Kennziffer versehenen Warennummern

Bundesanstalt
für Landwirtschaft und Ernährung
Adickesallee 40, 60322 Frankfurt
Postfach 18 02 03
60083 Frankfurt
Fernruf (0 69) 15 64-0
Telex: Zuständigkeitsbereich 51 und 52:
41 14 75 oder 41 60 44 bled
Zuständigkeitsbereiche 53 und 54:
41 17 27 oder 41 11 56 bled
Zuständigkeitsbereich 60:
41 11 65 bled
Zuständigkeitsbereiche 51 und 52:
Telefax: (0 69) 15 64-793 Getreide/Zucker
794 Getreide/Zucker
795 Hülsenfrüchte
Zuständigkeitsbereiche 53 und 54:
Telefax: (0 69) 15 64-790 Milch/Fette
791 Fleisch/Fleischerzeugnisse
792 Lizenzen
Zuständigkeitsbereich 60:
Telefax: (0 69) 15 64-445
940

Auszug aus: Bundesanzeiger, Einfuhrliste,1998

15. Die Groß- und Außenhandels Textil-Vertriebs AG beabsichtigt, in allen Hauptstädten der Europäischen Union binnen der nächsten fünf Jahre Zweigniederlassungen zu gründen. Dabei will sich das Unternehmen bei der Frage des **Standorts** von wirtschaftlichen Gesichtspunkten leiten lassen.

a) Um welche **Unternehmensform** handelt es sich bei diesem Unternehmen?

b) Ergänzen Sie folgende Tabelle!

	Länder der Europäischen Union	Hauptstädte
1.	Belgien	
2.		Kopenhagen
3.	Deutschland	
4.		Helsinki
5.		Paris
6.	Griechenland	
7.	Großbritannien	
8.		Dublin
9.	Italien	
10.		Luxemburg
11.		Amsterdam
12.	Österreich	
13.	Portugal	
14.		Stockholm
15.	Spanien	

c) **Absatz-, Beschaffungs- und Verkehrsorientierung** sind Gründe für die Wahl des Standorts. – Erläutern Sie, was unter diesen drei Aspekten zu verstehen ist!

16. Im Nachfolgenden sehen Sie eine Grafik aus der Wirtschaftszeitung „Handelsblatt". – Beantworten Sie hierzu folgende Arbeitsaufträge!

a) Schauen Sie sich die Grafik an und übertragen Sie in die Spalte A der vorgegebenen Tabelle alle EU-Mitgliedsländer, deren Beitritt im Jahre 2004 erfolgt ist!
b) Übertragen Sie außerdem in die Spalte B der Tabelle die zugehörigen Hauptstädte des jeweiligen EU-Landes!

A Länder der EU seit 2004	**B Hauptstädte**

c) Nennen Sie die aus der Grafik ersichtlichen Länder, die nicht zur gesamten EU gehören!
d) Nennen Sie die in der Grafik ausgewiesenen Länder, die zu den Mitgliedsländern der EU vor dem Jahre 2004 gehören!
e) Welche beiden Volksgruppen leben auf der Insel Zypern?
f) Nennen Sie die beiden Länder, die am 1. Januar 2007 Mitgliedstaaten der EU wurden!
g) Seit 1. Januar 2009 gehört die Slowakei zur **Eurozone**. – Was bedeutet dieser Sachverhalt?

17. In einer Tageszeitung war zu lesen: „Um die Transparenz zu erhöhen und der Öffentlichkeit die sehr komplexe Struktur des europäischen Zentralbankwesens leichter verständlich zu machen, hat der Europäische Zentralbankrat (EZB-Rat) beschlossen, den Begriff Eurosystem als benutzerfreundlichen Ausdruck einzuführen, der die Zusammensetzung bezeichnet, in der das Europäische Zentralbanksystem (ESZB) seine grundlegenden Aufgaben erfüllt."

a) Was ist das **Eurosystem**?
b) Von wem wird das **Eurosystem geleitet**?
c) Wie setzt sich der **EZB-Rat** zusammen?
d) Wie setzt sich das **Direktorium** zusammen?
e) Wo hat **die Europäische Zentralbank** ihren **Sitz**?
f) Wie setzt sich das **Europäische System der Zentralbanken** zusammen?

18. In einer Pressemitteilung ist zu lesen: „Der Harmonisierte Verbraucherpreisindex ist im Vergleich zum Vorjahr um 1,2 % gestiegen". – Kann man in diesem Fall von einer **Preisstabilität** sprechen?

19. Der deutsche Zentralbankpräsident im Europäischen Zentralbankrat hat das gleiche Stimmengewicht wie die übrigen Mitglieder. Welche Entscheidungen betrifft sein ausgeübtes Stimmverhalten?

20. Nennen Sie zwei **geldpolitische Instrumente** der **Europäischen Zentralbank**!

21. Wie ändert sich die umlaufende Geldmenge, wenn die EZB den **Mindestreservesatz** senkt?

22. Erläutern Sie das **Offenmarktgeschäft**!

23. Was ist die **Eurozinsmethode**?

24. Erläutern Sie, was man unter dem **TARGET-System** versteht!

25. Im Jahre 1949 wurde die **NATO** gegründet.

a) Was bedeutet diese Abkürzung?
b) Ist die NATO ein Militärbündnis?
c) Nennen Sie mindestens vier **Länder**, die zur **NATO** gehören!

26. Im Jahre 1945 wurde die **UNO** gegründet.

a) Was bedeutet die Abkürzung?
b) Worin besteht die **Hauptaufgabe der UNO**?
c) Nennen Sie mindestens zwei **Hilfsorganisationen der UNO**?

27. Die OECD hat das deutsche Bildungssystem bemängelt. Was verbirgt sich hinter der Abkürzung **OECD**?

28. Im Jahre 1944 wurde auf der Konferenz der Vereinten Nationen in **Bretton Woods** der **Internationale Währungsfonds** (IWF) beschlossen.

a) Wo hat er seinen **Sitz**?
b) Nennen Sie mindestens zwei **Aufgaben des IWF**!

29. Wofür steht die Abkürzung **OSZE**?

30. **Europäische Union (EU)** ist die Sammelbezeichnung für drei Gemeinschaften west- und südeuropäischer Staaten.

a) Nennen Sie die **drei Gemeinschaften** und das Jahr ihrer Gründung!
b) Nennen Sie jeweils drei **Aufgaben bzw. Ziele**, die die einzelne Gemeinschaft verfolgt!

31. Der am 7. Februar 1992 in **Maastricht** geschlossene **Vertrag über die Europäische Union** ist am 1. November 1993 in Kraft getreten.

a) In welchem europäischen Land liegt Maastricht?
b) Inwiefern ist der **Maastrichter Vertrag** ein **völkerrechtlicher Vertrag**?
c) Ende 1992 wurde das **Ratifizierungsverfahren des Maastrichter Vertrages** abgeschlossen. – Was bedeutet dieser Sachverhalt?

d) Welche **Voraussetzung** war erforderlich, damit der **Maastrichter Vertrag in Kraft** treten konnte?
e) Nennen Sie vier **Inhalte des Maastrichter Vertrages**!

32. In einem Leitfaden eines Bundesministeriums ist der Satz enthalten: „Die EU ist der größte Binnenmarkt der Welt":

a) Nennen Sie drei mögliche **gesamtwirtschaftliche Vorteile**, die der **EU-Binnenmarkt** mit sich bringt!
b) Die **Produkthaftung** wurde aufgrund einer EU-Richtlinie neu geregelt. – Wie ist danach die Haftung geregelt?
c) Was beinhaltet der **gewerbliche Rechtsschutz**?

33. Inwiefern werden **durch** die Realisierung des europäischen **Binnenmarktes** die **nationalen Märkte**, also die Märkte jedes Landes der EU, **verschmolzen**?

34. „**Voraussetzung** für die **Vollendung** des gemeinsamen **Binnenmarktes** ist, dass die **Mitgliedstaaten alle Arten von Schranken abschaffen**!" – Was war mit diesem im Jahre 1991 formulierten Satz gemeint?

35. Die den drei europäischen Gemeinschaften übertragenen Aufgaben werden von vier Organen ausgeführt.

a) Nennen Sie die **drei europäischen Gemeinschaften**!
b) Nennen Sie die **vier Organe der EU**!
c) Charakterisieren Sie kurz die **Aufgaben der vier Organe der EU**!
d) In welchem Jahr fand die erste **Direktwahl des Europäischen Parlaments** statt?
e) Wo haben die vier **Organe** ihren **Sitz**?

36. Im Jahre 1991 ging die Ära der Sowjetunion mit der Gründung der **Gemeinschaft Unabhängiger Staaten (GUS)** zu Ende.

a) Nennen Sie die drei slawischen **Gründungsstaaten** der **GUS**!
b) Nennen Sie mindestens drei **ehemalige Sowjetrepubliken**, die der GUS angehören!

37. In einer Tageszeitung ist zu lesen: „Vor der Krise im Europäischen Währungssystem (EWS) treffen sich die Finanzminister und Notenbankchefs der sieben führenden Industrienationen (G 7) in Washington".

a) Nennen Sie die **G 7-Staaten**!
b) Unter welcher Voraussetzung spricht man von G8-Staaten?
c) Ein Thema des Treffens der Vertreter dieser Staaten ist die Dritte Welt, der geholfen werden soll. – Nennen Sie fünf **Länder der Dritten Welt**!
d) Mit welcher Stadt in der Bundesrepublik Deutschland ist **Washington** unter dem Gesichtspunkt des politischen Status vergleichbar? – Begründung!

38. Was ist die **WTO**?

39. Ein Nachrichtensprecher im Fernsehen teilte mit, dass die Opec ihre Fördermengen im 4. Quartal des Jahres nach oben hin anpassen will.

a) Was ist die **Opec**?
b) Nennen Sie drei **Gründungsstaaten** dieser im Jahre 1960 gegründeten Vereinigung!
c) Was bedeutet die Aussage, dass sich die Opec aus völlig heterogenen Staaten zusammensetzt?
d) Welches ist die **Maßeinheit für die Ölproduktion** innerhalb der Opec?
e) Wie viel Liter umfasst diese Maßeinheit?
f) In welcher **Währungseinheit** wird Erdöl auf dem **Weltmarkt** gehandelt?

40. Folgende Aussagen zum **IWF** sind richtig:

a) Es handelt sich um ein internationales Zollabkommen.
b) IWF ist die Abkürzung für den englischen Ausdruck International Monetary Found und die deutsche Bezeichnung für Internationaler Währungsfonds.
c) Es handelt sich um den Zusammenschluss der Länder, die sich für das Zustandekommen des europäischen Binnenmarktes stark gemacht haben.
d) Der IWF bietet seinen Mitgliedsstaaten u. a. Hilfe bei Zahlungsschwierigkeiten an.
e) Es handelt sich um den Zusammenschluss der Länder, die mit der Interpol zusammenarbeiten.

41. In einer Tageszeitung war zu lesen: „Vor der Krise im Europäischen Wirtschaftssystem trafen sich die Finanzminister und Notenbankchefs der führenden Industrienationen (G7-Staaten)"! Kreuzen Sie im Nachfolgenden an welche Staaten die so genannten G7-Staaten sind!
a) Kanada – Belgien – USA – Frankreich – Italien – Holland – Großbritannien
b) China – USA – Kanada – Japan – Deutschland – Italien – Belgien
c) Großbritannien – Deutschland – Italien – Japan – Frankreich – USA – Kanada
d) USA – Frankreich – Deutschland – Kanada – Südamerika – Japan – Holland
e) Italien – Belgien – Holland – Frankreich – Dänemark – Deutschland – Großbritannien

42. Die von Mike Batt entdeckte Sängerin Katie Melua hat ihr Album „CALL OFF THE SEARCH" so gut verkauft, dass sie nun Geld genug hat, sich ihr Traumauto kaufen zu können. Nennen Sie zu dieser möglichen Neuanschaffung ein Komplementärgut!

43. In Berlin wurde auf offener Straße von einem Fernsehsender eine Befragung durchgeführt. Ein in das Mikrofon sprechender Mann vertrat die Meinung, dass die 10 durch das Saarland im Bundesrat vertretenen Mitglieder bei Abstimmung zu wenig Gewicht hätten. Dies hätte zur Folge, dass sie keinen großen Einfluss auf Entscheidungen nehmen könnten, welche die Abgabe von Steuern betreffen. – Wie beurteilen Sie diese Aussage?

44. Am 23. September 2005 konnte man aus Pressemitteilungen erfahren, dass der Beitrag, den Deutschland an die Europäische Union (=EU) zu zahlen hat, trotz der EU-Erweiterung leicht gesunken ist. Der Haushaltskommissar der EU teilte mit, dass – Ausgaben und Einnahmen miteinander verrechnet – für Deutschland eine Belastung in Höhe von 7,1 Milliarden Euro bestehe. Diese Zahl bedeutet aber auch eine Verringerung von 7 Prozent gegenüber dem Vorjahr.

a) Was ist mit der Aussage gemeint, dass eine EU-Erweiterung stattgefunden hat?
b) Welchen Betrag musste Deutschland im Vorjahr zahlen, wenn man von den Aussagen des EU-Haushaltskommissars ausgeht?

2.3.12 Steuern und Versicherungen

Lösungen ab Seite 460

1. Damit der Staat seine Ausgaben finanzieren kann, muss er Einnahmen u. a. in Form von Steuern erheben.

a) Nennen Sie drei **Gebietskörperschaften**, denen Steuern zufließen!
b) Nennen Sie drei **Ausgaben einer Gemeinde**!
c) Nennen Sie drei **Gemeindesteuern**!
d) Nennen Sie zwei **Ausgaben eines Bundeslandes**!
e) Nennen Sie drei **Steuern**, die den **Bundesländern** zustehen!
f) Nennen Sie drei **Bundessteuern**!

2. Der Bundeshaushalt ist eine Gegenüberstellung der geplanten Einnahmen und Ausgaben des Bundes.

a) Ergänzen Sie folgende Übersicht!

Bundeshaushalt
- Plan -

Einnahmen	**Ausgaben**
• ______________	• ______________
• ______________	• ______________
• ______________	• ______________
• ______________	• ______________
• ______________	• ______________
. . . . .	. . . . .
usw.	usw.

b) Auf welcher Seite des Bundeshaushaltsplans ist die **Nettokreditaufnahme** ausgewiesen?

3. **Steuern** lassen sich **nach** verschiedenen **Kriterien** einteilen. - Nennen Sie Steuern unter folgenden Gesichtspunkten:

a) **Steuergegenstand**,
b) **Erhebungsarten**,
c) **Abzugsfähigkeit**,
d) **Steuerempfänger**!

4. **Steuern** werden u. a. **nach der Erhebungsart** eingeteilt.

a) Nennen Sie drei **direkte Steuern**!
b) Nennen Sie zwei **indirekte Steuern**!
c) Wodurch unterscheiden sich direkte und indirekte Steuern?

5. Zu den Einnahmen des Staates zählen sowohl Steuern als auch Gebühren und Beiträge.

a) Wie lässt sich der Begriff **Steuern** definieren?
b) Was sind **Gebühren**?
c) Was sind **Beiträge**?
d) Nennen Sie je ein Beispiel für Gebühren und Beiträge!
e) Was sind **Zölle**?

6. Jeder einkommensteuerrechtliche Vorgang kann einer Einkunftsart zugeordnet werden, die sich aus dem Einkommensteuergesetz ableiten lässt.

a) Schauen Sie sich die Auszüge aus dem Einkommensteuergesetz auf den nächsten Seiten an und kreuzen Sie bei den Vorgängen 1 bis 10 die jeweilige Einkunftsart an!
b) Tragen Sie in der letzten Spalte die jeweiligen Paragrafen ein, die aus dem Einkommensteuergesetz abgeleitet werden!

7. Jutta Fröhlich stellt am 31. Mai 2010 für das Veranlagungsjahr 2009 Belege für das Wohnsitzfinanzamt zusammen und stellt fest, dass von mehreren Geldinstituten, bei denen sie Konten über Spareinlagen unterhält, Zinsen und Dividenden ausgewiesen sind. Konkret:

Sparkasse Bummerang	Zinsen	680 €
Postbank Düsseldorf	Zinsen	718 €
Sparkasse Köln	Zinsen	536 €
Bausparkasse Hoppendickeldoof	Zinsen	856 €
Volksbank Hirnlos	Dividenden	720 €

a) Um welche Einkunftsart handelt es sich im konkreten Beispiel gemäß § 2 Einkommensteuergesetz?
b) Was sind Dividenden?

8. Nennen Sie drei **Grundsätze der Besteuerung**, die zu einer gerechten Besteuerung beitragen sollen!

9. In der **Lohnsteuerkarte** trägt der Arbeitgeber alle wichtigen Daten des Arbeitnehmers ein, die für die Berechnung der Lohnsteuer erforderlich sind.

a) **Wer stellt die** Lohnsteuerkarte **aus**?
b) Nennen Sie zwei wichtige Punkte, die **auf der Lohnsteuerkarte** durch die Gemeinde insbesondere **einzutragen** sind?
c) Bis zu welchem Tag spätestens hat ein Arbeitnehmer eine günstige Steuerklasse zu beantragen?
d) Warum lassen Arbeitnehmer einen **Freibetrag** auf der Lohnsteuerkarte eintragen?

		§ 2 Einkommensteuergesetz Einkünfte aus							
		1. Land- u. Forstwirtschaft	2. Gewerbebetrieb	3. selbstständiger Arbeit	4. nichtselbstständiger Arbeit	5. Kapitalver-mögen	6. Vermietung und Verpachtung	7. Sonstige Einkünfte	§§ 13 bis 22
	Vorgang ↓ **gemäß** →	§ 13 EStG	§ 15 EStG	§ 18 EStG	§ 19 EStG	§ 20 EStG	§ 21 EStG	§ 22 EStG	
1.	Gewinnanteile der Gesellschafter einer OHG								
2.	Verpachtung von Gebäuden								
3.	Sterbegelder								
4.	Dividenden (= Gewinnanteile einer Aktiengesellschaft)								
5.	Einkünfte eines freiberuflich tätigen Rechtsanwalts								
6.	Einkünfte aus Jagd i. V. m. einem Landwirtschaftsbetrieb								
7.	Gehalt eines Chefarztes im Krankenhaus								
8.	Einkünfte für die Tätigkeit im Aufsichtsrat einer AG								
9.	Einkünfte eines Betriebes durch Torfgewinnung								
10.	Einkünfte eines freiberuflichen Journalisten								

Auszüge aus dem Einkommensteuergesetz

§ 2 Umfang der Besteuerung, Begriffsbestimmungen

(1) [1] Der Einkommensteuer unterliegen
1. Einkünfte aus Land- und Forstwirtschaft,
2. Einkünfte aus Gewerbebetrieb,
3. Einkünfte aus selbstständiger Arbeit,
4. Einkünfte aus nichtselbstständiger Arbeit,
5. Einkünfte aus Kapitalvermögen,
6. Einkünfte aus Vermietung und Verpachtung,
7. sonstige Einkünfte im Sinne des § 22

§ 13 Einkünfte aus Land- und Forstwirtschaft

(1) Einkünfte aus Land- und Forstwirtschaft sind
Einkünfte aus dem Betrieb von Landwirtschaft, Forstwirtschaft, Weinbau, Gartenbau und aus allen Betrieben, die Pflanzen und Pflanzenteile mit Hilfe der Naturkräfte gewinnen. [2] Zu diesen Einkünften gehören auch die Einkünfte aus der Tierzucht und Tierhaltung, ……

2. Einkünfte aus sonstiger land- und forstwirtschaftlicher Nutzung (§ 62 des Bewertungsgesetzes);
3. Einkünfte aus Jagd, wenn diese mit dem Betrieb einer Landwirtschaft oder einer Forstwirtschaft im Zusammenhang steht;
4………..

§ 15 Einkünfte aus Gewerbebetrieb

(1) [1] Einkünfte aus Gewerbebetrieb sind
1. Einkünfte aus gewerblichen Unternehmen. [2] Dazu gehören auch Einkünfte aus gewerblicher Bodenbewirtschaftung, z.B. aus Bergbauunternehmen und aus Betrieben zur Gewinnung von Torf, Steinen und Erden, soweit sie nicht land- oder forstwirtschaftliche Nebenbetriebe sind;
2. die Gewinnanteile der Gesellschafter einer Offenen Handelsgesellschaft, einer Kommanditgesellschaft und einer anderen Gesellschaft, bei der der Gesellschafter als Unternehmer (Mitunternehmer) des Betriebs anzusehen ist, und …………. [2] …….

§ 18 Selbstständige Arbeit

(1) Einkünfte aus selbstständiger Arbeit sind
1. Einkünfte aus freiberuflicher Tätigkeit. [2] Zu der freiberuflichen Tätigkeit gehören die selbstständig ausgeübte wissenschaftliche, künstlerische, schriftstellerische, unterrichtende oder erzieherische Tätigkeit, die selbstständige Berufstätigkeit der Ärzte, Zahnärzte, Tierärzte, Rechtsanwälte, Notare, Patentanwälte, Vermessungsingenieure, Ingenieure, Architekten, Handelschemiker, Wirtschaftsprüfer, Steuerberater, beratenden Volks- und Betriebswirte, vereidigten Buchprüfer (vereidigten Bücherrevisoren), Steuerbevollmächtigten, Heilpraktiker, Dentisten, Krankengymnasten, Journalisten, Bildberichterstatter, Dolmetscher, Übersetzer, Lotsen und ähnlicher Berufe. [3]……

3. Einkünfte aus sonstiger selbstständiger Arbeit, z. B. ……… für die Tätigkeit als Aufsichtsratsmitglied.

§ 19 Nichtselbstständige Arbeit

(1) [1] Zu den Einkünften aus nichtselbstständiger Arbeit gehören
1. Gehälter, Löhne, Gratifikationen, Tantiemen und andere Bezüge und Vorteile, die für eine Beschäftigung im öffentlichen oder privaten Dienst gewährt werden;
2. Wartegelder, Ruhegelder, Witwen- und Waisengelder und andere Bezüge und Vorteile aus früheren Dienstleistungen.
[2] ………

§ 20 Kapitalvermögen

(1) Zu den Einkünften aus Kapitalvermögen gehören
1. Gewinnanteile (Dividenden), Ausbeuten und sonstige Bezüge aus Aktien, Genussrechten, mit denen das Recht am Gewinn und Liquidationserlös einer Kapitalgesellschaft verbunden ist, aus Anteilen an Gesellschaften mit beschränkter Haftung, an Erwerbs- und Wirtschaftsgenossenschaften sowie an bergbautreibenden Vereinigungen, die die Rechte einer juristischen Person haben. [2] Zu den sonstigen Bezügen gehören auch verdeckte Gewinnausschüttungen. [3] ……….

§ 21 Vermietung und Verpachtung

(1) [1 Einkünfte aus Vermietung und Verpachtung sind
1. Einkünfte aus Vermietung und Verpachtung von unbeweglichem Vermögen, insbesondere von Grundstücken, Gebäuden, Gebäudeteilen, Schiffen, die in ein Schiffsregister eingetragen sind, und Rechten, die den Vorschriften des bürgerlichen Rechts über Grundstücke unterliegen (z. B. Erbbaurecht, Mineralgewinnungsrecht);
2. Einkünfte aus Vermietung und Verpachtung von Sachinbegriffen, insbesondere von beweglichem Betriebsvermögen;

§ 22 Sonstige Einkünfte sind

1. Einkünfte aus wiederkehrenden Bezügen, soweit sie nicht zu den in § 2 Abs. 1 Nr. 1 bis 6 bezeichneten Einkunftsarten gehören. [2] ……………..
*
*
4. Entschädigungen, Amtszulagen, Zuschüsse zu Kranken- und Pflegeversicherungsbeiträgen, Übergangsgelder, Überbrückungsgelder, Sterbegelder, Versorgungsabfindungen, Versorgungsbezüge, die auf Grund des Abgeordnetengesetzes oder des Europaabgeordnetengesetzes, sowie vergleichbare Bezüge, die auf Grund der entsprechenden Gesetze der Länder gezahlt werden. [2] ……..

Auszug aus dem Einkommensteuergesetz = EStG

§ 3 Steuerfrei sind

1. *
 *
2. *
 *
 *
40. die Hälfte
 a)
 *
 *
 d) der Bezüge im Sinne des § 20 Abs. 1 Nr. 2,

§ 3 c Anteilige Abzüge

(2) ....Werbungskosten, dürfen....., bei der Ermittlung der Einkünfte nur zur Hälfte abgezogen werden.

§ 9 a Pauschbeträge für Werbungskosten

Für Werbungskosten sind bei der Ermittlung der Einkünfte die folgenden Pauschbeträge abzuziehen, wenn nicht höhere Werbungskosten nachgewiesen werden:

1. ....
2. von den Einnahmen aus Kapitalvermögen:
 ein Pauschbetrag von 51 Euro;
 bei Ehegatten, die nach §§ 26, 26 b zusammen veranlagt werden,
 erhöht sich dieser Pauschbetrag auf insgesamt 102 Euro.

§ 20 Absatz

(1) Zu den Einkünften aus Kapitalvermögen gehören

1. Gewinnanteile (Dividenden)
 *
 *

9. Einnahmen aus Leistungen ......, die Gewinnausschüttungen im Sinne der Nummer 1 wirtschaftlich vergleichbar sind, soweit sie nicht bereits zu den Einnahmen im Sinne der Nummer 1 gehören;.....
 *
 *
 *

(4) Bei der Ermittlung der Einkünfte aus Kapitalvermögen ist nach Abzug der Werbungskosten ein Betrag von 750 Euro abzuziehen (Sparer-Freibetrag). Ehegatten, die zusammen veranlagt werden, wird ein gemeinsamer Sparer-Freibetrag von 1.500 Euro gewährt. ....

10. Für die Durchführung des Lohnsteuerabzugs werden uneingeschränkt einkommensteuerpflichtige Arbeitnehmer in **Steuerklassen** eingeordnet.

a) Wie viel Steuerklassen gibt es insgesamt?
b) Nennen Sie zwei Gründe, die dazu führen können, dass ein Arbeitnehmer während des Jahres einer anderen Steuerklasse zugeordnet wird!
c) In welche **Steuerklasse** werden **ledige Arbeitnehmer ohne Kind** eingereiht?
d) Welche Arbeitnehmer wählen die **Steuerklasse VI**?
e) Patricia Fleißig bezieht einen erheblich höheren Arbeitslohn als ihr Mann. – In welche Steuerklasse sind beide aus steuerrechtlichen Gründen einzuordnen?

11. Wer nach Ablauf eines Kalenderjahres vom Finanzamt Steuern zurückerstattet bekommen will, muss sich mit verschiedenen steuerrechtlichen Begriffen auseinander setzen.

a) Was sind **Werbungskosten**?
b) Nennen Sie mindestens vier Aufwendungen, die als Werbungskosten geltend gemacht werden können!
c) Welche der folgenden Aufwendungen können **nicht** als **Sonderausgaben** geltend gemacht werden?
1. Sozialversicherung
2. Steuerberatungskosten
3. Kirchensteuer
4. Reinigungskosten der Berufskleidung
5. Spenden
6. Prozesskosten einer Ehescheidung
7. Bausparbeiträge
8. Lebensversicherung.
d) Worin besteht der **Sinn** und **Zweck** der **außergewöhnlichen Belastungen**?
e) Nennen Sie zwei **Beispiele für außergewöhnliche Belastungen**!

12. Der Arbeitgeber hat am Ort der Betriebsstätte für jeden Arbeitnehmer und jedes Kalenderjahr ein **Lohnkonto** zu führen.

a) Bis wann spätestens muss er die einbehaltene Lohnsteuer abführen?
b) Wie lange sind die **Lohnkonten** vom Arbeitgeber **aufzubewahren**?

13. Arbeitgeber mit maschineller Lohnsteuerabrechnung sind verpflichtet, die Lohnsteuerbescheinigung durch **Datenfernübertragung** zu übermitteln.

a) Wo findet man diese gesetzliche Regelung?
b) Bis zu welchem Zeitpunkt hat diese Übertragung an das Betriebsstättenfinanzamt zu erfolgen?
c) Welche Begriffe verbergen sich hinter den Abkürzungen im Begriff **„ELSTER-Verfahren“**?

14. Wie erhalten steuerpflichtige Arbeitnehmer eine **„eTIN”**?

15. Irina Hofeld beabsichtigt, einen Antrag auf Veranlagung zur Einkommensteuer zu beantragen. Das Ausgleichsjahr ist das Jahr 2010. – Bis **wann** spätestens muss Irina dem zuständigen Finanzamt den **Antrag** übermittelt haben?

16. Der Angestellte Jens Reichlich erzielt ein monatliches Gehalt in Höhe von 2.800,- €. Ihm fließen außerdem pro Monat Mieteinnahmen in Höhe von 2.000,- € zu. In regelmäßigen Abständen erhält er außerdem Zinsen aus festverzinslichen Wertpapieren und Dividenden aus verschiedenen Aktien.

a) Welche Einkünfte erzielt Jens im Sinne von § 2 Einkommensteuergesetz?
b) Nennen Sie zwei weitere **Einkunftsarten**!
c) Zu welchen Terminen während des Jahres hat Jens **Vorauszahlungen auf die Einkommensteuer** zu entrichten?

17. Unter welcher Voraussetzung werden bei der Berechnung des zu versteuernden Einkommens Werbungskosten berücksichtigt?

18. Worin besteht der **Unterschied** zwischen dem **Bruttoarbeitslohn** und dem **zu versteuernden Einkommen**?

19. Im Steuerrecht wird zwischen den Begriffen Lohnsteuer und Einkommensteuer unterschieden.

a) Worin besteht der **Unterschied** zwischen der **Lohn- und** der **Einkommensteuer**?
b) Wer ist **Schuldner der Lohnsteuer**!
c) **Wie** wird die Lohnsteuer **an das Finanzamt abgeführt**?
d) Welche **Besteuerungsgrundlagen** werden bei der Ermittlung der Lohnsteuer berücksichtigt?

20. Steuerpflichtige, die nicht aufgrund gesetzlicher Vorschriften verpflichtet sind, Bücher zu führen und regelmäßig Abschlüsse zu machen und die auch keine Bücher führen und keine Abschlüsse machen, können als Gewinn den Überschuss der Betriebseinnahmen über die Betriebsausgaben ansetzen.

a) Was versteht man unter dem **steuerrechtlichen Gewinnbegriff** im Allgemeinen?
b) Was sind **Entnahmen**?
c) Was sind **Betriebsausgaben**?
d) Was sind **Betriebseinnahmen**?
e) Nennen Sie je zwei **Beispiele** für **Betriebseinnahmen** und **Betriebsausgaben**!

21. Das **zu versteuernde Einkommen** ist die Bemessungsgrundlage für die Anwendung des Einkommensteuertarifs.

a) Aus welcher **Tabelle** ist das **zu versteuernde Einkommen** eines Ledigen abzulesen?
b) Wie wird der **Tarif** bezeichnet, bei dem **Ehepaare** gemeinsam zur Einkommensteuer veranlagt werden?

22. Petra Sonnenschein ist 38 Jahre alt. Sie ist nicht verheiratet und kinderlos. Seit 12 Jahren arbeitet sie in der „Pepe Jesus & Juan Atlantico Rechtsanwälte Partnerschaftsgesellschaft". Sie erzielt ein monatliches Bruttogehalt in Höhe von 2.800 € und erhält jährlich zusätzlich ein 13. Monatsgehalt. Nach Ablauf des letzten Kalenderjahres entnimmt sie ihren persönlichen Unterlagen, dass im Veranlagungsjahr, d. h. im Vorjahr, Werbungskosten in Höhe von 2.100 € und Sonderausgaben in Höhe von 3.150 € geltend gemacht werden können. Während des Veranlagungsjahres hat sie außerdem Zinseinkünfte in Höhe von 1.980 € erzielt.

a) Ermitteln Sie das zu versteuernde Einkommen!

b) Wenn Petra noch Zinseinkünfte hätte, müsste sie für diese Einkünfte auch Einkommensteuer bezahlen. – Was ist damit gemeint?

c) Ergänzen Sie das Schaubild zum Einkommensteuertarif in folgender Grafik! – Vergessen Sie nicht, die Achsen zu bezeichnen!

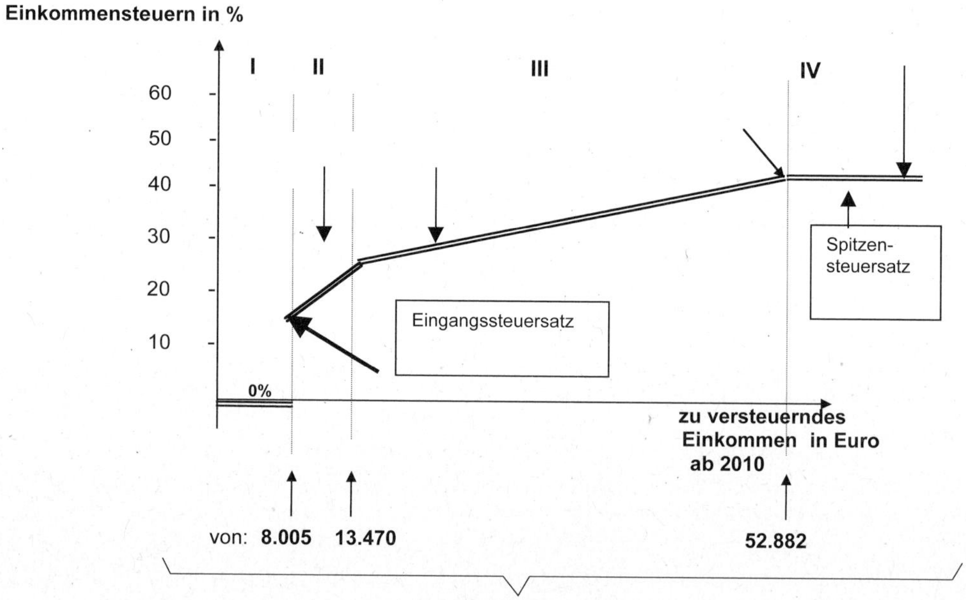

§§ 32a, 52 EStG

d) Welcher Zone des Einkommensteuertarifs ist Petras zu versteuerndes Einkommen zuzuordnen?

e) Ab welchem zu versteuerndem Einkommen ist der Spitzensteuersatz von einer ledigen Person zu bezahlen?

	Summe der Einkünfte gemäß § 2 EStG (Nr. 1 – 7)
–	Altersentlastungsbetrag (§ 24 a EStG)
–	Freibetrag für Land- und Forstwirte (§ 13 Abs. 3 EStG)
=	**Gesamtbetrag aus Einkünften**
–	Sonderausgaben (§§ 10,10b, 10 c EStG)
–	außergewöhnliche Belastungen (§§ 33m 33 a, 33 b, 33 c EStG)
–	wie Sonderausgaben abziehbare Beträge gemäß § 10 e EStG usw.
=	**Einkommen (§ 2, Abs. 4 EStG)**
–	Freibeträge gemäß §§ 31, 32 Abs. 6 EStG
–	Härteausgleich gemäß § 46 Abs. 3 EStG, § 70 EStDV
=	**zu versteuerndes Einkommen (§ 2, Abs. 5 EStG)**

- In **Zone I (= Nullzone)** bleibt das zu versteuernde Einkommen bis zu einem zu versteuernden Einkommen in Höhe von 8.004 Euro steuerfrei.
- Ab **Zone II (= Progressionszone I)** beträgt der Eingangssteuersatz 14 % ab einem zu versteuernden Einkommen von 8.005 Euro.
- Ab **Zone III (= Progressionszone II)** steigt der Einkommensteuersatz ab einem zu versteuerndem Einkommen von 13.470 Euro bis zu einem Steuersatz unter 42 %.
- Ab **Zone IV (= obere Proportionalzone)** wird jedes zu versteuernde Einkommen ab 52.882 Euro mit einem gleichbleibenden Steuersatz von 42 % versteuert.

23. Wer war der Begründer der sozialen Sicherung in Deutschland?

24. Ein wichtiger Gesichtspunkt im System der Sozialversicherung ist die **Beitragsbemessungsgrenze**. Erläutern Sie deren Bedeutung in allgemeiner Form!

25. Nennen Sie die **Träger** der **Sozialversicherungszweige** und tragen Sie diese bitte stichwortartig in nachstehende Tabelle ein!

Sozialversicherung					
	Kranken-versicherung	**Pflege-versicherung**	**Arbeitslosen-versicherung**	**Renten-versicherung**	**Unfall-versicherung**
	SGB V	**SGB XI**	**SGB II + III**	**SGB VI**	**SGB VII**
Träger					

26. Nennen Sie jeweils zwei **Leistungen** der einzelnen **Träger der Sozialversicherung** und tragen Sie diese bitte stichwortartig in nachfolgende Tabelle ein!

Sozialversicherung					
	Kranken-versicherung	**Pflege-versicherung**	**Arbeitslosen-versicherung**	**Renten-versicherung**	**Unfall-versicherung**
Leistungen					

27. Für die Gewährung von **Leistungen** sind pflegebedürftige Personen in drei **Pflegestufen** einzuordnen. – Nennen Sie diese!

28. Im Jahr 2007 wurde das Gesetz zur Anpassung der **Regelaltersgrenze** veröffentlicht. Diese Gesetzesregelung wurde in § 7 a Sozialgesetzbuch II integriert. Beantworten Sie unter Beachtung des nachfolgenden Gesetzesauszuges folgende Fragen!

a) Aus welchem Grund kam es zu dieser Gesetzesänderung?
b) Welcher Sachverhalt enthält der Begriff Regelaltersgrenze?
c) Ab welchem Jahrgang setzt die neue Regelaltersgrenze ein?
d) Gloria Wunderschön ist im Jahr 1960 geboren. Ab welchem Zeitpunkt kann sie in Rente gehen?
e) Semino Rossi ist im Jahr 1984 geboren. – In welchem Alter kann er in Rente gehen?
f) Unter welcher Voraussetzung haben Versicherte Anspruch auf Altersrente für langjährige Versicherte?

Ab dem Geburtenjahrgang 1964 gilt die Regelaltersgrenze von 67 Jahren (§ 7 a SGB II).

SGB II - § 7 a Altersgrenze

Personen, die vor dem 1. Januar 1947 geboren sind, erreichen die Altersgrenze mit Vollendung des 65. Lebensjahres. Für Personen, die nach dem 31. Dezember 1946 geboren sind, wird die Altersgrenze wie folgt angehoben:

für den Geburts-jahrgang	erfolgt eine Anhebung um Monate	auf Vollendung eines Lebensjahres von
1947	1	65 Jahren und 1 Monat
1948	2	65 Jahren und 2 Monaten
1949	3	65 Jahren und 3 Monaten
1950	4	65 Jahren und 4 Monaten
1951	5	65 Jahren und 5 Monaten
1952	6	65 Jahren und 6 Monaten
1953	7	65 Jahren und 7 Monaten
1954	8	65 Jahren und 8 Monaten
1955	9	65 Jahren und 9 Monaten
1956	10	65 Jahren und 10 Monaten
1957	11	65 Jahren und 11 Monaten
1958	12	66 Jahren
1959	14	66 Jahren und 2 Monaten
1960	16	66 Jahren und 4 Monaten
1961	18	66 Jahren und 6 Monaten
1962	20	66 Jahren und 8 Monaten
1963	22	66 Jahren und 10 Monaten
ab 1964	24	67 Jahren

29. Arbeitslose können auch einen Anspruch auf **Mobilitätshilfen** geltend machen. – Nennen Sie zwei Beispiele!

30. Unter welcher Voraussetzung kann ein Arbeitsloser **Arbeitslosengeld** beanspruchen?

31. Welche drei Arten von Renten können aus der gesetzlichen Rentenversicherung abgeleitet werden?

32. Was besagt der **Generationenvertrag**?

33. Iris Schwarzhaupt erleidet auf dem Weg zur Arbeit einen Unfall. – An welchen Träger der Sozialversicherung muss sie sich wenden, damit die Arztkosten übernommen werden?

34. Unternehmen müssen verschiedene Steuern an das Finanzamt abführen.

a) Welche Unternehmen sind unbeschränkt körperschaftsteuerpflichtig? – Nennen Sie mindestens zwei Beispiele!
b) Ist die Körperschaftsteuer monatlich abzuführen?
c) Welches ist die **Rechtsgrundlage** zur Berechnung der **Körperschaftsteuer**?
d) Was ist **Gegenstand der Gewerbesteuer**?
e) Wer ist **Steuerschuldner der Gewerbesteuer**?
f) Wer ist **Steuerempfänger der Gewerbesteuer**?

35. Die **Umsatzsteuer** ist eine wesentliche Einnahmequelle des Staates.

a) Nennen Sie **Rechtsgrundlagen** für die Berechnung der Umsatzsteuer!
b) Welche **Steuersätze** gelten bei der Berechnung der Umsatzsteuer?
c) Nennen Sie mindestens zwei Beispiele, für die der ermäßigte Steuersatz gilt!
d) Wie wird die ausgewiesene **Umsatzsteuer beim Wareneinkauf** bezeichnet?
e) Wie wird die ausgewiesene **Umsatzsteuer beim Warenverkauf** bezeichnet?
f) Was versteht man – in Kurzform gesagt – unter der **Zahllast eines Unternehmens**?
g) Wann muss der Unternehmer die **Umsatzsteuer-Voranmeldung** beim Finanzamt abgeben?
h) Wann ist die **Umsatzsteuer-Vorauszahlung** fällig?

36. Die Peter Kalt GmbH, Lebensmittel Großhandel, Annastraße 12 b, 55124 Mainz, Telefon 40 30 20 11 hat beim Finanzamt Mainz-Mitte, Schillerstraße 13, 55116 Mainz bis spätestens 10. Oktober das Formular „Umsatzsteuer-Voranmeldung 20..“ einzureichen. Die Steuernummer ist die 1246817954. Die an das Finanzamt abgeführte Umsatzsteuer im vergangenen Jahr betrug insgesamt 118.000,- €. In diesem Monat ermittelt das Unternehmen steuerpflichtige Umsätze zum Steuersatz von 19 % in Höhe von 68.476,- € und zum Steuersatz von 7 % von dem Betrag 9.264,- €. – Aus den Geschäftsbüchern geht hervor, dass die abziehbaren Vorsteuerbeträge aus Rechnungen von anderen Unternehmen 3.123,79 € betragen.

a) Berechnen Sie von den beiden Beträgen der steuerpflichtigen Umsätze die jeweilige Umsatzsteuer!

b) Warum ist in diesem Fall der Kalendermonat **Voranmeldezeitraum** für die Umsatzsteuer?

c) Wo muss das Unternehmen nachschlagen, um zu erfahren, zu welchem Zeitpunkt der Voranmeldezeitraum endet?

d) Um welchen Betrag handelt es sich, der vom Finanzamt durch Einzugsermächtigung vom Konto der Peter Kalt GmbH abgebucht werden wird?

37. Aus der Vielfalt der Leistungen unseres **sozialen Sicherungssystems** haben sich vier Bereiche herauskristallisiert. – Verdeutlichen Sie, was diese beinhalten!

38. Verdeutlichen Sie den **Unterschied** zwischem dem **Bruttolohn** und dem **Nettolohn**!

39. Die Sozialversicherung arbeitet nach dem **Selbstverwaltungsprinzip**. Dennoch wird sie von einer Bundesinstitution beaufsichtigt. – Um welche handelt es sich?

40. Bei seiner Überlegung „Sozialpolitik: Was heißt Fairness bei der Gestaltung der sozialen Sicherung?" geht der „Sachverständigenrat in seinem „Jahresgutachten 1998/99 zur Begutachtung der gesamtwirtschaftlichen Entwicklung" auf die Problematik der Rentenversicherung ein. – Lesen Sie hierzu folgenden Text, unterstreichen Sie wichtige Sachverhalte und beantworten Sie folgende Fragen!

> **406.** Die Gesetzliche Rentenversicherung in Deutschland basiert auf dem Umlageverfahren; damit bestimmt - neben den gewährten Leistungen, der Erwerbsbeteiligung und der Beschäftigungssituation - vor allem die demografische Entwicklung, wie sich Renten und Beitragszahlungen in Zukunft entwickeln werden. Die absehbare Bevölkerungsentwicklung wird - so übereinstimmend alle Prognosen - bis zum Jahre 2040 zu einem steigenden Altersquotienten (als Relation von Personen ab 65 Jahren zur erwerbsfähigen Bevölkerung im Alter von 20 bis 64 Jahren) führen: Stehen heute einem Rentner etwa vier Erwerbsfähige gegenüber, so werden es dann nur noch knapp zwei sein. Das muss im bestehenden System fühlbar steigende Beiträge zur Folge haben, wenn die Rentenzahlungen nicht direkt über Leistungskürzungen oder indirekt über Erhöhung des Renteneintrittsalters gesenkt werden. Nach Vorausschätzungen des Prognos Instituts für den Verband Deutscher Rentenversicherungsträger ist unter Berücksichtigung der Änderungen infolge des Rentenreformgesetzes 1999 mit einem Ansteigen des Beitragssatzes auf bis zu 24,5 vH im Jahre 2040 zu rechnen. Eine solche Belastung wird allgemein als nicht akzeptabel angesehen. Selbst wenn es zu einer Verbesserung am Arbeitsmarkt kommen sollte - auch die hohe Arbeitslosigkeit trägt zur Beitragsbelastung bei -, wird das langfristige Problem der Rentenversicherung dadurch nicht gelöst werden. Letztlich ist ein fairer Kompromiss zwischen den Belastungen der heutigen Rentnergeneration und den heutigen Beitragszahlern als künftigen Leistungsempfängern zu suchen.

a) Welche Feststellung wird über die **absehbare Bevölkerungsentwicklung** getroffen?
b) Welche Aussage lässt die Berechnung der **Altersquotienten** im Jahre **2040** zu?
c) Welche **Prognose** stellt das Prognos Institut für den Verband Deutscher Rentenversicherungsträger im Hinblick auf die **Entwicklung** des **Rentenversicherungsbeitragssatzes?**

41. Wer Beiträge in die **gesetzliche Rentenversicherung** eingezahlt hat, hat Ansprüche auf die **Leistungen** aus dieser Versicherung. Ordnen Sie den verschiedenen **Rentenarten** Leistungen zu!

42. Wie nennt man das Schaubild, in dem die Bevölkerungsentwicklung dargestellt wird?

43. Nennen Sie Arten von Versicherungsverträgen, die im Rahmen der **Individualversicherung** abgeschlossen werden können und ordnen Sie je ein Beispiel zu!

44. Dagmar Brandmüller will sich ein neues Auto kaufen. Sie überlegt, ob sie den Versicherungsvertrag als Vertrag mit **Teilkasko** oder **Vollkasko** abschließen soll. – Worin besteht der **Unterschied** zwischen diesen beiden „Kasko-Alternativen“?

45. Verdeutlichen Sie den **Unterschied** zwischen einer **Risiko-Lebensversicherung** und einer **Kapital-Lebensversicherung**!

46. Es gibt private und öffentliche Sicherungssysteme.

a) Worin besteht zwischen diesen Systemen eine Gemeinsamkeit?
b) Verdeutlichen Sie den **Unterschied** zwischen der **gesetzlichen** und der **privaten Krankenversicherung**?

47. Bereits vor dem Eintritt in das 21. Jahrhundert hat sich die Europäische Union in den verschiedenen Institutionen, wie der Europäischen Kommission und dem Europäischen Parlament, mit der Frage der Gesundheit der Menschen auseinander gesetzt. Dabei wurde deutlich, dass in der Einschätzung der Menschen die Gesundheit einen hohen Stellenwert hat.

a) Nennen Sie **Gesichtspunkte**, die den Menschen im Hinblick auf ihre **Gesundheit wichtig** sind!
b) Welche unsere Gesundheit betreffenden Ziele sind im **Aktionsprogramm** der **Europäischen Union** festgelegt?
c) Nennen Sie das **Gesundheitswesen betreffende Probleme**, mit denen sich die deutsche Gesellschaft in den nächsten Jahren konfrontiert sieht!

2.3.13 Programmierte Aufgaben

Lösungen ab Seite 473

1. Welche Bezeichnung ist für die Wirtschaftsordnung der Bundesrepublik Deutschland zutreffend?

a) Reine Zentralverwaltungswirtschaft.
b) Soziale Marktwirtschaft.
c) Zwangswirtschaft.
d) Zentralgelenkte Amtswirtschaft.
e) Freie Marktwirtschaft.

2. Wie entsteht der Preis eines Wirtschaftsgutes in einer Zentralverwaltungswirtschaft?

a) Durch Angebot und Nachfrage.
b) Durch Festlegung durch den Staat.
c) Durch Festlegung der Produzenten.
d) Durch Aushandeln der Tarifpartner.
e) Durch Festlegung durch den Konsumenten.

3. Im folgenden Schaubild sehen Sie das so genannte Marktformenschema. Welche Aussage ist richtig?

Marktformenschema			
Nachfrager / Anbieter	einer	wenige	viele
einer	A	B	C
wenige	D	E	F
viele	G	H	I

a) A ist ein Angebotsoligopol.
b) C ist ein Angebotsoligopol.
c) C ist ein Angebotsmonopol.
d) C ist ein Nachfrageoligopol.
e) E ist ein zweiseitiges Monopol.
f) E ist ein Nachfragemonopol.
g) I ist ein beschränktes Nachfragemonopol.
h) I ist ein Nachfrageoligopol.

4. In welchem der folgenden Gesetze sind wirtschaftspolitische Ziele festgeschrieben?

a) Bürgerliches Gesetzbuch.
b) Zivilprozessordnung.
c) Grundgesetz.
d) Gesetz gegen den unlauteren Wettbewerb,
e) Stabilitäts- und Wachstumsgesetz.

5. Im folgenden Schaubild sind die drei Kurven N_0, N_1 und A dargestellt. Welche Zusammenhänge werden verdeutlicht?

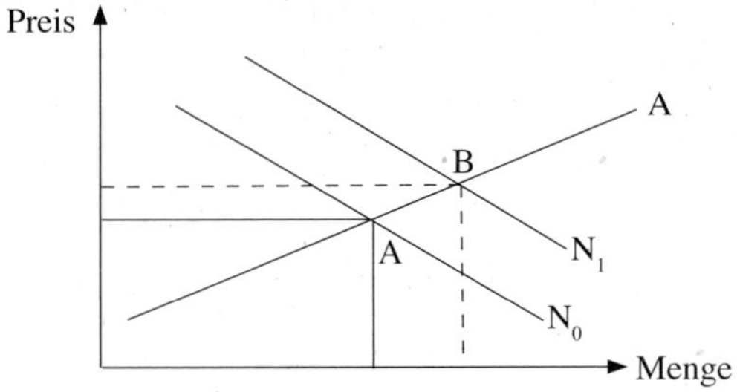

a) Es handelt sich um einen Nachfragerückgang, dargestellt durch N_1.
b) Es handelt sich um eine Nachfragesteigerung, dargestellt durch N_0.
c) Der neue Gleichgewichtspreis B ist gestiegen.
d) Der neue Gleichgewichtspreis ist gefallen.
e) Die gesamte Nachfrage ist gesunken bei gleichbleibendem Gleichgewichtspreis.

6. Mit welcher der folgenden Größen wird das Wachstum der Wirtschaft gemessen?

a) Warenkorb.
b) Bruttoinlandsprodukt.
c) Verbraucherpreisindex.
d) Zahlungsbilanz.
e) Handelsbilanz.

7. In § 32 a des Einkommensteuergesetzes ist der Einkommensteuertarif geregelt. – Welche der nachfolgenden Aussage ist hierzu richtig?

a) Die tarifliche Einkommensteuer bemisst sich nach dem Monatsgehalt eines Arbeitnehmers.
b) Da jede in Deutschland arbeitende Person den gleichen Steuersatz auf seine Einkünfte zu zahlen hat, gibt es keinen Spitzensteuersatz im Einkommensteuerrecht.
c) Das zu versteuernde Einkommen wird monatlich ermittelt, damit der Staat regelmäßig Steuereinnahmen erzielt.
d) Die tarifliche Einkommensteuer bemisst sich nach dem zu versteuernden Einkommen.
e) Der Einkommensbezieher wird spätestens am Ende eines Vierteljahres gemäß seinem Einkommen mit Einkommensteuer veranlagt.

8. Das Gesetz gegen den unlauteren Wettbewerb (= UWG) dient dem Schutz der Mitbewerber, der Verbraucherinnen und Verbraucher sowie der sonstigen Marktteilnehmer vor unlauterem Wettbewerb. – Welche der nachfolgenden Aussagen zum UWG ist falsch?

a) Unlauter gemäß UWG handelt insbesondere, wer bei Preisausschreiben oder Gewinnspielen mit Werbecharakter die Teilnahmebedingungen nicht klar und eindeutig angibt.
b) Vergleichende Werbung ist jede Werbung, die unmittelbar oder mittelbar einen Mitbewerber oder die von einem Mitbewerber angebotenen Waren oder Dienstleistungen erkennbar macht.
c) Bei der Beurteilung der Frage, ob eine Werbung irreführend ist, sind alle ihre Bestandteile, wie z. B. die Menge, Beschaffenheit und die geografische Herkunft zu berücksichtigen.
d) Eine unzumutbare Belästigung liegt nicht vor, wenn bei einer Werbung einem Empfänger zugeschickt wird, obwohl zu erkennen ist, dass er diese Werbung nicht wünscht.
e) Die Rechtsfolge einer Verurteilung aufgrund einer irreführenden Werbung kann eine Geldstrafe oder eine Freiheitsstrafe sein.

9. Welche Maßnahme ist geeignet, zur Abschwächung der Hochkonjunktur beizutragen?

a) Kürzung von Subventionen.
b) Erweiterung der Subventionen.
c) Steuersenkungen.
d) Erhöhung der Staatsausgaben.
e) Erhöhung des Arbeitslosengeldes.

10. Eine der nachfolgenden Organisationen ist Hilfsorganisation der UNO?

a) WTO.
b) COMECON.
c) IWF.
d) EAG.
e) UNICEF.

11. Welche der folgenden Steuer steht dem Bund gemäß Art. 106 GG zu?

a) Erbschaftsteuer.
b) Grundsteuer.
c) Branntweinsteuer.
d) Hundesteuer.
e) Biersteuer.

12. Welches der nachfolgenden Rechtsgeschäft ist anfechtbar?

a) Ein betrunkener Gast unterschreibt in einer Bar einen Kaufvertrag über den Kauf eines Grundstücks.
b) Der Einzelhändler Wolf bestellt bei einem Großhändler zwanzig Hemden Nr. 9336, statt der Nr. 9663.
c) Ein Auszubildender kauft auf dem Schulhof Rauschgift.
d) Frank übergibt seinem Freund Tom eine seiner fünf Armbanduhren und teilt ihm mit, dies sei ein Geschenk.
e) Ein Schreiner wird per Fax beauftragt, eine furnierte Tischplatte gegen Entgelt herzustellen.

13. Willenserklärungen können nicht nur mündlich, schriftlich und notariell beurkundet abgegeben werden, sondern im modernen Rechtsgeschäftsverkehr auch über elektronische Medien wie das Internet per elektronischer Post, also per E-Mail oder per Mausklick auf der Homepage eines E-Commerce-Anbieters. Mittlerweile ist es möglich, auch mittels so genannter elektronischer Signatur Verträge abzuschließen. – Welche nachfolgende Aussage zur Unterschrift durch die elektronische Form ist richtig?

a) Im Handelsgesetzbuch ist geregelt, dass ein elektronisches Dokument mit einer qualifizierten elektronischen Signatur nach dem Signaturgesetz versehen werden kann.
b) Die elektronische Signatur ersetzt immer die notarielle Beurkundung.
c) Soll die gesetzlich vorgeschriebene Form durch die elektronische Form ersetzt werden, so muss der Aussteller der Erklärung dieser seinen Namen hinzufügen.
d) Gemäß § 630 BGB kann auch ein schriftlich erteiltes Zeugnis durch die elektronische Form ersetzt werden.
e) Gemäß § 766 BGB kann auch eine Bürgschaftserklärung in elektronischer Form erfolgen.

14. Ein Einzelhändler erhält von einem Großhändler eine Mahnung. Daraufhin leistet der Einzelhändler eine Teilzahlung in Höhe von 40 % des Rechnungsbetrags. – Welchen Einfluss hat die Zahlung auf die Verjährung?

a) Die Verjährungsfrist verkürzt sich um 40 %.
b) Die Verjährungsfrist beginnt von neuem zu laufen.
c) Der Anspruch gilt als verjährt.
d) Ab dem Zeitpunkt der Zahlung ist die Verjährung gehemmt.
e) Die Verjährungsfrist ändert sich nicht.

15. Folgende Aussage zum Zeitlohn ist richtig:

a) Es handelt sich um eine leistungsabhängige Lohnform.
b) Er wird für die Produktion eines einzelnen Gutes bezahlt.
c) Der Lohn steigt proportional zur Leistungsmenge.
d) Ein Vorteil besteht im Anreiz zu erhöhter Leistung.
e) Die Entlohnung erfolgt nach der Dauer der Arbeitszeit.

16. Was versteht man im Zusammenhang mit Werbemaßnahmen unter dem Begriff „Streukreis“?

a) Plakate, die nach einem bestimmten Streusystem aufzuhängen sind.
b) Bestimmte Personengruppen sollen durch die Werbung angesprochen werden.
c) Bestimmte Kreisstädte, in denen geworben werden soll.
d) Das Gebiet, in dem die Werbeabteilung eines Unternehmens ihren Sitz hat.
e) Ein bestimmtes Warensortiment für das geworben werden soll.

17. Gabi Krones hat monatlich Telefongebühren in unterschiedlicher Höhe zu zahlen. Sie will die Beiträge über ihr Konto abbuchen lassen. Welches ist die bequemste Zahlungsart?

a) Zahlung per Barscheck.
b) Zahlung per Dauerauftrag.
c) Zahlung per Abbuchungsverfahren.
d) Zahlung per Verrechnungsscheck.
e) Zahlung per Überweisung.

18. In welchem Fall handelt es sich um eine halbbare Barzahlung?

a) Zahlung mittels Kreditkarte.
b) Zahlung mittels Bankcard.
c) Zahlung mittels Verrechnungsscheck.
d) Zahlung mittels Postbanküberweisung.
e) Zahlung mittels Barscheck.

19. Für Überweisungen innerhalb der Europäischen Union gilt es, ein besonderes Überweisungsformular zu verwenden. – Welche Aussagen hierzu sind richtig?

a) IBAN ist die Abkürzung für International Body Armit Nausea, BIC ist die Abkürzung für Bank Irritation Crack.
b) IBAN ist die Abkürzung für International Bank Account Number und BIC ist die Abkürzung für Bank Identifizier Code.
c) BIC ist ein Code zur Identifizierung der Peson mittels DNS-Test.
d) Die IBAN besteht in Deutschland aus 34 alphanumerischen Zeichen.
e) BIC ist die Abkürzung für Bank Identifizier Code; IBAN ist die Abkürzung für Imitate Bank Agenda Number.

20. Der Einzelkaufmann Volker Schmidt will Brigitte Kohlrabi als Gesellschafterin ohne Geschäftsführungs- und Vertretungsbefugnis in eine neu zu gründende Gesellschaft aufnehmen. Handelt es sich bei dieser Gesellschaft um eine

a) GmbH & Co KG?
b) OHG?
c) KG?
d) Stille Gesellschaft?
e) GmbH?

3. Die praktische Prüfung

Lösungen ab Seite 475

3.1 Informationsverarbeitung

(105 Minuten)

1. Aufgabe: 50 Minuten

Arianna Payot hat vor zwei Jahren ihre Prüfung als Bürokauffrau erfolgreich absolviert. Zurzeit arbeitet sie in der Personalabteilung der Heilversicherung AG, Elbestraße 426, 55122 Mainz. Wegen der steigenden Zahl der Vertragsabschlüsse im Bereich Pflegeversicherung sollen zwei neue Mitarbeiterinnen eingestellt werden. Sie sollen die in der Abteilung III neu geschaffenen Stellen P5 und P6 besetzen. Auf eine Anzeige für die Stelle P5 bewerben sich insgesamt 35 Personen. Nach Sichtung der Bewerbungsunterlagen soll an insgesamt 28 Bewerberinnen, die nicht in die engere Auswahl kommen, eine Absage geschickt werden.

In der Prüfung erhalten Sie einen Datenträger (z. B. eine CD), auf der ein Mustertext gespeichert ist. Da diesem Buch kein Datenträger beiliegt, geben Sie den nachfolgenden Text zunächst selbst auf Ihren selbst gewählten Datenträger (oder auf die Festplatte) ein, bevor Sie die nachfolgenden Befehle ausführen.

Frau

Datum

besten Dank für Ihr Interesse an der in der Allgemeinen Zeitung Mainz ausgeschriebenen Stelle in unserer Abteilung Pflegeversicherung. Aus den von Ihnen übersandten Unterlagen ist ersichtlich, dass Sie die Voraussetzungen grundsätzlich erfüllen, die für diese Aufgaben erforderlich sind.

Dennoch haben wir uns aus der Vielzahl der uns vorliegenden Bewerbungen für eine andere Mitbewerberin entschieden.

Zu unserer Entlastung erhalten Sie die diesem Schreiben beigefügten Bewerbungsunterlagen zurück.

Wir wünschen Ihnen weiterhin einen erfolgreichen beruflichen Werdegang und persönlich alles Gute.

Mit vorzüglicher Hochachtung

Heil-Versicherungs AG
Personalabteilung
i. V.

Arianna Payot

Anlage

Arbeiten Sie mit dem Textverarbeitungsprogramm **WORD** von Microsoft!

a) Legen Sie
   - einen Ordner Abteilung _3,
   - einen weiteren Ordner „P5" im Ordner Abteilung _3,
   - einen weiteren Ordner „P6" in Ordner Abteilung _3 an!

b) Legen Sie die Datei „Absage1" im Ordner P5 an!

c) Geben Sie den Text „Frau ..." auf der vorangegangenen Seite in die Datei „Absage1" ein. - Unterstreichen Sie im dritten Absatz das Wort „Bewerbungsunterlagen"!

d) Geben Sie oben 2 cm und unten 5 cm als Rand ein und für rechts und links jeweils 2,0 cm!

e) Setzen Sie in Zeile 1 für den Absender folgenden Text in
   - fett,
   - kursiv,
   - Großbuchstaben,
   - Schrift „Algerian" und
   - Schriftgröße 20

   ein: Heilversicherung AG - Mainz!

f) Rahmen Sie den Briefkopf mit 1 1/2 pt Rahmen und 20 %iger Schattierung!

g) Setzen Sie Schriftgröße 11 Punkte!

h) Setzen Sie ab Zeile 7 in den Brief folgende Adresse ein: Frau Urania Sidiropoulos, Mainzstr. 12A, 51149 Köln!

i) Schreiben Sie in der Bezugszeichenzeile rechtsbündig die Abkürzung WE - PV5 und das heutige Datum!

j) Formulieren Sie den ausführlichen Betreff „......" in Fettschrift!

k) Ersetzen Sie „Mit vorzüglicher Hochachtung" durch „Mit freundlichen Grüßen"!

l) Speichern Sie den Text!

m) Schließen Sie die Datei!

n) Legen Sie die Datei „Absage" im Unterverzeichnis P6 an!

o) Kopieren Sie den Text der Datei „Absage1" in Datei „Absage2"!

p) Ersetzen Sie die Adresse im Anschriftenfeld durch „Frau Marianna Neunklug, Habelstr. 524, 65187 Wiesbaden"!

q) Speichern Sie den Brief!

r) Lassen Sie den Brief ausdrucken!

s) Schließen Sie die Datei!

2. Aufgabe: 35 Minuten

Gehen Sie davon aus, dass Sie Mitglied der Jugend- und Auszubildendenvertretung sind. Nun steht eine neue Wahl an. Auf dem Einladungsschreiben des Betriebsrats zu einer Betriebsversammlung am 28. Juli ist zu lesen, dass ein Tagesordnungspunkt die innerbetriebliche Schulung der Auszubildenden ist.

a) Ihren Kollegen, den Auszubildenden Rolf, bitten Sie, eine Liste mit allen Wahlberechtigten zusammenzustellen. - Worauf ist zu achten?

b) Wann findet die regelmäßige Wahl zur Jugend- und Auszubildendenvertretung statt?

c) Vor der Wahl zur Jugend- und Auszubildendenvertretung soll noch eine Jugend- und Auszubildendenversammlung einberufen werden. - Worauf ist zu achten?

d) Entwerfen Sie am PC ein Einladungsschreiben für die Einberufung einer Jugend- und Auszubildendenversammlung am 10. August 20.. um 9 Uhr im Raum 12 des Gebäudes C. Auf der Tagesordnung soll stehen: „die Genehmigung des Protokolls der letzten Sitzung der Jugend- und Auszubildendenversammlung vom 22. März 20..“, „Jugend- und Auszubildendenwahl“, „innerbetriebliche Ausbildung im Werk D 4“, „Fortbildungsmöglichkeiten am PC“. Der Zeitpunkt der Versammlung ist einzurahmen. Die Tagesordnungspunkte sind fett zu schreiben.

e) Entwerfen Sie handschriftlich eine Anwesenheitsliste für die Teilnahme der Mitarbeiter E. Marsch, P. Jung, O. Simon, L. Keil, M. Briese, R. Urban, S. May, A. Dannenbach, J. Schwarz, P. Baum, M. Sonnenbraun!

Betriebsverfassungsgesetz

§ 60 Errichtung und Aufgabe

(1) In Betrieben mit in der Regel mindestens fünf Arbeitnehmern, die das 18. Lebensjahr noch nicht vollendet haben, (jugendliche Arbeitnehmer) oder die zu ihrer Berufsausbildung beschäftigt sind und das 25. Lebensjahr noch nicht vollendet haben, werden Jugend- und Auszubildendenvertretungen gewählt.

(2) Die Jugend- und Auszubildendenvertretung nimmt nach Maßgabe der folgenden Vorschriften die besonderen Belange der in Absatz 1 genannten Arbeitnehmer wahr.

§ 64 Zeitpunkt der Wahlen und Amtszeit

(1) Die regelmäßigen Wahlen der Jugend- und Auszubildendenvertretung finden alle zwei Jahre in der Zeit vom 1. Oktober bis 30. November statt. Für die Wahl der Jugend- und Auszubildendenvertretung außerhalb dieser Zeit gilt § 13 Abs. 2 Nr. 2 bis 6 und Abs. 3 entsprechend.

(2) Die regelmäßige Amtszeit der Jugend- und Auszubildendenvertretung beträgt zwei Jahre. Die Amtszeit beginnt mit der Bekanntgabe des Wahlergebnisses oder, wenn zu diesem Zeitpunkt noch eine Jugend- und Auszubildendenvertretung besteht, mit Ablauf von deren Amtszeit. Die Amtszeit endet spätestens am 30. November des Jahres, in dem nach Absatz 1 die regelmäßigen Wahlen stattfinden. In dem Fall des § 13 Abs. 3 Satz 2 endet die Amtszeit spätestens am 30. November des Jahres, in dem die Jugend- und Auszubildendenvertretung neu zu wählen ist. In dem Fall des § 13 Abs. 2 Nr. 2 endet die Amtszeit mit der Bekanntgabe des Wahlergebnisses der neu gewählten Jugend- und Auszubildendenvertretung.

(3) Ein Mitglied der Jugend- und Auszubildendenvertretung, das im Laufe der Amtszeit das 25. Lebensjahr vollendet, bleibt bis zum Ende der Amtszeit Mitglied der Jugend- und Auszubildendenvertretung.

§ 71 Jugend- und Auszubildendenversammlung

Die Jugend- und Auszubildendenversammlung kann vor oder nach jeder Betriebsversammlung im Einvernehmen mit dem Betriebsrat eine betriebliche Jugend- und Auszubildendenversammlung einberufen. Im Einvernehmen mit Betriebsrat und Arbeitgeber kann die betriebliche Jugend- und Auszubildendenversammlung auch zu einem andern Zeitpunkt einberufen werden. § 43 Abs. 2 Satz 1 und 2, die §§ 44 bis 46 und § 65 Abs. 2 Satz 2 gelten entsprechend.

3. Aufgabe: 20 Minuten

Der 38-jährige ledige und kinderlose Harald Schwarz, wohnhaft in Mainz, bezieht während des Jahres 13 Monatsgehälter in Höhe von monatlich 2.700 €. Seine monatlich abzuführende Lohnsteuer beträgt 462,41 €. Davon zu berechnen sind die 9 %-ige Kirchensteuer im Bundesland Rheinland-Pfalz und der 5,5%-ige Solidaritätszuschlag. – Im Rahmen seiner an das Finanzamt auf amtlichem Vordruck abzugebende Einkommensteuererklärung macht er geltend:

- Werbungskosten	2.100,00 €
- Beiträge und Spenden gemäß § 10 b EStG	150,00 €
- Sozialversicherungsbeiträge (inkl. 0,9 % KV + 0,25 % PflV)	7.774.65 €
- Beitrag zur Haftpflichtversicherung	70,00 €

a) Wie hoch ist sein Bruttogehalt im Veranlagungsjahr?
b) Wie hoch ist die gezahlte Kirchensteuer (in Prozent von der Lohnsteuer) im Veranlagungsjahr?
c) Wie hoch ist der gezahlte Solidaritätszuschlag (5,5 % von der Lohnsteuer) im Veranlagungsjahr?
d) Wie viel Lohnsteuer hat er während des Veranlagungsjahres gezahlt?
e) Berechnen Sie das **zu versteuernde Einkommen**!
f) Wie viel Euro erhält Herr Schwarz nach Ablauf des Veranlagungsjahres und nach Einreichen des Formulares „Einkommensteuererklärung" vom Finanzamt zurück? – Schauen Sie sich hierzu den Auszug aus der Einkommensteuer-Grundtabelle an!

g) Als Lediger ist Herr Schwarz nach der Einkommensteuer-Grundtabelle zu besteuern gewesen. – In welcher Tabelle hätte man nachschlagen müssen, wenn Herr Schwarz verheiratet gewesen wäre und mit seiner Frau die Einkommensteuer gemeinsam veranlagt hätte?

Auszug aus der Einkommensteuer-Grundtabelle	
Zu versteuerndes Einkommen in €	**Einkommensteuer in €**
24.404	4.096
24.440	4.106
24.464	4.113
24.476	4117
24.512	4.128

3.2 Auftragsbearbeitung und Büroorganisation

(maximal 45 Minuten)

Lösungen ab Seite 482

1. Aufgabe

Nehmen Sie an, Ihr Vorgesetzter teilt Ihnen in einem Gespräch mit, dass der Raum, den Sie mit drei MitarbeiterInnen teilen, mit neuen Büromöbeln ausgestattet werden soll. Sie sollen Einfluss auf die Bestellung der Möbel nehmen können, die zum Kauf infrage kommen und auf die Anschaffung eines PCs.

a) Welche Überlegungen sind anzustellen, wenn es um die Frage der „richtigen" Arbeitsstühle am Computer geht?

b) Welche Farben, die für den Innenanstrich verwendet werden, sind von der Temperaturwirkung sehr warm und unter dem Gesichtspunkt der psychischen Stimmung anregend?

c) In welcher Maßeinheit wird der von Büromaschinen ausgehende Lärm berechnet?

d) Aus welchen Bestandteilen besteht die Hardware-Grundausstattung eines PCs?

e) Welche Überlegung muss beim Kauf eines Druckers angestellt werden, wenn bekannt ist, dass relativ viele Graphiken erstellt werden sollen?

f) Warum kann Leasing bei der Anschaffung eines PCs sinnvoller sein als der Kauf eines solchen?

2. Aufgabe

Wir erhalten von einem Lieferanten eine Rechnung vom 09.März über 4.820,- €. Aus den allgemeinen Geschäftsbedingungen ist zu entnehmen, dass bei einer Zahlung innerhalb von 14 Tagen 2 % Skonto vom Rechnungsbetrag abgezogen werden können. Außerdem ist zu erfahren, dass der Lieferant bei individuell ausgehandelten Umsätzen Rabatt und Bonus gewährt.

a) Welcher Rechnungsbetrag ist zu überweisen, wenn die Zahlung am 14. März erfolgt?

b) Wofür werden die Preisnachlässe Rabatt und Bonus gewährt?

c) In welchem Gesetz schauen Sie nach, wenn Sie sich über die Rechtmäßigkeit „allgemeiner Geschäftsbedingungen" in einem Kaufvertrag informieren wollen?

Lösungen

4. Lösungen zur schriftlichen Prüfung

4.1 Bürowirtschaft (Spezielle Wirtschaftslehre)

4.1.1 Gestaltung von Arbeitsraum, Arbeitsplatz und Arbeitszeit

1. a) **Großraumbüros** haben den Vorteil, dass der Austausch von Informationen zwischen den Mitarbeitern beschleunigt wird, da die Arbeitswege häufig verkürzt sind.

b) Wenn ein Großraumbüro geplant wird, dann sollte darauf geachtet werden, dass die Räumlichkeit durch Stellwände und Pflanzen aufgelockert wird. Außerdem sollten Besprechungsecken die Möglichkeit zu Besprechungen im kleinen Kreis bieten.

c) **Einzelbüros** können dann sinnvoll sein, wenn der Arbeitnehmer beispielsweise eine beratende Tätigkeit ausübt. Bsp.: Ein Kreditinstitut will die Anzahl der Kunden, die an ihr Electronic Banking-System angeschlossen sind, erhöhen. Deshalb führt ein Mitarbeiter in einem Einzelbüro Einzelberatungsgespräche.

d) In einem **Gruppenbüro** gibt es mehrere Arbeitsplätze. Die Arbeitnehmer in einem solchen Büro können ihre Informationen direkt austauschen. Antipathien zu Mitarbeitern erschweren allerdings die tägliche Arbeit.

2. Durch die Schaffung von **Mischarbeitsplätzen** für Tätigkeiten, die qualifikatorisch anspruchsvoll sind und den Mitarbeitern Handlungs- und Entscheidungsfreiräume einräumen, wird die absolute Abgrenzung zwischen benachbarten Berufsgruppen abgebaut. Aufgrund der wegfallenden strikten Arbeitsteilung werden neue Arbeitsbedingungen mit dem Ziel der Entspezialisierung geschaffen. Die abwechslungsreichere Arbeit führt so zu höherer Arbeitszufriedenheit.

3. a) Bildschirmarbeitsverordnung

b) **Arbeitsstätten** sind u. a.
- Arbeitsräume in Gebäuden einschließlich Ausbildungsstätten,
- Baustellen,
- Verkehrswege, Fluchtwege, Notausgänge,
- Umkleide-, Wasch- und Toilettenräume (Sanitärräume),
- Erste-Hilfe-Räume,
- Pausenräume.

c) Das zuständige **Bundesministerium** stellt unter Hinzuziehung der fachlich beteiligten Kreise einschließlich der Spitzenorganisationen der Arbeitnehmer (Gewerkschaften) und der Arbeitgeber (Arbeitgeberverbände) Arbeitsstätten-Richtlinien auf und gibt sie im Bundesarbeitsblatt, Fachteil Arbeitsschutz, bekannt.

d) **Arbeitsstätten-Richtlinien** für
- Lüftung
- Raumtemperaturen
- Sichtverbindung nach außen
- Künstliche Beleuchtung
- Sicherheitsbeleuchtung
- Glastüren
- Sitzgelegenheiten
- Pausenräume
- Toilettenräume
- Sanitätsräume
- usw.

e) In Räumen muss während der Arbeitszeit u. a. unter Berücksichtigung der Beschäftigten eine **gesundheitlich zuträgliche Raumtemperatur** bestehen.

f) An Erste-Hilfe-Räume werden verschiedene Anforderungen gestellt. So müssen sie an ihren **Zugängen** als solche **gekennzeichnet** und **für** Personen mit **Rettungstransportmitteln** leicht **zugänglich** sein. Außerdem müssen sie **mit** den erforderlichen **Einrichtungen** (z. B. Liegen) und **Materialien** (Scheren, Binden usw.) zu ersten Hilfe **ausgestattet** sein. An einer deutlich gekennzeichneten Stelle müssen **Anschrift** und **Telefonnummer** der örtlichen Rettungsdienste angegeben sein.

g) Wird in einem Betrieb eine **Klimanlage** installiert, so ist zu beachten, dass die Beschäftigten keinem störenden Luftzug ausgesetzt sind.

h) Die Oberflächen von Fußböden müssen so beschaffen sein, dass sie leicht zu reinigen sind. Außerdem dürfen sie keine Unebenheiten, Löcher, Stolperstellen oder gefährliche Schrägen aufweisen. Zudem müssen sie gegen Verrutschen gesichert, tragfähig, trittsicher und rutschhemmend sein.

4. a) Ist in einem Büro eine **Klimaanlage** vorhanden, so ist darauf zu achten, dass die Beschäftigten keinem störenden Luftzug ausgesetzt sind.
b) Eine zu **hohe Luftfeuchtigkeit** kann zu Herz- und Kreislaufbeschwerden führen.

5. a) **Dezibel (= dB)** ist die Maßeinheit für die **Lärmstärke**.

b)

Entstehung von Geräuschen durch

Mechanische Geräusche	Strömungsgeräusche
- Stoß - Reibung (Bremsen mit dem Auto) - Wechselkräfte (Schreibmaschine)	- strömende Medien (Wasser in Röhren) - Verbrennungsvorgänge (Industrieofen) - explosionsartige Knalle (Feuerwerk)

c) - Gehörschäden
- Leistungsminderung
- Gefährdung der Sicherheit am Arbeitsplatz

6. a) Aufgaben der **Bundesanstalt für Arbeitsschutz und Arbeitsmedizin** (www.baua.de)
- Veröffentlichungen von Informationsmaterialien und Berichten
- Mitarbeit bei der Regelsetzung
- Beratung
- Ausstellungen
- Fachveranstaltungen (z. B. zum Thema Nanotechnologie und Toxikologie)

b) In Betrieben mit mehr als 20 Arbeitnehmern gibt es **Sicherheitsbeauftragte**.
c) **Reichsversicherungsordnung**

d) Die **Farbgestaltung wirkt** sich aus auf
- die **Arbeitsleistung**,
- die **Arbeitssicherheit**,
- das **psychische Wohlbefinden**.

e) Jede **Farbe** hat die grundlegenden **Eigenschaften**:
- Farbton,
- Helligkeit,
- Sättigung.

7.

Farbe	Temperaturwirkung	Psychische Stimmung
gelb	sehr warm	anregend
orange	sehr warm	anregend
grün	sehr kalt bis neutral	sehr beruhigend
rot	warm	sehr aufreizend
blau	kalt	beruhigend

8.

FARBPLAN			
Raum: Büroraum 007			
Bearbeitet von:			**Datum:**
Position	**Abgebildeter Farbton**	**Bezeichnung der Farbe**	**Hersteller-bezeichnung**
Fußboden			
Stirnwände			
Fensterwände			
Decke			
Türzargen			
Türblätter			
Deckenlampe			
Wasserbecken			

9. a)
- rote Sicherheitskennzeichen = Verbot
- gelbe Sicherheitskennzeichen = Warnung
- grüne Sicherheitskennzeichen = Rettung
- blaue Sicherheitskennzeichen = Gebot

b)
1. Rauchen verboten
2. Warnung vor Radioaktivität
3. Fluchtweg nach links
4. Schutzbrille tragen

10. Rechtsgrundlagen, die **Vorschriften und Empfehlungen zum Arbeitsschutz** für **Büroarbeitsplätze** enthalten, sind
- die Gewerbeordnung,
- die Arbeitsstättenverordnung,
- Bildschirmarbeitsverordnung,
- die Reichsversicherungsordnung,
- Unfallverhütungsvorschriften der Berufsgenossenschaften,
- Richtlinien und Sicherheitsregeln der Unfallversicherungsträger.

11. a) An den Verpackungen von **Gefahrstoffen** müssen angebracht sein:
• die Bezeichnung des Stoffes
• Name und Anschrift des Herstellers bzw. Lieferanten
• Gefahrsymbol und Gefahrbezeichnung
• Hinweise auf die besonderen Gefahren
• Sicherheitsratschläge

b)

a) 1	d) 2
b) 3	e) 4
c) 5	f) 6

c) **Hilfsmittel** zum Anheben von **Lasten in Lagern** sind:
- Stapeltische
- Hebebühnen
- Hochhubwagen
- Hebezeuge (Laufkatzen, Krane)

d) Kraftbetriebene Fahrwerke zum Unterfahren und Befördern sind:
- Geh- und Standhubwagen
- Geh- und Gabelhubwagen und Stand-Gabelhubwagen

e)
- Arbeitstättenverordnung
- Arbeitsmittelbenutzungsverordnung
- Lastenhandhabungsverordnung
- Straßenverkehrsordnung
- Richtlinien für Geräte und Anlagen zur Regalbedienung
- Richtlinien für Lagereinrichtungen

12. a) **Zweck der Gefahrstoffverordnung** ist es, durch besondere Regelungen über die Einstufung, über die Kennzeichnung und Verpackung von gefährlichen Stoffen, Zubereitungen und bestimmten Erzeugnissen sowie über den Umgang mit Gefahrstoffen den Menschen vor arbeitsbedingten und sonstigen Gesundheitsgefahren und die Umwelt vor stoffbedingten Schädigungen zu schützen, insbesondere
- sie erkennbar zu machen,
- sie abzuwenden und
- ihrer Entstehung vorzubeugen.

b) Es dürfen u. a. folgende **asbesthaltige Stoffe** nicht in den Verkehr gebracht werden:
- Spielzeug,
- Raucherartikel wie Tabakpfeifen,
- Anstrichstoffe.

c) Die zuständige Behörde kann **Ausnahmen** für asbesthaltige Unterbodenschutzmittel für Fahrzeuge zulassen, wenn im Einzelfall dargelegt wird, dass geeignete Ersatzstoffe nicht angeboten werden.

d) Der **Arbeitgeber** hat eine arbeitsbereichs- und stoffbezogene Betriebsanweisung zu erstellen, in der auf die mit dem Umgang mit Gefahrstoffen verbundenen Gefahren für Mensch und Umwelt hingewiesen wird sowie die erforderlichen Schutzmaßnahmen und Verhaltensregeln festgelegt werden. Die Betriebsanweisung ist in verständlicher Form und in der Sprache der Beschäftigten abzufassen und an geeigneter Stelle in der Arbeitsstätte bekannt zu machen. In der Betriebsanweisung sind auch Anweisungen über das Verhalten im Gefahrfall und über die Erste Hilfe zu treffen.

13. a) Siehe hierzu die Abbildung auf der nächsten Seite!

b) Das **Arbeitsschutzgesetz** dient dazu,
- **Sicherheit** und
- **Gesundheitsschutz**

der Beschäftigten bei der Arbeit durch **Maßnahmen des Arbeitschutzes** zu **sichern** und zu **verbessern.** – Bei den Maßnahmen des Arbeitsschutzes hat der Arbeitgeber von den gesetzlich vorgeschriebenen **allgemeinen Grundsätzen**, wie z. B. „die Gefahren an ihrer Quelle zu bekämpfen", auszugehen. Defekte Stromkabel sind beispielsweise zu ersetzen.

14. a) Lastenhandhabungsverordnung

b) Verordnung über Sicherheit und Gesundheitsschutz bei der Benutzung persönlicher Schutzausrüstungen bei der Arbeit

c) Arbeitsmittelbenutzungsverordnung

d) Arbeitsstättenverordnung

e) Bildschirmarbeitsverordnung

f) Arbeitsstättenverordnung

15.
- Verordnung über Sicherheit und Gesundheitsschutz bei der Benutzung persönlicher Schutzausrüstungen bei der Arbeit (**PSA-Benutzungsverordnung – PSA-BV**);
- Verordnung über Sicherheit und Gesundheitsschutz bei der manuellen Handhabung von Lasten bei der Arbeit (**Lastenhandhabungsverordnung – LasthandhabV**);
- Verordnung über Sicherheit und Gesundheitsschutz bei der Arbeit an Bildschirmgeräten (**Bildschirmarbeitsverordnung – BildscharbV**);
- Verordnung über Arbeitsstätten (**Arbeitsstättenverordnung** – **ArbStättV**);
- Verordnung über Sicherheit und Gesundheitsschutz bei der Benutzung von Arbeitsmitteln bei der Arbeit (**Arbeitsmittelbenutzungsverordnung – AMBV**).

16. a) **Ordnungswidrig** handelt, wer vorsätzlich oder fahrlässig gegen Vorschriften einer arbeitsschutzrechtlichen Verordnung, wie z. B. der **Bildschirmarbeitsverordnung**, verstößt. Konkret läge beispielsweise dann ein Verstoß gegen die Bildschirmarbeitsverordnung vor, wenn der Arbeitgeber Arbeitnehmern, die täglich nur Bildschirmarbeit leisten, die in der Verordnung vorgesehenen Pausen nicht gestattet.

b) Es kann sich um eine Ordnungswidrigkeit oder gar eine Straftat handeln. Die Ordnungswidrigkeit kann mit einer Geldbuße geahndet werden. In besonders schwerwiegenden Fällen kann ein Verstoß gar eine **Straftat** sein, die mit einer Freiheitsstrafe bis zu einem Jahr oder einer Geldstrafe geahndet werden kann. Eine Straftat kann dann vorliegen, wenn durch eine vorsätzliche Handlung das Leben eines Menschen gefährdet wird (§ 25 f ArbSchG).

13. a)

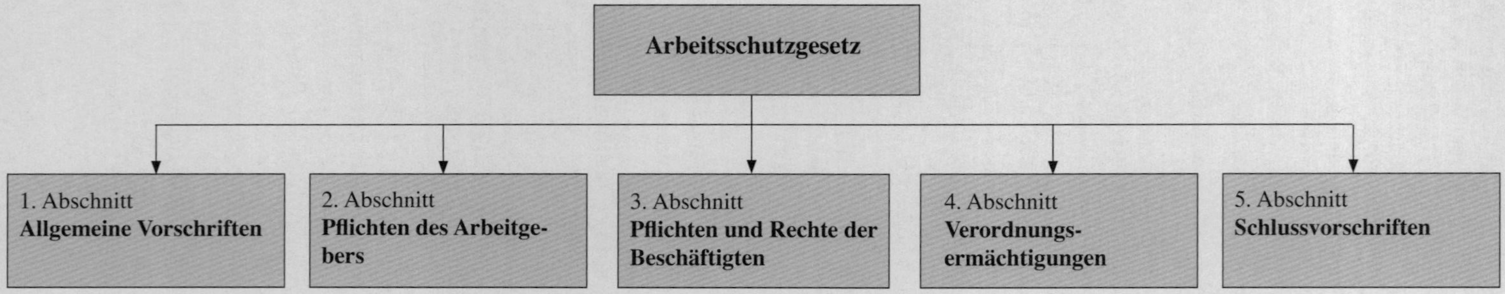

1. Abschnitt – Allgemeine Vorschriften

- § 1 Zielsetzungen und Anwendungen
- § 2 Begriffsbestimmungen

2. Abschnitt – Pflichten des Arbeitgebers

- § 3 Grundpflichten des Arbeitgebers
- § 4 Allgemeine Grundsätze
- § 5 Beurteilung der Arbeitsbedingungen
- § 6 Dokumentation
- § 7 Übergang von Aufgaben
- § 8 Zusammenarbeit mehrerer Arbeitgeber
- § 9 Besondere Gefahren
- § 10 Erste Hilfe und sonstige Notfallmaßnahmen
- § 11 Arbeitsmedizinische Vorsorge
- § 12 Unterweisung
- § 13 Verantwortliche Personen
- § 14 Unterrichtung und Anhörung der Beschäftigten des öffentlichen Dienstes

3. Abschnitt – Pflichten und Rechte der Beschäftigten

- § 15 Pflichten der Beschäftigten
- § 16 Besondere Unterstützungspflichten
- § 17 Rechte der Beschäftigten

4. Abschnitt – Verordnungsermächtigungen

- § 18 Verordnungsermächtigungen
- § 19 Rechtsakte der Europäischen Gemeinschaften und zwischenstaatliche Vereinbarungen
- § 20 Regelungen für den öffentlichen Dienst

5. Abschnitt – Schlussvorschriften

- § 21 Zuständige Behörden
- § 22 Befugnisse der Behörden
- § 23 Betriebliche Daten
- § 24 Ermächtigung zum Erlass von allgemeinen Verwaltungsvorschriften
- § 25 Bußgeldvorschriften
- § 26 Strafvorschriften

c)

Ordnungswidrigkeit	**Straftat**
Rechtsfolge(n)	Rechtsfolge(n)
↓ **Buß**geld	↓ Geld- oder Freiheits**strafe**

17. a) Der Begriff **Ergonomie** ist in Großbritannien im Jahre 1950 geprägt worden als Bezeichnung für die **Arbeitswissenschaft** i.e.S. Als Oberbegriff ist mit Ergonomie die Anatomie, die Physiologie und Psychologie der Arbeit gemeint.
Die **Anatomie** befasst sich mit den Zusammenhängen von Bau und Tätigkeit von Körperteilen und Geweben. Die **Physiologie** als Teilgebiet der Biologie beschäftigt sich mit den Zellen, Geweben und Organen der Lebewesen; die spezielle Physiologie erforscht den Menschen.

b) - Fachkräfte für Arbeitssicherheit
- betriebliche Führungskräfte
- Betriebs- und Personalräte
- Ergonomiebeauftragte
- Betriebsärzte

c) Berufsgenossenschaften

d) Lux

18. a) Arbeitstisch und Arbeitsstuhl, als Ergänzung Fußstütze und Beleghalter.

b) **Arbeitsmöbel**

Arbeitstisch	**Arbeitsstuhl**	**Fußstütze**	**Beleghalter**
- Tischhöhe - Beinraumhöhe - Fußraumhöhe - Stauraum - Ablagemöglichkeiten	- Einstellbarkeit der Sitzhöhe - Höhenverstellbarbeit der Rückenlehne - Polsterung - Abrundung der Vorderkante	- große Fußplatte - Verstellbarkeit	- ausreichende Größe - Papierklemmen vorsehen

19. Eine möglichst geringe Differenz zwischen der Arbeitshöhe und der Beinraumhöhe kann u. a. durch eine Verringerung der Tischplattenkonstruktionshöhe erreicht werden.

20. Die **Tischplatten** müssen eine **reflexionsarme Oberfläche** besitzen.

21. Die **Tastatur** muss vom Bildschirm getrennt und neigbar sein, damit die Benutzer eine ergonomisch günstige Arbeitshaltung einnehmen können.

22. **Pausen** an Bildschirmarbeitsplätzen: ca. 5 - 10 Minuten je Stunde.

23. a) Vorteile eines **Flachbildschirms**:
1. geringeres Gewicht;
2. Platzeinsparung wegen der geringen Tiefe;
3. Stromersparnis;
4. höhere Bildqualität (höhere Auflösung);
5. integrierte Musikboxen.

b) Wer sich einen **Flachbildschirm kaufen** möchte, sollte sich u. a. folgende **Fragen** stellen:
- nach der Zollgröße, z. B. 17 ″, 19 ″, 21 ″, 23 ″ (″ = Zoll);
- ob mit einem Office-Paket oder einer Designer-Software gearbeitet wird; (im Falle einer Designer-Software in der Marketingabteilung, wie Indesign, sollte ein mindestens 21 Zoll-Bildschirm verwendet werden);
- wie der Betrachtungswinkel ist (z. B. 140° /130 °);
- nach der Helligkeit, gemessen in cd/m;
- nach der Auflösung, z. B. 1280 x 1024;
- nach dem Gewicht;
- nach dem Zubehör wie Kabel, Bedienungsanleitung;
- nach der Garantie;
- ob ein Vor-Ort- Austausch-Service vereinbart ist.

24. a) Arbeitgeber und Betriebsrat schließen gemäß Betriebsverfassungsgesetz **Betriebsvereinbarungen** ab.

b) Beispiel: Gleitzeit zwischen 7 Uhr und 19 Uhr, Kernarbeitszeit zwischen 9 und 15 Uhr. Während der Kernarbeitszeit müssen alle Arbeitnehmer im Betrieb sein.

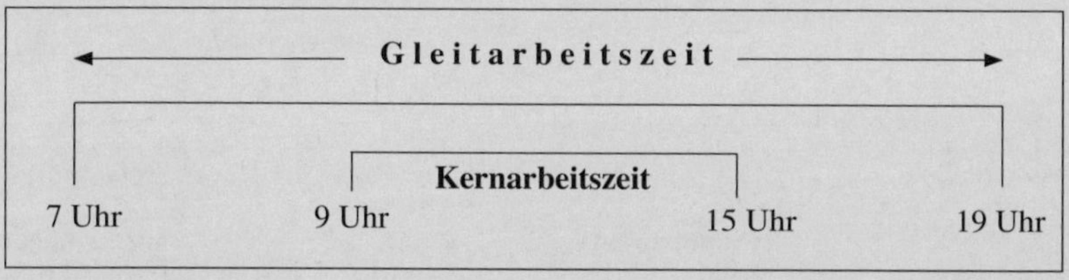

c) - **Voll**kontinuierliche Schichtarbeit: Schicht- mit Nachtarbeit und Sonn- bzw. Feiertagsarbeit.
- **Teil**kontinuierliche Schichtarbeit: Schicht- mit Nachtarbeit, aber ohne Sonn- bzw. Feiertagsarbeit.
- **Nicht**kontinuierliche Schichtarbeit, d. h. Früh- und Spätschicht ohne Nacht- und Sonn-/Feiertagsarbeit.

25. a) Die **Leistungsfähigkeit** eines Menschen steigt in den frühen Morgenstunden, am frühen Nachmittag fällt sie vorübergehend ab, zwischen 2 bis 4 Uhr in der Nacht wird dann ein absoluter Tiefpunkt erreicht.

b) - Herz- und Kreislauftätigkeit sind in der Nacht am geringsten.
- In der Nacht ist ein Funktionsminimum von Leber und Niere erreicht.
- Die Körpertemperatur erreicht in der Nacht ihr Minimum, die Hauttemperatur ihr Maximum.
- In der Nacht ist die muskuläre Leistungsfähigkeit vermindert.

26. a) - Arbeitszeitgesetz
- Jugendarbeitsschutzgesetz
- Manteltarifverträge
- Betriebsvereinbarungen

b) Die regelmäßige werktägige Arbeitszeit darf gemäß Arbeitszeitgesetz die Dauer von **acht Stunden** nicht überschreiten.

c) Die regelmäßige Arbeitszeit kann durch Tarifvertrag bis zu zehn Stunden, nicht aber auf zwölf Stunden verlängert werden. Eine über zehn Stunden hinausgehende Arbeitszeit kann nur das **Gewerbeaufsichtsamt** in besonders begründeten Fällen zulassen.

d) Den Arbeitnehmern steht nach Beendigung der täglichen Arbeitszeit gemäß ArbZG eine ununterbrochene Ruhezeit von mindestens **elf Stunden** zu.

27. a) Da Herr Wohlleben länger als sechs Stunden arbeitet, stehen ihm mindestens **eine halbstündige Ruhepause** oder **zwei viertelstündige Ruhepausen** zu.

b) **Arbeitszeit** ist die Zeit vom Beginn bis zum Ende der Arbeit **ohne** die **Ruhepausen**.

28. a) **Gleichheitsgebot** gemäß **Art. 2 GG**, wonach Männer und Frauen gleichberechtigt sind.

b) Durch das **Verbot der Nachtarbeit** können Frauen benachteiligt werden
- bei der Stellensuche,
- bei der Ausbildung,
- durch einen Verzicht auf Nachtzuschläge,
- durch die freie Disposition (= Verfügung über ihre Arbeitszeit).

29. Arbeitnehmer können sich mit ihren Vorschlägen zu Änderungen der Arbeitsbedingungen an den Betriebsrat wenden oder dem Arbeitgeber bzw. der Abteilung (oder Unterabteilung) „**Vorschlagswesen**“ Vorschläge unterbreiten, die der Verbesserung
- der Arbeitsaufgabe
- der Arbeitsabläufe oder
- der Arbeitsergebnisse

dienen.

30. **Definition des Problems:** Da die Umsätze stark gestiegen sind, müssen wir unseren Mitarbeiterstab erweitern. Damit verbunden ist die Anschaffung eines Computers.

↓

Zielformulierung: Wir müssen einen Computer mit einer Festplatte kaufen, die eine Speicherkapazität von mindestens 250 GB besitzt. Der zugehörige Farbbildschirm VGA soll strahlungsarm sein. Das Gesamtpaket soll einen Laserdrucker und aus Gründen der Datensicherung, eine externe Festplatte enthalten.

↓

Lösungsmöglichkeiten: Die Mitarbeiter geben in Form eines Brainstormings (spontanes unstrukturiertes Nennen) ihre Wünsche bekannt. Außerdem werden die EDV-Sachverständigen (EDV-Freaks) im Betrieb um Beratung gebeten.

↓

Entscheidung: Die Entscheidung, welches „Paket“ gekauft werden soll, wird auf der Grundlage mehrerer Angebote getroffen, die uns zu einem bestimmten festgesetzten Zeitpunkt vorliegen.

↓

Durchführung: Ein Mitarbeiter wird für die Bestellung verantwortlich erklärt.

↓

Kontrolle: Es ist zu prüfen, ob die an uns gelieferte Ware fehlerfrei ist.

4.1.2 Arbeitsabläufe

1. a) Postbote, Postfach, Selbstabholung von großen Sendungen in einem Behältnis.
b) Bestimmte **Sendungen** werden grundsätzlich **nicht ins Postfach** gelegt, z. B. Übergabeeinschreibebriefe oder Sendungen per Eilzustellung.
c) Die Bedeutung eines **Eingangsstempels** liegt u. a. darin, dass im Falle von Rechtsstreitigkeiten (im Hinblick auf die rechtzeitige Zahlung von Rechnungsbeträgen) oder aber auch um die innerbetriebliche Durchlaufzeit der eingegangenen Post zu verfolgen, das Eingangsdatum als Beweis gelten kann.
d) Beim Öffnen der Post benutzen Betriebe Brieföffner, mechanische Brieföffnergeräte oder im Falle größerer Mengen an Post elektrische Brieföffnermaschinen.

2. a) Der **Selbstbucher** hat die Pakete und Paketscheine mit den **Paketnummernzetteln** zu bekleben, die ihm von der Poststelle zur Verfügung gestellt werden. Der Paketnummernzettel erhält die laufende Einlieferungsnummer, die Postleitzahl, die Bezeichnung des Einlieferungspostamts und die Angabe „Selbstbucher". Der Paketnummernzettel ist so auf das Paket zu kleben, dass sein Aufdruck der Aufschrift gleichgerichtet ist. Bei Paketen mit Aufschriftzettel muss ein Teil möglichst auf den oberen Rand des Aufschriftzettels übergreifen. Bei Paketen mit Aufschriftfahne ist er auf die Rückseite der Fahne zu kleben.
Der Selbstbucher hat das Gewicht jeder Sendung mittels einer geeichten Waage zu ermitteln und bei Paketen in der Einlieferungsliste und gegebenenfalls auf der Paketkarte an der dafür vorgesehenen Stelle anzugeben. Anschließend hat er für jede Sendung das Entgelt anhand der Unterlagen der Post AG zu berechnen.
b) Zum **Entgelt** gehören neben dem Paket- und Postgutentgelt auch der Zuschlag für sperrige Pakete, die Entgelte für besondere Versendungsformen, das Zustell- und Bereithaltungsentgelt für Pakete und das Einziehungsentgelt für nicht freigemachte Pakete.
c) Die **Postleitzahl** muss auf den Sendungen links vom Bestimmungsort besonders groß und auffällig in schwarzer Farbe angebracht sein. – Soll diese Postleitzahl durch eine **Anschriftenmaschine** einer Datenverarbeitungsanlage angebracht werden, sind besondere Richtlinien zu beachten.
d) **Unterschiedlich gestaltete Einlieferungslisten** gibt es z. B. für
- gewöhnliche Pakete,
- Pakete mit Express Service.

3. a) Die **Absenderstempelmaschine** darf erst benutzt werden, wenn der Kunde im Besitz der schriftlichen Vereinbarung ist.
b) Die Absenderstempelmaschine darf anderen Personen nicht zur Benutzung überlassen werden.

c) Beim **Postausgang** verwendete Hilfsmittel sind: Waage, Adress-Etikettier-Automat, PC-Ausfüllhilfe (= Maske), Frankiermaschine, Falzmaschine für Schriftstücke, Kuvertiermaschine.

4. Notenblätter können zwar ebenso wie Bücher, Broschüren und Landkarten als **Büchersendung** versandt werden, aber **nicht** zu **geschäftlichen Zwecken**.

5. a) **Postwurfsendungen** an
- Haushalte mit Tagespost, alle Haushalte, alle Briefabholer.

b) • Postwurfsendungen an Haushalte mit Tagespost maximal 250 g
• Postwurfsendungen an Briefabholer maximal 1.000 g

6. a)

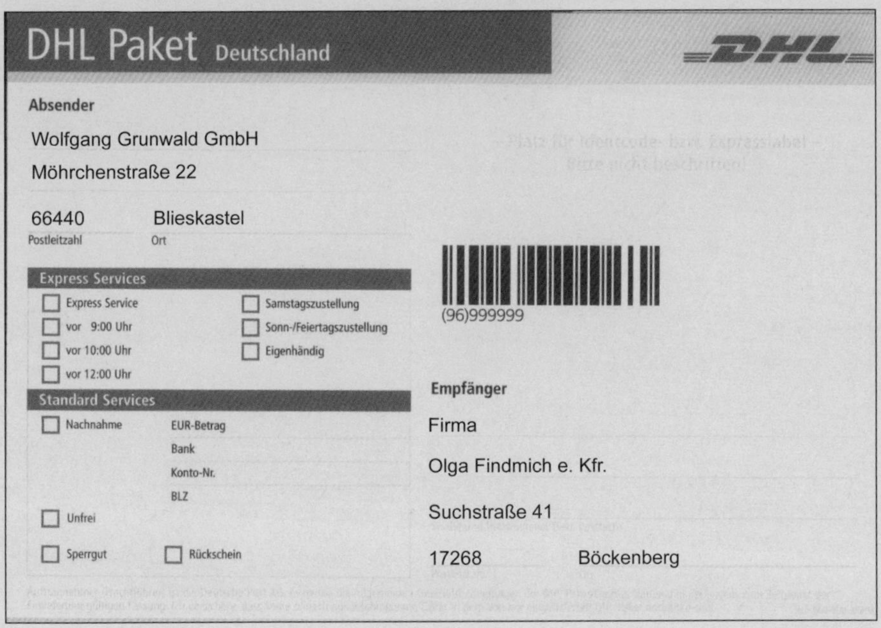

DHL Paket Deutschland

Absender
Wolfgang Grunwald GmbH
Möhrchenstraße 22
66440 Blieskastel
Postleitzahl Ort

– Platz für Identcode- bzw. Expresslabel –
Bitte nicht beschriften!

Express Services
☐ Express Service
☐ vor 9:00 Uhr
☐ vor 10:00 Uhr
☐ vor 12:00 Uhr
☐ Samstagszustellung
☐ Sonn-/Feiertagszustellung
☐ Eigenhändig

(96)999999

Standard Services
☐ Nachnahme EUR-Betrag Bank Konto-Nr. BLZ
☐ Unfrei
☐ Sperrgut ☐ Rückschein

Empfänger
Firma
Olga Findmich e. Kfr.
Suchstraße 41
17268 Böckenberg

b) + c)

Gebühr für das Paket	=	6,90 €
+ Transportsicherung	=	15,00 €
= Gesamtgebühr	=	21,90 €

7. Sie kann die Post nur dann für das Unternehmen entgegennehmen, wenn sie eine **Postvollmacht** hat.

8. a)
- Wenn Überweisungen getätigt werden, muss auf die nach Alphabet abgelegten Rechnungen zurückgegriffen werden können.
- Im Falle einer Steuerprüfung durch das Finanzamt müssen alle Unterlagen, die der Finanzbeamte einsehen will, greifbar sein.
- Im Falle einer Mängelrüge muss auf die Versandpapiere bzw. die Rechnungen zurückgegriffen werden können.

b) Für das handelsrechtliche Bewertungsverfahren gilt, dass – soweit es den **Grundsätzen ordnungsgemäßer Buchführung** entspricht – für den Wertansatz gleichartiger Vermögensgegenstände unterstellt werden kann, dass die zuerst oder dass die zuletzt angeschafften oder hergestellten Vermögensgegenstände zuerst oder in einer sonstigen bestimmten Folge verbraucht oder veräußert worden sind. Bei der Frage, welche Gegenstände z. B. zuerst angeschafft wurden, muss man in Unterlagen nachsehen können.

9. a) Handelsbücher, Inventare, Eröffnungsbilanzen, Jahresabschlüsse, Lageberichte, Konzernberichte, empfangene Handelsbriefe, Belege für Buchungen.
b) **Handelsbriefe** sind Schriftstücke, die ein Handelsgeschäft betreffen.
c) **Zehn Jahre** sind z. B. **aufzubewahren**: Handelsbücher, Inventare, Jahresabschlüsse, Eröffnungsbilanzen.

10. a) **Stehende Registratur**
b) **Hängeregistratur** oder **Pendelregistratur**
c) **Flachablage**
d) **Ablage auf Datenträgern**

11. - Sie werden als geöffnete Box in den Deckel gesteckt.
Diese Möglichkeit bietet schnelles Einlegen oder Entnehmen des Schriftgutes.
- Die geschlossene Box ist eine staubgeschützte Endablage.

12. a) **Bezugsquellen** sind u. a. Fachzeitschriften, „Gelbe Seiten" der Deutschen Telekom AG, Adressbücher.

b) Eine **Liefererkartei** bzw. **Lieferantendatei** (im PC), die für einen bestimmten Lieferanten angelegt wird, enthält Angaben über die Artikelbezeichnung, Anfragen usw.

c) Eine **Warenkartei** bzw. **Warendatei** enthält Angaben für einen bestimmten Artikel, wie Name des Lieferanten oder dessen verschlüsselte Code-Ziffer, Lieferungs- und Zahlungsbedingungen usw.

13. a) Handelsbereiche/Handelsstufen: Versandhandel, Einzelhandel, Großhandel.

b) Um einen **Versandhandel** handelt es sich dann, wenn ein Betrieb Angebote durch Kataloge, Prospekte, Anzeigen, elektronische Medien (wie Internet) oder Vertreter abgibt und die schriftlich, telefonisch, per Fax, per E-Mail, per Internet oder mündlich bestellten Waren den Käufern zustellt. Der Versandhandel wird so nicht nur von Einzelhandelsbetrieben, sondern auch von Großhandelsbetrieben als Absatzweg genutzt. Großhandelsbetriebe des Versandhandels betreiben zum Teil nebeneinander sowohl **Sortimentsversandhandel** (z. B. Bürobedarf) als auch **Spezialversandhandel** (Tuchversender).

c) Man kann z. B. Adressen für Naturkostprodukte im Großhandel ermitteln.

4.1.3 Grundlagen der Betriebsorganisation

1. a) Die **Gewinnmaximierung** ist eines der vorrangigen Ziele von Unternehmen.

b) **Humanisierung der Arbeit** bedeutet u. a.
- Verkürzung der wöchentlichen Arbeitszeit,
- Erweiterung der Urlaubsansprüche,
- Verlängerung der betrieblichen Pausen,
- Einführung der gleitenden Arbeitszeit.

c) **Umsatz** i. S. v. Umsatzerlös ist die Gesamtheit der in Geldeinheiten gemessenen verkauften Leistungen (Güter, Patente usw.).

d) Der Begriff **Absatz** ist umfassender als der Begriff **Umsatz**. Mit dem Absatz ist nicht nur der Verkauf, sondern auch die Vorbereitung, das Anbahnen von Geschäftsbeziehungen und die Abwicklung der mit dem Absatz verbundenen Tätigkeit gemeint.

2. a) **Arbeit, Werkstoffe, Betriebsmittel** sind **betriebswirtschaftliche Produktionsfaktoren**.

b) Mit dem **dispositiven Faktor** ist die Gesamtheit aller in einem Betrieb tätigen Personen gemeint, die Führungsaufgaben übernehmen.

c) „**Management**" ist ein anderer Begriff für den Ausdruck „dispositiver Faktor".

d)
- Ziele setzen,
- Planen,
- Entscheidungen vornehmen,
- Planungsvorhaben realisieren,
- Kontrolle, d. h. Überwachung der gesteckten Ziele.

e) **Interessenskonflikte**:
- Die eigenen Zielvorstellungen sind nicht in Einklang mit den Zielen des Unternehmens zu bringen (Bsp.: Produktion militärischer Güter); man spricht von **Individualkonflikten**;
- **Hierarchisch bedingte Zielkonflikte** können zwischen den Führungsebenen eines Unternehmens auftreten, wenn die Anweisungen von Führungskräften zu wenig operationalisiert sind, d. h. nicht gut messbar sind (Bsp.: Anweisung des Vertriebsleiters: Verkaufen Sie möglichst viele Kleinbildkameras!).

3. a) **Grundsätze der Unternehmensorganisation**:
- Zweckmäßigkeit,
- Wirtschaftlichkeit,
- organisatorisches Gleichgewicht.

b) **Substitutionsprinzip der Organisation:** Um eine Vereinfachung betrieblicher Führungsaufgaben zu bewirken, werden spezielle Vorschriften und Regelungen durch mehr allgemeinere substituiert, d. h. ersetzt.

4. a) **Bestimmungsgrößen** für das Ausmaß betrieblicher Organisation sind:
- die Größe des Unternehmens (z. B. in Abhängigkeit von der Mitarbeiterzahl, Kooperation mit Zweigniederlassungen).
- Gegenstand des Unternehmens (z. B. Vertrieb von Waren oder Fertigung von Produkten).

b) **Kostenminimierung** ist ein Unternehmensziel.

5. a) Da unklar ist, zu welchen Zeitpunkten wie viel Post zu bewältigen ist, muss die betriebliche Organisation die Möglichkeit eröffnen, bei Bedarf weitere Mitarbeiter anzustellen, damit die Arbeit gemeinsam schnell bewältigt wird. Dies setzt aber voraus, dass die Arbeit **teilbar** und **wiederholbar** ist.
b) Im Rahmen der **Disposition** wird von Fall zu Fall entschieden, wie viel und welche Mitarbeiter mit bestimmten Aufgaben beauftragt werden.
c) Sofern die Frankiermaschine defekt ist, muss gewährleistet sein, dass die ausgehende Post auch mit Briefmarken beklebt werden kann. Diese **Improvisation** erfordert einen Spielraum, in dem die Mitarbeiter Entscheidungen selbstständig treffen können.

6. a) In der **Arbeitsstättenverordnung** ist der Schutz gegen Entstehungsbrände geregelt.
b) Die **Feuerlöscheinrichtungen** müssen, sofern sie nicht selbstständig wirken, gekennzeichnet, leicht zugänglich und leicht zu handhaben sein.

7. UVV = **Unfallverhütungsvorschriften**

8. a)
- **Wo** befindet sich der nächste **Feuerlöscher**?
- **Wo** befindet sich der nächste **Wandhydrant**?
- **Welches** sind die wichtigsten **Notrufnummern (Feuer, Polizei)**?
- **Wie** ist ein **Feuerlöscher** zu **bedienen**?
- **Welche Flucht- und Rettungswege** stehen für den Notfall zur Verfügung?

b) **Bis** zum **Eintreffen der Feuerwehr** sollte man sich wie folgt verhalten:
- Gefährdete Personen verständigen – sofern erforderlich und möglich – aus Gefahrenbereich bringen, ansonsten Helfer verständigen.
- Wenn möglich, Brandbekämpfung mit vorhandenen Löschgeräten sachgerecht durchführen.
- Wenn möglich, brennbare Gegenstände aus der Nähe des Brandherdes entfernen.
- Türen geschlossen halten um das Verqualmen der Flucht- und Rettungswege zu verhindern.
- Im Falle einer Aufforderung zur Räumung durch die Feuerwehr oder Polizei oder den zuständigen Sicherheitsbeauftragten verlassen alle Personen unverzüglich über das nächstgünstige Treppenhaus das Gebäude.
- Anfahrten und Zugänge für die Feuerwehr freihalten – Schlüssel für verschlossene Räume bereithalten.
- Dem Einsatzleiter der Feuerwehr kurze, sachliche Auskunft geben über Lage der Brandstelle, Ausdehnung des Brandes, gefährliche Stoffe und die Möglichkeit, wo und wie diese in die **Umwelt** gelangen könnten, Hinweis auf vermisste und gefährdete Personen.

c)
- Feuerlöscher aus Halterung nehmen und zum Brandort bringen.
- Feuerlöscher entsichern.
- Schlagknopf oder Handrad betätigen.
- Schlauch fest in die Hand nehmen (Achtung Betriebsdruck).
- Zum Löschen am Brandort in gebückter Haltung vorgehen, da in Bodennähe erfahrungsgemäß noch ausreichend atembare Luft vorhanden ist.
- Durch Druck auf die Löschpistole strömt das Löschmittel aus.

9. **Kriterien der Menschenführung**: Anerkennung, konstruktive Kritik, Verständnis, Ermutigung.

10. a) Ende der Probezeit eines Arbeitnehmers, Bewerbung auf betriebsinterne Ausschreibungen, Beförderung, Ausscheiden aus dem Betrieb eines Unternehmens.
b) - Berufliche Ausbildung
- Fleiß, Pünktlichkeit, Zuverlässigkeit
- fachliche Qualifikation
- Zusammenarbeit mit Kollegen und Vorgesetzten
- Auffassungsgabe
- Kreativität
- Selbstständigkeit und Eigeninitiative
- Bereitschaft zur Fortbildung
- Äußeres Erscheinungsbild und Art des Auftretens
- Führungsfähigkeit

c) Gemäß Betriebsverfassungsgesetz können Arbeitnehmer verlangen, dass Beurteilungen näher erörtert werden.
d) Der Arbeitnehmer kann bei der Analyse und Erörterung seiner Beurteilung ein Betriebsratsmitglied hinzuziehen.
e) Der **Arbeitnehmer** hat das **Recht**, **Einsicht** in die über ihn geführte **Personalakte** zu nehmen.

11. Weitere Einflussfaktoren, die das **Betriebsklima** beeinflussen, sind u. a.
- Weiterbildungsmöglichkeiten,
- Entscheidungsspielraum,
- Vorgesetzte/r,
- Kollegen,
- Möglichkeit zum selbstständigen Arbeiten,
- die Arbeitszeit,
- das Ansehen ihres Berufs/ihrer Firma,
- Aufstiegschancen.

12. a) **Leitende Arbeit:** Die **Geschäftsführung** hat die Aufgabe, den reibungslosen Betriebsablauf zu gewährleisten, d. h. sie **führt** den Betrieb, **organisiert** und **überwacht** die **betrieblichen Abläufe**.
b) Die Geschäftsführung, die die leitende Arbeit ausführt, erteilt direkt oder über untergeordnete Stellen Anweisungen an die Arbeitnehmer des Betriebes, die die ausführende Arbeit darstellen.
c) Ebenen der **Betriebspyramide**:
• **top-management** (obere Betriebsebene),
• **middle-management** (mittlere Betriebsebene),
• **lower-management** (untere Betriebsebene).

4.1.4 Aufbauorganisation

1. a)

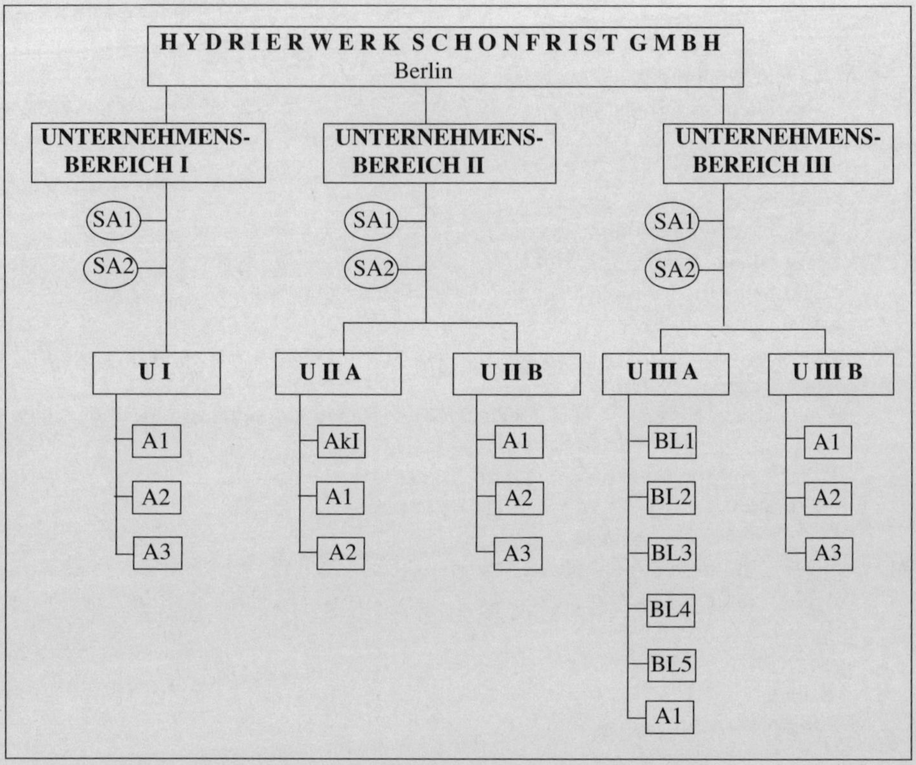

b) Um den **Personalbestand** zu **verringern**, bieten sich u. a. folgende Möglichkeiten an:
- Aufhebungsverträge abschließen,
- Kündigungen aussprechen,
- Arbeitnehmer in den Vorruhestand versetzen,
- Altersübergangsruhegeld zahlen,
- Bildung von selbstständigen Betrieben.

c) Sanierung durch Verkauf von bebauten und unbebauten Grundstücken. Auf diese Weise verringert sich das Anlagevermögen während sich das Umlaufvermögen (Bank, Kasse) erhöht.

2.
- **Innerbetriebliche Ursachen** eines notleidenden Unternehmens:
  - Fehlentscheidungen im Management,
  - Unzureichende Eigenkapitalausstattung.
- **Außerbetriebliche Ursachen** eines notleidenden Unternehmens:
  - Nachfragerückgang aufgrund der gesamtwirtschaftlichen Lage,
  - Ausfall von Forderungen (z. B. infolge der Insolvenz von Kunden).

3. a) Das **Insolvenzverfahren** ist in der **Insolvenzordnung** geregelt.

b)

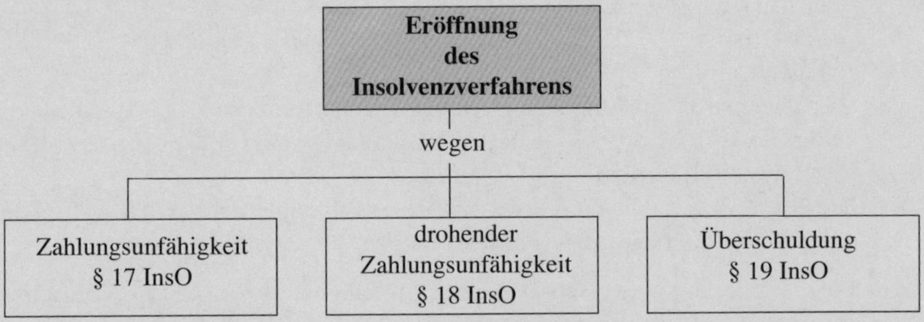

c) Gemäß § 3 InsO ist örtlich ausschließlich das **Insolvenzgericht** zuständig, in dessen Bezirk der **Schuldner** seinen allgemeinen Gerichtsstand hat: Der **allgemeine Gerichtsstand** einer Person wird gemäß § 13 ZPO durch den Wohnsitz bestimmt. Liegt der Mittelpunkt einer selbstständigen wirtschaftlichen Tätigkeit des Schuldners an einem anderen Ort, so ist ausschließlich das Insolvenzgericht zuständig, in dessen Bezirk dieser Ort liegt.

d) Das Insolvenzverfahren dient dazu, die Gläubiger eines Schuldners gemeinschaftlich zu befriedigen, indem das Vermögen des Schuldners verwertet und der Erlös verteilt oder in einem Insolvenzplan eine abweichende Regelung insbesondere zum Erhalt des Unternehmens getroffen wird. Dem redlichen Schuldner wird Gelegenheit gegeben, sich von seinen restlichen Verbindlichkeiten zu befreien.

e) **Antragsberechtigt** sind die **Gläubiger** und der **Schuldner**.

f) Ein Antrag auf Eröffnung des Insolvenzverfahrens ist zulässig, wenn der Gläubiger ein rechtliches Interesse an der Eröffnung des Insolvenzverfahrens hat und seine Forderung und den Eröffnungsgrund glaubhaft macht.

g) Das Insolvenzverfahren erfasst die **Insolvenzmasse**, das heißt das gesamte Vermögen, das dem Schuldner zurzeit der Eröffnung des Verfahrens gehört und das er während des Verfahrens erlangt hat.

h) Gemäß § 174 InsO haben die Insolvenzgläubiger die Forderungen schriftlich beim Insolvenzverwalter anzumelden. Der Anmeldung sollen die Urkunden, aus denen sich die Forderung ergibt, in Abdruck beigefügt werden. Bei der Anmeldung sind der Grund und der Betrag der Forderung anzugeben.

4. Der Insolvenzgläubiger hat seine **Forderung**(en) schriftlich beim **Insolvenzverwalter anzumelden**.

5. a) Gläubiger verlieren Forderungen teilweise oder ganz.

b) Arbeitnehmer werden arbeitslos.

c) - Die Anzahl der Arbeitslosen steigt.
- Die Bundesagentur für Arbeit muss **Arbeitslosengeld** zahlen.
- Der Staat erzielt verminderte Steuereinnahmen (Einkommensteuer, Körperschaftsteuer).

6. a) Die Gliederung von Betrieben kann in **sachlicher Hinsicht** nach
- **der Verrichtung** oder
- **dem Objekt**

erfolgen.

Die **Gliederung** der Aufgaben **nach der Verrichtung** erfolgt in einem Handelsbetrieb derart, dass die Aufgaben nach der Art der Tätigkeit z. B. im Einkauf, Verkauf oder Lager auszuführen sind.

Die Gliederung nach dem **Objektprinzip** erfolgt unter der Berücksichtigung der Produkte, die verkauft werden (Produktgruppen, Absatzgebiete usw.)

b) Eine Gliederung eines Betriebes nach formalen Kriterien kann z. B. nach dem Rang erfolgen, d. h. Aufgaben werden so verteilt, dass einige Mitarbeiter befugt sind, Entscheidungen zu treffen, während andere lediglich vom Vorgesetzten angeordnete Aufgaben ausführen.

Die Gliederung von Betrieben kann nach der Verrichtung erfolgen. Für einen Handelsbetrieb bedeutet dies, dass die Aufgabengliederung nach der Art der auszuführenden Tätigkeit erfolgt.

7. a) **Einliniensystem**: Die übergeordnete Stelle ist der untergeordneten gegenüber weisungsberechtigt.

b) **Vorteil des Einliniensystems**: Klare Unterstellungsverhältnisse und übersichtliche Befehlswege.

Nachteil des Einliniensystems: Zu schwerfällige Befehlswege.

c) **Mehrliniensystem**: Jede untergeordnete Stelle hat Anweisungen von mindestens zwei übergeordneten Stellen zu befolgen.

d) **Vorteil des Mehrliniensystems**: Möglichkeit der Spezialisierung.

Nachteil des Mehrliniensystems: Die Kompetenzabgrenzung (= Abgrenzung der Zuständigkeiten) ist zumeist schwierig.

e) **Matrixorganisation.**

f) Das **Einliniensystem** ähnelt dem Stabliniensystem.

g) **Stabliniensystem**: Den Leitungsstellen sind Stabstellen (z. B. Kreditabteilung) zugeordnet.

h) Im Gegensatz zu den **Leitungsstellen** (z. B. Abteilungen) haben die **Stabstellen** keine Befugnis, Anweisungen zu erteilen.

i) **Spartenorganisation**.

8.

STELLENBESETZUNGSPLAN					
Abteilung: Marketing				**Datum**: 11.11.20..	
Stellen-/ Arbeits-platz-Nr.	Bezeichnung der Tätigkeit	Tarif-gruppe	Stellen-inhaber	Alter	Verän-derun-gen +/–
111/111	Abteilungsleiter	AT *1	Hans Schön	53	
112/111	Gruppenleiter	AT *2	Inge Abt	38	
111/112	Hauptsachbearbeiter	K7	Peter Wurzel	42	
111/113	Sachbearbeiter I	K6	Jens Roh	29	
111/114	(wird demnächst besetzt)				
111/115	Sekretärin	K5	Lien Phoung	26	

*1 und *2 = AT, d.h. außertarifliche Bezahlung (Vereinbarung)

9.

INTERNE STELLENAUSSCHREIBUNG

Personalabteilung: ______________________
Datum: ______________________
Ausschreibungs-Nr.: ______________________

Betrieb/Abteilung/Gruppe: ______________________
____

Tarifgruppe der Stelle: ______________________
Kurze Stellenbezeichnung: ______________________
____
____

Anforderungen an den Bewerber: ______________________
- Ausbildung: ______________________
- Alter: ______________________
- Berufserfahrung:
  * ______________________
  * ______________________
- Besondere Fähigkeiten/Kenntnisse: ______________________
____

Aufstiegsmöglichkeiten: ______________________
____

Stelle wird besetzt bis spätestens am: ______________________
Bewerbungen sind an die Personalabteilung zu richten bis spätestens: ______________________

10. Mögliche **Inhalte einer Arbeitsplatzbeschreibung** können sein:
- Bezeichnung der Arbeit,
- Name des unmittelbaren Vorgesetzten,
- Befugnisse fachlicher, finanzieller oder sonstiger Art,
- Regeln, wie mit anderen Stellen (Abteilungen) zusammenzuarbeiten ist,

- Angaben der Tätigkeiten im Einzelnen,
- Bewertungsmaßstab für die Entlohnung,
- u. U. Lohn- bzw. Gehaltsform, Lohn- bzw. Gehaltskasse.

11. a) **Gesamtprokura**

b) Da die Prokura nur von mehreren Personen gemeinschaftlich ausgeübt werden kann, nämlich von Herrn Jubilau und einem Geschäftsführer oder einem weiteren Prokuristen, muss Herr Habacht darauf achten, dass Verträge mit der Verwaltungsgesellschaft immer von zwei Personen unterzeichnet werden.

c)

Formen der Prokura

Einzelprokura	**Gesamtprokura**	**Filialprokura**	**Variante der Prokura**
wird von **einer Person** ausgeübt	wird von **mindestens zwei Personen gemeinschaftlich** ausgeübt	wird als Einzel- oder Gesamtprokura in **Filialen** ausgeübt	halbseitige Gesamtprokura (Einzelprokura an A, Gesamtprokura an A und B)

d) Der Prokurist hat in der Weise zu **zeichnen**, dass er der Firma seinen Namen mit einem die **Prokura andeutenden Zusatz** beifügt. Der Prokurist zeichnet üblicherweise **„ppa"** vor seinem handgeschriebenen Namen, entweder unter oder über die Firma.

e) Fristen sind keine zu beachten, da die Prokura **jederzeit widerruflich** ist.

f) Der Prokurist darf folgende **Rechtsgeschäfte nicht ausführen**:
- Grundstücke veräußern oder durch Grundpfandrechte (Hypothek oder Grundschuld) belasten,
- Prokuristen einstellen,
- Privatgeschäfte eigenmächtig für den Kaufmann abschließen, bei dem er beschäftigt ist,
- die Firma seines Arbeitgebers anmelden,
- Anmeldungen zur Eintragung in das Handelsregister vornehmen.

g) Nur ein im Handelsregister eingetragener **Kaufmann darf Prokura** erteilen.

12. a) **Handlungsvollmacht** und die **Vertretungsmacht der Ladenangestellten**. Personen, die mit diesen Vollmachten ausgestattet sind, haben geringere Vertretungsbefugnisse als Prokuristen.

b) Elternrecht oder Vormundschaft.

c) Der **Handlungsgehilfe** ist in einem Handelsgewerbe, wie z. B. bei einem Einzelhandelsunternehmen, angestellt, d. h. er ist **Arbeitnehmer**. Als Angestellter – und nicht Arbeiter – übt er eine vom Arbeitgeber (= Kaufmann) abhängige, weisungsgebundene Tätigkeit aus; er unterliegt also dem Direktionsrecht des Arbeitgebers. Im heutigen Sprachgebrauch wird der Handlungsgehilfe **kaufmännischer Angestellter** genannt.

d) Verkäufer, Helferinnen in Apotheken, Versicherungsangestellte im Innendienst, Buchhalter.

13. a) Werden Entscheidungen nach dem **Direktorialprinzip** getroffen, so erfolgen diese auf oberster Führungsebene. Demgegenüber stehen Entscheidungen, die durch mehrere Personen, also durch ein Team erfolgen. Man spricht in diesem Fall von dem **Kollegialprinzip**.

b) Der **Vorteil des Direktorialprinzips** besteht darin, dass die Entscheidungen zügig, d.h. ohne größeren Zeitverlust erfolgen.

c) **Primatkollegialität**: Im Falle der Stimmengleichheit aller gleichberechtigten Mitglieder eines Teams entscheidet die Stimme eines Mitglieds, z. B. die des zuvor gewählten Teamleaders (Leiter der Gruppe).

14. a) Die **Mitbestimmung auf Unternehmensebene** wird im Aufsichtsrat von Unternehmen vollzogen.

b) Die **innerbetriebliche Mitbestimmung** erfolgt durch den **Betriebsrat**, also durch die Interessenvertretung der Arbeitnehmer eines einzelnen Betriebes.

c) - Betriebsverfassungsgesetz
- Mitbestimmungsgesetz von 1976
- Montan-Mitbestimmungsgesetz

d) • **Betriebsverfassungsgesetz**: alle AGs und KGaAs, GmbHs, Erwerbs- und Wirtschaftsgenossenschaften, VVaGs. Aktiengesellschaften mit weniger als 500 Arbeitnehmern unterliegen nicht der Mitbestimmung.
• **Mitbestimmungsgesetz von 1976**: Kapitalgesellschaften mit i. d. R.mehr als 2.000 Arbeitnehmern, die nicht zum Geltungsbereich der Montan-Mitbestimmung gehören.
• **Montan-Mitbestimmungsgesetz**: Kapitalgesellschaften des Bergbaus und der Eisen- und Stahlindustrie.

e) • **Betriebsverfassungsgesetz**: ein Drittel Arbeitnehmervertreter und zwei Drittel Kapitaleigner.
• **Mitbestimmungsgesetz von 1976**: je zur Hälfte Arbeitnehmervertreter und Kapitaleigner; bei Stimmengleichheit hat der Aufsichtsratsvorsitzende das doppelte Stimmrecht.
• **Montan-Mitbestimmungsgesetz**: paritätisch + ein neutrales Mitglied.

15. a) **Management by exception** (Führen nach dem Ausnahmeprinzip):
Die Mitarbeiter stehen nur im Ausnahmefall mit ihren Vorgesetzten in Kontakt, in sonstigen Fällen entscheiden sie selbstständig.
Vorteil: Entlastung des Vorgesetzten von Routinearbeiten und klare Zuordnung von Zuständigkeiten.
Nachteil: Routinearbeiten können zu einer Qualitätsminderung der Arbeit führen.

b) **Management by delegation** (Führen durch Aufgabenübertragung):
Aufgaben und Kompetenzen werden auf untere Organisationsebenen übertragen.

Vorteil: Entlastung des Vorgesetzten und Förderung der Eigeninitiative von Mitarbeitern.
Nachteil: Verschlechterung der Zusammenarbeit zwischen den einzelnen Hierarchieebenen.

c) **Management by objectives** (Führen durch Zielvereinbarung):
Die Unternehmensleitung und alle Mitarbeiter handeln nach vorgegebenen Zielen. Die einzelnen Mitarbeiter (Stelleninhaber) verfolgen spezifische Ziele.
Vorteil: Objektive Beurteilung und Entlohnung der Stelleninhaber.
Nachteil: Geringe Eigeninitiative und erhöhter Stress der Mitarbeiter.

16. a) **Autoritärer Führungsstil**: Mitarbeiter sind ihren Vorgesetzten zum kritiklosen absoluten Gehorsam verpflichtet.
b) **Kooperativer Führungsstil**: Vorgesetzte und Mitarbeiter arbeiten partnerschaftlich zusammen: Kritikfähigkeit, Eigeninitiative und kooperatives Verhalten sind erwünscht.
c) **Bürokratischer Führungsstil**: Die Mitarbeiter eines Betriebes arbeiten fast nur nach Vorschriften.

17. a) Ein wachsender Krankenstand kann zu Produktionsausfällen führen.
b) Wenn Führungskräfte ihre persönliche Karriere verfolgen, gleichzeitig aber nicht die Bedürfnisse (z. B. auf Information) der Mitarbeiter berücksichtigen.

4.1.5 Personalwirtschaft

1. a) Ein **Personalinformationssystem** dient dazu, Daten über das Personal und die Tätigkeitsbereiche bzw. Arbeitsplätze zu erfassen, sie zu speichern und sie bei Bedarf im Überblick zur Verfügung zu stellen, z. B. durch Computerausdrucke. Über die gespeicherten Daten können Aufgaben gelöst werden, die
- die Personalbedarfsplanung,
- die Personalbeschaffung,
- die Personalfreisetzung,
- die Personalerhaltung,
- die Personalförderung (Fortbildung) usw. betreffen.

b)
- Personaldatensystem,
- Personalverwaltungssystem,
- Personalabrechnungssystem,
- Mitarbeiterinformationssystem,
- Arbeitsplatzinformationssystem,

sind Begriffe, die synonym (gleichbedeutend) an Stelle des Begriffs Personalinformationssystem verwendet werden.

c) In einem traditionellen Personalinformationssystem werden die Daten in Akten oder Karteien verwaltet. Da Daten auch aufgrund gesetzlicher Vorschriften oder neuer tarifvertraglicher Regelungen von Zeit zu Zeit zu ändern sind, kann dieses System sehr zeitaufwändig und folglich lohnintensiv sein. Ein EDV-gestütztes System ist deshalb in aller Regel schneller und genauer.

d) Die Vorschrift des Betriebsverfassungsgesetzes, die den Arbeitgeber verpflichtet, den Betriebsrat auch über den personellen Bereich betreffende Angelegenheiten zu informieren, erfordert einen hohen Grad an Informationen über die Mitarbeiter und die Arbeitsplätze. Mithilfe der EDV können diese Daten innerhalb kürzester Zeit ausgegeben (ausgedruckt) werden und stehen somit für Besprechungen zur Verfügung.

2. Im Rahmen der **Personalbedarfsplanung** werden die Fragen geklärt,
- welche Arbeitskräfte
- mit welchen Qualifikationen
- innerhalb eines bestimmten Planungszeitraums oder zu einem bestimmten Planungszeitpunkt
- in welcher Abteilung

zur Verfügung stehen müssen.

3. **Daten**, die **für die Personalplanung** von Bedeutung sein können, sind u. a. Informationen über
- das altersbedingte Ausscheiden von Mitarbeitern,
- die Anzahl der Personen, die Erziehungsurlaub in Anspruch nehmen oder
- die Anzahl von Personen, die bei der Bundeswehr sind oder Zivildienst leisten,
- die Anzahl der geplanten Entlassungen,
- die Anzahl der Personen, die zu Weiterbildungszwecken (betriebsinterne Weiterbildung oder Wahrnehmung von Bildungsurlaub) freigestellt sind oder werden usw.

4. a) **Personalstruktur**: Zusammensetzung der Belegschaft unter dem Gesichtspunkt unterschiedlicher Kriterien, wie Alter, Geschlecht, Nationalität, Dauer der Betriebszugehörigkeit.

b) **Personalbewegungen** wegen Tod, altersbedingtem oder vorzeitigem Ruhestand, Kündigung usw.

c) **Arbeitsausfallzeiten** können bedingt sein durch vorher geleistete Überstunden, Krankheitsfälle, Weiterbildung, Streik oder Aussperrung durch den Arbeitgeber usw.

d) Eine **Personalfluktuationsstatistik** gibt darüber Auskunft, wie viele Mitarbeiter aus welchen Gründen aus dem Betrieb ausgeschieden sind, z. B. wegen Kündigung oder Invalidität.

5. **Externe Einflussfaktoren**, die sich auf die Personalplanung auswirken können, sind
- die aktuelle konjunkturelle Lage (z. B. Anzahl der Arbeitslosen),
- die zu erwartende konjunkturelle Lage (auf der Grundlage von Mitteilungen aus der Presse, der Bundesregierung in Berlin, der Europäischen Zentralbank in Frankfurt/Main usw.),
- die Daten aus Statistiken des Statistischen Bundesamtes in Wiesbaden oder der Statistischen Landesämter über die Entwicklung der Schülerzahlen bzw. der gesamten Bevölkerungsstruktur.

6. a) Mehrarbeit, Urlaubsvertretung, Verlängerung der betrieblichen Arbeitszeit usw.

b) Bewerbung auf innerbetrieblich ausgeschriebene Stellen, Erweiterung der Berufsausbildung, Stellenwechsel usw.

c) **Außerbetriebliche Personalbeschaffung** durch
- Zeitungsannoncen,
- Plakatwerbung,
- Werbung an Schulen,
- Werbung in den Mitteilungen der Industrie- und Handelskammern,
- Anwerbung über vorhandene Mitarbeiter,
- Personalleasing,

- Abschluss von Zeitarbeitsverträgen,
- Abschluss von Werkverträgen (inkl. Heimarbeit),
- Anwerbung über das Arbeitsamt,
- Informationen aus dem Internet.

7. Kommt es zur Versetzung von Mitarbeitern, so stellen sich u. a. folgende Fragen:
- Können möglicherweise Auszubildende oder Umschüler die Stelle besetzen?
- Ist ein Nachfolger für die Stelle vorgesehen?
- Bietet die frei werdende Stelle die Möglichkeit, einen Mitarbeiter auf diese Stelle zu setzen, ihn so zu befördern und damit die Motivation zu steigern?

8. Die innerbetriebliche **Personalsteuerung** erfolgt, indem
- die **Personalmotivation** gesteigert wird über veränderte Arbeitsbedingungen, Arbeitserweiterungen (**job enlargement**), Arbeitsbereicherung (**job enrichement**), verbesserte Arbeitsentgelte,
- die **Mitarbeiter** beurteilt werden
- sich die Beschäftigten **fort- und weiterbilden** können.

9. Mögliche **Merkmalsgruppen** zur Bestimmung von **Arbeitsplatzdaten** und **Personaldaten** sind u. a.:
- **allgemein beschreibende Merkmale**: Arbeitsinhalt, Arbeitsräumlichkeiten, Arbeitszeitregelung, Tarifgruppe, Geschlecht, Geburtsdatum, Familienstand, Eintritts- und Austrittsdatum, Auszeichnungen;
- **Kenntnisstand**: Schulbildung, Fachbildung, Spezialkenntnisse, Berufsjahre usw.;
- **physische Merkmale**: Geschicklichkeit, Seh- und Hörvermögen, Ausdauer, Arbeitstempo usw.;
- **psychische Merkmale**: Reaktionsvermögen, Zuverlässigkeit, Urteilsfähigkeit, Verantwortungsbereitschaft, Kontaktfähigkeit, Artikulationsvermögen (= sprachliche Ausdrucksfähigkeit), Vertrauenswürdigkeit, Konzentrationsvermögen, Belastbarkeit, Führungsfähigkeit usw.;
- **sonstige Merkmale**: Urlaub, Fehlzeiten, Vorgesetzter, Kontaktperson zur Einführung neuer Mitarbeiter usw.

10. a) - Kenntnisse über handelsrechtliche und steuerrechtliche Vorschriften,
- Kenntnisse über Controlling,
- EDV-Kenntnisse,
- Kenntnisse im Zahlungsverkehr und Mahnwesen;

b) - Auftragsbearbeitung,
- Erstellung von Angebots- und Sitzungsunterlagen,
- organisatorische Fähigkeiten,
- sicherer Umgang mit Handelspartnern;

c) - fachliche Kompetenz in Marketing,
- ausgeprägtes Organisationstalent,
- kreative und selbstständige Arbeitsweise,
- Englischkenntnisse.

11. Um eine **quantitative Bewertung der Fähigkeiten** von Mitarbeitern durchzuführen, empfiehlt es sich, eine Punkteskala mit Bewertungsgrundsätzen anzulegen. Diese Skala kann beispielsweise aufgebaut sein auf einem 20-Punkte-System, einem 10-Punktesystem oder einem anderen Punktebewertungssystem. Die Fähigkeiten eines Mitarbeiters werden in Punkten ausgedrückt. Je niedriger die Punkteskala, umso geringere Fähigkeiten werden dem Bewerteten zugemessen. So kann beispielsweise die Bewertung 1 bedeuten, dass der Mitarbeiter mit seinen Fähigkeiten weit unter dem Durchschnitt, bei der Bewertung 10, weit über dem Durchschnitt liegt.

12. a) Der Arbeitnehmer hat gemäß Nachweisgesetz **spätestens einen Monat** nach dem vereinbarten Beginn des Arbeitsverhältnisses die wesentlichen **Vertragsbedingungen schriftlich**[1)] niederzulegen, die Niederschrift zu unterzeichnen und dem Arbeitnehmer auszuhändigen. In die Niederschrift sind **mindestens aufzunehmen**:

1. der Name und die Anschrift der Vertragsparteien,
2. der Zeitpunkt des Beginns des Arbeitsverhältnisses,
3. bei befristeten Arbeitsverhältnissen: die vorhersehbare Dauer des Arbeitsverhältnisses,
4. der Arbeitsort oder, falls der Arbeitnehmer nicht nur an einem bestimmten Arbeitsort tätig sein soll, ein Hinweis darauf, dass der Arbeitnehmer an verschiedenen Orten beschäftigt werden kann,
5. die Bezeichnung oder allgemeine Beschreibung der vom Arbeitnehmer zu leistenden Tätigkeit,
6. die Zusammensetzung und die Höhe des Arbeitsentgelts einschließlich der Zuschläge, der Zulagen, Prämien und Sonderzahlungen sowie anderer Bestandteile des Arbeitsentgelts und deren Fälligkeit,
7. die vereinbarte Arbeitszeit,
8. die Dauer des jährlichen Erholungsurlaubs,
9. die Fristen für die Kündigung des Arbeitsverhältnisses,
10. ein in allgemeiner Form gehaltener Hinweis auf die Tarifverträge, Betriebs- oder Dienstvereinbarungen, die auf das Arbeitsverhältnis anzuwenden sind.

b) • **Hauptpflicht** des **Arbeitgebers**: Vergütung (Arbeitsentgelt zahlen),
• **Hauptpflicht** des **Arbeitnehmers**: Leistung der Dienste, d. h. Arbeitskraft zur Verfügung stellen.

c) Neben den Hauptpflichten aus dem Arbeitsverhältnis haben die beiden Vertragspartner noch Nebenpflichten zu erfüllen.
Arbeitgeber: Fürsorgepflicht, Urlaubsgewährung
Arbeitnehmer: Weisungen befolgen, Treuepflicht, Verschwiegenheitspflicht
Pflicht zur Gewährung von Urlaubsansprüchen: Der Arbeitgeber hat auch die Pflicht, dem Arbeitnehmer den ihm zustehenden Urlaub zu gewähren. Grundsätzlich können aus einem Arbeitsverhältnis mehrere Urlaubsansprüche erwachsen.

d) Erholungsurlaub, Bildungsurlaub (in einigen Bundesländern), Elternzeit.

e) Wird das Arbeitsverhältnis irgendwann einmal beendet, etwa durch eine Kündigung oder eine einvernehmliche Vertragsauflösung, so hat der Arbeitgeber dem Arbeitnehmer die **Arbeitspapiere** auszuhändigen. Dies sind:
- die Lohnsteuerkarte mit Lohnsteuerbescheinigung,
- eine Bescheinigung über den bereits gewährten Erholungsurlaub,

[1)] Die Niederschrift hat deklaratorischen Charakter, d. h. selbst wenn sie nicht erfolgt ist, besteht das Arbeitsverhältnis.

- den Sozialversicherungsausweis,
- Unterlagen für vermögenswirksame Leistungen,
- eine Arbeitsbescheinigung (zur Vorlage beim Finanzamt, wenn Arbeitslosengeld beantragt wird),
- ein einfaches oder qualifiziertes Zeugnis.

f) Ein **einfaches Zeugnis** enthält u. a. die Gesichtspunkte
- Anschriften von Arbeitgeber und Arbeitnehmer,
- Geburtsdatum und Geburtsort des Arbeitnehmers,
- Titel,
- Art und Dauer der Beschäftigung.

Das **qualifizierte Zeugnis** enthält neben den im „einfachen Zeugnis" aufgeführten Angaben Kriterien zur Beurteilung des Arbeitnehmers im Hinblick auf Führung, Leistung und besondere fachliche Fähigkeiten.

13. a) Dreher, Kfz-Meister
b) Buchhalter, Sekretärin

14. Grundsätzlich ist der Arbeitgeber gemäß Nachweisgesetz verpflichtet, spätestens einen Monat nach dem Beginn des Arbeitsverhältnisses, die wesentlichen Vertragsbedingungen schriftlich festzulegen. Die Niederschrift hat er zu unterzeichnen und dem Arbeitnehmer auszuhändigen. Sie hat deklaratorischen Charakter, d. h. der Arbeitsvertrag ist mit seinen vereinbarten Arbeitsbedingungen auch ohne Niederschrift gültig.

15. Ein befristet beschäftigter Arbeitnehmer, wie Georg Ratzebutz, darf wegen der Befristung des Arbeitsvertrages nicht schlechter behandelt werden als ein vergleichbarer unbefristet beschäftigter Arbeitnehmer, es sei denn, dass sachliche Gründe eine unterschiedliche Behandlung rechtfertigen. Deshalb muss auch Herr Ratzebutz kostenlose Essensmarken erhalten. Es handelt sich hier um das so genannte **Diskriminierungsverbot** (§§ 3, 4 TzBfG).

16. Gemäß **Teilzeit- und Befristungsgesetz** ist im Falle eines befristeten Arbeitsvertrages die **Schriftform** vorgeschrieben. Im vorliegenden Beispiel wurde gegen diesen **Formzwang** verstoßen. Deshalb gilt hier: Ist eine Befristung rechtsunwirksam, so gilt der befristete Arbeitsvertrag auf als unbestimmte Zeit geschlossen. Dies hat zur Folge, dass der Arbeitgeber dem Arbeitnehmer nur ordentlich kündigen kann (§14 TzBfG).

17. a) In Betrieben, in denen Arbeitnehmer mit zeitlich unterschiedlichen Arbeitsverträgen beschäftigt werden, darf der Arbeitgeber einen teilzeitbeschäftigten Arbeitnehmer, wie Herrn Schneeweiß, wegen der Teilzeitarbeit gegenüber vollzeitbeschäftigten Arbeitnehmern grundsätzlich nicht unterschiedlich behandeln. Also steht diesem Arbeitnehmer wie allen anderen Mitarbeitern des Betriebes das Urlaubsgeld zu (§ 4 TzBfG).

b) Vereinbaren Arbeitgeber und Arbeitnehmer, dass der Arbeitnehmer seine Arbeitsleistung entsprechend dem Arbeitsanfall zu erbringen hat, so muss zugleich eine bestimmte Dauer der Arbeitszeit festgelegt werden; ist sie nicht festgelegt worden, so gilt eine wöchentliche Arbeitszeit von zehn Stunden als vereinbart. Allerdings ist der Arbeitnehmer zur Arbeitsleistung nur dann verpflichtet, wenn der Arbeitgeber ihm die Lage seiner Arbeitszeit jeweils mindestens vier Tage im Voraus mitteilt. Die Ankündigung, Herrn

Schneeweiß zwei Tage vor dem jeweiligen Arbeitsantritt zu informieren, ist folglich nicht erlaubt (§ 12 TzBfG).

18. a) Angestellte eines Unternehmens beziehen **Gehalt**, Arbeiter erhalten **Lohn**.
b) **Sonderzahlungen**: Urlaubsgeld, Weihnachtsgeld.
c) ja.

19. a) Zeitlohn

b)

Zeitlohn		
	Vorteile für	Nachteile für
Arbeitgeber	- Lohnberechnung ist einfach - bessere Qualität der Arbeitsleistung wegen Arbeit ohne Zeitdruck	- ein Anreizsystem ist nicht gegeben - Arbeitsmoral der Arbeitnehmer kann verringert werden
Arbeitnehmer	- sicheres Einkommen - weniger Stress	- Einkommenshöhe bleibt unverändert - es existiert kein Anreizsystem zur Verbesserung des Arbeitseinkommens

20. Im Falle von gezahltem **Akkordlohn** spricht man von **Leistungslohn**.

21. • Lohn nach **Stückgeldakkord**:
Bruttolohn = Stückakkordsatz x Stückzahl
Stückakkordsatz = Lohnsatz pro Stück

• Lohn nach **Stückzeitakkord**:
Bruttolohn = Stückzahl x Zeitakkordsatz x Minutenfaktor

$$\text{Minutenfaktor} = \frac{\text{Akkordrichtsatz pro Stunde}}{60}$$

$$\text{Zeitakkordsatz} = \frac{60}{\text{Normalleistung pro Stunde}}$$

22.

Akkordlohn		
	Vorteile für	Nachteile für
Arbeitgeber	- konstante Stückkosten - bestmögliche Auslastung der Produktionsmittel	- durch Überanstrengung der Arbeitnehmer höhere Krankheitszeiten - geringere Qualität der produzierten Stücke
Arbeitnehmer	- Einfluss auf Lohnhöhe - es kann sich Teamgeist entwickeln	- höhere Gesundheitsschäden - zeitweise Leistungsschwäche führt zu geringerer Entlohnung

23. - Gewinnbeteiligung durch die Ausgabe von Gratisaktien
- Prämienlohn

24. a) Gemäß § 622 BGB kann das Arbeitsverhältnis eines Arbeitnehmers mit einer Frist von vier Wochen zum Fünfzehnten oder zum Ende eines Kalendermonats gekündigt werden. Da Susanne möglichst spät kündigen will, muss sie spätestens am 30. Juni zum 31. Juli kündigen.

b) Gemäß § 622 Abs. 6 BGB darf für die **Kündigung** des Arbeitsverhältnisses **durch den Arbeitnehmer keine längere Frist vereinbart werden als für die Kündigung durch den Arbeitgeber**. Gegen diese Rechtsnorm wurde im Arbeitsvertrag verstoßen. Die Joe Sumsemann OHG muss also ebenso eine **Kündigungsfrist** von zwei Monaten wahren.

c) Die Regelung bezüglich der Probezeit entspricht nicht der im § 622 Abs. 3 BGB enthaltenen Vorschrift, die besagt, dass während der vereinbarten **Probezeit von längstens sechs Monaten**, das Arbeitsverhältnis mit einer **Frist von zwei Wochen** gekündigt werden kann.

d) Gemäß § 623 BGB bedarf die Beendigung von Arbeitsverhältnissen durch **Kündigung** oder Auflösungsvertrag sowie die Befristung zu ihrer Wirksamkeit der **Schriftform**.

25. a) Im Falle eines regelmäßigen Zuspätkommens handelt es sich um eine Störung im Leistungsbereich. Deshalb ist die **Abmahnung** gerechtfertigt, um so eine mögliche spätere **verhaltensbedingte Kündigung** des Arbeitnehmers zu rechtfertigen.

b) Auch bei regelmäßig nachgewiesener Schlechtarbeit, wie z. B. im Falle regelmäßiger falscher Buchungen in der Abteilung Rechnungswesen, kann ein Arbeitgeber einen Arbeitnehmer abmahnen.

c) Im Falle des mehrfach nachgewiesenen **Betrugs** handelt es sich um eine **Störung im Vertrauensbereich**. In diesem Falle ist eine Abmahnung vor einer fristlosen Kündigung entbehrlich.

d) Die Abmahnung bedarf keiner Schriftform. Allerdings sollte aus Beweisgründen schriftlich abgemahnt werden.

e) Ein Arbeitnehmer kann gemäß Bundesarbeitsgericht verlangen, dass eine Abmahnung aus seiner Personalakte entfernt wird, wenn sie unwahre Tatsachen enthält und geeignet ist, sein späteres Fortkommen zu erschweren.

26. a) Die gesetzliche und vertragliche Kündigung wird auch als **ordentliche Kündigung** bezeichnet.

b) Eine **fristlose Kündigung wird** auch **als außerordentliche Kündigung bezeichnet**.

c) Eine **fristlose Kündigung** darf nur erfolgen, wenn ein **wichtiger Grund** vorliegt; dies trifft im Falle einer Unterschlagung zu. Allerdings muss die Kündigung innerhalb von 2 Wochen erfolgen. Im vorliegenden Fall kam die Kündigung also zu spät. Deshalb ist sie unwirksam.

27. a) **Kündigungen**, die **sozial ungerechtfertigt** sind, sind rechtsunwirksam.

b) Gemäß § 1 KSchG gilt eine **Kündigung als sozial ungerechtfertigt,** wenn sie nicht durch Gründe, die

- in der **Person** des Arbeitnehmers liegen oder
- in dem **Verhalten** des Arbeitnehmers liegen oder
- durch **dringende betriebliche Erfordernisse**, die einer Weiterbeschäftigung des Arbeitnehmers in diesem Betrieb entgegenstehen, bedingt sind.

c) Der Verlust des Führerscheins eines Arbeitnehmers, den dieser für betriebliche Zwecke nicht benötigt, ist ein Kündigungsgrund, der sozial ungerechtfertigt ist, weil die Kündigung nicht durch das Verhalten des Arbeitnehmers bedingt ist. Man spricht auch von einem **allgemeinen Kündigungsschutz**, dem der Arbeitnehmer Meier in diesem Fall unterliegt. Die Kündigung ist also rechtsunwirksam.

28. a) Aus dem **Betriebsverfassungsgesetz** ist ableitbar, was ein Sozialplan ist.

b) Gemäß Betriebsverfassungsgesetz versteht man unter einem **Sozialplan** den Ausgleich oder die Milderung der wirtschaftlichen Nachteile, die den Arbeitnehmern infolge der geplanten Betriebsänderung entstehen.

c) Als **Betriebsänderungen** gelten:
- Stilllegung des ganzen Betriebes oder von wesentlichen Betriebsteilen,
- Verlegung des ganzen Betriebes oder von wesentlichen Betriebsteilen,
- Zusammenschluss mit anderen Betrieben,
- grundlegende Änderungen der Betriebsorganisation, des Betriebszwecks oder der Betriebsanlagen,
- Einführung grundlegend neuer Arbeitsmethoden (Bsp.: Übergang von Handarbeit zu Maschinenarbeit),
- Einführung grundlegend neuer Fertigungsverfahren (Bsp.: Einführung von Robotern in der Autoproduktion).

d) Ein **Sozialplan** kann folgende Festlegungen enthalten:
- Regelungen über Umzugskosten, wenn Mitarbeiter infolge einer Versetzung oder Änderungskündigung ihren Wohnort wechseln (**Änderungskündigung** = i. d. R. Weiterbeschäftigung auf einem freien Arbeitsplatz im gleichen Unternehmen zu geänderten Bedingungen),
- Regelung über Arbeitgeberdarlehen,
- Zuschüsse zum Arbeitslosengeld,
- Abfindungszahlungen in Abhängigkeit vom Alter, der Dauer der Betriebszugehörigkeit und den familiären Verhältnissen.

29. a) Neben der Kündigung gibt es u. a. folgende **Formen der Beendigung eines Arbeitsverhältnisses**:
- Erwerbsunfähigkeit,
- Erreichen der gesetzlichen Altersgrenze,
- Ablauf eines Zeitvertrages,
- Aufhebungsvertrag (= einvernehmliche Vertragsauflösung).

b) **Soziale Absicherung bei Erwerbsunfähigkeit:** Verletzten- bzw. Versicherungsrente.

c) **Hinterbliebenenrente** wird von dem Träger der **Rentenversicherung** gezahlt.

d) Der **Versicherungsträger** für die **Arbeitslosenunterstützung** ist die **Bundesagentur für Arbeit in Nürnberg**.

e) Der Träger der Sozialversicherung, der zuständig für die Zahlung von **Arbeitslosengeld ist**, ist die **Bundesagentur für Arbeit** in Nürnberg.

f) **Arbeitspapiere**:
- Einfaches oder qualifiziertes Zeugnis,
- Lohnsteuerkarte mit Lohnsteuerbescheinigung,
- Bescheinigung über den bereits gewährten Erholungsurlaub,
- Sozialversicherungsausweis,
- Arbeitsbescheinigung (zur Vorlage beim Finanzamt, wenn Arbeitslosengeld beantragt wird).

30. a) **Personengruppen**, die einem **besonderen Kündigungsschutz** unterliegen, sind u. a.
- Betriebsratsmitglieder,
- Jugend- und Auszubildendenvertreter,
- Schwerbehinderte,
- Wehrdienstleistende,
- Schwangere.

Der Arbeitgeber darf diesen Personengruppen innerhalb dem im jeweiligen Gesetz näher bezeichneten Zeitraum nicht kündigen.

b) Der **Betriebsrat** vertritt dem Arbeitgeber gegenüber die besonderen Interessen der Arbeitnehmer eines bestimmten Betriebes. Damit der Arbeitgeber dem Betriebsrat in Konfliktfällen nicht kündigen kann, ist der Betriebsrat **durch das Kündigungsschutzgesetz besonders geschützt**.

c) Die ordentliche **Kündigung** eines **Betriebsratsmitglieds** ist ohne wichtigen Grund **während der Amtszeit** (regelmäßig vier Jahre) **und ein Jahr danach unzulässig**.

d) **Auszubildenden** kann gemäß § 22 BBiG das Ausbildungsverhältnis nach der Probezeit grundsätzlich nicht gekündigt werden. Insofern unterliegen sie einem besonderen Kündigungsschutz bis zum Ende der Ausbildungszeit.

31. Nein, das **Mutterschutzgesetz** ist nur auf Frauen anzuwenden, die in einem Arbeitsverhältnis stehen und für weibliche in Heimarbeit Beschäftigte (§ 1 MuSchuG).

32. Da Ulun Auszubildende ist, ist sie Arbeitnehmerin. Für sie gilt auch das Mutterschutzgesetz. Gemäß § 10 Berufsbildungsgesetz sind nämlich auf den Berufsausbildungsvertrag die für den Arbeitsvertrag geltenden Rechtsvorschriften anzuwenden. Demgemäß gilt, dass ihr **Mutterschaftsgeld** gemäß § 13 MuSchG zusteht.

33. a) Olga hat die Probezeit überstanden. Da sie Arbeitnehmerin im Sinne des Gesetzes ist, soll sie als werdende Mutter gemäß § 5 MuSchG dem Arbeitgeber ihre Schwangerschaft und den mutmaßlichen Tag der **Entbindung** mitteilen.

b) Eine Verpflichtung gegenüber dem Arbeitgeber, ihn über die Schwangerschaft zu informieren, besteht also nicht. Dennoch ist es sinnvoll, den Arbeitgeber über die **Schwangerschaft** zu informieren, da Olga dann den Vorteil hat, mit bestimmten Arbeiten nicht beschäftigt zu werden, die die Gesundheit und das Leben von Mutter und Kind gefährden könnten (§ 4 MuSchG).

34. a) und b)

Beschäftigungsverbote (i.S.d. MuSchG)	
Individuelle Beschäftigungsverbote	*generelle Beschäftigungsverbote*
§ 3 Keine Beschäftigung werdender Mütter, soweit nach ärztlichem Zeugnis Leben und Gesundheit von Mutter und Kind bei Fortdauer der Beschäftigung gefährdet ist. § 3 Abs. 2 Keine Beschäftigung werdender Mütter 6 Wochen vor der Entbindung, es sei denn, dass sich die Schwangere zur Arbeitsleis-tung ausdrücklich bereit erklärt. § 6 Abs. 2 Keine Beschäftigung in den ersten Monaten nach der Entbindung, wenn die Frau noch nicht voll leistungsfähig ist.	§ 4 Keine Beschäftigung mit Arbeiten, bei denen werdende Mütter schädlichen Einwirkungen von gesundheitsgefährdenden Stoffen oder Strahlen, von Staub, Gasen oder Nässen, von Erschütterungen oder Lärm ausgesetzt sind. Keine Fließbandarbeit. Keine Beschäftigung mit Arbeiten, bei denen erhöhte Unfallgefahr besteht usw. § 6 Abs. 1 Mütter dürfen bis zum Ablauf von 8 Wochen nach der Entbindung nicht beschäftigt werden. Bei Früh- oder Mehrlingsgeburten erhöht sich diese Frist auf 12 Wochen (evtl. Verlängerung gemäß Satz 2 in Absatz I). § 7 Befreiung von der Arbeit (mindestens zweimal täglich eine halbe Stunde oder täglich eine Stunde) zum Stillen des Kindes. § 8 Keine Beschäftigung werdender oder stillender Mütter - mit Mehrarbeit - in der Nacht zwischen 20 Uhr abends und 6 Uhr am Morgen, (siehe Ausnahmeregelung) - an Sonn- und Feiertagen.

c) Da sich das ungeborene Kind während der Schwangerschaft aus dem Stoffwechsel der Mutter ernährt, entsteht ein erhöhter Bedarf an Vitaminen und an Mineralien, wie z. B. Eisen, Calcium und Phosphor. Insofern ist es biologisch bedingt, dass sich während der Schwangerschaft, aber auch während der Stillzeit des Kindes, die Leistungsfähigkeit der Schwangeren bzw. der jungen Mutter verändert. Schonung ist also angebracht. Aus diesen Gründen bestehen gesetzlich festgeschriebene individuelle und generelle Beschäftigungsverbote, um so das Leben und die Gesundheit von Mutter und Kind nicht zu gefährden.

35. Frauen, die in der gesetzlichen Krankenversicherung versichert sind, erhalten neben dem **Mutterschaftsgeld** auch die folgenden Leistungen bei **Schwangerschaft** und Mutterschaft:

1. Ärztliche Betreuung und Hebammenhilfe,
2. Versorgung mit Arznei-, Verband- und Heilmitteln,
3. stationäre Entbindung,
4. häusliche Pflege,
5. Haushaltshilfe (§§ 14,15 MuSchG, §§ 196 ff, RVO = Reichsversicherungsordnung).

Der Arbeitgeber hat der Frau die Freizeit zu gewähren, die zur Durchführung der Untersuchungen im Rahmen der Leistungen der gesetzlichen Krankenversicherung bei Schwangerschaft und Mutterschaft erforderlich ist. Entsprechendes gilt zu Gunsten der Frau, die nicht in der gesetzlichen Krankenversicherung versichert ist. Ein Entgeltausfall darf hierdurch nicht eintreten (§ 16 MuSchG).

36. Die **Kündigung** gegenüber einer Frau während der Schwangerschaft und bis zum Ablauf von vier Monaten nach der Entbindung ist unzulässig, wenn dem Arbeitgeber zurzeit der Kündigung die Schwangerschaft oder Entbindung bekannt war oder innerhalb zweier Wochen nach der Kündigung mitgeteilt wird. Folglich ist die Kündigung gegenüber Naomi Brunnenbaum durch ihren Arbeitgeber rechtsunwirksam.

Überschreitet eine Frau diese Frist, so gilt das **Kündigungsverbot** weiterhin, wenn es auf einem von der Frau nicht zu vertretenden Grund beruht und die Mitteilung unverzüglich nachgeholt wird (§ 9 (1) MuSchG). „Bei der Entscheidung über die unverzügliche Nachholung der Mitteilung kann weder auf eine Mindestfrist noch auf eine Höchstfrist abgestellt werden; entscheidend sind vielmehr die besonderen Umstände des konkreten Einzelfalles“. Die **Kündigung** bedarf der **schriftlichen Form** und sie muss den zulässigen **Kündigungsgrund** angeben (§ 9 (3) MuSchG).

37. Gemäß § 7 MuSchG kann die Mutter während der Stillzeit ihres Kindes die im Gesetz festgeschriebenen Rechte in Anspruch nehmen. So ist stillenden Müttern auf ihr Verlangen die zum Stillen erforderliche Zeit, mindestens aber zweimal täglich eine halbe Stunde oder einmal täglich eine Stunde freizugeben. Bei einer zusammenhängenden Arbeitszeit von mehr als acht Stunden soll auf Verlangen zweimal eine Stillzeit von mindestens 45 Minuten oder, wenn in der Nähe der Arbeitsstätte keine Stillgelegenheit vorhanden ist, einmal eine Stillzeit von mindestens 90 Minuten gewährt werden. Die Arbeitszeit gilt als zusammenhängend, soweit sie nicht durch eine Ruhepause von mindestens zwei Stunden unterbrochen wird.

38. Nein, gemäß § 16 MuSchG hat der Arbeitgeber die Frau für die Zeit freizustellen, die zur Durchführung der Untersuchungen im Rahmen der Leistungen der gesetzlichen Krankenversicherung bei Schwangerschaft und Mutterschaft erforderlich ist. Entsprechendes gilt zu Gunsten der Frau, die nicht in der gesetzlichen Krankenversicherung versichert ist. Ein Entgeltausfall darf hierdurch nicht eintreten.

39. Gemäß § 13 MuSchG erhalten Frauen, die Mitglied einer gesetzlichen Krankenkasse sind, für die Zeit der Schutzfristen sowie für den Entbindungstag Mutterschaftsgeld (§ 3 Abs. 2 und § 6 Abs. 1 MuSchG).

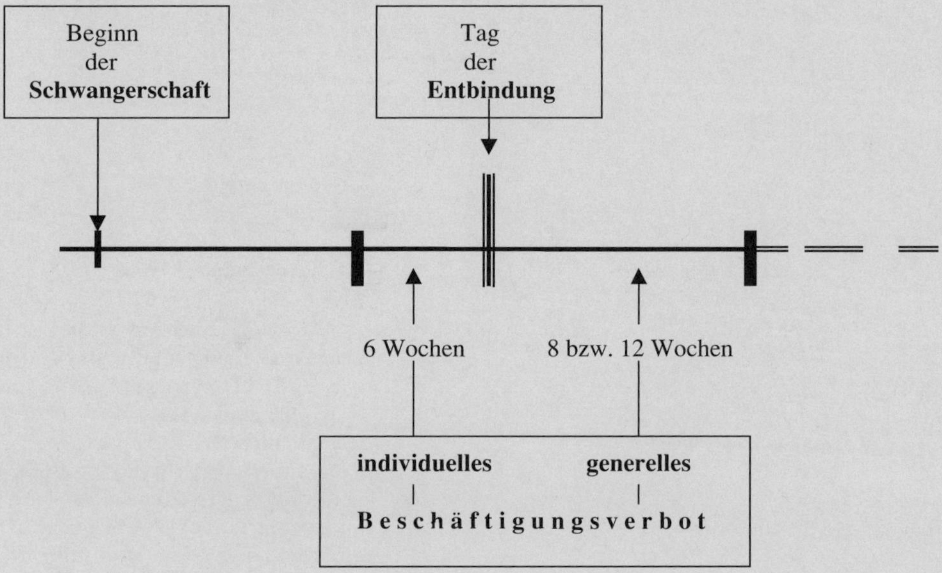

Beim individuellen Beschäftigungsverbot kann die werdende Mutter selbst entscheiden, wann sie vor dem mutmaßlichen Tag der Entbindung ihr Recht wahrnimmt, nicht mehr zu arbeiten. Beim generellen Beschäftigungsverbot besteht zum Schutz der geschwächten Mutter und dem des Kindes ein Beschäftigungsverbot, das einzuhalten ist.

40. Die Elternzeit und das Elterngeld sind im Bundeselterngeld- und Elternzeitgesetz (ab 2007) geregelt.

41. a) Das **Betriebsverfassungsgesetz** enthält die Vorschriften, die die Voraussetzungen für die Wahl von Betriebsratsmitgliedern betreffen.

b) In Betrieben mit in der Regel **mindestens fünf** ständig **wahlberechtigten** Arbeitnehmern, von denen **drei wählbar** sind, werden Betriebsräte gewählt.

c) Eine Voraussetzung für die rechtmäßige Existenz eines Betriebsrats in einem Betrieb ist, dass die ständig beschäftigten Arbeitnehmer wahlberechtigt sind. **Wahlberechtigt** sind gemäß § 7 BetrVG alle **Arbeitnehmer**, die das **18. Lebensjahr vollendet** haben. Findet die Betriebsratswahl an mehreren Tagen statt, so muss der Arbeitnehmer spätestens am letzten Wahltag sein 18. Lebensjahr vollendet haben. – Als Arbeitnehmer gelten nicht nur die ständig in einem Betrieb Beschäftigten (einschließlich volljährige Auszubildende), sondern auch die Heimarbeiter und Teilzeitbeschäftigten. Alle Wahlberechtigten besitzen das sog. **aktive Wahlrecht**.

d) Bei der Frage der Wählbarkeit, d. h. der Ausübung des sog. **passiven Wahlrechts**, spielt die Dauer der Betriebszugehörigkeit eine wesentliche Rolle. – Wählbar bei Betriebsratswahlen sind alle Wahlberechtigten, die **dem Betrieb sechs Monate angehören** oder als in Heimarbeit Beschäftigte vorwiegend für den Betrieb gearbeitet haben.

e)

Zeitpunkt der Betriebsratswahlen

§ 13 BetrVG

regelmäßige Wahl

- alle vier Jahre
- 1. März bis 31. Mai

nicht regelmäßige Wahl

1. 24 Monate nach der Wahl ist die Zahl der regelmäßig beschäftigten Arbeitnehmer um die Hälfte, mindestens um 50 gesunken oder gestiegen.
2. Der Betriebsrat tritt zurück.
3. Nach dem Ausscheiden von Betriebsratsmitgliedern können auch keine Ersatzmitglieder mehr nachrücken.
4. Die Betriebsratswahl wird mit Erfolg angefochten.
5. Der Betriebsrat wird durch eine Entscheidung des Arbeitsgerichts aufgelöst.
6. Bisher gibt es keinen Betriebsrat.

f) Weitere im Betriebsverfassungsgesetz erfassten **Sondervertretungsorgane**, die neben dem Betriebsrat die Interessen der Arbeitnehmer vertreten, sind
- der Gesamtbetriebsrat,
- der Konzernbetriebsrat,
- die Jugend- und Auszubildendenvertretung,
- die Gesamt-Jugend- und Auszubildendenvertretung.

- **Gesamtbetriebsrat**: Bestehen in einem Unternehmen mehrere Betriebsräte (z. B. ein Betriebsrat im Hauptbetrieb und ein Betriebsrat in Nebenbetrieben), so ist ein Gesamtbetriebsrat zu errichten.
- **Konzernbetriebsrat**: Für einen Unternehmenskonzern, bei dem ein oder mehrere abhängige Unternehmen unter der Leitung des herrschenden Unternehmens zusammengefasst sind, kann durch Beschlüsse der einzelnen Gesamtbetriebsräte ein Konzernbetriebsrat errichtet werden.
- **Jugend- und Auszubildendenvertretung**: In Betrieben mit in der Regel mindestens fünf Arbeitnehmern, die das 18. Lebensjahr noch nicht vollendet haben (jugendliche Arbeitnehmer) oder die zu ihrer Berufsausbildung beschäftigt sind und das 25. Lebensjahr noch nicht vollendet haben, werden Jugend- und Auszubildendenvertretungen gewählt.
- **Gesamt-Jugend- und Auszubildendenvertretung**: Bestehen in einem Unternehmen mehrere Jugend- und Auszubildendenvertretungen, so ist eine Gesamt-Jugend- und Auszubildendenvertretung zu errichten.

g) Der **Personalrat** vertritt die Interessen der Arbeitnehmer (Beamte, Angestellte, Arbeiter) im **öffentlichen Dienst**.

42. a)

Aufgaben des Betriebsrats

Allgemeine Aufgaben
§ 80 BetrVG

- Über die Durchführung der Gesetze, Verordnungen, Unfallverhütungsvorschriften, Tarifverträge, Betriebsvereinbarungen achten
- Anregungen der Jugend- und Auszubildendenvertretung entgegenehmen
- die Eingliederung schwerbehinderter Personen fördern
- die Wahl einer Jugend- und Auszubildendenvertretung vorbereiten
- die Beschäftigung älterer Arbeitnehmer fördern
- die Eingliederung ausländischer Arbeitnehmer im Betrieb und das Verständnis zwischen ihnen und den deutschen Arbeitnehmern fördern

Besondere Aufgaben
§ 87 ff. BetrVG

Aufgaben in

sozialen Angelegenheiten
§ 87 ff.

betreffend:
- die Verhütung von Arbeitsunfällen
- Fragen der Entlohnung
- die Ausgestaltung von Sozialeinrichtungen
- die Förderung der Vermögensbildung

usw.

personellen Angelegenheiten
§ 92 ff.

betreffend:
- die Besetzung von Arbeitsplätzen
- die Änderung von Personalfragebögen
- Maßnahmen zur Förderung der Berufsbildung (Lehrgänge, Seminare)
- die Einstellung, Eingruppierung, Versetzung von Arbeitnehmern
- die ordentliche oder außerordentliche Kündigung

usw.

wirtschaftlichen Angelegenheiten
§ 106 ff.

betreffend:
- die finanzielle Lage des Unternehmens
- Investitionsvorhaben
- Rationalisierungsvorhaben
- die Stilllegung von Betrieben
- den Zusammenschluss von Betrieben

usw.

b) In Betrieben, die i. d. R. ständig mehr als 100 Arbeitnehmer beschäftigen, ist ein **Wirtschaftsausschuss** zu bilden.

c) Der **Wirtschaftsausschuss** hat die **Aufgabe**, wirtschaftliche Angelegenheiten, wie z. B. die Stilllegung von Betrieben, mit dem Unternehmer zu beraten und den Betriebsrat zu unterrichten.

43. a) § **2 Arbeitszeitgesetz** enthält folgende

Begriffsbestimmungen

- **Arbeitszeit:** Zeit vom Beginn bis zum Ende der Arbeit ohne Ruhepausen.
- **Arbeitnehmer:** Arbeiter, Angestellte und die zur Berufsbildung Beschäftigten.
- **Nachtzeit:** 23 bis 6 Uhr.
- **Nachtarbeit:** Jede Arbeit, die mehr als 2 Stunden der Nachtzeit umfasst.
- **Nachtarbeitnehmer:** Arbeitnehmer, die
  1. aufgrund ihrer Arbeitszeitgestaltung regelmäßig wiederkehrend in Wechselschicht Nachtarbeit zu leisten haben.
  2. Nachtarbeit an mindestens 48 Tagen im Kalenderjahr leisten.

b) Der **Kern** des Arbeitszeitgesetzes besteht aus dem **zweiten und dritten Abschnitt**.

Arbeitszeitgesetz

Zweiter Abschnitt
Werktägliche Arbeit

- § 3 Arbeitszeit der Arbeitnehmer
- § 4 Ruhepausen
- § 5 Ruhezeit
- § 6 Nacht- und Schichtzeit
- § 7 Abweichende Regelungen
- § 8 Gefährliche Arbeiten

Dritter Abschnitt
Sonn- und Feiertagsruhe

- § 9 Sonn- und Feiertagsruhe
- § 10 Sonn- und Feiertagsbeschäftigung
- § 11 Ausgleich für Sonn- und Feiertagsbeschäftigung
- § 12 Abweichende Regelungen
- § 13 Ermächtigung, Anordnung, Bewilligung

c) Arbeitgeber, die vorsätzlich oder fahrlässig gegen die Rechtsnormen des Arbeitszeitgesetzes verstoßen, haben mit den in diesem Gesetz enthaltenen **Rechtsfolgen** zu rechnen.
Eine **Ordnungswidrigkeit** kann mit einer **Geldbuße** geahndet werden. Ordnungswidrig handelt beispielsweise der Arbeitgeber, der gegen § 16 Abs. 2 ArbZG verstößt, d. h. die über die werktägliche Arbeitszeit von 8 Stunden hinausgehende Arbeitszeit der Arbeitnehmer nicht aufzeichnet.
Ein Arbeitgeber, der in § 22 ArbZG näher bezeichnete Handlungen begeht, wie z. B. keine Ruhepausen oder keine Mindestruhezeit gewährt und dies

- **vorsätzlich** begeht und dadurch Gesundheit oder Arbeitskraft eines Arbeitnehmers gefährdet oder
- beharrlich wiederholt,

wird mit **Freiheitsstrafe** bis zu einem Jahr oder mit **Geldstrafe** bestraft.
Kann einem Arbeitgeber zwar kein Vorsatz, aber **Fahrlässigkeit** beim Verstoß gegen § 22 ArbZG nachgewiesen werden, so wird er mit einer **Freiheitsstrafe** bis zu einem Jahr oder mit einer Geldstrafe bestraft.

44. **Mitbestimmungsrechte**: Der Betriebsrat beteiligt sich an den Entscheidungen des Arbeitgebers.

Mitwirkungsrechte: Der Betriebsrat hat lediglich ein Mitspracherecht bei betrieblichen Entscheidungen des Arbeitgebers.

45. a) I; b) I c) II d) I e) II

46. a) Nein, grundsätzlich hat der **Arbeitgeber vor jeder Kündigung** die **Pflicht**, **den Betriebsrat** darüber **zu informieren**, dass die Kündigung eines Arbeitsverhältnisses durch den Arbeitgeber erfolgen soll. Zudem hat er ihm die **Gründe für die Kündigung mitzuteilen**. Wird der Betriebsrat vorher nicht gehört (bei einer ordentlichen oder außerordentlichen Kündigung), so ist die **Kündigung unwirksam**.

b) Hat der Betriebsrat gegen die ordentliche Kündigung **Bedenken**, so hat er diese dem Arbeitgeber unter Angaben von Gründen spätestens **innerhalb einer Woche schriftlich mitzuteilen**.

c) **Kündigungsschutzklage** ist **vor dem Arbeitsgericht** zu erheben.

d) Frau Cézanne kann innerhalb von drei Wochen nach Zugang der Kündigung **Klage beim Arbeitsgericht** auf Feststellung erheben, dass das Arbeitsverhältnis durch die Kündigung nicht aufgelöst ist (= Kündigungsschutzklage).

e) Hat der Betriebsrat frist- und ordnungsgemäß widersprochen und hat der Arbeitnehmer **Kündigungsschutzklage** erhoben, so muss der Arbeitgeber auf Verlangen des Arbeitnehmers diesen nach Ablauf der Kündigungsfrist bis zum rechtskräftigen Abschluss des Rechtsstreits bei unveränderten Arbeitsbedingungen weiterbeschäftigen.

47. a) Die **Betriebsversammlung** besteht aus Arbeitnehmern des Betriebs.
b) Sie wird **vom Vorsitzenden** des Betriebsrats **geleitet**.
c) Mindestens **einmal in jedem Kalendervierteljahr** findet eine Betriebsversammlung statt.
d) Nein, Betriebsversammlungen sind **nicht öffentlich**.

48. a) In Betrieben mit in der Regel mindestens fünf Arbeitnehmern, die das 18. Lebensjahr noch nicht vollendet haben (jugendliche Arbeitnehmer) oder die zu ihrer Berufsausbildung beschäftigt sind und das 25. Lebensjahr noch nicht vollendet haben, werden **Jugend- und Auszubildendenvertretungen** gewählt.

b) Die Frage der **Wählbarkeit** ist in Abhängigkeit vom Lebensalter zu betrachten. Alle Arbeitnehmer eines Betriebs, die das 25. Lebensjahr noch nicht vollendet haben und kein Mitglied des Betriebsrats sind, können zu Jugend- und Auszubildendenvertretern gewählt werden. Also kann Wolfgang gewählt werden, sofern er nicht Betriebsratsmitglied ist.

c) Die **regelmäßigen Wahlen** der **Jugend- und Auszubildendenvertretung** finden **alle zwei Jahre** in der Zeit vom 1. Oktober bis 30. November statt.

d) Tritt die Jugend- und Auszubildendenvertretung während ihrer Amtszeit zurück, so finden möglicherweise erneut Wahlen statt, aber zu einem anderen als dem vom Gesetz bestimmten Zeitpunkt für regelmäßige Wahlen.

e) Die Jugend- und Auszubildendenvertretung hat u. a. folgende **Aufgaben** zu erfüllen:
- Sie kann Maßnahmen, die die Berufsbildung betreffen, beim Betriebsrat beantragen (z. B. Fortbildungsveranstaltungen).
- Sie hat darüber zu wachen, dass die für Arbeitnehmer geltenden Gesetze, Verordnungen, Unfallverhütungsvorschriften, Tarifverträge und Betriebsvereinbarungen beachtet werden.

49. a) **Tarifvertragsparteien** sind Gewerkschaften, einzelne Arbeitgeber (z. B. die Volkswagen AG) sowie Arbeitgeberverbände.

b) **Lohn- und Gehaltstarifverträge** und **Manteltarifverträge**.

c) In Manteltarifverträgen können folgende Inhalte festgelegt sein:

- Pausen- und Ruhezeiten,
- Erholungsurlaub,
- Zusatzurlaub,
- Sterbegeld,
- Urlaubs- und Weihnachtsgeld,
- zusätzliche Altersversorgung.

d) **Tarifautonomie**: Zwischen den Tarifvertragsparteien werden **ohne Einmischung des Staates** Tarifverträge ausgehandelt.

e) Das zuständige Bundesministerium kann einen **Tarifvertag** im Einvernehmen mit einem aus je drei Vertretern der Spitzenorganisationen der Arbeitgeber (= Arbeitgeberverbände) und der Arbeitnehmer (= Gewerkschaften) bestehenden Ausschuss auf Antrag einer Tarifvertragspartei im Rahmen einer Allgemeinverbindlichkeitserklärung für **allgemein verbindlich erklären**, sodass er auch für nicht gewerkschaftlich organisierte Arbeitnehmer gilt.

f) **Tarifregister**: Darin eingetragen werden der Abschluss, die Änderung und die Aufhebung der Tarifverträge sowie der Beginn und die Beendigung der Allgemeinverbindlichkeit (§ 6 TVG).

50. a) **„Verdi"** bedeutet Vereinte Dienstleistungs-Gewerkschaft.

b) **Aufgaben der Gewerkschaften** sind u. a.:
- Vorbereitung und Durchführung von Streiks,
- Schaffung von Fortbildungsmaßnahmen,
- Aushandeln von Tarifverträgen,
- Beratung von Gewerkschaftsmitgliedern.

51. a) **Legaler Streik:** In der Urabstimmung sprechen sich i. d. R. mindestens 75 % aller gewerkschaftlich organisierten Arbeitnehmer dafür aus, dass gestreikt werden soll.

b) **Nicht organisierte** lang anhaltende **Arbeitsniederlegungen** sind **illegale Streiks**.

c) Im Falle der **Aussperrung** erlauben die Arbeitgeber es nicht, dass die Arbeitnehmer im Betrieb ihre Arbeit aufnehmen.

d) Nur die **Abwehraussperrung**, als Reaktion auf einen legalen Streik, ist **rechtmäßig**. Die **Angriffsaussperrung**, der kein Streik vorausgeht, ist **rechtswidrig**.

52. a) Es handelt sich um die Gewerkschaft **Verdi**.

b) Die Abkürzung Verdi steht für **„Vereinte Dienstleistungsgewerkschaft"**.

c) Verdi vertritt und fördert die wirtschaftlichen, ökologischen, sozialen, beruflichen und kulturellen Interessen ihrer Mitglieder.

4.1.6 Ablauforganisation

1. a) **Ablauforganisation.**

b) **Einzelarbeitsplätze** erfordern einen großen Flächenbedarf und verursachen somit hohe Kosten.

c) Für Arbeitnehmer bedeutet die Inanspruchnahme eines **Einzelarbeitsplatzes** eine nahezu optimale Abschirmung vor Störungen. Deshalb ist eine hohe Konzentration möglich. Unter vier Augen können vertrauliche Gespräche geführt werden. Das Empfinden, ein höheres Prestige gegenüber Gruppenarbeitsplätzen oder Großraumbüros zu haben, ist in der Regel stark ausgeprägt.

d) Die Kommunikation der Mitarbeiter untereinander ist – eine spannungsfreie Situation vorausgesetzt – im **Gruppenarbeitsraum** nahezu optimal.

e) Um die **Sicherheit am Arbeitsplatz** zu berücksichtigen, ist darauf zu achten, dass Tische, Stühle und Schränke standsicher aufgestellt werden. Außerdem gilt es, Quetschstellen zwischen beweglichen und festen Teilen, wie z. B. Schubladen oder Bürodrehstühle, zu vermeiden.

f) **Job enrichment** = Aufgabenbereicherung.

g)
- **Job rotation**: Es bedeutet Aufgabenwechsel. Arbeitnehmer wechseln ihren Arbeitsplatz, um so einer aufkommenden Monotonie der Arbeit und einer einseitigen Belastung entgegenzuwirken.
- **Job enlargement**: Es bedeutet Aufgabenerweiterung. Tätigkeiten werden zusammengefasst, was zu einer Verminderung der Arbeitsteilung führt.
- **Teilautonome Gruppen** sind Arbeitsgruppen, die in bestimmten Arbeitsbereichen autonom (= selbstständig) handeln können, so z. B. im Hinblick auf die Zuordnung bestimmter Arbeiten innerhalb der Gruppe oder auf die selbstständige Wahl eines Gruppenleiters.

h)
- **Verrichtungsprinzip**: Grundsatz der Gliederung der Aufgaben eines Betriebes nach betrieblichen Funktionen (Einkauf, Verkauf, Rechnungswesen, Mahnabteilung usw.)
- **Objektprinzip**: Gliederung unter Berücksichtigung der Produkte, die verkauft werden (Produktgruppen, Absatzgebiete).

i) Eine **innerbetriebliche Neuorganisation** ist z. B. gerechtfertigt, wenn

- die technische Entwicklung die Umgestaltung von Stellen erforderlich macht,
- die Neugliederung des Betriebes oder einzelner Abteilungen zu einer besseren Überschaubarkeit führt,
- die Wirtschaftlichkeit der Arbeit erhöht wird, weil so u. U. **Leerläufe vermieden** und **Durchlaufzeiten minimiert** werden können und **Doppelarbeit entfallen** kann,
- **Kosten gesenkt** werden können,
- die **Koordinierung von Terminen** besser erfolgen kann.

2. • **Aufbauorganisation**: Es handelt sich hier um die Organisationsstruktur des Unternehmens in horizontaler und vertikaler Richtung. Auf horizontaler Ebene erfolgt die Zuordnung von Aufgaben und Aufgabenbereichen. Die vertikale (senkrechte) Gliederung lässt sich beschreiben durch ein Über- bzw. Unterordnungsverhältnis und eine damit einhergehende Weisungsbefugnis von Vorgesetzten gegenüber untergeordneten Stellen bzw. Stelleninhabern.

• **Ablauforganisation**: Hier wird aufgezeigt, wie in einzelnen betrieblichen Bereichen Arbeitsprozesse ablaufen (Bsp.: Darstellung (zeitliche Abfolge) der einzelnen Arbeitsschritte bei der Produktion eines PKWs).

3.

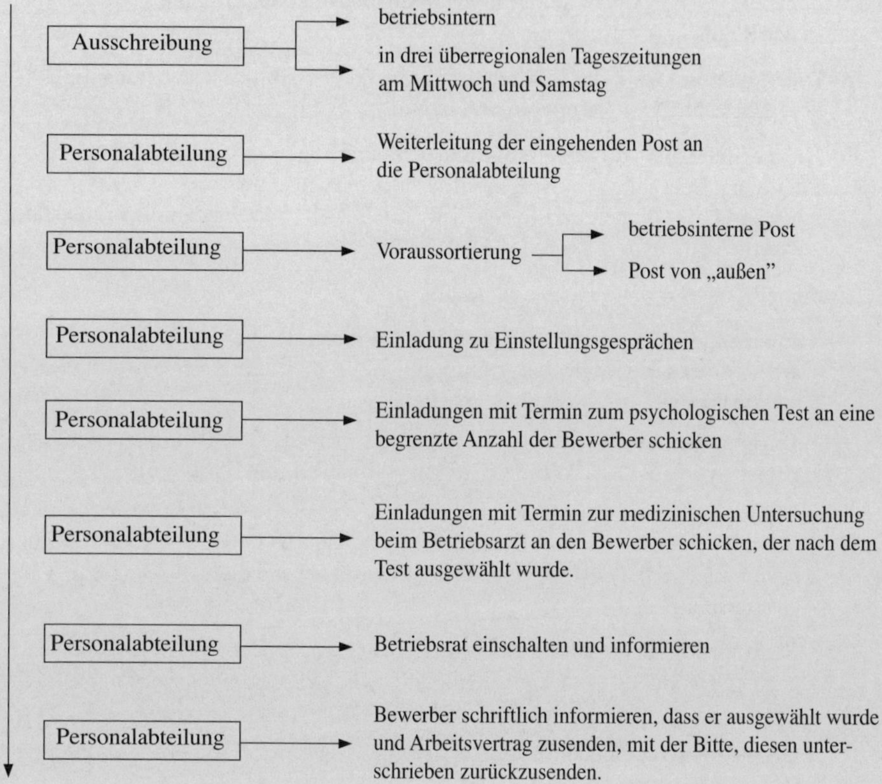

4. a) Der **Ist-Zustand** ist der gegenwärtige Zustand (Bsp.: Anzahl der Mitarbeiter in einem bestimmten Monat); in einer **Soll-Planung** werden Daten angegeben, die es zu erreichen gilt (Bsp.: das Erreichen eines bestimmten Umsatzes aufgrund erfolgter Werbemaßnahmen in Rundfunk und Fernsehen).

b) Schriftliche **Befragung,** Befragung per Telefon.

c) - Sind Sie bereit, im Alter von 58 Jahren in den Vorruhestand zu gehen?
- Wären Sie im Falle Ihrer Entlassung mit einer Abfindung einverstanden?
- Sind Sie bereit, eine andere gleichbezahlte Tätigkeit innerhalb des Betriebes auszuführen?
- Sind Sie bereit, Ihre Tätigkeit in einer unserer Zweigniederlassungen in Deutschland fortzusetzen?

- Sind Sie bereit, zur Erhaltung der Arbeitsplätze in unserem Unternehmen, auf eine Tariferhöhung in den kommenden beiden Jahren zu verzichten?
- Haben Sie organisatorische Verbesserungsvorschläge in Ihrem Tätigkeitsumfeld?

d) **REFA.**

e) - Die **Beobachtung** ist u. U. nicht objektiv genug.
- Einstellungen zur Tätigkeit können durch Beobachtung nicht festgestellt werden.

5. a) **Primärerhebung** durch: Berichterstattung, Beobachtung, Befragung.

b) Interview.

c) **Sekundärerhebung**: Bereits vorhandene Daten (Statistiken, Berichte) werden als Arbeitsgrundlage herangezogen.

6. a)

25. Woche - Urlaubsplanung							
Mitarbeiter Marketing-Abt.	Mo	Di	Mi	Do	Fr	Sa	So
Müller	▒						
Schwarz							
Ottenbreit			▒	▒	▒		
Efe	▒	▒					

b) **Balkendiagramm.**

c) Produktion und Personalabteilung.

7. **Gantt** hat die Technik des Balkendiagramms erfunden.

8. Bei der Berechnung der Durchlaufzeiten können im Falle eines **Gantt-Diagramms** parallele Arbeitsvorgänge berücksichtigt werden.

9. Bei der Produktion von Küchen kommt es darauf an, dass die einzelnen **Aufgabenträger** ihre **Teilaufgabe** zwar schnellstmöglichst durchführen, dabei aber beachten müssen, dass die Qualitätsvorschriften berücksichtigt werden. So muss z. B. ein Arbeitnehmer (Aufgabenträger), der damit beschäftigt ist, die Teilaufgabe Hängeschrank zusammenzubauen, darauf achten, dass die Schrauben korrekt platziert werden und Klebstoff gleichmäßig aufgetragen wird. – Außerdem sind bei der Erfüllung des Ziels „Küchenbau", auch die für Arbeitnehmer geltenden Gesetze wie z. B. Arbeitszeitgesetz, Betriebsverfassungsgesetz, Jugendarbeitsschutzgesetz zu beachten.

10. a) **Netzplantechnik**.

b) Bei einem **Strukturplan** werden die Arbeitsvorgänge, an deren Ende ein Ziel steht (z. B. Bau einer Eckbank), zeitlich-logisch durch Pfeile dargestellt. Bei der Darstellung durch die **Netzplantechnik** bringt die zeichnerische Darstellung sowohl zeit- als auch funktionsorientierte Vorgänge zum Ausdruck. Im Vorgangsknoten wird sowohl die Vorgangsdauer (zeitorientiert) als auch die Vorgangsbezeichnung (Herstellung der Beine der Eckbank) dargestellt.

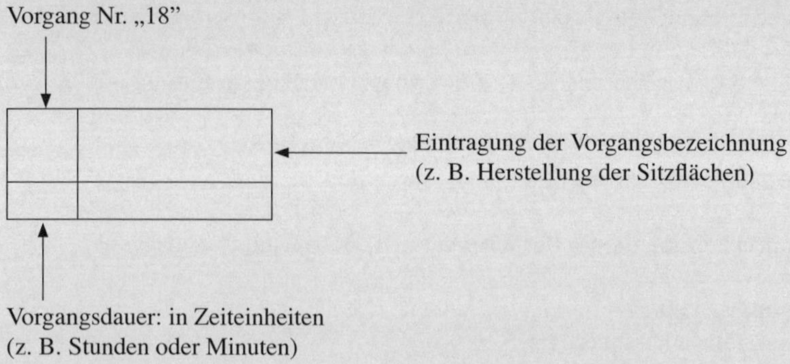

c) Der **Puffer** wird dann genutzt, wenn bei der Produktion eine Zeitverschiebung erforderlich wird.

4.1.7 Auftragsbearbeitung und Organisation der Lagerhaltung

1. a) Einsichtnahme in die **Debitorenliste** (= Liste, in der Informationen über Kunden enthalten sind) oder Information durch eine **Auskunftei.**

b) **Bonität** ist ein synonymer Begriff für Kreditwürdigkeit.

c) Die **Lieferfähigkeit** hängt u. a. von folgenden Überlegungen ab:
- Ist die gewünschte Ware im Lager vorhanden?
- Soll die Ware mit eigenen Transportmitteln oder durch einen Spediteur transportiert werden?

2. a) Aus **Stücklisten** kann der Materialbedarf, der erforderlich ist, um ein Erzeugnis herzustellen, festgestellt werden.

b) In der **Gesamtstückliste** sind alle Rohstoffe, Teile und Baugruppen aufgeführt.

c) Eine **Kalkulationsstückliste** enthält Daten der Kalkulation, wie z. B. Durchschnittspreise.

3. Reduzierung der **Fertigungstiefe** bedeutet beispielsweise, dass Fertigungsteile, die in die Serienfertigungsproduktion eingehen, nicht mehr selbst produziert werden, sondern von Zulieferern bezogen werden.

4. a) Ein Vorteil der Beschaffungsstrategie **Global-Sourcing** (source = Ursprung, Quelle) besteht darin, dass beim Einkauf auf den Weltmärkten Verträge mit dem preisgünstigsten Anbieter abgeschlossen werden können.

b) Die Nachteile des Global-Sourcing bestehen darin, dass die Anlieferwege länger, damit zeitaufwändiger und risikoreicher sind.

c) **Single-Sourcing**: ein Zulieferteil wird von einem einzigen Lieferanten bezogen.
Multi-Sourcing: die Lieferteile werden von mehreren Lieferanten bezogen.

d)
- Geringere Werkzeugkosten,
- Kostendegression bei hoher Stückzahl.

5.
- Es können Mehrwegverpackungen verwendet werden.
- Das Verpackungsmaterial muss recyclingfähig sein.

6. Die Übersetzung von **„Just in time"** bedeutet „genau zum richtigen Zeitpunkt". Die Strategie „Just in time" wird im Beschaffungswesen verfolgt. Es handelt sich dabei u. a. darum, die Halbfabrikatebestände zu minimieren. Dies kann erreicht werden durch eine produktionssynchrone Anlieferung bestellter Fabrikate. In der betrieblichen Praxis wird dieses Ziel dadurch verfolgt, dass beispielsweise für Roh- und Fertigteile und verschiedene Verbrauchsmaterialien mit ständigem Bedarf Jahres- oder Mehrjahresverträge abgeschlossen werden mit dem Inhalt, dass diese Teile in kurzen Zeitabständen, z. B. alle 2 oder 4 Stunden, angeliefert werden. Man spricht deshalb vom „Lager auf Rädern". Damit werden Lagerkosten gesenkt, die Durchlaufzeiten reduziert.

7. a) Bei gleichbleibender Nachfrage nach Metallen wie Aluminium, Blei, Kupfer oder Zinn steigt der Preis bei angestiegenem Dollar-Wechselkurs.
b) Dollar pro Tonne.
c) Im Juli.
d) Juni.

8. a) Tansania ist eine Republik in Ostafrika.
b) Durch das gestiegene Angebot wird der Preis für Nickel vermutlich sinken.
c) Der Preis kann steigen, wenn
- der Dollarkurs steigt und/oder
- die Nachfrage nach Nickel steigt.

d) Insbesondere dann, wenn der Preis für Nickel zum gegenwärtigen Zeitpunkt als relativ hoch empfunden wird, lohnt es sich, die Lager zu einem späteren Zeitpunkt zu füllen, da eine Preissenkung aufgrund des zusätzlichen Angebots an Nickel zu erwarten ist.

9. a) Güter, die Witterungseinflüssen ausgesetzt werden können, werden in einem **offenen Lager** aufbewahrt (z. B. Kohle).
b) Bestimmte Güter müssen vor **Wärmeeinfluss** (z. B. Medikamente) oder **Feuchtigkeitseinfluss** (z. B. Papier) oder **Kälteeinfluss** (z. B. Blumen) geschützt werden.
c) Kostenverringerung und Übersichtlichkeit sind Vorteile von **zentralen Lagern**.
d) Gründe für die Errichtung **dezentraler Lager**:
- Nähe zum Kunden,
- Verringerung der Transportkosten.

10. **Warenpflege**: Lagerung der Ware, sodass sie vor Feuchtigkeit, Schmutz, Hitzeeinwirkung und Licht geschützt ist. Verdorbene Ware muss aussortiert werden.

11. **Grundsätze, nach denen Lager eingerichtet werden**:
- Waren artgemäß und geschützt lagern,
- Waren zweckmäßig lagern,
- Waren übersichtlich nach Art und Größe lagern.

12. **Beförderungsmittel**: Gabelstapler, Rutschen, Förderbänder, Elektrokarren.

13. Aus einem **Lagerplan** ist ersichtlich, welche Güter wo gelagert sind. Der Zugriff zu Gütern ist deshalb schnell möglich. Zeitraubendes Suchen entfällt somit.

14. **Kosten der Lagerhaltung:**
- Kosten der Behandlung lagernder Güter (Warenpflege);
- Kosten durch die Benutzung von Lagerräumen und Lagereinrichtungen (Miete, Versicherungsbeiträge, Reparaturkosten, Abschreibungen, Energiekosten usw.);
- Kosten der Lagerverwaltung (Gehälter, Löhne, freiwillige Sozialleistungen).

15. Die **Größe des Lagers** hängt von folgenden Faktoren ab:
- **Betriebsgröße**: Je mehr Waren zum Verkauf angeboten werden, desto größer ist die Lagerhaltung.
- **Absatzrisiko**: Wie viele Waren können in welchem Zeitraum möglicherweise abgesetzt werden?
- **Lagerrisiko**: Bei welchen Waren können Verluste auftreten?

16. a) Der **Mindestbestand**, auch **eiserner Bestand** genannt, stellt die Menge an Warenvorräten dar, die normalerweise nicht unterschritten werden darf.
b) Ja, wenn Absatzschwierigkeiten (z. B. aufgrund eines Konkurrenzproduktes) auftreten, kann der Mindestbestand gesenkt werden.
c) Der **Meldebestand** wird auch als **Bestellbestand** bezeichnet. Er muss so groß sein, dass das Lager aufgefüllt werden kann, bevor der Mindestbestand angegriffen wird.
d) **Höchstbestand** = Mindestbestand + Bestellmenge.

e) **Durchschnittlicher Lagerbestand** = $\frac{\text{Anfangsbestand} + \text{Endbestand}}{2}$

f) **Durchschnittlicher Lagerbestand** = $\frac{\text{Anfangsbestand} + 12 \text{ Monatsbestände}}{13}$

g) **Umschlagshäufigkeit** = $\frac{\text{Jahresabsatz}}{\text{durchschnittlicher Lagerbestand}} = \frac{60.000}{6.000} = 10$

h) **Durchschnittliche Lagerdauer** = $\frac{360}{\text{Umschlagshäufigkeit}}$

17. a) Um die kalkulatorischen Kosten des Kapitals zu ermitteln, das durch die Lagerbestände gebunden ist, wird der Lagerzinssatz errechnet.

b) **Lagerzins** = $\frac{\text{Jahreszinsfuß x Lagerdauer}}{360}$

c) Es handelt sich um den aktuellen Jahreszinssatz von Kreditinstituten.

18. a) Bei großer Gütermenge lohnt **Eigenlagerung**.
b) Lagerhalter und Kommissionäre unterhalten **Fremdlager**.
c) - Speziallager, die zusätzliche Einrichtungen erfordern würden;
- Nähe zu Kunden;
- Verlagerung der Lagerrisiken auf gewerbsmäßige Lagerhalter.

d) Ein **Lagerschein** ist die **Empfangsbescheinigung des Lagerhalters** über die eingelagerten Waren.
e) Der Lagerschein ist ein **Warenwertpapier**.
f) Der rechtmäßige Inhaber des Lagerscheins kann frei über die Ware verfügen.

19.

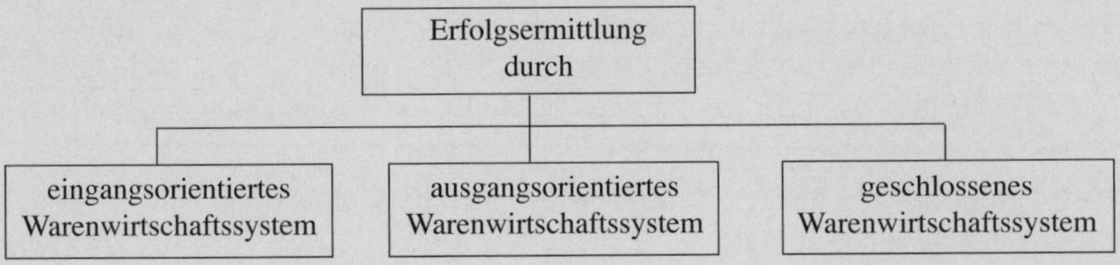

20. Durch die Zusammenführung von eingangs- und ausgangsbezogenen Warenwirtschaftssystemen entsteht ein **geschlossenes Warenwirtschaftssystem**.

21. **Umsatz, Rohertrag, Deckungsbeitrag, Lagerhäufigkeit und Handelsspanne** sind aussagefähige **Erfolgsgrößen** im Rahmen eines Warenwirtschaftssystems.

22. a) **Schritte** bei der Bearbeitung des **Warenverkaufs** ab Lager:
- Auftragsannahme,
- Auftragserfassung,
- Auftragsbearbeitung.

b) Die Bearbeitung des Warenverkaufs ab Lager kann in einem Unternehmen konkret wie folgt ablaufen:
- Name, Adresse des Kunden;
- Bezeichnung der Ware, Bestellnummer, Preis;
- Lieferschein mit Auftragsnummer versehen;
- Zusammenstellung der bestellten Waren im Lager;
- Erfassung der Waren (z. B. durch Lesepistole) bzw. Eintragung in der Lagerdatei handschriftlich oder mittels PC (Warenwirtschaftssystem);
- Versandpapiere erstellen;
- Kontrolle der berechneten Frachtkosten durch den Spediteur;
- in der Fakturierungsabteilung Ausgangsrechnung erstellen;
- Buchung der Kundenrechnung (auf einem Debitorenkonto).

23. a) Ein **Warenwirtschaftssystem** ist ein computergestütztes Informationssystem. Waren werden artikelgenau nach Menge und Wert in den Bereichen
- Disposition,
- Bestellwesen,
- Wareneingang,
- Rechnungskontrolle,
- Warenausgang,
- Kassenabwicklung/Fakturenerstellung

zum Zweck der Bestands- und Erfolgssteuerung erfasst und bewirtschaftet. Neben diesem Vorteil des Warenwirtschaftssystems erhält man Bewertungs- und Steuerungsinformationen über
- Lieferanten,
- Kunden und
- Waren.

b) Die **EAN-Normalnummer** besteht aus dreizehn Stellen. Die ersten beiden Stellen stehen für das Land des Herstellers, die fünf Folgenden für die Kennzeichnung des Herstellerbetriebes und die nächsten Stellen für die individuelle Artikelnummer des Herstellers. Die letzte Ziffer dient als Prüfziffer.

c) In einem **geschlossenen Warenwirtschaftssystem** werden alle Warenbewegungen eines Handelsbetriebes von der Disposition beim Lieferanten über den Wareneingang, die Lagerung bis zum Warenausgang an den Kunden, einschließlich automatischer Bestell-, Liefer- und sonstiger Planungsvorschläge, erfasst.

d) Im Rahmen eines **integrierten Warenwirtschaftssytems** werden
- Rechnungsdaten,
- Marktdaten oder
- Daten des Zahlungsverkehrs

zwischen Handelsbetrieben und deren Lieferanten und von diesen mit Banken, Marktforschungseinrichtungen oder privaten Haushalten ausgetauscht.

24. **Vorteile** für die Abteilung **Finanz- und Rechnungswesen** durch ein **Warenwirtschaftssystem** können u. a. sein:
- Saldenlisten und Journale können erstellt werden. Eine effiziente Debitoren- und Kreditorenbuchhaltung durch die enge Integration mit der Bestellungs- und Kundenauftragsbearbeitung ist möglich.
- Eine parallele Verwendung verschiedener Währungen mit verschiedenen Bewertungsarten kann stattfinden.
- Es können Prognosen für die Bereitstellung von Zahlen für eine bessere Liquiditätsplanung erstellt werden.
- Die gleichzeitige Fortschreibung des Hauptbuchs und der Kostenrechnung ist möglich.

25. **Stammdaten**, die wichtig sind für einen Großhandelsbetrieb sind u. a.
- Kunden, Lieferanten;
- Artikel, Leistungen;
- Artikel, Kundengruppen, Preislisten.

26. Die **Auftragsabwicklung** in einem Warenwirtschaftssystem, bei dem auf die Stammdaten eines Kunden zurückgegriffen werden kann, beinhaltet die **Phasen:** Angebot, Bestellung, Lieferung, Rücklieferung, Rechnung und Gutschrift.

27. a) Mitarbeiter, denen eine **Fixprovision** zusteht, erhalten einen bestimmten in Prozent ausgedrückten Betrag pro Auftragswert.

b) Bei einer **variablen Provisionsabrechnung** wird der innerhalb bestimmter Aufträge zur Verfügung stehende Provisionsanteil entsprechend einer aufgestellten Provisionshierarchie prozentual aufgeteilt. So kann sich die Provision vom Nettoumsatz berechnen.

28. Wenn in einem **Warenwirtschaftssystem** ein Modul **Inventur** integriert ist, so hat dies den Vorteil, dass der Inventurbestand für ein Lager rückwirkend zu jedem Zeitpunkt (Inventurtag) gedruckt werden kann. Auf diese Art und Weise kann der aktuelle Bestand im Lager festgestellt und ebenso Lagerbewegungen zwischen dem aktuellen und dem Inventurdatum berücksichtigt werden. Ein weiterer Vorteil besteht darin, dass die Inventur nach Lager, Artikeln oder Artikelgruppen getrennt und zu völlig unterschiedlichen Zeitpunkten durchgeführt werden kann. Notebooks, also portable Erfassungsgeräte, können die Inventur unterstützen, indem Daten hier erfasst und durch Datentransfer in eine Zentrale übermittelt werden.

29. a)

Verpackungsarten
gem. VerpackV

- Transportverpackungen
  - Fässer
  - Kanister
  - Kisten
  - Säcke
  - Paletten
- Verkaufsverpackungen
  Geschlossene oder offene Behältnisse und Umhüllungen
  - Becher
  - Beutel
  - Dosen
  - Eimer
  - Fässer
  - Flaschen
  - Tragetaschen
- Umverpackungen
  - Blister
  - Folien
  - Kartonagen

b) **Transportverpackungen** dienen dazu, Waren auf dem Weg vom Hersteller bis zum Vertreiber vor Schäden zu bewahren oder sie aus Gründen der Sicherheit zu verwenden.

c) **Verkaufsverpackungen** werden vom Endverbraucher zum Transport oder bis zum Verbrauch der Waren verwendet.

d) **Umverpackungen** sind zusätzliche Verpackungen um
- die Abgabe von Waren im Wege der Selbstbedienung zu ermöglichen,
- die Möglichkeit des Diebstahls zu erschweren oder zu verhindern,
- überwiegend der Werbung zu dienen.

e) Zahnpastatuben, Parfümflaschen.

30. a) Das **Duale System** bedeutet, dass gebrauchte Verpackungen beim Endverbraucher gesammelt und der stofflichen Verwertung (**Recycling**) zugeführt werden.

b) Hersteller, die sich am Dualen System beteiligen, kennzeichnen ihre Produkte mit dem **Grünen Punkt**.

c) Das Duale System wird insofern **kritisiert**, weil durch das durch den „grünen Punkt" gekennzeichnete duale System nicht weniger Verpackungen produziert werden.

31. Verpackungen mit dem **grünen Punkt** sollen nicht mehr Abfall, sondern zu **Rohstoff** für neue Produkte oder zu neuen Verpackungen werden.

32.

Sammeln von Wertstoffen

- Altpapier-Iglu
  - Papierverpackungen
  - Kartonverpackungen
- Altglas-Iglu
  - weißes Glas
  - grünes Glas
  - braunes Glas
- Wertstofftonne
  - Kunststoff
    - Folien
    - Flaschen
    - Becher
    - Schaum stoffe
  - Weißblech
  - Mehrere Materialien

4.1.8 Organisation der Textverarbeitung

1. a)

GEGENWIND GMBH KÖLN

Dipl.-Kfm.
Xaver Orgafritz
Abteilung II
- Marketing -
Telefon: 123456
Telefax: 891011

KURZMITTEILUNG

Datum: __________
für ☐ Frau/ ☐ Herrn: ____________________

Abteilung	☐ I				☐ II				☐ III			
Unterabteilung	1	2	3	4	1	2	3	4	1	2	3	4

☐ Kenntnisnahme ☐ Erledigung ☐ Genehmigung
☐ Prüfung ☐ Rücksprache ☐ Rückgabe
☐ Stellungnahme ☐ Anruf ☐ Übersendung
☐ Weiterleitung an ◯ Herrn /◯ Frau ____________________
☐ FAX ____________________

Mit freundlichen Grüßen

____

b) **Vordrucke** werden **verwendet**:
- aus Gründen der Vereinfachung,
- wegen Arbeitsersparnis,
- zur Strukturierung von Vorgängen,
- zur Beschleunigung von Vorgängen und damit aus Kostenersparnisgründen.

c) **Innerbetrieblich** verwendete **Vordrucke** sind z. B.
- Lieferscheine,
- Rechnungsformulare,
- Quittungen,
- Lagerscheine,
- Urlaubsanträge,
- Personalbogen.

d) **Vordrucke**, die die **Post AG und Postbank AG** verwenden, sind z. B.
- Einlieferungsschein,
- Paketschein,
- Überweisungsformular.

e) - Mahnbescheid,
- Mietvertrag,
- Kreditantragsformular eines Kreditinstitutes.

f) Zu beachten ist im kaufmännischen Schriftverkehr die DIN-Regel 5008 des Deutschen Instituts für Normung e.V. So stehen Berufs- und Amtsbezeichnungen neben „Herrn“ oder „Frau“ und akademische Titel sind Bestandteile des Namens.

g) **Vordrucke**, die in einem Computer „abgelegt“ werden, nennt man **Maske**.

2. a) • **Amtsbezeichnung**: Eine von zuständigen Stellen für Inhaber öffentlicher Ämter geschaffene Bezeichnung, die diese ohne Verleihung für die Dauer des Amtes führen dürfen (z. B. Oberstudiendirektor, Ministerialrat).

• **Berufsbezeichnung**: Die Kennzeichnung von Tätigkeiten, die Personen, die im Erwerbsleben stehen, ausführen (z. B. Architekt, Buchbindermeisterin, Patentanwalt).

• **Funktionsbezeichnung**: Es handelt sich dabei um die Charakterisierung der Stellung einer Person im Rahmen einer Einrichtung (z. B. Verein, Unternehmen) ohne Rücksicht darauf, ob die Bezeichnung dauernd oder nur zeitweise existiert oder hauptberuflicher/nebenberuflicher Art ist (z. B. Abteilungsleiter, Fachbereichsleiter).

• **Titel**: Es handelt sich dabei um Auszeichnungen, die natürliche Personen (also nicht juristische Personen wie Vereine oder Genossenschaften) zur Anerkennung für besondere Verdienste und Ehrung vom Staat oder mit seiner Genehmigung erhalten; sie können auch durch Gewährung von Amtstiteln an Nichtamtsträger verliehen werden (z. B. die Verleihung des Professortitels, ohne dass die Person ein Lehramt z. B. an einer Fachhochschule, Universität oder Gesamthochschule begleitet).

• **akademischer Grad**: Er wird nach den an Universitäten oder Gesamthochschulen existierenden Promotionsordnungen, aber auch ehrenhalber, verliehen; die Person darf den Grad in Verbindung mit dem Namen tragen (Bsp.: Dr. Peter Immergroß).

b)

	Amtsbezeichnung	**Berufsbezeichnung**	**Titel**	**akademischer Grad**
Professor			x	
Notar		x		
Kammersänger/in			x	
Landtagsabgeordneter	x			
Studiendirektor	x			
Bundesminister	x			
Dr.				x
Steuerberater		x		

3. a)

Herrn Prokurist
Dipl.-Kfm. Rolf Achterbusch
Adalbertstr. 54
60486 Frankfurt/Main

b)

Frau
Ingeborg Kistenheim
Blumenstr. 12
13585 Berlin

c)

Monsieur
Pierre Noir
24 boulevard de la Plage
33120 ARCACHON
FRANKREICH

d)

Übergabeeinschreiben

Familie
Ingo Braubach
Goethestr. 48 A
30169 Hannover

4. a) Mit **Multifunktionsfeld** sind die möglichen **Funktionen** eines Diktiergerätes wie Start, Stop, schneller Vor- und Rücklauf, Aufnahme, Löschen, integrierte Sperre für unbeabsichtigtes Einschalten usw. gemeint.

b) **Microcassette**.

c) **Handdiktiergeräte** eignen sich insbesondere für den Einsatz auf Geschäftsreisen im Auto, Zug oder Flugzeug.

d) Wenn **Mikroempfindlichkeitsregler** in Diktiergeräten eingebaut sind, so können auch Gespräche in größeren Runden (wie Konferenzen) aufgenommen werden.

5. Wenn Diktiergeräte oder auch andere Geräte aus dem Bereich der Bürokommunikation in **Modultechnik** aufgebaut sind, so beinhalten sie integrierte Komponenten, die im Falle einer Störung zeit- und folglich kostensparend ausgewechselt werden können. Die Reparatur von Einzelteilen entfällt dann also.

6.
- Integrierte Diktatanzeige,
- eingebautes Mikrophon,
- Kontrollanzeigen für die Aufnahme und die Batterieladung,
- akustische Signale, z. B. am Bandende,
- Aufnahmetaste,
- schnelle Vor- und Rücklauftaste,
- Index - Briefende,
- Zählwerk,
- Abhörbuchse,
- Stromversorgung durch Mignonzellen und Netzadapter.

7. a) Die Korrekturregel, die der Duden als **Hauptregel** bezeichnet lautet: „Jedes eingezeichnete Korrekturzeichen ist auf dem Rand zu wiederholen. Die erforderliche Änderung ist rechts neben das wiederholte Korrekturzeichen zu schreiben, sofern dieses nicht (wie ___|¯¯¯) für sich selbst spricht“.

b)

Sicherlich ist die Grenzlinie zwischen denen, die im Arbei| integriert | tsmarkt 1)
sind und denen, die drau|ben stehen, nicht ganz eindeutig zu ziehen, | ß 2)
denn es gibt eine beachtliche Fluktuation zwischen Arbeitslosigkiet ⊓⊔ 3)
und Beschäftigung und der Wechsel von einem Arbeitsplatz zum
anderen bringt auch unter normalen Bedingungen friktionelle
Arbeitslosigkeit mit sich. Aber die Arbeitsplat|ßbesitzer werden durch | z 4)
eine ganze Reihe rechtlicher Regelungen vor dem Wettbewerb mit den
Außenstehenden geschützt, so durch den Kündigungsschutz, der die
Arbeitsplatzbesitzer in Beschäftigung absichert, soaber auch durch Z 5)
alle Regelungen, welche die tarifvertragliche Bezahlung garantiere| | en 6)
wie das Günstigkeitsprinzip und die Allgemeinverbindlichkeit. Wer
einen Arbeitsplatz besitzt, hat ohnehin relativ zum Arbeitslosen große
Vorteile, denn er eignet sich bei seiner Tätigkeit ↑ neue T 7)
Kenntnisse an, darunter auch spezifische Fähigkeiten, die ihn für
seinen Betrieb attraktiver machen, er ist über offene Stellen in seinem
Unternehmen besser informiert und er kann die sichim Unternehmen Z 8)
bietenden Chancen des Aufstiegs nutzen; seine Qualifikation ist dem
⊢ Arbeitgeber relativ genau bekannt. Angesichts dieser Vorteile der ⊢ 9)
Arbeitsplatzbesitzer bedeutet ihre Ab|sicherung durch die | ꝟ 10)
Arbeitsmarktordnung, dass den Außenstehenden der Zugang in die
Beschäftigung erheblich erschwert, wenn nicht verwehrt wi|: Die H rd. 11)
Außenstehenden werden diskriminiert. Tendenziell ist es den
Arbeitsplatzbesitzern gelungen, die v|lkswirtschaft|~~ahgen~~| | o 12) H lichen 13)
Produktivitätssteigerungen für ihre Einkommensverbesserungen zu
verwenden, so dass sie nicht zu Gunsten der Integration der
Arbeitslosen genutzt werden konnten. Daraus und aus dem
Organisationsinteresse der Tarifvertragsparteien, erklärt sich auch die
Schwierigkeit, eine größere Flexibilität auf de|~~nn~~| Arbeitsmarkt zu H m 14)
Gun|sten der Arbeitslosen zu erreichen. | 15)

Korrekturerklärungen

1) Fehlende Buchstaben
2) Falscher Buchstabe
3) Verstellte Buchstaben
4) Falscher Buchstabe
5) Fehlender Zwischenraum
6) Fehlender Buchstabe
7) Zu weiter Zwischenraum
8) Fehlender Zwischenraum
9) Zu weiter Zwischenraum
10) Überflüssiges Zeichen
11) Falsche Buchstaben
12) Falscher Buchstabe
13) Falsche Buchstaben
14) Falsche Buchstaben
15) Aus Versehen falsch korrigiert

8. a) Die Befehle zum **Versetzen von Textstellen durch Kopieren** lauten:

1. Symbol für „Microsoft Word" mit der Maus anklicken.
2. **D**atei mit der Maus anklicken.
3. **Ö**ffnen ... mit der Maus anklicken.
4. Unter „Laufwerke:" das Laufwerk „a:" anklicken.
5. Datei „Sozialv" anklicken.
6. Öffnen anklicken.
7. Cursor-Taste an den Anfang des Textes setzen; dann Shift-Taste mit der linken Hand festhalten und Cursor-Taste (Pfeil nach unten) mit der rechten Hand so lange drücken, bis der zu versetzende Text markiert ist.
8. Symbol für Kopieren mit der Maus anklicken.
9. Str-Taste und Ende-Taste drücken. Der Cursor rückt an das Ende des Textes.
10. Cursor an die Stelle am Ende des Textes rücken, ab der der zu versetzende Text (am Anfang des Textes) versetzt werden soll.
11. Symbol für „Einfügen" mit der Maus anklicken. Text ist somit eingefügt.
12. Symbol für Speichern in der Symbolleiste anklicken.

b) Die von Bismarck im Reichstag verlesene Botschaft war für die damaligen Verhältnisse fast revolutionär. Sie blieb nicht ohne Auswirkungen. Die Prophezeiung, dass „diese Sache ihre Zukunft hat" wurde Wirklichkeit. Wenn heute Verbesserungen gefordert werden im Krankheitswesen, höhere Renten, höhere Ausbildungsvergütungen für Auszubildende u. Ä., dann werden diese Forderungen in unserer sozialen Marktwirtschaft als berechtigte Forderungen dieses Wirtschaftssystems angesehen. Die Betonung liegt aber auch auf „heute"; denn vor Bismarck gab es keinerlei gesetzliche Absicherung im Krankheitsfall und auch keine gesetzlich garantierte Zukunftsabsicherung durch eine Rente oder Pension im Alter. Es dauerte auch einige Jahre, bis die Forderungen der „Kaiserlichen Botschaft" im Reichstag in Form von Gesetzen umgesetzt wurden.

Während der Zeit Bismarcks wurden drei **Sozialversicherungsgesetze** verabschiedet:

- am 15.06.1883 das „Gesetz betreffend die **Krankenversicherung** der Arbeiter",
- am 06.07.1884 das „Gesetz betreffend die **Unfallversicherung**",
- am 22.06.1889 das „Gesetz betreffend die **Invaliditäts- und Altersversicherung**".

9. a)

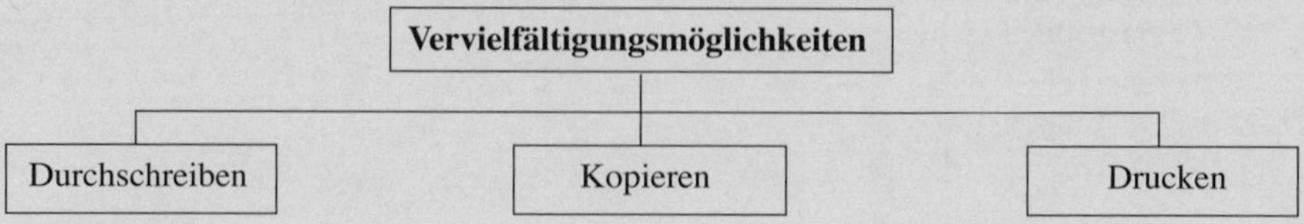

b) Vervielfältigung per Kopierer, auch aus Zeitersparnisgründen.
c) Druckauftrag in einer Hausdruckerei oder einer Druckerei außerhalb.

10. a) Im Falle von häufig anfallenden Kopien in einer Auflage zwischen ca. 50 und 100 sollte beim Kauf eines Kopierers die Kaufentscheidung u.a. von der Anzahl der Kopien pro Minute abhängen (beispielsweise 15 Kopien pro Minute).
b) **Leistungskomponenten** eines Kopierers können sein:
- Kopienvorwahl zwischen 1 bis 99 oder mehr,
- Einzelblatteinzug – auch um gegebenenfalls Folien zum Einsatz an einem Overheadprojektor zu nutzen,
- Geschwindigkeit,
- Vergrößerungs- und Verkleinerungsmöglichkeiten, ausgedrückt in Prozent (z. B. 50, 200 %),
- automatische und manuelle Belichtungsmöglichkeit,
- Papierkassette für z. B. DIN A 4 oder DIN A 3-Format,
- Farbkopiermöglichkeiten.

11. **Kosteneinflussfaktoren** bei Druckaufträgen sind die Qualität und die Stärke des Papiers (in Gramm), die Verwendung von Farben, die Druckauflage.

4.1.9 Übermittlung von Informationen (Kommunikationssysteme)

1.

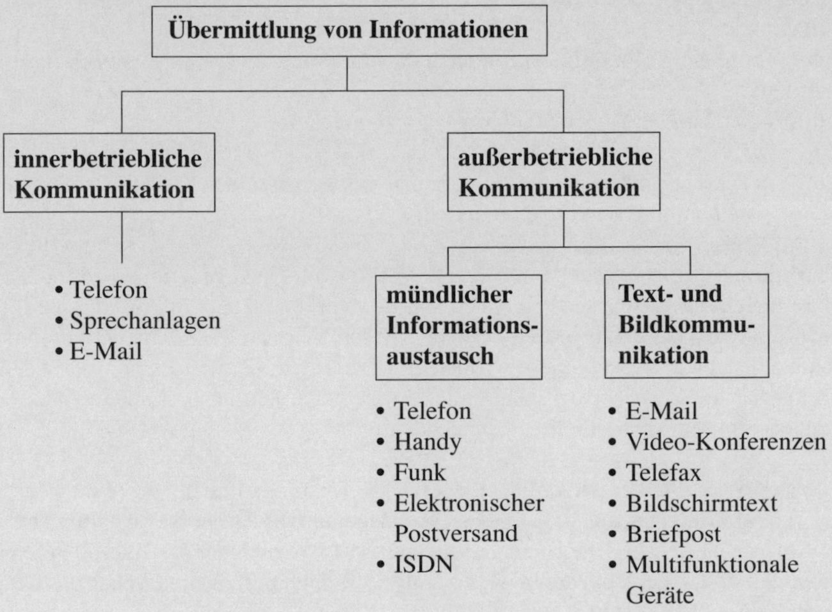

2. **Direkte Kommunikation** in Form von Gesprächen, Rückfragen, Mitteilungen usw. findet in Betrieben am häufigsten in Mehrpersonen- und Großraumbüros statt.

3. **Indirekte Kommunikation** findet statt durch Mitteilungen per Brief, in Form von Vordrucken, per E-Mail, Akten- und Telefonnotizen.

4. a) **Nonverbale Kommunikation** bedeutet, dass sich Personen durch Mimik, Gestik, Blick verständigen.
b) Die Gefahr der nonverbalen Kommunikation besteht darin, dass Missverständnisse durch Fehldeutungen entstehen können.

5. Hinter der Werbeaussage „Digitale Telefone machen Kommunikation sichtbar" steckt die Information, dass beispielsweise die Namen- und Rufnummeranzeige auf dem Display, die Signalisierung eines zweiten Anrufs und die Briefkastenfunktion, durch die keine Nachricht verloren geht, sichtbar sind.

6. a) **Notizbuchfunktion** bedeutet, dass während des Telefonierens eine Rufnummer auf Tastendruck gespeichert und sofort nach dem Gespräch per Tastendruck angewählt werden kann.
b) Ein Telefon mit **Signaltaste** eignet sich für den Anschluss an eine Telefonanlage. Während des Telefonats können Rückfragen gehalten und eine Nebenstelle angerufen werden.
c) Wer mit Gesprächspartnern häufig telefoniert, kann die **Zielwahltaste** drücken, um diese Personen ohne Wählen der Ziffern anzuwählen.

7. **Sprechanlagen** sind beispielsweise sinnvoll:
- an der Haustür, um durch Rückfragen zu vermeiden, dass jeder, der klingelt, auch Einlass findet;
- um mithilfe eines Rundrufs Konferenzteilnehmer nach einer Pause wieder zusammenzurufen;
- um auf Gefahren, z. B. Feuer, aufmerksam zu machen.

8. Beim **Sprachtelefon** nennt man den Namen des gewünschten Gesprächspartners. Das Telefon wählt automatisch die Rufnummer.

9. Die **Mailbox** springt immer dann an, wenn der Anruf nicht angenommen wird oder wenn der Teilnehmer gerade besetzt ist. – Der Anrufer wird durch eine Begrüßungsansage über das installierte System informiert. Nach dem Signal wird die Nachricht des Anrufers dann digital aufgezeichnet. Außerdem wird sie mit Datum und Zeitmarkierung versehen. Der Anrufer hat die Möglichkeit, seine hinterlassene Nachricht noch einmal anzuhören und gegebenenfalls zu korrigieren.

10. Um die Kosten, die bei persönlichen Meetings (Treffen) anfallen, zu vermeiden, bieten sich **Telefonkonferenzen** an. Es handelt sich dabei um die Zusammenschaltung mehrerer Telefonanschlüsse, bei denen 3 bis beispielsweise 15 Teilnehmer per Telefon miteinander verbunden sind. Jeder kann hören, was irgend ein Teilnehmer sagt und sich in das Gespräch einmischen.

11. a) **Teleshopping** ist der Einkauf aufgrund von angebotenen Waren oder Dienstleistungen in elektronischen Medien mit Datenfernübertragung. Entsprechend wird der Verkauf von Waren oder Dienstleistungen Teleselling, Telemarketing oder Televertrieb genannt.

b) Im Falle der **Ein-Weg-Kommunikation** im Teleshopping kann der Kunde mit dem Lieferanten nicht unmittelbar (Online) in einen Dialog eintreten, sondern nur mittelbar über ein anderes Medium (z. B. Telefon, Telefax). So werden Waren beispielsweise telefonisch bestellt, die zuvor im Fernsehen in einem Verkaufsspot oder einer Verkaufsshow vorgestellt wurden.

c) Bei der **Zwei-Wege-Kommunikation** im Teleshopping kann der Kunde Bestellungen aufgeben, mit dem Lieferanten in Dialog treten (z. B. mittels E-Mail) und auch den Zahlungsvorgang abwickeln.

12. a) Neue Techniken und Dienste:

- Internet,
- ISDN und DSL,
- Mobilfunk,
- Telefax,
- E-Mail,
- Videokonferenz.

b) Neue Techniken und Dienste bringen u. a. folgende Vorteile mit sich:

- Der Transport von Menschen wird teilweise überflüssig, Beispiel: Videokonferenzen,
- Umweltbelastungen (beispielsweise durch Autofahrten) werden vermindert,
- Standortnachteile können ausgeglichen werden,
- Telebanking (von zu Hause, im Betrieb) über Online-Dienste ist möglich,
- Shopping über das Fernsehen ist möglich,
- reduzierte Kosten ergeben sich für Unternehmen durch Angebote im Internet,
- Medien können Werbeträger sein.

c) Nachteile/Risiken durch den Einsatz neuer Techniken und Dienste:

- Der Personaleinsatz für Dienstleistungen, wie Ausbilden, verringert sich durch Ausbilden mittels Videokassetten, Disketten, CDs.
- Arbeitsplätze können ins Ausland verlegt werden, sofern die Arbeitsaufträge über weltumspannende Datennetze (Internet) transportiert werden können.
- Teleshopping begünstigt spontane Impulskäufe und trägt so zur Überschuldung einkommensschwacher Bevölkerungskreise bei.

13. a) Es handelt sich um den Vorgang einer Überweisung.

b) Der Konto-Inhaber benötigt einen Telefonanschluss, einen Personal Computer, sowie ein Modem oder eine ISDN-Karte im Computer und eine Zugangsberechtigung beispielsweise durch die Deutsche Telekom AG. Hierzu ist es erforderlich, mit einer Hausbank eine derartige Vereinbarung zu treffen.

c) Die Sparda-Bank ist das Konto führende Kreditinstitut.
Empfänger des Geldbetrages ist Bundesanzeiger Verlag.

d) Es handelt sich im Falle der Überweisung um die bargeldlose Zahlung, da im Rahmen des Überweisungsvorgangs das Konto des Konto-Inhabers und das Konto des Zahlungsempfängers berührt werden.

14. Mittels Onlinebanking ist es möglich:

- den Kontostand einzusehen,
- Umsätze abzufragen,
- Mitteilungen an die Bank zu schreiben,
- Wertpapiere zu kaufen und zu verkaufen,
- Wertpapierdepots zu verwalten.

15. a) Jens hat die Internet-Adresse „www.e-sixt.com” eingegeben.[1]
b) **E-Commerce** heißt elektronischer Handel und bedeutet Handel via Internet.
c) Im konkreten Fall werden angeboten:
- Neuwagen-Leasing,
- Buchung von Urlaub,
- Mietwagen-Reservierung,
- Gebrauchtwagenkauf.

4.1.10 Einsatz der Datenverarbeitung und ihre Integration in die betriebliche Organisation

1. a) **Datum**.
b) **Stammdaten**: Kundennummer, Kundenname, Niederlassung des Kunden.
c) **Bewegungsdaten**: Bestellmenge, Umsatzsteuer in Euro, Rechnungssumme.

2. a) I, b) III, c) III, d) II, e) III

3. a) **Manuelle Datenverarbeitung**: Verarbeitung von Daten mit der Hand.
b) **Mechanische Datenverarbeitung**: Verarbeitung von Daten mittels mechanischer und/ oder elektronischer Hilfsmittel wie Schreibmaschine, Rechenautomat und sonstiger Büromaschinen.
c) **Automatisierte Datenverarbeitung**: Verarbeitung von Daten durch den Einsatz von Datenverarbeitungsanlagen.

4. a) III a)
b) **Codieren**: Verschlüsseln von Informationen

5 a) **Bit** (binary digit): Binärziffer, die aus den beiden Kodierzeichen 0 und 1 besteht.
b) 1 **Byte** besteht aus 8 bits. In einem Byte können maximal 28 = 256 verschiedene Zeichen kodiert werden.

6.

dezimal	dual
0	0000
1	0001
2	0010
3	0011
4	0100
5	0101
6	0110
7	0111
8	1000
9	1001

[1] Manchmal erscheint hinter der eingegebenen Internet-Adresse, so hier, noch die Angabe eines Pfades (= Weg von einem Ordner zu einer bestimmten Datei). In diesem Fall wurde nach der Internet-Adresse die Möglichkeit angeklickt, den Text in deutscher Sprache lesen zu können, daher der Zusatz „main.html“.

7. a)

	dual
4	0100
+ 5	0101
	1
= 9	= 1001

b)

8	1000
- 6	1
= 2	11
	1
	- 0110
	= 0010

c) 2 x 3 = 6 010 x 011 = 00110

8.

89 : 2 =	44 Rest 1
44 : 2 =	22 Rest 0
22 : 2 =	11 Rest 0
11 : 2 =	5 Rest 1
5 : 2 =	2 Rest 1
2 : 2 =	1 Rest 0
1 : 2 =	0 Rest 1

$89_{10} = 1011001_2$

9. Speichermedien: CD, DVD, Stick, interne und externe Festplatte

10. Ein **Scanner** (elektronisches Auge) liest den **EAN-Code** und erleichtert damit der Kassiererin/dem Kassierer die Arbeit. Die Fehler, die üblicherweise durch Eintippen der Preise in die Registrierkasse entstehen, werden durch die Verwendung dieses Codes vermieden. Außerdem ist die automatische zentrale Erfassung der verkauften Waren möglich.

11. a) **Elektronische Warenkassen** sind sog. **POS-Kassen** (POS = Point of Sales bzw. Datenkasse).

b) Sie erlauben das optische Lesen von Daten über **EAN-Code** oder **OCR-Etiketten** am Kassenplatz.

c) - Der Verkaufspreis wird automatisch wahrgenommen.
- Die Auszeichnung der einzelnen Ware ist nicht mehr erforderlich.
- Der Kunde erhält an der Kasse eine Rechnung (anstatt eines einfachen Addierstreifens).
- Im Betrieb wird der Verkauf der Waren automatisch gespeichert.

d) Ein **Handleser** ist eine „**Lesepistole**" für OCR-Schriften und den EAN-Code.

12. a) Unter **Hardware** versteht man alle physikalischen Bestandteile einer EDV-Anlage (Elektrische Geräte, Datenträger, Verbindungskabel, Scanner, Musikboxen).

b) Bei der **Software** handelt es sich um alle zu erfassenden Daten und die zur Verarbeitung der Daten verwendeten Programme.

13. Prinzipien der Datenerfassung:
- Die erfassten Daten müssen mit den zu erfassenden Daten übereinstimmen.
- Die Daten müssen so erfasst werden, dass nicht gegen Normen (wie z. B. Grundsätze ordnungsgemäßer Buchführung) verstoßen wird.
- Die Daten müssen vollständig erfasst sein.
- Nach erfolgter Datenerfassung muss nachprüfbar sein, wer die Daten wann und wo erfasst hat.

14. a) **Offline-Betrieb**: Die verwendeten Datenerfassungsgeräte stehen nicht in Verbindung mit der Zentraleinheit einer Datenverarbeitungsanlage.
b) **Online-Betrieb**: Die Daten werden mittels eines Dialoggeräts direkt in die Zentraleinheit eingegeben. Alle Geräte stehen in Verbindung mit der Zentraleinheit.

15. Konfiguration einer EDV-Anlage: Gerätemäßige Zusammensetzung eines EDV-Systems.

16. EVA ist die Abkürzung für **„Eingabe-Verarbeitung-Ausgabe"**.

17. a) **Leitwerk**: Es steuert den Ablauf der Befehle und des Datenflusses. Außerdem bestimmt es die Geschwindigkeit des Programmablaufs.
b) **Rechenwerk**: Es verarbeitet die vom Leitwerk bezeichneten Daten.

18. a) **Hauptspeicher = interner Speicher**
b) **Magnetband = externer Speicher**

19. Dialoggeräte:
- Bildschirmgerät,
- Konsolschreibmaschine an der Zentraleinheit,
- Telex (Fernschreiber).

20. Dialoggeräte sind Geräte, über die ein Verwender mit dem Computer einen Dialog, d. h. einen wechselseitigen Austausch von Informationen führen kann. So können über eine Tastatur, die Eingabeeinheit ist, Fragen eingegeben werden. Über den Bildschirm, der Ausgabeeinheit ist, folgt die Antwort.

21. CPU (= Central Processing Unit) ist der Zentralprozessor, bestehend aus Leitwerk und Rechenwerk.

22. Unter **Spool-Betrieb** versteht man ein Verfahren der Datenein- bzw. -ausgabe, bei dem die Daten vor bzw. nach der Verarbeitung zwischengespeichert werden.

23. Ein **Plotter** ist eine Ausgabeeinheit. Mit ihm werden grafische Darstellungen (z. B. Konstruktionszeichnungen) ermöglicht.

24. Datensicherung ist die Summe aller Maßnahmen, die eingesetzt werden
- gegen die Verfälschung von Daten,
- gegen den Verlust von Daten,
- gegen unrechtmäßige Aneignung von Daten.

25. Gemäß **Bundesdatenschutzgesetz** ist es die **Aufgabe des Datenschutzes**, durch den Schutz personenbezogener Daten vor Missbrauch bei ihrer Speicherung, Übermittlung, Veränderung und Löschung (Datenverarbeitung) der Beeinträchtigung schutzwürdiger Belange der Betroffenen entgegenzuwirken.

26. Der Bürger kann nach dem **Datenschutzgesetz**
- Auskunft über die zu seiner Person gespeicherten Daten erlangen;
- Berichtigung der zu seiner Person gespeicherten Daten verlangen, wenn sie unrichtig sind;
- Sperrung der zu seiner Person gespeicherten Daten verlangen, wenn sich weder deren Richtigkeit noch Unrichtigkeit feststellen lässt.

27. Der Warenein- und Warenausgang, die Auftragserteilung, die Verwaltung von Warensortimenten, die Inventur und die Rechnungsprüfung sind Funktionen innerhalb eines Betriebes, die durch ein vorhandenes **Warenwirtschaftssystem** per EDV kontrolliert und gesteuert werden können; die **Daten** werden **erfasst, verarbeitet** und **gespeichert**.

28. Die **Erfassung materieller Vorgänge bedeutet** u. a.
- den mit der Warenannahme verbundenen Vorgang,
- die Wareneingangskontrolle,
- die Warenauslagerung,
- die Abwicklung des Verkaufs.

29. a) Der Begriff **Ergonomie** ist in Großbritannien im Jahre 1950 geprägt worden als Bezeichnung für die **Arbeitswissenschaft** i.e.S. Als Oberbegriff ist mit Ergonomie die Anatomie, die Physiologie und Psychologie der Arbeit gemeint.

Die **Anatomie** befasst sich mit den Zusammenhängen von Bau und Tätigkeit von Körperteilen und Geweben. Die **Physiologie** als Teilgebiet der Biologie beschäftigt sich mit den Zellen, Geweben und Organen der Lebewesen; die spezielle Physiologie erforscht den Menschen. Die **Psychologie** beschäftigt sich als Wissenschaft mit dem Verhalten und dessen seelisch-geistigen Voraussetzungen.

b) - Fachkräfte für Arbeitssicherheit,
- betriebliche Führungskräfte,
- Betriebs- und Personalräte,
- Ergonomiebeauftragte,
- Betriebsärzte.

c) Berufsgenossenschaften, Gewerkschaften.

d) **Lux** ist die **Maßeinheit** für die Ermittlung der **Beleuchtungsstärke**.

30. a) Die **Bildschirmgröße** wird in Zoll gemessen, so z. B. in 17 oder 20 Zoll.

b) Beim **Kauf eines Bildschirms (Monitors)** können u. a. folgende **Kriterien** Entscheidungshilfen darstellen:
- **Bildqualität**,
- **Ergonomie**,
- **Handhabung**,
- **Preis-Leistungsverhältnis** (vergleiche verschiedene Anbieter wie Philips, Nec, Panasonic, Mitsubishi),
- **Garantiedauer** des Herstellers (z. B. 3 Jahre).

c) Wenn eine **Stromsparfunktion** in den Monitoren eingebaut ist, schalten sich die Geräte – meist gesteuert von der Grafikkarte – in einen „Sparzustand", durch den eine bestimmte Anzahl von Watt eingespart wird.

d) Die **Bildstabilität** lässt sich durch einen schnellen Wechsel zwischen einem hellen und einem dunklen Vollbild prüfen. Ist der Monitor schlecht, so verändert sich die Bildgröße dabei um mehrere Millimeter. Man spricht in diesem Zusammenhang von einem so genannten Pumpeffekt, den gute Monitore nicht aufweisen.

e) Moderne Monitore bieten folgende **Einstellmöglichkeiten**:
- Helligkeit und Kontrast (wichtig im Falle wechselnder Lichtverhältnisse),
- Bildgröße (Bildhöhe und Bildbreite),
- Bildlage (für Bildzentrierung),
- Bildrotation (um ein „schiefhängendes" Bild geradezurücken).

31. a) Wer beabsichtigt, einen **Computer zu kaufen**, sollte u. a. folgende Überlegungen anstellen:
- Aus welchen Fachzeitschriften und Prospekten kann man Informationen über Computer ableiten?
- Welche Freunde oder Bekannte haben bereits einen Computer und können mich deshalb beraten?
- Welche Fachausdrücke muss man beherrschen um überhaupt ein Gespräch über Computer führen zu können?
- Welche Hardwarekonfiguration (= gerätemäßige Zusammensetzung) ist für den beabsichtigten Verwendungszweck zu empfehlen?
- Welche Softwareprogramme (z. B. Winword, Excel) sollten gekauft werden?
- Welcher Händler hat den besten und preiswertesten Service?
- Lohnt sich Leasing statt Kauf?
- Wie hoch dürfen die Gesamtkosten aus Hardware und Software sein?
- Welche Kosten der Unterhaltung sind nach dem Kauf zu erwarten?
- Welche Service- und Garantieleistungen sind beim Kauf im Preis eingeschlossen?

b) Tintenstrahldrucker, Laserdrucker.

c) Wer einen **Drucker** kaufen will, der sollte als **Entscheidungsgrundlage** folgende **Kriterien** zu Grunde legen:
- Preisvergleich der verschiedenen Anbieter eines bestimmten Druckertyps einer bestimmten Marke,
- Druckkosten (Verbrauchsmaterialien wie Papier, Tonerkassette, Belichtungstrommel, Entwicklereinheit),
- Technische Prüfung,
- Sicherheitsprüfung,
- Funktionsprüfung,
- Handhabung.

→ siehe hierzu z. B. Ergebnisse der **Stiftung Warentest**

32. Er sollte darauf achten, dass der Laserdrucker eine ausreichende Speicherkapazität hat.

33. Laserdrucker und Kopiergeräte sollten in gut belüfteten Räumen aufgestellt werden, weil in vielen Geräten Ozon entsteht, also ein Gas, das die Schleimhäute angreift und die Atemwege und Augen reizt. Mittlerweile gibt es allerdings beispielsweise bereits ozonfreie Laserdrucker.

34. a) **Zentrale Datenverarbeitung**: Für alle Betriebe steht dem Unternehmen ein zentraler Rechner zur Verfügung. Die in den einzelnen Abteilungen des jeweiligen Betriebes erfassten Daten werden zentral in einem einzelnen Rechner verarbeitet und gespeichert.

b) Im Falle der **dezentralen Datenverarbeitung** verfügt jeder Betrieb des Unternehmens über einen eigenen Rechner, mit dem die einzelnen Abteilungen verbunden sind.

35. **Datenfernverarbeitung**.

36. a) Der Kunde kann bis zu einem begrenzten Euro-Betrag pro Tag mit **electronic-cash** bezahlen. An der Kasse im Einzelhandel, z. B. in einem Kaufhaus, führt der Kunde seine Bankcard in ein Lesegerät ein. Der Betrag, der zu zahlen ist, erscheint im Display des Terminals. Das Display fordert ihn auf, seine persönliche Identifikationsnummer, kurz **PIN**, einzugeben. Danach läuft alles Weitere Online. Dies bedeutet, dass in der für diese Bankcard zuständigen Autorisierungszentrale der Geldinstitute **elektronisch geprüft** wird, ob die PIN korrekt ist, ob Sperreintragungen vorliegen und die Bonität (Kreditwürdigkeit) des Kunden ausreicht. Wenn am Terminal des Händlers die Anzeige „Zahlung erfolgt" erscheint, übernimmt das Geldinstitut eine Zahlungsgarantie in Höhe des zuvor eingegebenen Betrages für den Händler.

b) **TeleCash** steht für die TELECASH Kommunikations-Service GmbH, die dem Handel electronic cash anbietet.

37. a) **Leasing** ist eine Investitions- und Finanzierungsmethode.

b) Im Falle von **Finanzierungs-Leasing** erwirbt der Leasing-Geber den Leasing-Gegenstand und überlässt ihn dem Leasing-Nehmer für eine bestimmte Nutzungszeit. Während dieser Zeit ist in der Regel nur eine Kündigung für den Leasing-Geber für den Fall vorgesehen, dass sich der Leasing-Nehmer vertragswidrig verhält.

c) **Non full pay out leasing** bedeutet, dass die Datenverarbeitungsanlage dem Leasing-Nehmer nicht für die gesamte betriebsgewöhnliche Nutzungsdauer, sondern für einen kürzeren Zeitraum überlassen wird.

d) Da die Hersteller von EDV-Anlagen in Abständen von zwei bis drei Jahren neue Gerätekonfigurationen auf den Markt bringen, lohnt es sich unter Umständen solche Anlagen zu leasen statt zu kaufen, zumal die Produzenten versuchen, mit günstigen Leasingraten den Absatz anzukurbeln.

e) **Durch Leasing** erfolgt in der Bilanz **kein Zugang des Anlagevermögens**.

38.

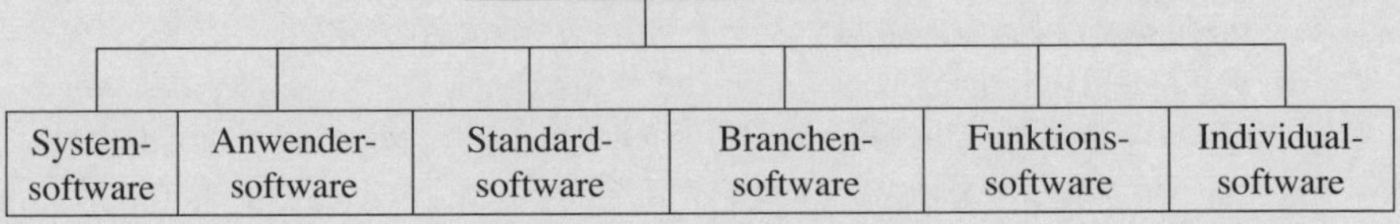

- **Systemsoftware**: Die Betriebssoftware, ohne die ein Computer nicht arbeiten kann, verarbeitet alle Daten, mit denen die Zentraleinheit und die **peripheren Geräte**, wie Tastatur, Bildschirm, Drucker usw. gesteuert und koordiniert werden.

- **Anwendersoftware**: Es handelt sich hier um die Gesamtheit der vom Anwender einer Datenverarbeitungsanlage eingesetzten produktiven Programme, z. B. für die Finanzbuchhaltung, Materialdisposition usw.
- **Standardsoftware**: Es handelt sich hier um Programme, die für einen größeren Kreis von Anwendern zur Verfügung stehen, wie z. B. Textverarbeitungsprogramme. Von diesen Programmen kann von Zeit zu Zeit ein Update (= verbessertes Programm) zu einem günstigen Preis von der Herstellerfirma gekauft werden.
- **Branchensoftware**: Es handelt sich dabei um Software, die in bestimmten Branchen oder Berufszweigen branchen- bzw. berufsspezifisch eingesetzt werden kann, wie z. B. in der Elektrobranche, bei Steuerberatern, Rechtsanwälten, Notaren usw.
- **Funktionssoftware**: Sie soll bestimmte Aufgaben erfüllen, so z. B. Grafiken erstellen können (= sog. Grafik-Software).
- **Individualsoftware**: Sie ist auf einen einzelnen Anwender und dessen Bedürfnisse zugeschnitten (Bsp.: spezielle von einer Fluggesellschaft eingesetzte und für diese vorher entwickelte Software für die Prozesssteuerung in einem Flugzeug).

39.
- **Notebook**: Es ist ein kleiner tragbarer Computer mit eigener Stromversorgung, aber sehr viel kleiner als ein Laptop.
- **Notepad**: Es ist ein tragbarer Computer. Die Eingabe der Daten erfolgt aber nicht über eine Tastatur. Zahlen, Buchstaben, Zeichen oder Schaubilder werden mittels Pen (Griffel) handschriftlich eingegeben.

40.
- **Streamer**: Es handelt sich um ein zum Zwecke der **Datensicherung** eingesetztes Bandlaufwerk mit hoher Aufzeichnungsgeschwindigkeit, großen Kapazitäten (in MB) und niedrigen Kosten.
- **MO-Disk**: Sie zeichnet Daten mit einem schwachen Laserstrahl auf. Neben einer hohen Speicherdichte zeichnet sich eine solche optomagnetische Platte durch ihre hohe Datensicherheit und Mindesthaltbarkeit von rund 100 Jahren aus.

41.
a) Ein **Netzwerk** ist ein System aus mindestens zwei Computern und aus Peripheriegeräten wie Drucker, die miteinander verbunden sind.

b) Ein **PS/2-Stecker** dient dazu, Eingabegeräte, wie eine Maus und eine Tastatur, mit dem PC zu verbinden.

c) Die Frage, wie schnell ein Computer arbeitet, lässt sich mithilfe der Angabe der **Taktfrequenz** beantworten. Diese wird in Megahertz oder Gigahertz gemessen.

d) **USB** ist die Abkürzung für „Universelle Serielle Bus". Damit ist ein Eingang (= Anschluss) an einen Computer gemeint, über den sich andere elektronische Geräte, wie z. B. eine digitale Kamera, verbinden lassen. Die sog. USB-Technik hat die Vorteile, dass Daten von einem externen Gerät auf den PC sehr schnell übertragen werden können und dass eine automatische Installation von Steuerungs-Programmen (Treiber) erfolgt.

e) Bei **WirelessLAN** handelt es sich um eine kabellose Netzwerkverbindung über einen kabellosen Zugangspunkt. **Wireless** bedeutet kabellos; bei LAN handelt es sich um die Abkürzung für **Local Area Network** (= lokales Netzwerk). Es handelt sich um eine extrem schnelle drahtlose Verbindung mittels Funk, die in der Werbung auch Hochgeschwindigkeitsdatenübertragung genannt wird.

f) Sollen sehr große Datenmengen, wie z. B. die mit einem Video verbundenen Text-, Bild- und Musikdaten, sehr schnell übertragen werden, so kann dies über einen speziellen **Firewire-Anschluss** am PC erfolgen.

g) **DVD** ist die Abkürzung von „Digital Versatile Disk“ (versatile = vielseitig bzw. vielseitig verwendbar). Es handelt sich dabei um eine digitale Scheibe. Im Vergleich speichert die DVD ein Vielfaches der Datenmengen mehr als **die CD-ROM**.

h) Bei einem **Parallel Port** handelt es sich nicht um eine serielle, sondern um eine parallele Schnittstelle mit einem 25-poligen Anschluss. Über diesen Anschluss kann ein Computer ein Peripheriegerät, wie z. B. einen Drucker, ansteuern.

i) Im Rechenzentrum des Computers, d. h. im **Prozessor** (= CPU = Central Prozessing Unit), werden Befehle der Programme abgearbeitet. Die Schnelligkeit des Erarbeitens wird in einer Taktfrequenz, wie z. B. in 3,2 GHz, angegeben.

j) Im Gegensatz zu den herkömmlichen Röhrengeräten gibt es **TFT-Bildschirme**. Sie arbeiten mit Flüssigkristallen und sind sehr flach, weswegen sie **Flachbildschirme** genannt werden.

k) **RAM** ist die Abkürzung für **Random Access Memory**. Es handelt sich dabei um den Arbeitsspeicher, in dem Informationen, wie Texte oder Grafiken, kurzfristig gespeichert werden. Wenn diese Informationen endgültig gespeichert werden sollen, dann erfolgt dies mittels Speicherung durch das Anklicken des Begriffs unter Datei oder das Anklicken des Icons auf der Symbolleiste.

l) **ROM** ist die Abkürzung für **Read Only Memory**. Ein ROM-Laufwerk ist ein Laufwerk, um CDs abzuspielen.

42. a) **Electronic-Banking-Leistungen:**

- **Auslandszahlungsverkehr**: Mittels eines PC Auslandszahlungsaufträge **beleglos** abwickeln;
- **Electronic cash**: mit der Bankcard und der Eingabe der persönlichen Geheimnummer (PIN) an elektronischen Kassen von Warenhäusern, Dienstleistungsunternehmen (z. B. Hotels), Tankstellen usw. bezahlen;
- **Btx-Banking**: Abfrage des Kontostandes und der Einzelumsätze, Überweisungen und Informationen über Bankleistungen mittels Bildschirmtext;
- **Immobilienrendite**: Berechnung der Rendite von Immobilienobjekten und gleichzeitiger Berücksichtigung steuerlicher Vorteile;
- **Bilanzanalyse**: Analyse von Bilanzen nach betriebswirtschaftlichen Kriterien und unter der Berücksichtigung der Erlös- und Kostensituation;

usw.

b) **Datengeheimnis**: Den bei der Datenverarbeitung beschäftigten Personen ist untersagt, personenbezogene Daten (wie Adresse, Geburtsdatum, Berufsbezeichnung usw.) unbefugt zu verarbeiten oder zu nutzen. Das Datengeheimnis besteht auch nach Beendigung der Tätigkeit fort.

c) Demjenigen, über den personenbezogene Daten gespeichert sind, ist auf Antrag Auskunft zu geben
- über die zu seiner Person gespeicherten Daten und
- über den Zweck der Speicherung.

d) **Unzulässige Datenverarbeitung** kann mit Freiheitsstrafe oder einer Geldstrafe (= Straftat) bzw. Geldbuße geahndet werden. Ebenso wird die unerlaubte Beschaffung von Daten durch gewaltsames Eindringen in Speicher und Entwenden von Datenbeständen auf Datenträgern (Disketten, Magnetbändern usw.) bestraft.

43. Der Verkauf der Adressen bedeutet nicht nur die unrechtmäßige Weitergabe von gespeicherten Daten, sondern auch eine Bereicherung. Die Rechtsfolge dieser Straftat kann eine Haftstrafe sein.

44.
- **Zugangskontrolle**: Damit Unbefugte nicht in die Nähe von Datenverarbeitungsanlagen gelangen, werden Kontrollen durch einen Pförtner oder die Bewachung durch Kameras oder Detektoren erforderlich.
- **Datenträgerkontrolle**: Daten sind auf Datenträgern oder in Datenträger-Archiven so aufzubewahren, dass Unbefugte sie weder lesen, kopieren, verändern oder entfernen können.
- **Speicherkontrolle**: Es muss durch Identifikation und Berechtigungsprüfung verhindert werden, dass Unbefugte Kenntnisse über die Veränderung oder Löschung von Daten erhalten.
- **Zugriffskontrolle**: Durch Identifikation und Berechtigungsprüfung der Benutzer (Geheim-Code) muss verhindert werden, dass bei automatisierten Abfragemöglichkeiten (z. B. EC-Geldautomat) Unbefugte an Daten gelangen können.
  Eingabekontrolle: Es muss nachträglich nachvollziehbar sein, welche personenbezogenen Daten zu welcher Zeit von wem eingegeben wurden.
- **Auftragskontrolle**: Durch Datenübergabe nur gegen Quittung und ähnlicher Sicherungsmaßnahmen muss sichergestellt werden, dass personenbezogene Daten, die im Auftrag verarbeitet werden, nur entsprechend den Weisungen des Auftraggebers verarbeitet werden können.
- **Transportkontrolle**: Durch Festlegung von Transportwegen und einer geeigneten Auswahl von Transportträgern (z. B. Deutsche Post AG oder Deutsche Bahn AG) muss verhindert werden, dass während des Transports der Datenträger (Disketten, externe Festplatten usw.) Daten von Unbefugten gelesen, kopiert, verändert oder gelöscht werden.

45. Gemäß Rechtsprechung kann eine **Abmahnung** auch per **Telefax** erfolgen.

46. Wer **Werbung per Telefax** betreibt, **verstößt gegen § 1 UWG**. Eine solche Werbung ist gemäß Rechtsprechung **unlauter**, weil der Werbende bei der Telefax-Werbung die Kosten der Werbung teilweise auf den Umworbenen verlagert und gleichzeitig seine eigenen Übermittlungskosten gegenüber der Briefwerbung verringert.

47.
- **Textverarbeitungsprogramm**: Es werden Texte – wie mit einer Schreibmaschine erfasst, erweitert, korrigiert, verändert, durch Fettdruck, Kursivdruck oder durch Unterstreichen besonders hervorgehoben.
- **Tabellenkalkulationsprogramm**: Statistische Daten können berechnet und dargestellt werden.
- **Datenbankprogramm**: Daten, wie Kundenadressen, Warenbestandslisten usw. können gespeichert, Namen können per Befehl alphabetisch angeordnet werden. Die gespeicherten Adressen können auf Adressetiketten oder Serienbriefen gedruckt werden.

4.1.11 Tabellenkalkulation und Grafik

1. a) • **Aktives Wahlrecht** bedeutet, dass Personen **wahlberechtigt** sind; so ist gemäß Art. 38 GG wahlberechtigt, wer das achtzehnte Lebensjahr vollendet hat.
• **Passives Wahlrecht** bedeutet, dass Personen **wählbar** sind; so ist gemäß Art. 38 GG wählbar, wer das Alter erreicht hat, mit dem die Volljährigkeit eintritt.

b) **Marktforschungsinstitute** sind z. B. Emnid, Gesellschaft für Markt- und Konsumforschung (GfK), Allensbach, Basisresearch.

c)

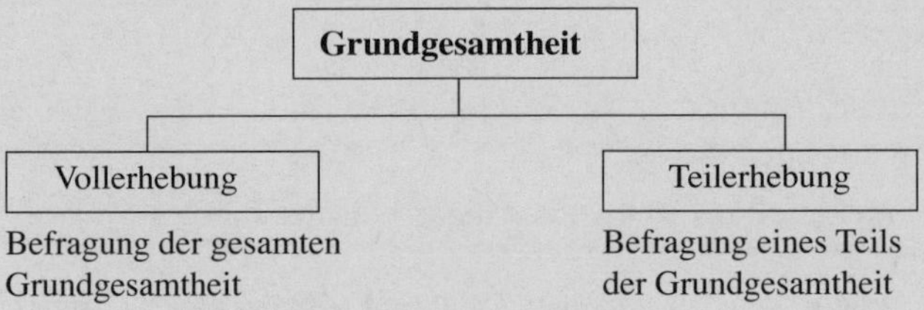

d) **Vollerhebung**:
- Volkszählung; jede Person in der Bevölkerung wird befragt.
- Alle Berufsschüler in der Bundesrepublik Deutschland werden befragt.

Teilerhebung:
- Mikrozensus (= so genannte kleine Volkszählung); repräsentative Teile der Bevölkerung werden befragt.
- 1.000 Schüler einer Schule mit insgesamt 2.500 Schülern werden befragt.

e) und f)

(1) Excel starten

(2) Felder benennen:
- In das Feld A1 „Städte” eingeben und Return-Taste drücken.
- In das Feld B1 den Begriff Prozentwert schreiben und Return-Taste drücken.
- In das Feld C1 den Begriff Grundwert schreiben und Return-Taste drücken.

(3) Formel $\frac{p \cdot 100}{G}$

zur Berechnung des gesuchten Prozentsatzes in D1 eingeben. Jede **Formel beginnt mit dem Gleichheitszeichen „=”**. Für jeden Buchstaben in der Formel nach dem Gleichheitszeichen die **Feldbezeichnungen B1, C1** in Spalte D eingeben, d. h. im Feld werden folgende Angaben eingegeben

=B1*100/C1

und anschließend Return-Taste drücken.

Auf dem Bildschirm im Feld D erscheint **„# WERT!”**.

(4) • Damit die Formel für die nächsten zehn Zahlenbeispiele (siehe Aufgabe) gilt, wird die Spalte D **bis** mindestens zum **Feld D 11 markiert**. Die **Markierung** wird erreicht, indem die Shift-Taste (linke Hand) ständig gedrückt und gleichzeitig die Cursor-Taste „mit dem Pfeil nach unten" (rechte Hand) mindestens elfmal (bis Feld D11) gedrückt wird. Die Markierung kann auch mit der Maus erfolgen.

• Mit der Maus in der Menu-Zeile „Bearbeiten" anklicken, dort
- „Ausfüllen" anklicken,
„Unten" anklicken.

So wird die Formel in all jene Zeilen übertragen, an deren Ende ein Endergebnis erwartet wird.

(5) • In der Spalte **A2 bis A11** die **Städtenamen** eintragen und nach jedem Städtenamen die **Return-Taste** drücken.

• In den Feldern **B2 bis B11** werden die Zahlen der **Befürworter** aus den Städten eingegeben.
Jeder **Feldeintrag** ist anschließend mit der **Return-Taste** zu bestätigen. Die eingegebene Zahl rückt auf dem Bildschirm von der linken auf die rechte Position im Feld.

• In den Feldern C2 bis C11 werden die Zahlen der Befragten eingegeben.
Jeder Feldeintrag ist anschließend mit der Return-Taste zu bestätigen.
In der Spalte D erscheinen nach dem letzten Eintrag die gewünschten Ergebnisse in Dezimalzahlen.

(6) Sollten hinter dem Komma mehr als zwei Stellen ausgewiesen sein, so sind folgende Schritte durchzuführen:
• Formel **=B1*100/C1** aus Spalte D in Spalte **E** übertragen
• In Spalte **E Felder E1 bis E11 markieren**
• Format anklicken
• Zellen anklicken
• Unter Kategorie „Zahl" anklicken
• Unter „Dezimalstellen:" „0" anklicken

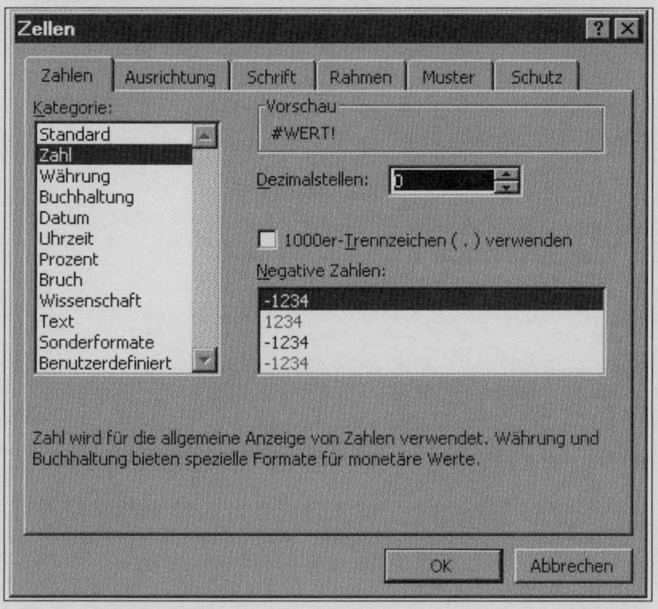

- Mit „OK” bestätigen
- Bearbeiten anklicken
- Ausfüllen anklicken
- Unten anklicken

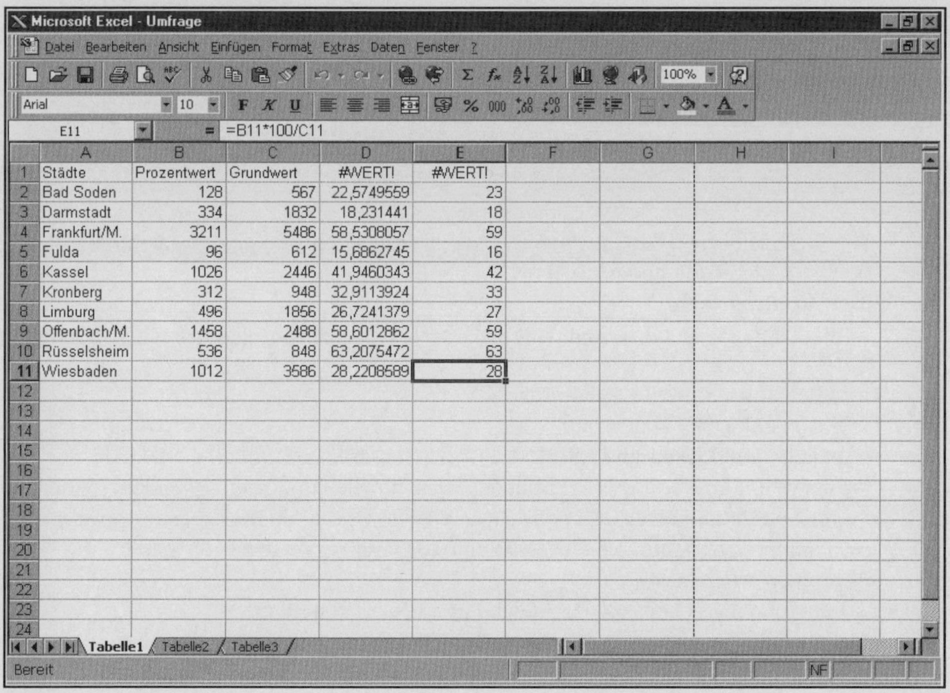

(7) **Speichern** nicht vergessen.
- Datei anklicken
- Speichern unter ... anklicken
- In Laufwerk **„a"** (zum Speichern auf der Diskette) wechseln
- Dateiname anklicken und einen Dateinamen eingeben, z. B. Umfrage
- Speichern anklicken

(8)
- Datei anklicken
- Seite einrichten anklicken
- Kopfzeile/Fußzeile ... anklicken
- „Umfrage" aus **K**opfzeilen-Auswahl → Pfeil neben Feld anklicken

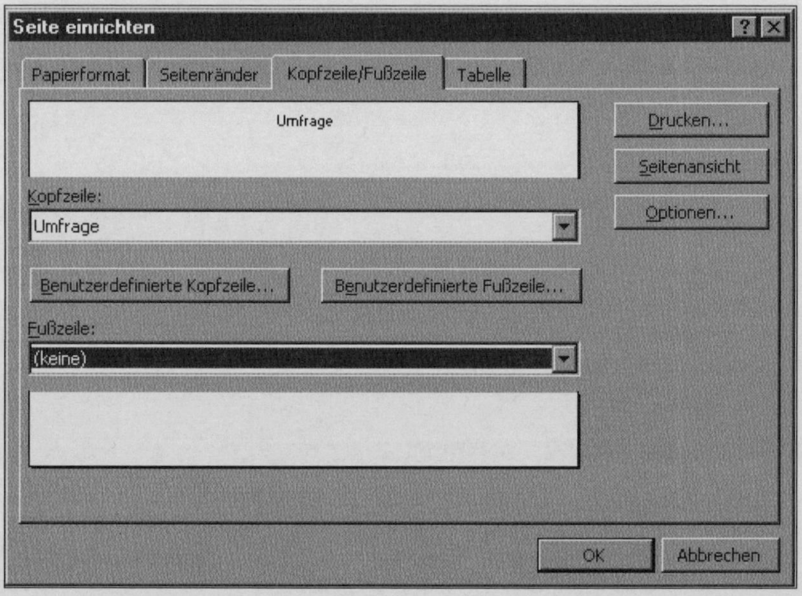

- Benutzerdefinierte Fußzeile anklicken
- In Kästchen „Mittlerer Bereich" bereits eingegebene Vorschläge entfernen
- OK anklicken und noch einmal
- OK anklicken.

Jetzt können sie die Tabelle mit der Überschrift „Umfrage" ausdrucken lassen!

g) **Erstellen eines Säulendiagramms**
- Felder A2 bis A11 markieren
- Spalte **A markieren** und **„Shift + F8"-Tasten** drücken (um eine Mehrfachmarkierung, d. h. Markierung in verschiedenen nicht nebeneinander liegenden Spalten zu erreichen). Nun Felder E2 bis E11 **markieren**. Durch die Markierung „erfährt" das Computer-Programm, welche Spalten in die Grafik zu integrieren sind.
- Einfügen anklicken
- Diagramm anklicken (da ein Säulendiagramm zu erstellen ist)
- Es erscheint „Diagramm-Assistent - Schritt 1 - 4"
- „Säulen" anklicken

- „Weiter" anklicken. Es erscheint „Diagramm-Assistent - Schritt 2 - 4"

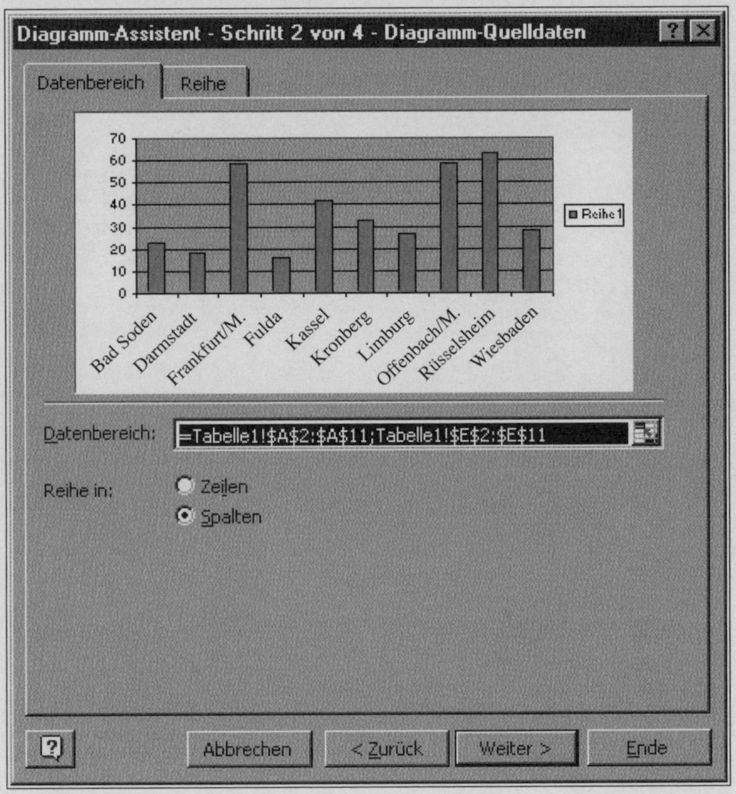

- Spalten anklicken
- Verwende „1" bei Spalte(n) anklicken
- Verwende „1" bei Zeile(n) anklicken
- Weiter anklicken
- Nein bei „Legende hinzufügen" anklicken
- Diagrammtitel eingeben, d. h. **„Umfrage zum Kommunalwahlrecht"**
- Unter Achsenbeschriftung „Rubriken [X]" im freien Feld anklicken und mit „Städte" beschriften. Damit ist die X-Achse benannt.

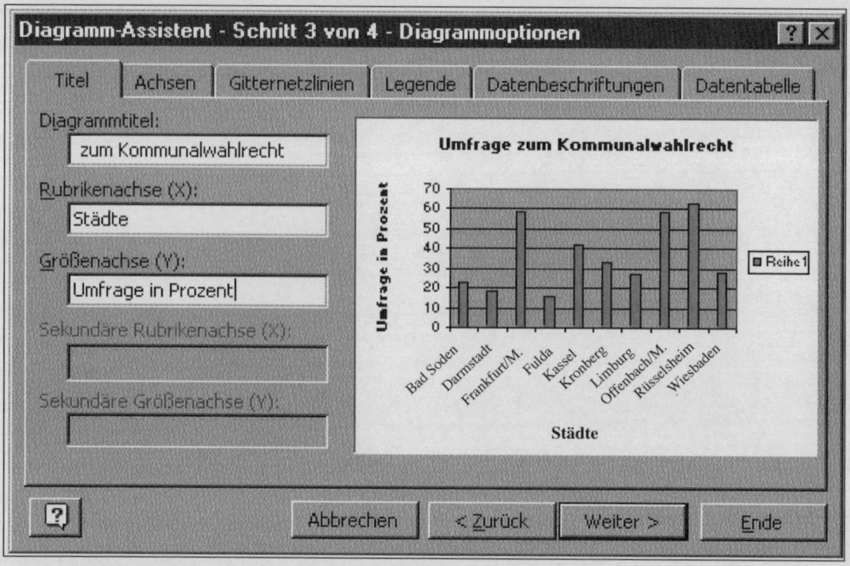

- Unter Achsenbeschriftung „Größen [Y]" im freien Feld anklicken und mit **„Umfrage in Prozent"** beschriften. Damit ist die Y-Achse benannt.
- Legende anklicken
- Datenbeschriftungen anklicken
- Wert anzeigen
- Weiter anklicken
- Einfügen anklicken
- „Als neues Blatt" anklicken
- Ende anklicken

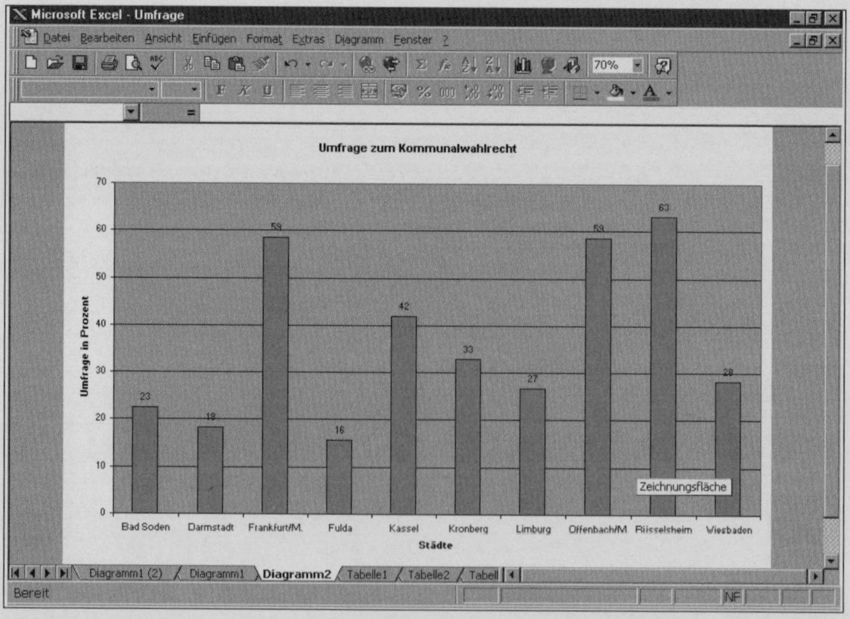

2. a) Im **Betriebsverfassungsgesetz** ist geregelt, in welchem Zeitraum die **Betriebsratswahlen** stattfinden.

b) Gemäß § 13 Betriebsverfassungsgesetz finden die regelmäßigen Betriebsratswahlen alle **vier Jahre** in der Zeit vom **1. März bis 31. Mai** statt.

c) Im Betrieb sind 99 Arbeitnehmer beschäftigt, die das 18. Lebensjahr vollendet haben. Gemäß § 7 Betriebsverfassungsgesetz sind diese deshalb **wahlberechtigt**. Da sie seit mindestens einem halben Jahr in dem Betrieb tätig sind, sind sie gemäß § 9 Betriebsverfassungsgesetz auch **wählbar**. **Alle** Wahlberechtigten haben gewählt.
In dem Betrieb sind insgesamt 99 wahlberechtigte und wählbare Arbeitnehmer beschäftigt. Gemäß § 9 Betriebsverfassungsgesetz besteht der Betriebsrat deshalb aus **5 Mitgliedern**.

d) Aufgrund der ausgezählten gültigen Stimmen haben die 5 Arbeitnehmer und Arbeitnehmerinnen Adams, Damm, Ellerfeld, Hupfgras und Wandbank Anspruch, **Betriebsratsmitglied** zu werden.

e) Aufgrund der abgegebenen Stimmen kommen von den insgesamt 13 Bewerbern und Bewerberinnen **8 Personen nicht in den Betriebsrat**.

f) Ergebnisse mittels Tabellenkalkulationsprogramm Excel.

(1) Excel starten

(2)
- In das Feld **A1** den Begriff **Namen** schreiben.
- In das Feld **B1** den Begriff Prozentwert schreiben,
- In das Feld **C1** den Begriff **Grundwert** schreiben.
- In das Feld **D1** die Formel **=B1*100/C1** eingeben und die Return-Taste drücken
- Den Cursor in Feld D1 setzen. Mit der Maus in die rechte untere Ecke gehen, bis sich der Cursor in ein schwarzes Kreuz verwandelt. Mit der angeklickten Maus das Kreuz bis Feld D14 ziehen.
- In Spalte **A** die Zunamen der Arbeiternehmer bzw. Arbeiternehmerinnen eintragen.
- In Spalte **B** die gültigen Stimmen je Kandidat eintragen.
- In Spalte **C** den Wert für alle gültig abgegebenen Stimmen, d. h. 104 eintragen.

(3) **Prozentsätze aus Spalte D**
- In E1 noch einmal die Formel **=B1*100/C1** eingeben und Return-Taste drücken.
- Den Cursor in Feld E1 setzen. Mit der Maus in die rechte untere Ecke gehen, bis sich der Cursor in ein schwarzes Kreuz verwandelt. Mit der angeklickten Maus das Kreuz bis Feld E14 ziehen.
- Spalte E markieren
- Format anklicken
- Zellen anklicken
- Zahl anklicken

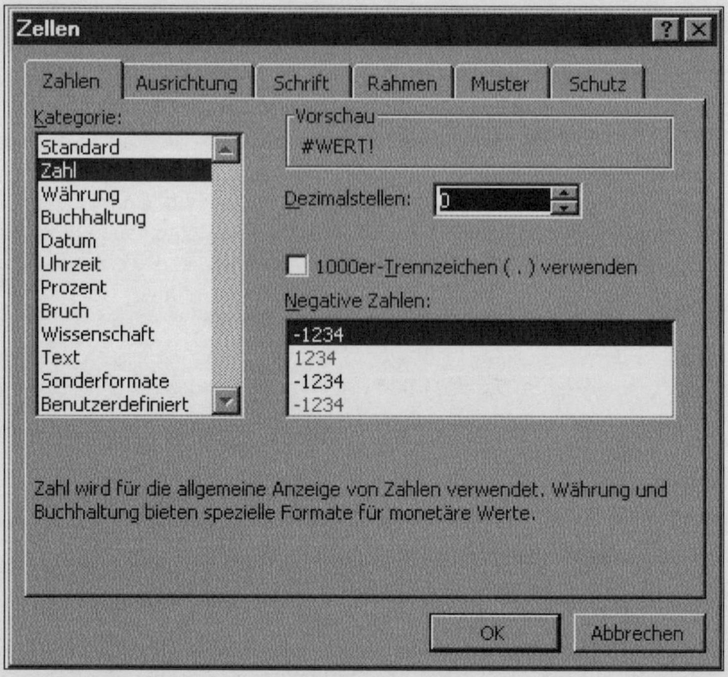

- Dezimalstellen auf „0" setzen
- OK klicken

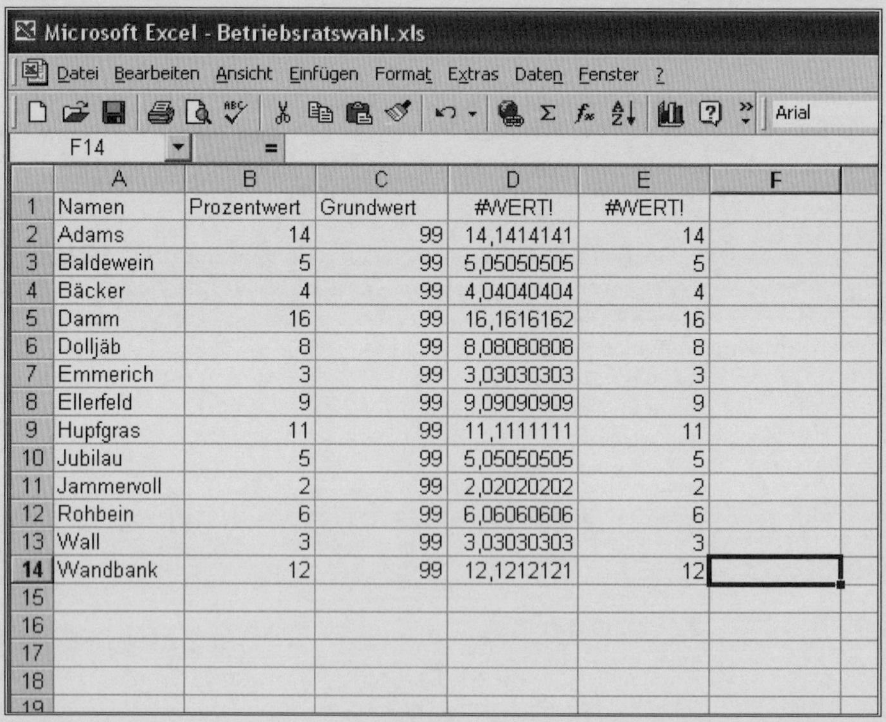

	A	B	C	D	E	F
1	Namen	Prozentwert	Grundwert	#WERT!	#WERT!	
2	Adams	14	99	14,1414141	14	
3	Baldewein	5	99	5,05050505	5	
4	Bäcker	4	99	4,04040404	4	
5	Damm	16	99	16,1616162	16	
6	Dolljäb	8	99	8,08080808	8	
7	Emmerich	3	99	3,03030303	3	
8	Ellerfeld	9	99	9,09090909	9	
9	Hupfgras	11	99	11,1111111	11	
10	Jubilau	5	99	5,05050505	5	
11	Jammervoll	2	99	2,02020202	2	
12	Rohbein	6	99	6,06060606	6	
13	Wall	3	99	3,03030303	3	
14	Wandbank	12	99	12,1212121	12	
15						
16						
17						
18						
19						

- „Speichern unter" anklicken
- Dateinamen "Betriebsratswahl" eingeben
- „Speichern" anklicken
- Datei anklicken
- Seite einrichten anklicken
- Kopfzeile/Fußzeile anklicken
- Kopfzeile: Pfeil rechts anklicken und aus der Auswahl den Begriff „Betriebsratswahl" markieren

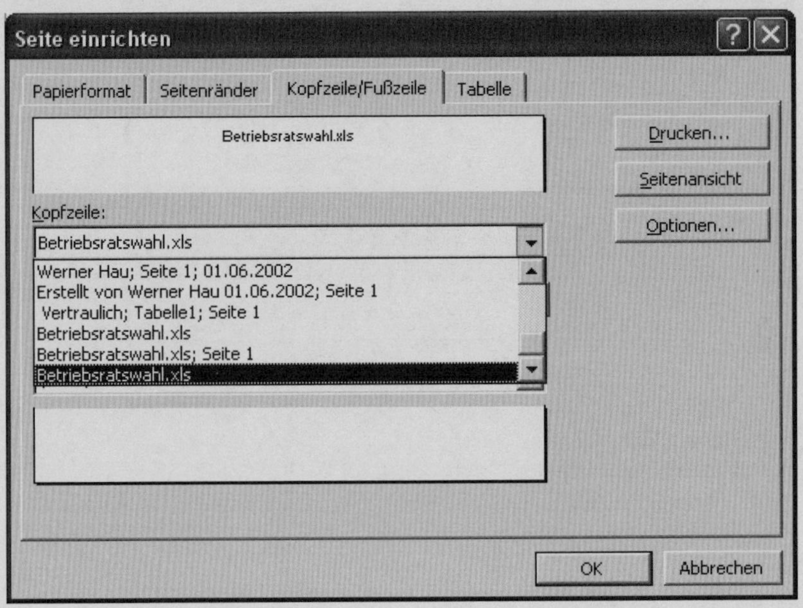

- Return-Taste drücken
- OK anklicken

g) **Kreisdiagramm erstellen**
- Die Felder A2 bis A14 und B2 bis B14 markieren
- Einfügen anklicken
- Diagramm anklicken
- Kreisdiagramm aus „Diagramm-Assistent – Schritt 1 von 4 –" Diagrammtyp auswählen

- Weiter anklicken
- und noch einmal „Weiter” anklicken
- Im „Diagramm-Assistent - Schritt 3 von 4 -“ Diagrammoptionen haben Sie folgende Möglichkeiten:

- [Titel] : Diagrammtitel eingeben: „Betriebsratswahl”

- [Legende] : Kontrollkästchen von „Legende anzeigen” deaktivieren

- [Datenbeschriftungen] : „Beschriftung anzeigen” anklicken

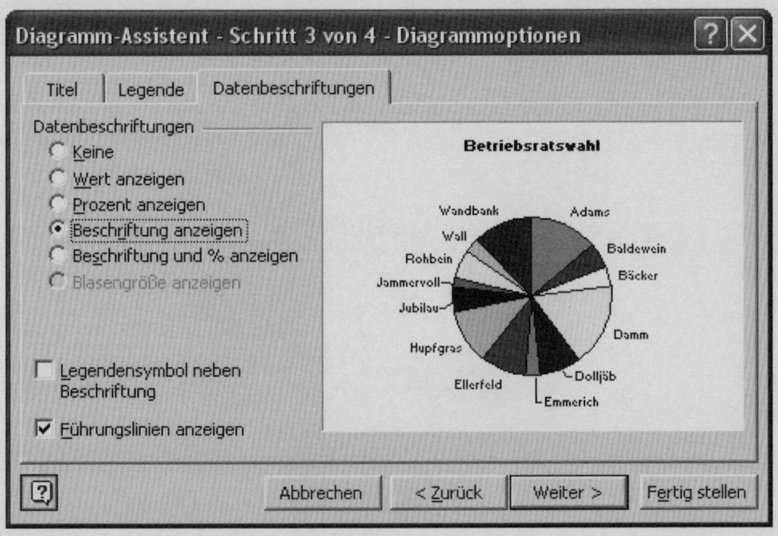

- Weiter anklicken
- Im „Diagramm-Assistent – Schritt 4 von 4 –" Diagramm-Platzierung: „Als neues Blatt:" anklicken und Begriff „Betriebsratswahl" eintragen.

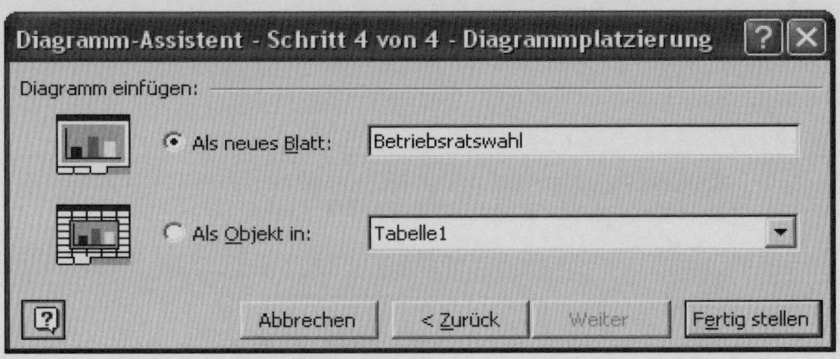

- Fertig stellen anklicken. Jetzt erscheint das Diagramm auf dem Bildschirm. Es kann ausgedruckt werden.

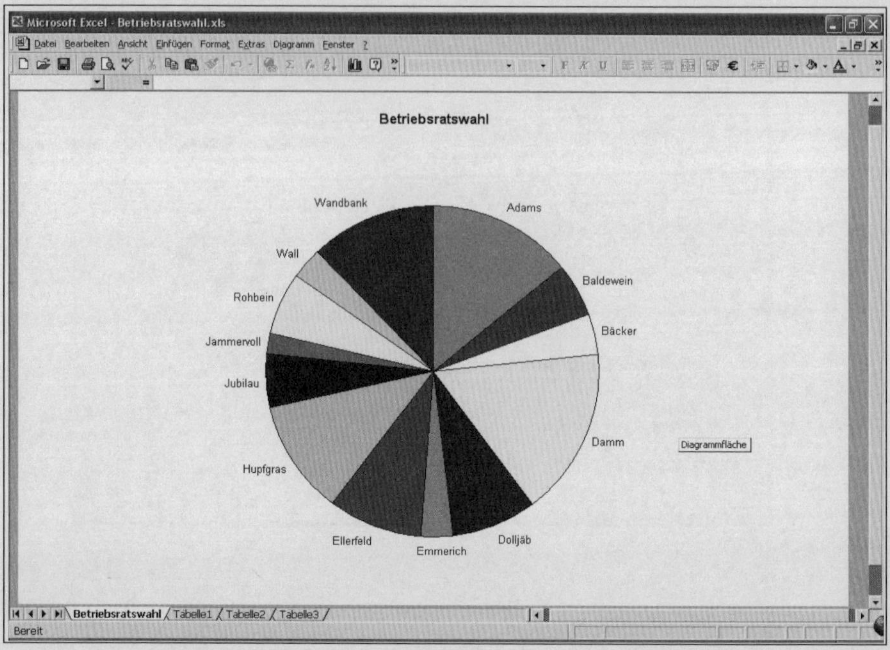

h) **Erstellen eines Säulendiagramms**

- Spalten A und B markieren (Zeilen 2 bis 14)
- Einfügen
- Diagramm anklicken
- Säulendiagramm aus „Diagramm-Assistent – Schritt 1 von 4 –" Diagrammtyp auswählen

- Weiter anklicken
- Noch einmal „Weiter” anklicken
- Im „Diagramm-Assistent - Schritt 3 von 4 -“ Diagrammoptionen haben Sie folgende Möglichkeiten:

- Titel :Diagrammtitel eingeben: „Betriebsratswahl”

- Rubrikenachse (x) : „Mitarbeiter/innen”
- Größenachse (y) : „gültige Stimmen”

- Achsen : auf „Automatisch” belassen

- Gitternetzlinien : Größenachse (y) auf „Hauptgitternetz” belassen

- Legende : Kontrollkästchen von „Legende anzeigen” deaktivieren

- Datenbeschriftungen : „Wert anzeigen” anklicken

- Datentabelle : Kontrollkästchen deaktivieren (= Häkchen entfernen)

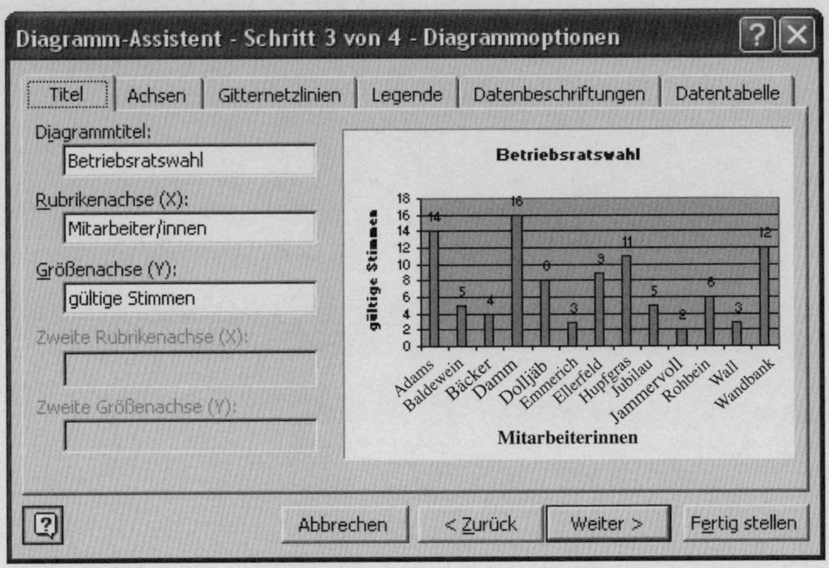

- Weiter anklicken
- Im Diagramm-Assistent – Schritt 4 von 4 – Diagramm-Platzierung: „Als neues Blatt:” anklicken und Begriff „Betriebsratswahl” eintragen.

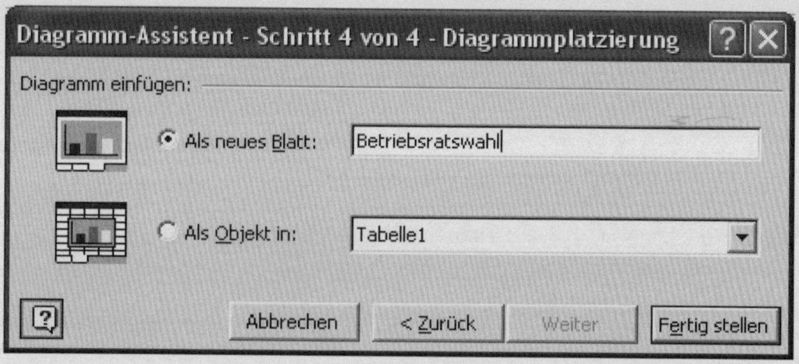

• Fertig stellen anklicken. Jetzt erscheint das Diagramm auf dem Bildschirm. Es kann ausgedruckt werden.

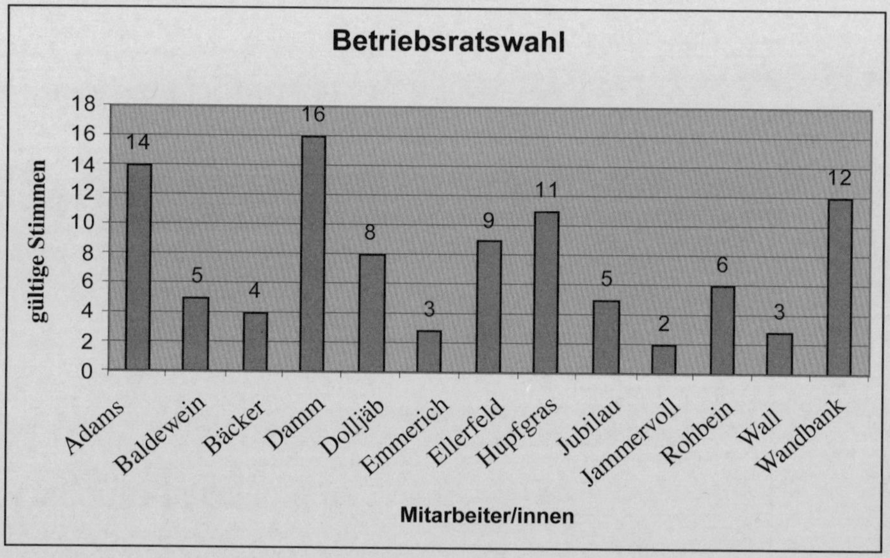

4.1.12 Programmierte Aufgaben

Aufgaben	Lösungen
1.	b)
2.	c)
3.	c)
4.	b)
5.	d)
6.	d)
7.	d)
8.	e)
9.	a)
10.	a)
11.	c)
12.	c)
13.	b)
14.	b)
15.	d)
16.	b)
17.	c)
18.	d)
19.	a)
20.	e)

4.2 Rechnungswesen

4.2.1 Einführung in das Rechnungswesen

1.

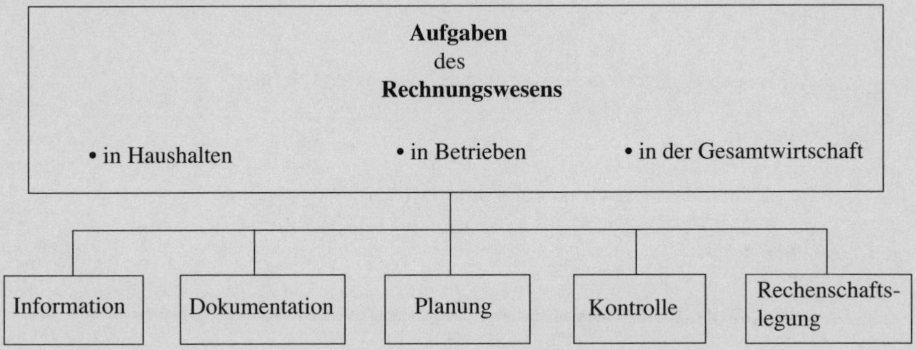

2. In privaten Haushalten spricht man zwar nicht von Rechnungswesen; dennoch werden häufig die monatlichen Ausgaben mit denen der vorangegangenen verglichen. Auf diese Weise kann in einem Ein-, Zwei- oder Mehrfamilienhaushalt verglichen werden, welche Positionen (z. B. Ausgaben für Kleidung) sich finanziell am stärksten zu Buche geschlagen haben. Diese **Information** kann zu einem Umdenken der Mitglieder des Haushalts führen, die z. B. beschließen, sich sparsamer zu verhalten.

3. Das Rechnungswesen kann z. B. Aufschluss darüber geben, ob innerhalb einer Abteilung eines Betriebs beispielsweise die Telefongebühren zu hoch erscheinen. Ein Umsatzrückgang in einer Filiale kann zu der Überlegung führen, dass der Mitarbeiterstab reduziert werden muss oder – aufgrund der Informationen, die aus der Bilanz oder der Gewinn- und Verlustrechnung abzuleiten sind – dass die Filiale möglicherweise im Rahmen eines Sanierungsprozesses geschlossen werden muss.

Das Sprichwort „Vertrauen ist gut, Kontrolle ist besser" gilt auch für innerbetriebliche Vorgänge. Jeder Betrieb muss eine **Kontrollfunktion** ausüben um festzustellen, ob beispielsweise die Lagervorräte noch ausreichend vorhanden, die Gehälter gezahlt und die Rechnungen beglichen worden sind.

4. Wer vom Staat spricht, der muss wissen, dass es ein allumfassender Begriff für verschiedene Gebietskörperschaften (Bund, Länder, Gemeinden) und verschiedene staatliche Institutionen ist. Diese müssen **Rechenschaft** über ihre geplanten oder tatsächlich getätigten Ausgaben **abgeben**. So überprüft beispielsweise der **Bundesrechnungshof**, ob die Regierung falsche Entscheidungen getroffen hat, die den Steuerzahler zu sehr belasten. Er hat beispielsweise aus den Akten des Bundesverteidigungsministeriums ermittelt, dass Geld „verschleudert" wurde, weil ein Forschungsprojekt über die zukünftige Produktion eines Gewehrs ohne Ergebnis eingestellt wurde.

5. Die **Aufgabenbereiche** des **betrieblichen Rechnungswesens** sind:

- Die Buchführung,
- die Kosten- und Leistungsrechnung,
- die Statistik,
- die Planung.

6. a) Beim **echten Bruch** ist der Zähler kleiner als der Nenner.

Beispiel: $\frac{4}{7}$

b) Beim **unechten Bruch** ist der Zähler größer als der Nenner.

Beispiel: $\frac{7}{4}$

c) Eine **gemischte Zahl** besteht aus einer ganzen Zahl und einem Bruch.

Beispiel: $1\,\frac{3}{4}$

d) $\frac{124}{5} = 24\,\frac{4}{5}$

e) **Gleichnamige Brüche** haben den gleichen Nenner.

Beispiele: $\frac{24}{56}$; $\frac{3}{56}$; $\frac{12}{56}$

Ungleichnamige Brüche haben unterschiedliche Nenner.

Beispiele: $\frac{5}{12}$; $\frac{8}{13}$; $\frac{46}{112}$

f) $\frac{30}{40} + \frac{10}{40} + \frac{24}{40} = \frac{30 + 10 + 24}{40} = \frac{64}{40} = 1\,\frac{24}{40} = 1\,\frac{6}{10} = \underline{\underline{1\,\frac{3}{5}}}$

7. a) $\frac{222}{20} = 11\,\frac{2}{20} = \underline{\underline{11\,\frac{1}{10}}}$

b) $\frac{88}{32} + \frac{18}{32} + \frac{8}{32} + \frac{3936}{32} + \frac{24}{32} = \frac{88 + 18 + 8 + 3936 + 24}{32}$

$= \frac{4074}{32} = 127\,\frac{10}{32} = \underline{\underline{127\,\frac{5}{16}}}$

8. a) $\frac{36}{45} - \frac{3}{45} = \frac{33}{45} = \underline{\underline{\frac{11}{15}}}$

b) $\frac{7}{16} - \frac{6}{16} = \frac{1}{16}$

c) $\frac{2000}{30} - \frac{450}{30} = \frac{1550}{30} = 51\frac{20}{30} = \underline{\underline{51\frac{2}{3}}}$

d) $\frac{120}{8} - \frac{3}{8} = \frac{117}{8} = \underline{\underline{14\frac{5}{8}}}$

9. a) $\frac{120}{96} = 1\frac{24}{96} = \underline{\underline{1\frac{1}{4}}}$

b) $\frac{35}{4} \times \frac{12}{1} = \frac{420}{4} = \underline{\underline{105}}$

c) $\frac{15}{1} \times \frac{49}{15} = \frac{735}{15} = \underline{\underline{49}}$

d) $\frac{5}{6} \times \frac{63}{1} = \frac{315}{6} = 52\frac{3}{6} = \underline{\underline{52\frac{1}{2}}}$

10. a) $\frac{3}{4} \times \frac{6}{5} = \frac{18}{20} = \underline{\underline{\frac{9}{10}}}$

b) $\frac{5}{1} : \frac{32}{9} = \frac{5}{1} \times \frac{9}{32} = \frac{45}{32} = \underline{\underline{1\frac{13}{32}}}$

c) $\frac{530}{8} : \frac{20}{1} = \frac{530}{8} \times \frac{1}{20} = \frac{530}{160} = \frac{53}{16} = \underline{\underline{3\frac{5}{16}}}$

d) $\frac{4}{5} : \frac{3}{1} = \frac{4}{5} \times \frac{1}{3} = \underline{\underline{\frac{4}{15}}}$

e) $\frac{7}{15} : \frac{3}{5} = \frac{7}{15} \times \frac{5}{3} = \frac{35}{45} = \underline{\underline{\frac{7}{9}}}$

11. a)

Fahrt von Mainz nach Frankfurt mit öffentlichen Verkehrsmitteln	5,60 €
Appartementpreis für Guya Playa	562,00 €
Flughafenzuschlag	16,00 €
Treibstoffzuschlag	10,00 €
Versicherung	25,00 €
Reise-Rücktrittsversicherung	25,00 €
Taxi vom Flughafen Frankfurt nach Mainz 45 € : 3	15,00 €
Gesamtbetrag pro Person	**658,60 €**

b)

3	x	Krabben in Knoblauchsoße (3 x 9,90)	=	29,70 €
1	x	Seezunge vom Grill	=	8,90 €
1	x	Fischteller=	=	13,90 €
1	x	Rinderfilet mit Pfeffersauce	=	13,50 €
		Gesamtbetrag	=	**66,00 €**

c)

Roland				
	1	Bitburger	1 x 1,50 €	1,50 €
	4	Longdrinks	4 x 4,00 €	16,00 €
	1	Glas Sangria	1 x 1,50 €	1,50 €
	1	Backkartoffel	1 x 5,80 €	5,80 €
			Gesamtbetrag	**24,80 €**
Carsten				
	5	Gläser Sangria	5 x 1,50 €	7,50 €
	2	Longdrinks	2 x 4,00 €	8,00 €
	1	Backkartoffel	1 x 5,80 €	5,80 €
			Gesamtbetrag	**21,30 €**
Christian				
	7	Bitburger	7 x 1,50 €	10,50 €
	1	Backkartoffel	1 x 5,80 €	5,80 €
			Gesamtbetrag	**16,30 €**

d) $p = \frac{P \times 100}{G} = \frac{1 \times 100}{4{,}80} = \underline{\underline{20{,}83\ \%}}$

e) Die **Firma** eines Kaufmanns ist der Name, unter dem er seine Geschäfte betreibt und seine Unterschrift abgibt. Unter seiner Firma kann er klagen und verklagt werden (§ 17 HGB).

f) Sie können eine **GmbH** gründen, da ihnen gemäß GmbH-Gesetz mehr als 25.000 € **Stammkapital** zur Verfügung stehen. Im Falle einer Aktiengesellschaft wären 50.000 € Grundkapital erforderlich.

g) **Personengesellschaften**, die im Handelsregister eingetragen sein müssen, sind im **HGB** geregelt.

12.

350 Dosen
\+ 282 Dosen
\+ 420 Dosen
\+ 386 Dosen
\+ 236 Dosen
\+ 376 Dosen
\+ 302 Dosen
\+ 540 Dosen
\+ 324 Dosen
\+ 180 Dosen
\+ 320 Dosen
\+ 220 Dosen
3.936 Dosen

In 12 Monaten wurden insgesamt 3.936 Dosen Katzenfutter verkauft.

b) Die meisten Dosen wurden im Monat August (540 Stück), die wenigsten im Monat Oktober (180 Stück) verkauft.

c) Im August wurden 540 - 180 = 360 Dosen mehr verkauft als im Oktober.

180 Dosen ⟶ 100 %

1 Dose ⟶ $\frac{100}{180}$ %

360 Dosen ⟶ $\frac{100 \times 360}{180}$ % = 200 %

200 % mehr Dosen wurden im August im Vergleich zum Oktober verkauft.

d) 3.936 Dosen : 12 = 328 Dosen wurden im Durchschnitt pro Monat verkauft.

13. 662 Mrd. ⟶ 100 %

215 Mrd. ⟶ x %

$$\text{Prozentwert} = \frac{\text{Grundwert x Prozentsatz}}{100}$$

gegeben: Grundwert (G), Prozentwert (P)
gesucht: Prozentsatz (p)
Die Formel muss umgestellt werden.

$$p = \frac{P \times 100}{G}$$

$$p = \frac{215 \times 100}{662} = \underline{\underline{32{,}47\ \%}}$$

Die Lohnsteuer beträgt 32,47 % aller Steuereinnahmen.

14. a)

Kunde Nr.	**Gesamtpreis der eingekauften Waren €**	**20 % Rabatt**	**25 % Rabatt**	**Rechnungsbetrag**
I	75,70	15,14		75,70 – 15,14 = 60,56
II	23,80	–	–	23,80
III	124,50	–	31,12	124,50 – 31,12 = 93,38
IV	80,76	16,15		80,76 – 16,15 = 64,61
V	96,80	19,36		96,80 – 19,36 = 77,44
VI	102,20		25,55	102,20 – 25,55 = 76,65
VII	74,10	14,82		74,10 – 14,82 = 59,28
VIII	49,80	–	–	49,80
IX	58,60	11,71		58,56 – 11,71 = 46,85
X	63,40	12,68		63,30 – 12,68 = 50,62

b) Die Verluste des Baumarktes ergeben sich aus dem jeweiligen in Euro berechneten Rabatt.

Kunde Nr.	**Rabatt Euro**
I	15,14
II	–
III	31,12
IV	16,15
V	19,36
VI	25,55
VII	14,82
VIII	–
IX	11,71
X	12,68
	146,52

c) Der Baumarkt bietet Rabatte vermutlich an, um die Kauflust der Konsumenten anzuregen. Auf diese Weise hofft das Unternehmen, dass es höhere Umsätze und somit auch höhere Gewinne erzielt. Dies würde zugleich zur Erhaltung von Arbeitsplätzen führen.

15. a) 100 % ⟶ 2.240,-- €

$$1\,\% \longrightarrow \frac{2.240,\text{-- €}}{100} = 22{,}40\text{ €}$$

5,5 % ⟶ 22,40 € x 5,5 = 123,20 €

	2.240,00 €	ursprüngliches Gehalt
+	123,20 €	Tariferhöhung
	2.363,20 €	neues Bruttogehalt

b) 100 % ⟶ 132,20 €

70 % ⟶ x €

$$x = \frac{123{,}20\text{ € x }70}{100} = 86{,}24\text{ €}$$

Manuela kann monatlich einen Betrag von 86,24 € sparen.

16. a) 105 % ⟶ 1.900 €

$$1\,\% \longrightarrow \frac{1.900\text{ €}}{105} = 18{,}09\text{ €}$$

100 % ⟶ 18,09 € x 100 = 1.809 €

Im vergangenen Jahr betrug sein Gehalt 1.809 €.

b) $100\,\% \longrightarrow 1.900\ €$

$1\,\% \longrightarrow \frac{1.900\ €}{100} = 19\ €$

$6\frac{1}{3}\,\% \longrightarrow 19\ € \times \frac{19}{3} = \underline{\underline{120{,}33\ €}}$

Die erste Gehaltserhöhung (aus a) beträgt 1.900 € - 1.809 € = 91 €.
Die zweite Gehaltserhöhung macht 120,33 € aus.

17. Maria $\frac{1}{3} = \frac{4}{12}$

Johannes $\frac{1}{4} = \frac{3}{12}$

Petra $\frac{1}{6} = \frac{2}{12}$

$= \frac{9}{12} = \frac{3}{4}$ Den Rest von $\frac{1}{4}$ behält Herr Sauberbach.

$\frac{12}{12} \longrightarrow 420.000\ €$

$\frac{1}{12} \longrightarrow \frac{420.000\ €}{12}$

$\frac{1}{12} \longrightarrow 35.000\ €$

Maria	erhält 4 x 35.000 € = 140.000 €
Johannes	erhält 3 x 35.000 € = 105.000 €
Petra	erhält 2 x 35.000 € = 70.000 €
Herr Sauberbach	erhält 3 x 35.000 € = 105.000 €
	Probe = 420.000 €

18. a) $\frac{\text{Auslandswährung x Kurs}}{1} = \text{Inlandswährung}$

$\frac{1.480\ € \times 0{,}96}{1} = \underline{\underline{1.420{,}80\ €}}$

Frau Wunschtraum muss 1.420,80 € bezahlen.

b) **Sorten**: Es sind Banknoten und Münzen.
Devisen: Es sind Überweisungen und Schecks.

c) Beim **Geldkurs** kauft eine Bank oder Sparkasse ausländisches Geld zu einem billigeren Kurs an. (Bsp.: Herr Luftikus tauscht übriggebliebene amerikanische Dollar, die er von einer Reise mitgebracht hat, bei seiner Bank in Magdeburg in Euro um). Verkauft eine Bank ausländische Zahlungsmittel gegen Euro, so verlangt sie einen höheren Kurs; diesen bezeichnet man als **Briefkurs**.

19. 1 yen ⟶ 103,55 €
1.280 yen ⟶ x €

$$x = \frac{103{,}55 \times 1.280}{1} = \underline{\underline{1.32544\ €}}$$

Dr. Gerth erhält 1.32544 €.

20. 1 sfr ⟶ 1,6087 €
18.300 sfr ⟶ x €

$$x = \frac{1{,}6087 \times 18.300}{1} = \underline{\underline{29.439{,}21\ €}}$$

Die Bank schreibt der Textilgroßhandlung 29.439,21 € auf der Haben-Seite ihres Girokontos gut.

21. 11 Std. + 7 Std. + 5,5 Std. + 8,5 Std. + 6 Std. = 38 Std.

$$\frac{38\ \text{Stunden}}{5} = \underline{\underline{7{,}6\ \text{Stunden}}}$$

Der LKW wurde im Durchschnitt 7,6 Stunden eingesetzt.

22.

25 x 6,05 =	151,25 €
40 x 5,90 =	236,00 €
30 x 5,30 =	159,00 €
	546,25 €

546,25 : 95 = 5,75 €/kg

Ein kg der Mischung kostet **5,75 €/kg**.

23.

42 x 0,125 kg =	5,25 kg	1 kg = 1.000 g
13 x 0,5 kg =	6,5 kg	
30 x 0,062 kg =	1,86 kg	
3 x 1,5 kg =	4,5 kg	
3 x 1,0 kg =	3,0 kg	
1 x 1,2 kg =	1,2 kg	
	22,31 kg	

Die Sendung überschreitet das Höchstgewicht eines Pakets um 2,31 kg.

24. Julia erhält für ihre Tätigkeit an vier Samstagen insgesamt 336,- €. An einem Samstag verdient sie folglich

$$\frac{168,-\ €}{4} = \underline{\underline{42,-\ €}} \qquad \frac{42,-\ €}{6} = \underline{\underline{7,-\ €.}}$$

Julias Stundenlohn beträgt folglich **7,- €**.

25. a) - Joachim verbraucht im Durchschnitt auf 100 km 7,5 Liter Benzin.
- Wenn er 330 km fährt, verbraucht er das 3,3fache an Benzin, d. h.

3,3 x 7,5 Liter = **24,75 Liter.**

b) Wenn Joachim 24,75 Liter Benzin verbraucht und der Liter-Preis 1,48 € beträgt, so hat er insgesamt

24,75 x 1,48 = **36,63** € zu zahlen.

c)

Übernachtungen	240,00 €
5 x 18,- €	90,00 €
Geld für Benzin	36,63 €
Reisepreis insgesamt	**366,63** €

d) Wenn Joachim für 4 Übernachtungen 240,- € ausgibt, so kostet eine Übernachtung

$\frac{240,-}{4}$ = **60,- €**.

e) Wenn der Reisepreis insgesamt 355,24 € beträgt, so entstehen ihm pro Tag Aufwendungen von

$\frac{366,63}{5}$ = **73,32 €**.

26. Wenn Irina 4 x im Monat eine Sauna besucht und täglich 21 € ausgibt, so sind dies im Monat 4 x 21 € = 84 €.

Wenn ihr aber weiterhin nur 50 € zur Verfügung stehen, so kann sie die Sauna nicht mehr so häufig besuchen wie bisher. Rechnerisch bedeutet dies, dass ein Sauna-Besuch

nur $\frac{50}{21}$ = 2,38 mal möglich ist.

Da sie beim Eintritt, unabhängig von der Verweildauer, aber auf jeden Fall immer 21 € zu zahlen hat, so kann sie die Sauna nur noch 2 x im Monat besuchen.

27. a) Wenn von den Ausstellern auf Messen 72 % ausländische Unternehmen sind, so ist Deutschland mit 28 % vertreten.

b) 100 % ⟶ 2.659 Aussteller
28 % ⟶ x Aussteller

gegeben:	Grundwert (= G)	= 2.659
	Prozentsatz (= p)	= 28 %
gesucht:	Prozentwert (= P)	

$$\boxed{P = \frac{G \times p}{100}} = \frac{2.659 \times 28}{100} = \mathbf{744{,}52}$$

Rund 745 deutsche Unternehmen der Textilbranche sind auf Messen vertreten.

c) Von insgesamt 2.659 Ausstellern auf Messen sind 745 deutsche Aussteller. Folglich sind

$$\begin{array}{r} 2.659 \\ -\quad 745 \\ \hline \end{array}$$

= 1.914 Unternehmen aus dem Ausland vertreten.

28.

$$\begin{array}{r} 107.000 \\ +\quad 40.000 \\ \hline 147.000 \end{array}$$

$$\boxed{p = \frac{P \times 100}{G}} = \frac{40.000 \times 100}{147.000} = \mathbf{27{,}2\ \%}$$

Der Mengenrückgang an Gewerbemüll entspricht 27,2 %.

29.

$$\begin{array}{rr} P = & 216.159 \\ & -\,201.584 \\ \hline & 14.574 \end{array}$$

$$\boxed{p = \frac{P \times 100}{G}} = \frac{14.575 \times 100}{201.584} = \mathbf{7{,}23\ \%}$$

Es haben im letzten Jahr 7,23 % mehr Menschen in Weiskirchen übernachtet als ein Jahr zuvor.

30. 1 **Promille** (also $\frac{1}{1.000}$) von 28.000,- € macht 28,- €.

15 Promille entsprechen $\frac{28.000}{1.000}$ = 28,- € x 15 = 420,- €

Rechnungsbetrag	68.000,- €
– 15 ‰ von 28.000,- €	420,- €
– 2 % Skonto vom Rechnungsbetrag	1.360,- €
Überweisungsbetrag	66.220,- €

31. Jahresgewinn: 50.000,- €

I	II	III	IV	V = III + IV
Gesellschafter	**Kapitalanlage**	**4 % der Kapitalanlage**	**Rest nach Köpfen**	**Gesamtgewinn je Gesellschafter**
Stahl	20.000 €	800 €	11.000 €	11.800 €
Jung	60.000 €	2.400 €	11.000 €	13.400 €
Großmann	40.000 €	1.600 €	11.000 €	12.600 €
Ober	30.000 €	1.200 €	11.000 €	12.200 €
		6.000 €		50.000 €

50.000 €
– 6.000 €

44.000 € : 4 = 11.000,- €

32. Jahresgewinn: 80.000,- €

I	II	III	IV	V = III + IV
Gesellschafter	**Kapitalanlage**	**4 % der Kapitalanlage**	**Restgewinn** 5 : 1 : 1 : 1 = 8 Anteile	**Gewinn je Gesellschafter**
J. Grey	50.000 €	2.000 €	45.500 €	47.500 €
P. Swayze	45.000 €	1.800 €	9.100 €	10.900 €
J. Ziegler	45.000 €	1.800 €	9.100 €	10.900 €
L. Kurz	40.000 €	1.600 €	9.100 €	10.700 €
		7.200 €		80.000 €

80.000 €
– 7.200 €

72.800 € : 8 = 9.100 € = 1 Anteil

Schritte des Rechenwegs:
1. Tabelle mit Eintragung in Spalten I + II
2. 4 % jedes Kapitalanteils ausrechnen und in Spalte III eintragen
3. Summe Spalte III ermitteln
4. Jahresgewinn abzüglich Summe Spalte III
5. Das Verhältnis 5 : 1 : 1 : 1 ergibt 8 Anteile
6. Ergebnis aus Schritt 4 durch 8 dividieren
7. Restgewinn je Gesellschafter in Spalte IV eintragen
8. Spalte V ergibt sich aus der Addition der Spalten III und IV

33. a) Die **gesamte Wohnfläche** ergibt sich aus der Multiplikation aus „Länge x Breite", d. h. 11 m x 12 m = **132 m²**.

b) **Rolf**: 4 m x 3 m = **12 m²**
Hans: 4 m x 3 m = **12 m²**
Peter: 5 m x 3 m = **15 m²**
Tom: 5 m x 3 m = **15 m²**
= 54 m²

c) 132 m^2 Gesamtfläche
- 54 m^2 Fläche der 4 einzel genutzten Räume

= 78 m^2 gemeinsam genutzte Fläche

d) $\frac{\text{Miete}}{\text{Gesamtfläche}} = \frac{1.056}{132}$ = **8 € pro m^2**

Ein m^2 kostet 8 € monatliche Miete.

e) 78 m^2 werden gemeinsam genutzt. Diese Fläche kostet 78 x 8 = 624 € monatlicher Mietzins.

Jeder hat also $\frac{624}{4}$ = 156 € für die **gemeinsam genutzte Wohnfläche** zu zahlen.

f)

Name der Freunde	**Miete je Raum in €**	**Miete für die gemeinsam genutzten Räume in €**	**Miete insgesamt je Person in €**
Rolf	12 x 8 = 96	156	252
Hans	12 x 8 = 96	156	252
Peter	15 x 8 = 120	156	276
Tom	15 x 8 = 120	156	276
Summe	432	624	1.056

g) Die vereinbarte **Staffelmiete** ist gemäß dem „Bürgerlichen Gesetzbuch" erlaubt, da

- die Miete **ein Jahr unverändert** bleibt und
- die Miete **in** einem Euro-**Betrag**, also nicht prozentual, ausgewiesen ist.

h) **gegeben**:

Grundwert ⟶ 1.056 €

Prozentwert 50 €

gesucht:

Prozentsatz ⟶ ? %

Die Grundformel für den Prozentsatz lautet:

$$p = \frac{P \times 100}{G} = \frac{50 \times 100}{1.056} = \mathbf{4{,}73\ \%}$$

Die Miete erhöht sich jedes Jahr durch die vereinbarte Staffelmiete – vergleicht man die Erhöhung mit der anfänglichen Kaltmiete – um 4,73 %.

i) Die Miete erhöht sich durch die Staffelmiete erstmalig nach einem Jahr um 50 €, danach noch 3 mal bis zum Ablauf von 5 Jahren. Insgesamt hat sich die Miete innerhalb von 5 Jahren Mietzeit also um 200 € erhöht. Die zu zahlende Miete beträgt dann

	1.056 €
+	200 €
=	1.256 €

$$p = \frac{P \times 100}{G} = \frac{200 \times 100}{1.256} = \mathbf{15{,}92\ \%}$$

Vergleicht man die Miete nach dem Ablauf von 5 Jahren mit der anfänglichen Kaltmiete, dann hat sie sich um 15,92 % erhöht.

34. a) Wenn Saskia Osterhas die Rechnung am 15. März begleicht, kann sie 2 Prozent Skonto abziehen. Zwei Prozent von 575,18 € ergeben einen Betrag von 5,7518 x 2 = 11,50 €.

Die Saskia Osterhas OHG kann dann einen Betrag von 575,18 – 11,50 = 563,68 € überweisen.

b) Wenn die Rechnung am 1. April noch nicht überwiesen ist, so gerät die Saskia Osterhas OHG in Zahlungsverzug. Eine Mahnung ist dann gemäß § 286, Absatz 2, Satz 1 BGB nicht erforderlich, um auf die Leistungsstörung hinzuweisen.

c) Wenn der Rechnungsbetrag erst am 16. April auf dem Konto des Lieferanten eingegangen ist, so beträgt der zeitliche Verzug 16 Tage. Dies bedeutet, dass Verzugszinsen zu zahlen sind. Diese sind gemäß § 288 BGB zu ermitteln.

Hierzu sind zwei Schritte erforderlich.
1. Schritt: Zunächst muss der aktuelle Basiszinssatz ermittelt werden. Er lässt sich aus dem Internet oder aus dem Bundesanzeiger ersehen.

2. Schritt: Zum aktuellen Basiszinssatz ist ein weiterer Prozentsatz zu addieren, dessen Höhe davon abhängig ist, ob es sich beim Schuldner um einen Verbraucher oder nicht um einen Verbraucher handelt.

☛ Der Verzugszinssatz beträgt für das Jahr fünf Prozentpunkte über dem Basiszinssatz.

☛ Bei Rechtsgeschäften, an denen ein Verbraucher nicht beteiligt ist, beträgt der Zinssatz für Entgeltforderungen acht Prozentpunkte über dem Basiszinssatz (§ 288 BGB).

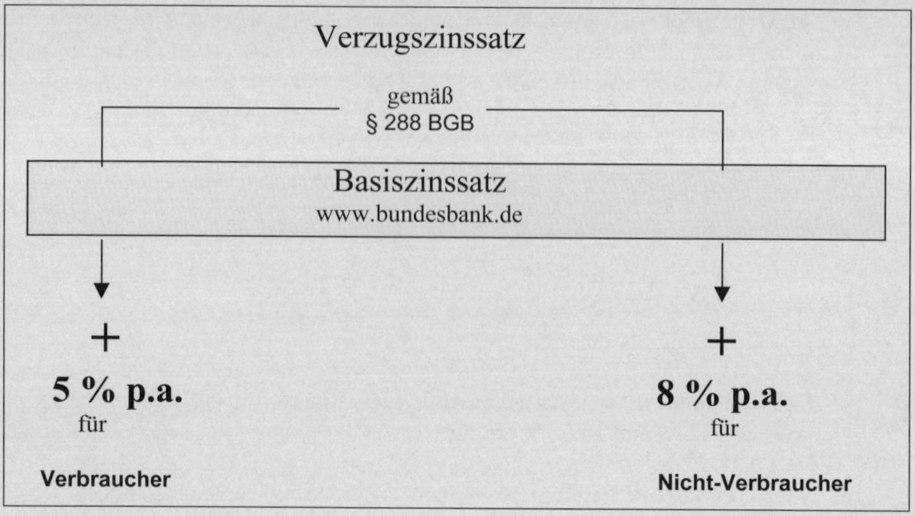

Die Saskia Osterhas OHG ist nicht als Verbraucher zu betrachten (§§ 13, 14 BGB). Zu den Nicht-Verbrauchern zählen Einzelkaufleute, Personengesellschaften, Freiberufler usw.

Bürgerliches Gesetzbuch

§ 13 **[Verbraucher]** Verbraucher ist jede natürliche Person, die ein Rechtsgeschäft zu einem Zweck abschließt, der weder ihrer gewerblichen noch ihrer selbstständigen beruflichen Tätigkeit zugerechnet werden kann.

§ 14 **[Unternehmer]** (1) Unternehmer ist eine natürliche oder juristische Person oder eine rechtsfähige Personengesellschaft, die bei Abschluss eines Rechtsgeschäfts in Ausübung ihrer gewerblichen oder selbstständigen beruflichen Tätigkeit handelt.
(2) Eine rechtsfähige Personengesellschaft ist eine Personengesellschaft, die mit der Fähigkeit ausgestattet ist, Rechte zu erwerben und Verbindlichkeiten einzugehen.

Anmerkung: Der Unternehmer bietet am Markt planmäßig und dauerhaft Leistungen gegen Entgelt an. Auch Freiberufler, Handwerker und Landwirte, aber auch Kleingewerbebetreibende, die nicht im Handelsregister eingetragen sind, sind Unternehmer.

Wenn man die Zinsen berechnen will, muss zuerst der Prozentsatz ermittelt werden. Er beträgt aktuell 1,17 % + 8 % = 9, 17 %.

$$\text{Zinsen} = \frac{\text{Kapital x Zeit x Prozentsatz}}{100 \text{ x } 360} = \frac{575{,}18 \text{ x } 16 \text{ x } 9{,}62}{100 \text{ x } 360} = \underline{\underline{2{,}45\ €}}$$

4.2.2 Einführung in die Systematik der Buchführung

1. **Buchführungsvorschriften** sind abzuleiten aus

   - dem **Handelsgesetzbuch** (= HGB),
   - dem **Aktiengesetz** (= AktG),
   - der **Abgabenordnung** (= AO).

2. a) Jeder, der in Handelsbetrieben, Industriebetrieben, Banken, Versicherungen oder anderen Unternehmen der verschiedenen Wirtschaftszweige beschäftigt ist, weiß, dass täglich in den verschiedenen Abteilungen (Rechnungswesen, Vertrieb, Marketing usw.) viele Vorgänge stattfinden, die buchhalterisch erfasst werden. Die exakte Erfassung ist für einen Unternehmer deshalb von Bedeutung, weil seine Ziele u. a. Gewinnmaximierung und Kostenminimierung sind. Werden beispielsweise die Lagerbestände nicht genau erfasst, dann werden unter Umständen Waren zu viel bestellt, die dann „totes Kapital" darstellen, das nicht verzinst wird oder es sind nicht genügend Warenvorräte vorhanden, sodass Kunden zu anderen Unternehmen abwandern. Werden nicht alle Aufwendungen und Erträge korrekt erfasst, dann ist auch nicht exakt zu ermitteln, wie hoch ein etwaiger Gewinn oder Verlust ist.

   b) Eine **Buchführungspflicht** ist gemäß HGB grundsätzlich vorgeschrieben. Danach ist jeder Kaufmann verpflichtet, Bücher zu führen und in diesen seine Handelsgeschäfte und die Lage seines Vermögens nach den Grundsätzen ordnungsmäßiger Buchführung ersichtlich zu machen. Die Buchführung muss im Sinne dieses Gesetzes so beschaffen sein, dass sie einem sachverständigen Dritten innerhalb angemessener Zeit einen Überblick über die Geschäftsvorfälle und über die Lage des Unternehmens vermitteln kann. Die Geschäftsvorfälle müssen sich in ihrer Entstehung und Abwicklung verfolgen lassen. Die Buchführungspflicht gilt für jeden **Kaufmann** bereits vor der Eintragung ins Handelsregister. Für Kapitalgesellschaften bestehen die Buchführungspflicht ergänzenden Vorschriften. Sie müssen gemäß HGB ihren Jahresabschluss (Bilanz, Gewinn- und Verlustrechnung) und den Lagebericht offenlegen.

   c) In verschiedenen **Steuergesetzen** ist geregelt, welche Steuern ein Unternehmen an das Finanzamt abzuführen hat. Die Höhe der Steuer basiert auf der Grundlage der Belege der Buchführung. Besteuerungsgrundlage für die Gewerbesteuer sind beispielsweise der Gewerbeertrag und das Gewerbekapital. Beide Größen sind nach den innerbetrieblichen buchhalterischen Belegen und nach den Vorschriften des Gewerbesteuergesetzes zu ermitteln.

   d) Ein Unternehmer kann mittels Überweisungsformular und Kontoauszug belegen, dass er bereits Steuern an das Finanzamt abgeführt hat.

3. • Von einer **einfachen Buchführung** (z. B. in Kleinbetrieben des Einzelhandels und Handwerks) spricht man, wenn nur Bestandskonten geführt werden.
   • Bei der **doppelten Buchführung** wird auf Bestandskonten (siehe Bilanz) mit Gegenbuchung auf Erfolgskonten (Gewinn- und Verlustrechnung) gebucht. Die Konten sind bei doppelter Buchführung so gebildet, dass jeder zu buchende Geschäftsvorfall zu Soll- und Habenbuchungen in gleicher Höhe führt. Der Periodenerfolg wird durch die Bilanz **und** die Gewinn- und Verlustrechnung ermittelt.

4. a) Die **Grundsätze ordnungsmäßiger Buchführung** gelten für die gesamte **Rechnungslegung** von Unternehmen. Dies bedeutet, dass sie für Inventurverfahren, Aufstellung der Bilanz, Bewertungsverfahren, Aufbewahrung auf Datenträgern und Inhalt der Bilanz gelten.

b) **Grundsätze ordungsmäßiger Buchführung**:
- Die Aufzeichnung in Handelsbüchern müssen in einer lebenden Sprache formuliert sein.
- Die Bedeutung von Ziffern, Buchstaben und Symbolen muss eindeutig festliegen.
- Bei der Führung der Handelsbücher auf Datenträgern muss insbesondere sichergestellt sein, dass die Daten während der Dauer der Aufbewahrungsfrist verfügbar sind.
- Handelsbücher, Inventare, Bilanzen, Lageberichte und Konzernabschlüsse sind 10 Jahre aufzubewahren.
- Buchungsbelege (Überweisungen, Quittungen, Rechnungen usw.) sind ebenfalls 10 Jahre aufzubewahren.

c) Die **Bilanz** und die **Gewinn- und Verlustrechnung** bilden den **Jahresabschluss** (§ 243 HGB).

d) **Grundsätze für die Aufstellung des Jahresabschlusses**:
- Er ist nach den Grundsätzen ordnungsmäßiger Buchführung aufzustellen (§ 243 HGB).
- Er muss klar und übersichtlich sein (§ 243 HGB).
- Er ist innerhalb der einem ordnungsgemäßen Geschäftsgang entsprechenden Zeit aufzustellen (§ 243 HGB).
- Er ist in deutscher Sprache und in Euro aufzustellen (§ 244 HGB).
- Er ist vom Kaufmann, unter Angabe des Datums, zu unterzeichnen. Sind mehrere persönlich haftende Gesellschafter vorhanden, so haben sie alle zu unterzeichnen (§ 245 HGB).

5.

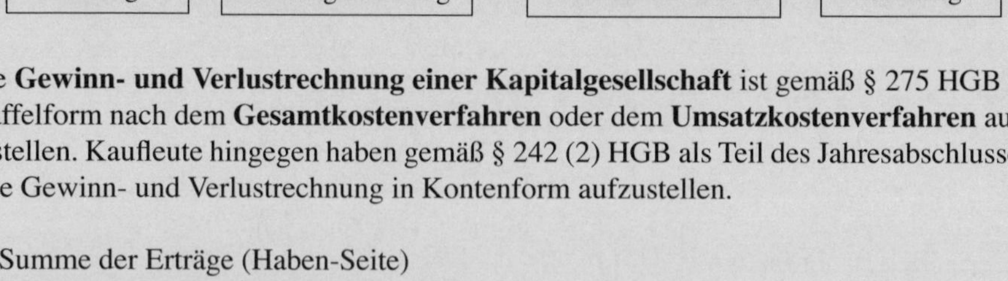

6. Die **Gewinn- und Verlustrechnung einer Kapitalgesellschaft** ist gemäß § 275 HGB in Staffelform nach dem **Gesamtkostenverfahren** oder dem **Umsatzkostenverfahren** aufzustellen. Kaufleute hingegen haben gemäß § 242 (2) HGB als Teil des Jahresabschlusses eine Gewinn- und Verlustrechnung in Kontenform aufzustellen.

7.

  Summe der Erträge (Haben-Seite)
– Summe der Aufwendungen (Soll-Seite)
= **Gewinn (bzw. Verlust)**

8. **Inventur**: Bestandsaufnahme aller Vermögensgegenstände und Schulden durch Messen, Zählen, Wiegen und Schätzen.

Inventar: Bestandsverzeichnis aller Vermögensgegenstände und Schulden nach Art, Menge und Wert.

9.

Summe des Vermögens
– Summe der Schulden
= Reinvermögen (Eigenkapital)

10. a)

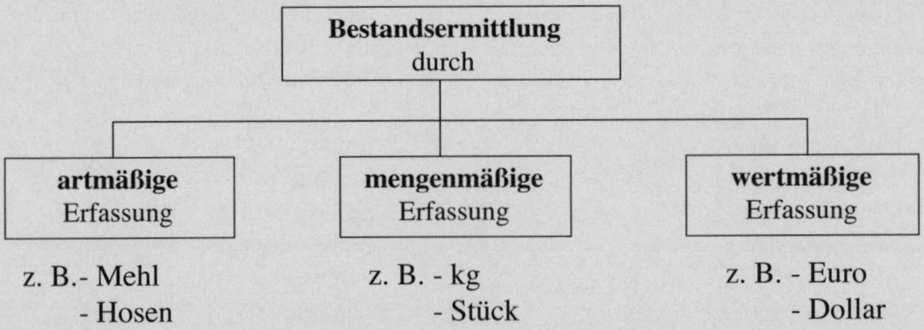

b) **Stichtagsinventur**: Erfassung sämtlicher Vermögensgegenstände und Schulden zu einem bestimmten Zeitpunkt, z. B. zum 31.12. eines Jahres. Im Normalfall ist es nicht möglich, an einem Stichtag alle Bestände zu erfassen. Deshalb ist es rechtlich zulässig, die Stichtagsinventur ca. 10 Tage vor und nach dem Stichtag durchzuführen.

c) **Permanente Inventur**: Sie ist möglich, wenn permanent (= ständig) in Lagerkarteien oder Lagerbüchern der Bestand der Vermögenswerte festgestellt werden kann, ohne dass eine körperliche Bestandsaufnahme erfolgt. Während des laufenden Geschäftsjahres muss jedoch einmal eine körperliche Bestandsaufnahme durchgeführt werden. Diese wird mit den Daten in der Lagerkartei verglichen.

d) **Zeitlich verlegte Inventur**: Es handelt sich hier um eine Bestandsaufnahme innerhalb der letzten drei Monate vor oder der ersten beiden Monate nach dem Schluss des Geschäftsjahres.

11.

Inventar (§ 240 HGB)	**Bilanz** (§ 266 HGB)
• Detailliertes Verzeichnis der Vermögenswerte und Schulden • Angabe der Mengen, der Einzelbezeichnungen, der Einzel- und Gesamtwerte • Staffelform	• Zusammengefasste Darstellung der Positionen des Vermögens und des Kapitals • Zusammenfassung von Aktiv- und Passivposten • Kontoform

12. a) Im Gegensatz zu Kapitalgesellschaften schreibt das HGB für andere Unternehmensformen kein besonderes Gliederungsschema für die Bilanz vor. Es wird lediglich verlangt, dass die Bilanz hinreichend aufgegliedert ist und dass das Anlage- und das Umlaufvermögen, das Eigenkapital sowie die Rechnungsabgrenzungsposten gesondert auszuweisen sind.

b) Beim **Anlagevermögen** sind nur die **Gegenstände** auszuweisen, die bestimmt sind, **dauernd dem Geschäftsbetrieb zu dienen**.

13. Summme des Vermögens
– Summe der Schulden (Fremdkapital)
= Eigenkapital

14. a) Gemäß § 266 HGB haben auch Kapitalgesellschaften die Bilanz in Kontoform aufzustellen und z. B. wie folgt zu gliedern.

Aktiva Bilanz zum ...	**Passiva**
A. Anlagevermögen	A. Eigenkapital
I. Immaterielle Vermögensgegenstände	I. Gezeichnetes Kaptital
II. Sachanlagen	II. Kapitalrücklagen
III. Finanzanlagen	III. Gewinnrücklagen
B. Umlaufvermögen	IV. Gewinnvortrag/ Verlustvortrag
I. Vorräte	V. Jahresüberschuss/ Jahresfehlbetrag
II. Forderungen und sonstige Vermögensgegenstände	B. Rückstellungen
III. Wertpapiere	C. Verbindlichkeiten
IV. - Schecks	D. Rechnungsabgrenzungsposten
- Kassenbestand	
- Postgiroguthaben	
- Guthaben bei Kreditinstituten	
C. Rechnungsabgrenzungsposten	
Bilanzsumme	Bilanzsumme

b) **Immaterielle Vermögensgegenstände**:
- Konzessionen, gewerbliche Schutzrechte wie Marken, Patente usw.,
- Geschäfts- oder Firmenwert,
- geleistete Anzahlungen.

c) **Sachanlagen**:
- Grundstücke,
- Technische Anlagen und Maschinen,
- Betriebs- und Geschäftsausstattung.

d) **Finanzanlagen**:
- Anteile an verbundenen Unternehmen,
- Ausleihungen an verbundene Unternehmen,
- Beteiligungen,
- Wertpapiere des Anlagevermögens.

e) **Gewinnrücklagen**:
- gesetzliche Rücklage,
- Rücklage für eigene Anteile,
- satzungsmäßige Rücklagen,
- andere Gewinnrücklagen.

15. a) **Aktiv-Tausch**: Zwei Aktivposten der Bilanz ändern sich. Bsp.: Waren werden gekauft und bar bezahlt.

b) **Passiv-Tausch**: Zwei Passivposten der Bilanz ändern sich. Bsp.: Bestehende Verbindlichkeiten werden mit einem Darlehen beglichen.

c) **Aktiv-Passiv-Mehrung**: Es ändern sich ein Aktivposten und ein Passivposten der Bilanz. Beispiel: Waren werden auf Ziel gekauft.

d) **Aktiv-Passiv-Minderung**: Es ändern sich ein Aktiv- und ein Passivposten der Bilanz. Beispiel: Bestehende Verbindlichkeiten werden mittels einer Banküberweisung beglichen.

16. a) Im Soll des Aktivkontos (z. B. Bank).
b) Im Haben des Aktivkontos.
c) Im Haben des Passivkontos (z. B. Darlehen).
d) Im Soll des Passivkontos.

17. a) Aufnahme eines Kredits.
b) Ein Kunde begleicht ausstehende Forderungen aus Warenlieferungen.
c) Kauf eines Büroschranks.
d) Tilgung eines Darlehens.

18. a) Büromaterial **an** Kasse 132,- €

b) Verbindlichkeiten gegenüber Kreditinstituten 15.000,- €
an
- Bank 10.000,- €
- Postbank 5.000,- €

c) Postbank **an** Bank (Guthaben bei Kreditinstituten) 2.000,- €

19. Das **Privatkonto** wird am Jahresende **über das Eigenkapitalkonto** abgeschlossen. Wurde mehr entnommen als Einlagen vorhanden sind, so lautet die Buchung:
- Eigenkapital **an** Privat

Sind die Einlagen höher als die Entnahmen, so lautet die Buchung:
- Privat **an** Eigenkapital

20. a) Der **Kontenrahmen** ist nach dem **Zehnersystem** aufgebaut.

b) **10 Kontenklassen von 0 bis 9**.

c) Die **Kontenklassen** sind **nach sachlichen Kriterien** gegliedert.

d) Der **Industriekontenrahmen** ist nach folgendem Aufbau gegliedert:

1. Stufe: Kontenklassen = einstellige Ziffern
2. Stufe: Kontengruppen = zweistellige Ziffern
3. Stufe: Konten = dreistellige Ziffern
4. Stufe: Unterkonten = vierstellige Ziffern

e) Die Klassen **0 bis 4** stehen für die **Bilanz**, die Klassen **5 bis 7** für die **Gewinn- und Verlustrechnung**.

f) Die Kontenklasse 9 ist für die **Kosten- und Leistungsrechnung** vorgesehen.

g) Das **Schlussbilanzkonto** ist in der Kontenklasse 8 aufgeführt.

21. a) Kontenklasse 2
b) Kontenklasse 0
c) Kontenklasse 6
d) Kontenklasse 9
e) Kontenklasse 4
f) Kontenklasse 3
g) Kontenklasse 2
h) Kontenklasse 6
i) Kontenklasse 2
j) Kontenklasse 7

22. Im **Grundbuch** werden die anfallenden Geschäftsvorfälle anhand der Belege in **chronologischer** (= zeitlicher) **Reihenfolge** nacheinander aufgelistet.

23. Im **Hauptbuch** werden die **Geschäftsvorfälle** nach den im Kontenplan vorgegebenen **Sachkonten** gebucht.

24. a) **Nebenbücher** sind u. a. das Warenbuch, das Kontokorrentbuch (sog. Buch der Geschäftsfreunde), das Lohnbuch.

b) Nebenbücher werden geführt, um weitere Informationen bzw. Erläuterungen zu einzelnen Sachkonten des Hauptbuchs zu erhalten.

25. Im Falle der **Kontokorrentbuchhaltung** werden die einzelnen **Geschäftsfälle** mit den **Kunden** und **Lieferanten** gebucht. Für jeden Kunden und Lieferer ist ein eigenes Konto eingerichtet. Addiert man die Salden jedes einzelnen Kundenkontos, so muss die Summe dem Betrag des Kontos „Forderungen a.LL" im Hauptbuch entsprechen. Addiert man die Salden jedes einzelnen Kontos der Lieferanten, so muss die Summe dem Betrag des Kontos „Verbindlichkeiten a. LL" im Hauptbuch entsprechen.

26. a) **Debitoren**: Konten der Kunden,
b) **Kreditoren**: Konten der Lieferer.

27.

a)	Bank		**an** Miete	2.600,- €
b)	Postbank		**an** Privat	250,- €
c)	Geschäftsausstattung	1.800,- €	**an** Verbindlichkeiten	2.142,- €
	+ Vorsteuer	342,- €		
d)	Bank		**an** Forderungen	24.375,- €
e)	Energiekosten		**an** Bank	3.425,- €
f)	Forderungen a. LL.	43.078,- €	**an** Umsatzerlöse f. eig. Leist.	36.200,- €
			+ USt	6.878,- €
g)	Bank		**an** Zinserträge	1.260,- €

28. a) Die GmbH Co.KG ist eine **Personengesellschaft**.

b) Die Personengesellschaften sind neben den Einzelkaufleuten in der Abteilung A des zuständigen **Handelsregisters** eingetragen.

c) Beleg Nr. I ist ein Einlieferungsschein, bei dem es sich um ein Einschreiben mit Rückschein handelt.

d) Beleg Nr. II ist ein Beleg für die Buchhaltung, aus dem hervorgeht, dass beim Einreichen des Briefes 5,37 € Gebühren entstanden sind.

e) Buchungssatz: Postgebühren **an** Kasse 5,37 €

29.

Büromaterial	105,57 €	**an**	Kasse	125,62 €
+ USt	20,05 €			

30. a) Ein Gegenstand des Fuhrparks (LKW, PKW usw.) wurde gegen Barzahlung verkauft.

b) Verbindlichkeiten aus Warenlieferungen wurden mittels eines Darlehens beglichen.

c) Ein Grundstück wurde gekauft und teilweise bar bezahlt, der Rest durch einen Hypothekarkredit.

d) Bareinzahlung auf Bankkonto.

31. a) Kasse **an** Privat 20.000 €
b) Eine **Privateinlage** führt zur **Zunahme des Kapitalkontos**.
c) Privat **an** Eigenkapital
d) Eine **Privatentnahme** mindert das **Eigenkapital**.

32. a) **Buchführungsprogramme (Software-Programme)**: Finanzbuchhaltung, Kosten- und Leistungsrechnung, Lohnabrechnung, Fakturierung (Erstellung von Ausgangsrechnungen).

b) **Stammdaten**: Kundenname, Adresse des Kunden, Kunden-Nr., Konto-Nr. usw.

c) **Bewegungsdaten**: Rechnungsbetrag, Warenmenge, Buchungsdatum usw.

d) Die Buchung der Belege per EDV erfolgt über **Masken**.

33.

Verbindlichkeiten	108,98 €	**an**	Preisnachlässe u. Rücksendungen	91,58 €
			Vorsteuer	17,40 €

34. a)

Aufwendungen für Waren	679,00 €			
Bezugskosten	23,20 €			
Vorsteuer	133,35 €	**an**	Verbindlichkeiten	835,38 €

b)

Position	**Warenbezeichnung**	**Wert**	**Wertspesen**	
1	Haftgrunddispersion	360,00 €	1,11 €	
2	Bitumen-Kaltkleber	85,00 €	0,26 €	
3	Rauputz	234,00 €	0,72 €	
		679,00 €	**2,09 €**	**(rund 2,10 €)**

Transportversicherung 2,10 € : 679,00 = 0,0030927 €

1 € entspricht anteilig 0,0030927 €.

c) Die Ermittlung von **Wertspesen** führt zu einer verbesserten **Bezugskalkulation** und die Zurechnung der Spesen zu den einzelnen Warenpositionen führt zu einer verbesserten Bezugs- und Verkaufskalkulation.

d) Verbindlichkeiten 249,90 €	**an**	Lieferboni	210,00 €
		Vorsteuer	39,90 €

35. a) Das Anlagevermögen verringert sich durch die Verringerung des Fuhrparks. Das Umlaufvermögen vergrößert sich durch den Bargeldzufluss auf dem Konto Kasse.

b) (1) Kasse 24.990,00 €	**an**	Sonstige Erlöse	21.000,00 €
		Umsatzsteuer	3.990,00 €
(2) Sonstige Erlöse 21.000,00 €	**an**	Fuhrpark	21.000,00 €

36.

a) Forderungen 820,74 €	**an**	Umsatzerlöse	689,70 €
		Umsatzsteuer	131,04 €
b) Frachten 70,00 €	**an**	Kasse	88,30 €
Vorsteuer 13,30 €			

4.2.3 Die Funktionen eines Betriebes in der Praxis der Buchführung

1. a) **Vorprodukte**: Autoradio, Schalldämpfer, Innenspiegel, Fußmatten.
b) **Rohstoffe**: Wolle, Leder.
c) **Hilfsstoffe**: Leim, Nägel, Schrauben, Lacke.
d) **Betriebsstoffe**: Öl, Benzin, Fette, Strom.
e) Im Gegensatz zu Hilfsstoffen gehen Betriebsstoffe nicht in ein Produkt ein.
f) **Werkstoffe**.

2. **Roh-, Hilfs- und Betriebsstoffe** werden in der **Bilanz** unter Umlaufvermögen (Vorräte) ausgewiesen.

3. Roh-, Hilfs- und Betriebsstoffe sind in der **Kontenklasse 2** ausgewiesen.

4. **Aufwendungen für Roh-, Hilfs- und Betriebsstoffe** werden in der Kontenklasse 6 ausgewiesen.

5. a)

Rohstoffe	64.000,- €
+ 19 % USt	12.160,- €
Rechnungsbetrag	76.160,- €

Buchung:

200 Rohstoffe 64.000,- €	**an**	440 Verbindlichkeiten a. LL	76.160,- €
+ 260 Vorsteuer 12.160,- €			

b) 50 x 36,- € = 1.800,- €
+ 19 % USt = 342,- €

2.142,- €

Buchung:

201 Vorprodukte	1.800,- €	**an**	440 Verbindlichkeiten a. LL	2.142,- €
+ 260 Vorsteuer	342,- €			

c) 119 % – 9.576,- €
100 % – x €

$$x = \frac{9.576 \times 100}{119} = 8.047,05\ €$$

Der Wert der Hilfsstoffe beträgt 8.047,05 €.

9.576,00 €
– 8.047,05 €
= 1.528,95 €

Buchung:

202 Hilfsstoffe	8.047,05 €	**an**	288 Kasse	9.576,00 €
+ 260 Vorsteuer	1.528,95 €			

d) Lacke sind Hilfsstoffe.

Verpackung 320,00 €
+ 19 % Vorsteuer 60,08 €

380,08 €

Buchung:

440 Verbindlichkeiten	380,08 €	**an**	2021 Bezugskosten	320,00 €
			+ 260 Vorsteuer	60,08 €

e) Warenbezug

228 Waren	24.600,- €	**an**	440 Verbindlichkeiten a. LL	29.274 €
+ 260 Vorsteuer	4.674,- €			

Rücksendungen von Waren

119 % ⟶ 4.600,- €
100 % ⟶ x €

$$x = \frac{4.600 \times 100}{119} = 3.865,55\ €$$

Buchung:

440 Verbindlichkeiten	4.600,-- €	**an**	228 Waren	3.865,55 €
			+ 260 Vorsteuer	734,45 €

6.

Einkaufspreis	**130,- €**	↑
+ Bezugskosten	26,- €	
Bezugspreis	156,- €	→ 2. Schritt
+ 33 1/3 % Geschäftskosten (= 1/3)	52,- €	
Selbstkostenpreis	208,- €	
+ 12 1/2 % Gewinn (= 1/8)	26,- €	→ 1. Schritt
Verkaufspreis	234,- €	

1. Schritt: $\frac{9}{8} = 234{,}- €$

$\frac{1}{8} = X{,}- €$ $\qquad X = \frac{234}{9} = 26{,}- €$

2. Schritt: $\frac{4}{3} = 208{,}- €$

$\frac{1}{3} = X{,}- €$ $\qquad X = \frac{208}{4} = 52{,}- €$

7.

Bruttogewicht	5.080 kg
– Tara	80 kg
Nettogewicht	5.000 kg

Listeneinkaufspreis (50 x 180)	9.000,00 €	→ 100 %
– 6 % Wiederverkaufsrabatt	540,00 €	→ 6 %
Zieleinkaufspreis	8.460,00 €	→ 100 %
– 3 % Liefererskonto	253,80 €	→ 3 %
Bareinkaufspreis	8.206,20 €	
+ Fracht (50,8 x 2,80)	142,24 €	
+ Rollgeld	30,00 €	
Bezugspreis	8.378,44 €	→ 100 %
+ 20 % Allgem. Geschäftskosten	1.675, 69 €	→ 20 %
Selbstkostenpreis	10.054,13 €	→ 100 %
+ 12,5 % Gewinn	1.256,77 €	→ 12,5 %
Nettoverkaufspreis	11.310,90 €	↓

Der Verkaufspreis für 1 kg beträgt 11.310,90 : 5.000 = **2,26** €.

8. Der **Unterschied** zwischen dem **Bareinkaufspreis** und dem **Selbstkostenpreis** besteht darin, dass zum Bareinkaufspreis noch Bezugskosten und Geschäftskosten addiert werden.

9. a) 1. Schritt: Konten anlegen

S	WE		H
AB	80.000,-	EB	60.800,-
Einkäufe	460.000,-	Waren-	
	24.200,-	einsatz	503.400,-

S	WV		H
		Umsatz	620.000,-

S	Bezugskosten		H
	24.200,-		

S	G /V		H
Geschäfts-			620.000,-
kosten	52.000,-		

Warenanfangsbestand	80.000,- €
+ Wareneinkauf	460.000,- €
+ Bezugskosten	24.200,- €
– Warenendbestand	60.800,- €
	503.400,- €

2. Schritt: Ermittlung des Warenrohgewinns

Warenumsatz (Saldo Konto Warenverkauf)	620.000,- €
– Wareneinsatz (Saldo Konto Wareneinkauf)	503.400,- €
Warenrohgewinn	116.600,- €

b) Einstandspreis (Wareneinsatz) 503.400,- € = 100 %
Geschäftskosten 52.000,- € = X %

$$\textbf{Geschäftskostenzuschlag} = \frac{100 \times 52.000}{503.400} = \underline{\underline{10,32\ \%}}$$

c) Warenumsatz 620.000,- €
– Wareneinsatz 503.400,- € = 100 %

Warenrohgewinn 116.600,- € = X %

$$\textbf{Kalkulationszuschlag} = \frac{100 \times 116.600}{503.400} = \underline{\underline{23,16\ \%}}$$

d) Warenumsatz 620.000,- € = 100 %
– Wareneinsatz 503.400,- €

Warenrohgewinn 116.600,- € = X %

$$\textbf{Handelsspanne} = \frac{100 \times 116.600}{620.000} = \underline{\underline{18,80\ \%}}$$

10. $$\textbf{Kalkulationsfaktor} = \frac{\text{Verkaufspreis}}{\text{Bezugspreis}} = \frac{880}{420} = \underline{\underline{2,09}}$$

11.

- $\frac{\#H}{D}$ = H-Zinsen $\frac{5.400}{720}$ = 7,50 €

  $D = \frac{360}{p} = \frac{360}{0,5} = 720$

- $\frac{\#S}{D}$ = S-Zinsen $\frac{6.525}{30}$ = 217,50 €

  $D = \frac{360}{p} = \frac{360}{12} = 30$

- 217,50 € – 7,50 € = 210,- € S-Zinsen

	4.200,- €	
+	210,- €	S-Zinsen
+	16,- €	Auslagen
=	4.426,- €	Saldovortrag am 01. Juli

12. a) 119 % – 9.576,- €
100 % – X €

$X = \frac{9.576 \times 100}{119} = 8.047,06$ €

8.047,05 – 200 = 7.847,05 €

Spielwaren	7.847,05 €
+ Fracht	200,00 €
	8.047,06 €
+ 19 % Umsatzsteuer	1.528,94 €
Rechnungsendbetrag	9.576,00 €

b)

Wareneinkauf	7.847,05 €	
+ Fracht	200,00 €	
+ Vorsteuer	1.528,94 €	**an** Verbindlichkeiten 9.576,00 €

13. 119 % – 456,- €
100 % – X €

$X = \frac{456 \times 100}{119} = 383,19$ €

456,- – 383,19 = 72,81 € **Vorsteuer**

Buchung:

Verbindlichkeiten 456,- €	**an**	Wareneinkauf	383,19 €
		+ Vorsteuer	72,81 €

14. **Sofortrabatte** werden weder beim Wareneinkauf noch beim Warenverkauf buchungsmäßig erfasst.

15.

Forderungen a. LL 4.998,- €	**an**	Warenverkauf	4.200,- €
		+ Umsatzsteuer	798,- €

16. a) Verbindlichkeiten 9.520,- € **an** Bank 9.329,60 €
+ Liefererskonti 190,40 €

b) 119 % = 190,40 €
19 % = X,- €

$$X = \frac{\text{Bruttoskonti x 19}}{119} = \frac{190{,}40 \times 19}{119} = 30{,}40\ €$$

Buchung: Liefererskonti **an** Vorsteuer 30,40 €.

17. Umsatzsteuer **an** Kundenskonti

18. a) **Liefererboni**

4 % von 240.000,- € = 9.600,- €

	9.600,- €
+ 19 % USt	1.824,- €
	11.424,- €

Verbindlichkeiten 11.424,- € **an** Liefererboni 9.600,- €
+ Vorsteuer 1.824,- €

b) **Kundenboni**

Kundenboni 9.600,- € **an** Forderungen a.LL 11.424,- €
+ Umsatzsteuer 1.824,- €

19. **gegeben**: i = 241 Tage (nach Eurozinsmethode)
p = 5 %
k = 45.000,- €

Aus Vereinfachungsgründen wird in diesem Buch nicht „t", sondern „i" für die Zeit in den Zinsformeln verwendet.

gesucht: z

$$z = \frac{k \times i \times p}{100 \times 360}$$

$$z = \frac{45.000 \times 241 \times 5}{100 \times 360} = \mathbf{1.506{,}25\ €}$$

20. **gegeben**: i = 46 Tage
p = 6 %
z = 30,- €

gesucht: k

$$k = \frac{z \times 100 \times 360}{i \times p}$$

$$k = \frac{30 \times 100 \times 360}{46 \times 6} = \mathbf{3.913{,}04\ €}$$

21. **gegeben**: i = 65 Tage
k = 60.000,- €
z = 812,50 €

gesucht: p

$$p = \frac{z \times 100 \times 360}{k \times i}$$

$$p = \frac{812{,}50 \times 100 \times 360}{60.000 \times 65} = \mathbf{7{,}5\ \%}$$

22. **gegeben**: k = 4.800,- €
p = 4 %
z = 112,- €

gesucht: i

$$i = \frac{z \times 100 \times 360}{p \times k}$$

$$i = \frac{112 \times 100 \times 360}{4 \times 4.800} = \mathbf{210\ Tage}$$

23. a) 15. März bis 30. Oktober = 225 Tage

9 % Zinsen von 30.000,- für die Zeit vom 15.3. - 30.10.	1.687,50 €
+ 0,05 % Bearbeitungsgebühr	15,00 €
+ Auslagenpauschale	12,00 €
	1.714,50 €

$$z = \frac{\mathbf{K \times i \times p}}{\mathbf{100 \times 360}} = \frac{30.000 \times 225 \times 9}{100 \times 360} = 1.687{,}50\ €$$

b) $$p = \frac{\mathbf{z \times 100 \times 360}}{\mathbf{k \times i}} = \frac{1.714{,}50 \times 100 \times 360}{30.000 \times 225} = \mathbf{9{,}14\ \%}$$

24. a) **gegeben**: Kapital (K), Zinssatz (p), Zeit (i)
gesucht: Zinsen (Z)

$$Z = \frac{K \cdot i \cdot p}{100 \cdot 12} = \frac{2.100 \cdot 24 \cdot 4}{100 \cdot 12}$$

$$Z = \frac{201.600,–}{1.200,–} = \mathbf{168,–\ €}$$

Würde Brigitte den Betrag von 1.500,– € 24 Monate lang bei einem Jahreszins von 4 % anlegen, so stünden ihr 168,– € **Zinsen** zu (Zinseszinsen werden hier vernachlässigt).

b) $Z = \frac{2.100 \cdot 24 \cdot 12}{100 \cdot 12} = \mathbf{504,– €}$

Da sie keine Ersparnisse hat, muss sie 504,– € Kreditzinsen bezahlen.

c) Die **Kreditzinsen** für 24 Monate betragen 504,– €.

$\text{Kreditzinsen pro Monat} = \frac{504,– €}{24} = \mathbf{21,– €}$

d)
$$\begin{array}{r} 2.400,– € \\ -\ 2.100,– € \\ \hline 300,– € \end{array}$$

Wenn Brigitte statt der einmaligen Zahlung des Paketpreises in bar die Zahlung in Raten wählt, muss sie zusätzlich 180,– € zahlen.

e) $Z = \frac{K \cdot i \cdot p}{100 \cdot 12}$ Formel nach **p** auflösen

$$\mathbf{p} = \frac{\mathbf{Z \cdot 100 \cdot 12}}{\mathbf{K \cdot i}} = \frac{180 \cdot 100 \cdot 12}{2.400 \cdot 24} = \mathbf{3,75\ \%}$$

Bei **Ratenzahlung** muss Brigitte 3,75 % mehr bezahlen.

f) Die **Zahlung auf Raten** ist die **günstigste Alternative**, wenn Brigitte keine Ersparnisse hat.

25. a) Zweifelhafte Forderungen **an** Forderungen 3.450,- €

b) $P = \frac{G \times p}{100}$ $G = \frac{P \times 100}{p}$

$G = \frac{3.450 \times 100}{119} = 2.899,16\ €$

Abschreibung a. Forderungen
wegen Uneinbringlichkeit 2.899,16 €
+ Umsatzsteuer 550,84 € **an** Zweifelhafte Forderungen 3.450,- €

26. a) **Zweifelhafte Forderungen** sind gemäß § 253 (3) HGB nach ihrem wahrscheinlichen Wert anzusetzen.

b) **Uneinbringliche Forderungen** sind abzuschreiben (Einzelwertberichtigung). Fremdwährungsforderungen sind zu dem Verkaufskurs (Geldkurs) umzurechnen, der zum Zeitpunkt ihrer Erstbuchung galt.

27.

Zweifelhafte Forderungen	14.030,- €
– Überweisungsbetrag	2.300,- €
Forderungsausfall	11.730,- €

119 % ⟶ 11.730,- €
19 % ⟶ x €

$$x = \frac{11.730 \times 19}{119} = 1.872{,}85\ € = \text{Umsatzsteueranteil}$$

Forderungsausfall	11.730,00 €
– Umsatzsteueranteil	1.872,85 €
Abschreibungen auf zweifelhafte Forderung	9.857,15 €

Buchungen:

• Bank	2.300,00 € **an**	Zweifelhafte Forderungen	2.300,00 €
• Abschreibungen auf Forderungen	9.857,15 €		
+ Umsatzsteuer	1.872,85 € **an**	Zweifelhafte Forderungen	11.730,00 €

28. a) Bruttogehalt
– Lohnsteuer
– Solidaritätszuschlag
– Kirchensteuer
– Arbeitnehmeranteil zur Sozialversicherung (Arbeitslosen-, Kranken-, Pflege- und Rentenversicherung)
– 0,9 % KV-Beitrag (zahlt nur Arbeitnehmer); evtl. 0,25 % PflV-Beitrag
= **Nettogehalt**

b) Der Anteil zur **Arbeitslosen-, Kranken-, Pflege- und Rentenversicherung** beträgt sowohl für den **Arbeitnehmer** als auch für den **Arbeitgeber 50 %**. Den Beitrag zur **Unfallversicherung** trägt der **Arbeitgeber zu 100 %**, also alleine.

c) Die **Personalkosten** werden auf Unterkonten der **Kontenklasse 6** gebucht.

d) **Personalkosten gemäß Kontenklasse 6:**
- Löhne, Gehälter,
- Vergütungen an gewerbliche Auszubildende,
- Arbeitgeberanteil zur Sozialversicherung,
- Aufwendungen für Altersversorgung,
- Urlaubs- und Weihnachtsgeld.

29. Aus der **Monatslohnsteuer-Tabelle** kann abgelesen werden, **wie viel Lohnsteuer** der einzelne Arbeitnehmer zu entrichten hat.

30. Die **Höhe der zu zahlenden Lohnsteuer richtet sich**

- nach der **Höhe des steuerpflichtigen Lohns bzw. Gehalts** und
- nach der **Steuerklasse**, in die der Arbeitnehmer eingestuft ist.

31. Für die Berechnung der Beiträge zur Sozialversicherung ist das Arbeitsentgelt des Beschäftigten nur bis zu den gesetzlich festgesetzten **Beitragsbemessungsgrenzen** heranzuziehen. Von dem Geldbetrag, der die Beitragsbemessungsgrenze übersteigt, ist kein prozentualer Anteil mehr an Sozialversicherungsbeiträgen zu zahlen.

32. Wenn das Einkommen eines Arbeitnehmers die Beitragsbemessungsgrenze übersteigt, kann er bei der gesetzlichen Krankenkasse kündigen und sich bei einer **privaten Krankenkasse** vertraglich binden.

33. a) Die **Lohnsteuer** und der **Solidaritätszuschlag** sind **an das Finanzamt** abzuführen.
b) Die **Kirchensteuer** ist **an das Finanzamt** abzuführen.
c) Die **Sozialversicherungsbeiträge** sind **an** die **gesetzliche Krankenkasse** abzuführen.

34. Die **Steuer** und **Sozialversicherungsbeiträge** werden **bis zum 10. des** auf die Lohn- bzw. Gehaltszahlung **folgenden Monats** abgeführt, d. h. hier bis zum 10. Juni.

35. Forderungen an Mitarbeiter **an** Kasse 1.000,- €.

36. a) **Krankenversicherung:**

$$100\,\% \longrightarrow 2.500,\text{-}\ €$$
$$14{,}9\,\% \longrightarrow X\ €$$

$$X = \frac{2.500 \times 14{,}9}{100} = \underline{\underline{372{,}50\ €}}$$

Pflegeversicherung:

$$100\,\% \longrightarrow 2.500,\text{-}\ €$$
$$1{,}7\,\% \longrightarrow X\ €$$

$$X = \frac{2.500 \times 1{,}7}{100} = \underline{\underline{42{,}50\ €}}$$

Rentenversicherung:

$$100\,\% \longrightarrow 2.500,\text{-}\ €$$
$$19{,}9\,\% \longrightarrow X\ €$$

$$X = \frac{2.500 \times 19{,}9}{100} = \underline{\underline{497{,}50\ €}}$$

Arbeitslosenversicherung:

100 % ⟶ 2.500,- €
2,8 % ⟶ X €

$$X = \frac{2.500 \times 2,8}{100} = \underline{\underline{70,00\ €}}$$

Von den **Sozialversicherungsbeiträgen** hat Johanna **die Hälfte** (sog. **Arbeitnehmeranteil**) zu tragen. Dies sind insgesamt:

	372,50 €
+	42,50 €
+	497,50 €
+	70,00 €
=	982,50 € : 2 = 491,25 €

b) Monalisa ist ledig. Deshalb ist sie in Lohnsteuerklasse I eingereiht. Ihr steuerpflichtiger Arbeitslohn beträgt 2 500 €. In der Monatslohnsteuer-Tabelle ist der Lohnsteuerbetrag bis die dem „Arbeitslohn bis 2.500,00 €" zugeordnete Lohnsteuer in Höhe von 405,50 € zu wählen.

c) Monalisa hat bei einem Kirchensteuersatz von 9 % einen Betrag von 36,49 € zu zahlen.

d) Die Bezugsgröße für die Berechnung der **Kirchensteuer** ist die Lohnsteuer, d. h. die Berechnung lautet: 9 % von der Lohnsteuer.

e) Der **Solidaritätszuschlag** beträgt 5,5 % von der Lohnsteuer.

f) Solidaritätszuschlag: 5,5 % von 405,50 € = 22,30 €.

g) Der Solidaritätszuschlag ist einzutragen im Lohnkonto und in der Lohnsteuer-Anmeldung.

h) Wenn Monalisa alleinerziehende Mutter eines Kindes wäre, so wäre sie in die Lohnsteuerklasse II einzureihen.

i) Wenn die Ehepartner ein Gehalt in gleicher Höhe für die Arbeitsleistung bei ihrem Arbeitgeber erhalten, so werden beide Personen in die Lohnsteuerklasse IV eingereiht.

j) Wenn ein Ehepartner ein erheblich höheres Gehalt als der andere bezieht, so ist der Besserverdienende sinnvollerweise in die Lohnsteuerklasse III und der mit dem niedrigeren Gehalt in die Lohnsteuerklasse V einzureihen.

k) Wenn Monalisa ihrem Arbeitgeber die Lohnsteuerkarte nicht vorlegt, so wird sie in die Lohnsteuerklasse VI eingereiht.

l) Monalisas Arbeitgeber hat die Summe der einbehaltenen Lohnsteuer und den einbehaltenen Solidaritätszuschlag dem Betriebsstättenfinanzamt auf dem dort erhältlichen amtlichen Vordruck Lohnsteuer-Anmeldung anzumelden und an dessen Kasse abzuführen.

m) Die Lohnsteuer und der Solidaritätszuschlag sind spätestens am 10. Tag nach Ablauf eines jeden Lohnsteuer-Anmeldezeitraums an das für die Betriebsstätte zuständige Finanzamt abzuführen (siehe § 41 a Einkommensteuergesetz).

n)

Bruttogehalt	2.500,00 €
- Lohnsteuer	405,50 €
- Solidaritätszuschlag	22,30 €
- Kirchensteuer	36,49 €
- Sozialversicherungsbeiträge	491,25 €
- 0,9 % vom Bruttogehalt Krankenversicherungsbeitrag (zahlt nur der Arbeitnehmer)	22,50 €
Nettogehalt	1.521,96 €

o)

Gehaltsabrechnung für Mai 20..								
Mitarbeiter/in: **Steuerklasse:**	Monalisa Naomi I			**Konfession:** rk		**Abteilung:** **Beschäftigt seit:**		Verkauf August 20....
Bruttogehalt	Vermögenswirksame Leistungen des Arbeitgebers	Gesamtbrutto	Lohnsteuer	Solidaritätszuschlag	Kirchensteuer	Sozialvers.-anteil des Arbeitgebers + 0,9 % nur Arbeitnehmer	Nettogehalt	Überweisung
2.500 €	—	2.500 €	405,50 €	22,30 €	36,49 €	491,25 € + 22,50 € = 513,75 €	1.501,96 €	1.521,96 €

37. **Wertminderung** des Anlagevermögens **durch**
- **Abnutzung** (Verschleiß),
- **Veralterung** (technischer Fortschritt),
- **außergewöhnliche Einflüsse** (Wasserschaden, Brand usw.).

38. a) Bei der **linearen Abschreibung** wird während der gesamten Nutzungsdauer des Anlagegegenstandes ein **gleichmäßiger Wertverzehr** unterstellt. Der Wert des abschreibungsfähigen Wirtschaftsgutes wird durch die betriebsgewöhnliche Nutzungsdauer dividiert. Der so ermittelte jährliche Abschreibungsbetrag ist für alle Jahre der Abschreibung gleich hoch.

b) Bei der **degressiven Abschreibung** wird während der gesamten Nutzungsdauer ein **abnehmender Wertverzehr** unterstellt. Die Abschreibungsbeträge sinken also von Jahr zu Jahr.

- **Geometrisch-degressive Abschreibung**: Der jährliche Abschreibungsbetrag ergibt sich aufgrund eines festen Prozentsatzes vom jeweiligen Restbuchwert.
- **Arithmetisch-degressive Abschreibung**: Die Abschreibungsquoten vermindern sich jährlich um den gleichen Betrag.

c)

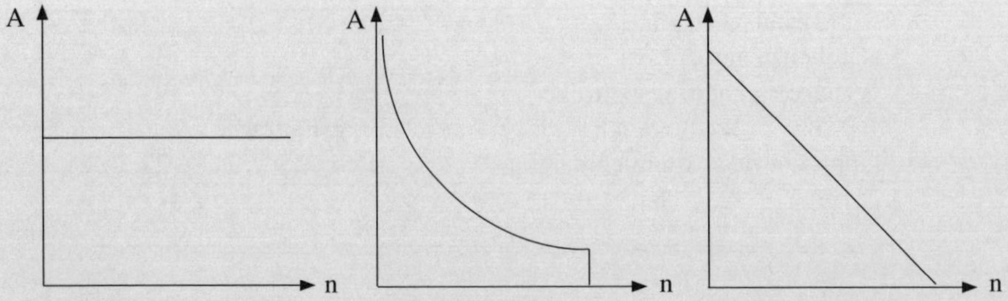

lineare Abschreibung — geometrisch-degressive Abschreibung — arithmetisch-degressive Abschreibung

A = **Abschreibungsbetrag pro Jahr** n = **Nutzungsdauer**

39. a) Die Wertminderung eines Anlagegutes wird u. a. mit dessen Verschleiß begründet. Mit steigendem Alter eines Betriebsmittels (Maschine usw.) wird aber auch der Reparaturaufwand höher. Deswegen wird vielfach nicht die lineare Abschreibung, die einen gleichbleibenden Wertverzehr (also z. B. einen gleich hohen Reparaturaufwand in allen Jahren) annimmt, sondern die degressive Abschreibung gewählt.

b) Mit der Wiedereinführung der degressiven Abschreibung für bewegliche Wirtschaftsgüter des Anlagevermögens sollen Investitionsanreize geschaffen und so für eine Stabilisierung des Wirtschaftswachstums gesorgt werden.

40.

Jahr	**lineare Abschreibung**	
	Buchwert Maschine A	**Abschreibungsbetrag**
Anfang 1.	8.000,--	600,--
2.	7.200,--	600,--
3.	6.400,--	600,--
4.	5.600,--	600,--
5.	4.800,--	600,--
6.	4.000,--	600,--
7.	3.200,--	600,--
8.	2.400,--	600,--
9.	1.600,--	600,--
10.	800,--	600,--
Ende 10.	0,--	–

41. Im Falle der **direkten Abschreibung** wird der Abschreibungsbetrag direkt vom Wert des Anlagegutes abgebucht und auf das **Konto „Abschreibungen auf Sachanlagen"** übertragen. – **Buchung**: Abschreibungen auf Sachanlagen **an** Maschinen

Bei der **indirekten Abschreibung** bleibt der Wert des Anlagegutes während der gesamten Lebensdauer nominell in der Bilanz ausgewiesen. Der jährliche Abschreibungsbetrag wird aber auf dem Passivkonto „Wertberichtigung" in der Bilanz ausgewiesen. Damit wird aus der Bilanz ersichtlich, welcher Wert in das Anlagegut investiert wurde und welche Wertminderung das Anlagegut nach der Abschreibung erfahren hat.

Buchung: Abschreibungen auf Sachanlagen **an** Wertberichtigung bei Anlagen.

42. **Kalkulatorische Abschreibungen** sind Kosten. Mit ihnen wird die tatsächliche Wertminderung von Anlagen solange erfasst, wie sie im Betrieb noch eingesetzt sind. Sie gehen in die Betriebsergebnisrechnung ein, wirken sich also auf die Kalkulation aus.

43. Einkommensteuergesetz

44. Abschreibungen auf Sachanlagen **an** Wertberichtigungen auf Sachanlagen 2.500,- €.

45. a) In den genannten Fällen handelt es sich um **Wirtschaftsgüter**, weil deren Verwendung oder Nutzung durch den Steuerpflichtigen, hier die Kapitalgesellschaft, zur Erzielung von Einkünften sich erfahrungsgemäß auf einen Zeitraum von mehr als einem Jahr erstreckt. (§ 7 EStG)

b) Im Sinne der Einkommenssteuerrichtlinie können **bewegliche Wirtschaftsgüter** Sachen, aber u. a. auch Tiere sein.

c) Die Absetzung für Abnutzung bemisst sich nach der betriebsgewöhnlichen Nutzungsdauer des Wirtschaftsgutes.

46. a) **Bewegliche Güter des Anlagevermögens**
- Fuhrpark,
- Geschäftsausstattung.

b) Ein Gebäude ist ein unbeweglicher Bestandteil des Anlagevermögens.

c) Bei beweglichen Wirtschaftsgütern des Anlagevermögens kann der Steuerpflichtige folgende Abschreibungsmethoden wählen:
- Absetzung in gleichen Jahresbeträgen,
- Absetzung in fallenden Jahresbeträgen.

d) Der Übergang von der Absetzung für Abnutzung (AfA) in fallenden Jahresbeträgen zur Absetzung in gleichbleibenden Jahresbeträgen ist zulässig.
In diesem Fall bemisst sich die Absetzung für Abnutzung vom Zeitpunkt des Übergangs an nach dem dann noch vorhandenen Restwert und der Restnutzungsdauer des einzelnen Wirtschaftsgutes.

47.

	Bezugskosten	4.240,00 €	
+	Vorsteuer	805,60 €	
	an Verbindlichkeiten aus LL		5.045,60 €

48. a)

Name des Kunden	Geschäftssitz	Forderung
Jens Kraft GmbH	Aachen	1.180,50 €
Singsang-Musikverlag GmbH	Düsseldorf	12.900,00 €

b) Im Falle einer Insolvenz muss man in der Insolvenzordnung nachschlagen.

c) Ein Unternehmen kann laut Insolvenzordnung aus drei Gründen insolvent werden:
1. wegen drohender Zahlungsunfähigkeit oder
2. wegen Zahlungsunfähigkeit oder
3. wegen Überschuldung.

d) Kunde 1:

Zweifelhafte Forderungen 1.180,50 **an** Forderungen aus LL 1.180,50 €

Kunde 2:

Zweifelhafte Forderungen 12.900,00 **an** Forderungen aus LL 12.900,00 €

e) 40 % Vergleichsquote der ausstehenden Forderung aus LL in Höhe von 12.900,00 € sind 5.160,00 €.

12.900.00 € – 5.160,00 = 7.740,00 €

$$\frac{7.740,00 \times 19}{119} = 1.235,80\text{ € Umsatzsteueranteil}$$

Der Buchungssatz lautet:

Bank	5.160,00 €	**an**	Zweifelhafte Forderungen	12.900,00 €
+ Abschreibungen a. Ford.	6.504,20 €			
+ 19 % USt	1.235,80 €			

4.2.4 Statistik

1. a)
- Zahl der Arbeitslosen,
- Höhe des Bruttosozialprodukts/Bruttoinlandsprodukts in vergangenen Jahren,
- Preisindizes,
- Zahl der Stahlarbeiter in der gesamten Bundesrepublik.

b)
- Anzahl der ausländischen Mitarbeiter,
- Umsätze je Monat innerhalb eines Kalenderjahres,
- Energiekosten pro Monat,
- Höhe der Aufwendungen für Werbung innerhalb eines Kalenderjahres.

c)
- Zahl der Störfälle in Kernkraftreaktoren,
- Veränderung der Fläche der Bewaldung innerhalb eines Gebietes innerhalb von einigen Jahren,
- prozentuale Belastung der Atmosphäre mit anorganischen Schadstoffen.

d)
- Anzahl der Arbeitslosen,
- Arbeitslosenquote in Prozent,
- Anzahl der offenen Stellen,
- Anzahl der Kurzarbeiter.

e)
- Höhe der Krankheitskosten in der Bundesrepublik Deutschland,
- Anzahl der Unfallopfer auf Autobahnen, auf denen nur bis Tempo 100 km/Std. gefahren werden darf,
- Säuglingsrate,
- Zahl der Schüler einer Schule nach Geschlecht, Alter, Staatszugehörigkeit, Religionszugehörigkeit, Vorbildung.

2. Im Rahmen der **Marktforschung** werden Befragungen durchgeführt. Es kann sich dabei um eine **Vollerhebung** handeln, wie z. B. die Befragung aller Tierärzte oder um eine Teilerhebung. Wird die Befragung als **Teilerhebung** durchgeführt, so wird nur ein Teil der Grundgesamtheit befragt, so z. B. 20 % aller Lehrer an beruflichen Schulen innerhalb eines Bundeslandes.

Werden Personen nach vorgegebenen Merkmalen befragt, wie z. B. Architekten im Alter von 40 - 45, so handelt es sich um das sog. **Quotenverfahren**. Handelt es sich hingegen um die Befragung von zufällig ausgewählten Personen, so spricht man von **Randomverfahren**.

3. **Innerbetriebliche Daten**, die statistisch ausgewertet werden können, werden oftmals erhoben in den Bereichen Beschaffung, Lagerung, Produktion, Absatz, Personalwesen usw.

4. Statistische Daten können u. a. in folgenden Grafiken dargestellt werden:

Kreisdiagramm:

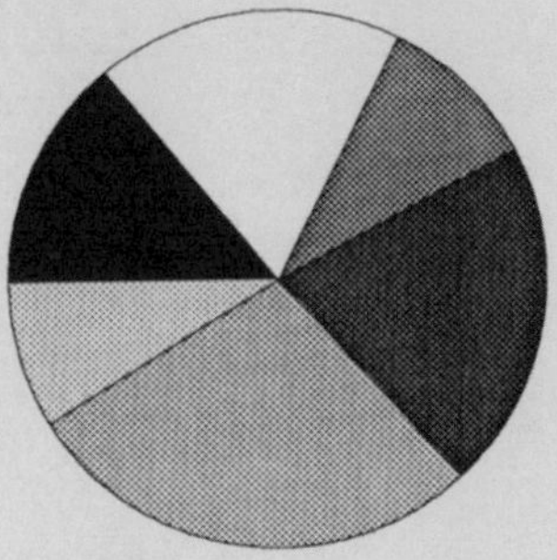

Die Größe der einzelnen Häufigkeiten wird ersichtlich durch die Größe des jeweiligen Sektors (Ausschnitts) innerhalb des Kreises.

Stabdiagramm: Die Häufigkeiten werden durch senkrechte Striche auf der Abszisse (X-Achse) parallel zur Ordinate (Y-Achse) dargestellt. Je größer die Häufigkeit, umso höher der einzelne Stab.

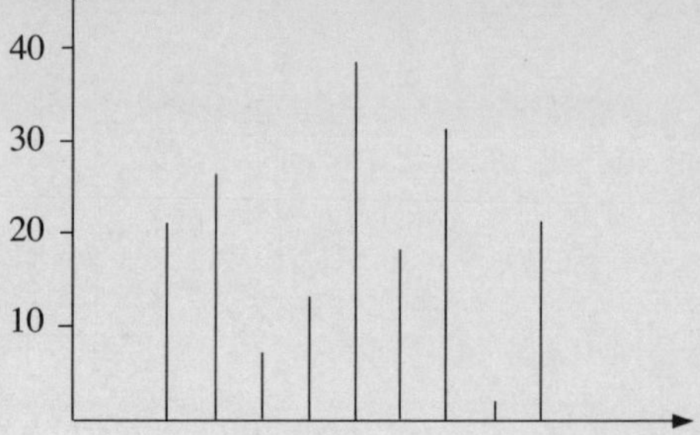

Flächendiagramm: Je größer die Fläche ist, um so größer ist die Häufigkeit (z. B. für die gefallene Regenmenge je Jahr im Zeitraum von drei Jahren).

Säulendiagramm: Die Häufigkeit wird angegeben durch die Höhe der Säule. Säulendiagramme können so dargestellt werden, dass die Stäbe **vertikal** (= senkrecht) oder **horizontal** (= waagerecht) verlaufen.

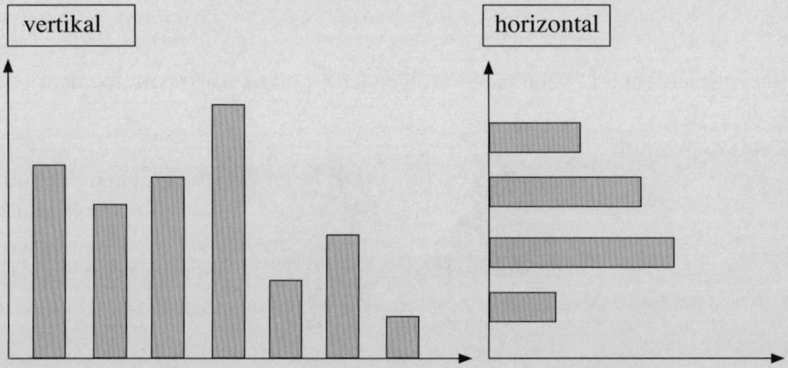

Histogramm: Die Größe der Häufigkeit wird bestimmt durch den jeweiligen Flächeninhalt der nebeneinander gestellten Säulendiagramme.

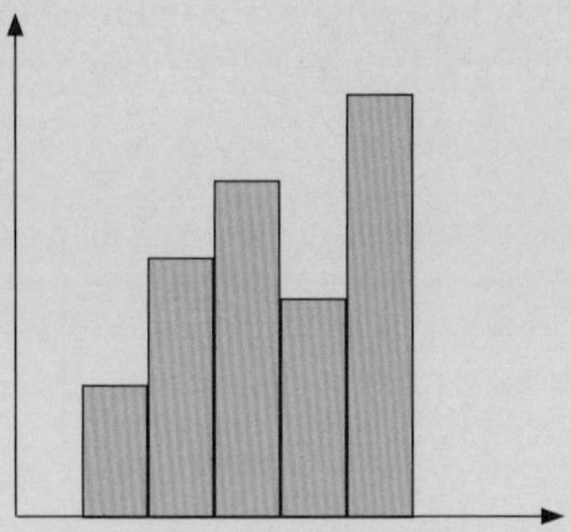

Kurvendiagramm: In einem Koordinatenkreuz wird die Entwicklung eines Sachverhalts, wie z. B. die Entwicklung der Umsatzzahlen, in Form einer Kurve verdeutlicht.

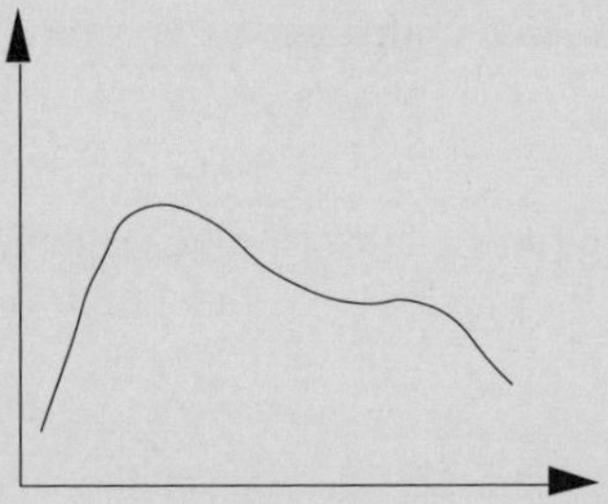

Pictogramm: Mit Bildern werden Häufigkeiten verdeutlicht. Je größer ein Bild, umso größer ist die Häufigkeit. Mehrere Fahrräder, in verschiedenen Größen nebeneinander angeordnet, verdeutlichen beispielsweise die Anzahl der verkauften Fahrräder pro Monat oder pro Jahr.

Kartogramm: In einem Kartogramm wird beispielsweise ein Bundesland dargestellt und durch Flächen verdeutlicht, wie viele Kunden ein Lieferant beliefert.

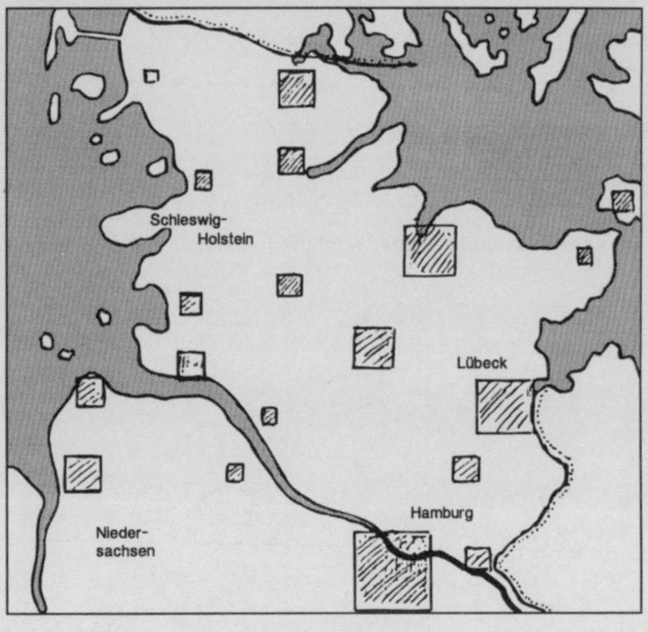

Quelle: Vry, Grundlagen der Statistik, Kiehl Verlag, Ludwigshafen

5. a) Eine **Grundgesamtheit** stellt die Gesamtheit einer Masse, wie z. B. alle Deutschen, alle Notare in Sachsen, alle Mitarbeiter eines Betriebes, dar.

b) **Population** ist ein anderer Begriff für Grundgesamtheit.

c) Eine **Stichprobe** ist ein Teil einer Grundgesamtheit.

6. **Vorteile** des **Stichprobenverfahrens**, bei dem nur ein Anteil einer Grundgesamtheit befragt wird, sind:

- geringere Kosten,
- schnellere Erhebung (als bei einer Grundgesamtheit),
- gründlichere Durchführung der Erhebung und Aufbereitung der erhobenen Daten.

7.
- alle Deutschen,
- Ehen, die im Monat Mai in Görlitz geschlossen wurden,
- 80-jährige Männer, die in einem Kalenderjahr im Bundesland Saarland starben.

8.

Abgrenzung von Grundgesamtheiten

sachlich	**örtlich**	**zeitlich**
Bsp.: alle Männer und Frauen zwischen 60 und 70 Jahre	Bsp.: in den neuen Bundesländern	Bsp.: in den Monaten Januar bis Juni

9. a.) Das **Merkmal** ist Krankheit, also eine Eigenschaft, nach der gefragt wird. Die **Merkmalsausprägungen** sind die Anzahl der Krankheitstage, also die Quantität (Menge, Wertigkeit), die dem Merkmal zugeordnet wird.

b) Die **Merkmalsträger** sind die Arbeitnehmer in einem Betrieb.

10.

Altersklassen	a) Häufig-keiten	b) aufsummierte Häufigkeiten	c) relative Häufigkeiten
15 - 20	5	5 = 5	5/42 = 11,9 %
21 - 25	3	5 + 3 = 8	3/42 = 7,1 %
26 - 30	2	5 + 3 + 2 = 10	2/42 = 4,8 %
31 - 35	9	5 + 3 + 2 + 9 = 19	9/42 = 21,4 %
36 - 40	3	5 + 3 + 2 + 9 + 3 = 22	3/42 = 7,1 %
41 - 45	4	5 + 3 + 2 + 9 + 3 + 4 = 26	4/42 = 9,5 %
46 - 50	5	5 + 3 + 2 + 9 + 3 + 4 + 5 = 31	5/42 = 11,9 %
51 - 60	7	5 + 3 + 2 + 9 + 3 + 4 + 5 + 7 = 38	7/42 = 16,7 %
61 - 65	4	5 + 3 + 2 + 9 + 3 + 4 + 5 + 7 + 4 = 42	4/42 = 9,5 %

d) In der Gruppe der 31 - 35 Jährigen waren die häufigsten Krankmeldungen mit 21,4 % zu verzeichnen.

e) In der Gruppe der 26 - 30 Jährigen waren die wenigsten Krankmeldungen mit 4,8 % zu verzeichnen.

f) Der **Modalwert** - es ist der am häufigsten vorkommende Wert - liegt in der Altersgruppe zwischen 31 und 35.

11. a) Im vorliegenden Schaubild handelt es sich um ein **Stabdiagramm**.

b) Die Klassenarbeit wurde von 1 + 6 + 5 + 3 + 1 = 16 Schülern mitgeschrieben.

c)

Notenskala						
Note	1	2	3	4	5	6
Summe	2	6	5	0	3	1

d) Note x Anzahl

Note	x	Anzahl	=	
1	x	1	=	1
2	x	6	=	12
3	x	5	=	15
4				
5	x	3	=	15
6	x	1	=	6

Summe = 49 : 16 Schüler = 3,06

Der **Notendurchschnitt** dieser Klassenarbeit beträgt also 3,06.

12.

300 Dosen	à	0,95 €	=	285,- €
200 Dosen	à	1,10 €	=	220,- €
250 Dosen	à	1,20 €	=	300,- €
750 Dosen		kosten		805,- €

1 Dose kostet $\frac{805}{750}$ =1,07 €

Im Durchschnitt kostet eine Dose 1,07 € (= sog. **gewogenes arithmetisches Mittel**).

Jede Dose soll im Verkauf 30 % weniger kosten als der arithmetisch ermittelte Durchschnittspreis.

1 % von 1,07 ergibt $\frac{1,07}{100}$ = 0,0107

30 % ergeben 0,0107 x 30 = 0,321 = 0,32 €

Im Verkauf werden die Dosen also kosten:

1,07 €
– 0,32 €
0,75 €

13. a) Der sich durch Addition aller Warenwerte der sieben Bestellungen ergebende **Gesamtwert** der Waschmittelbestellung in den letzten sieben Monaten beträgt 12.445,- €.

b) Der Durchschnittswert der Bestellung in den letzten sieben Monaten war

$$\frac{12.445}{7} = 1.777{,}85 \text{ €}.$$

c) Der **Zentralwert** ist der in der Mitte der Merkmalsreihe liegende Wert, also 1.720 €.
d) Der Zentralwert wird auch **Median** genannt.
e) Die **Spannweite** ist die Differenz zwischen dem größten und dem kleinsten Wert einer Zahlenreihe.
f) **Variationsbreite** ist ein anderer Begriff für Spannweite.
g) 2.460 € – 1.265 € = 1.195 €.
h) Bei der letzten Bestellung, die zugleich die mit dem höchsten Wert war, wurden zu einem um 1.195 € höheren Betrag Waren bestellt als bei der Bestellung mit dem niedrigsten Wert.

14. a) Um den Altersaufbau der Bevölkerung zu veranschaulichen, verwendet man in der Statistik eine grafische Darstellungsform, die als **Alterspyramide** beschrieben wird.
b) Der Frauenüberschuss lässt sich wie folgt begründen:
- Im Zweiten Weltkrieg starben viele Männer.
- Die Männer weisen in den obersten Altersgruppen eine höhere Sterberate auf.

15. a) Männer: Prostatakrebs; Frauen: Brustkrebs
b) Häufiger als bei Männern wird bei Frauen Hautkrebs festgestellt.
c) Speiseröhrenkrebs ist nur bei Männern ausgewiesen. Nur bei Frauen ist demgegenüber logischerweise Krebs im Bereich des Gebärmutterhalses festgestellt worden.

4.2.5 Jahresabschluss

1. a) **Sonstige Forderungen** sind **Erträge**, die in das Abschlussjahr gehören, jedoch erst im folgenden Geschäftsjahr vereinnahmt werden. Sie erhöhen im alten Jahr den Ertrag.
b) **Sonstige Verbindlichkeiten** sind **Aufwendungen**, die wirtschaftlich in das Abschlussjahr gehören, jedoch erst im geltenden Geschäftsjahr bezahlt werden. Sie erhöhen den Aufwand.

2. a) Miete **an** Sonstige Verbindlichkeiten
b) - GuV-Konto **an** Miete
- Sonstige Verbindlichkeiten **an** Schlussbilanzkonto.

3. **Rechnungsabgrenzungsposten** dienen der periodengerechten Erfolgsermittlung.

4. **Aktive Rechnungsabgrenzungsposten** sind Ausgaben (Barausgaben, Verbindlichkeiten) vor dem Abschlussstichtag, soweit sie **Aufwand für eine bestimmte Zeit danach** darstellen (sog. **transistorische Posten**).

5. - Forschungskosten,
- Werbungskosten.

6. **Passive Rechnungsabgrenzungsposten** sind Einnahmen (z. B. Bareinnahmen) **vor** dem Abschlussstichtag, soweit sie **Ertrag** (z. B. Mieteinnahmen) **für eine bestimmte Zeit danach** darstellen.

7. a) **Passive Rechnungsabgrenzung**
b) Nebenerlöse aus Vermietung und Verpachtung **an** Postbankguthaben
c) Passive Rechnungsabgrenzung **an** Nebenerlöse aus Vermietung und Verpachtung
d) **Rechnungsabgrenzungsposten** erscheinen in der Schlussbilanz auf der Aktiva-Seite und Passiva-Seite.

8. a) In der **Bilanz** sind das Anlage- und das Umlaufvermögen, das Eigenkapital, die Schulden sowie die Rechnungsabgrenzungsposten gesondert auszuweisen und hinreichend aufzugliedern.
b) **Rückstellungen** sind zu bilden für
- ungewisse Verbindlichkeiten und für drohende Verluste aus schwebenden Geschäften,
- im Geschäftsjahr unterlassene Aufwendungen für Instandhaltung oder für Abraumbeseitigung, die im folgenden Geschäftsjahr innerhalb von drei Monaten nachgeholt werden.

c) Als **Rechnungsabgrenzungsposten** sind **auf der Aktivseite** u. a. Ausgaben vor dem Abschlussstichtag für eine bestimmte Zeit nach diesem Tag darzustellen.
d) Auf der **Passivseite** sind als **Rechnungsabgrenzungsposten** Einnahmen vor dem Abschlussstichtag auszuweisen, soweit sie Ertrag für eine bestimmte Zeit nach diesem Tag darstellen.

9. a) Umsatzsteuer aus dem Warenverkauf
– Vorsteuer aus dem Wareneinkauf
= **Zahllast**

b) Umsatzsteuer **an** Bank

c) - Zahllast als Verbindlichkeit wird passiviert,
- Vorsteuerabzug wird aktiviert.

10. a) - GuV-Konto **an** Aufwandskonten
- Ertragskonten **an** GuV-Konto

b) - GuV-Konto weist Gewinn aus:
GuV-Konto **an** Eigenkapital
- GuV-Konto weist Verlust aus:
Eigenkapital **an** GuV-Konto

c) - Schlussbilanzkonto **an** Aktivkonten
- Passivkonten **an** Schlussbilanzkonto

11. Das **Privatkonto** wird am Jahresende **über das Eigenkapitalkonto** abgeschlossen.

12. a) Bei der **Bewertung der im Jahresabschluss** ausgewiesenen Vermögensgegenstände und Schulden gilt insbesondere Folgendes:
- Die Wertansätze in der Eröffnungsbilanz des Geschäftsjahrs müssen mit denen der Bilanz am Ende des vorhergehenden Geschäftsjahrs übereinstimmen.
- Die Vermögensgegenstände und Schulden sind zum Abschlussstichtag einzeln zu bewerten.
- Aufwendungen und Erträge des Geschäftsjahrs sind unabhängig von den Zeitpunkten der entsprechenden Zahlungen im Jahresabschluss zu berücksichtigen.
- Die auf den vorhergehenden Jahresabschluss angewandten Bewertungsmethoden sollen beibehalten werden.
- Es ist vorsichtig zu bewerten.

b) **Vermögensgegenstände** sind höchstens als die um die Abschreibungen verminderten Anschaffungs- oder Herstellungskosten **anzusetzen** (= **Niederstwertprinzip**).

c) **Verbindlichkeiten** sind beim Vergleich von Anschaffungs- und Tageskurs zum höheren Rückzahlungsbetrag in der Bilanz zu passivieren (= **Höchstwertprinzip**).

d) Gemäß dem **„Prinzip der Maßgeblichkeit der Handelsbilanz für die Steuerbilanz"** gilt, dass die Wertansätze in der Handelsbilanz, die nach handelsrechtlichen Vorschriften aufgebaut sind, auch Gültigkeit besitzen für die Steuerbilanz. Ausnahmen gelten nur für steuerrechtliche Vorschriften, die von denen der handelsrechtlichen abweichen. (Beispiel: Steuerrechtliche Vorschriften zur Abschreibung von Gegenständen des Anlagevermögens).

13. a) Beim **Fifo-Verfahren** wird angenommen, dass die zuerst gekauften Güter auch zuerst verkauft werden. Fifo bedeutet: first in – first out. Wenn bewertet wird, ist der Bestand aus den letzten Zugängen zu bewerten.

b) Beim **Lifo-Verfahren** nimmt man an, dass die zuletzt gekauften Waren als erste verkauft werden. Lifo bedeutet: last in – first out. Der Schlussbestand wird ermittelt aus dem Anfangsbestand und den ersten Einkäufen. Er ist mit diesen Preisen zu bewerten.

c) Ist am Abschlussstichtag der Tagespreis niedriger als der Preis des bewerteten Bestandes, so muss der Wert nach dem Niederstwertprinzip i. S. d. § 253 HGB angesetzt werden.

d) Fifo bedeutet: first in – first out. Die zuerst eingekaufte Ware wird auch zuerst verkauft. Deshalb wird der Endbestand so bewertet, dass die zuletzt gekaufte Ware mit deren Preisen bewertet werden. – Dies bedeutet für die Bewertung des Endbestandes der insgesamt 2.200 Ordner:

Anzahl der Ordner	**Preis je Ordner in €**	**Gesamtpreis in €**
1.400	6,00	8.400
600	5,20	3.120
200	5,00	1.000
		12.520

Dieser nach dem Fifo-Verfahren errechnete Betrag wird im Inventar ausgewiesen und bilanztechnisch erfasst.

14. a) **Cash-flow** = Jahresgewinn + Abschreibungen auf Anlagen

b) Die **Cash-flow-Umsatzverdienstrate**

$$\frac{\text{Cash-flow}}{\text{Umsatzerlöse}} \times 100 = x\ \%$$

gibt darüber Auskunft, wie viel Prozent des Erlöses, der über den Verkauf der Waren erzielt wurde, für Investitionen oder die Tilgung von Schulden verwendet werden kann. So stehen einem Unternehmen bei einer Cash-flow-Umsatzverdienstrate von 8 % folglich 8 % der Umsatzerlöse als selbst erwirtschaftete Finanzierungsmittel zur Verfügung.

15. a) **Vermögensaufbau**: $= \frac{\text{Anlagevermögen}}{\text{Umlaufvermögen}} = \frac{510.000}{1.118.000} = 0{,}456$

b) **Finanzierung** $= \frac{\text{Eigenkapital}}{\text{Fremdkapital}} = \frac{1.288.000}{340.000} = 3{,}788$

c) **Investierung** $= \frac{\text{Eigenkapital}}{\text{Anlagevermögen}} = \frac{1.288.000}{510.000} = 2{,}525$

d) **Liquidität** $= \frac{\text{Flüssige Mittel}}{\text{Kurzfristige Verbindlichkeiten}} = \frac{162.000}{120.000} = 1{,}35$

16. a) **Lagerumschlagshäufigkeit** $= \frac{\text{Wareneinsatz}}{\text{ø Lagerbestand an Waren}}$

b) **Durchschnittliche Lagerdauer** $= \frac{360}{\text{Lagerumschlagshäufigkeit}}$

c) **Eigenkapitalrentabilität** $= \frac{\text{Gewinn}}{\text{Eigenkapital}} \times 100$

17. a) **Gesamtkostenverfahren**: Alle Kosten (gemäß Kostenrechnung) der Abrechnungsperiode werden mit den Verkaufserlösen verglichen.

b) **Umsatzkostenverfahren**: Es werden nur die Herstellungskosten des Umsatzes (Kosten der verkauften Kostenträger) und die Verwaltungs- und Vertriebskosten mit den Verkaufserlösen verglichen.

18. **Vorteil der Betriebsübersicht:** Die Abschlussarbeiten, die im Rahmen der Schlussbilanzerstellung mit der Erstellung einer GuV-Rechnung erfolgen müssen, werden in tabellarischer Form auf einem Blatt durchgeführt.

19. **Hauptabschlussübersicht** = Betriebsübersicht

20. a) Die Betriebsübersicht informiert über
- den Vermögensaufbau,
- den Kapitalaufbau,
- die Aufwandssituation,
- die Ertragssituation.

b) Die Betriebsübersicht wird erstellt
- um den Jahresabschluss vorzubereiten,
- um ständig über die Veränderungen während des Jahres informiert zu sein,
- um zu überprüfen, ob die Buchungen während des Jahres korrekt erfolgt sind.

c) Die **Summenbilanz** wird als Probebilanz bezeichnet.

d) Die Betriebsübersicht wird in tabellarischer Form erstellt.

e) **Vorbereitende Abschlussbuchungen**:
- Buchungen der Abschreibungen auf die Betriebs- und Geschäftsausstattung
- Abschluss des Privatkontos,
- Verrechnung von Vorsteuer und Umsatzsteuer,
- Korrekturbuchungen, die aufgrund der erfolgten Inventur erforderlich sind.

f) **Die Spalten einer Betriebsübersicht** sind:

1. Summenbilanz	4. Saldenbilanz II
2. Saldenbilanz I	5. Inventurbilanz
3. Umbuchungen	6. Erfolgsbilanz

21.

Eigenkapital am Anfang	120.000 €
– Privatentnahmen	30.000 €
+ Gewinn	75.000 €
= Eigenkapital am Ende	165.000 €

22. **Aufbewahrungsfristen (§ 257 HGB)**:

a) Handelsbücher	→	10 Jahre
b) Buchungsbelege	→	10 Jahre
c) Handelsbriefe	→	6 Jahre
d) Jahresabschlüsse	→	10 Jahre

4.2.6 Kosten- und Leistungsrechnung

1. **Aufgaben der Kosten- und Leistungsrechnung:**
- Ermittlung der Selbstkosten,
- Kontrolle der Wirtschaftlichkeit,
- Kontrolle der Betriebsergebnisse,
- Planungs- und Entscheidungsgrundlage.

2. **Selbstkosten** = Einstandspreis + Handlungskosten

3. Zu den **Handlungskosten** zählen
- **Allgemeine Verwaltungskosten** wie Kosten des Büros, Gehälter, Löhne, Ausbildungsvergütungen, Abschreibungen usw.,
- **Lagerkosten** wie Lagerzinsen, auf die Größe des Lagers umzurechnende anteilige Energiekosten, Gehälter und Löhne des im Lager beschäftigten Personals, Abschreibungen auf das Lagergebäude usw.,
- **Verkaufskosten** wie Verpackungskosten, Fracht, Löhne und Gehälter, Werbungskosten usw.

4. Die **Abgrenzungsrechnung** zwischen **Geschäftsbuchführung** und **Kosten- und Leistungsrechnung** erfolgt in zwei Rechnungskreisen.

Der **Rechnungskreis** I enthält die **Geschäftsbuchführung**. Hier werden die auf Konten buchhalterisch erfassten Geschäftsvorfälle in der Gewinn- und Verlustrechnung gegenübergestellt, d.h. die gesamten Aufwendungen werden den gesamten Erträgen gegenübergestellt.

Die **Kosten- und Leistungsrechnung** erfolgt in einem **zweiten Rechnungskreis**. In ihm werden die betrieblich bedingten Aufwendungen (Kosten) und die betrieblich bedingten Erträge (Leistungen) erfasst und im sog. **Betriebsergebnis** dargestellt. Neben diesen betrieblich bedingten Aufwendungen und Erträgen werden zusätzlich betriebsfremde (unternehmensbezogene) Aufwendungen und Erträge erfasst. Die Zusammenfassung von Betriebsgewinn und neutralem Gewinn ergibt den Gesamtgewinn. Dieser muss mit dem **Gesamtgewinn** der Gewinn- und Verlustrechnung übereinstimmen. In der Kosten- und Leistungsrechnung werden außerdem die Kosten und Leistungen auf die einzelnen **Kostenträger** (Waren oder Erzeugnisse) verrechnet. Die Zurechnung kann in Kontenform erfolgen; sie wird jedoch meist in Tabellenform durchgeführt.

5. a) **Aufwendungen** sind in Geldeinheiten ausgedrückte verbrauchte Güter und Dienstleistungen innerhalb einer Abrechnungsperiode.

b) **Aufwendungen** werden in den **Kontenklassen 6 und 7** ausgewiesen.

c) **Betriebliche Aufwendungen**:
- Aufwendungen für Roh-, Hilfs- und Betriebsstoffe und für bezogene Waren,
- Aufwendungen für bezogene Leistungen,
- Löhne und Gehälter,
- Soziale Abgaben und Aufwendungen für Altersversorgung und für Unterstützung,
- Abschreibungen auf Anlagevermögen,
- Aufwendungen für die Inanspruchnahme von Rechten und Diensten (Mieten, Leasing, Rechts- und Beratungskosten),
- Aufwendungen für Kommunikation (Dokumentation, Information, Reisen, Werbung),
- Aufwendungen für Beiträge und Sonstiges sowie Wertkorrekturen und periodenfremde Aufwendungen.

d) **Weitere Aufwendungen**:
- Betriebliche Steuern (Grundsteuer, Ausfuhrzölle usw.),
- Abschreibungen auf Finanzanlagen und auf Wertpapiere des Umlaufvermögens,
- Zinsen,
- außerordentliche Aufwendungen,
- Steuern vom Einkommen und Ertrag (z. B. Körperschaftsteuer).

e)
- Gewerbeertagsteuer,
- Körperschaftsteuer,
- Kapitalertragsteuer.

f) **Erträge** sind in **Kontenklasse 5** ausgewiesen.

g) „Aufwendungen und Erträge" sind Begriffe der Ergebnisrechnung, „Kosten und Leistungen" Begriffe der Kosten- und Leistungsrechnung.

h) **Leistungen** sind die der betrieblichen Leistungserstellung zurechenbaren Erträge.

i) Mehrbestand an fertigen und unfertigen Erzeugnissen, Umsatzerlöse, Provisionserträge.

6. a) **Vermögensgegenstände des Anlagevermögens** sind gemäß HGB im Rahmen der Bewertung des Jahresabschlusses in der Bilanz höchstens mit den Anschaffungs- oder Herstellungskosten, vermindert um planmäßige Abschreibungen, anzusetzen.
b) Der Wert der **kalkulatorischen Abschreibung** ist abhängig von der tatsächlich erwarteten Nutzungsdauer.
c) **Bestimmungsgrößen** für die tatsächlich erwartete **Nutzungsdauer** eines **Gegenstandes** des **Anlagevermögens** sind u. a. der technische Verschleiß und der technische Fortschritt.
d) Steuerrechtliche **Bemessungsgrundlage** für die kalkulatorische Abschreibung sind die **Wiederbeschaffungskosten**, nicht aber die Anschaffungs- oder Herstellungskosten.
e) Die **bilanzmäßige Abschreibung** wirkt sich auf die Erfolgsrechnung der Geschäftsbuchführung aus, während die **kalkulatorische Abschreibung** die **Kosten- und Leistungsrechnung** beeinflusst.
f) Die Buchung für die **direkte** bilanzmäßige **Abschreibung** für einen Schreibtisch lautet: Abschreibungen auf Sachanlagen **an** Büromöbel und sonstige Geschäftsausstattung
g) Um zu gewährleisten, dass in der Bilanz die ausgewiesenen Anschaffungskosten eines Anlagegutes unverändert bleiben, wird das Anlagegut **indirekt abgeschrieben**.
h) Abschreibungen auf Sachanlagen **an** Wertberichtigungen auf Sachanlagen
i) Das Konto **Wertberichtigungen** wird am Jahresende über das Schlussbilanzkonto abgeschlossen.
Buchungssatz: Wertberichtigungen zu Sachanlagen **an** Schlussbilanzkonto

7. **Kalkulatorische Kosten** sind:
- kalkulatorische Abschreibung,
- kalkulatorischer Unternehmerlohn,
- kalkulatorische Zinsen,
- kalkulatorische Miete,
- kalkulatorische Wagnisse.

8. **Kalkulatorische Miete** wird dann angesetzt, wenn ein Unternehmen eigene Räumlichkeiten in eigenen Gebäuden nutzt. Grundlage für die Festlegung des kalkulatorischen Mietzinses sind Vergleichsmieten.

9. Wenn ein Unternehmer einen Unternehmerlohn von monatlich 6.200,- € ansetzt, so kann er einen **kalkulatorischen Unternehmerlohn** von 6.200,- € x 12 = 74.400,- € im Jahr in der Kosten- und Leistungsrechnung geltend machen.

10. **Kalkulatorische Wagnisse** sind Einzelwagnisse, die nicht kalkulierbar sind. Beispiele: Währungsverluste, Preissenkungen, Diebstahl, Zuschläge für Fertigungslöhne durch Nachtarbeit.

11. a) **Buchung**:
652 Abschreibung auf Sachanlagen **an** 070 Anlagen der Energiegewinnnung
b) Siehe nächste Seite
c) Die bilanzmäßige Abschreibung ist **Aufwand**;
die kalkulatorische Abschreibung ist **Ertrag**.

11. b)

Ergebnistabelle								
Rechnungskreis I			**Rechnungskreis II**					
Erfolgsbereich			Abgrenzungsbereich				Kosten- und Leistungsbereich	
Geschäftsbuchführung			Unternehmensbezogene Abgrenzungen		Kosten- und leistungsrechnerische Korrekturen		Kosten- und Leistungsarten	
Konto-bezeichnung	**Auf-wendungen**	**Erträge**	**Auf-wendungen**	**Erträge**	**Auf-wendungen**	**Erträge**	Kosten	Leistungen
Kostenrechnerische Korrekturen		150.000,-						150.000,-
Abschreibungen auf Sachanlagen	160.000,-				160.000,-	150.000,-	150.000,-	
	160.000,-	150.000,-			160.000,-	150.000,-	150.000,-	150.000,-
		10.000,-				**10.000,-**		
	160.000,-	160.000,-			160.000,-	160.000,-	150.000,-	150.000,-

12. a) **Kostenartenrechnung**: Es handelt sich dabei um die Erfassung und Gliederung aller Kostenarten, die im Laufe einer Rechnungsperiode angefallen sind. Grundsatzfrage: **Welche Kosten** sind in welcher Höhe angefallen?

b) **Kostenstellenrechnung**: Die angefallenen Kosten werden (mithilfe des BAB) auf die Kostenstellen (Betriebsbereiche) verteilt. Grundsatzfrage: **Wo** sind welche **Kosten** in welcher Höhe angefallen?

c) **Kostenträgerrechnung**: Es werden die Stückkosten für die erstellten Güter und Dienstleistungen (= Kostenträger) ermittelt. Grundsatzfrage: **Wofür** sind welche **Kosten** in welcher Höhe angefallen?

13. a) **Einzelkosten**: Es handelt sich um Kosten, die dem einzelnen Kostenträger zugerechnet werden können (z. B. Zölle, Bezugskosten für ein gekauftes Produkt).

b) **Gemeinkosten**: Es sind Kosten (z. B. Löhne, Steuern usw.), die für den einzelnen Kostenträger nicht ermittelt werden können. Sie werden zunächst in den Kostenstellen erfasst und dann den Kostenträgern zugerechnet.

c) **Fixe Kosten**: Es sind beschäftigungsunabhängige Kosten, wie z. B. Miete. Ihre Höhe ist in jeder Periode nahezu unverändert. Sie fallen auch dann in unveränderter Höhe an, wenn keine Waren produziert oder abgesetzt werden.

d) **Variable Kosten** verändern sich unmittelbar, wenn sich die Beschäftigung ändert. Sie werden auch als beschäftigungsvariable, d. h. mengenabhängige Kosten bezeichnet.

e) **Gesamtkosten** = fixe Kosten + variable Kosten.

14. a) + b)

Absatzmenge	a) gesamte fixe Kosten €	b) fixe Kosten pro Stück €
100	3.000,-	3.000 : 100 = 30
200	3.000,-	3.000 : 200 = 15
300	3.000,-	3.000 : 300 = 10
400	3.000,-	3.000 : 400 = 7,5
500	3.000,-	3.000 : 500 = 6
600	3.000,-	3.000 : 600 = 5

c) Löhne, Miete.

15. a) Die **fixen Kosten** sind in allen Monaten gleich hoch, d. h. 145.000,- €.

b) Die **variablen Kosten** steigen mit zunehmender Produktion, da sie von der Fertigungsmenge abhängige Kosten sind.

Produktionsmenge innerhalb 5 Monaten	**variable Kosten**
1.000 Stück	1.000 x 40,- € = 40.000,- €
2.000 Stück	2.000 x 40,- € = 80.000,- €
3.000 Stück	3.000 x 40,- € = 120.000,- €
4.000 Stück	4.000 x 40,- € = 160.000,- €
5.000 Stück	5.000 x 40,- € = 200.000,- €

c)

Produzierte Menge	Fixe Kosten €	Variable Kosten €	Gesamtkosten €	Stückkosten €
1	145.000,-	40,-	145.040,-	145.040,-
1.000	145.000,-	40.000,-	185.000,-	185,-
2.000	145.000,-	80.000,-	225.000,-	112,50
*	*	*	*	*
*	*	*	*	*
*	*	*	*	*
10.000	145.000,-	400.000,	545.000,-	54,50

d) Die **Bedeutung der Berechnung der Stückkosten** liegt darin, dass, je größer die Ausbringungsmenge ist, desto geringer die Stückkosten für das einzelne Produkt sind, um so preisgünstiger kann es auf dem Markt angeboten werden.

16. a) **Verursachungsprinzip**: Den Kostenträgern sollen nur die Kosten zugerechnet werden, die durch sie verursacht wurden. Dies geschieht bei der Teilkostenrechnung, da den Kostenträgern nur die variablen Kosten zugerechnet werden.

b) **Tragfähigkeitsprinzip**: Es wird auch als Kostendeckungsprinzip oder Belastbarkeitsprinzip bezeichnet. Die Kosten werden den Kostenträgern nach ihrer Belastbarkeit zugeteilt.

c) **Durchschnittsprinzip**: Das Ziel, das mit diesem Prinzip verfolgt wird, besteht darin, die Kosten möglichst exakt zu berechnen, insbesondere die Gemeinkosten.

17. Da die **Vollkostenrechnung** die **Gesamtkosten**, also die fixen und die variablen Kosten, auf die Kostenträger verteilt, also auch solche Kosten, die nicht in einem ursächlichen Zusammenhang mit dem Kostenträger stehen, widerspricht sie dem Verursachungsprinzip.

18. a) **Auszahlung**: Es handelt sich um den Abgang von Bargeld und Sichtguthaben (liquiden Mitteln).
Einzahlung: Es handelt sich um den Zugang liquider Mittel.

b) **Ausgaben** stellen den Beschaffungswert der zugegangenen Güter und Dienstleistungen dar.
Einnahmen sind der Wert aller veräußerter Güter und Dienstleistungen je Periode (= Erlös).

19. Als **betriebsbedingte Aufwendungen** gelten alle die in **Kontenklasse 4** aufgeführten Kosten (Personalkosten, Miete, Provisionen, Kosten der Warenabgabe, allgemeine Verwaltungskosten, Abschreibungen usw.). **Betriebsbedingte Erträge** sind Leistungen der Kontenklasse 8 (Warenverkaufskonten bzw. Umsatzerlöse).

20. Die **Kostenstellenrechnung** hat folgende Bedeutung:
- Kontrolle der **Wirtschaftlichkeit** des Betriebsprozesses,
- Gewinnung von Daten für die **Kalkulation** der Leistung des Betriebes.

21. a) Die **Aufgaben der Kostenstellenrechnung** ergeben sich aus den Schritten bei der Erstellung eines Betriebsabrechnungsbogens, d. h. es sind u. a.
- die **Gemeinkosten auf die Kostenstellen** zu verteilen,
- **für** einzelne **Kostenträger** (Warengruppen) **Handlungskostenzuschläge** zu **berechnen**.

b) **Kostenstellen**:
- Einkauf,
- Verkauf,
- Verwaltung,
- Vertrieb.

c) **Kostenstelleneinzelkosten** sind Gemeinkosten, die den Kostenstellen nicht direkt zugerechnet werden können. Sie werden in bestimmten Relationen auf die **Hilfskostenstellen** (z. B. Einkauf und Verwaltung) und **Hauptkostenstellen** (= Warengruppen als Kostenträger) verteilt.

d)

	Hauptkostenstelle Fernseher
Nettoverkaufserlös	400.000,- €
– Selbstkosten	320.000,- €
= Betriebsgewinn	80.000,- €

22.

Listeneinkaufspreis	1.200,00 €		
– 30 % Lieferrabatt	360,00 €		
Zieleinkaufspreis	840,00 €		
– 2 % Liefererskonto	16,80 €		
Bareinkaufspreis	823,20 €		
+ Bezugskosten	16,80 €		
Bezugspreis	840,00 €		
+ 33 1/3 Geschäftskosten	280,00 €		
Selbstkostenpreis	1.120,00 €		
+ 20 % Gewinn	224,00 €		
Bareinkaufspreis	1.344,00 €	→ 98 %	
+ 2 % Kundenskonto	27,43 €	→ 2 %	
Zielverkaufspreis	1.371,43 €	= 100 %	→ 90 %
+ 10 % Kundenrabatt	152,38 €		→ 10%
Listenverkaufspreis	**1.523,81** €		= 100 %

23. a) **Hauptfunktionen eines Produktionsbetriebes:** Beschaffung, Fertigung und Absatz.
b) Roh-, Hilfs- und Betriebsstoffe und vorgefertigte Teile.
c) **Fertigungsverfahren**:
- Einzelfertigung,
- Massenfertigung,
- Serienfertigung,
- Sortenfertigung.

d) Einzelfertigung.
e) Sortenfertigung.
f) Massenfertigung.
g) **Sortenfertigung**: Sie ist eine Sonderform der Serienfertigung. Von einem Produkt wird eine größere Stückzahl produziert (z. B. Papierschneider). Die einzelnen Erzeugnisse sind meistens aus dem gleichen Rohmaterial.
Chargenfertigung: Es handelt sich hier ebenfalls um eine Sonderform der Serienfertigung. Von Serie zu Serie (Charge zu Charge) weichen die Produkte im Produktionsprozess in einzelnen Eigenschaften (z. B. Farbe) oder in der Zusammensetzung etwas voneinander ab.

24. Bei der Herstellung von Produkten fallen fixe, also von der Fertigungsmenge unabhängige Kosten und variable, d.h. von der Fertigungsmenge abhängige Kosten, an. Fixe Kosten, wie Miete und Abschreibungen, fallen auch dann an, wenn ein Betrieb zeitweise nicht produziert. Andererseits werden die fixen Kosten auf die hergestellten Produkte verteilt. Da die Höhe der fixen Kosten gleichbleibend ist, sinken die Stückkosten für ein einzelnes Produkt, je mehr Produkte produziert werden. Betragen die fixen Kosten beispielsweise 10.000,- € und werden 1.000 Produkte hergestellt, so beträgt der Fixkostenanteil für ein Produkt 10.000 : 1.000 = 10,- €. Wird die Produktion auf 2.000 Stück erhöht, so werden die fixen Kosten also auf eine doppelte Stückzahl verteilt. Sie sinken dann auf 10.000 : 2.000 = 5,- €. Diesen Sachverhalt nennt man das **Gesetz der Massenproduktion**.

25. a) • **Äquivalenzziffernkalkulation**.
• **Divisionskalkulation**.
• **Zuschlagskalkulation**.
• **Zuschlags- und Divisionskalkulation**.

b)

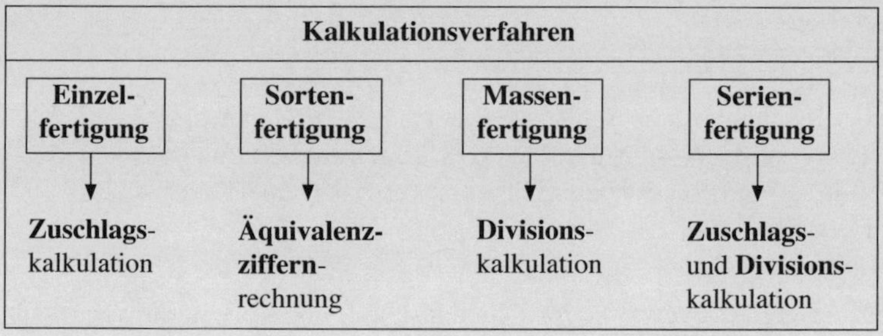

c) Die **Gemeinsamkeit** aller **Kalkulationsverfahren** besteht darin, dass die entstandenen Kosten einer Periode (z. B. eines Monats oder eines Jahres) auf die Kostenträger verteilt werden.

26. Wenn nur eine Warenart produziert wird (oder wenige gleichartige Produkte), so werden die anfallenden Kosten pro Rechnungsperiode zusammengefasst, also nicht in Einzel- oder Gemeinkosten aufgegliedert.

27. a) Von einer **einfachen Divisionskalkulation** spricht man, wenn die Gesamtkosten durch die Leistungsmenge pro Rechnungsperiode dividiert wird.

b) Werden Bestandsveränderungen im Lager berücksichtigt, handelt es sich um eine **mehrstufige Divisionskalkulation**. Um die Selbstkosten je Leistungseinheit zu ermitteln, werden die Herstellkosten durch die produzierte Menge und die Verwaltungs- und Vertriebskosten durch die im selben Zeitraum verkaufte Menge dividiert.

28. a)

Fertigungsmaterial
+ x % MGkZ
Materialkosten
+ Fertigungslöhne
+ x % FGkZ
+ Sondereinzelkosten der Fertigung
Fertigungskosten
Herstellkosten
+ x % VwGkZ
+ x % VtGkZ
+ Sondereinzelkosten des Vertriebs
Selbstkosten
+ x % Gewinnzuschlag
Barverkaufspreis
+ x % Kundenskonto
+ x % Vertreterprovision
Zielverkaufspreis
+ x % Kundenrabatt
Verkaufspreis

b) - Materialgemeinkostenzuschläge werden auf das Fertigungsmaterial,
- Fertigungsgemeinkostenzuschläge werden auf die Fertigungslöhne und
- Verwaltungsgemeinkostenzuschläge und Vertriebsgemeinkostenzuschläge werden auf die Herstellkosten

bezogen.

c) Zieht man vom Barverkaufspreis Kundenskonto und Vertreterprovision ab, so erhält man den **Zielverkaufspreis**.

d) Zielverkaufspreis und Kundenrabatt ergeben den **Verkaufspreis**.

29.

	Materialverbrauch	380.000 €
+	Fertigungslöhne	68.000 €
+	Sonstige Fertigungskosten	126.000 €
+	Verwaltungs- und Vertriebskosten	58.000 €
=	Gesamte Selbstkosten	632.000 €

30.

Fertigungsmaterial	45,00 €	
+ 4 % MGkZ	1,80 €	
Materialkosten		46,80 €
+ Fertigungslöhne	32,00 €	
+ 140 % FGkZ	44,80 €	
+ Sondereinzelkosten der Fertigung	6,50 €	
Fertigungskosten		83,30 €
Herstellkosten		130,10 €
+ 14 % VwGkZ		18,21 €
+ 10 % VtGkZ		13,01 €
+ Sondereinzelkosten des Vertriebs		3,50 €
Selbstkosten		164,82 €
+ 15 % Gewinnzuschlag		24,72 €
Barverkaufspreis		189,54 €
+ 2 % Kundenskonto		3,86 €
+ 6 % Vertreterprovision		12,09 €
Zielverkaufspreis		205,49 €
+ 15 % Kundenrabatt		36,26 €
Verkaufspreis		241,75 €

Nebenrechnung

98 % ⟶ 189,54 €
2 % ⟶ x €

$$x = \frac{189{,}54 \cdot 2}{98} = 3{,}86\ €$$

94 % ⟶ 189,54 €
6 % ⟶ x €

$$x = \frac{189{,}54 \cdot 6}{94} = 12{,}09\ €$$

85 % ⟶ 205,51 €
15 % ⟶ x €

$$x = \frac{205{,}51 \cdot 15}{85} = 36{,}26\ €$$

31. a) Fertigungslöhne
\+ Maschinenstundeneinsatz x Maschinenstundensatz
\+ Restfertigungsgemeinkostenzuschlag von den Fertigungslöhnen in Prozent

= Fertigungskosten

b) - Energiekosten,
- kalkulatorische Abschreibungen, Zinsen,
- Wartung und Reparatur.

c) - Hilfslöhne,
- Gehälter,
- sonstige Aufwendungen.

32. a) Mit **Äquivalenzziffern** werden unterschiedliche Erzeugnisarten in vergleichbare Verrechnungseinheiten umgewandelt.
b) Ermittlung der „richtigen" Äquivalenzziffern.

33. a) Die **Vorkalkulation** wird durchgeführt, um einen Angebotspreis zu ermitteln.
b) Mithilfe der **Nachkalkulation** kann festgestellt werden, ob Abweichungen zur Vorkalkulation bestehen und wie hoch der tatsächliche Gewinn ist.

34. a) **Kostenträgerblatt**.
b) **Kostenunterdeckung**: Geplante Sollkosten niedriger als die Istkosten.
c) **Kostenüberdeckung**: Wenn höhere Kosten geplant als tatsächlich entstanden sind.

35. a) Der wesentliche **Mangel der Vollkostenrechnung** liegt darin begründet, dass gegen das Verursacherprinzip verstoßen wird, weil auch die fixen Kosten auf die Leistungen verteilt werden.
b) Erlös - variable Kosten = **Deckungsbeitrag**
c) Die **Summe aller Deckungsbeiträge** dient zur Deckung der fixen Kosten und zur Erzielung eines Gewinns.

36. a) Bei der Bestimmung der **langfristigen Preisuntergrenze** müssen die Preise der verkauften Produkte mindestens so hoch sein, dass die Summe der Deckungsbeiträge der Produkte die Fixkosten gerade deckt. Also ist der Betriebsgewinn gleich Null.
b) Die **kurzfristige Preisuntergrenze,** auch **absolute Preisuntergrenze** genannt, ergibt sich aus der „Division der gesamten variablen Kosten eines Produkts durch die Absatzmenge des Produkts". Hierbei wird kurzfristig auf die Deckung der gesamten Fixkosten verzichtet.

37. a) Die **gesamten Umsatzerlöse pro Produkt** werden berechnet, indem die Anzahl der jeweils verkauften Produkte multipliziert werden mit ihrem Preis.
b) Anzahl der verkauften Produkte x Preis = **Umsatzerlös**

$$\textbf{Preis} = \frac{\text{Umsatzerlöse}}{\text{verkaufte Produkte}} = \frac{40.000}{1.000} = \underline{\underline{40\ \text{€/Stück}}}$$

c)

	I Umsatzerlöse	II Variable Kosten	Deckungsbeitrag = I – II
Produkt A	40.000,-- €	18.000,-- €	22.000,-- €
Produkt B	60,000,-- €	25.000,-- €	35.000,-- €
Produkt C	20.000,-- €	8.000,-- €	12.000,-- €
			69.000,-- €

d) 69.000 € – 54.000 € = 15.000 € **Gewinn**.

Der gesamte Deckungsbeitrag aller verkauften Produkte beträgt 69.000 €. Er übersteigt die fixen Kosten in Höhe von 54.000,- € um 15.000 €.

38.

		X = richtig
a)	Bei der Linie III handelt es sich um den Umsatz.	
b)	Der Punkt VII ist der Break-Even-Point.	**X**
c)	Die Linie IV stellt die Gesamtkosten dar.	
d)	Mit der Linie I ist der Umsatz, mit der Linie III sind die variablen Kosten dargestellt.	
e)	Bei der Linie II handelt es sich um die Gesamtkosten.	**X**
f)	Im Feld VIII handelt es sich um die dargestellten Verluste; im Feld IX handelt es sich um die Gewinnzone.	
g)	Die Linie III stellt die variablen Kosten dar, das Feld VIII die Gewinnzone.	**X**
h)	Der Schnittpunkt von den Linien III und IV ist der Break-Even-Point.	
i)	Die Linie I stellt die variablen Kosten, die Linie IV die fixen Kosten dar.	

4.2.7 Planungsrechnung/Controlling

1. a) Im Rahmen der **Istkostenrechnung** werden die tatsächlich angefallenen Kosten einer Rechnungsperiode erfasst.

b) Bildet man aus den Werten der Istkostenrechnung zurückliegender Rechnungsperioden durchschnittliche Kalkulationssätze (arithmetisches Mittel), so erhält man sog. **Normalkosten**.

2.
- Bei der **Teilkostenrechnung** werden im Rahmen der Kostenartenrechnung alle Kosten in fixe und variable Kosten eingeteilt.
- Handelt es sich um eine **Vollkostenrechnung**, dann werden alle angefallenen Kosten einer Abrechnungsperiode auf die Kostenträger nach dem Verursacherprinzip verrechnet.

3. In konjunkturell schlechten Zeiten kann es zu Absatzschwierigkeiten kommen. Hier versucht man mithilfe der **Teilkostenrechnung** diese Schwierigkeiten zu unterbinden, indem Preise für Produkte festgesetzt werden, die nicht alle Kosten decken. Somit können Unternehmen unter Umständen vermeiden, dass ihre Produkte vom Markt verdrängt werden.

4. a) Die **starre Plankostenrechnung** berücksichtigt keine Anpassung des sich ändernden Beschäftigungsgrades während der Abrechnungsperiode. Sie legt einen bestimmten Planbeschäftigungsgrad in jeder Kostenstelle fest.

b) **Flexible Plankostenrechnung:** Sie teilt die Plankosten in fixe und variable Anteile.

5. **Deckungsbeitragsrechnung**

6. a) Beim **Controlling** handelt es sich um eine innerhalb der Unternehmensführung heraus gearbeiteten Teilfunktion mit dem Ziel das Unternehmen durch Informationen bei Steuerung betriebsinterner Vorgänge zu unterstützen.

b)

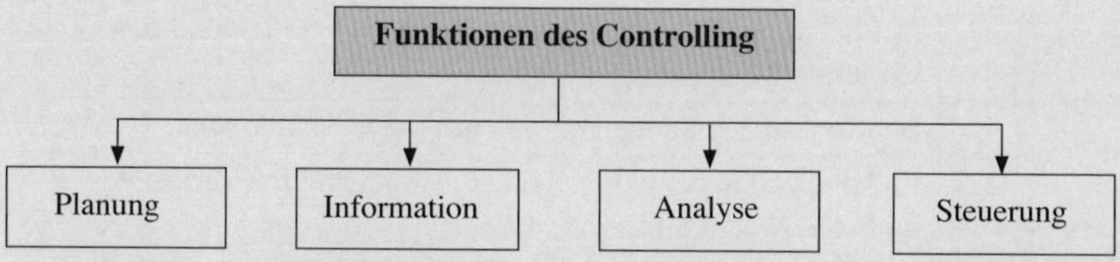

Beispiele →	Planung	Information	Analyse	Steuerung
	Aufstellung eines Arbeitsprogramms (Absichten, Ziele, Maßnahmen)	Information mittels einer Datenbank (Anfragen, Bestellungen, Rechnungen)	Soll-/Ist-Vergleich	Einschaltung der Geschäftsleitung

c) Controlling dient in der Warenwirtschaft dazu:
- einen Soll-Ist-Vergleich anzustellen (z. B. geplante und tatsächliche Umsatzzahlen),
- ein Kennzahlensystem zu entwickeln (z. B. Lagerkennzahlen berechnen und so Bestellungen auslösen oder alternative Transportmittel ermitteln),
- beispielsweise zu budgetieren, d. h. montäre Größen wie Kosten und Vermögen festzustellen,
- einmalige oder laufende Berichte zu erstellen und diese den Bedarfsstellen rechtzeitig zu bestimmten Terminen zu übermitteln.

7. **Interne Revision**: Prüfung im Buchführungswesen (Vorgänge, Buchungen, Bilanzen, GuV-Rechnungen)

8.

Interne Revision	**Controlling**
- verfahrens- und entscheidungsorientiert	- ergebnisorientiert
- Beurteilung der Verlässlichkeit der erfassten und verarbeiteten Daten	- Aufbereitung, Analyse und Beurteilung der durch das Rechnungswesen vorgegebenen Daten

9.

GUT - Versicherungs AG

Für unser **Zentralressort Informations-Systeme** suchen wir für das

DATENVERARBEITUNG - CONTROLLING

den qualifizierten **Mitarbeiter** oder die qualifizierte **Mitarbeiterin**. Sie verfügen über mehrjährige praktische Erfahrung im Controlling bzw. haben nach technisch oder wirtschaftlich orientiertem Studium erste Berufserfahrung im Controlling oder Datenverarbeitungs-Planung sammeln können. Sicheres persönliches Auftreten und Verhandlungsgeschick gehören zu Ihren Stärken.

Sie werden mit modernster Datenverarbeitungs-Technologie konfrontiert. Für die Erstellung des Budgets der Datenverarbeitungs-Technik im gesamten Ressort tragen Sie die Verantwortung. Hierbei koordinieren Sie die Technik-Planung der Datenverarbeitungs-Abteilungen, erstellen Berichte und Kommentierungen zur Budget- und Investitionsplanung und sind kompetenter Berater des Managements während der Planungs- und Kontrollphasen. Darüber hinaus stellen Sie die Datenverarbeitungs-Vertragsverwaltung sicher und definieren gegebenenfalls Vertragsinhalte in Abstimmung mit der Rechtsabteilung.

Haben Sie Interesse Mitarbeiter in unserem Unternehmen zu werden? - Dann bewerben Sie sich bei uns. Sie finden ein angenehmes Arbeitsklima vor.

4.2.8 Programmierte Aufgaben

Aufgaben	Lösungen
1.	b)
2.	a)
3.	c)
4.	a)
5.	b)
6.	c)
7.	d)
8.	b)
9.	c)
10.	a)
11.	b)
12.	c)
13.	c)
14.	a)
15.	c)
16.	b)
17.	d)
18.	a)
19.	b)
20.	d)

4.3 Wirtschafts- und Sozialkunde

4.3.1 Berufsausbildung

1. Vorschriften über die **Berufsausbildung** sind u. a. in folgenden **Rechtsgrundlagen** enthalten:
- Berufsausbildungsvertrag,
- Berufsbildungsgesetz,
- Jugendarbeitsschutzgesetz,
- Bundesurlaubsgesetz,
- Ausbildungsordnung,
- Rahmenlehrplan der Berufsschule,
- Betriebsverfassungsgesetz.

2. a) **Berufsbildungsgesetz**

b) Der Begriff der **Berufsbildung** ist in § 1 des Berufsbildungsgesetzes geregelt.

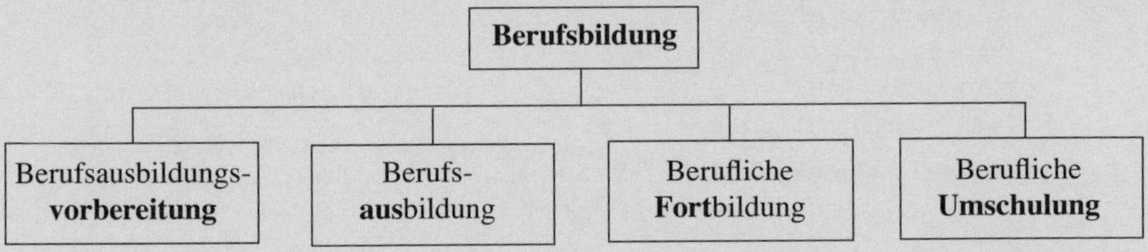

c) Die **Berufsausbildung** hat sowohl eine breit angelegte berufliche Grundbildung als auch die für die Ausübung einer qualifizierten beruflichen Tätigkeit notwendigen fachlichen Fertigkeiten und Kenntnisse zu vermitteln. Außerdem hat sie den Erwerb der erforderlichen Berufserfahrungen zu ermöglichen.

3. a) Unter dem **Dualen Berufsausbildungssystem** versteht man eine zweigleisige Ausbildung. Einerseits erfolgt eine betriebliche Ausbildung, andererseits in der Berufsschule eine allgemeine Ausbildung (z. B. in Deutsch, Politik, Religion, Sport) und eine fachspezifische Theorieausbildung (z. B. in Rechnungswesen, allgemeine und spezielle Betriebswirtschaftslehre).

b) Im Betrieb wird nach einem individuellen sachlich gegliederten Ausbildungsplan ausgebildet.

c) Rahmenlehrplan

4. a) **Wirtschaftszweige**: Industrie, Handel, Banken, Versicherungen, Handwerk, Verkehr.
b) **Branchen**: Leder-, Textil-, Getränke-, Lebensmittelbranche.

5. **Wirtschaftszweigspezifische Ausbildungsberufe**: Bankkaufleute, Versicherungskaufleute, Industriekaufleute.

6. Die **Ausbildungsordnung** gibt Auskunft über die Dauer der Berufsausbildung.

7. a) **Industrie- und Handelskammer**

b) - Rechtsanwaltskammer für Rechtsanwaltsfachangestellte,
- Ärztekammer für Medizinische Fachangestellte,
- Oberlandesgericht für Justizfachangestellte,
- Steuerberaterkammer für Steuerfachangestellte.

c) Die Industrie- und Handelskammer überwacht in Hessen – wie alle anderen zuständigen Stellen – im Übrigen die gesamte betriebliche Ausbildung. Neben dieser hat sie weitere im Berufsbildungsgesetz vorgeschriebene Aufgaben wahrzunehmen.

Aufgaben der zuständigen Stelle (hier: IHK)	**BBiG** §§
Eignungsfeststellung: Sie überprüft, ob die persönliche und fachliche sowie die Eignung der Ausbildungsstätte vorliegt. Fachlich geeignet ist, wer die beruflichen sowie die berufs- und arbeitspädagogischen Fertigkeiten, Kenntnisse und Fähigkeiten besitzt, die für die Vermittluung der Ausbildungsinhalte erforderlich sind.	32 30
Abkürzung oder Verlängerung der Ausbildungszeit: Sie hat die Ausbildungszeit auf Antrag des Auszubildenden zu kürzen, wenn zu erwarten ist, dass der Auszubildende das Ausbildungsziel in der gekürzten Zeit erreicht. Sie kann die Ausbildungszeit auf Antrag des Auszubildenden in Ausnahmefällen (z. B. Schwangerschaft) verlängern, wenn die Verlängerung erforderlich ist, um das Ausbildungsziel zu erreichen.	29
Verzeichnis für Ausbildungsverhältnis: In dieses ist der wesentliche Inhalt des Berufsausbildungsvertrages einzutragen.	34
Eintragen, Ändern und Löschen: Sie kann einen Berufsbildungsvertrag und Änderungen seines Inhalts gemäß den BBiG-Vorschriften in das Verzeichnis eintragen.	35
Prüfungsausschüsse: Für die Abnahme der Abschlussprüfung hat sie Prüfungsausschüsse zu errichten, deren Mitglieder (Beauftragte der Arbeitgeber und der Arbeitnehmer in gleicher Zahl und mindestens ein Lehrer einer berufsbildenden Schule) für längstens fünf Jahre berufen werden.	39, 40
Zulassung zur Abschlussprüfung: Sie entscheidet über die Zulassung. Hält sie die Zulassungsvoraussetzungen nicht für gegeben, so entscheidet der Prüfungsausschuss.	45
Berufliche Fortbildung - Berufliche Umschulung: • Zum Nachweis von Fertigkeiten und Erfahrungen, die durch berufliche Fortbildung erworben worden sind, kann sie Prüfungen durchführen. • Zum Nachweis von Kenntnissen, Fertigkeiten und Erfahrungen, die durch berufliche Umschulung erworben worden sind, kann sie Prüfungen durchführen.	54 62

8. a) Der **Berufsbildungsausschuss** hat sich mit den die Berufsausbildung, die berufliche Fortbildung und berufliche Umschulung betreffenden Fragen zu befassen. Beispiele dafür sind das Erstellen einer Prüfungsordnung für einen Ausbildungsberuf, das Erstellen eines betrieblichen Ausbildungsplans, die Festlegung von Konsequenzen im Falle von Täuschungsversuchen bei Prüfungen (z. B. bei unerlaubter Verwendung eines Handys), die Unterbreitung von Vorschlägen für Fortbildungsmaßnahmen (§ 77 ff. BBiG).

b) Je sechs Arbeitgebervertreter, Arbeitnehmervertreter, Lehrer an berufsbildenden Schulen (mit beratender Stimme).

c) Neben dem Berufsbildungsausschuss gibt es noch einen **Aufgabenerstellungsausschuss** (für die Erstellung von Prüfungsaufgaben für die Zwischen- und Abschlussprüfung) und **Prüfungsausschüsse** zur Abnahme der mündlichen bzw. praktischen und schriftlichen Prüfung (§ 37 BBiG).

9. Institutionen zur **Durchsetzung ausbildungsrechtlicher Ansprüche**:
- Betriebsrat (sofern existent),
- Jugend- und Auszubildendenvertretung (sofern existent),
- Gewerbeaufsichtsamt,
- Ausbildungsberater,
- Industrie- und Handelskammer (Gütestelle),
- Gewerkschaft(en),
- Gericht in Arbeitsangelegenheiten (Arbeitsgericht, Landesarbeitsgericht(e), Bundesarbeitsgericht in Erfurt).

10. Der **Grundsatz der Vertragsfreiheit** wird beim Zu-Stande-Kommen eines Berufsausbildungsvertrages wie folgt eingeschränkt:

- Die **Abschlussfreiheit** wird dadurch eingeschränkt, dass bei minderjährigen Auszubildenden neben dem Auszubildenden und dem Arbeitgeber auch der gesetzliche Vertreter des Minderjährigen den Vertrag zu unterzeichnen hat.
- Die **Inhaltsfreiheit** wird dadurch eingeschränkt, dass der Vertrag bestimmte Mindestinhalte enthalten muss, die gemäß Berufsbildungsgesetz vorgeschrieben sind.
- Die **Formfreiheit** wird dadurch eingeschränkt, dass der Vertrag der Schriftform bedarf.

11. Die **Niederschrift** des **Berufsausbildungsvertrages** muss **mindestens enthalten**
- Beginn und Dauer der Ausbildung,
- Dauer der Probezeit,
- Zahlung und Höhe der Ausbildungsvergütung,
- Dauer des Erholungsurlaubs.

12. • **Pflichten des Ausbildenden:**
- er hat dafür zu sorgen, dass dem Auszubildenden die Fertigkeiten und Kenntnisse vermittelt werden, die zum Erreichen des Ausbildungszieles erforderlich sind;
- er hat selbst auszubilden oder einen Ausbilder ausdrücklich zu beauftragen;
- er hat den Auszubildenden zum Besuch der Berufsschule anzuhalten;
- er hat dafür zu sorgen, dass der Auszubildende charakterlich gefördert sowie sittlich und körperlich nicht gefährdet wird.

• **Pflichten des Auszubildenden:**
- er hat am Berufsschulunterricht teilzunehmen;
- er hat den Weisungen des Ausbildenden zu folgen;
- er hat die für die Ausbildungsstätte geltende Ordnung zu beachten;
- er hat über Betriebs- und Geschäftsgeheimnisse Stillschweigen zu wahren.

13. a) Handelt es sich um einen **minderjährigen Auszubildenden**, so ist die **Niederschrift** nicht nur vom Ausbildenden und dem Auszubildenden, sondern auch vom **gesetzlichen Vertreter** des Jugendlichen zu unterzeichnen.

b) Der Ausbildende hat dem Auszubildenden bei Beendigung des Berufsausbildungsverhältnisses ein **Zeugnis** auszustellen. Das Zeugnis muss Angaben über Art, Dauer und Ziel der Berufsausbildung sowie über die erworbenen Fertigkeiten und Kenntnisse des Auszubildenden enthalten. Auf Verlangen des Auszubildenden muss der Ausbilder auch Angaben über Führung, Leistung und besondere fachliche Fähigkeiten aufnehmen (= sog. **qualifiziertes Zeugnis**). Die Ablehnung des Arbeitgebers ist im vorliegenden Fall also rechtswidrig.

c) Die gesetzliche **Probezeit** während der Ausbildung beträgt mindestens einen Monat und **höchstens vier Monate**. Sofern also vertraglich keine kürzere Probezeit als zwei Monate vereinbart wurde, kann der Auszubildenden Petra ohne Angabe von Gründen jederzeit gekündigt werden.

d) Wenn ein **Auszubildender** sein **Vertragsverhältnis kündigt**, **um sich für eine andere Berufstätigkeit ausbilden zu lassen**, so muss eine Kündigungsfrist von vier Wochen eingehalten werden. Rolf hat also die einzuhaltende Kündigungsfrist nicht gewahrt.

e) Besteht ein Auszubildender die **Abschlussprüfung** nicht, so hat er das Recht, diese zweimal zu wiederholen. Das Berufsausbildungsverhältnis verlängert sich, wenn er die Verlängerung von seinem Arbeitgeber verlangt, bis zur nächstmöglichen **Wiederholungsprüfung**, jedoch höchstens um ein Jahr.

f) **Besteht** ein Auszubildender **vor Ablauf der** vertraglich festgelegten **Ausbildungszeit die Prüfung**, so endet das Berufsausbildungsverhältnis mit Bestehen der Abschlussprüfung, hier also am 18.5.

14. Da der **Erholungsurlaub** im wahrsten Sinne des Wortes **der Erholung dienen soll**, ist er – um einen Erholungswert zu erzielen – normalerweise zusammenhängend zu gewähren. Er muss im laufenden Kalenderjahr genehmigt und genommen werden. Bei einer Übertragung des Urlaubs auf das nächste Kalenderjahr muss er in den ersten drei Monaten des folgenden Kalenderjahres gewährt und genommen werden.

15. a) Arbeitnehmer können grundsätzlich nur dann **Bildungsurlaub** beantragen, wenn der Sitz des Arbeitgebers in einem Bundesland liegt, in dem ein landesspezifisches Bildungsurlaubsgesetz existiert. Es gibt also kein Bildungsurlaubsgesetz, das auf Bundesebene gilt, wie z. B. das BGB oder das Berufsbildungsgesetz.

b) Bildungsurlaub kann der beruflichen, allgemeinen oder politischen Fortbildung dienen.

c) Bildungsurlaub dauert im Allgemeinen zwischen 5 - 6 Tagen.

d) Ja, der Arbeitgeber muss das Gehalt während der Inanspruchnahme von Bildungsurlaub fortzahlen. Nehmen Auszubildende Bildungsurlaub, so ist die Ausbildungsvergütung fortzubezahlen.

16. a) Die **Probezeit** ist im Berufsbildungsgesetz geregelt.

b) Während der Probezeit kann das Berufsausbildungsverhältnis von jedem Vertragspartner **ohne Einhaltung einer Kündigungsfrist** gekündigt werden.

c) Grundsätzlich darf einem Auszubildenden nach Ablauf der Probezeit nicht gekündigt werden.

d) Nach Ablauf der Probezeit kann der/die Auszubildende nur unter Einhaltung einer **vierwöchigen Kündigungsfrist** und unter der Voraussetzung kündigen, dass er/sie
- die **Berufsausbildung aufgeben** oder
- sich für eine **andere Berufsausbildung** ausbilden lassen will.

e) Die **Kündigung** muss **schriftlich** erfolgen.

f)

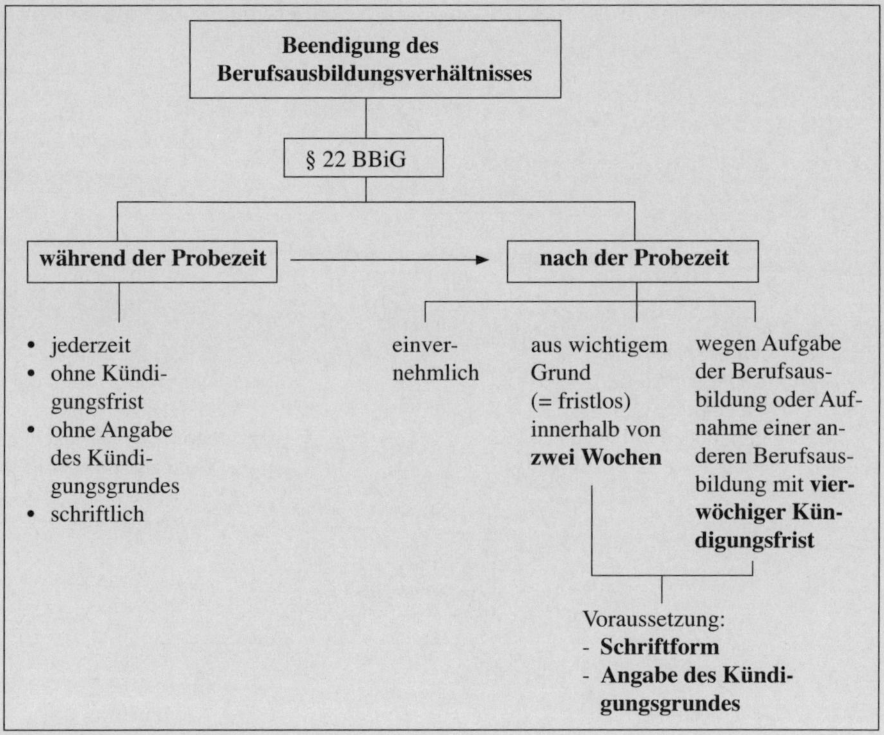

17. a) **Rechtsgrundlagen für Mindesturlaubstage:**
- Bundesurlaubsgesetz,
- Jugendarbeitsschutzgesetz,
- Berufsausbildungsvertrag,
- Betriebsvereinbarung,
- Manteltarifverträge.

b) Gemäß **Bundesurlaubsgesetz** hat Heike als volljährige Auszubildende einen gesetzlichen Anspruch auf **Erholungsurlaub von mindestens 24 Werktagen**.

c) Da Martina zu Beginn des Kalenderjahres noch nicht 16 Jahre alt ist, stehen ihr gemäß JArbSchG mindestens 30 Werktage (nicht Arbeitstage) Erholungsurlaub zu.

d) Da Heinz zu Beginn des Kalenderjahres noch nicht 17 Jahre alt ist, stehen ihm gemäß JArbSchG mindestens 27 Werktage Erholungsurlaub zu.

e) Da Jutta zu Beginn des Kalenderjahres noch nicht 17 Jahre alt ist, stehen ihr gemäß JArbSchG mindestens 27 Werktage Erholungsurlaub zu.

f) Da Peter zu Beginn des Kalenderjahres noch nicht 18 Jahre alt ist, stehen ihm gesetzlich 25 Werktage Erholungsurlaub zu, also ein Tag weniger als im Berufsausbildungsvertrag vorgesehen. Da im Arbeitsrecht nach dem **Günstigkeitsprinzip** aber für den Arbeitnehmer immer die günstigste Regelung gilt, hat Peter einen Anspruch auf 30 Tage Erholungsurlaub, so wie ihn der Manteltarifvertrag vorsieht.

18. a) In einem **qualifizierten Zeugnis** sind neben den Punkten des einfachen Zeugnisses (Art der Ausbildung, Dauer der Ausbildung und Ziel der Ausbildung) auch Aussagen enthalten über **Führung, Leistung und besondere fachliche Fähigkeiten**.

Zeugnis

§ 16 BBIG

einfaches Zeugnis

- Art der Ausbildung
- Dauer der Ausbildung
- Ziel der Ausbildung
- berufliche Fertigkeiten, Kenntnisse und Fähigkeiten

qualifiziertes Zeugnis

- Art der Ausbildung
- Dauer der Ausbildung
- Ziel der Ausbildung, berufliche Fertigkeiten, Kentnisse und Fähigkeiten
- Verhalten
- Leistung

b) **Beispiele**

Verhalten

- Verhalten gegenüber Vorgesetzten und Mitarbeitern
- gezeigte Hilfsbereitschaft
- Sauberkeit
- Pünktlichkeit

Leistung

- Fleiß
- Eigeninitiative
- Konzentrationsfähigkeit
- Ausdauer

c) **Auf Verlangen** von Petra muss der Arbeitgeber ihr gemäß § 8 Berufsbildungsgesetz ein **qualifiziertes Zeugnis** ausstellen.

d) Während der Berufsausbildung spielen u. a. folgende Aspekte eine besondere Rolle:
- Rechtsgrundlagen wie das BBiG und das JArbschG,
- duale Berufsausbildung,
- Ausbildungsordnung,
- Rahmenlehrplan der Berufsschule,
- Probezeit,
- Rechte und Pflichten der Vertragspartner,
- Erholungsurlaub,

- Bildungsurlaub (in einigen Bundesländern),
- Höhe der Ausbildungsvergütung,
- tägliche Arbeitszeit,
- Zwischen- und Abschlussprüfung,
- Kündigung während und nach der Probezeit,
- einfaches oder qualifiziertes Zeugnis.

19. a) An Fachhochschulen.
b) Studienrichtungen: Wirtschaftswissenschaften, Architektur, Maschinenbau.
c) Die allgemeine Hochschulreife, d. h. das Abitur, berechtigt zu einem Studium an einer Universität oder einer Gesamthochschule.

20. **Fortbildungsmöglichkeiten** von Industrie- und Handelskammern werden regelmäßig in deren Mitteilungsheften angekündigt. Beispiele dafür sind: die Fortbildung in EDV, Sekretärinnenausbildung, Fortbildung im Arbeitsrecht usw.

21. a) Ein **Fachwirt**[1)] ist ein berufserfahrener Branchenspezialist (z. B. im Textilhandel), während ein **Fachkaufmann**[1)] ein berufserfahrener Funktionsspezialist ist (z. B. Bilanzbuchhalter).

b)

Fachwirt	Fachkaufmann
für - Handel - Banken - Industrie - Leasing - Touristik - Versicherung usw.	für - Außenwirtschaft - Einkauf-/Materialwirtschaft - Personal - Vorratswirtschaft - Kostenrechner - Organisation - Bilanzbuchhalter

22. a) Ein Arbeitgeber hat einem Auszubildenden fristlos gekündigt, weil dieser ein Blechschild mit einem fremdenfeindlichen Spruch im Betrieb anbrachte und sich am Singen neonazistischer Lieder mit antisemitischem Inhalt beteiligte. Daraufhin hat der Auszubildende vor dem Arbeitsgericht geklagt und alle möglichen Instanzen beschritten, um sein Recht durchsetzen zu können.
b) Vor der Inanspruchnahme des Bundesarbeitsgerichts wurde zuvor zunächst Klage vor dem Arbeitsgericht und danach vor dem Landesarbeitsgericht eingereicht.
c) Aus der Pressemitteilung am unteren Rand ist zu erkennen, dass in der genannten Angelegenheit zuvor das Landesarbeitsgericht Berlin ein Urteil gefällt hatte.
d) Im Arbeitsgerichtsgesetz sind die beiden Verfahren vor den Gerichten in Arbeitsangelegenheiten geregelt.

---

1) Siehe hierzu auch die im Kiehl Verlag erschienene Fachbuchreihe für Fachwirte/Fachkaufleute von Hau und Vry.

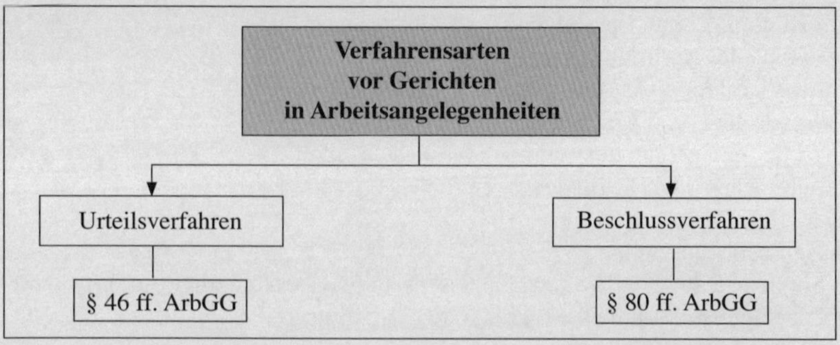

Urteils-verfahren	Es werden bürgerrechtliche Streitigkeiten u. a. aus dem **Berufsausbildungs-** und Arbeitsverhältnis verhandelt, so z. B. im Falle von Lohn- und Gehaltsklagen. In den meisten Fällen werden die Rechtsstreitigkeiten in einem **Güteverfahren** geklärt, sodass es ein Urteil in der ersten Instanz vor dem Arbeitsgericht nicht gibt.
Beschluss-verfahren	Es wird über Angelegenheiten des Betriebsverfassungsrechts, der Mitbestimmung und der Tariffähigkeit und Tarifzuständigkeit gestritten. Bsp.: Es soll festgestellt werden, ob dem Betriebsrat bei Regelungen hinsichtlich der Überwachung der Einhaltung des betrieblichen Alkoholverbots ein Mitbestimmungsrecht zusteht. Der Vorsitzende kann ein **Güteverfahren** ansetzen.

e) Die Modalitäten einer außerordentlichen Kündigung eines Auszubildenden während der Berufsausbildung sind im Berufsbildungsgesetz geregelt.

f) In § 22 BBiG ist nachlesbar, dass nach der Probezeit das Berufsausbildungsverhältnis ohne Einhaltung einer Kündigungsfrist nur aus einem wichtigen Grund gekündigt werden kann. Die **Kündigung** muss allerdings **schriftlich** und unter **Angabe des Kündigungsgrundes** erfolgen. Außerdem ist zu berücksichtigen, dass die Kündigung dann unwirksam wird, wenn die ihr zu Grunde liegenden Tatsachen dem zur Kündigung Berechtigten länger als **zwei Wochen** bekannt sind.

g) Gegen das Urteil des Arbeitsgerichts wurde das Rechtsmittel **Berufung** eingelegt; gegen das Urteil des Landesarbeitsgerichts wurde das Rechtsmittel **Revision** eingelegt.

h) Bei besonders schwer wiegenden Pflichtverletzungen, deren Rechtswidrigkeit dem Auszubildenden ohne weiteres erkennbar und bei denen eine Hinnahme durch den Ausbildenden offensichtlich ausgeschlossen ist, bedarf es vor dem Ausspruch der Kündigung keiner Abmahnung.

i) Der Senat des Bundesarbeitsgerichts konnte die Sache nicht selbst abschließend entscheiden, weil das Landesarbeitsgericht die durchgeführte Beweisaufnahme entgegen § 160 Abs. 3 ZPO nicht protokolliert hat, sodass der zu beurteilende Sachverhalt nicht vollständig festgestellt ist.

j) Das fehlende Formerfordernis führte zur Aufhebung des Urteils und zur Zurückweisung an das Landesarbeitsgericht.

k)

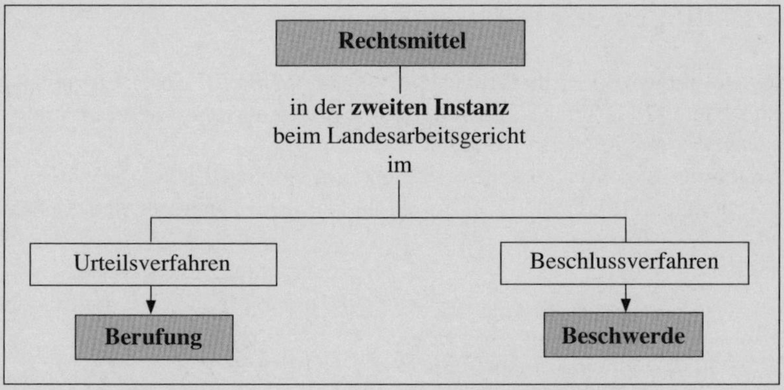

Ist einer der Beteiligten mit einem **Urteil** im Urteilsverfahren oder einem **Beschluss** am Ende des Beschlussverfahrens des Landesarbeitsgerichts in der zweiten Instanz nicht einverstanden, so kann er ein weiteres, aber letztes Rechtsmittel vor dem **Bundesarbeitsgericht** in Erfurt einlegen.

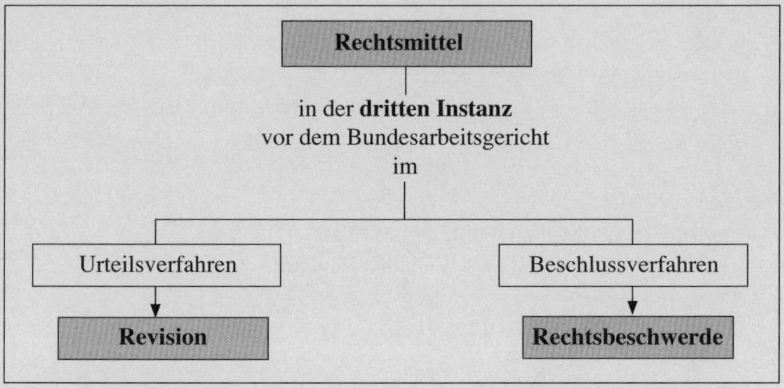

l) Das Bundesarbeitsgericht ist eines von insgesamt fünf obersten Gerichtshöfen.

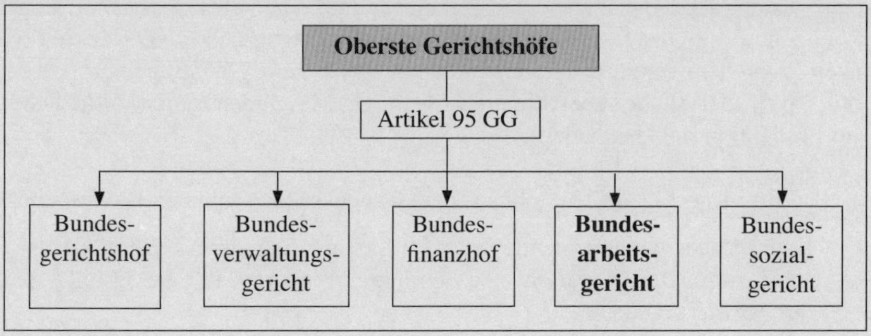

4.3.2 Grundlagen des Wirtschaftens

1. a) Bundesbürger können ihr **Geld** in Form von Immobilien (Häuser, Eigentumswohnungen, unbebaute Grundstücke), Spareinlagen (Sparbücher), Festgelder, Aktien, festverzinslichen Wertpapieren usw. **anlegen**.
b) Einkünfte, die Privatpersonen erzielen können, sind Löhne, Gehälter, Ausbildungsvergütungen, Mieteinnahmen, Zinsen durch Spareinlagen bei einer Bank.

2.
- Miete,
- Telefongebühr/Faxgebühr,
- Nahrungs- und Genussmittel,
- Auto und öffentliche Verkehrsmittel,
- Versicherungen,
- Kfz-Steuer,
- Bekleidung und Schuhe,
- Bildung (Kino, Theater, Bücher, CDs),
- Heizung, Strom, Gas,
- Körperpflege,
- Möbel und Hausrat,
- Internet-Surfen.

3. a) Private Haushalte, Unternehmen, Staat, Ausland sind **Wirtschaftssubjekte** im **Wirtschaftskreislauf**.
b) - Ein Unternehmen zahlt seinen Arbeitnehmern Löhne, Gehälter und Ausbildungsvergütungen.
- Unternehmen erhalten vom Staat Subventionen in Form von finanziellen Zuschüssen oder steuerlichen Erleichterungen.
- Private Haushalte zahlen an den Staat Steuern (z. B. Kfz-Steuer, Erbschaftsteuer, Einkommensteuer).

4. a) Private Haushalte
b) 1 = **Produktionsfaktorenstrom** (Arbeit, Boden, Kapital)
2 = **Einkommensstrom** (Lohn, Gehälter, Ausbildungsvergütungen)
3 = **Ausgabenstrom**
4 = **Güter- und Dienstleistungsstrom**
c) **Staat, Ausland**.

5. Private Haushalte können durch eine Verringerung der zu zahlenden Lohnsteuer entlastet werden. Unter der Voraussetzung, dass die Preise aller Güter und Dienstleistungen stabil sind, verausgaben Haushalte einen Teil dieses durch die verringerte Steuer erzielten Einkommens aus nichtselbstständiger Tätigkeit. Dies führt zu einer **verstärkten Nachfrage** nach Produkten. Damit die Unternehmen die gesteigerte Nachfrage befriedigen können, müssen sie zusätzliche **Investitionen** tätigen (z. B. Maschinen kaufen, zusätzliche Gebäude für Produktionsanlagen bauen).

6. a) Die **Bundesregierung** besteht aus dem Bundeskanzler und den Bundesministern.
b) - Eine **Extensivierung** ist einerseits eine Verringerung der Agrarproduktion von Überschussprodukten wie Fleisch und Getreide und andererseits eine verminderte Düngung der Anbauflächen.

- **Stillgelegte Flächen** können im Sinne des Naturschutzes und der Landschaftspflege genutzt werden.
- Es kann eine **Produktionsumstellung** in der Landwirtschaft derart erfolgen, dass man beispielsweise verstärkt Pflanzen anbaut, aus denen Farben für Innenanstriche von Häusern hergestellt werden können. Ein weiteres Bestreben ist, z. B. Rapsöl verstärkt zu nutzen, um damit den Dieselkraftstoff zu ersetzen.

c) Nach Haeckel ist **Ökologie** die Wissenschaft von den Wechselbeziehungen zwischen Organismen und ihrer Umwelt. Zur Umwelt werden die **organischen** Lebensbedingungen wie das Nahrungsangebot ebenso gezählt, wie **anorganische** (Temperatur, Luft).

7. a) **Recycling** ist ein anderer Begriff für „**stoffliche Verwertung**". Wenn Stoffe **verbrannt** werden, spricht man von **energetischer Verwertung**.
b) Holz, Wasser, Energie.
c) Quarz, Kalk, Soda, Energie.
d) Die Dosen bestehen aus Weißblech, Aluminium und enthalten Zinn und Lacke mit Farbstoffen.
e) Kaffeesatz mit Filtertüten, Teesatz, Obstreste, Obstschalen, Gemüsereste, Salatreste, Eierschalen, Küchenpapier können durch **Kompostierung** zu **Düngemittel** werden.

8. a) **Unternehmensziele** sind u. a. **Gewinnmaximierung** und **Kostenminimierung**.
b) **Erwerbswirtschaftliche Betriebe** streben unter Beachtung des ökonomischen Prinzips nach einem möglichst hohen Gewinn und möglichst niedrigen Kosten.
c) **Gemeinwirtschaftliche Betriebe** orientieren sich am Gemeinwohl und beabsichtigen, eine bestmöglichste Bedarfsdeckung zu erreichen.

9. a), d)

10. a), d), e)

11. **Freie Güter** sind in einem unbegrenzten Umfang vorhanden; **wirtschaftliche Güter** sind nur begrenzt vorhanden und haben deshalb einen Preis.

12. a) **Produktionsgüter** und **Konsumgüter** sind **Sachgüter**.
b) Maschinen,
c) Beratung durch einen Steuerberater,
d) Limonade,
e) Maschinenöl,
f) Versicherung,
g) Videorecorder.

13. a) **Substitutionsgüter** sind Güter, die man durch andere ersetzen kann.
b) **Komplementärgüter** sind Güter, die sich gegenseitig ergänzen.
c) Reis durch Nudeln ersetzen.
d) Kerze und Streichholz ergänzen sich.

14. a) Wer einen Gegenstand herstellen will, der benötigt zunächst Materialien. Diese müssen von Menschen mit Werkzeugen bearbeitet werden, um ein Endprodukt zu erzeugen.

Für die Produktion der Schiefertafeln bedeutet dies, dass

- Materialien, bzw. **Mittel**, die **in der Natur gewonnen** werden, vorhanden sind,
- Werkzeuge und Maschinen, die selbst zuvor produziert wurden und deshalb als **produzierte Produktionsmittel** bezeichnet werden, vorhanden sein müssen und
- **menschliche Arbeitskraft** in der Planung am Schreibtisch und in der Herstellung an der Werkbank eingesetzt werden muss.

b) Die Mittel, die in der Natur gewonnen werden, werden zusammengefasst unter dem Begriff **„Boden"**.

Produktionsmittel, die zuvor produziert werden mussten, haben Geld bzw. Kapital gekostet, das man auch zinsbringend hätte anlegen können. Deshalb spricht man hier verkürzt von **„Kapital"**.

Menschen waren auch erforderlich, um die Produktion zu planen und durchzuführen. Sowohl die, die geistige Arbeit geleistet haben, als auch jene, die mit Händen Materialien bearbeiten mussten, um letztendlich ein Produkt für Käufer zu produzieren, werden zusammenfassend als **„Arbeit"** definiert.

Diese drei Faktoren, die im Rahmen der Produktion einer Schiefertafel, aber auch bei der Herstellung anderer Güter vorhanden sein müssen, werden in der Volkswirtschaft die **volkswirtschaftlichen Produktionsfaktoren** genannt.

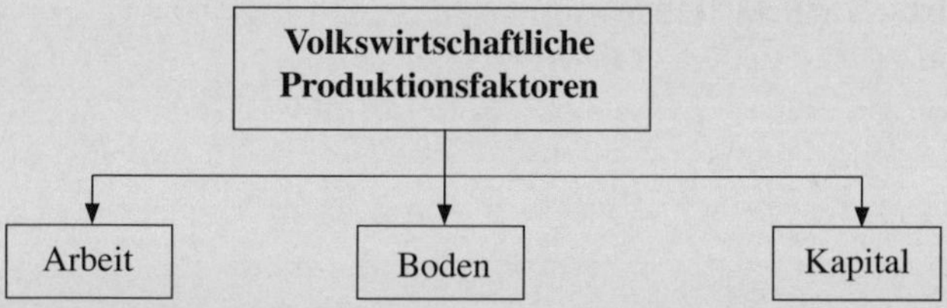

c) Mit **Volkswirtschaft** sind die Zusammenhänge zwischen den inländischen und ausländischen Wirtschaftszweigen, wie Handel, Industrie, Handwerk, Banken, Versicherungen, Verkehr usw., zu verstehen.

d) Zumindest ohne die Produktionsfaktoren **Arbeit** und **Boden** kann kein Prozess in Gang gesetzt werden mit dem Ziel, eine Mauer zu erbauen oder in anderen Fällen ein Gut zu produzieren. Deshalb werden diese beiden volkswirtschaftlichen Produktionsfaktoren **originäre (= ursprüngliche) Produktionsfaktoren** genannt.

e) Wer sein eigenes Haus veräußert, erhält Geld, also Kapital. Deshalb nennt man den **Produktionsfaktor Kapital** den sog. **abgeleiteten Produktionsfaktor**.

f) Der Produktionsfaktor Arbeit kann nach verschiedenen Gesichtspunkten untergliedert werden.

Arbeit nach

der **Weisungsbefugnis** in:
- leitende Arbeit
- ausführende Arbeit

den **Anforderungen** in:
- körperliche Arbeit
- geistige Arbeit
- schöpferische Arbeit

der **Ausbildung** in:
- ungelernte Arbeit
- angelernte
- gelernte

der **Rechtsstellung** in:
- unselbstständige Arbeit
- selbstständige Arbeit

g) Der **Produktionsfaktor Boden** kann unter wirtschaftlichen Aspekten unterschiedlich genutzt werden.

Boden

kann sein

Anbaufaktor

Bsp.:

- Landwirtschaft
- Forstwirtschaft

Abbaufaktor

Bsp.:

- Bergbau
- Fossile Rohstoffe (Erdöl Erdgas, Kohle)
- Buntmetalle (Kupfer, Blei, Zink, Uran, Titan)
- Nichtmetallische Rohstoffe (Diamanten, Ton, Steine, Kies)

Standortfaktor

Bsp.:

- Gebundene Standorte (Forstwirtschaft, Bergbau)
- Frei gewählte Standorte (z. B. Industrie)

h) Auch der **Produktionsfaktor Kapital** wird unter volkswirtschaftlichen Gesichtspunkten wie folgt untergliedert.

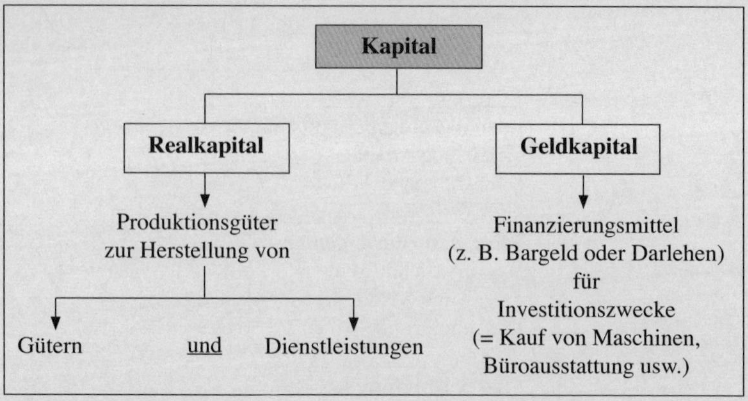

i) **Betriebswirtschaftliche Produktionsfaktoren:** Arbeit, Betriebsmittel, Werkstoffe, dispositiver Faktor.

15. a) Privathaushalte, private Unternehmen und öffentliche Haushalte gelten als **Wirtschaftssubjekte**.

b) Beim **ökonomischen Prinzip** wird unterschieden zwischen dem Minimalprinzip und dem Maximalprinzip.

Minimalprinzip: mit dem geringsten Einsatz von Mitteln ein konstantes Ziel erreichen (Bsp.: Ein bestimmtes Urlaubsziel mit dem Auto auf dem kürzesten Weg erreichen).

Maximalprinzip: Mit gegebenen Mitteln einen möglichst großen Erfolg erzielen (Bsp.: Mit einer Tankfüllung möglichst weit fahren).

c) Das ökonomische Prinzip wird auch **Rational-** oder **Vernunftsprinzip** genannt.

16. a) **Marktarten**:

- **Gütermarkt**: Es werden Konsum- und Produktionsgüter sowie Dienstleistungen gehandelt.
- **Wohnungsmarkt**: Es kommen Mietverträge zu Stande, und Immobilien wechseln den Eigentümer.
- **Effektenmarkt**: An den Wertpapierbörsen werden Effekten gehandelt.
- **Arbeitsmarkt**: Zwischen Arbeitgeber und Arbeitnehmer werden Arbeitsverträge abgeschlossen.

b)

Marktformenschema			
Nachfrager / **Anbieter**	**einer**	**wenige**	**viele**
einer	zweiseitiges **Monopol**	beschränktes Angebotsmonopol	Angebotsmonopol
wenige	beschränktes Nachfragemonopol	zweiseitiges **Oligopol**	Angebotsoligopol
viele	Nachfragemonopol	Nachfrage-oligopol	**Polypol** = vollständige Konkurrenz

c) Um einen besseren Überblick über die auf dem Markt angebotenen Waren zu erhalten, kann sich der einzelne Verbraucher an **Veröffentlichungen** verschiedener Institutionen (Verbraucherzentralen, Stiftung Warentest, Umweltschutzverbände usw.) orientieren oder gar die einzelnen **Beratungszentren der Verbraucherzentralen** in Anspruch nehmen.

17. a) II ist die Angebotskurve

b) - An der **Abszisse**, d. h. der waagerechten (= horizontalen) Achse, steht die Menge.
- An der **Ordinate**, d. h. der senkrechten (= vertikalen) Achse, ist der Preis abgetragen.

c)

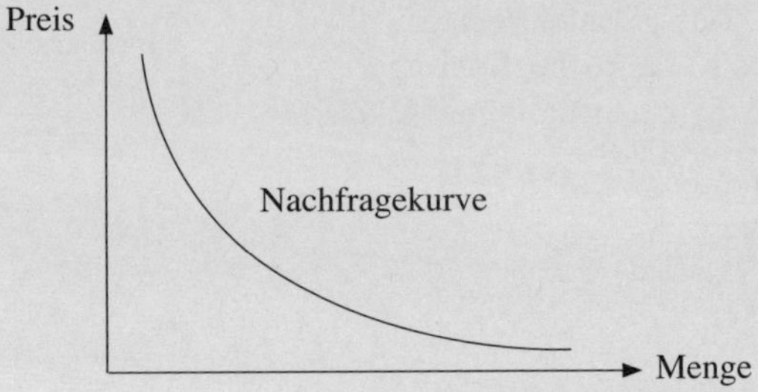

18. Der **Gleichgewichtspreis** (P) liegt im Schnittpunkt der Angebots- und Nachfragekurve.

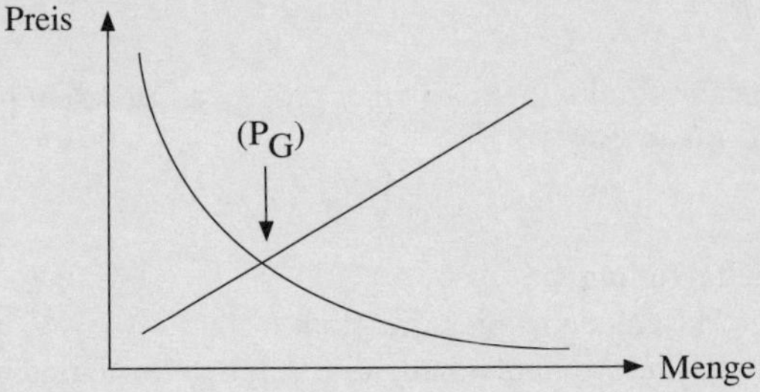

4.3.3 Betrieblicher Leistungsprozess

1.
- **Sachleistungsbetriebe**: Industriebetriebe, Handwerksbetriebe, Landwirtschaftliche Betriebe, Forstwirtschaftliche Betriebe, Bergwerke.
- **Dienstleistungsbetriebe**: Banken, Versicherungen, Handelsbetriebe, Verkehrsbetriebe (Deutsche Bahn AG, Taxis usw.).

2. **Wirtschaftssektoren**: Urproduktion (z. B. forstwirtschaftlicher Betrieb), Weiterverarbeitung (z. B. Schreinerei), Verteilung (z. B. Großhandelsbetrieb), Dienstleistung (z. B. Spedition).

3. a) VW, Audi, Opel, BMW, Mercedes Benz.
b) Der Autoindustrie.
c) **Wirtschaftszweige**: Versicherungen, Handel, Banken, Verkehr.
d) - Glas produzierende Betriebe (z. B. Schott Glaswerke)
- Autoreifen produzierende Betriebe (z. B. Continental),
- Autoradio produzierende Betriebe (z. B. Blaupunkt),
- Schalldämpfer produzierende Betriebe (z. B. Eberspächer),
- Autositz produzierende Betriebe (z. B. Recaro),
- Zündkerzen produzierende Betriebe (z. B. Bosch).

} Betriebe der Zulieferindustrie

e) Beschaffung, Fertigung, Absatz.

4.
- **Chemische Industrie** (z. B. BASF, Bayer),
- **Lebensmittelindustrie** (z. B. Maggi, Knorr),
- **Textilindustrie** (z. B. Boss, Daniel Hechter),
- **Pharma-Industrie** (z. B. La Roche, Böhringer),
- **Schuhindustrie** (z. B. Salamander, Puma, Adidas).

} Industriebetriebe

5. **Dienstleistungsbetriebe**:
- Deutsche Bahn AG,
- Deutsche Lufthansa AG,
- Krankenhäuser,
- ARD und ZDF,
- Gaststätten und Fremdenverkehrsbetriebe,
- Unterhaltungs- und Vergnügungsbetriebe (z. B. Kino, Theater).

6. a) **Einzelfertigung**.
b) **Mehrfachfertigung**: Ein Produkt wird in einer größeren Stückzahl produziert.
c) **Serienfertigung**.
d) **Chargenfertigung**.
e) **Massenfertigun.g**
f) **Nachteile der Einzelfertigung**:
- eine Auslastung der Maschinen ist nicht möglich,
- jeder einzelne Auftrag muss zeitaufwändig und folglich kostenintensiv geplant werden.

7. **Organisationstypen**: Werkstattfertigung, Gruppenfertigung, Fließfertigung.

8.

Verarbeitendes Gewerbe

- **Grund- und Produktionsgütergewerbe**
  - Mineralölverarbeitung
  - Eisenschaffende Industrie
  - Gießereien
  - Chemische Industrie
- **Investitionsgüter produzierendes Gewerbe**
  - Maschinenbau
  - Straßenfahrzeugbau
  - Feinmechanik
  - Büromaschinen
  - Elektrotechnik
- **Verbrauchsgüter produzierendes Gewerbe**
  - Holzverarbeitung
  - Druckereien
  - Textilgewerbe

9. Kapitalbeschaffung (durch Spareinlagen) – Kapitalverwaltung inkl. Abwicklung des Zahlungsverkehrs – Kreditgewährung.

10. Kapitalbeschaffung – Risikoverteilung – Leistungsgewährung.

11. Beschaffung – Lagerung und Sortimentsgestaltung – Vertrieb (Verkauf).

12. a) Immobilienmarkt
b) Arbeitsmarkt
c) Kraftfahrzeugmarkt
d) Dienstleistungsmarkt
e) Kapitalmarkt
f) Dienstleistungsmarkt
g) Immobilienmarkt
h) Dienstleistungsmarkt
i) Dienstleistungsmarkt

13. **Absatzmärkte**: Produktionsgütermarkt, Konsumgütermarkt.

4.3.4 Rechtliche Grundlagen im Wirtschaftsprozess

1.

Auszüge aus Gesetzestexten	**Rechtsbereiche**	**Rechtsgebiete:** - Privatrecht - öffentliches Recht	**Rechtsgrundlage**
§ 8 (1) An Kreuzungen und Einmündungen hat Vorfahrt, wer von rechts kommt.	Ordnungswidrigkeitsrecht	öffentliches Recht	Straßenverkehrsordnung (StVO)
§ 542 Das Mietverhältnis endigt mit dem Ablauf der Zeit, für die es eingegangen ist.	Bürgerliches Recht	Privatrecht	Bürgerliches Gesetzbuch (BGB)
§ 24a (1) Ein Amt mit leitender Funktion wird zunächst im Beamtenverhältnis auf Probe übertragen.	Beamtenrecht	öffentliches Recht	Bundesbeamtengesetz (BBG)
§ 12 (1) Die Steuer beträgt für jeden steuerpflichtigen Umsatz neunzehn vom Hundert der Bemessungsgrundlage.	Steuerrecht	öffentliches Recht	Umsatzsteuergesetz (UStG)
§ 6 Der Mindestnennbetrag des Grundkapitals ist fünfzigtausend Euro.	Gesellschaftsrecht	Privatrecht	Aktiengesetz (AktG)
§ 253 (1) Die Erhebung der Klage erfolgt durch Zustellung eines Schriftsatzes (Klageschrift).	Verfahrensrecht	öffentliches Recht	Zivilprozessordnung (ZPO)

b) Das **Privatrecht** wird auch Zivilrecht genannt. Es regelt die Rechtsbeziehungen zwischen Privatpersonen. Die Beteiligten stehen sich nach dem so genannten **Gleichheitsgrundsatz** gleichberechtigt gegenüber, wie z. B. beim Abschluss von Kaufverträgen, Mietverträgen usw.

c) Das **öffentliche Recht** regelt einerseits die Rechtsbeziehungen zwischen dem einzelnen Bürger und dem Staat und andererseits die rechtlichen Beziehungen der staatlichen Stellen untereinander. Die Beteiligten stehen sich in einem **Unter**- bzw. **Überordnungsverhältnis** gegenüber.

d)

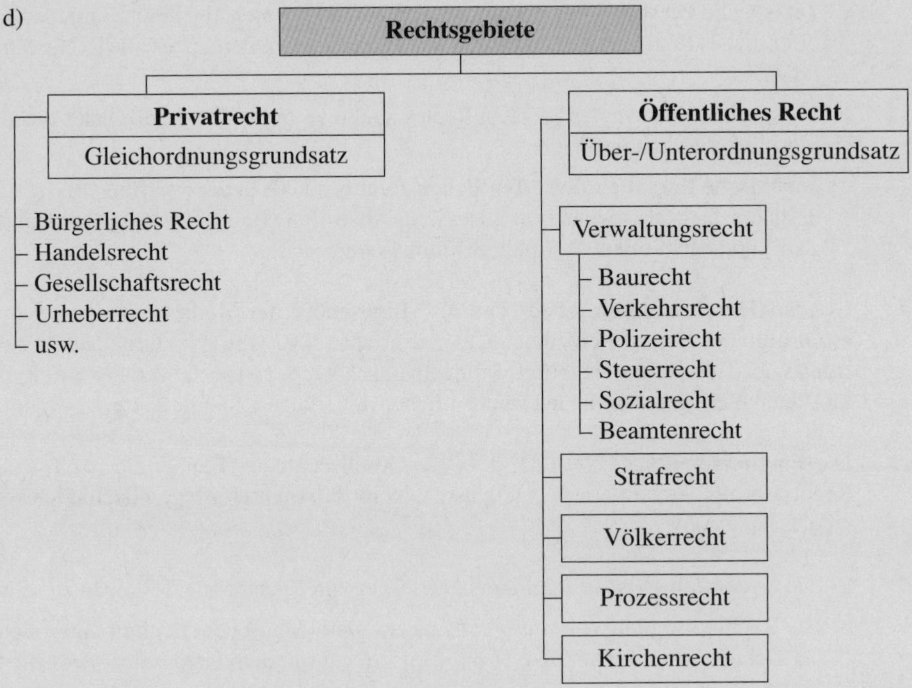

2. a) Das Gewohnheitsrecht und die Gesetze werden als **ursprüngliche Rechtsquellen** bezeichnet.

b) Durch dauernde Übung und Anerkennung (z. B. fremdes Grundstück beschreiten, um das eigene zu erreichen) können Rechtsansprüche zwischen Personen entstehen. Als sog. ungeschriebenes Recht werden sie zum **Gewohnheitsrecht**.

c) Verordnungen und Satzungen sind **abgeleitete Rechtsquellen**.

d)
- **Gesetze** werden von den Gesetzgebungsorganen (Bundestag, Bundesrat, Landtage) erlassen.
- Durch Gesetz können die Bundesregierung, ein Bundesministerium oder die Landesregierungen ermächtigt werden, **Rechtsverordnungen** (wie z. B. die Straßenverkehrsordnung) zu erlassen. Dabei müssen Inhalt, Zweck und Ausmaß der erteilten Ermächtigung im Gesetz bestimmt werden. Durch Rechtsverordnungen werden Gesetze von Einzelbestimmungen befreit. Rechtsverordnungen sind im formellen Sinne den Gesetzen nachgeordnet. Da sie nicht von der Legislative, sondern von der Exekutive erlassen werden, werden sie auch als „Gesetze der Verwaltung" bezeichnet.
- **Satzungen** sind Rechtsvorschriften mittels derer staatliche Verbände wie **Körperschaften** (z. B. Gemeinden), **Anstalten** (z. B. ZDF) und **Stiftungen** des öffentlichen Rechts (z. B. Stiftung Warentest) ihre Angelegenheiten regeln.

3. a) **Rechtsobjekte** sind Sachen und Tiere. **Tiere** gelten als Mitgeschöpfe des Menschen.

b) **Rechtssubjekte** sind Träger von Rechten (Bsp.: das Recht, einen Namen zu haben) und Pflichten (Bsp.: die Pflicht, Steuern zahlen zu müssen); dieses sind sowohl natürliche Personen (= Menschen) als auch juristische Personen (z. B. AG, GmbH).

c) **Juristische Personen des privaten Rechts** sind Personen, die durch Eintragung in ein öffentliches Register (z. B. Handels- und Genossenschaftsregister) die Rechtsfähigkeit erlangen.

d) Juristische Personen des privaten Rechts sind u. a. die Aktiengesellschaft, die Genossenschaft, der ideelle Verein.

e) **Juristische Personen des öffentlichen Rechts** sind **Körperschaften** (Beispiel: Landeshauptstadt Düsseldorf, Land Hessen), **Anstalten** (Beispiel: Hessischer Rundfunk, ZDF) und **Stiftungen** (Beispiel: Stiftung Warentest).

4. Gemäß **Tierschutzgesetz** ist das **Tier** als **Mitgeschöpf des Menschen** und als **schmerzempfindliches Lebewesen** zu betrachten. Im Jahre 2002 wurde im Grundgesetz Art. 20a (Staatsziel Tierschutz) eingefügt. Demgemäß schützt der Staat in Verantwortung für die künftigen Generationen die natürlichen Lebensgrundlagen und die Tiere.

5. Die **Partnerschaftsgesellschaft**, d. h. die Gesellschaft der Freiberufler (selbstständige Rechtsanwälte, Steuerberater, Ärzte usw.), ist im **Partnerschaftsgesellschaftsgesetz** geregelt.

6. a) Die **Rechtsfähigkeit** ist die Fähigkeit, Träger von Rechten und Pflichten zu sein.

b) Die **Rechtsfähigkeit von natürlichen Personen** (Menschen) beginnt mit Vollendung der Geburt, sie endet mit dem Hirntod, also nicht mit dem Herz- oder Atemstillstand.

c) Die **Rechtsfähigkeit von juristischen Personen** des privaten Rechts beginnt mit der Eintragung in ein öffentliches Register (z. B. Handelsregister). Sie endet mit der Löschung in dem jeweiligen öffentlichen Register.

d) **Handlungsfähigkeit** ist die Fähigkeit, verantwortlich handeln zu können. Dazu gehören der Wille und die Einsichtigkeit der Person.

e) Es werden **drei Stufen der Geschäftsfähigkeit** unterschieden.
- **Voll geschäftsfähig** sind Personen, die das 18. Lebensjahr vollendet haben.
- **Beschränkt geschäftsfähig** sind Minderjährige, die das 7. Lebensjahr vollendet haben.
- **Geschäftsunfähig** ist
  - wer das 7. Lebensjahr noch nicht vollendet hat,
  - wer sich in einem die freie Willensbildung ausschließenden Zustand krankhafter Störung der Geistestätigkeit befindet.

f) **Deliktsfähigkeit** im Sinne des **§ 823 BGB** ist die Fähigkeit einer Person, **vorsätzlich oder fahrlässig** eine **unerlaubte Handlung** zu begehen und so schadensersatzpflichtig zu werden. Personen gelten als **voll deliktsfähig**, wenn sie das 18. Lebensjahr vollendet haben.
Bedingt deliktsfähig sind Minderjährige im Alter vom 7. bis zur Vollendung des 18. Lebensjahres und Taubstumme.
Deliktsunfähig sind Kinder unter 7 Jahren und Personen, die im Zustande der Bewusstlosigkeit oder in einem die freie Willensbildung ausschließenden Zustande krankhafter Störung der Geistestätigkeit einem anderen einen Schaden zufügen.

g) Eine **Ehe** kann frühestens im Alter von 16 Jahren geschlossen werden, wenn der künftige Ehegatte volljährig ist.

h) Kauf einer Hose, Entgegennahme eines Kassettendecks als Geschenk.

7. a) Der Abwasserverband Flörsheim beabsichtigt, nach dieser veröffentlichten Ausschreibung einem Unternehmen, das das preisgünstigste Angebot einreicht, den Auftrag zum Bau einer Abfüll- und Lagereinrichtung für Eisen III Chlorid (= Eisensalzlösung) auf der Kläranlage zu erteilen.

b) Eine **Körperschaft des öffentlichen Rechts** ist eine **juristische Person des öffentlichen Rechts**.

c) Eine Körperschaft des öffentlichen Rechts ist z. B. eine Industrie- und Handelskammer.

d) Juristische Personen des öffentlichen Rechts sind außerdem Anstalten, wie z. B. das Zweite Deutsche Fernsehen (ZDF) oder Stiftungen, wie z. B. die Stiftung zur Förderung von Kunst und Wissenschaft.

e) **Juristische Personen des öffentlichen Rechts erlangen die Rechtsfähigkeit** durch staatlichen Hoheitsakt (Verleihung durch Gesetz oder Verwaltungsakt).

f) **Juristische Personen des öffentlichen Rechts verlieren ihre Rechtsfähigkeit** durch Auflösung.

g)

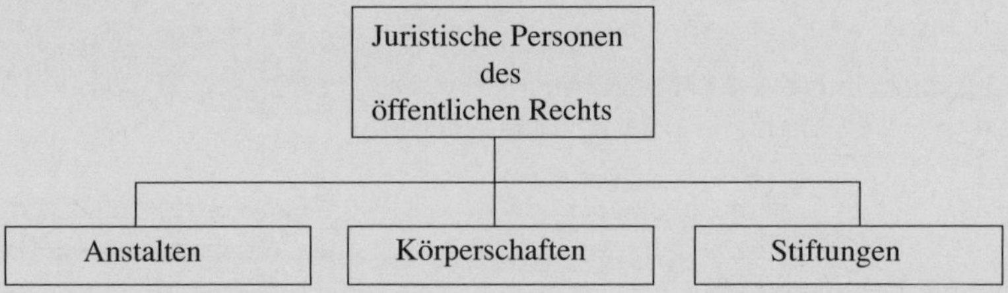

8. a) Die **Aspekte des Grundsatzes der Vertragsfreiheit** sind die Abschlussfreiheit, Inhaltsfreiheit und Formfreiheit.

b) • **Abschlussfreiheit**: Ob jemand einen Vertrag mit einer Person abschließt oder nicht, liegt im Ermessen des jeweiligen Vertragspartners.

• **Inhaltsfreiheit**: Grundsätzlich könnenVerträge inhaltlich nach freiem Ermessen der Vertragspartner gestaltet werden.

• **Formfreiheit**: In vielen Fällen sind Verträge an keine Form gebunden, d. h. sie können mündlich, schriftlich, per Fax, per Internet oder konkludent (schlüssig) zu Stande kommen.

c) • **Einschränkung der Abschlussfreiheit:** Minderjährige dürfen nur einen Berufsausbildungsvertrag abschließen, wenn auch die erziehungsberechtigte Person unterschreibt.

• **Einschränkung der Inhaltsfreiheit:** Verträge können inhaltlich Einschränkungen unterliegen; so muss ein Vertrag über Teilzahlungsgeschäfte mindestens die im BGB vorgeschriebenen Punkte (Barzahlungspreis, Teilzahlungspreis, Betrag, Zahl und Fälligkeit der Teilzahlung, effektiver Jahreszins) beinhalten (§ 502 BGB).

• **Einschränkung der Formfreiheit:** Verträge über Grundstückskäufe müssen schriftlich abgefasst und notariell beurkundet werden (§§ 128, 311b BGB).

9. a) Bei **einseitigen Rechtsgeschäften** genügt die Angabe der Willenserklärung einer Person, während bei **zweiseitigen Rechtsgeschäften** mindestens zwei übereinstimmende Willenserklärungen für das Zustandekommen eines Vertrages vorliegen müssen.

b) **Einseitig empfangsbedürftiges Rechtsgeschäft:** Kündigung.
Einseitig nicht empfangsbedürftiges Rechtsgeschäft: Testament.

c)

Zweiseitige/mehrseitige Rechtsgeschäfte	
- Kaufvertrag - Arbeitsvertrag - Mietvertrag	- Werkvertrag - Dienstvertrag - Reisevertrag

d) **Anfechtungsgründe:**
- **I**rrtum
- Widerrechtliche **D**rohung
- **A**rglistige Täuschung

} Merke: **IDA**

e) Rechtsgeschäfte sind **nichtig**, wenn
- gegen ein Gesetz verstoßen wird,
- es sich um ein Scherz- oder Scheingeschäft handelt,
- gegen Formvorschriften verstoßen wird.

f) Wird ein **anfechtbares Rechtsgeschäft** angefochten, so ist es gemäß § 142 BGB von Anfang an als nichtig anzusehen.

g) Eine Anfechtung des Kaufvertrags über Aktien ist nicht möglich, da es sich um einen **Motivirrtum** (Irrtum im Beweggrund) handelt.

10. a) Aus § 433 BGB kann abgeleitet werden, dass beim Kaufvertrag beide Vertragspartner gegenseitige Pflichten eingehen. Deshalb spricht man von einem **zweiseitig verpflichtenden Rechtsgeschäft**.

Im Gegensatz zu diesem zweiseitig verpflichtenden Vertrag ist das **Schenkungsversprechen** ein **einseitig verpflichtendes Rechtsgeschäft**, durch den der Schenker einem anderen eine Leistung verspricht, die unentgeltlich erfolgen soll. Es kommt gemäß § 151 BGB zu Stande, indem der Beschenkte erklärt, dass er das Versprechen des Schenkers annimmt.

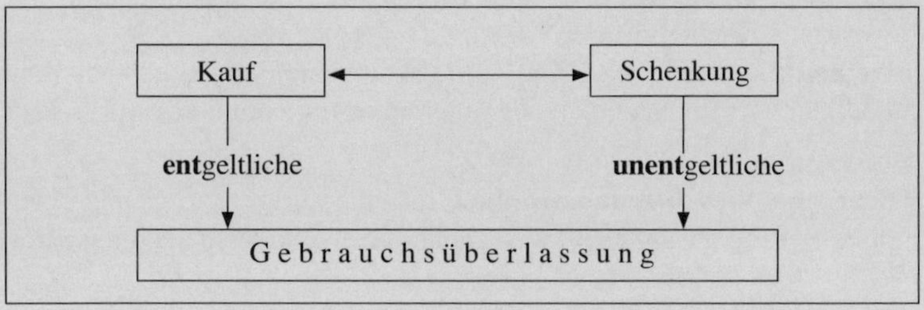

b) **Vergleicht** man den **Dienstvertrag** mit dem **Werkvertrag**, so ist beiden Rechtsgeschäften gemeinsam, dass vertraglich eine **entgeltliche Arbeitsleistung** vereinbart wurde. Das praktisch brauchbarste **Abgrenzungskriterium** zwischen dem Dienst- und dem Werkvertrag besteht darin, dass beim Dienstvertrag das bloße Wirken, also die Arbeitsleistung als solche, beim Werkvertrag hingegen ein vereinbarter Erfolg geschuldet wird.

Dienstvertrag ↔ Werkvertrag

Dienstvertrag: im Vordergrund steht das **Tätigwerden an sich**

Werkvertrag: im Vordergrund steht der **Erfolg**

→ **entgeltlich**

c)

Leihvertrag ↔ Mietvertrag

Leihvertrag: **unent**geltliche

Mietvertrag: **ent**geltliche

→ Gebrauchsüberlassung

d)

Miete ↔ Pacht

Miete:
- bezieht sich nur auf Sachen
- Miete gewährt nur den Gebrauch der Sachen

Pacht:
- Pacht bezieht sich auf Sachen und Rechte
- Pacht gewährt den Gebrauch und den Genuss der Sachen und Rechte

e)

Mietvertrag

über

- bewegliche Sachen
  Bsp.: Auto
- unbewegliche Sachen
  - Wohnräume
  - Sonstige
    - Räume
    - Läden
    - Werkstätten
    - Fabrikgebäude
    - Lagerräume
    - usw.
  - Grundstücke

11.

Rechtsgeschäfte

- einseitige
  - einseitig empfangsbedürftige
    - Kündigung des Arbeitsverhältnisses (§ 622 BGB)
    - Kündigung eines Mietverhältnisses (§ 542 ff BGB)
    - Vollmacht (§§ 48, 54 HGB)
  - streng einseitige
    - Testamentserrichtung (§ 2064 BGB)
    - Auslobung (§ 657 BGB)[1]
- zweiseitige[2]
  - zweiseitig verpflichtende
    - Kaufvertrag (§ 433 BGB)
    - Leihvertrag (§ 598 BGB)
    - Dienstvertrag (§ 611 BGB)
  - einseitig verpflichtende
    - Bürgschaftsvertrag (§ 765 BGB)
    - Schenkungsversprechen (§ 518 BGB)

[1] Auslobung = Versprechen im Wege einer öffentlichen Bekanntmachung, dass eine Belohnung für die Vornahme einer Handlung (z. B. Wiedererlangung einer verlorenen Sache) erfolgt. [2] bzw. mehrseitige

12. a) **Leihvertrag:** Es handelt sich um eine unentgeltliche Gebrauchsüberlassung einer Sache.

b) **Mietvertrag:** Es handelt sich um eine entgeltliche Gebrauchsüberlassung einer Sache.

c) **Dienstvertrag:** Es handelt sich um einen schuldrechtlichen gegenseitigen Vertrag, durch den der Rechtsanwalt zur Leistung der versprochenen Dienste, der andere Teil (Frau Braun) zur Leistung der vereinbarten Vergütung verpflichtet wird.

d) **Werkvertrag:** Der Vertrag ist dadurch gekennzeichnet, dass der Unternehmer (Schneider) für die erbrachte Leistung (Hosen kürzen) von dem Besteller (Herrn Wagner) die vereinbarte Vergütung erhält. Der Erfolg wird also vergütet.

e) **Kaufvertrag:** Durch das Einwerfen des Geldes erfüllt der Käufer die Pflichten, den vereinbarten Kaufpreis zu zahlen und die gekaufte Sache mitzunehmen. Der Verkäufer erfüllt automatisch die Pflicht, dem Käufer das Eigentum an der Sache „Zigaretten" zu verschaffen. **Verpflichtungs- und Erfüllungsgeschäft** fallen hier zusammen.

f) **Pachtvertrag:** Der Verpächter Braun erfüllt die Verpflichtung dem Pächter (Frau Maurer), den Gebrauch des verpachteten Gegenstandes und den Genuss der Früchte (Obst und Gemüse) zu gewähren, während der Pächter den vereinbarten Pachtzins entrichtet.

13.

Fall	**II anfechtbar**	**III nichtig**	**IV Begründung**
(1) Rolf bestellt bei einem Weinhändler den Rotwein Nr. 13 statt Nr. 15 der Preisliste.	**X**		**Irrtum**
(2) Die beiden Freundinnen Monika und Beate vereinbaren schriftlich, dass das Eigentum des Hauses von Monika durch den fertig gestellten Schriftsatz auf Beate übergegangen ist.		**X**	**notarielle Beurkundung ist erforderlich, d.h. es besteht Formzwang**
(3) Ein Sachverständiger stellt fest, dass das vor zwei Wochen von Herrn Ballschlag gekaufte Auto ein Unfallwagen ist. Im schriftlichen Kaufvertrag wurde Unfallfreiheit bescheinigt.	**X**		**arglistige Täuschung**

14. a) Durch den **Kaufvertrag** wird der **Verkäufer** einer Sache verpflichtet, dem Käufer die **Sache** zu **übergeben** und das **Eigentum** an der Sache zu **verschaffen**.
Der **Käufer** ist verpflichtet, dem Verkäufer den vereinbarten **Kaufpreis** zu **zahlen** und die **gekaufte Sache abzunehmen** (§ 433 BGB).

b) Im Rahmen des **Verpflichtungsgeschäfts** gehen die beiden Vertragspartner Käufer und Verkäufer gegenseitige Pflichten ein. Es ist aber nicht in jedem Fall gesagt, dass die Eigentumsübertragung im Rahmen des **Erfüllungsgeschäfts** tatsächlich stattfindet, da das Eigentum vor der Realisierung des Erfüllungsgeschäfts z. B. zerstört wurde. (Bsp.: Ein gebrauchtes Auto, das verkauft werden sollte, wird vor der Realisierung des Erfüllungsgeschäftes, also vor dem Eigentumsübergang, zu Schrott gefahren).

c) Schließen Privatleute einen Kaufvertrag ab oder tätigt ein Gewerbetreibender einen Kauf für private Zwecke, so spricht man von einem **Bürgerlichen Kauf**.

d) Im Falle eines Handelskaufs ist zunächst zu unterscheiden zwischen einem einseitigen und einem zweiseitigen Handelskauf. Beim **einseitigen Handelskauf** (siehe Verbrauchsgüterkauf) schließt nur einer der beiden Vertragspartner einen Kaufvertrag für geschäftliche Zwecke ab. Beim **zweiseitigen Handelskauf** handelt es sich ebenfalls um einen Kauf für geschäftliche Zwecke. Hier sind beide Vertragspartner Gewerbetreibende.

e) **Inhalte eines Kaufvertrags** können u. a. sein:
- der Preis und die Menge der Ware,
- die Art, Beschaffenheit und Qualität der Ware,
- der Erfüllungsort,
- der Gerichtsstand,
- der Eigentumsübergang.

f) **Verpackungskosten** sind Kosten, die im Rahmen der Abnahme anfallen. Sie fallen dem **Käufer** zur Last. Die **Kosten der Übergabe** der verkauften Sache, insbesondere die des Messens und Wiegens, hat der **Verkäufer** zu tragen.

15. a) Der **Besitz** einer Sache wird durch die Erlangung der **tatsächlichen Gewalt über die Sache** erworben.

b) **Eigentum** ist die **rechtliche Gewalt** über eine Sache.

c) Eigentum an beweglichen Sachen kann erworben werden
- durch Rechtsgeschäft (= Vertrag),
- kraft Gesetz.

Eigentumsübergang kraft Gesetz durch				
Ersitzung	**Verbindung**	**Vermischung**	**Verarbeitung**	**Fund**
§ 937 BGB	§ 946 BGB	§ 948 BGB	§ 950 BGB	§ 973 ff BGB

Ersitzung: Wer eine bewegliche Sache 10 Jahre in gutgläubigem Eigenbesitz hat, erwirbt die Sache.

Verbindung: Wird eine bewegliche Sache mit einem Grundstück derart verbunden, dass sie wesentlicher Bestandteil eines Grundstücks wird, so erstreckt sich das Eigentum an dem Grundstück auf diese Sache (Bsp.: Tankanlage).

Vermischung: Bei der **Vermischung** verlieren die Sachen ihre körperliche Abgrenzung (z. B. Flüssigkeit oder Gase), bei der **Vermengung** behalten sie diese (z. B. Mehl), lassen sich aber nicht mehr als einzelne dem bisherigen Alleineigentümer zuordnen.

Verarbeitung: Wer durch Verarbeitung oder Umbildung eines Stoffes oder mehrerer Stoffe eine neue bewegliche Sache herstellt, erwirbt das Eigentum an der neuen Sache, sofern nicht der Wert der Verarbeitung oder Umbildung erheblich geringer ist als der Wert des Stoffes. Als Verarbeitung gilt u. a. auch Schreiben, Zeichnen, Malen, Drucken.

Fund: Der Finder einer verlorenen Sache kann unter bestimmten Voraussetzungen das Eigentum an der Sache erwerben, so z. B. mit dem Ablauf eines halben Jahres nach der Anzeige des Fundes bei der Polizeibehörde.

d) Zur **Übertragung des Eigentums an einer beweglichen Sache** ist erforderlich, dass der Eigentümer die Sache dem Erwerber **übergibt** und **beide** darüber **einig sind, dass das Eigentum übergehen soll**. Sofern der Erwerber bereits Besitzer der Sache ist, genügt die Einigung über den Übergang des Eigentums.

e) Mit dem **Fund** von 8,- € wird Peter zunächst Besitzer dieses Geldes. Da der Fund 10,- € nicht überschreitet, bedarf es keiner Anzeige beim zuständigen Fundbüro.

f) Sybille hat dem Verlierer oder dem Eigentümer unverzüglich Anzeige zu machen. Bis zur Höhe von 500,- € steht ihr gemäß § 971 BGB ein Finderlohn von 5 % zu. Für den Betrag, der 500,- € überschreitet, hat sie einen Anspruch auf 3 %. Also erhält sie einen Finderlohn von insgesamt 37,- €. Sofern der Eigentümer des Geldes nicht ermittelt wird und der Fund der zuständigen Behörde angezeigt wurde, wird Sybille nach dem Ablauf von 6 Monaten rechtmäßiger Eigentümer des gefundenen Geldes.

g) Im Rahmen von **Ratenlieferungsverträgen** behält sich der Verkäufer das Eigentum bis zur vollständigen Zahlung des Kaufpreises vor (= **Eigentumsvorbehalt**). Die Übertragung des Eigentums an der beweglichen Sache erfolgt also erst mit der letzten Ratenzahlung. Kommt der Käufer mit der Zahlung in Verzug, so ist der Verkäufer zum Rücktritt vom Vertrag berechtigt.

h) Die **Eigentumsübertragung an einer unbeweglichen Sache**, hier einem Grundstück, erfolgt durch **Auflassung** und **Eintragung ins Grundbuch**.

16. Es handelt sich dabei um den Hinweis auf § 959 BGB [**Aufgabe des Eigentums**]. Dies bedeutet im konkreten Fall Folgendes: Wirft ein Flugpassagier z.B. eine Nagelpfeile oder ein Taschemesser in die Tonne, weil er ansonsten nicht das Flugzeug betreten darf, so wird die weggeworfene Sache herrenlos, weil der Eigentümer damit die Absicht bekundet, auf das Eigentum zu verzichten, indem er den Besitz der Sache aufgibt.

17. a) Rechtsgrundlage für Allgemeine Geschäftsbedingungen ist das **„Bürgerliche Gesetzbuch“** (§§ 305 ff. BGB).

b) Häufig verwendete **Inhalte von Allgemeinen Geschäftsbedingungen** sind:
Preise, **Zahlungsbedingungen** (Angabe von Rabatt und Skonto), **Haftung**, **Lieferfristen**, **Eigentumsvorbehalt**, **Gerichtsstand**.

c) Der Verwender darf **Allgemeine Geschäftsbedingungen** nur dann als Bestandteil eines Vertrages verwenden, wenn folgende **Voraussetzungen** erfüllt sind:

- es muss ein deutlicher Hinweis auf die AGB oder ein deutlich sichtbarer Aushang am Ort des Vertragsabschlusses erfolgen;
- der zweite Vertragspartner neben dem Verwender (also der Verbraucher) muss in zumutbarer Weise Kenntnis von dem Inhalt genommen haben.

d) **Gemäß § 305 b BGB haben individuelle Vereinbarungen immer Vorrang** vor den festgeschriebenen Allgemeinen Geschäftsbedingungen eines Vertrages. Maßgeblich für einen Vertrag ist also, was die beiden Vertragspartner vereinbaren. Im vorliegenden Fall gilt folglich die Vereinbarung: 2 % Skonto bei einer Zahlung innerhalb von 14 Tagen.

e) **Unwirksam ist eine Klausel,** in der Gewährleistungsrechte des Kunden gegen seinen Vertragspartner hinsichtlich einzelner Teile ausgeschlossen werden. Der Verwender der AGB kann also seine Gewährleistungspflicht nicht auf Dritte abschieben.

18. **Rechte:** Patente, Geschmacksmuster, Marken, Forderungsrechte.

19. Die Verjährung selbst greift nur gegenüber dem Anspruch durch, sie führt aber nicht zum Erlöschen des Anspruchs, sondern nur zum dauernden Leistungsverweigerungsrecht.

20. Die **regelmäßige Verjährungsfrist beginnt** mit dem **Schluss des Jahres**, in dem der Anspruch entstanden ist und der Gläubiger von den den Anspruch begründenden Umständen und der Person des Schuldners Kenntnis erlangt oder ohne grobe Fahrlässigkeit erlangen müsste (§ 199 BGB).

21. Die **regelmäßige Verjährungsfrist endet** nach **drei Jahren** (§ 195 BGB).

22. Die Frage, was **Gegenstand der Verjährung** sein kann, lässt sich aus § 194 BGB ableiten.

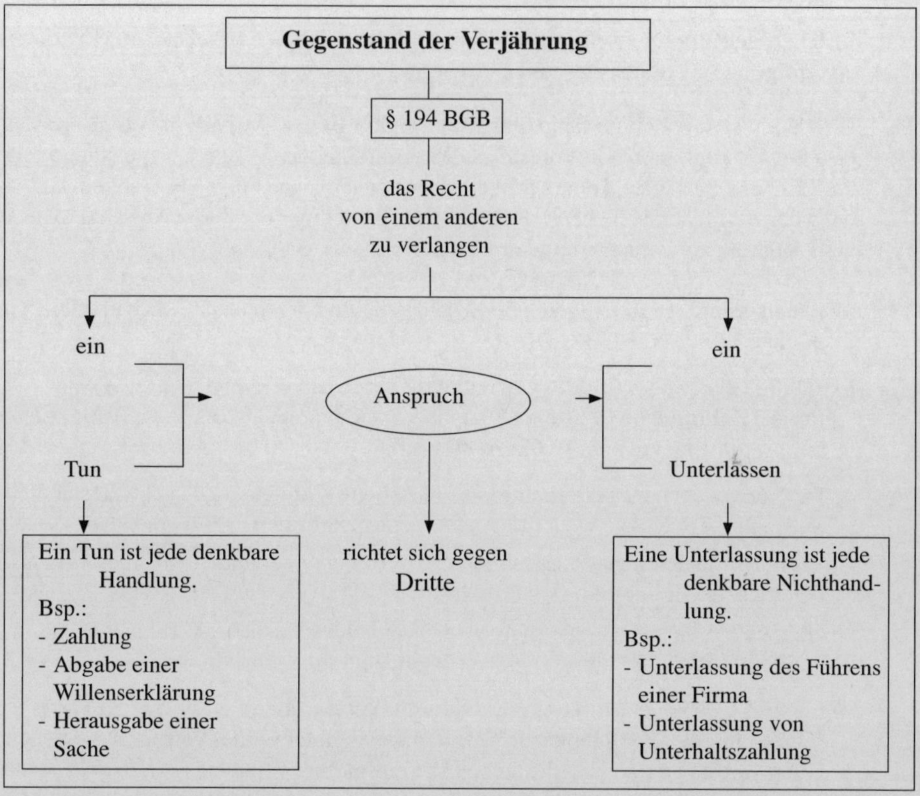

23. a) **Erbrechtliche Ansprüche** verjähren in **dreißig Jahren** (§ 197 BGB).

b) Der **Pflichtanteilsanspruch** des Pflichtteilsberechtigten im Rahmen eines Erbfalls verjährt in **drei Jahren** von dem Zeitpunkt an, in welchem der Pflichtteilsberechtigte (z. B. Sohn des Erblassers, siehe § 2303 BGB) von dem Eintritt des Erbfalls Kenntnis erlangt (§ 2332 BGB).

c) Beide Ansprüche verjähren in drei Jahren. Allerdings handelt es sich bei der Verjährung gemäß § 2332 BGB um eine dreijährige (absolute) Verjährungsfrist, deren Lauf mit Entstehung des Anspruchs beginnt, während die Verjährungsfrist des Anspruch des Rechtsanwalts gegenüber dem Mandanten eine regelmäßige Verjährungsfrist ist, die erst am Ende des Jahres zu laufen beginnt (§§ 199, 200 BGB).

24.

	BGB §§	Besondere Verjährungsfristen 6 Monate	2 Jahre	5 Jahre	10 Jahre	30 Jahre
Rechte an einem Grundstück	**196**				√	
Ansprüche aus dinglichen Rechten	**197 I**					√
kaufrechtliche Mägelansprüche	**438**		√	oder √		oder √
Rückgriffsansprüche beim Verbrauchsgüterkauf	**479 I**		√			
Reisevertragliche Mängelansprüche	**651 g**		√			

25.

BGB §§	Ereignisse	Beispiele
203	Hemmung der Verjährung bei **Verhandlungen**	– Verhandlungen zwischen dem Schuldner und dem Gläubiger
204	Hemmung der Verjährung durch **Rechtsverfolgung**	– Erhebung der Klage auf Leistung oder Feststellung des Anspruchs – Zustellung eines Mahnbescheids
205	Hemmung der Verjährung bei **Leistungsverweigerungsrecht**	– Rücktritt vom Kaufvertrag
206	Hemmung der Verjährung bei **höherer Gewalt**	– Stillstand der Rechtspflege (als Unterfall der höheren Gewalt): Gericht stellt Tätigkeit wegen Krieg/Naturkatastrophe ein.
207	Hemmung der Verjährung aus **familiären und ähnlichen Gründen**	– Ansprüche zwischen Lebenspartnern, solange die Lebenspartnerschaft besteht. – Ansprüche zwischen Pflegling und Pfleger während der Dauer der Pflegschaft.
208	Hemmung der Verjährung bei **Ansprüchen wegen Verletzung der sexuellen Selbstbestimmung**	– Hemmung wegen Missbrauchs von Kindern bis zur Vollendung des 21. Lebensjahres des Gläubigers.

26. Ist die **Verjährung gehemmt**, so wird der Zeitraum, während dessen die Verjährung gehemmt ist, nicht in die Verjährungsfrist eingerechnet. Fällt der Hemmungsgrund weg, so läuft die Frist weiter. Die **Verjährungsfrist verlängert sich** also um den Zeitraum des Bestehens des Hemmungsgrundes, wie z. B. um drei Monate für Verhandlungen (§ 209 BGB).

27. Ist eine geschäftsunfähige oder in der Geschäftsfähigkeit beschränkte Person ohne gesetzlichen Vertreter, so tritt eine für oder gegen sie laufende Verjährung nicht vor dem Ablauf von sechs Monaten nach dem Zeitpunkt ein, in dem die Person unbeschränkt geschäftsfähig oder der Mangel der Vertretung behoben ist (§ 210 BGB).

28. Die **Verjährungsfrist** beginnt z. B. dann **von neuem zu laufen**, wenn eine **Abschlagzahlung** geleistet wird.

29. Tritt die Verjährung nach Ablauf der Verjährungsfrist ein, so ist der Schuldner berechtigt, die Leistung zu verweigern (§ 214 BGB). Allerdings lässt die Verjährung den Anspruch nicht erlöschen, begründet zu Gunsten des Schuldners aber ein dauerndes Leistungsverweigerungsrecht.

30. a) Dieser Anspruch unterliegt der regelmäßigen Verjährungsfrist (§ 195 BGB). Diese beträgt drei Jahre und beginnt mit dem Schluss des Jahres, in dem der Anspruch entstanden ist. Dies bedeutet im konkreten Fall, dass die Verjährung mit Ablauf des Jahres 1 beginnt und am 31. Dezember des Jahres 4 endet (§§ 195, 199 BGB).
b) Die Verjährung lässt zwar den Anspruch nicht erlöschen; sie begründet aber zu Gunsten des Schuldners ein dauerndes Leistungsverweigerungsrecht.
c) Die Verjährung beginnt neu zu laufen (§ 212 BGB).

31. Es handelt sich hier um einen rechtskräftig festgestellten Anspruch auf Grund eines Urteils. Dieser verjährt in 30 Jahren. Die Verjährungsfrist beginnt mit der Entstehung des Anspruchs (§§ 197 BGB, 200 BGB). Der Tag des Urteils wird nicht mitgezählt (§ 187 BGB). Die Frist beginnt also am 25. April des Jahres 4 zu laufen. Also verjährt der Anspruch am 25. April des Jahres 34.

32. a) Die **Zustellung** eines **Mahnbescheids** führt dazu, dass die **Verjährung gehemmt** wird. Ist die Verjährung gehemmt, so wird der Zeitraum, während dessen die Verjährung gehemmt ist, nicht in die Verjährungsfrist eingerechnet (§ 204 BGB).
b) Die Verjährung beginnt neu zu laufen (§ 212 BGB).
c) Durch das Begleichen der ausstehenden Geldforderung ist die Verjährungsfrist beendet.

33. a) Die gesetzlichen Regelungen hinsichtlich der Fernabsatzverträge sind geschaffen, um den Verbraucher schützen zu können. Da der Geschäftsführer die Kapitalgesellschaft vertritt, ist er nicht als Verbraucher zu betrachten. Deshalb sind die gesetzlichen Regelungen, die Fernabsatzgeschäfte betreffen, nicht anzuwenden.

b) Die im BGB enthaltenen Rechtsnormen, die Fernabsatzverträge regeln, sind auch auf diesen Fall nicht anzuwenden, weil der Verbraucher keine Fernkommunikationsmittel eingesetzt hat, um den Steuerberater zu kontaktieren und sich beraten zu lassen.

c) Gegenstand des Fernabsatzvertrages können Dienst-, Werk- und Geschäftsbesorgungsverträge sein (§ 312b BGB).
- Der Vertrag wurde mit einem Fernkommunikationsmittel, d. h. mit einer E-Mail, angebahnt (§ 312 b, Abs. 2 BGB).
- Der Rechtsanwalt ist eine natürliche Person und Unternehmer gemäß § 14 BGB, da er einer selbstständigen beruflichen Tätigkeit nachgeht.

In diesem Fall hat der Rechtsanwalt allerdings die Möglichkeit, sich schon bei Vertragsschluss die Zustimmung geben zu lassen, dass er bereits vor Ablauf der Widerrufsfrist mit der Ausführung der Dienstleistung beginnt. Ansonsten besteht die Gefahr, dass der Rechtsanwalt bereits tätig wird und der Mandant den Vertrag widerruft (§ 312d, Abs. 3 BGB).
Aus den ersten drei Punkten lässt sich schlussfolgern, dass die Rechtsnormen, die bei Fernabsatzverträgen gelten, anzuwenden sind. Dazu gehört u. a. „§ 312 e BGB Unterrichtung des Verbrauchers bei Fernabsatzverträgen" und die „Verordnung über Informationspflichten nach bürgerlichem Gesetzbuch".

34. a) Oliver hat deshalb zwei Mal unterschrieben, weil er zum einen den **Kaufvertrag** unter zeichnet hat und zum anderen die **Belehrung über das Widerrufsrecht** (§ 355, Abs. 2 BGB).

b) Da es sich um ein so genanntes **Haustürgeschäft** handelt, kann er sein **Widerrufsrecht** geltend machen und innerhalb von zwei Wochen widerrufen (§ 355 BGB).

c) In diesem Fall hat der Verbraucher die Möglichkeit, zu versuchen, gesetzlich garantierte Ansprüche gerichtlich durchzusetzen. Gemäß § 29 c Zivilprozessordnung ist dem Käufer von dem Gesetzgeber ein ausschließlicher Gerichtsstand eingeräumt worden. Dies bedeutet, dass jeder andere allgemeine, besondere oder vereinbarte Gerichtsstand ausgeschlossen ist. Oliver wird also in Saarbrücken an seinem Wohnsitz, Klage erheben können, selbst wenn der Unternehmer, mit dem er das Haustürgeschäft abgeschlossen hat, in Mainz seinen Hauptsitz hat (§ 29 c BGB). Zur Information: 1. **Allgemeiner Gerichtsstand**: Er wird durch den Wohnsitz des Beklagten begründet. 2. **Besonderer Gerichtsstand**: An diesem Gerichtsstand (Ort) kann nur geklagt werden, wenn ein besonderer im Gesetz vorgesehener Fall vorgesehen ist, so z. B. in Unterhaltssachen.

35. a) Es handelt sich im vorliegenden Fall um ein so genanntes **Haustürgeschäft**. Deshalb steht dem Verbraucher gemäß § 312 BGB ein Widerrufsrecht zu. Wird einem Verbraucher ein Widerrufsrecht eingeräumt, so ist er an seine auf den Abschluss des Vertrags gerichtete Willenserklärung nicht mehr gebunden, wenn er sie fristgerecht widerrufen hat. Der Widerruf muss keine Begründung enthalten und ist in Textform oder durch Rücksendung der Sache innerhalb von zwei Wochen gegenüber dem Unternehmer zu erklären; zur Fristwahrung genügt die rechtzeitige Absendung.

Das **Widerrufsrecht** erlischt spätestens sechs Monate nach Vertragsschluss. Bei der Lieferung von Waren beginnt die Frist jedoch nicht vor dem Tag ihres Eingangs beim Empfänger (§ 355 Abs. 2 BGB).

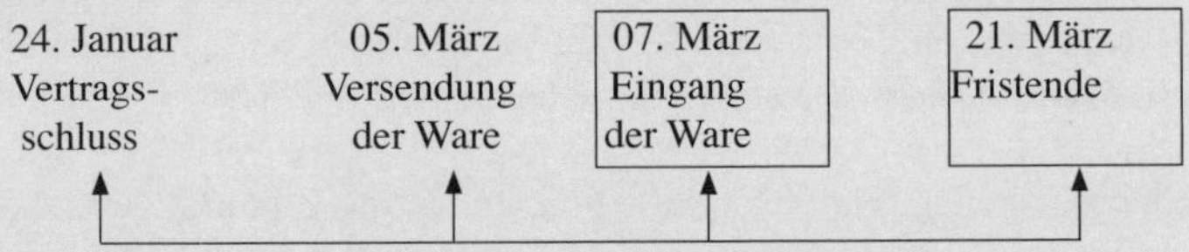

Die Frist beginnt erst am Tag des Eingangs der Ware zu laufen, hier also am 07. März. Gemäß § 187 BGB wird der Tag, in dessen Lauf das für den Fristbeginn maßgebende Ereignis (hier der Eingang der Ware) fällt, nicht mitgezählt. Da es sich um eine Zweiwochenfrist handelt, endet sie mit Ablauf des 21. März.

b) Sollte der 21. März ein Sonntag, ein Feiertag oder ein Samstag sein, so tritt an die Stelle eines solchen Tages der nächste Werktag (§ 193 BGB). Im konkreten Fall ist die Frist am 22. März beendet, sofern der Montag ein Werktag ist.

36. a) Die **Aspekte** des **Grundsatzes der Vertragsfreiheit** sind die
- Abschlussfreiheit,
- Inhaltsfreiheit,
- Formfreiheit.

b) Die Inhaltsfreiheit wird eingeschränkt durch die vom BGB vorgeschriebenen **Mindestinhalte** und die Formfreiheit durch die vorgeschriebene **Schriftform (= Formzwang).**

37. a) **Pacta sunt servanda** bedeutet: Verträge sind einzuhalten.

b) Das Widerrufsrecht oder Rückgaberecht besteht unbeschadet anderer Vorschriften **nicht** bei Versicherungsverträgen oder wenn
1. die mündlichen **Verhandlungen**, auf denen der Abschluss des Vertrags beruht, **auf** vorherige **Bestellung des Verbrauchers geführt worden sind** oder
2. die Leistung bei Abschluss der Verhandlungen sofort erbracht und bezahlt wird und das Entgelt **40 Euro nicht übersteigt** oder
3. die Willenserklärung des Verbrauchers von einem Notar beurkundet worden ist (§ 312 BGB).

38. Ankathrin kann den Vertrag nicht rückgängig machen, da sie bar bezahlt hat und das Entgelt für die gekaufte Ware geringer ist als 40 Euro (§ 312 (3), Satz 2 BGB).

39. Der Käufer hat das Recht, gemäß § 29 c Zivilprozessordnung an seinem Wohnort zu prozessieren (= ausschließlicher Gerichtsstand). Frau Mandarina kann also in München Klage erheben.

40. Bei der in § 126 b BGB geregelten **Textform** handelt es sich um auf Papier oder elektronischem Medium (z. B. CD-ROM) lesbare Erklärung, die keine eigenhändige Unterschrift oder eine dieser gleichstehende qualifizierte elektronische Signatur tragen muss.

41. Im Falle von Unterschriften unter wichtigen Dokumenten bietet sich das Verfahren der **digitalen Signatur** auf der Basis so genannter kryptographischer Systeme mit öffentlich bekanntem Schlüssel an. Mit einem Code, d. h. einem geheimen Schlüssel, kann der Autor das Dokument signieren. Mit einem öffentlichen Schlüssel kann der Empfänger des Dokuments die digitale Signatur überprüfen. Ihr Vorteil als Basistechnologie des elekronischen Rechtsverkehrs besteht darin, dass mit ihr Banknoten, Ausweise, Stempel und Siegel nachgebildet werden können. Von besonderer Bedeutung ist diese Möglichkeit beispielsweise für Rechtsanwälte, Notare, Steuerberater, Gutachter, Ärzte usw.

42. Die rechtliche Grundlage für die digitale Signatur ist das **Signaturgesetz**. In ihm ist auch geregelt, was eine so genannte qualifizierte elektronische Signatur ist. Nur ein Unternehmen, das von einem Zertifizierungsanbieter ein qualifiziertes Zertifikat erhalten hat und dieses der zuständigen Behörde angezeigt hat, kann nach einem gesetzlich vorgeschriebenen Sicherheitskonzept gemäß den Vorschriften der „Verordnung zur elektronischen Signatur" qualifizierte Unterschriften tätigen.

4.3.5 Absatzwirtschaft

1. a) Das Wort **Absatz** wird in der Wirtschaftslehre in zweifacher Weise benutzt. Einerseits bezeichnet Absatz die Menge (in Stück, Kilogramm, Liter usw.) der verkauften Produkte, andererseits versteht man unter Absatz im weiteren Sinn nicht die Verkaufstätigkeit selbst, sondern auch die „Vorbereitung, Anbahnung und Durchführung und Abwicklung" dieser betrieblichen Tätigkeit.

b) Im Rahmen der **Vorbereitung** der Absatztätigkeit erhebt die Marktforschung mittels Interviews Daten über Personen, deren Bedürfnisse ermittelt werden sollen. Die **Anbahnung** erfolgt derart, dass mittels Werbemaßnahmen auf Produkte aufmerksam gemacht werden soll. Schließlich wird im Rahmen der **Durchführung und Abwicklung** der Absatztätigkeit bestimmt, wie und zu welchen Mengen, Preisen und sonstigen Bedingungen Produkte zum Abnehmer gelangen.

c) Wer sich mit dem Problem auseinander setzt, wie eine Absatzsteigerung erzielt werden kann, für den stellen sich u. a. folgende Fragen:
- Wie kann erreicht werden, dass beim Verbraucher Bedürfnisse für bestimmte Produkte verstärkt oder neu geweckt werden?
- Wie kann man den Bekanntheitsgrad eines Produkts erhöhen?
- Wie müssen die Preise gestaltet sein?
- Welche Werbemaßnahmen sind grundsätzlich geeignet, eine Absatzsteigerung zu bewirken?

2. a) **Marketing** ist die Gesamtheit aller unternehmerischer Aktivitäten, die darauf abzielen, ein Produkt zu verkaufen.

b) **Werbung** ist ein Teilbereich des Marketing und als solcher Instrument der Absatzpolitik der Unternehmen.

3. a)

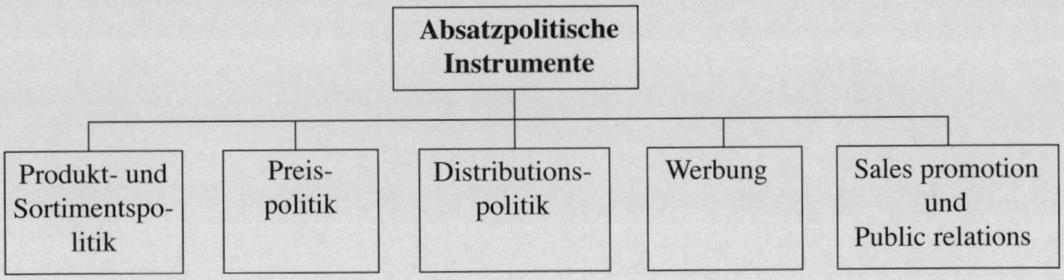

b) In der **Produktgestaltung** spielen mehrere Elemente eine wesentliche Rolle.

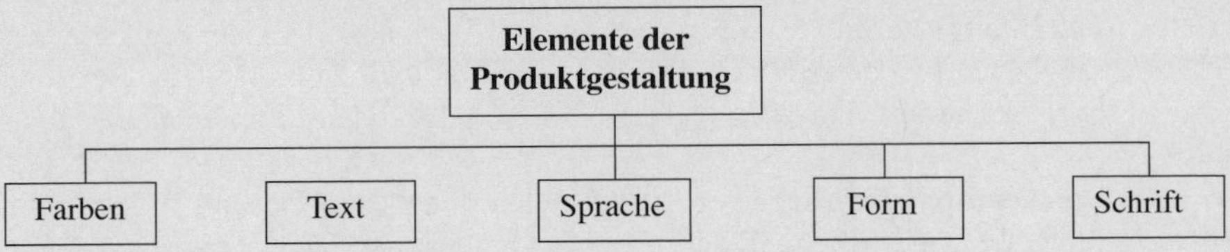

Farben: Die psychologische Forschung hat nachgewiesen, dass je nach Farbwahl beim Menschen unterschiedliche Assoziationen (assoziativ = durch Vorstellungsverknüpfung bewirkt) entstehen. So stehen verschiedene Farben beispielsweise für unterschiedliche Assoziationen:

- **grün**: erfrischend und kühlend,
- **rot**: heiß und aktiv,
- **goldgelb**: strahlend und leicht.

Text: Der Text kann emotional ansprechen, informativ oder gar provozierend sein.

Sprache: Die Sprache kann so gewählt werden, dass bestimmte Zielgruppen, wie Hausfrauen, Kinder, Jugendliche, Sportler oder Autofahrer, Männer oder Frauen usw., besonders angesprochen werden.

Schrift: Die Aufmerksamkeit für ein Produkt kann auch durch die Beschriftung ausgelöst werden. So können Produkte beispielsweise mit Groß- oder Kleinbuchstaben oder mit verschiedenen Schrifttypen versehen werden.

Form: Produkte können unterschiedliche Formen aufweisen. Sie können länglich, rund, quadratisch usw. sein.

c) Werbung fördert die **Markttransparenz**, d. h. sie verschafft einen Überblick darüber, in welchen Wirtschaftszweigen (Industrie, Handel, Banken, Versicherungen, Verkehrsbetriebe) und Branchen (Textil, Spielwaren, Chemie usw.) welche Waren und Dienstleistungen zu welchen Bedingungen zum Kauf angeboten werden.

d)

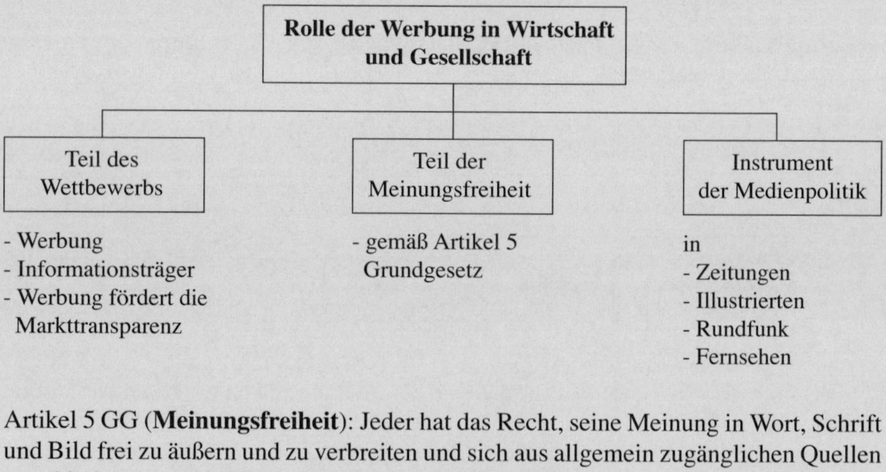

e) Artikel 5 GG (**Meinungsfreiheit**): Jeder hat das Recht, seine Meinung in Wort, Schrift und Bild frei zu äußern und zu verbreiten und sich aus allgemein zugänglichen Quellen ungehindert zu unterrichten. Die Pressefreiheit und die Freiheit der Berichterstattung durch Rundfunk und Film sind gewährleistet. Eine Zensur findet nicht statt.

4. a) **Werbemittel** sind: Anzeigen, Litfaßsäulen, Prospekte, Plakate, Werbebriefe, Werbefilme, Leuchtschriften, Tragetaschen, Schaufensterauslagen, Stände auf Ausstellungen und Messen, Hörfunk- und Fernsehspots.

b) **Werbeträger**

- Printmedien
  - Zeitungen
  - Zeitschriften
  - Anzeigenblätter
  - Adress- und Fernsprechbücher usw.
- Internet
- Hörfunk
  - öffentlich-rechtlich
    - Hessischer Rundfunk
    - Saarländischer Rundfunk usw.
  - privat
    - RPR
    - FFH
- Fernsehen
  - öffentlich-rechtlich
    - ARD
    - ZDF
  - privat
    - 3-SAT
    - SAT 1
    - RTL
    - VIVA
    - VOX

c) **Einzelwerbung**: Unternehmen beschränken ihre Werbemaßnahmen auf das eigene Unternehmen.

d) **Direkte Werbung** ist ein anderer Begriff für Einzelwerbung.

e) **Gemeinschaftswerbung**: Mehrere Unternehmen schließen sich zusammen, um gemeinsam Werbung zu betreiben und so ihre Kosten aufzuteilen.

f) **Kollektivwerbung** ist ein anderer Ausdruck für Gemeinschaftswerbung.

g) Es gibt drei **Grundsätze der Werbung**
- **Wirksamkeit**: Es sind Zielgruppen wie Hausfrauen oder Raucher anzusprechen, um sie zum „Zupacken" anzuregen.
- **Wahrheit**: „Irreführende Werbung" kann einen Verstoß gegen den unlauteren Wettbewerb darstellen.
- **Wirtschaftlichkeit**: Der durch die Werbemaßnahmen erzielte Erlös soll größer als die Aufwendungen für die Werbemaßnahme(n) sein.

h) Die Gegenüberstellung von Umsatzsteigerung und Werbekosten nennt man **Werberendite**.

i) **Werbeaufwendungen** entstehen durch
- **Werbeverwaltung** (Einkommen der Mitarbeiter, Miete, Bürokosten),
- **Werbemittelproduktion**,
- **Gebühren** für die Schaltung von Anzeigen, Plakaten, Werbespots in Funk und Fernsehen und im Internet.

5. a) **Public Relations** (= PR): Öffentlichkeitsarbeit, d. h. Herstellung von Beziehungen der nach Gruppen gegliederten Öffentlichkeit (Unternehmen, Staat, Verbraucher), mit dem Ziel, Vertrauen und Verständnis zu gewinnen.

b) **Mit Public Relations** versuchen Unternehmen mehrere Ziele zu erreichen. So sollen beispielsweise ein positives Ansehen des Unternehmens gebildet und gefestigt, der Bekanntheitsgrad erhöht und Mitarbeiter dadurch motiviert werden, dass ihnen durch PR bewusst wird, dass sie in einem bedeutenden Unternehmen beschäftigt sind.

6. **Sales promotion**: Verkaufsförderung durch Schulung und Unterstützung der Absatzorgane (z. B. Schulung der Händler, Werbung an Verkaufsplätzen, Warendarbietung).

7. a) • Mit der Größe einer Großstadt ist die in km^2 ausgewiesene Fläche gemeint, auf der eine bestimmte Anzahl von Menschen – unabhängig von der Nationalität – leben.
• Wenn man von der Dichte spricht, so wird damit eine Aussage darüber gemacht, wie viel Menschen auf einem km^2 leben.
• Die Heterogenität kann viele Aspekte beinhalten, so z. B. die unterschiedliche Art von Unternehmen (Produktion, Handel, Dienstleistung) in einer Stadt oder die Vielzahl von Nationalitäten (Marrokaner, Brasilianer, Indier, Türken, Australier, Europäer wie Italiener, Spanier usw.).

b) • Aus der Tabelle ist ersichtlich, dass im Jahr 2000 in Deutschland auf einem km^2 231 Einwohner, im Rhein-Main-Gebiet 372 und in den ausgewiesenen Kernstädten 1.658 Einwohner gelebt haben. Insofern ist in den Kernstädten (rund 1600) eine Dichte zu verzeichnen, die etwa vier mal so groß ist (rund 400) wie im Rhein-Main-Gebiet.

8. AIDA-Formel:

A	I	D	A
Attention (Aufmerksamkeit)	**I**nterest (Interesse)	**D**esire (Wunschvorstellung)	**A**ction (Kaufhandlung)

9. Die im Jahre 1854 von dem Berliner Buchdrucker **E. Litfaß** aufgestellte und später nach ihm benannte runde Säule gab der Werbung einen Impuls.

10. a) Der Hersteller eines Produktes muss für den Schaden haften, der durch einen Fehler des Produktes verursacht worden ist.

b) Durch das **Produkthaftungsgesetz** wird nur der **private Endverbraucher** geschützt vor Schäden
- an Gesundheit,
- am Körper,
- an einer ihm gehörigen Sache.

c) **Produktfehler** können sein:
- Fabrikationsfehler,
- Konstruktionsfehler,
- Instruktionsfehler.

11. a) Fabrikationsfehler,
b) Instruktionsfehler,
c) Fabrikationsfehler,
d) Konstruktionsfehler.

12. **Die Ersatzpflicht des Herstellers** ist im Sinne des Produkthaftungsgesetzes **ausgeschlossen** in folgenden Fällen:
- Der Hersteller hat das Produkt nicht in den Verkehr gebracht.
- Das Produkt hatte den Fehler noch nicht, als es in den Verkehr gebracht wurde.
- Das Produkt wurde nicht zum Verkehr hergestellt.
- Der Fehler beruht darauf, dass das Produkt nach zwingenden Rechtsvorschriften hergestellt wurde.

- Der Fehler konnte nach dem Stand der Wissenschaft und Technik, in dem der Hersteller das Produkt in den Verkehr brachte, nicht anerkannt werden.

13. a) **Die Haftung für Sachschäden entsteht gemäß Produkthaftungsgesetz nur, wenn eine andere Sache** als das fehlerhafte Produkt selbst beschädigt wird. Dies trifft hier nicht zu. Roland kann lediglich wahlweise einen Gewährleistungsanspruch (Wandlung, Umtausch, Minderung, Schadensersatz) aufgrund der Mängelrüge geltend machen.

b) Der Hersteller haftet in diesem Fall aufgrund dieses Fabrikationsfehlers an einer anderen Sache, d. h. dem Garagentor.

14. a) Unter der **Produktinnovation** versteht man die Entwicklung und Einführung neuer Produkte.

b) **Produktvariation**: Bereits eingeführte Produkte werden verändert, z. B. Geschmack, Form, Verpackung usw.

c) **Produktelimination**: Produkte, die keinen Absatz mehr finden, werden aus dem Markt genommen, d. h. nicht mehr produziert.

15. Kriterien für Angebotsvergleiche:

- **Preise** in Verbindung mit Preisnachlässen wie Rabatt, Bonus,
- **Lieferungs- und Zahlungsbedingungen** unter Berücksichtigung von Skonti, Garantien, Aufwendungen für Verpackung und Beförderung, Liefer- und Zahlungsfristen, Freigrenzen,
- **Qualitätsmaße** im Vergleich mit Konkurrenzprodukten.

16. a) **Absatz**: Menge der verkauften Waren. **Umsatz**: Wert der verkauften Waren.

b) Mengenrabatt, Treuerabatt, Personalrabatt, Sonderrabatt (z. B. Jubiläumsrabatt).

c) **Skonto** ist ein Preisnachlass, der eingeräumt wird, wenn innerhalb eines Zeitraumes die Zahlung erfolgt (z. B. 2 % Skonto bei Zahlung innerhalb von 14 Tagen).

d) Ein **Bonus** ist ein Preisnachlass, der nachträglich gewährt wird, z. B. wegen eines bestimmten erzielten Umsatzes.

e) **Bruttopreissystem**: Rechnungsbetrag ergibt sich nach Abzug von Preisnachlässen (Rabatt, Skonto).
Nettopreissystem: Preise sind endgültig festgelegt.

17. Produktionswarengroßhandel, Konsumwarengroßhandel, Exportgroßhandel.

18. a) **Sortimentsbreite**: Verschiedenartige Artikel (Videorecorder, Radios, Fernseher, Personal Computer) sind im Angebot.
Sortimentstiefe: Von bestimmten Artikeln gibt es mehrere Sorten (z. B. verschiedene Marken, Größen, Preisklassen).

b) **Kernsortiment**: Wesentliche Artikel des Sortiments, Hauptbestandteil des Sortiments (z. B. CD-Player).
Randsortiment: Artikel, die das Kernsortiment ergänzen (z. B. Reinigungsmittel für PC-Monitore).

c) **Sortimentsbereinigung**: Reduzierung des Sortiments durch schwer absetzbare Artikel.
Sortimentserweiterung: Angebotserweiterung eines Sortiments.

d) **Sortimentskooperation**: Austausch von Artikeln des Sortiments zwischen Großhändlern, wenn die Nachfrage zeitweise bei einem Großhändler steigt.

19. a) Im **Gegensatz zur Warensortimentserweiterung** kommt bei der **Diversifikation** hinzu, dass die Ausweitung von Produkten aus bisher nicht bekannten Märkten erfolgt. In Kurzform bedeutet Diversifikation also: Neue Produkte kommen auf einen neuen Markt.

b) **Horizontale Diversifikation:** Das Warensortiment wird um Waren erweitert, die mit dem bisherigen Produkt-Markt-Bereich in einem sachlichen Zusammenhang stehen (Kaffee wird um Tee ergänzt).

Vertikale Diversifikation: Das Warensortiment wird in vor- oder nachgelagerten Produktionsstufen erweitert (Bsp. VW kauft ein Tachometer-Zulieferungswerk auf und verkauft die Tachos aber weiterhin an andere Automobilhersteller).

Laterale Diversifikation: Es besteht zwischen den alten und den neuen Produkt-Markt-Bereichen kein sachlicher Zusammenhang (bisher wurde Kaffee verkauft, jetzt zusätzlich Textilien und Bürobedarf).

c) **Laterale Diversifikation** durch Eigenentwicklung; Beteiligungserwerb und Lizenznahme.

20. a) **Liquidität**: Übersetzt bedeutet dieser Begriff Flüssigkeit. Im wirtschaftlichen Sinne handelt es sich um flüssige Mittel in Form von Bargeld, Bankguthaben.

b) **Wirtschaftlichkeit** $= \frac{\text{Ertrag}}{\text{Aufwand}}$

c) **Rentabilität** $= \frac{\text{Gewinn}}{\text{Kapitaleinsatz}} \text{ x } 100$

21. **Umsatzrentabilität** $= \frac{\text{Gewinn}}{\text{Verkaufserlös}} \text{ x } 100$

22. a) Differenzierung nach **Absatzgrößenklassen** und **Losgrößen** (Abnahmemengen), Zahlungsmoral der Kunden, Standort der Kunden, Tourenanalysen.

b) Gehalt des Fahrers, Kosten für LKW (Treibstoff, Reparaturen, Inspektionen, Versicherung, Steuern, Abschreibung), Fahrt- und Standzeiten sind Kriterien für eine **Tourenanalyse**.

23. Bei der **Sprungwerbung** „überspringt“ der Großhändler den Einzelhändler, d. h. er wendet sich über Werbeträger direkt an den Endverbraucher.

24. In Läden und Schaufenstern zum Blickfang für Kunden ausgestellte Ware nennt man **Display**.

25. a) **Marktanalyse**: Untersuchung eines Teilmarktes zu einem bestimmten Zeitpunkt.

b) **Marktbeobachtung**: Ständige Beurteilung der Marktentwicklung (z. B. Beurteilung der Entwicklung bzw. Stellung einzelner Unternehmen im Hinblick auf den Verkauf bestimmter Produkte). Charakteristisches Merkmal ist, dass die Beobachtung keine Auskunftsperson kennt.

c) **Marktprognose**: Voraussage der Marktentwicklung (z. B: im Hinblick auf die Veränderung der Preise oder Absatzmengen) auf der Grundlage der Ergebnisse der Marktanalyse und Marktbeobachtung.

26. a) **Primärerhebung**: Mündliche oder schriftliche Befragung von Verbrauchern, Lieferanten usw.
b) **Sekundärerhebung**: Verwendung bereits vorhandener Daten.
c) Daten aus Sekundärerhebungen sind oft veraltet.

27. Während die **Marktforschung** wissenschaftlich-systematische Verfahren anwendet, um Informationen über Märkte zu erhalten, wird die **Markterhebung** mehr oder weniger willkürlich und planlos betrieben.

28. a) Um die **Einstellungen**, das **Verhalten zur Werbung** und zu einzelnen Produkten festzustellen und **Kauf- und Verbrauchergewohnheiten** kennen zu lernen, werden **Verbraucherbefragungen** durchgeführt.

b) Regelmäßig werden zum Zwecke der **Handelsforschung** Einzelhändler verschiedener Branchen interviewt. Dabei wird u. a. festgestellt, welche Marken bestimmter Warengruppen von den Geschäften angeboten werden.

c) Soll der Absatz einer Ware unter veränderten Bedingungen (andere Verpackung, besondere Platzierung, Sonderangebot) überprüft werden, so werden **Testuntersuchungen** durchgeführt.

d) Im Falle der **Produktforschung** wird ein Produkt einer Testpersonen übergeben, die ihre Ansicht zur Warengruppe im Hinblick auf Preis, Geschmack, Gestaltung, Funktionstüchtigkeit usw. mitteilen sollen.

e) Beim **Quoten-Verfahren** werden zur Auswahl der befragten Personen bestimmte Merkmale genannt (z. B. 4-Personen-Haushalt, Arbeiter, Alter usw.).

f) Beim **Random-Verfahren** wird nach einem bestimmten wissenschaftlichen Auswahlprinzip eine vorgegebene Anzahl von Adressen ermittelt.

29. a) Ein Textil-Einzelhändler, der einen **Räumungsverkauf** durchführen will, muss die Vorschriften im **Gesetz gegen den unlauteren Wettbewerb**, kurz: UWG, beachten.

b) Der Betreiber einer Apotheke hat die Möglichkeit, neben der Hauptapotheke zusätzlich bis zu drei Filialapotheken zu führen. Rezeptfreie Mittel, wie solche gegen Kopfschmerzen, kann er so für alle seine Niederlassungen in größeren Mengen beim **Großhändler** oder **Produzenten** einkaufen. Gibt er den Mengenrabatt an die Kunden **(Verbraucher)** weiter, so tritt er mit einem niedrigeren Preis mit anderen Apotheken in den **Wettbewerb**. Außerdem hat er die Möglichkeit, die Attraktivität seines Unternehmens oder seiner Unternehmen durch **Versandhandel** zu erhöhen.

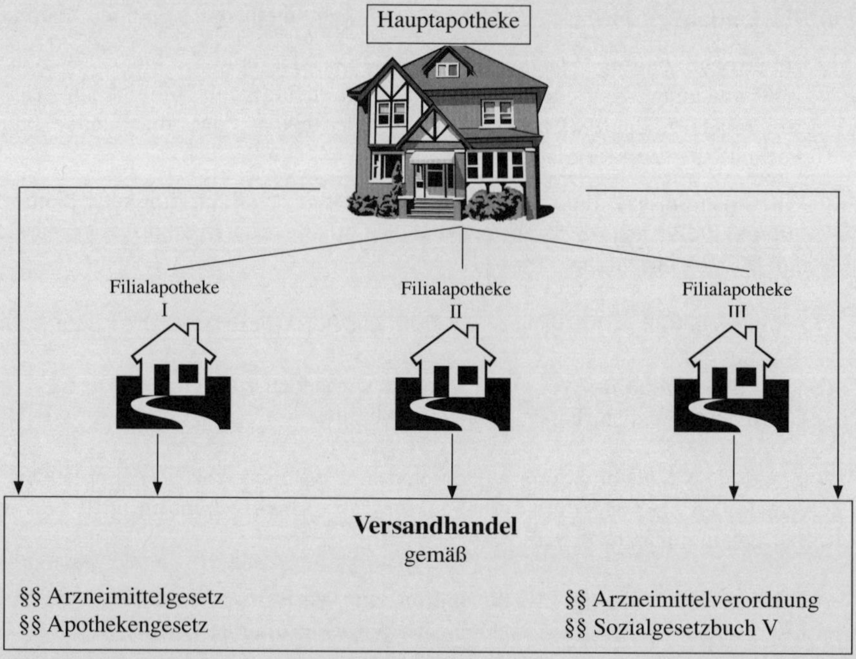

30. **Preisnachlässe**: Rabatt, Skonto, Bonus

31. Rabatte sind erlaubt. Mit dieser Maßnahme soll der Umsatz z. B. in konjunkturell schlechten Zeiten und in der „Sauren-Gurken-Zeit" im Sommer angekurbelt werden.

32. **Gewerbliche Schutzrechte**:
Patente, Gebrauchsmuster, Warenzeichen, Marken, Geschmacksmuster.

Patente — Es handelt sich dabei um ein auf einer technischen Erfindung beruhendes erteiltes Schutzrecht, aus dem Dritten die gewerbliche Verwertung der Erfindung verboten werden kann. Mit einem Patent können z. B. technische Gegenstände und Verfahren oder chemische Produkte wie Arzneimittel geschützt werden. Ein Patent wird nur für eine gewerblich anwendbare Erfindung erteilt. Die Erfindung muss neu sein, d. h. sie darf vor ihrer Anmeldung noch nicht veröffentlicht oder so benutzt worden sein, dass andere Kenntnisse von ihr bekommen haben.

Gebrauchsmuster — Es dient ebenfalls zum Schutz technischer Erfindungen, soweit es sich um Neuerungen an beweglichen Gegenständen, wie z. B. an Küchengeräten oder Sportgeräten handelt.

Marken[1] — Als Marke können alle Zeichen, insbesondere Wörter einschließlich Personennamen, Abbildungen, Buchstaben, Zahlen, Hörzeichen, dreidimensionale Gestaltungen einschließlich der Form einer Ware

[1] Siehe Markengesetz

oder ihrer Verpackung sowie sonstige Aufmachungen einschließlich Farben und Farbzusammenhänge geschützt werden, die geeignet sind, Waren oder Dienstleistungen eines Unternehmens von denjenigen anderer Unternehmen zu unterscheiden.

Geschmacksmuster Schaut man die Aufzeichnungen des Gesetzesgebers an, der sich mit dem Begriff Geschmacksmuster auseinander zu setzen hat, so wird deutlich, dass ein Muster die zweidimensionale oder dreidimensionale Erscheinungsform eines ganzen Erzeugnisses (z. B. eines Glases) oder eines Teils ist, die sich insbesondere aus den Merkmalen Linien, Konturen, Farben, der Gestalt, Oberflächenstruktur oder der Werkstoffe des Erzeugnisses selbst oder seiner Verzierung ergibt. Dabei handelt es sich bei einem Erzeugnis um jeden industriellen oder handwerklichen Gegenstand, einschließlich Verpackung, Ausstattung, grafischer Symbole und typografischer Schriftzeichen sowie von Einzelheiten, die zu einem komplexen Erzeugnis zusammengesetzt werden sollen.

Angemeldet wird ein Geschmacksmuster für Deutschland im **„Deutschen Patent- und Markenamt“** in München. Der Anmelder kann sich aber – statt für eine nationale Anmeldung – für eine gemeinschaftsweit geltende Anmeldung entscheiden. Letztere Anmeldung ist bereits seit dem 1. April 2003 beim **„Harmonisierungsamt für den Binnenmarkt“** in Alicante in Spanien möglich.

33. Marke gemäß Markengesetz.

34.
- **Direkter Absatz:** Der Abnehmer (Verbraucher) wird direkt, ohne die Einschaltung von Zwischenhändlern beliefert.
- **Indirekter Absatz:** Auf dem Weg vom Produzenten zum Verbraucher sind noch Händler oder gar Absatzvermittler (Handelsreisende, Handelsvertreter, Kommissionäre, Handelsmakler) zwischengeschaltet.

35. Sie bestücken Regale in Warenhäusern; **Rack-Jobber** sind eine Sonderform des Zustellgroßhandels.

36. Der Vorteil des **Fahrverkaufs** besteht darin, dass die gelieferten Waren wie Blumen, Fisch, Molkereiprodukte, Tiefkühlprodukte usw. wegen der Sofortbelieferung des Verbrauchers relativ frisch sind.

37.
- **Die Binnentransportversicherung** erstreckt sich auf die Versicherung der Landtransporte per Bahn und Lkw und die Binnentransporte per Binnenschiff auf Flüssen und Kanälen. Auch die Transporte im interkontinentalen Bahn- und Binnenschiffverkehr fallen darunter.
- **Die Lufttransportversicherung** erstreckt sich auf die Versicherung von Gütern, die im Luftverkehr befördert werden.
- **Die Seeversicherung** erstreckt sich auf die Versicherung von Gütern während der Seereise.

- **Die kombinierte Versicherung** gilt für einen mehrstufigen Transport (= multimodalen Transport), so zum Beispiel für einen Fluss- oder Bahntransport. Das Risiko, das hierbei von den Versicherten übernommen wird, nennt man „durchstehendes Risiko“.

38. a)

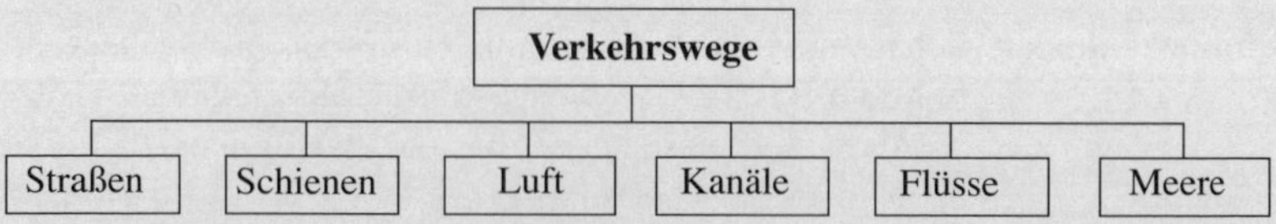

b)

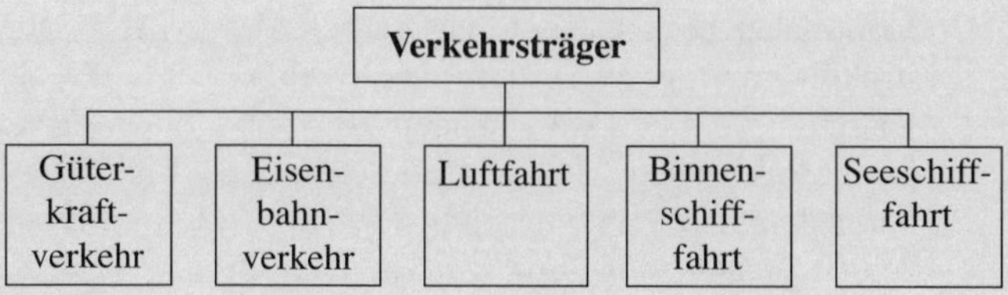

c)

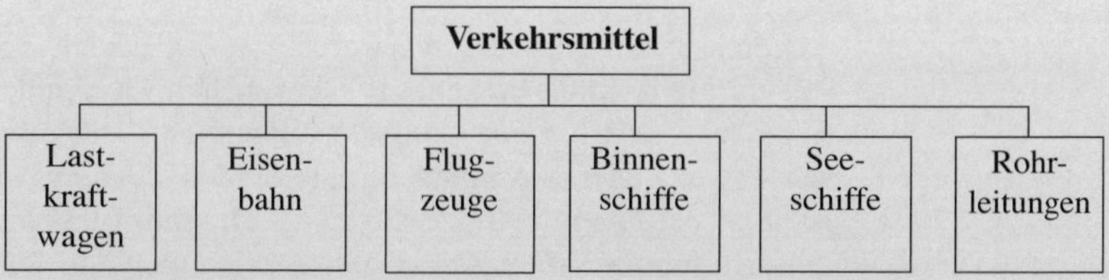

39. a) **Massengutverkehr, Stückgutverkehr, Kleingutverkehr**.
b) Kohle, Erdöl, Eisenerze, Getreide, Holz sind typische **Massengüter**.
c) Weil bei beiden Güterarten für den Transport und den Umschlag unterschiedliche Verkehrsmittel und Verladeanlagen benötigt werden.
d) Binnenschiffe, Seeschiffe, Rohrleitungen, Eisenbahn sind insbesondere für Massengüter geeignete Verkehrswege.
e) Wegen der Kompliziertheit der Verladearbeiten und der Probleme der Stapelung.
f) Straßenfahrzeuge und die Eisenbahn eignen sich insbesondere für den **Kleingutversand**.
g) **Erdöl** und **Erdgas** werden **im Rohrleitungsverkehr** transportiert.
h) **Pipelines** sind Rohrleitungen.

40. **Bestimmungsgründe** für die Wahl eines bestimmten **Verkehrsmittels** sind u. a.:

Güterart, Schnelligkeit, Pünktlichkeit, Sicherheit, Haftung, Kosten.

41. a) Wertvolle Güter, eilige (wie schnellverderbliche) Güter.
b) Es entstehen relativ hohe Kosten, wenn Güter per Flugzeug befördert werden.
c) **IATA-Bedingungen.**
d) Der **Luftfrachtbrief** stellt einen Beweis dar für den Abschluss des Beförderungsvertrags, den Empfang des Gutes und die Beförderungsbedingungen.
e) Jahrelang war das Warschauer Abkommen die Rechtsgrundlage für die **Beförderung der Luftfracht**. Im Jahre 1999 wurde auf einer Konferenz der Internationalen Zivilluftfahrt-Organisation (ICAO) in Montreal ein neues Regelwerk geschaffen. Es handelt

sich dabei um das 2003 in Kraft getretene **Montrealer Übereinkommen**. In ihm ist die Haftung des Luftfrachtführers, u. a. im Falle eines Luftfahrzeugunfalls festgelegt. Die Haftung für die Beschädigung von Reisegepäck ist im Zusammenhang mit der Passagierbeförderung auch darin geregelt. Reisgepäck ist „aufgegebenes Gepäck“ und „Handgepäck“.

42. a) **Werkverkehr** bedeutet: Waren werden mit eigenem LKW transportiert.

b) Unternehmen, die Werkverkehr betreiben, müssen sich ab einer gesetzlich vorgeschriebenen Nutzlast beim Bundesamt für Güterverkehr anmelden.

c) Unternehmen, die Werkverkehr betreiben, können auf ihren Wagen Werbeanschriften anbringen.

d) Die Übersetzung von „**Just in time**“ bedeutet „genau zum richtigen Zeitpunkt“. Für Kunden bedeutet dies, dass sie sich in kurzen Zeitabständen, unter Umständen in Stunden, beliefern lassen können. Deshalb spricht man auch vom „Lager auf Rädern“. Damit werden Lagerkosten gesenkt.

e) Unternehmen, die Werkverkehr betreiben, haben ein eigenes Transportrisiko und außerdem keine optimale Flächenausnutzung bei geringen Bestellungen.

43. a) In einen **Tourenplan** sollten folgende Daten aufgenommen werden:

- Tag der Bestellung (z. B. bis 15 Uhr)
- Anruf um _______ Uhr
- Tag und Datum der Lieferung
- Nummer der Tour
- Name des Fahrers
- Auftragsnummer
- Anlieferung um ______ Uhr

b) Mit eigenem LKW entsteht im Vergleich zur Bahn ein höherer Energieverbrauch und eine größere Umweltbelastung.

44. Im Falle des Gütertransports mit dem **InterCargo** verknüpfen schnelle InterCargozüge im Nachtsprung die bedeutensten Wirtschaftszentren Deutschlands miteinander. Rund 1.000 Versand- und Empfangsstationen werden zeit- und termingerecht bedient.

45. a) Es handelt sich um einen **gedeckelten Wagen**.

b) **Gedeckelte Wagen** empfehlen sich zum Transport witterungsempfindlicher Güter, die zum Beispiel in **Säcken**, **Kisten**, **Kartons**, **Gefäßen aller Art** verpackt oder unverpackt – palettiert oder nicht palettiert – **verladen** werden.

46. a) Sie kann den Wagen bei **DB Schenker Rail** bestellen.

b) Da bekannt ist, dass der Wagen auf einem **Freiladegleis** bereitgestellt wird, muss das Transportunternehmen die Kühlschränke dorthin rollen.

c) Gemäß § 411 HGB ist der Absender, in diesem Fall die Ariane Gerth GmbH, verpflichtet, die Kühlschränke so zu verpacken, dass sie vor Verlust und Beschädigung geschützt sind, aber auch, dass dem Frachtführer keine Schäden entstehen. Der Absender hat außerdem die Kühlschränke, soweit dessen vertragsgemäße Behandlung dies erfordert, zu kennzeichnen.

47. a) Wenn Güter mit unterschiedlichen Transportmitteln (LKW, Bahn, Schiff) auf verschiedenen Streckenabschnitten befördert werden, spricht man von einem **multimodalen Transport**.

b) Ein Unternehmer, der einen multimodalen Transport durchführt, wird als combined transport operator oder MTO (Multimodal Transport Operator) bezeichnet.

48. a) In diesem Fall handelt es sich um einen **Eisenbahnfrachtbrief**.

b) Im vorliegenden Fall ist die Deutsche Bahn AG der Frachtführer.

c) **§ 408 HGB. Frachtbrief** (1) Der Frachtführer kann die Ausstellung eines Frachtbriefs mit folgenden Angaben verlangen:

1. Ort und Tag der Ausstellung;
2. Name und Anschrift des Absenders;
3. Name und Anschrift des Frachtführers;
4. Stelle und Tag der Übernahme des Gutes sowie die für die Ablieferung vorgesehene Stelle;
5. Name und Anschrift des Empfängers und eine etwaige Meldeadresse;
6. die übliche Bezeichnung der Art des Gutes und die Art der Verpackung, bei gefährlichen Gütern ihre nach den Gefahrgutvorschriften vorgesehene, sonst ihre allgemein anerkannte Bezeichnung;
7. Anzahl, Zeichen und Nummern der Frachtstücke;
8. das Rohgewicht oder die anders angegebene Menge des Gutes;
9. die vereinbarte Fracht und die bis zur Ablieferung anfallenden Kosten sowie einen Vermerk über die Frachtzahlung;
10. den Betrag einer bei der Ablieferung des Gutes einzuziehenden Nachnahme;
11. Weisungen für die Zoll- und sonstige amtliche Behandlung des Gutes;
12. eine Vereinbarung über die Beförderung in offenem, nicht mit Planen gedecktem Fahrzeug oder auf Deck.

In den Frachtbrief können weitere Angaben eingetragen werden, die die Parteien für zweckmäßig halten.

d) - Der **Frachtbrief** ist **Begleitpapier**, weil der Frachtführer den Frachtbrief auf dem Transport mit sich zu führen hat.
- Der **Frachtbrief** hat **Beweiskraft**, denn das von beiden Parteien unterzeichnete Papier dient bis zum Beweis des Gegenteils als Nachweis für Abschluss und Inhalt des Frachtvertrages, sowie für die Übernahme des Gutes durch den Frachtführer. Ferner begründet er die Vermutung, dass das Gut und seine Verpackung bei der Übernahme durch den Frachtführer in äußerlich gutem Zustand waren und dass die Anzahl der Frachtstücke und ihre Zeichen und Nummern mit den Angaben im Frachtbrief übereinstimmen.

  Ist das Rohgewicht oder die anders angegebene Menge des Gutes oder der Inhalt der Frachtstücke vom Frachtführer überprüft und das Ergebnis der Überprüfung in den von beiden Parteien unterzeichneten Frachtbrief eingetragen worden, so begründet dieser auch die Vermutung, dass Gewicht, Menge oder Inhalt mit den Angaben im Frachtbrief übereinstimmen.

49. a) Da **gefährliche Güter** transportiert werden müssen, hat der Absender dem Frachtführer rechtzeitig schriftlich oder in sonst lesbarer Form die genaue Art der Gefahr und, soweit erforderlich, zu ergreifende Vorsichtsmaßnahmen mitzuteilen.

b) Der Frachtführer kann, sofern ihm nicht bei Übernahme des Gutes die Art der Gefahr bekannt war oder jedenfalls mitgeteilt worden ist, gefährliches Gut ausladen, einlagern, zurückbefördern oder, soweit erforderlich, vernichten oder unschädlich machen, ohne dem Absender gegenüber ersatzpflichtig zu werden und vom Absender wegen dieser Maßnahme Ersatz der erforderlichen Aufwendungen verlangen.

50. a)

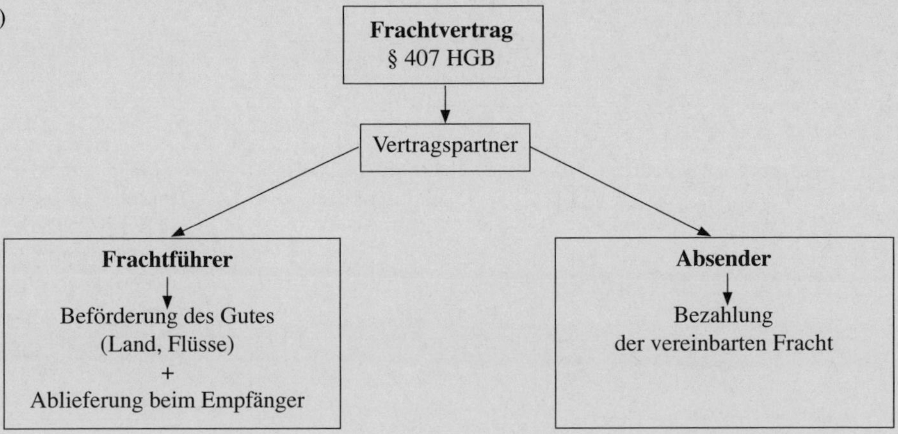

b) Nein, der Frachtbrief wird nicht immer vom Frachtführer unterzeichnet. Allerdings kann der Absender verlangen, dass auch der Frachtführer den Frachtbrief unterzeichnet (§ 408, Abs. 2 HGB).

c) Der Frachtführer kann den Stempel benutzen, denn gemäß § 408 Abs. 2 HGB genügen Nachbildungen der eigenhändigen Unterschrift durch Druck oder Stempel.

51. Gemäß § 453 HGB wird der Spediteur durch den Speditionsvertrag verpflichtet, die Versendung des Gutes zu besorgen. Dies bedeutet, dass es sich beim **Speditionsvertrag** um einen handelsrechtlichen Sonderfall des **Geschäftsbesorgungsvertrages** (§§ 675 ff. BGB) handelt, denn der Spediteur geht die Verpflichtung ein, nicht im eigenen Namen, sondern für Rechnung des Versenders die Versendung des Gutes zu besorgen.

52. Der **Spediteur** hat die Aufgabe, die Beförderung des Gutes bzw. der Güter zu organisieren. Organisation der Beförderung bedeutet gemäß § 454 HGB dreierlei:

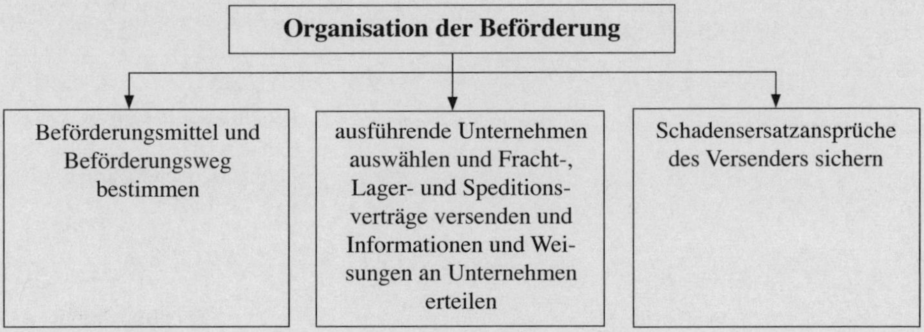

53. Grundsätzlich hat der **Spediteur** das Recht, die Beförderung des Gutes durch **Selbsteintritt** auszuführen. Sofern er von dieser Befugnis Gebrauch macht, hat er hinsichtlich der Beförderung die Rechte und Pflichten eines Frachtführers oder Verfrachters. Damit kann der Spediteur alle Frachtgeschäfte ausführen. Die Konsequenz daraus ist, dass er nicht nur einen Vergütungsanspruch als Spediteur geltend machen kann, sondern auch einen für seine Tätigkeit als Frachtführer oder Verfrachter geltend machen kann.

54.

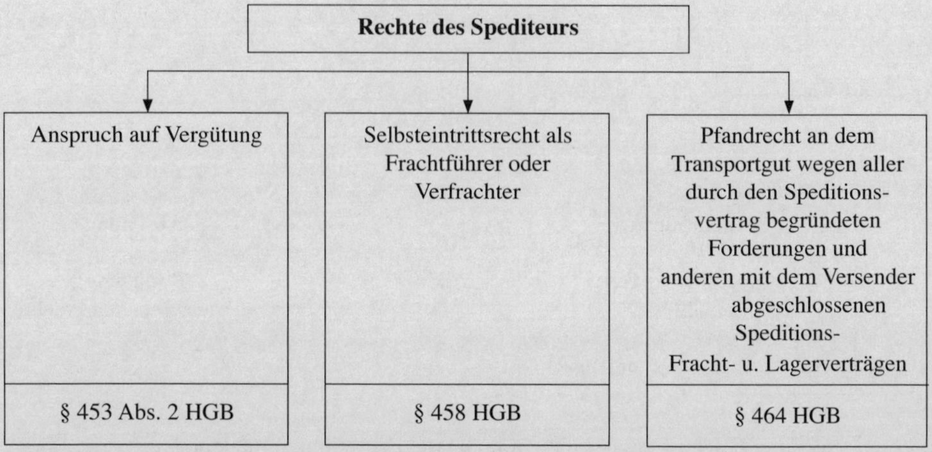

55. Gemäß **Allgemeinen deutschen Spediteurbedingungen** (ADSb) hat der Spediteur das Interesse des Auftraggebers wahrzunehmen und seine Tätigkeiten mit der Sorgfalt eines ordentlichen Kaufmannes auszuführen.

56. Sowohl der Frachtführer als auch der Spediteur sind **Transportunternehmer**.

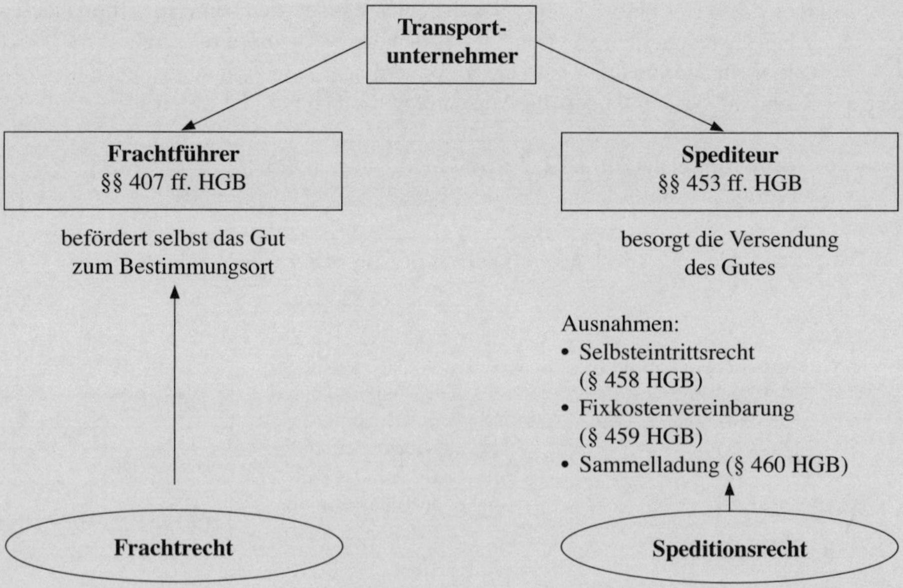

57. a) Es handelt sich um ein **Carnet A.T.A.** Dieses ist ein internationales Zollpapierscheinheft, das im Regelfall die vorübergehende Verbringung von Berufsausrüstung, Messegut und Warenmuster ins Ausland dadurch erleichtert, dass die Zahlung oder Hinterlegung von Zöllen und sonstigen Abgaben in den Einfuhr- bzw. Durchfuhrländern entfällt.

b) Das Wort „**carnet**" ist französisch und heißt Heft. Die Abkürzung **A.T.A.** steht für „vorübergehende Einfuhr" (französisch: Admission temporaire; englisch: temporary admission). Frei übersetzt heißt Carnet A.T.A. also Zollpassagierschein für die vorübergehende Einfuhr von Waren.

c) Ein Carnet A.T.A. benötigt man um Waren, die nur vorübergehend in das Ausland gebracht werden sollen, ohne Hinterlegung der ausländischen Einfuhrabgaben (Einfuhrzoll, Einfuhrumsatzsteuer und sonstige bei der Einfuhr zu erhebende Abgaben und Steuern) einführen zu können. Wenn ein Carnet benutzt wird, ist es nicht mehr erforderlich, die Einfuhrabgaben zeitaufwändig zu ermitteln; es wird nur noch kontrolliert, ob die im Carnet bezeichneten Waren bei der Ein- und Wiederausreise tatsächlich vorhanden sind.

d) Die deutschen Industrie- und Handelskammern stellen für alle Firmen und natürliche Personen, die im Kammerbereich ansässig sind, Carnets A.T.A. aus.

e) Waren kann man mit einem Carnet A.T.A., nicht mit einem Carnet T.I.R. in ein anderes Land einführen. Ein **Carnet T.I.R.** (transport international de marchandises par la route) dient nämlich nicht der vorübergehenden, sondern der endgültigen Einfuhr von Waren. Es handelt sich dabei um ein internationales Verzollungsverfahren im grenzüberschreitenden Güterverkehr. Anwendbar ist das Verfahren, wenn Waren ohne Umladung über eine oder mehrere Grenzen in zollsicher eingerichteten Straßenfahrzeugen, Lastzügen oder Behältern befördert werden und die Beförderung auf einem Teil der Strecke zwischen Beginn und Ende des T.I.R-Transports im Straßenverkehr erfolgt.

f) Die **zollsichere Herrichtung** beim Carnet T.I.R muss durch ein Zollverschlussanerkenntnis nachgewiesen werden. Dieses kann beim zuständigen **Hauptzollamt** beantragt werden.

58. a) Es handelt sich um einen **internationalen Frachtbrief**.

b) Die Rechtsgrundlage ist die „**C**onvention relative au Contrat de transport international de **m**archandises par **r**oute", kurz **CMR** (Übereinkommen über den Beförderungsvertrag im internationalen Straßengüterverkehr).

c) Der Frachtbrief wird nach Artikel 5 CMR in drei Originalausfertigungen ausgestellt, die vom Absender und Frachtführer unterzeichnet werden. Die erste Ausfertigung erhält der Absender, die zweite begleitet das Gut, die dritte behält der Frachtführer.

d) Der Frachtführer ist verpflichtet, bei der Übernahme des Gutes zu überprüfen:
- die Richtigkeit der Angaben im Frachtbrief über die Anzahl der Frachtstücke und über ihre Zeichen und Nummern;
- den äußeren Zustand des Gutes und seiner Verpackung.

Außerdem kann der Absender vom Frachtführer verlangen, dass dieser das Rohgewicht oder die anders angegebene Menge des Gutes überprüft. Er kann auch verlangen, dass der Frachtführer den Inhalt der Frachtstücke überprüft.

e) Der Frachtbrief dient bis zum Beweis des Gegenteils als Nachweis für den Abschluss und den Inhalt des Beförderungsvertrages sowie für die Übernahme des Gutes durch den Frachtführer.

f) Der Beförderungsvertrag wird in einem Frachtbrief festgehalten. Damit ist der **Frachtbrief** nicht nur eine **Beweisurkunde**, sondern auch ein **Beförderungsdokument**, das während des Transports im Fahrzeug mitgeführt werden muss.

59. a) Es handelt sich bei diesem Vordruck um ein **Ursprungszeugnis**.

b) Die Ausstellung dieser öffentlichen Urkunde ist dann zu beantragen, wenn die Zollbehörde des Importlandes oder der Kunde dies laut Akkreditiv- bzw. Kaufvertragsbedingungen ausdrücklich vorschreibt.

c) Der englische Ausdruck für Ursprungszeugnis lautet: **Certifikate of Origin.**

d) Der Exporteur kann mit Bezahlung der Ware rechnen, wenn er der Akkreditivbank die Dokumente in der vorgesehenen Frist eingereicht hat, selbst wenn der Käufer zahlungsunfähig wird.

e) Gemäß § 4a AWV ist „die Abgabe einer Erklärung im Außenwirtschaftsverkehr, durch die sich ein Gebietsansässiger an einem Boykott gegen einen anderen Staat beteiligt (Boykott-Erklärung), verboten. Aus diesem Grunde kann die Beglaubigung durch die jeweilige IHK nicht nur dann Probleme bereiten, wenn zu bestimmten Unternehmen der **Black-List-Clauses** keine Wirtschaftsbeziehungen aufgenommen werden sollen.

4.3.6 Beschaffungswesen

1. a) Die KG ist eine **Personengesellschaft**.

b) **Komplementär** (= Vollhafter) und **Kommanditist** (= Teilhafter).

c) Es stellen sich folgende Fragen:
- **wie viel** Waren (bzw. Werkstoffe) sollen
- **zu welchem Zeitpunkt**,
- **am billigsten**,
- zu den **niedrigsten Transportkosten** und
- über welche **Bezugsquellen**

beschafft werden.

d) Die von einem Betrieb erstellte **Absatzstatistik** gibt Auskunft über den bisherigen Umsatz einzelner Waren in der Vergangenheit. In einem sog. **Warenwirtschaftssystem**, wie es beispielsweise in Warenhäusern des Einzelhandels existiert, wird der Warenfluss automatisch gesteuert und überwacht. Dies geschieht mithilfe **elektronischer Registrierkassen** (Scanner-Kassen „lesen“ automatisch den EAN-Code; es handelt sich dabei um die europäische Artikel-Nummerierung des jeweiligen Herstellers für ein Produkt).

e) **Elektronische Registrierkassen** bieten mehrere **Vorteile**:
- Kunden und Preise können gespeichert werden.
- Warengruppen, wie z. B. Waschmittel, Autozubehör usw. sind programmierbar.
- Die Mehrwertsteuer wird automatisch berechnet.
- Es kann festgestellt werden, welche Bestände an Waren noch an Lager sind und deshalb möglicherweise nachbestellt werden müssen.
- Die Kassenzettel werden automatisch gedruckt.

2. a) Der **Mindestbestand**, auch **eiserner Bestand** genannt, stellt die Menge an Warenvorräten dar, die normalerweise nicht unterschritten werden darf.

b) Der **Meldebestand** muss so groß sein, dass das Lager aufgefüllt werden kann, bevor der Mindestbestand angegriffen wird.

c) Der Mindestbestand wird auch **eiserner Bestand** genannt, der Meldebestand hingegen **Bestellbestand**.

3. Bei den durch die Lagerung entstehenden **Lagerungskosten** handelt sich dabei um
- Kosten der Behandlung lagernder Güter (Warenpflege),
- Kosten durch die Benutzung von Lagerräumen und Lagereinrichtungen (Mietzins, Versicherungsbeiträge, Reparaturkosten, Energiekosten usw.)
- Kosten der Lagerverwaltung (Löhne, Gehälter, freiwillige Sozialleistungen usw.).

4. **Gesamtwirtschaftliche Überlegungen** bei der **Warenbestellung** spielen dann eine Rolle, wenn Waren in größeren als üblichen Mengen bestellt werden, weil zu erwarten ist, dass beispielsweise die Mehrwertsteuer erhöht wird.

Wer Waren in größeren Mengen bestellt, um einer Preissteigerung zuvorzukommen, muss allerdings auch die Überlegung anstellen, ob er durch eine relativ hohe finanzielle Belastung in Zahlungsschwierigkeit geraten könnte.

Weitere Faktoren, die den Zeitpunkt der Warenbestellung mitbestimmen, sind u. a.:
- die **Jahreszeit** (Bsp.: Schlitten sollten im Winter bestellt werden, um die Lagerkosten zu reduzieren),
- **Lieferfristen** für bestimmte Waren,
- **Preiserhöhungen**, die aufgrund inflationärer Tendenzen zu erwarten sind.

5. Lieferer- und Warendateien, Adressbücher, „Gelbe Seiten" der Deutschen Telekom, elektronisches Telefonbuch, Fachzeitschriften, Mitteilungszeitungen der Industrie- und Handelskammern, Messen, Ausstellungen.

6.
- Eine **Liefererkartei bzw. Liefererdatei**, die für einen bestimmten Lieferanten angelegt wird, enthält Angaben über die Artikelbezeichnung, das Datum von Anfragen bei dem Lieferer, das Datum von durch den Lieferer erfolgten Angebots, Liefer- und Zahlungsbedingungen des Lieferers, das Datum der Bestellung(en) und sonstige wesentliche Angaben, die für den Kontakt zum Lieferanten von Bedeutung sein können.
- Eine **Warenkartei bzw. -datei** enthält Angaben für einen bestimmten Artikel, wie Name des Lieferanten oder dessen verschlüsselte Codeziffer, Lieferungs- und Zahlungsbedingungen, Transportbedingungen, Lieferzeit, Bestelldatum usw.

7. a) Internationale Export- und sonstige Adressbücher, Bundes- und Landesadressbücher, Einwohner-Adressbücher, Telefonbücher, Gelbe Seiten, örtliche Telefonbücher, Fachadressbücher.

b) **Adressbücher** können unterschiedlich **gegliedert** sein.
Wirtschaftsgruppen: Nahrungs- und Genussmittel; **Branchen**: Getränke; Gewerbeart: Großhandel; **Regionalbereiche**: Hamburg; **Artikel**: Spirituosen; **Firmen**: Spirituosen-Vertriebs-GmbH.

8. Bei den sog. **„Gelben Seiten"** handelt es sich um **Branchen-Telefonbücher** zu den amtlichen Telefonbüchern der Deutschen Telekom. Es sind darin Firmen, Gewerbebetriebe und freie Berufe nach Branchenbegriffen gegliedert, wie z. B. Ferienaufenthalte, Fernkopierer, Fernmeldetechnik, Öle und Fette.

9. a) Hans hat die Internet-Adresse www.t-online.de gewählt.
b) Hans sucht im Moment in den gelben Seiten via Internet eine Branche für Dekorationsartikel.
c) Er kann beispielsweise über das Anklicken von Links Adressen, Rufnummern, Faxnummern oder E-Mail-Adressen in Erfahrung bringen.
d) Das E-Mail-Verzeichnis bietet die Möglichkeit, E-Mail-Adressen zu erfahren. Danach kann an einen Ansprechpartner eine E-Mail geschickt werden. Dies hat den Vorteil, dass der E-Mail-Partner die Nachricht sehr schnell erhält, die Kosten für die Übersendung weltweit sehr niedrig sind und beim Schreiben eines Briefes keine DIN-Formate zu beachten sind.
e) Hans könnte den Link Saaldekorationen anklicken und so Informationen über Dekorationsartikel bekommen.

10. **Fachzeitschriften** gibt es in verschiedenen Wirtschaftszweigen und Branchen wie z. B. in der chemischen Industrie, aber auch für bestimmte Berufsgruppen oder Einzelberufe wie z. B. Buchbinder. In ihnen sind Fachaufsätze, fachliche Hinweise und Werbung enthalten.

11. Ein wesentliches Merkmal einer **Messe** besteht darin, dass Kaufabschlüsse aufgrund von ausgestellten Mustern (z. B. Bücher, Spielwaren, Textilien) getätigt werden. Deshalb dienen Messen letztendlich immer dem Absatz, dem Verkauf. Zunehmend mehr werden Messen zur Verkaufsvorbereitung im weitesten Sinne genutzt. Wer sich an einer Messe beteiligt, wie z. B. an der Buchmesse in Frankfurt/Main, der kann verschiedene Unternehmensziele verwirklichen. Umgekehrt kann der Messebesucher sich über Neuheiten von Produkten auf dem Markt informieren und Waren, wegen des Messerabatts, preisgünstig bestellen.

Das Ziel von Unternehmen auf **Ausstellungen** ist es, Werbung für bestimmte Produkte (wie Autos) zu betreiben. Besucher der Ausstellungen können sich entsprechend informieren und neue Bezugsquellen entdecken.

12. a) **AUMA** ist die Abkürzung für Ausstellungs- und Messe-Ausschuss der Deutschen Wirtschaft e.V.

b) In der **Gewerbeordnung** ist definiert, was eine Messe, eine Ausstellung und ein Großmarkt ist.

c) Eine **Messe** ist
- eine zeitlich begrenzte,
- im Allgemeinen regelmäßig wiederkehrende Veranstaltung,
- auf der eine Vielzahl von Ausstellern
- das wesentliche Angebot eines oder mehrerer Wirtschaftzweige ausstellt
- und überwiegend nach Muster
- an gewerbliche Wiederverkäufer, gewerbliche Verbraucher oder Großabnehmer betreibt.

Eine **Ausstellung** ist
- eine zeitlich begrenzte Veranstaltung,
- auf der eine Vielzahl von Ausstellern
- ein repräsentatives Angebot eines oder mehrerer Wirtschaftszweige oder Wirtschaftsgebiete ausstellt und vertreibt
- oder über dieses Angebot zum Zweck der Absatzförderung informiert.

Ein **Großmarkt** ist eine Veranstaltung,
- auf der eine Vielzahl von Anbietern
- bestimmte Waren oder Waren aller Art
- im Wesentlichen an gewerbliche Wiederverkäufer, gewerbliche Verbraucher oder Großabnehmer vertreibt.

13. Der **Mindestbestand**, auch eiserner Bestand genannt, stellt die Menge an Warenvorräten dar, die normalerweise nicht unterschritten werden dürfen.

14. a) Aus Gablers Wirtschaftslexikon ist zu ersehen, was ein **Slogan** ist. Ein Slogan ist ein „Werbeschlagwort, das der Einprägung von Begriffen (meist Merkmalen) beim Konsumenten dienen soll. – Merkmale: Kürze und Prägnanz (wesentlich für Akzeptanz und Gedächtniswirkung), verstärkt durch sprachlich-rhythmische Intonation (= Veränderung des Tones nach Höhe und Stärke beim Sprechen von Silben oder ganzen Sätzen) und Wortwohlklang (wesentlich für Gefallen und Behalten)".

b) **Beispiele** für Slogans:
→ Milch macht müde Männer munter.
→ Ruf doch mal an!
→ Pampers. Sogar wenn sie nass sind, sind sie schön trocken.
→ Clausthaler: Nicht immer, aber immer öfter.

c) In Gablers Wirtschaftslexikon ist ebenfalls definiert, was ein **Logo** ist. Es handelt sich dabei um ein „Firmenzeichen, graphisches Symbol, das für ein ganzes Unternehmen steht, untrennbar mit ihm verbunden ist. Es dient der Darstellung des besonderen Charakters und der Philosophie des Unternehmens sowie der Abhebung von der Konkurrenz".

d)
- Im Vergleich zum vorangegangenen Jahr fanden dieses Jahr 163 - 136 = 27 Ausstellungen mehr statt.
- 4.653 - 3.205 = 1.448 mehr Aussteller waren in diesem Jahr, verglichen mit dem vorangegangenen Jahr, vertreten.
- Die Ausstellungsfläche wurde um 101.403 m^2 - 76.688 m^2 = 24.715 m^2 erweitert.
- Die Fläche pro Aussteller ging zurück.
- Die Fördersumme wurde um 9 Mio € - 7,7 Mio € = 1,3 Mio € verringert.
- Der Preis für die Aussteller sank in diesem Jahr um 2.268 € - 1.974 € = 294 €.

e) Besucher können sich auf **Ausstellungen** entsprechend informieren und neue **Bezugsquellen** entdecken.

15.

Vergleichskriterien für Angebote	
- Preise - Preisnachlässe - Qualitätsnormen von Waren - Lieferbedingungen	- Zahlungsbedingungen - Erfüllungsort - Bindung.

16. a) **Spezifikationskauf**: Es handelt sich hier um den Kauf einer bestimmten Menge einer Gattungsware. Der Käufer hat das Recht, die bestellte Ware innerhalb einer bestimmten Frist nach Maß, Form, Farbe usw. näher zu bestimmen.

b) **Fixkauf**: Es wird ein genauer Zeitpunkt der Lieferung vereinbart (z. B. Montag - 10 Uhr).

c) **Terminkauf**: Die Ware wird zu einem vereinbarten Termin (z. B. Tag) oder innerhalb einer vereinbarten Frist geliefert.

d) **Versendungskauf**: Käufer und Verkäufer befinden sich nicht am selben Ort. Der Ort des Verkäufers ist der Erfüllungsort. Der Käufer wünscht aber, die Waren an einen andern Ort zu liefern.

e) **Fernkauf**: Die Vertagspartner befinden sich an verschiedenen Orten. Hier ist nicht der Ort des Verkäufers Erfüllungsort, sondern ein anderer zuvor vereinbarter Ort.

f) **Streckenkauf**: Unter Streckenkauf, auch Streckenhandel genannt, versteht man den Handel (im funktionellen Sinn), bei dem Handelsware vom Vorlieferanten zum Abnehmer befördert wird, ohne dass sie von der Handelsunternehmung eingelagert wird. Zolllager sowie im Freihafen und im Ausland gelten hier nicht als Lager. Handel im institutionellen Sinne liegt vor, wenn Marktteilnehmer Güter, die sie in der Regel nicht selbst be- oder verarbeiten, sog. Handelswaren, von anderen Marktteilnehmern beschaffen und an Dritte absetzen. – **Streckengroßhandel** im institutionellen Sinn liegt vor, wenn mehr als die Hälfte der Großhandelsumsätze auf Streckengeschäfte entfällt.

g) **Platzkauf**: Käufer und Verkäufer haben ihre Niederlassungen am gleichen Ort, der gleichzeitig Erfüllungsort ist.

17. Zum **Erlöschen eines Angebots** kann es aus folgenden Gründen kommen:
- der Empfänger lehnt ausdrücklich ab;
- die Annahmefrist ist abgelaufen;
- es wird nicht rechtzeitig angenommen;
- es wird erweitert, eingeschränkt oder geändert.

18. **Gesetzlicher Erfüllungsort**: Am Wohn- bzw. Geschäftssitz des Verkäufers, hier in Saarbrücken (§ 269 BGB).

19. **Geldschulden** sind **Schickschulden** (§ 270 BGB).

20. Der **Gerichtsstand** ist an dem Ort, an dem die streitige Verpflichtung zu erfüllen ist, also Frankfurt (§ 137 ZPO).

21. **Leistungsstörungen**, die im Zusammenhang mit dem Abschluss eines Kaufvertrages auftreten können sind:
- Culpa in contrahendo,
- Unmöglichkeit,
- Mängelrüge,
- Annahmeverzug,
- Lieferungsverzug,
- Zahlungsverzug,
- Mängelrüge,
- Störung der Geschäftsgrundlage.

22.

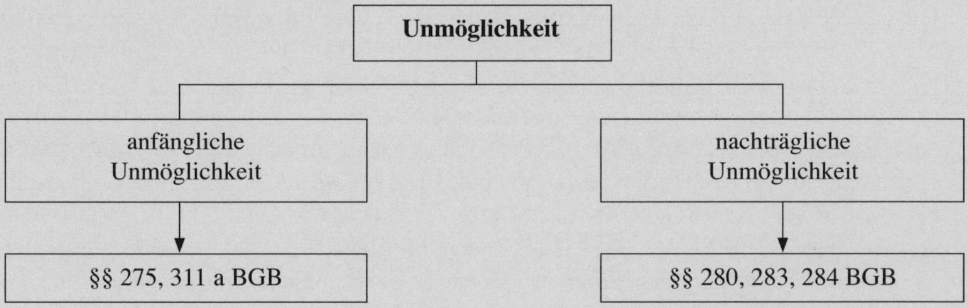

23. Wenn eine nur einmal existierende Sache, die Gegenstand eines Kaufvertrages ist, durch einen Brand zerstört wird und der ausgehandelte Vertrag nicht mehr erfüllt werden kann.

24. Im Falle der **culpa in contrahendo** wird bei der Begründung eines Rechtsverhältnisses durch Rechtsgeschäft ein **vertragsähnliches Vertrauensverhältnis voraussetzt**. Grundsätzlich kann es sich dabei um folgende Situationen handeln:
- Aufnahme von Vertragsverhandlungen,
- Anbahnung von Vertragsverhandlungen,
- ähnliche geschäftliche Kontakte (z. B. mit einem Gutachter).

25. Die **vertragstypischen Pflichten** beim **Kaufvertrag** sind aus § 433 BGB für die Vertragspartner abzuleiten.

Verkäufer:
- Übergabe der Sache
- Verschaffung des Eigentums
- Verschaffung der Sache frei von Sach- und Rechtsmängeln

Käufer:
- Kaufpreis zahlen
- Abnahme der gekauften Sache

26. Das BGB unterscheidet zwischen
- **Sachmängeln** und
- **Rechtsmängeln** (§ 434 f BGB).

27. Nach Abschluss eines Kaufvertrages können im Rahmen der Erfüllung des Rechtsgeschäfts folgende möglichen **Sachmängel** auftreten:
- Die Sache ist für die nach dem Vertrag vereinbarte Verwendung nicht geeignet.
- Es erfolgt eine aluid-Lieferung, d. h. eine Falschlieferung.
- Es wird eine geringere Menge an Waren geliefert als vereinbart.
- Es erfolgt eine unsachgemäße Montage einer Vorrichtung an einer Maschine.
- Die Beschaffenheit einer Sache entspricht nicht der in der Werbung angekündigten Eigenschaften.

28. **Rechtsmangel:** I. Baulasten, die bestimmte Pflichten in der Nutzung bereits errichteter Gebäude begründen.
II. Im Grundbuch falsch eingetragenes Wohnrecht.

29. Die Rechte des Käufers, also im konkreten Fall, die von Frau Mandarin, die sie im Falle dieses Sachmangels geltend machen kann, ergeben sich aus § 437 ff. BGB. Danach hat der Käufer einen Nacherfüllungsanspruch. Dieser besteht darin, entweder die Beseitigung des Mangels oder die Lieferung einer mangelfreien Sache zu verlangen. Der Schuldner, d.h. der Verkäufer, muss seine Leistung oder Nacherfüllung gemäß § 323 BGB vertragsgemäß erbringen. Hat der Käufer dem Verkäufer eine Frist zur Nacherfüllung gesetzt und ist diese ergebnislos verstrichen, so kann der Käufer gesetzlich vorgesehene Gewährleistungsansprüche gemäß § 437 Nr. 2 und 3 BGB geltend machen. Bei den Gewährleistungsansprüchen handelt es sich grundsätzlich um „Rücktritt" oder „Minderung des Kaufpreises" und „Schadensersatz" oder „Ersatz vergeblicher Aufwendungen" (§§ 280 ff. 284 ff., 323, 440 f. BGB).

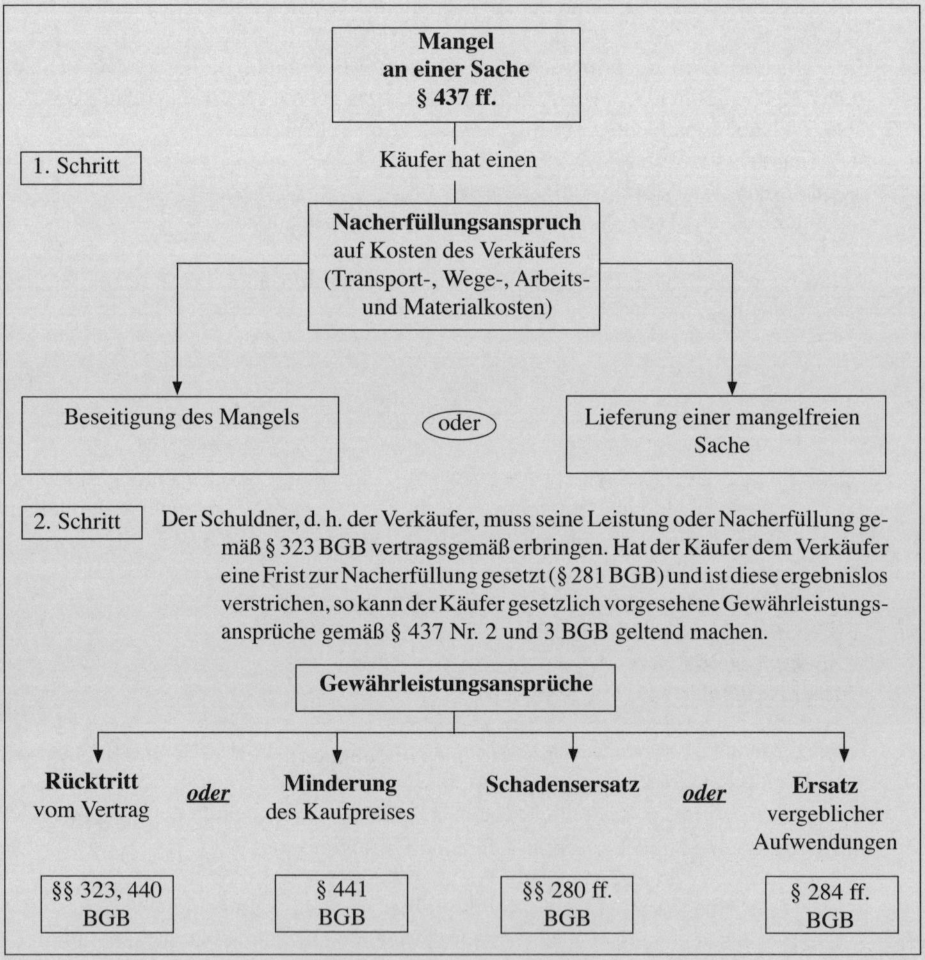

30. Gegenstand des **Werkvertrages** kann sowohl die
- Herstellung oder
- Veränderung einer Sache oder
- ein anderer durch Arbeit oder Dienstleistung herbeizuführender Erfolg sein, wie z. B. das Gutachten eines Arztes (§ 631 Abs. 2 BGB).

31. Von einer **positiven Forderungsverletzung** oder einer positiven Vertragsverletzung spricht man, wenn im Rahmen eines Vertragsverhältnisses eine Nebenpflicht (wie ein fehlender Hinweis bei der Benutzung einer Maschine) verletzt wird. So kann Lebensgefahr bestehen.

32. Der **Verbrauchsgüterkauf** ist im Schuldrecht, Abschnitt 8, Untertitel 3, ab § 474 BGB geregelt.

33. Die **Vertragspartner** beim **Verbrauchsgüterkauf** sind der **Unternehmer** und der **Verbraucher**.

34. Zweiseitige Handelskäufe und Immobilienkäufe gelten **nicht** als **Verbrauchsgüterkauf**.

35. Gemäß § 474 BGB handelt es sich bei der Versteigerung von gebrauchten Sachen nicht um einen Verbrauchsgüterkauf.

36. **Beweislastumkehr**: Zeigt sich innerhalb von sechs Monaten seit Gefahrübergang ein Sachmangel, so wird vermutet, dass die Sache bereits bei Gefahrübergang mangelhaft war, es sei denn, diese Vermutung ist mit der Art der Sache oder des Mangels unvereinbar (§ 476 BGB).

37. Leistet der Schuldner auf eine Mahnung des Gläubigers nicht, die nach der Fälligkeit erfolgt, so kommt er durch die Mahnung in **Verzug**.

38. Einer Mahnung bedarf es allerdings nicht, wenn die Leistung nach dem Kalender bestimmt ist (§ 286 BGB).

39. Ein Unternehmer, der am 14. Mai um 14 Uhr nicht – wie vereinbart – die Ware liefert, kommt in **Verzug**, wenn er die mögliche Verspätung oder gar Nichtlieferung zu vertreten hat.

40. Der Schuldner einer Geldforderung kommt **grundsätzlich** spätestens in Verzug, wenn er nicht innerhalb von 30 Tagen nach Fälligkeit und Zugang der Rechnung oder gleichwertigen Zahlungsaufstellung leistet (§ 286, Abs. 3 BGB).

41. Den **Basiszinssatz** kann man entweder via Internet (www.bundesbank.de) oder über eine Wirtschaftszeitung, wie das Handelsblatt, ermitteln.

42.

a) Im Falle der Hausfrau Juliane Schwarz gilt, dass sie nach Mahnung in Verzug ist und deshalb Zinsen in Höhe des geltenden Basiszinssatzes, z. B. 2,8 % und zuzüglich 5 % p.a., also 7,8 % p. a. Zinsen zahlen muss.

b) Der Einzelhändler hat gegenüber dem Großhändler, spätesten 30 Tage nach Rechnungsdatum, auch ohne Mahnung, 2,8 % Basiszinssatz zuzüglich 8 % p. a., also 10,8 % Zinsen zu zahlen.

43. Bestellt ein Kaufmann eine Ware bei einem Großhändler zu einem ganz genau bestimmten Termin, so handelt es sich um einen **Fixhandelskauf** (§ 376 HGB).

44. Die **Gründe** für ein **Zahlungsversäumnis** können sein:
- der Schuldner hat vergessen, die Rechnung zu bezahlen;
- der Schuldner ist in Zahlungsschwierigkeiten geraten oder zahlungsunfähig,
- der Schuldner ist nicht willig zu zahlen.

45. Voraussetzungen eines **Annahmeverzugs**:
1. Die geschuldete Lieferung muss fällig sein.
2. Die Lieferung muss tatsächlich angeboten werden. Das tatsächliche Angebot ist keine zusätzliche zur Leistung vorzunehmende Handlung, sondern der Beginn der Leistung. Es muss so vorgenommen werden, dass der Gläubiger nichts weiter zu tun hat, als zuzugreifen und die Lieferung anzunehmen (§ 294 BGB).
3. Die Leistung wurde nicht angenommen.

46. Für den Verbraucher gilt die 30-Tage-Regelung nur dann, wenn der Gläubiger in der Rechnung oder Forderungsaufstellung gesondert auf die Folge eines Verzuges hinweist.

47. a) Es handelt sich gemäß § 434 Abs. 2 BGB um einen **Sachmangel**.

b) Es handelt sich um eine **positive Forderungsverletzung** bzw. positive Vertragsverletzung. Diese stellt einen Sachmangel dar, der Schadensersatzansprüche gegenüber dem Tierverkäufer auslöst.

c) Es handelt sich um eine Vertragsanbahnung. Bei der Überlegung, ob es sich um eine „**culpa in contrahendo**" handelt, sind folgende Fragen zu überprüfen:
- Besteht ein Schuldverhältnis gemäß § 311 Absatz 2 und 3?
- Handelt es sich um eine Pflichtverletzung von vorvertraglichen Pflichten, wie Obhuts-, Schutz- oder Informationspflichten?

- Hat der Schuldner die Pflichtverletzung zu vertreten?
- Ist durch die Pflichtverletzung ein Schaden entstanden?

Man kommt zu dem Ergebnis, dass der Schuldner eine Pflicht aus dem Schuldverhältnis verletzt hat; d. h. es handelt sich also tatsächlich um die Leistungsstörung culpa in contrahendo. Deshalb kann der Gläubiger Ersatz des hieraus entstandenen Schadens verlangen (§ 280 BGB).

d) Es handelt sich um den Fall der „**nachträglichen Unmöglichkeit**" gemäß § 275 BGB. Auf Grund des Schuldnerverzugs des Unternehmens kann Ersatz des Schadens geltend gemacht werden (§ 280 BGB).

e) Es handelt sich um einen **Rechtsmangel** (§ 435 BGB).

48. Beim **zweiseitigen Handelskauf** handelt es sich bei den Vertragspartnern um den Käufer und den Verkäufer; im Falle des **Verbrauchsgüterkaufs** spricht man gemäß BGB vom Unternehmer und dem Verbraucher.

49. Es handelt sich um eine „**aluid-Lieferung**" (= Falschlieferung) und eine „**Zuweniglieferung**", also um einen Sachmangel (§ 434 BGB). – Bei diesem **Verbrauchsgüterkauf** ist die Wein-Vertriebs GmbH als Vertragspartner „Unternehmer" und Martin Feierbub „Verbraucher" . – Der Käufer kann nun einen **Nacherfüllungsanspruch** gegenüber dem Verkäufer geltend machen und eine mangelfreie Lieferung verlangen. Erfolgt die Lieferung nicht und ist auch die von Herrn Feierbub gesetzte Frist zur Nacherfüllung verstrichen, ohne dass eine wunschgemäße Lieferung erfolgt ist, kann der Verbraucher Martin Feierabend gesetzlich garantierte **Gewährleistungsansprüche** geltend machen (§§ 13, 14, 437 BGB).

50. a) Für einen **Kostenanschlag**, mit dem der Unternehmer den Besteller vor Auftragserteilung über die Kosten informiert, die voraussichtlich anfallen werden, kann er kein Geld verlangen. Sollte es allerdings zu einer Überschreitung eines vereinbarten Kostenanschlags kommen, so hat der Unternehmer dem Besteller unverzüglich Anzeige zu machen (§§ 632, 650 BGB).

b) Ein **Werkvertrag** kann zwischen einem Besteller und einem Unternehmer zu Stande kommen.

c) Es handelt sich um einen **Sachmangel**.

d) Erhält der Besteller vom Unternehmer ein **mangelhaftes Werk**, wie eine zu kurze Hose oder eine nicht funktionsfähige Maschine, so muss er das Werk nicht abnehmen. Er kann auf der Herstellung eines mangelfreien Werkes bestehen. Im Gegensatz zu der Wahlmöglichkeit bei der Geltendmachung des **Nacherfüllungsanspruchs** beim Kaufvertrag kann der Unternehmer im Falle des **Werkvertrags** entscheiden, ob er selbst nachbessert oder gar neu herstellt. Bei dieser Wahlmöglichkeit hat der Besteller das Recht, dem Unternehmer eine Frist zu setzen, innerhalb derer der Mangel zu beheben ist. Und auch nach erfolglosem Ablauf der Frist hat der Besteller gemäß § 634 BGB verschiedene Wahlmöglichkeiten:

- Selbstvornahme gemäß § 637 BGB,
- Rücktritt gemäß §§ 323, 326 I BGB,
- statt Rücktritt Minderung gemäß § 638 BGB,
- und/oder Schadensersatz gemäß §§ 280, 281, 636 BGB.

e) Aus § 437 BGB ergeben sich Ansprüche, die der Käufer im Falle eines Mangels an einer Sache geltend machen kann. Auch diese unter Nr. 1 und 3 bezeichneten Ansprüche unterliegen der Verjährung. Die Leistungsstörung in diesem Fall verjährt nach zwei Jahren.

f) Im Gegensatz zu der Wahlmöglichkeit bei der Geltendmachung des Nacherfüllungsanspruchs beim **Kaufvertrag** kann der Unternehmer im Falle des **Werkvertrags** entscheiden, ob er selbst nachbessert oder gar neu herstellt (§ 635 BGB).

51. Es handelt sich um einen **Lieferungsverzug**. Da ein genaues Kalenderdatum vereinbart war, bedarf es gemäß § 286 Abs. 2 keiner Mahnung durch den Verbraucher gegenüber dem Unternehmer. Der Schuldner, d. h. der Unternehmer hat gemäß § 287 BGB auch Fahrlässigkeit zu vertreten, die hier anzunehmen ist. Er wird deshalb schadensersatzpflichtig gemäß § 280 BGB, da er seine Pflicht aus dem Schuldverhältnis verletzt hat.

52. Es handelt sich um einen **Fixhandelskauf** (§ 376 HGB).

53. An den Verpflichtungen, die die beiden Vertragspartner im Rahmen des Kaufvertrags eingegangen sind, ändert sich trotz **Annahmeverzuges** nichts. Deshalb hat der Verkäufer, d. h. hier die „Obst & Gemüse KG", das Recht, auf die Abnahme der Ware zu bestehen. Da der Käufer nicht zu erreichen ist, kann der Verkäufer die Rechte geltend machen, die ihm auch ohne Zustimmung des Gläubigers zustehen.

- Der Verkäufer darf bei Annahmeverzug des Käufers die Ware auf dessen Gefahr und Kosten in einem öffentlichen Lagerhaus oder sonst in sicherer Weise hinterlegen (§ 373 HGB).
- Der Verkäufer kann die Ware in eigener Verwahrung behalten oder anderweitig verwahren. Er haftet dann nur für Vorsatz und grobe Fahrlässigkeit und hat Anspruch auf Ersatz der Aufwendungen.
- Der Verkäufer darf die Ware verkaufen lassen. In der Regel muss er den Selbsthilfeverkauf dem Käufer vorher androhen. Außerdem hat er ihm rechtzeitig Ort und Zeitpunkt des Selbsthilfekaufs mitzuteilen. Besteht die Gefahr, dass die Ware verdirbt, so besteht keine Verpflichtung zur vorherigen Androhung, da ein Notverkauf erfolgen muss. Wie der Selbsthilfeverkauf erfolgen soll, braucht der Verkäufer dem Käufer nicht mitzuteilen.
- Kommt es zu einer öffentlichen Versteigerung einer Sache, so können Verkäufer und Käufer mitbieten (§ 373 HGB, § 384 BGB).
- Er kann vom Vertrag zurücktreten, wenn der Käufer die Ware schuldhaft nicht entgegennimmt (§ 374 HGB).
- Der Verkäufer kann gegen den Käufer auf Abnahme klagen.

54. a) Es handelt sich um einen **Werkvertrag** (§ 631 BGB).

b) Der Inhaber des Betriebes, Herr Speckschwart, darf wegen fehlender Vereinbarung einen Betrag für einen **Kostenanschlag** nicht in Rechnung stellen. Sollte der Unternehmer behaupten, ein Kostenanschlag sei vereinbart worden, so trägt er die Beweislast. Da das BGB im Falle des Kostenanschlags keine Schriftform vorsieht, dürfte die Beweisführung für den Unternehmer nicht ganz einfach sein, es sei denn, er kann Zeugen benennen, die bei der Vereinbarung anwesend waren (§ 632 Abs. 3 BGB).

c) Grundsätzlich gilt: Leistet der Schuldner auf eine Mahnung des Gläubigers nicht, die nach dem Eintritt der Fälligkeit erfolgt, so kommt er durch die Mahnung in **Verzug**. – Der Schuldner einer Geldforderung kommt jedoch spätestens in Verzug, wenn er nicht innerhalb von 30 Tagen nach Fälligkeit und Zugang der Rechnung oder einer gleichwertigen Zahlungsaufstellung leistet. Für den Verbraucher gelten jedoch – aus Verbraucherschutzgründen – andere Gesetzmäßigkeiten. Für ihn gilt die 30-Tage-Regelung nur dann, wenn der Gläubiger in der Rechnung gesondert auf die Folge eines Verzuges hingewiesen hat. Dies ist in dem vorliegenden Fall nicht der Fall gewesen. Also muss der Malerbetrieb Herrn Casablanca eine Frist zur Zahlung setzen. Hat er nach Ablauf der Frist nicht bezahlt, so ist der Schuldner in Zahlungsverzug geraten. – Herr Speckschwart kann also zunächst keine Zinsen verlangen. Tritt jedoch Zahlungsverzug ein, so kann er zwar Zinsen verlangen, aber keine 8 %, sondern nur 5 % über dem aktuellen Basiszinssatz (§ 288 BGB).

d) Den Zinssatz kann er u. a. in Erfahrung bringen, wenn er sich über **www.bundesbank.de** ins Internet einloggt oder in einer Wirtschaftszeitung, wie z. B. dem Handelsblatt nachschaut (§§ 247, 288 BGB).

55. Werkvertrag

56. a) Das **Geräte- und Produktsicherheitsgesetz** enthält
- Sicherheitsanforderungen,
- Marktüberwachungsvorschriften und
- das Recht auf Informationszugang für den Verbraucher.

b) Fehlen europäische Vorgaben, so dürfen Produkte nur in den Verkehr gebracht werden, wenn sie bei bestimmungsgemäßer Verwendung und auch bei vorhersehbarem Fehlgebrauch den Verwender oder Dritte nicht gefährden.

c) **Produkte** sind **technische Arbeitsmittel** und **Verbraucherprodukte**.

Technische Arbeitsmittel sind:
- verwendungsfertige Arbeitseinrichtungen, die bestimmungsgemäß ausschließlich bei der Arbeit verwendet werden und
- deren Zubehörteile sowie Schutzeinrichtungen, die nicht Teil einer Arbeitseinrichtung sind.

Verbraucherprodukte sind Gebrauchsgegenstände und sonstige Produkte, die für Verbraucher bestimmt sind oder unter vernünftigerweise vorhersehbaren Bedingungen vonVerbrauchern benutzt werden können, selbst wenn sie nicht für sie bestimmt sind. Als Verbraucherprodukte gelten auch Gebrauchsgegenstände und sonstige Produkte, die dem Verbraucher im Rahmen der Erbringung einer Dienstleistung zur Verfügung gestellt werden.

57. a) Wird ein Produkt mit dem CE-Kennzeichen auf den Markt gebracht, so ist folgendes zu beachten:
- Es ist verboten, ein Produkt in den Verkehr zu bringen, wenn dieses, seine Verpackung oder ihm beigefügte Unterlagen mit der CE-Kennzeichnung versehen sind, ohne dass die Rechtsverordnung nach § 3 oder andere Rechtsvorschriften dies vorsehen und die Voraussetzungen der Absätze 2 bis 5 eingehalten sind.
- Die CE-Kennzeichnung muss sichtbar, lesbar und dauerhaft angebracht sein.

- Die CE-Kennzeichnung besteht aus den Buchstaben „CE“ in der Gestalt, so wie sie im Bundesgesetzblatt veröffentlicht wurde.
- Bei Verkleinerung oder Vergrößerung der CE-Kennzeichnung müssen die hier wiedergegebenen Proportionen gewahrt bleiben.
- Es dürfen zusätzlich zur CE-Kennzeichnung keine Kennzeichnungen angebracht werden, durch die Dritte hinsichtlich der Bedeutung und der Gestalt der CE-Kennzeichnung irregeführt werden können. Jede andere Kennzeichnung darf angebracht werden, wenn sie die Sichtbarkeit und Lesbarkeit der CE-Kennzeichnung nicht beeinträchtigt (§ 6 GPSG).

b) Soweit Rechtsverordnungen nach § 3 nichts anderes bestimmen, dürfen technische Arbeitsmittel und verwendungsfertige Gebrauchsgegenstände mit dem vom Bundesministerium für Wirtschaft amtlich bekannt gemachten Zeichen „GS = geprüfte Sicherheit“ **(GS-Zeichen)** versehen werden.

Die GS-Stelle prüft ein Baumuster des Produkts hinsichtlich der Gewährleistung von Sicherheit und Gesundheit und bestätigt mit dem GS-Zeichen, dass das Produkt allen gesetzlichen Sicherheitsanforderungen nach § 4 Abs.1 bis 3 GPSG entspricht.

58. a) Im Rahmen der Warenannahme sind folgende Tätigkeiten vorzunehmen:

- Überprüfung, ob die Isabell Sulimann OHG der Warenempfänger sein soll,
- Überprüfung, ob die Anzahl der bestellten Waren mit der Anzahl der gelieferten Waren übereinstimmt,
- Überprüfung der Artikelnummer,
- Überprüfung der Verpackung um die gelieferte Ware,
- Wareneingangsschein ausfüllen,
- Falschlieferung dem Lieferanten melden.

b) Gemäß Angebot war „Lieferung frei Haus“ vereinbart. Transportkosten durften also nicht berechnet werden.

c) In beiden Fällen handelt es sich um eine Personengesellschaft. Eine GmbH Co KG ist eine Kommanditgesellschaft, bei der der Komplementär (= Vollhafter) eine GmbH ist.

d)

24 x 228,00 €	=	5.472,00 €
– 10 % Rabatt	=	547,20 €
		4.924,80 €
+ 19 % USt		935,71 €
Überweisungsbetrag		5.860,51 €

59. Das Abbrennen eines Hauses kann in diesem Fall zu der **Leistungsstörung Unmöglichkeit** führen. Dies trifft aber nur dann zu, wenn der Brand vor dem 12. Juni stattgefunden hat. In diesem Fall wäre das Möbelhaus schadensersatzpflichtig geworden. Auf jeden Fall hätte Maja Olivenbaum den bereits geleisteten Kaufpreis zurückfordern können. Da der Brand aber erst nach dem 12. Juni ausgelöst wurde, kommt Maja in **Annahmeverzug**. Deshalb kann sie weder Schadensersatzansprüche anmelden, noch den Kaufpreis zurückverlangen.

60. Durch die Mahnung ist Beate Schnappschuss in **Zahlungsverzug** geraten. Als Verbraucher muss sie nach abgeschlossenem Verbrauchsgüterkauf Verzugszinsen zahlen. Diese werden ab dem Tage des Verzugs wie folgt ermittelt: Als Verbraucher hat sie also zuzüglich zum gerade aktuell geltenden Basiszinssatz 5 % p. a. Zinsen zu zahlen und zwar nur für die Tage des Verzugs (§ 288 BGB).

61. a) Der Winzerverein Irgendwo bietet seinen Kunden Wein zu bestimmten Konditionen an. Unter anderem gewährt das Unternehmen einen Mengenrabatt in Höhe von 6 % ab einer Abnahme von 200 Weinflaschen. Bei dem Gesamtangebot handelt es sich um eine einseitig abgegebene Willenserklärung, die die Kunden akzeptieren können. Im vorliegenden Fall weicht der potenzielle (= mögliche) Kunde im Hinblick auf den Rabatt von der Willenserklärung des Winzerverein Irgendwo ab. Er unterbreitet eine eigene Willenserklärung. – Nur, wenn der Winzerverein Irgendwo auf das Angebot von Herrn Junghans eingeht, kann ein Kaufvertrag (= Verpflichtungsgeschäft, gemäß § 433 BGB) zu Stande kommen, da in diesem Fall die beiden Willenserklärungen von Käufer und Verkäufer übereineinstimmen.

b) Ist die bestellte Ware geliefert, aber vom Käufer noch nicht bezahlt, so kommt das auf das Verpflichtungsgeschäft folgende Erfüllungsgeschäft noch nicht vollständig zu Stande. Bis zur Begleichung des Rechnungsbetrags lastet auf der Ware noch ein Eigentumsvorbehalt (§ 449 BGB). Dies bedeutet, dass der Käufer das Eigentum an der Ware erst erwirbt, wenn er seine Verpflichtung, die Ware zu bezahlen, erfüllt hat.

Gemäß § 449 BGB ist der Verkäufer sogar zum Rücktritt von dem Vertrag berechtigt, wenn der Käufer mit der Zahlung in Verzug kommt (= sog. Zahlungsverzug).

62. Bei dem von der Kassiererin bekannt gebenen tatsächlichen Preis handelt es sich um eine **„Aufforderung zur Abgabe eines Angebots“** an den Kunden. Im konkreten Fall bedeutet dies, dass der Kunde aufgefordert wird, dem Verkäufer das Angebot, d.h. den Antrag, zu unterbreiten, die Dose Fisch kaufen zu wollen. Die Willenserklärung des Käufers, die Ware für 1,20 € kaufen zu wollen, stimmt nicht mit der des Verkäufers (an der Kasse) überein. Aus diesem Grunde kann kein rechtsgültiger Kaufvertrag zu Stande kommen. Der Verkäufer kann sich weigern, die Dose zu einem günstigeren als von ihm angebotenen Preis zu verkaufen.

63. Gemäß § 305 b BGB haben **„individuelle Vertragsabreden Vorrang vor Allgemeinen Geschäftsbedingungen“**. Die Bedeutung dieser Rechtsnorm hat zur Folge, dass im konkreten Fall nicht der Inhalt der Allgemeinen Geschäftsbedingungen Gegenstand des Kaufvertrages ist, sondern die zwischen Käufer und Verkäufer getroffene Vereinbarung, wonach bei Zahlung innerhalb von 10 Tagen 3 % Skonto zu gewähren ist.

4.3.7 Zahlungsverkehr und Überwachung von Zahlungsterminen

1. a) **Funktionen des Geldes**: Recheneinheit, Tauschmittel, Wertaufbewahrungsmittel.

b) **Geldarten**: Metallgeld, Papiergeld, Buch- oder Giralgeld.

c) Bei **Scheidemünzen** entspricht der aufgeprägte Wert nicht dem Metallwert; meistens sind sie unterwertig ausgeprägt.

Bei **Kurantmünzen** entspricht der aufgeprägte Wert dem Metallwert.

d) **Buchgeld**: Giroeinlagen (durch Bareinzahlung und Kreditgewährung) auf den Giro- und Kontokorrentkonten der Kredit- und Geldinstitute.
e) Die **Europäische Zentralbank in Frankfurt**/Main.
f) Während einer **Inflation** kann es zur **„Flucht in die Sachwerte“** kommen, d.h. es werden langlebige (Gebrauchs-) Güter gekauft.

2. a) **Kontoinhaber**: Schnelle Abwicklung des Zahlungsverkehrs und Verringerung der Bargeldaufbewahrung.
b) **Kreditinstitute**: Begünstigung der Kreditgewährung, bessere Überprüfung der Bonität von Kreditnehmern auf der Grundlage von Kontobewegungen.
c) **Gesamtwirtschaft**: Eine Verringerung der umlaufenden Geldmenge wirkt inflationären Tendenzen entgegen; die Europäische Zentralbank kann über den Einsatz ihrer Instrumente (Mindestreservepolitik, Lombardpolitik usw.) ihre Aufgaben besser wahrnehmen.

3. a) **Barzahlung**: Der Gläubiger erhält vom Schuldner Bargeld. Konten werden nicht berührt.
Die Euro-Banknoten und Euro-Münzen wurden erstmalig am 1. Januar 2002 ausgegeben und zum gesetzlichen Zahlungsmittel. Seit diesem Zeitpunkt hat der EURO die D-Mark komplett ersetzt. In allen Ländern der EU, die den EURO eingeführt haben, ist nur noch diese Währungseinheit gesetzliches Zahlungsmittel.
Neben Euro-Münzen (1-, 2-, 5-, 10-, 20- und 50 Cent sowie 1 und 2 Euro-Münzen) gibt es neben 100, 200 und 500 Euro-Noten folgende Euro-Geldscheine:

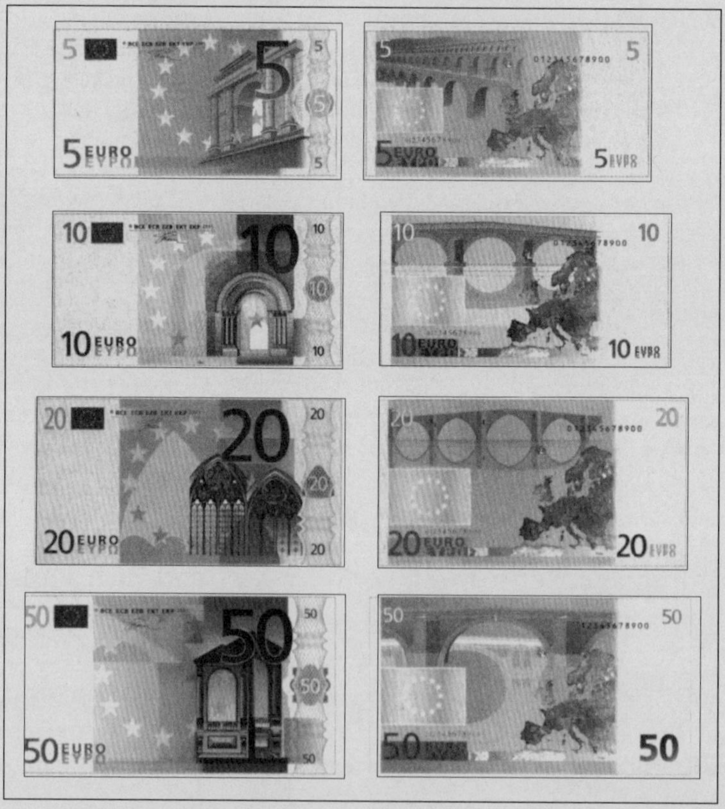

b) **Halbbare Zahlung:** In Abhängigkeit von der Verwendung des Überweisungsträgers findet eine Bewegung nur auf einem Konto statt.

c) **Bargeldlose Zahlung:** Sowohl der Gläubiger als auch der Schuldner haben ein Konto. Der Schuldner wird auf seinem Konto belastet, während dem Gläubiger der ihm vom Schuldner überwiesene Betrag auf seinem Konto gutgeschrieben wird.

4. a) III, b) III, c) II, d) II, e) III.

5. Es handelt sich um einen Zahlungsvorgang im Rahmen des bargeldlosen Zahlungsverkehrs. Mittels PC per Onlinebanking wird ein Geldbetrag vom Konto des Bankkunden (hier Sparda-Bank) auf das Konto des Empfängers Heribert Lausbub bei der Volksbank Saarpfalz übermittelt.

6. Sie soll den Scheck als **Verrechnungsscheck** versenden.

7. a) Im Rahmen des **Lastschriftverfahrens** wird zu Gunsten des Zahlungsempfängers über sein Kreditinstitut (erste Inkassostelle) von dem Konto des Zahlungspflichtigen bei demselben oder einem anderen Kreditinstitut (Zahlstelle) der sich aus der Lastschrift ergebende Betrag aufgrund einer Einzugsermächtigung oder eines Abbuchungsauftrags eingezogen.

b) **Einzugsermächtigung**: Eine dem Zahlungsempfänger von dem Zahlungspflichtigen erteilte schriftliche Ermächtigung zum Einzug.

c) **Abbuchungsauftrag**: Ein von der Zahlstelle von dem Zahlungspflichtigen zu Gunsten des Zahlungsempfängers erteilter schriftlicher Abbuchungsauftrag.

d) Ein **Dauerauftrag** wird dann erteilt, wenn gleichbleibende Beträge zu bestimmten Zeitpunkten von einem Konto abgebucht werden sollen. Im Gegensatz hierzu wird die **Lastschrift** eingesetzt, wenn Zahlungen unregelmäßig oder in unterschiedlicher Höhe anfallen.

8. a) I, b) I, c) II, d) II.

9. a) Im Gegensatz zum **Barscheck**, bei dem der Scheck-Vorleger den Scheckbetrag bar ausgezahlt bekommt, wird beim **Verrechnungsscheck** dem Einlöser des Schecks der Scheckbetrag auf dessen Konto gutgeschrieben.

b) Der Scheck ist ungültig.

c) Sie dienen Geld- und Kreditinstituten dazu, ihre Arbeit zu erleichtern.

d) Ist die Schecksumme in Buchstaben und in Ziffern angegeben, so gilt bei einer Abweichung die in Buchstaben angegebene Summe.

e) **Inhaberscheck**: Der Name des Schecknehmers fehlt.

f) Gemäß **Scheckgesetz** gelten folgende **Vorlegungsfristen**:

- **8 Tage**: Schecks, die im Lande der Ausstellung zahlbar sind;
- **20 Tage**: Schecks, deren Ausstellungs- und Zahlungsort sich in demselben Erdteil befinden;
- **70 Tage**: Schecks, deren Ausstellungs- und Zahlungsort sich in verschiedenen Erdteilen befinden.

g) Die **Streichung des Vermerks** „nur zur Verrechnung“ gilt als nicht erfolgt.

10. Die in Buchstaben geschriebene Summe weicht von der in Ziffern geschriebenen Summe ab. Gemäß Scheckgesetz gilt die in Buchstaben geschriebene Summe. Ob Ankathrin bei der Einlösung des Schecks auch tatsächlich 1.280,– € auf ihrem Konto gutgeschrieben werden, hängt außerdem davon ab, ob das Konto von Simon Garfunkel eine Deckung (Guthaben oder eingeräumter Kredit) in Höhe des Scheckbetrages aufweist.

11. a) Die **Bankcard**
- gilt als Ausweis für den Scheckaussteller,
- dient dazu, Kontoauszüge durch Kontoauszugsdrucker ausdrucken zu lassen,
- berechtigt zur Benutzung von Geldautomaten,
- kann als Bedienungsmedium für die bargeldlose Zahlung an automatisierten Kassen (POS-Kassen), verwendet werden.

b) Ein nicht berechtigter Bankcard-Inhaber kann über Geldautomaten kein Geld abheben, da er den Geheimcode nicht kennt. Tippt der Nichtberechtigte (oder Berechtigte) dreimal hintereinander einen falschen Code ein, so zieht der Geldautomat automatisch die Bankcard ein.

12. a) **Kreditkarten: Eurocard, American Express, Visa, Diners Club.**

b) Bei allen Gesellschaften ist die einwandfreie Bonität Grundvoraussetzung. In der Regel muss zusätzlich ein Jahres-Mindesteinkommen erzielt werden.

c) Für die Leistungen, die der Inhaber der Kreditkarte unter Benutzung der Karte in Anspruch genommen hat, **zieht** ihm **erst einige Wochen später** die **Kreditkarten-Gesellschaft per Lastschrift den Gesamtbetrag eines Monats ein**. Somit gewährt die Gesellschaft dem Kreditkarteninhaber einen Kredit.

d) Bei **Verlust** der Kreditkarte und sofortiger Meldung besteht keine Haftung.

13. a) **Debitorenkontrolle** bedeutet: Überwachung der Zahlungseingänge der Debitoren (Kunden).

b)
- Bewusste Verzögerung der Zahlung um einen Zinsgewinn zu erzielen.
- Kunden geraten in Zahlungsschwierigkeiten.
- Mangelnde Organisation im Betrieb.

14. a) Versäumen es Kunden Rechnungen zu begleichen, so wird auf außergerichtlichem Wege versucht, die Rechnungsbeträge einzutreiben, indem man ihnen zunächst eine **Zahlungserinnerung** übersendet und danach ein bis zwei **Mahnschreiben**.

b) Wegen eines Anspruches auf Zahlung einer bestimmten Geldsumme kann ein **gerichtliches Mahnverfahren** eingeleitet werden.

c) Durch die **Stellung eines Antrages auf Erlass eines Mahnbescheides**.

d) Nein, **für jeden Antragsgegner** im gerichtlichen Mahnverfahren muss ein **besonderer Vordrucksatz** verwendet werden.

e) Das Amtsgericht.

f) **Örtlich zuständig** ist das **Amtsgericht**, bei dem der **Antragsteller** seinen **allgemeinen Gerichtsstand** hat.
- Bei natürlichen Personen ist es der Wohnsitz.
- Bei juristischen Personen ist es der Geschäftssitz, der durch Satzung, Statut oder den Ort der Verwaltung bestimmt ist.

g) Nein.

h) Das **Mahnverfahren** ist
- **einfacher**, da nur Formulare ausgefüllt werden müssen,
- **schneller**, da – im Gegensatz zum Zivilprozess – die mündliche Verhandlung entfällt,
- **billiger**, da Gerichtskosten entfallen.

15. a) Der Mahnbescheid wird auf dem Postweg zugestellt.
b) Die Angelegenheit ist erledigt.
c) Innerhalb von zwei Wochen seit Zustellung des Mahnbescheids.
d) Das Mahnverfahren ist in das **streitige Verfahren** (Gerichtsverfahren, Prozess) übergeleitet.
e) Zwei Wochen.
f) 1. **Antrag** auf **Vollstreckungsbescheid**.
2. **Erlass** des Vollstreckungsbescheids **durch** das **Amtsgericht**.
3. **Zustellung** des Vollstreckungsbescheids **durch Parteiauftrag**.
g) Die Angelegenheit ist erledigt.
h) Die **Zwangsvollstreckung** wird eingeleitet.
i) **Übergang** in das **streitige Verfahren**.

16. a) **Bis** zu einem Streitwert von **5.000,- €** das **Amtsgericht**, bei einem die 5.000,- € Grenze überschreitenden Streitwert das **Landgericht** (§ 23 GVG).
b) Das Gericht, in dessen Bezirk der Beklagte seinen Geschäfts- oder Wohnsitz (**allgemeiner Gerichtsstand**) hat. Sofern es sich beim Kläger und Beklagten um Kaufleute handelt, die im Handelsregister eingetragen sind, kann ein anderer als der allgemeine Gerichtsstand vereinbart werden.
c) Gegen das Urteil des **Amtsgerichts** (als Klageinstanz) kann **Berufung beim Landgericht** eingelegt werden.
Gegen das Urteil des **Landgerichts** (als Klageinstanz) kann **Berufung beim Oberlandesgericht** eingelegt werden.
d) Gegen das Urteil des **Oberlandesgerichts** kann **Revision beim Bundesgerichtshof** eingelegt werden.

17. a) Das Vorliegen eines Vollstreckungstitels ist Voraussetzung für die **Zwangsvollstreckung** (Bsp.: Urteil, Prozessvergleich).
b) Das Recht, zwangsweise in das Vermögen eines Schuldners eingreifen zu können.
c) Eine Zwangsvollstreckung kann erfolgen:
- wegen Geldforderungen,
- zur Erwirkung der Herausgabe und Räumung einer Sache,
- zur Vornahme, Duldung und Unterlassung einer Handlung,
- im Verfahren auf Abgabe einer eidesstattlichen Versicherung.

d) **Gerichtsvollzieher** und **Vollstreckungsgericht** sind Organe der Zwangsvollstreckung.
e) Für die im Besitz des Schuldners befindlichen Gegenstände.
f) Für Forderungspfändungen, für die Zwangsvollstreckung in das unbewegliche Vermögen (**Zwangsverwaltung, Zwangsversteigerung**) und für das Verfahren zur Abgabe einer eidesstattlichen Versicherung ist das Vollstreckungsgericht sachlich zuständig.
g) Die Vermögensverhältnisse des Schuldners sollen durch eine **eidesstattliche Versicherung** offen gelegt werden. Diese sind im **Schuldnerverzeichnis** beim Amtsgericht eingetragen. Jedermann kann dort Einsicht nehmen.

18. a) **Factoring** ist eine Möglichkeit der Finanzierung, wobei eine Finanzierungsgesellschaft (= Factor) Forderungen aus Verträgen (Kaufverträgen, Werkverträgen usw.), die bei ihrem Vertragspartner entstanden sind, ankauft.
b) Nein, Factoring ist kein Bankgeschäft.
c) Das Vermögen verringert sich um die an das Factoring-Institut verkauften Forderungen.
d) Während bei der **offenen Form des Factorings** der Kunde über den Verkauf der Forderung informiert wird, erfährt der Kunde bei der **stillen Form** nichts von der Forderungsabtretung.

4.3.8 Rechtsformen der Unternehmen

1.
- **wirtschaftliche Ziele**: maximalen Gewinn erzielen, Umsatz erhöhen, Kosten minimieren;
- **ökologische Ziele**: Abfälle ins Kreislaufwirtschaftssystem überführen, Umweltfreundliche Verpackungen verwenden;
- **soziale Ziele:** Arbeitsbedingungen human gestalten, Fortbildung fördern, Gewinnbeteiligung der Mitarbeiter, soziale Leistungen wie vermögenswirksame Leistungen, Einführung der gleitenden Arbeitszeit, Verkürzung der wöchentlichen Arbeitszeit.

2. a) **Betriebswirtschaftliche Produktionsverfahren**: Arbeit, Werkstoffe, Betriebsmittel, dispositiver Faktor.
b) Mit dem **dispositiven Faktor** ist die Gesamtheit aller in einem Betrieb tätigen Personen gemeint, die Führungsaufgaben übernehmen.
c) „**Management**" ist ein anderer Begriff für den Ausdruck „dispositiver Faktor".
d) - Ziele setzen,
- Planen,
- Entscheidungen vornehmen,
- Planungsvorhaben realisieren,
- Kontrolle, d. h. Überwachung der gesteckten Ziele.

e) Interessenkonflikte:
- Die eigenen Zielvorstellungen sind nicht in Einklang mit den Zielen des Unternehmens zu bringen (Bsp.: Produktion militärischer Güter); man spricht von Individualkonflikten.
- Hierarchisch bedingte Zielkonflikte können zwischen den Führungsebenen eines Unternehmens auftreten, wenn die Anweisungen von Führungskräften zu wenig operationalisiert, d. h. nicht gut messbar sind (Bsp.: Anweisung des Vertriebsleiters: Verkaufen Sie möglichst viele Kleinbildkameras!).

3. Dass **internationale Arbeitsteilung** erforderlich ist, kann man an Beispielen verdeutlichen:
- Aufgrund niedriger Löhne im Ausland lassen deutsche Unternehmen Waren (Autos, Textilien, Glas) außerhalb Deutschlands produzieren.
- Aufgrund der klimatischen Bedingungen können auch aus dem Ausland importierte Waren wie Orangen, Erdbeeren usw. im Winter in Deutschland verkauft werden.

- Weil Länder, die ihre in Deutschland gekauften Waren nicht mehr bezahlen können, liefert ein Land (z. B. Russland) stattdessen Rohstoffe wie Erdgas.

4. Die **Firma** ist der Name, unter dem er seine Geschäfte betreibt und seine Unterschrift abgibt (§ 17 HGB).

5. **Firmengrundsätze:** Firmenwahrheit und Firmenklarheit, Firmenausschließlichkeit, Firmenbeständigkeit, Firmenöffentlichkeit.

6. Die **Firma** würde gegen den Grundsatz Firmenwahrheit und Firmenklarheit verstoßen.

7. Nein, die Firma muss zusätzlich die Bezeichnung „eingetragene Kauffrau“ bzw. „e. Kfr.“ enthalten.

8. Ein **Einzelkaufmann** kann unter seiner Firma klagen und verklagt werden.

9. a) Zwei Gesellschafter.
b) Gesamtschuldnerisch mit dem Gesamtvermögen.
c) Alle Gesellschafter.
d) Nein, sie wird aber gemäß § 124 HGB als solche betrachtet.
e) Kurz & Schön OHG.
f) Jeder Gesellschafter.
g) Zunächst für jeden Gesellschafter 4 % seines Kapitalanteils, verbleibender Restgewinn durch Anzahl der Gesellschafter.

10. a) Es handelt sich im Falle einer KG um eine **Personengesellschaft** mit je mindestens einem Komplementär (Vollhafter) – hier zwei Komplementäre – und einem Kommanditisten (Teilhafter).
b) Sowohl die **Geschäftsführung** als auch die **Vertretung** liegt in Händen der Komplementäre.
c) Die Komplementäre haften mit ihrem Gesamtvermögen, die Kommanditisten haften den Gläubigern der Gesellschaft bis zur Höhe ihrer Einlage, nicht aber mit ihrem Privatvermögen.
d) Die Komplementäre **haften** nicht nur mit ihrem Gesamtvermögen, sie führen auch die Geschäfte und vertreten die Gesellschaft nach außen.

11. a)

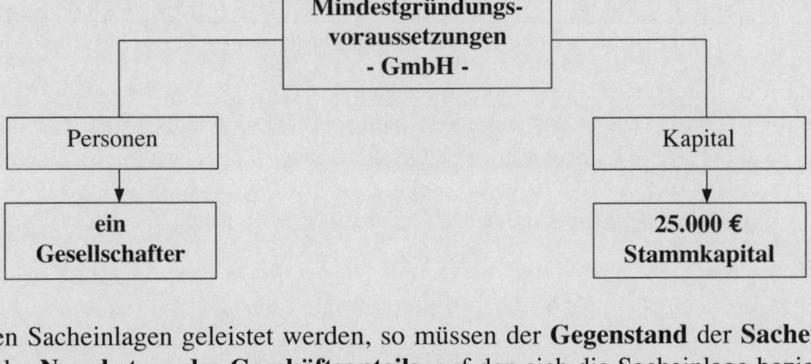

b) Sollen Sacheinlagen geleistet werden, so müssen der **Gegenstand** der **Sacheinlage** und der **Nennbetrag des Geschäftsanteils**, auf den sich die Sacheinlage bezieht, **im Gesellschaftsvertrag festgesetzt** werden. Die Gesellschafter haben in einem Sachgründungsbericht die für die Angemessenheit der Leistungen für Sacheinlagen wesentlichen Umstände darzulegen , so z. B. mit der Begründung, er benötige mehrere Dienstwagen, damit Handelsvertreter des Unternehmens Kunden für geschäftliche Zwecke aufsuchen können. Die Gesellschafter der GmbH haben in einem **Sachgründungsbericht** darzulegen, dass die Sachwerte auch wirklich den Wert darstellen, mit dem sie den einzelnen Gesellschaftern auf die Einlageverpflichtung angerechnet werden sollen (§ 5 GmbHG).

c) Die **Firma** ist gemäß § 17 HGB der Name eines Kaufmanns, unter dem er seine Geschäfte betreibt und die Unterschrift abgibt. Sie muss im Handelsregister, das örtlich für das Unternehmen zuständig ist, eingetragen sein. Unter dieser Firma kann der Kaufmann klagen und verklagt werden. Da die GmbH gemäß § 7 GmbHG in das Handelsregister einzutragen ist, ist sie somit Kaufmann.

d) Soll eine GmbH gegründet werden, dann ist es erforderlich, einen Gesellschaftsvertrag zu formulieren. Der Vertrag, so ist gesetzlich festgelegt, unterliegt einem **Formzwang**, d. h. er bedarf der **notariellen Form**, d. h. er ist **vom Notar** zu **beurkunden**. Außerdem ist er von sämtlichen Gesellschaftern zu unterzeichnen (§ 2 GmbHG).

e) Sitz der Gesellschaft ist der Ort im Inland, den der Gesellschaftsvertrag (= Satzung) bestimmt (§ 4a). Aus diesem Gesetzesauszug ist zu erkennen, dass die GmbH ihren Satzungssitz im Inland haben muss. Allerdings können sich Verwaltungssitz und Betrieb an einem anderen Ort befinden. Dieser kann auch im Ausland liegen. Damit soll der Spielraum deutscher Gesellschaften erhöht werden, ihre Geschäftstätigkeit auch ausschließlich im Rahmen einer (Zweig-)Niederlassung, die alle Geschäftsaktivitäten erfasst, außerhalb Deutschlands zu entfalten.

f) Das GmbH-Gesetz schreibt vor, dass die Gesellschaft bei dem Gericht, in dessen Bezirk sie ihren Sitz hat, zur Eintragung in das **elektronische Handelsregister** anzumelden ist (§ 7 GmbHG). Seit dem In-Kraft-Treten des **Gesetzes über elektronische Handelsregister und Genossenschaftsregister sowie das Unternehmensregister, kurz: EHUG,** zum 1. Januar 2007, sind für die Entgegennahme und Veröffentlichung von wichtigen Daten der Unternehmenslegung nicht mehr die Amtsgerichte, sondern der Betreiber des **elektronischen Bundesanzeigers** zuständig. **Betreiber** ist die **Bundesanzeiger Verlagsgesellschaft mbH** in Köln. Wer die Frage beantworten will, wie die eingereichten Unterlagen beim elektronischen Bundesanzeiger offen gelegt werden, muss wissen, dass diese vom Betreiber des Bundesanzeigers an das **Unternehmensregister** übermittelt werden. Dieses öffentliche Register ist für alle Interessenten im **In- und Ausland** geöffnet. Jeder kann über das Internet auf das Unternehmensregister zugreifen.

g) Die GmbH erlangt durch die Eintragung im Handelsregister die Rechtsfähigkeit. Dies bedeutet, dass nicht der einzelne Gesellschafter Träger von Rechten und Pflichten wird, sondern die Gesellschaft als solche, d. h. für die **Verbindlichkeiten** der Gesellschaft **haftet** den **Gläubigern** nur das **Gesellschaftsvermögen**.

h) Die Geschäftsführer sind der Gesellschaft zum Ersatz von Zahlungen verpflichtet, die nach Eintritt der **Zahlungsunfähigkeit** der Gesellschaft oder nach Feststellung ihrer **Überschuldung** geleistet werden.

i) Ist die GmbH führungslos (geworden) also ohne Geschäftsführer, so ist jeder Gesellschafter im Falle des Eintritts der **Zahlungsunfähigkeit** oder **Überschuldung** gemäß **Insolvenzordnung** zur Stellung des **Antrags auf Insolvenz** verpflichtet. Da gilt es aufzupassen: Denn mit Freiheitsstrafen bis zu drei Jahren oder Geldstrafe wird bestraft, wer durch schuldhaftes Verzögern, **spätestens drei Wochen nach Eintritt der Zahlungsunfähigkeit** oder **Überschuldung** keinen Insolvenzantrag gestellt hat. In einem solchen Fall spricht man von einer **Insolvenzverschleppung**.

j)

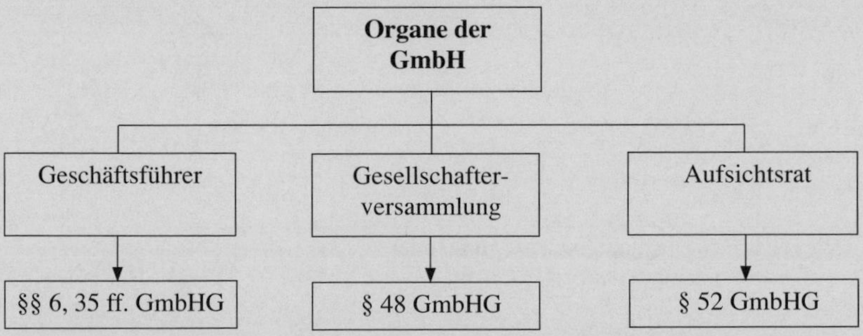

k) Eine Kapitalgesellschaft **Unternehmergesellschaft (haftungsbeschränkt)**, bzw. UG (haftungsbeschränkt, kann gegründet werden, wenn das Kapital zur Gründung einer GmbH nicht ausreicht. Grundsätzlich kann ein solches Unternehmen gegründet werden, wenn ein Gründungsstammkapital zwischen 1 € bis 24999 € vorhanden ist. Kommt es zu einer Gründung einer Unternehmergesellschaft mit sehr geringem Stammkapital, so hat sie die Pflicht, eine gesetzliche Rücklage zu bilden, in die jeweils ein Viertel, also 25 Prozent des Jahresüberschusses, einzustellen ist. Ein Zeitraum ist hierfür nicht vorgesehen. Auf diese Weise soll gesichert werden, dass diese Form der GmbH durch Thesaurierung innerhalb einiger Jahre eine höhere Eigenkapitalausstattung erreicht. **Thesaurierung** ist die Nichtausschüttung von Gewinnen in Unternehmen mit der Absicht, sie später eventuell für Investitionen, also z. B. die Anschaffung von einer Büroausstattung, zu verwenden. Im konkreten Fall sieht das GmbHG vor, dass die Rücklage nur zu bestimmten Zwecken verwendet werden darf.

l) Wer eine Unternehmensgesellschaft gründet, muss wissen, dass es sich dabei **nicht** um eine **eigene Rechtsform** unterhalb oder neben der GmbH handelt. Bekannterweise ist die Aktiengesellschaft im Aktiengesetz und die GmbH im GmbHG geregelt. Die Unternehmergesellschaft (= UG) ist allerdings nicht in einem eigenen Gesetz geregelt. Diese Variante der Gesellschaft mit beschränkter Haftung fügt sich nahtlos in das GmbH-Gesetz ein. Für sie gelten alle Vorschriften des GmbH Gesetzes mit **Ausnahme** der ausdrücklichen Sonderregelungen des **§ 5 a Unternehmergesellschaft**.

Gründung einer GmbH		
1. Schritt	Abschluss eines Gesellschaftsvertrages - durch notarielle Beurkundung oder - in einem vereinfachten Verfahren durch Musterprotokoll	Gesellschaftsvertrag § § § *
2. Schritt	Bestellung der Organe	
3. Schritt	Aufbringung von Stammkapital (Summe der Geschäftsanteile) • Geldeinlage → • Sacheinlage → (Erststellung eines Sachgründungberichts	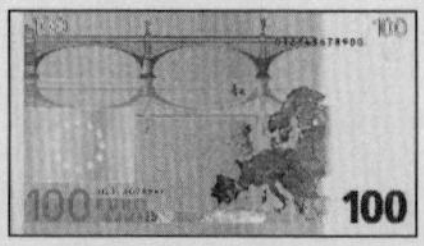 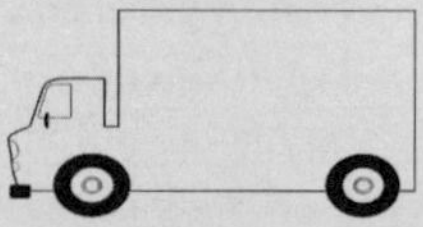
4. Schritt	Anmeldung und Eintragung in das elektronische Handelsregister Abteilung B	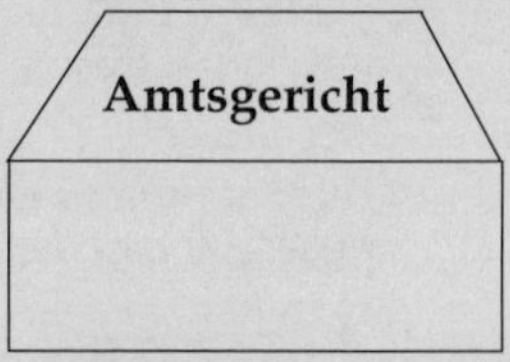
5. Schritt	Veröffentlichung im elektronischen Bundesanzeiger und im Unternehmensregister (gemäß HGB)	

12. a) **AG:** Mindestens 1 Gründungsmitglied und mindestens **50.000,– € Grundkapital**.
b) Sie muss die Bezeichnung „**Aktiengesellschaft**" oder eine Abkürzung wie AG enthalten.
c) Vorstand, Aufsichtsrat, Hauptversammlung sind Organe der AG.
d) Haftung mit Gesellschaftsvermögen.
e) Vorstand.
f) Vorstand.

13. a) Es handelt sich um eine Aktiengesellschaft.
b) Die Aktiengesellschaft ist eine Kapitalgesellschaft.
c) Das Wesen der Aktiengesellschaft ist im Aktiengesetz geregelt.

d) Die Anzeige wurde veröffentlicht, um die Aktionäre zur Hauptversammlung einzuladen.

e) In der Anzeige sind folgende Organe genannt:
- der **Vorstand** und
- der **Aufsichtsrat**,
- die **Hauptversammlung**.

f) **Aufgaben des Vorstands**:
- Er leitet unter eigener Verantwortung die Gesellschaft.
- Besteht der Vorstand aus mehreren Personen, so sind sämtliche Vorstandsmitglieder nur gemeinschaftlich zur Geschäftsführung befugt.
- Der Vorstand vertritt die Gesellschaft gerichtlich und außergerichtlich.
- Auf Verlangen der Hauptversammlung ist der Vorstand verpflichtet, Maßnahmen, die in die Zuständigkeit der Hauptversammlung fallen, vorzubereiten.
- Vorstandsmitglieder zeichnen für die Gesellschaft, indem sie der Firma (siehe § 4 AktG) der Gesellschaft oder der Benennung des Vorstands ihre Unterschrift hinzufügen.

Aufgaben und Rechte des Aufsichtsrats:
- Der Aufsichtsrat hat die Geschäftsführung zu überwachen.
- Er kann die Bücher und Schriften der Gesellschaft sowie die Vermögensgegenstände an Wertpapieren und Waren einsehen und prüfen und für bestimmte Aufgaben besondere Sachverständige beauftragen.
- Der Aufsichtsrat hat eine Hauptversammlung einzuberufen, wenn das Wohl der Gesellschaft es fordert.
- Maßnahmen der Geschäftsführung können dem Aufsichtsrat übertragen werden.
- Gegenüber Vorstandsmitgliedern vertritt der Aufsichtsrat die Gesellschaft gerichtlich und außergerichtlich.

Rechte der Hauptversammlung:
Die Hauptversammlung beschließt in den im Gesetz und in der Satzung ausdrücklich bestimmten Fällen namentlich über
1. die Bestellung der Mitglieder des Aufsichtsrats,
2. die Verwendung des Bilanzgewinns,
3. die Entlastung der Mitglieder des Vorstands und des Aufsichtsrats,
4. die Bestellung der Abschlussprüfer,
5. Satzungsänderungen,
6. Maßnahmen zur Kapitalbeschaffung und der Kapitalherabsetzung,
7. die Bestellung von Prüfern zur Prüfung von Vorgängen bei der Gründung oder der Geschäftsführung,
8. die Auflösung der Gesellschaft.

g) Mindestvoraussetzungen zur Gründung einer AG sind:
- An der Feststellung des Gesellschaftsvertrages müssen sich eine oder mehrere Personen beteiligen.
- Der Mindestnennwert des Grundkapitals ist **50.000,– €**.

h) Das Stimmrecht wird nach Aktiennennbeträgen, bei Stückaktien nach deren Zahl ausgeübt. Mit schriftlicher Vollmacht kann es auch von einem Bevollmächtigten ausgeübt werden. Das Stimmrecht, das ein Kreditinstitut in der Hauptversammlung für Aktionäre ausübt, nennt man **Depotstimmrecht**. Beabsichtigt das Kreditinstitut das Stimmrecht auszuüben oder ausüben zu lassen, so hat es dem Aktionär eigene Vorschläge für die Ausübung des Stimmrechts zu den einzelnen Gegenständen der Tagesordnung mitzuteilen. Bei den Vorschlägen hat sich das Kreditinstitut vom Interesse des Aktionärs leiten zu lassen.

i) Der **Vorstand** hat zur ordentlichen Hauptversammlung eingeladen. Er vertritt die Gesellschaft nach außen.

j) Die **Firma** der Aktiengesellschaft muss die Bezeichnung „Aktiengesellschaft" oder eine allgemein verständliche Abkürzung (z. B. AG) enthalten.

14. Gemäß Aktiengesetz kann die Hauptversammlung einer Aktiengesellschaft mit eingeschriebenem Brief einberufen werden, wenn die Aktionäre der AG namentlich bekannt sind. Das Formerfordernis „eingeschriebener Brief" ist eine gesetzlich vorgeschriebene zwingende Mindestvoraussetzung für die Einberufung einer Hauptversammlung. Wird diese Form nicht beachtet, so liegt ein Verstoß gegen eine gesetzliche Rechtsnorm vor. Die Nichtbeachtung einer durch Gesetz vorgeschriebenen Form (hier: eingeschriebener Brief) führt gemäß § 125 BGB zur Nichtigkeit des Rechtsgeschäfts, hier zur Nichtigkeit der durch die Hauptversammlung erfolgten Beschlüsse. Ist jedoch die gesetzliche Formvorschrift „eingeschriebener Brief" nicht beachtet worden und sind alle Aktionäre erschienen, so kann die Hauptversammlung gemäß § 121 AktG dennoch Beschlüsse fassen, soweit kein Aktionär der Beschlussfassung widerspricht.

15. a) **Partnerschaftsgesellschaftsgesetz** (PartGG).

b) Der Name der Partnerschaftsgesellschaft muss den Namen mindestens eines Partners, den Zusatz „und Partner" oder „Partnerschaft" sowie die Berufsbezeichnungen aller in der Partnerschaft vertretenen Berufe enthalten. Die Beifügung des Vornamens ist nicht erforderlich.

16. a) Es handelt sich um eine GmbH, also um eine Kapitalgesellschaft.

b) Zur Gründung einer GmbH bedarf es eines Mindest-Stammkapitals von 25.000,– €.

c) Eine GmbH ist eine Kapitalgesellschaft. Deshalb ist die Eintragung in der Abteilung B des Handelsregisters erforderlich.

17.

I Gesellschafter	II Kapitaleinlage	III 6 % der Kapitaleinlage	IV Restgewinn nach Köpfen	V = III + IV Gesamtgewinn je Gesellschafter
• E. Wunsch	80.000,–	4.800,–	41.000,–	45.800,–
• I. Schwamm	240.000,–	14.400,–	41.000,–	55.400,–
• A. Kurbel	160.000,–	9.600,–	41.000,–	50.600,–
• P. Holbein	120.000,–	7.200,–	41.000,–	48.200,–
		36.000,–		200.000,–

Gesamtgewinn 200.000,– €
– 36.000,– €
= 164.000,– € : 4 = **41.000,– €**

18.

I Gesellschafter	II Kapitaleinlage	III 8 % der Kapitaleinlage	IV Restgewinn 1 : 2 : 5	V = III + IV Gesamtgewinn je Gesellschafter
• J. King	120.000,-	9.600,-	54.000,-	63.600,-
• P. Kratzfuß	350.000,-	28.000,-	108.000,-	136.000,-
• U. Ratzebutz	130.000,-	10.400,-	270.000,-	280.400,-
		48.000,-		480.000,-

Gesamtgewinn	480.000,– €	
– ∑ 8 % der Kapitaleinlagen	48.000,– €	
= Restgewinn	432.000,– €	: 8 = 54.000,– €

54.000,– € entsprechen einem Anteil von ingesamt 8 Anteilen.

Schritte des Rechenweges:
1. Tabelle mit Eintragung in Spalten I + II,
2. 8 % jedes Kapitalanteils ausrechnen und in Spalte III eintragen,
3. Summe Spalte III ermitteln,
4. Jahresgewinn abzüglich Summe Spalte III,
5. Das Verhältnis 1 : 2 : 5 ergibt 8 Anteile,
6. Ergebnis aus Schritt 4 durch 8 dividieren,
7. Ergebnis aus Schritt 6 multiplizieren mit 1 und 2 und 5 und in Spalte IV eintragen,
8. Spalte V ergibt sich aus der Addition der Zeilen aus Spalten III und IV.

19. a) Es handelt sich im vorliegenden Fall um die Veröffentlichung einer neu gegründeten **Partnerschaftsgesellschaft**.

b) Die Partnerschaftsgesellschaft ist im elektronischen **Partnerschaftsregister** eingetragen.

c) Gemäß PartGG ist die Partnerschaft eine Gesellschaft, in der sich Angehörige freier Berufe zur Ausübung ihrer Berufe zusammenschließen. Aus dieser Formulierung ist ersichtlich, dass es Freiberufler sind, die eine Partnerschaft bilden können. Bei der Klarlegung, wer nun einen freien Beruf ausübt, lehnt sich das Gesetz an § 18 EStG an. Danach ist „Ausübung eines freien Berufs die selbstständige Berufstätigkeit der Ärzte, Zahnärzte, Tierärzte, Heilpraktiker, Krankengymnasten, Hebammen, ... Mitglieder der Rechtsanwaltskammern, Patentanwälte, Wirtschaftsprüfer, Steuerberater, beratende Volks- und Betriebswirte, ... Ingenieure, Architekten, ... Journalisten, Bildberichterstatter, Dolmetscher, Übersetzer und ähnlicher Berufe sowie der Wissenschaftler, Künstler, Schriftsteller, Lehrer und Erzieher“.

d) • Im Falle der Partnerschaftsgesellschaft bedarf es der schriftlichen Formulierung des Gesellschaftsvertrages. Bei der Gründung einer BGB-Gesellschaft ist die Schriftform nicht vorgesehen.
- Im Gegensatz zur Partnerschaftsgesellschaft müssen bei der BGB-Gesellschaft alle Partner als Beklagte aufgeführt werden.

e) Eine Partnerschaft kann z. B. aufgelöst werden
- durch den Ablauf der Zeit, für welche sie eingegangen ist,
- durch Beschluss der Partner,

- durch die Eröffnung eines Insolvenzverfahrens über das Vermögen der Gesellschaft oder über das Vermögen eines Gesellschafters,
- durch Kündigung und durch gerichtliche Entscheidung (§ 9 PartGG i. V. m. §131 HGB).

20. a), c), e)

21. b), d)

22. b), c), e)

23.

Abgrenzungs-kriterien ↓	**Kapitalgesellschaften**		**Personengesellschaften**	
	GmbH	**AG**	**OHG**	**KG**
☛ **Rechtsgrundlage**	GmbH-Gesetz	Aktiengesetz	Handelsgesetzbuch	Handelsgesetzbuch
☛ **Eintragung im Handelsregister Abteilung**	B	B	A	A
☛ **Mindestgründerzahl**	1	1	2	2
☛ **Mindestgründungskapital**	25.000 €	50.000 €	——	——
☛ **Firmierung**	Bezeichnung Gesellschaft mit beschränkter Haftung oder Abkürzung	Bezeichnung Aktiengesellschaft oder Abkürzung	Bezeichnung Offene Handelsgesellschaft oder Abkürzung	Bezeichnung Kommanditgesellschaft oder Abkürzung
☛ **Organe**	Geschäftsführer Gesellschafter Aufsichtsrat	Geschäftsführer Aufsichtsrat Hauptversammlung	——	——
☛ **Geschäftsführung**	Geschäftsführer	Vorstand	Gesellschafter	Komplementär
☛ **Vertretung**	Geschäftsführer	Vorstand	Gesellschafter	Komplementär
☛ **Haftung**	Gesellschaftsvermögen	Aktiengesellschaft mit Gesellschaftsvermögen	Gesellschafter mit Gesamtvermögen	*Komplementär:* mit Gesamtvermögen *Kommanditist* mit Vermögenseinlage

4.3.9 Finanzierung und Investition

1. a) Eine **Fusion** ist der Zusammenschluss von Unternehmen. Handels- und steuerrechtlich spricht man auch von Verschmelzung.

b) **Investition**: Anlage von Geld in Produktionsmitteln. Bilanztechnisch = Mittelverwendung.

c) **Finanzierung**: Beschaffung von Geld- und Sachkapital. Bilanztechnisch = Mittelherkunft.

2.
- **Außenfinanzierung**
  - Eigenfinanzierung
  - Fremdfinanzierung
- **Innenfinanzierung**

= Finanzierung unter dem Gesichtspunkt der Herkunft oder Geld- und Sachkapitals

3. **Fremdfinanzierung** durch
- **Factoring**,
- **Leasing**,
- **Kreditaufnahme bei Kreditinstituten**.

4. Unternehmen schöpfen Finanzierungsmittel aus dem eigenen Unternehmen, indem entweder nur ein Teil des Gewinns ausgeschüttet oder der gesamte Gewinn nicht ausgeschüttet wird.

5. **Offene Selbstfinanzierung:** Gewinne werden teilweise oder ganz ausgeschüttet. Sie werden bei Personengesellschaften den Kapitalkonten gutgeschrieben; bei Kapitalgesellschaften werden daraus Rücklagen gebildet.

Stille Selbstfinanzierung: Vermögen wird unterbewertet oder Schulden werden überbewertet.

6. **Eigenfinanzierung** (= Beteiligungsfinanzierung); Bereitstellung von Eigenkapital (z. B. Stammeinlagen der Gesellschafter einer GmbH).
Selbstfinanzierung: Bereitstellung von Eigenkapital aus Gewinn.

7. a) **Materielle Kreditwürdigkeitsprüfung:**
Überprüfen der wirtschaftlichen Verhältnisse einer Person (Geschäftsbücher, Einkommensteuernachweis, Kontobewegungen usw.).

b) **Personelle Kreditwürdigkeitsprüfung:**
Überprüfung der persönlichen Qualitäten des Kreditnehmers (Berufliche Qualifikation, Bildung usw.).

8. a) **Bürgschaften** und **Zession** sind **Personensicherheiten**.
b) **Pfandrechte** (Schmuck, Wertpapiere usw.), **Sicherungsübereignung** und **Grundpfandrechte** (Hypothek, Grundschuld, Rentenschuld) sind **Sachsicherheiten**.

9. a) **Kapitalbeteiligungsgesellschaften** stellen (i.Allg. als stiller Gesellschafter) kleineren und mittleren Unternehmen Beteiligungskapital bis zu einem Höchstbetrag zur Verfügung.

b) - Die Eigenkapitalbasis wird erweitert.
- Unternehmen können ihre Finanzverhältnisse konsolidieren und somit ihre Bonität (= Kreditwürdigkeit) verbessern.

c) - Kooperationen,
- Innovationen,
- Umstellungen bei Strukturwandel,
- Errichtungen und Erweiterungen von Betrieben,
- Rationalisierungen von Betrieben.

10.

vom Kreditnehmer vorgesehene Werte 64.000 € Werte		
Aktien	Festverzinsliche Wertpapiere	Spareinlage
32.000 €	16.000 €	16.000 €
↓ 50 %	↓ 80 %	↓ 100 %
16.000 €	12.800 €	16.000 €

+ +

44.800 € Kreditsicherheit

11. a) Der **Kontokorrentkredit** ist ein kurzfristiger Kredit.
b) Sowohl Personen- als auch Sachsicherheiten können Kreditsicherheit sein.
c) - Einer der Vertragspartner muss Kaufmann sein.
- Er ist Buchkredit.
- Regelmäßig wird ein Saldo ermittelt.
d) Durch **Prolongation**, d. h. Verlängerung der Laufzeit, wird er zum mittel- oder langfristigen Kredit.

12. a) Kreditvertrag und Bürgschaftsvertrag.
b) Durch den **Bürgschaftsvertrag** verpflichtet sich der Bürge gegenüber dem Gläubiger eines Dritten, für die Verbindlichkeiten des Dritten einzustehen.
c) Die Schuld des Bürgen hängt vom Bestehen und vom Umfang der Hauptverbindlichkeit ab. Die Bürgschaft ist also **akzessorisch**.
d) Im Falle der **Ausfallbürgschaft** hat der Bürge das Recht der „Einrede der Vorausklage", d. h. er haftet erst nach der erfolglosen Zwangsvollstreckung des Gläubigers gegen den Hauptschuldner und zwar nur für den bewiesenen Ausfall der Forderung(en).

13. a) Bei dem Notar Dr. Jörg Wohlauf in Mainz wurde ein Kaufvertrag über eine Immobilie abgeschlossen. Hierbei handelt es sich um ein Rechtsgeschäft. Außerdem kommt ein zweites Rechtsgeschäft dadurch zu Stande, dass sich die Kreditbank Mainz gegenüber dem Käufer bis zum in der Bürgschaftsurkunde angegebenen Höchstbetrag verbürgt. Bei diesem Betrag handelt es sich um eine erste Kaufpreisrate, so wie sie in Ziffer V Nr. 1 und 2 im Kaufvertrag vereinbart wurde. Aufgrund dieser Urkunde kann der Verkäufer zu dem im Kaufvertrag angegebenen Fälligkeitstermin Zahlung verlangen, weil er (auf eigene Kosten) dem Käufer eine selbstschuldnerische Bürgschaft zur Verfügung gestellt hat.

b) Im Falle einer **selbstschuldnerischen Bürgschaft verzichtet** der **Bürge** auf das Recht der **„Einrede der Vorausklage“**, d. h. kommt der Hauptschuldner seinen Verpflichtungen nicht nach, kann sich der Gläubiger sofort an den Bürgen wenden.

14. a) Die **Hypothek** ist ein Pfandrecht an einem Grundstück, wobei an denjenigen, zu dessen Gunsten die Belastung erfolgt, eine bestimmte Geldsumme zur Befriedigung wegen einer ihm zustehenden Forderung aus dem Grundstück zu zahlen ist.

b) Wenn **zwischen** dem **Hypothekengläubiger** und dem **Grundstückseigentümer** eine **Einigung** zu Stande gekommen und die Eintragung im Grundbuch erfolgt ist, entsteht eine Hypothek.

c) Neben der Eintragung des Rechts im Grundbuch wird vom Grundbuchamt ein **Hypothekenbrief** ausgestellt. Nur der auf der Urkunde namentlich genannte Inhaber kann den verbrieften Anspruch geltend machen.

d) Der Hypothekengläubiger erwirbt die Hypothek, nachdem sich die **Vertragspartner geeinigt** haben und die **Eintragung im Grundbuch** erfolgt ist.

15. a) Existenzgründungen, Schaffung von Arbeitsplätzen und Plätzen für die Berufsausbildung, Förderung des Exports.

b) **Kredite, Subventionen, Bürgschaften, Garantien.**

c)
- **Kreditanstalt für Wiederaufbau,** Frankfurt;
- **Deutsche Ausgleichsbank,** Bonn;
- **Bundesagentur für Arbeit,** Nürnberg;
- **Ausfuhrkreditgesellschaft mbH**, Frankfurt;
- **Europäische Investitionsbank**, Luxemburg.

16. a) Bürgschaftsgemeinschaften werden als GmbH geführt.

b) **Kreditgemeinschaften des Handels** (Einzelhandel und Großhandel), Kreditinstitute, IHKs, Verbände des Handels usw.

c) Förderung von Handel, Industrie, Handwerk usw. durch Übernahme von Bürgschaften.

d) Ja, i. S. d. Kreditwesengesetzes.

e) Gewährung von Darlehen und Übernahme von Bürgschaften.

17. Ein Mitglied der Genossenschaft wird direkt vom Produzenten oder Importeur beliefert. Die Einkaufszentrale bürgt dem Lieferer für die Zahlung des Kaufpreises, bezahlt die Rechnungen und belastet das Mitglied in Zeitabständen mit dem Gesamtbetrag der in einem Zeitraum eingegangenen Rechnungen.

18. a) - Kredite für wirtschaftlich benachteiligte und strukturschwache Gebiete.
- Kredite zur Förderung des Wohnungsbaus.

b) - Kredite zur Finanzierung von Schiffslieferungen.
- Kredite zur Abwicklung der Werfthilfeprogramme.
- Kredite zur Finanzierung des Absatzes deutscher ziviler Luftfahrzeuge.

c) Sie schließt Finanzierungsverträge mit den Partnern in den Entwicklungsländern ab.

d) Deckung des Ausfuhrgeschäfts sowie des Finanzkredits durch die **HERMES Kreditversicherungs-AG,** Hamburg.

19. a) **Direktes Leasing:** Der Hersteller tritt als Vermieter auf.
Indirektes Leasing: Ein Dritter, meist eine Leasinggesellschaft, ist eingeschaltet.

b) **Financial Leasing** oder Finance-Leasing oder Finanzierungs-Leasing stellt die entgeltliche Überlassung von Investitionsgütern zur Nutzung für die übliche Benutzungs- bzw. Lebensdauer ohne ihre Übereignung dar.

c) Anteilsmäßiger Kaufpreis, Finanzierungskosten und Gewinn des Leasinggebers.

d) Der Vermieter trägt beim **Operating Leasing** das Investitionsrisiko.

e) Beim **Financial-Leasing** ist eine Kündigung während der Grundmietzeit nicht möglich. Ohne Vereinbarung einer Grundmietzeit kann der Leasingvertrag beim **Operating Leasing** jederzeit gekündigt werden.

f) Steuer- und bilanzrechtliche Vorteile.

20. a), c)

21. a) Wer von **Franchising** spricht, meint eine Vertriebsbindung für Waren, Immobilien oder Dienstleistungen zwischen einem Franchise-Geber, wie z. B. Porst und einem Franchise-Nehmer, d.h. einem Händler, der mit eigenem Kapitaleinsatz unter einem einheitlichen Marketingkonzept Waren und/oder Dienstleistungen anbietet.

b) Der **Franchise-Geber** bringt wichtige **Voraussetzungen** wie Markttests oder Kalkulationshilfen und bietet laufend geschäftlichen Beistand, Beratung, Werbung und Ausbildung.

c) Als **Gegenleistung** hat der **Franchise-Nehmer** dem **Franchise-Geber** eine Gebühr zu zahlen. Er hat somit die Gewähr, dass kein anderer Franchise-Nehmer in seinem Gebiet einen Betrieb eröffnet. Individuell werden die Rechte und Pflichten der Vertragspartner vertraglich festgelegt.

d) Der Franchise-Nehmer, der möglicherweise erstmalig Existenzgründer ist, hat die Möglichkeit neben der Einbringung eigener Mittel und den üblichen Bankkrediten zusätzlich günstige Investitionskredite, z. B. von der in Bonn ansässigen Deutschen Ausgleichsbank, zu erhalten.

e) Vielen Personen sind die Namen der **Franchise-Systeme** McDonalds (Fast-Food), Portas (Türen), Good Year (Autoreifen), Foto-Quelle, Coca Cola (Getränkeindustrie) oder Aufina (Immobilienwirtschaft) bekannt.

22. a) Es kommen im Falle eines **Sicherungsübereigungskredites** zwischen den beiden Vertragspartnern, d. h. der Bank als Kreditgeber und Herrn Ballwein als Kreditnehmer, zwei Rechtsgeschäfte zu Stande, nämlich
1. der **Kreditvertrag** und
2. der **Sicherungsübereignungsvertrag**.

b) Der Sicherungsgeber übereignet der Bank das Sicherungsgut, d. h. den LKW.

c) Der LKW bleibt im Besitz des Kreditnehmers, d. h. er kann den Wagen geschäftlich nutzen. Der Nachteil besteht darin, dass er den Sicherungsgegenstand weiterhin versichern muss (Vollkasko), obwohl der Kreditgeber Eigentümer ist.

23. a) Unter **Factoring** versteht man den Kauf von Geldforderungen aus Waren- und Dienstleistungsgeschäften durch einen Factor. Dieser übernimmt die kurzfristige Umsatzfinanzierung, indem er für die offenen Forderungen Zahlungen leistet.

b) Beim Factoring sind i. d. R. drei Partner beteiligt, nämlich der **Factor**, der **Factoring-Kunde** und der Debitor, d. h. der belieferte **Abnehmer**. Der Kunde nennt dem Factor seine Abnehmer (Kunden), die er beliefert. Außerdem wird ein Kreditrahmen ausgehandelt. Nach Überprüfung der Bonität (Kreditwürdigkeit) der einzelnen Abnehmer durch den Factor wird ein Kreditlimit vereinbart. Der Factor übernimmt innerhalb der vereinbarten Limite die Finanzierung und das Ausfallrisiko. Gleichzeitig werden die Abnehmer durch den Factoring-Kunden über die vertragsmäßige Bindung mit dem Factor informiert. Im konkreten Fall würde der Factor dem Großhandelsunternehmen im Rahmen der vereinbarten Kreditgrenzen einen vereinbarten Prozentsatz, z. B. 90 %, der jeweiligen Forderungssumme bei Vorlage der Rechnung bezahlen. Der restliche Forderungsbetrag dient dem Factor als Sicherheit, so im Falle von Reklamationen. Er wird zunächst gutgeschrieben und zu einem späteren Zeitpunkt bezahlt, so z. B. wenn der Abnehmer seine ausstehenden Forderungen voll beglichen hat.

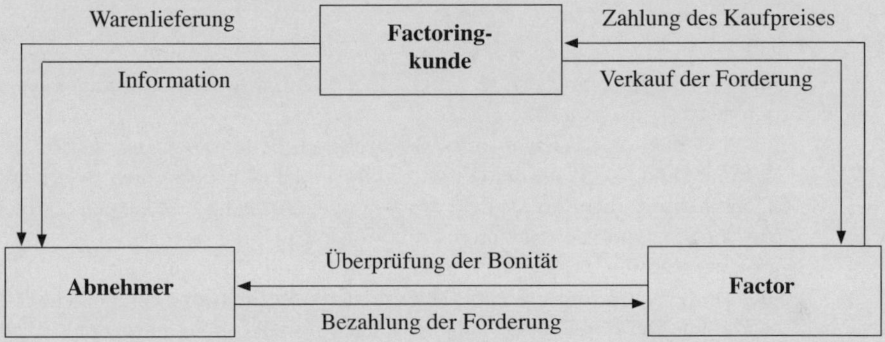

c) Im Falle des **offenen Factorings** werden die Debitoren über die Zusammenarbeit mit dem Factor informiert.

d) **Export-Factoring** ist im grenzüberschreitenden Waren- und Dienstleistungsgeschäft von Bedeutung. In diesem Fall nehmen Exportunternehmen die Leistungen eines Factors in Deutschland in Anspruch.Bei der Abwicklung können Korrespondenzpartner in den jeweiligen Ländern eingeschaltet werden.

24. a) 1. bei Beginn der Erdarbeiten 30 %

$$30\ \%\ \text{von}\ 1.200.000\ € = \frac{1.200.000 \cdot 30}{100} = 360.000\ €$$

2. bei Rohbaufertigstellung 28 %

$$28\ \%\ \text{von}\ 1.200.000\ € = \frac{1.200.000 \cdot 28}{100} = 336.000\ €$$

3. bei Fertigstellung der Rohinstallation einschließlich Innenputz, ausgenommen jedoch Beiputzarbeiten

$$17{,}5\ \%\text{ von }1.200.000\ € = \frac{1.200.000 \cdot 30}{100} = 210.000\ €$$

4. bei Fertigstellung der Schreiner- und Glasarbeiten, ausgenommen jedoch die Innentüren 10,5 %

$$10{,}5\ \%\text{ von }1.200.000\ € = \frac{1.200.000 \cdot 10{,}5}{100} = 126.000\ €$$

5. bei Bezugsfertigkeit und Zug und Zug mit Besitzübergabe 10,5 %

$$10{,}5\ \%\text{ von }1.200.000\ € = \frac{1.200.000 \cdot 10{,}5}{100} = 126.000\ €$$

6. nach vollständiger Fertigstellung 3,5 %

$$3{,}5\ \%\text{ von }1.200.000\ € = \frac{1.200.000 \cdot 3{,}5}{100} = 42.000\ €$$

b) Eine **Grundschuld** ist neben der **Hypothek** und der **Rentenschuld** ein **Grundpfandrecht**, das Kreditinstituten als Kreditsicherheit dient. Gesetzlich geregelt ist die Grundschuld in § 1191 BGB.
(1) Ein Grundstück kann in der Weise belastet werden, dass an denjenigen, zu dessen Gunsten die Belastung erfolgt, eine bestimmte Geldsumme aus dem Grunstücke zu zahlen ist (Grundschuld).

c) Zur **Übertragung** des **Eigentums** an einer **beweglichen Sache** ist es erforderlich, dass der Eigentümer die Sache dem Erwerber übergibt und beide darüber einig sind, dass das Eigentum übergehen soll. Ist der Erwerber im Besitz der Sache, so genügt die Einigung über den Übergang des Eigentums.

d) Zur **Übertragung** des **Eigentums** an einem **Grundstück**, zur Belastung eines Grundstücks mit einem Recht sowie zur Übertragung oder Belastung eines solchen Rechtes ist die Einigung des Berechtigten und des anderen Teils über den Eintritt der Rechtsänderung und die Eintragung der Rechtsänderung in das Grundbuch erforderlich. Vor der Eintragung sind die Beteiligten an die Einigung nur gebunden, wenn die Erklärungen notariell beurkundet oder vor dem Grundbuchamt abgegeben oder bei diesem eingereicht sind oder wenn der Berechtigte dem anderen Teil den Vorschriften der Grundbuchordnung entsprechende Eintragsbewilligung ausgehändigt hat.

e) Gemäß Grundbuchordnung wird das **Grundbuch** beim jeweils zuständigen **Amtsgericht** geführt.

f) Grundpfandrechte, wie die Grundschuld, werden in der dritten Abteilung des Grundbuchs eingetragen.

g) Das **Grundbuch** ist wie folgt **aufgebaut**.
Die **Aufschrift des Grundbuchblattes** enthält folgende Angaben:
- Bezeichnung des Amtsgerichts,
- Bezeichnung des Grundbuchbezirks,
- Band-Nr. und
- Blatt-Nr.

Im **Bestandsverzeichnis** des **Grundbuches** sind aufgeführt:
- die Lage des Grundstücks,
- die Art des Grundstücks (z. B. Bauland),
- die Größe des Grundstücks,
- die Rechte, die mit dem Eigentum verbunden sind, z. B. Wegerechte.

Neben der Aufschrift und dem Bestandsverzeichnis ist das Grundbuch noch in drei Abteilungen untergliedert. Hier werden die Rechte am Grundstück und Löschungen eingetragen.

In der **ersten Abteilung** wird eingetragen:
- der Name des Eigentümers,
- der Rechtsgrund des Erwerbs,
- der Zeitpunkt des Grundstückserwerbs.

Die **zweite Abteilung** enthält:
- Lasten (z. B. Reallast) und
- Beschränkungen.

In der **dritten Abteilung** sind eingetragen:
- Hypothekenschulden
- Grundschulden
- Rentenschulden,

außerdem deren Veränderungen und Löschungen.

25. a)

Jahr 1	Okt. bis Dez.	204,52 x 3	=	613,56 €
Jahr 2 + 3	24 Monate	204,52 x 24	=	4.908,48 €
Jahr 4	Jan. bis Sept.	204,52 x 9	=	1.840,68 €
			=	**7.362,72 €**

b)

Guthaben (Zeitwert) 30. September Jahr 4	=	7.412,17 €
– eingezahlter Betrag	=	7.362,72 €
	=	**+ 49,45 €**

c) Im September des Jahres 4 lautete der Kontostand 7.412,17 €. Nach 12 Monaten betrug er im Jahr 5 11.047,90 €. In diesem Betrag waren also enthalten
1. die monatlichen Einzahlungen innerhalb von 12 Monaten,
2. die Kurszuwächse der im Fonds enthaltenen Aktien.

Innerhalb von 12 Monaten wurden 204,52 x 12 = 2.454,24 € eingezahlt.

Kontostand September Jahr 5	=	11.047,90 €
– Kontostand Jahr 4	=	7.412,17 €
Zugewinn	=	+ 3.635,73 €
– der in den letzten 12 Monaten gezahlten Beträge 204,52 x 12	=	– 2.454,24 €
Kursgewinn durch Kurssteigerungen in absoluter Zahl	=	**1.181,49 €**

d) Der durch Kurssteigerungen erzielte Kursgewinn stellt den Prozentwert von dem Kontostand des Jahres 4 dar. Der Kontostand im Jahr 4 betrug 7.412,17 €. Es stellt sich die Frage, um wie viel Prozent sich der Grundwert durch den Kursgewinn erhöht hat.

e) Neben reinen Aktienfonds gibt es auch noch sog. Rentenfonds (= festverzinsliche Wertpapiere), Immobilienfonds und gemischte Fonds (z. B. mit Aktien und Rentenpapieren).

$$\text{Prozentsatz (p)} = \frac{\text{Prozentwert (P)} \times 100}{\text{Grundwert (G)}} = \frac{1.181{,}49 \times 100}{7.412{,}17} = \underline{\underline{15{,}93\ \%}}$$

Es wurde im Vergleich der Jahre 5 und 4 ein Kursgewinn in Höhe von 15,93 % erzielt.

4.3.10 Wirtschaftsordnung

1. a) - Dezentrale Planung mit dem **Markt als Koordinierungsfaktor in der Marktwirtschaft.**
- Zentrale Planung mit administrativer Wirtschaftsführung, d. h. der **Zentralplan ist Steuerungsinstrument in der Zentralplanwirtschaft** (so in der früheren DDR).

b) In beiden Wirtschaftssystemen wird geplant.

c) **Dem** von der Planungskommission vorgegebenen **Plan müssen sich die Wirtschaftssubjekte** (Produzenten, Handel, Verbraucher) subordinieren, d. h. **unterordnen**.

d) Sie dienen der wertmäßigen Festlegung von Vorschriften für die Produktion.

2. a) **Ordnungselemente der Marktwirtschaft:**
- Die Planung erfolgt dezentral mit marktwirtschaftlicher Koordination.
- Es gilt der Grundsatz der Vertragsfreiheit (in Deutschland gemäß GG garantiert).
- Das Privateigentum ist gewährleistet.
- Es gilt der Grundsatz der Gewerbe- und Berufsfreiheit.
- Ein Ziel der Unternehmen ist die Erwirtschaftung eines Gewinns, bzw. möglichst großen Gewinns.
- Es herrscht freier Wettbewerb.
- Die Preisbildung erfolgt auf den Märkten (Wertpapiermarkt, Immobilienmarkt usw.).
- Die Gewerkschaften sehen ihre Aufgaben darin, Löhne und verbesserte Arbeitsbedingungen für die Arbeitnehmer durchzusetzen.

b) **Ordnungselemente der Zentralverwaltungswirtschaft:**
- Die Lenkung und Kontrolle des wirtschaftlichen Geschehens erfolgt zentral.
- Das Privateigentum an Produktionsmitteln ist weitestgehend aufgehoben.
- Der Staat legt die Preise für Güter und Dienstleistungen zentral fest.
- Der Staat setzt die Löhne fest.
- Die Aufgaben der Gewerkschaften bestehen darin, die Zielsetzungen der Partei und des Staates zu verbreiten.

3. a) Nein, gemäß Bundesverfassungsgericht kann aus dem GG keine bestimmte Wirtschaftsordnung abgeleitet werden. Die **Bundesrepublik** ist ein **gemischt-wirtschaftliches System**.

b) Ja, der Staat kann in das Marktgeschehen eingreifen, solange gegen das GG nicht verstoßen, der marktwirtschaftliche Mechanismus nicht gestört und soziale Gerechtigkeit herbeigeführt wird.
Beispiel: In der Wettbewerbspolitik werden die Verbraucher durch das **„Gesetz gegen den unlauteren Wettbewerb"** und die **„Preisangabenverordnung"** besonders geschützt.
c) Artikel 20 GG: Die **Bundesrepublik Deutschland ist ein demokratischer und sozialer Bundesstaat.**
d) Von **Bismarck** im Jahre 1881.
e) - **Krankenversicherung**,
- **Pflegeversicherung**,
- **Arbeitslosenversicherung**,
- **Rentenversicherung**,
- **Unfallversicherung**.
f) Das **Sozialgesetzbuch** gilt als Fundament der sozialen Sicherung.
g) - Sozialversicherung,
- Vermögensbildung,
- Jugendhilfe,
- Wohngeld,
- Elterngeld,
- Kindergeld,
- Ausbildungsförderung,
- Entgeltzahlung im Krankheitsfalle usw.

4. a) Das **Bundeskartellamt** hat gegen Benetton den Vorwurf erhoben, Einzelhändler zur Einhaltung von Preisempfehlungen zu bewegen.
b) Benetton hat nach Ansicht des Bundeskartellamtes gegen das **Gesetz gegen Wettbewerbsbeschränkungen (GWB)** verstoßen.
c) Empfehlungen, die eine Umgehung der im GWB ausgesprochenen Verbote oder der Kartellbehörde aufgrund des GWB erlassenen Verfügungen durch gleichförmiges Verhalten bezwecken oder bewirken, sind **verboten**. Das Gleiche gilt für die Empfehlung eines Unternehmens an die Abnehmer seiner Ware, bei der Weiterveräußerung an Dritte bestimmte Preise zu fordern oder anzubieten, bestimmte Arten der Preisfestsetzung anzuwenden oder bestimmte Ober- oder Untergrenzen bei der Preisfestsetzung zu beachten. Bei dieser Rechtsnorm des GWB handelt es sich um das **Empfehlungsverbot.**
d) **Kartellbehörden** sind
- das Bundeskartellamt,
- das Bundesministerium für Wirtschaft und
- die nach Landesrecht zuständigen obersten Behörden.
e) Die vom Bundeskartellamt verhängte **Rechtsfolge** aufgrund des Gesetzesverstoßes ist eine **Geldbuße.**
f) Benetton hat wegen Verstoß gegen die Regeln der unverbindlichen Preisempfehlung eine Geldbuße zu bezahlen. Da Benetton **Einspruch** eingelegt hat, ist der Bußgeldbescheid noch nicht rechtskräftig.

5. a) Im vorliegenden Fall handelt es sich um die **Europäische Kommission**.
b) Die Europäische Kommission hat ihren Sitz in **Brüssel**.

4.3.11 Grundzüge der Wirtschaftspolitik

1. a) - Abszisse = x → horizontale Achse = x-Achse = Zeit
- Ordinate = x_2 → vertikale Achse = y-Achse = Bruttosozialprodukt in Mrd. Euro oder Produktion

b) - **Expansion** = Aufschwung
- **Boom** = Hochkonjunktur
- **Rezession** = Abschwung
- **Depression** = Tiefstand

c) **Konjunkturzyklus**: Zeitraum zwischen den 4 Konjunkturphasen.

d)

Kriterien ↓	**Konjunkturphasen**			
	Expansion	Boom	Rezession	Depression
Beschäftigtenzahl	steigt	sehr hoch	sinkt	sehr niedrig
Bruttoinlandsprodukt	steigt	sehr hoch	sinkt	sehr niedrig
Gewinne	steigen	sehr hoch	sinken	sehr niedrig
Auftragseingänge	nehmen zu	sehr hoch	gehen zurück	sehr niedrig

e)

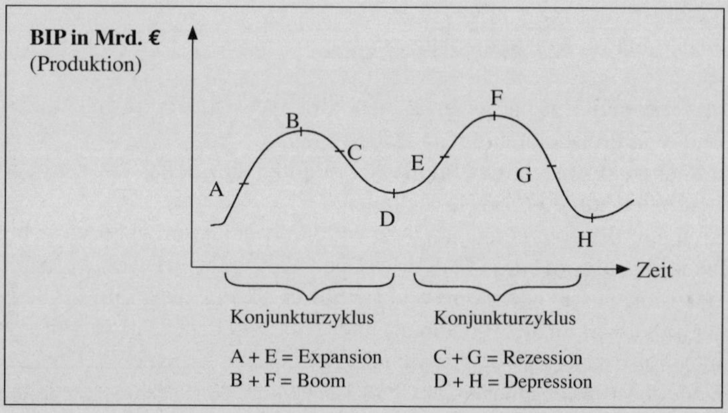

2. a) Der **Sachverständigenrat zur Begutachtung der gesamtwirtschaftlichen Entwicklung** besteht aus **fünf Mitgliedern.**

b) Die Mitglieder des Sachverständigenrats werden auch die **fünf Weisen** genannt?

c) Der Sachverständigenrat hat jährlich sein **Gutachten** bis zum **15. November** zu erstatten.

d) Bei den vier **Zielen des Stabilitätsgesetzes** handelt es sich um Folgende:
(1) Stabilität des Preisniveaus,
(2) hoher Beschäftigungsstand (nicht Vollbeschäftigung),
(3) außenwirtschaftliches Gleichgewicht und
(4) stetiges und angemessenes Wachstum der Wirtschaft.

e) Die Mitglieder des Sachverständigenrates werden **auf Vorschlag der Bundesregierung durch den Bundespräsidenten** berufen. Zum 1. März eines jeden Jahres – erstmals nach Ablauf des dritten Jahres nach Erstattung des ersten Gutachtens scheidet ein Mitglied aus.

f) Aus Artikel 62 des **Grundgesetz** ergibt sich, wie sich die **Bundesregierung** zusammensetzt.

g) Die **Bundesregierung** besteht aus der **Bundeskanzlerin/dem Bundeskanzler** und den **Bundesministern**.

h) Das **Statistische Bundesamt** in Wiesbaden nimmt die Aufgaben einer **Geschäftsstelle** des **Sachverständigenrates** wahr.

i) Das ursprüngliche Ziel „Vollbeschäftigung" wurde mittlerweile umbenannt in „Hoher Beschäftigungsstand".

j) Das Stabilitätsgesetz wird auch **Magisches Viereck** genannt.

k) Damit die anderen Ziele des Stabilitätsgesetzes nicht gefährdet werden.

l) Wegen den nur schwerlich mengenmäßig formulierbaren Ziele sind die wirtschaftspolitischen Ziele
- gerechte Einkommens- und Vermögensverteilung,
- Verbesserung der Umweltbedingungen nicht im Stabilitätsgesetz erfasst.

m) Der aus **sieben Mitgliedern** bestehende **Rat von Sachverständigen für Umweltfragen,** der seine Geschäftsstelle ebenfalls im Statistischen Bundesamt hat, hat der Bundesregierung jährlich sein **Umweltgutachten** zu erstatten.

n) Der Rat von **„Sachverständigen für Umweltfragen"** setzt sich u. a. mit folgenden **Problemfeldern** auseinander:
- ökologische Steuer(reform);
- Naturschutz (Vorrangflächen, Lebensraumtypen, Tierarten);
- Bodenschutz (Umfang der Flächeninanspruchnahme für Siedlungszwecke, Altlastenproblem durch verunreinigte Böden wie in den neuen Bundesländern);
- Klimaschutz (Reduzierung von Kohlendioxid, Kohlenwasserstoffe, Stickstoffoxid);
- Abfallwirtschaft (durch Anlastung der Kosten der Umweltinanspruchnahme bei den Verursachern);
- Verwertung von Kunststoffverpackungen im Sinne der Verpackungsverordnung;
- Aufarbeitung von chemischen Altstoffen;
- Waldsterben;
- Umweltauswirkung(en) beim Anbau gentechnisch veränderter Pflanzen;
- Nutzung der Atomenergie;
- Emissionsminderung;
- Liberalisierung des Strommarktes.

3. a) Preisindex für die Lebenshaltung.

b) - Arbeitslosenzahl, - offene Stellen,
- Arbeitslosenquote, - Kurzarbeiterzahl.

c) Zahlungsbilanz.

d) Bruttosozialprodukt/Bruttoinlandsprodukt in Mrd. Euro.

4. a) Das **Statistische Bundesamt** berechnet den **Verbraucherpreisindex**.

b) Weil sich die Konsumwünsche der Haushalte von Zeit zu Zeit ändern und sich deshalb auch die Güter und Dienstleistungen im Warenkorb ändern.

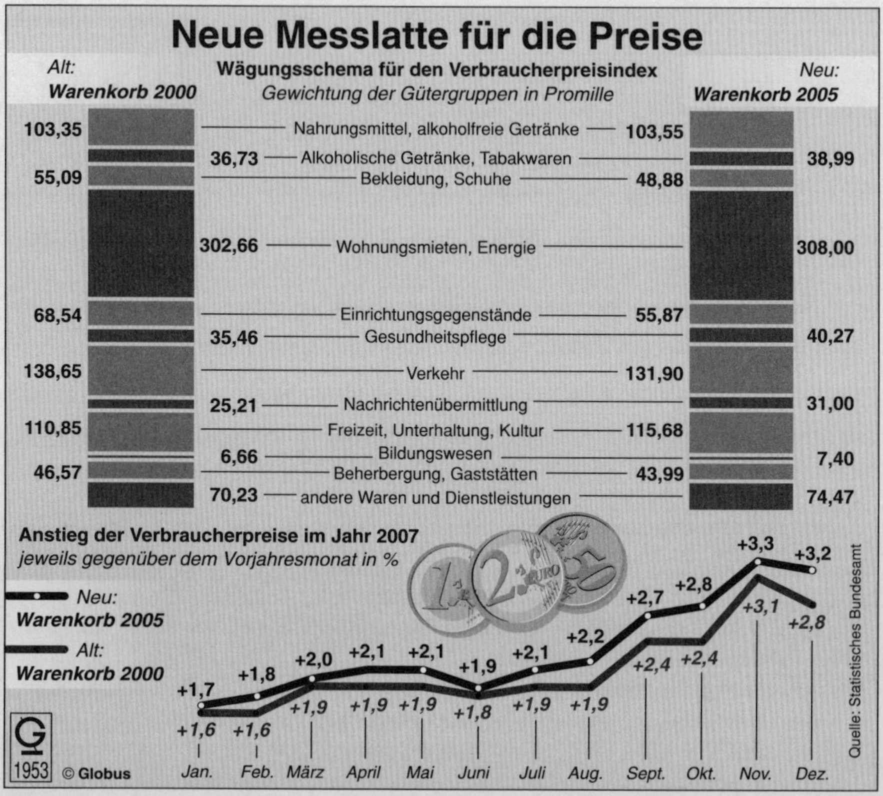

Warenkorb für den Verbraucherpreisindex aller privaten Haushalte

c) Der Verbraucherpreisindex ist ein viel gebrauchter Maßstab für die Preisentwicklung der Volkswirtschaft. Er wird vom Statistischen Bundesamt anhand der Einkaufspreise für die Güter eines „Warenkorbs" ermittelt, dessen Zusammensetzung sich nach den tatsächlichen Verbrauchsverhältnissen in einem bestimmten Basisjahr richtet und dann für mehrere Jahre unverändert beibehalten wird. Da dieser Warenkorb mit zunehmender Entfernung vom Ausgangsjahr den Verbrauchsgewohnheiten der Haushalte aber immer weniger entspricht, muss er von Zeit zu Zeit an die aktuelle Verbrauchsstruktur angepasst werden. Andernfalls wäre die Aussagekraft des Preisindex infrage gestellt.

5. a) Das **Bruttoinlandsprodukt** (BIP) ist die Summe aller in einer Volkswirtschaft produzierten Güter und Dienstleistungen in einem Jahr, die mit Marktpreisen bewertet werden.

b) **Nominales BIP**
– Preissteigerungsrate
= **Reales BIP**

c) - Landwirtschaft
- Waren produzierendes Gewerbe
- Handel
- Verkehr
- Dienstleistungsbereich
- Staat

} **Entstehung** des Bruttoinlandsprodukts

d) - Einkommen aus unselbstständiger Arbeit (Löhne, Gehälter, Ausbildungsvergütung)
- Einkommen aus Unternehmertätigkeit und Vermögen
- Indirekte Steuern
- Abschreibungen

} **Verteilung** des Bruttoinlandsprodukts

e) - Privater Verbrauch
- Staatsverbrauch
- Investitionen
- Außenbeitrag

} **Verwendung** des Bruttoinlandsprodukts

6. a) **Ursachen der Arbeitslosigkeit** sind u. a.:
- Fortschreitende Technologisierung,
- Qualifikationsdefizite von Arbeitnehmern.

b) In der Phase der **Rezession** nimmt die gesamtwirtschaftliche Nachfrage nach Gütern und Dienstleistungen ab. Die Produktion muss eingeschränkt werden. Somit werden Arbeitskräfte frei. Es kommt zur **konjunkturellen Arbeitslosigkeit**.

c) Durch jahreszeitlich bedingte Witterungseinflüsse (wie Kälte im Winter) kann es zu **saisonaler Arbeitslosigkeit** kommen.

d) Durch einen Arbeitsplatzwechsel kann kurzzeitige Arbeitslosigkeit (z. B. 1 Monat), sog. **friktionelle Arbeitslosigkeit**, entstehen.

e) **Strukturelle Arbeitslosigkeit.**

7. Das **Erwerbseinkommen** (Löhne, Gehälter usw.) und das **Vermögenseinkommen** (Miete, Pacht), das von den Bewohnern eines Landes innerhalb eines Zeitraums aus dem In- und Ausland bezogen wird, nennt man **Volkseinkommen**.

8. Unter der **antizyklischen Fiskalpolitik** des Staates versteht man:
- Steuererhöhung und Steuersenkung (Bsp.: Mehrwertsteuererhöhung und/oder Lohnsteuersenkung),
- Ausgabenerhöhung oder Ausgabensenkung in bestimmten Bereichen,
- Ausgabenerhöhung in bestimmten Bereichen und gleichzeitig Ausgabensenkung in anderen Bereichen,
- Subventionierung (= finanzielle Zuwendungen und/oder steuerliche Erleichterungen).

9. a) Eine langsame oder schnelle **allgemeine Preiserhöhung** von Gütern und Dienstleistungen bezeichnet man als **Inflation**.

b) Überhang der gesamtwirtschaftlichen Nachfrage nach Gütern und Dienstleistungen über das gesamtwirtschaftliche Angebot = **inflatorische Lücke**.

c) Durch einen Überschuss der ausländischen Nachfrage nach Exportgütern im Inland.

d) Bei Unterversorgung der Wirtschaft mit Geld kann eine **Deflation** entstehen.

e) Die Preise fallen, die Gewinne sinken.

f) **Deficit spending**: Der Staat finanziert öffentliche Investitionen, gibt Subventionen und gewährt **indirekte Steuererleichterungen** z. B. durch erhöhte Abschreibungsmöglichkeiten.

10. a) Den Preis für eine bestimmte Anzahl ausländischer Währungseinheiten in Inlandswährung nennt man **Wechselkurs**.

b) **Feste Wechselkurse** werden durch Intervention der Notenbank konstant gehalten.

c) **Flexible Wechselkurse für Devisen** (= bargeldlose ausländische Zahlungsmittel wie Schecks) bilden sich auf dem Devisenmarkt durch das freie Spiel von Angebot und Nachfrage.

11. a) Werden Güter aus dem Ausland beschafft, spricht man von einem sog. **Importhandel** (Import).

b) Der Absatz von Gütern in das Ausland ist **Exporthandel** (Export).

c) Die Lieferung von Gütern aus einem Ursprungsland, wie hier aus den USA, über ein Drittland (Durchfuhrland), wie hier Holland, in ein Bestimmungsland, wie hier Deutschland, also ein Importland, durch einen Handelsbetrieb, der seinen Sitz weder im Exportland noch im Importland hat (wie hier Holland) ist sog. **Transithandel** (Durchfuhrhandel).

d) Der Außenhandel der Mitgliedstaaten der Europäischen Union untereinander wird als **Intra-Handel** bezeichnet.

12. Im Falle des **Veredelungsverkehrs** handelt es sich um die Veredelung, d. h. die Bearbeitung oder das Ausbessern von Waren. Im Falle des sog. **aktiven Veredelungsverkehrs** wird eine Ware, wie z. B. ein elektronisches Teil, aus einem Nicht-EU-Land (z. B. Japan) eingeführt und in einem Land der Europäischen Union veredelt und anschließend wieder ausgeführt. Veredelung könnte in diesem Fall bedeuten, dass ein Chip eines PCs durch einen anderen Chip ausgetauscht wird. – Wird eine Ware aus einem Land der Europäischen Union in ein Drittland ausgeführt (z. B. Marokko), dort veredelt und anschließend wieder eingeführt, spricht man von einem **passiven Veredelungsverkehr**.

13. Wenn man sich über den Umfang des Reiseverkehrs zwischen Deutschland und der restlichen Welt informieren will, kann man die statistischen Angaben ableiten aus der Leistungsbilanz. Die **Leistungsbilanz** ist eine Position der **Zahlungsbilanz**.

14. a) Die **Einfuhrliste** ist Anlage zum **Außenwirtschaftsgesetz**.

b) Wenn ein Importeuer entcoffeinierten Kaffee importieren will, dann muss er sich an die mit dem Zuständigkeitsbereich Ziffer 15 gekennzeichnete Institution wenden. Die Ziffer 15 Kaffee liegt im Zuständigkeitsbereich des Bundesamtes für Wirtschaft und Ausfuhrkontrolle in Eschborn/Hessen.

c) Will ein Importeur gemahlenen Pfeffer importieren, so muss er sich gemäß Ziffer 60 für den Zuständigkeitsbereich in der Einfuhrliste an die Bundesanstalt für Landwirtschaft und Ernährung wenden.

15. a) Es handelt sich um eine Aktiengesellschaft, also eine Kapitalgesellschaft.

b)

	Länder der Europäischen Union[1]	**Hauptstädte**
1.	Belgien	Brüssel
2.	Dänemark	Kopenhagen
3.	Deutschland	Berlin
4.	Finnland	Helsinki
5.	Frankreich	Paris
6.	Griechenland	Athen
7.	Großbritannien	London
8.	Irland	Dublin
9.	Italien	Rom
10.	Luxemburg	Luxemburg
11.	Niederlande	Amsterdam
12.	Österreich	Wien
13.	Portugal	Lissabon
14.	Schweden	Stockholm
15.	Spanien	Madrid

c)
- **absatzorientiert**: Nähe zum Abnehmer,
- **beschaffungsorientiert**: Nähe zum Produzenten,
- **verkehrsorientiert**: Nähe von gut ausgebautem Verkehrsnetz wie Schnellstraße, Autobahn, Binnengewässer, See, Flughafen.

[1] Die Zahl der Länder der EU wurden im Jahr 2004 erweitert.

16. a) und b)

A **Länder der EU seit 2004**	B **Hauptstädte**
Estland	Tallinn
Lettland	Riga
Litauen	Vilnius
Malta	Valletta
Polen	Warschau
Slowakei	Bratislava
Slowenien	Ljubljana
Tschechien	Prag
Ungarn	Budapest
Zypern	Nikosia

c) Nicht zur EU gehören folgende Länder in der Grafik: Russland, Weißrussland, Ukraine, Kroatien.

d) Vor dem Jahre 2004 gehörten bereits folgende aus der Grafik ersichtlichen Länder zur EU: Schweden, Deutschland, Österreich.

e) Auf der Insel Zypern lebt im Norden die türkische und im Süden die griechische Volksgruppe.

f) Rumänien und Bulgarien.

g) Seit Anfang 2009 gehört die Slowakei zu den Ländern der **Eurozone**. Dieser Sachverhalt besagt, dass in diesem EU-Land der Euro offiziell Zahlungsmittel ist.

17. a) Das **Eurosystem** umfasst die Europäische Zentralbank (EZB) und die Nationalen Zentralbanken (NZBen) der Mitgliedstaaten, die den Euro eingeführt haben.

b) Das Eurosystem wird vom Europäischen Zentralbankrat (EZB-Rat) und dem Direktorium der EZB geleitet.

c) Der **Europäische Zentralbankrat** umfasst alle Mitglieder des Direktoriums und die Zentralbankpräsidenten der Mitgliedstaaten, die den Euro eingeführt haben.

d) Das **Direktorium** besteht aus dem Präsidenten, dem Vizepräsidenten und vier weiteren von den Staats- und Regierungschefs der Mitgliedstaaten, die den Euro eingeführt haben, ernannten Mitgliedern.

e) Die **Europäische Zentralbank** hat ihren Sitz in **Frankfurt am Main**.

f) Das **Europäische System der Zentralbanken** (ESZB) setzt sich aus der EZB und den NZBen aller 15 Mitgliedstaaten zusammen, d. h. es umfasst neben den Mitgliedern des Eurosystems die NZBen der Mitgliedstaaten, die den Euro nicht mit Beginn der dritten Stufe der WWU (Wirtschafts- und Währungsunion) einfrieren.

18. **Preisstabilität** wird definiert als Anstieg des „Harmonisierten Verbraucherpreisindexes" (HVPI) für das Europäische Währungsgebiet von unter 2 % gegenüber dem Vorjahr. Die Formulierung „unter 2 %" gibt die Obergrenze für die am HVPI gemessene Inflationsrate an, die mit Preisstabilität vereinbar ist. Im vorliegenden Fall kann also von Preisstabilität im Euro-Währungsgebiet gesprochen werden.

19. Der **deutsche Zentralbankpräsident** stimmt im Europäischen Zentralbankrat genauso mit wie die übrigen Mitglieder. Dies betrifft alle wichtigen **geldpolitischen Entscheidungen**, wie

- die Bestimmung der geldpolitischen Konzeption,
- den Einsatz der geldpolitischen Instrumente, also die Festlegung von Zinssätzen für Zentralbankgeld,
- die gewünschte Ausdehnung der Geldmenge und
- den Zeitpunkt der Intervention (des Eingriffs) auf dem Devisenmarkt (= Markt für ausländische Währung).

20. **Geldpolitische Instrumente** der EZB: Mindestreservepolitik, Offenmarktpolitik.

21. Die EZB kann von den Kreditinstituten verlangen, dass sie im Rahmen der Mindestreservevorschriften des ESZB **Mindestreserven** auf Konten bei den Nationalen Zentralbanken unterhalten. Wird der Mindestreservesatz gesenkt, so erhöht sich die umlaufende Geldmenge, da die Kreditinstitute weniger verzinste Mindestreserven an die Nationalen Notenbanken abführen müssen.

22. Beim **Offenmarktgeschäft** (open market operation) handelt es sich um geldpolitische Operationen, die auf Initiative der Zentralbank am Finanzmarkt durchgeführt werden und eine der folgenden Transaktionen umfasst:

1. definitiver Kauf oder Verkauf von Vermögenswerten,
2. Kauf oder Verkauf von Vermögenswerten im Rahmen einer Rückkaufsvereinbarung oder
3. Kreditgewährung oder Kreditaufnahme gegen Sicherheiten.

23. Bei der **Eurozinsmethode** handelt es sich um eine **Zinsberechnungsmethode**, bei der die Zinsen taggenau berechnet werden, wobei für die Ermittlung des Zinsdivisors das Jahr zu 360 Tagen angenommen wird. Diese Zinsberechnungsmethode wird bei den geldpolitischen Operationen des ESZB angewandt.

24. Das **TARGET-System** (Transeuropäisches Automatisiertes Echtzeit-Brutto-Express-Überweisungssystem; englisch: Trans-European Automated Real-time Gross settlement Express Transfer system) ist ein **Zahlungsverkehrssystem.** Die nationalen RTGS-Systeme sind durch das Interlinking System (Nationale Zentralbanken) miteinander verbunden, sodass eine taggleiche Abwicklung grenzüberschreitender Überweisungen im gesamten Euro-Währungsraum ermöglicht wird. **RTGS-System** (real time gross settlement system) bedeutet Brutto-Abwicklungssystem, in dem jede Transaktion (kontinuierlich) in Echtzeit verarbeitet und ausgeglichen wird.

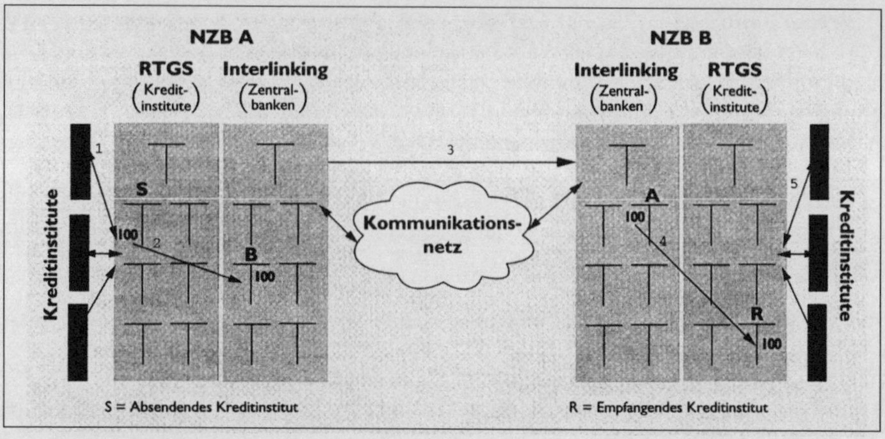

25. a) Nordatlantikpakt = **NATO** (englisch: **N**orth **A**tlantic **T**reaty **O**rganization)

b) Nein, sie ist **kein reines Militärbündnis**, sondern erlaubt darüber hinaus eine ständige Zusammenarbeit auf wirtschaftlichen, politischen und sonstigen nichtmilitärischen Gebieten (z. B. Umweltschutz, Bildungspolitik).

c) Bundesrepublik Deutschland, Niederlande, Belgien, Luxemburg, England, Dänemark, Norwegen, Italien, Portugal, Türkei.

26. a) United Nations Organization = **UNO**

b) Erhaltung des Friedens, friedliche Beilegung von Konflikten und Verhinderung von Aggressionen.

c) • **UNICEF** = United Nations Children's Fund (UN-Kinderhilfswerk),
• **UNCTAD** = United Nations Conference on Trade and Development (UN-Handels- und Entwicklungskonferenz),
• **UNO-Umweltprogramm**,
• **UNO-Entwicklungsprogramm**,
• **UNO-Seerechtskonferenz**,
sind **Hilfsorganisationen** der UNO.

27. **OECD** ist die Abkürzung für „**O**rganization for **E**conomic and **D**evelopment". Der deutsche Ausdruck lautet: Organisation für wirtschaftliche Zusammenarbeit und Entwicklung.

28. a) Der **Internationale Währungsfonds (IWF)** hat seinen Sitz in der amerikanischen Hauptstadt **Washington**.

b) **Aufgaben des IWF** sind u. a.
- die Kontrolle der Wechselkurse,
- die Kontrolle der Devisenbeschränkungen,
- Währungskredite zu gewähren,
- die Förderung eines stetigen Ansteigens des Welthandels.

29. Die Abkürzung **OSZE** steht für **Organisation über Sicherheit und Zusammenarbeit in Europa**.

30. a)

Gemeinschaften der EU

- **EGKS** (1951) = Europäische Gemeinschaft für Kohle und Stahl = Montanunion
- **EWG** (1957/58) = Europäische Wirtschaftsgemeinschaft
- **EGA** (1957/58) = Europäische Atomgemeinschaft (= Euratom)

b) • **EGKS**:
- Sicherheit des gemeinsamen Marktes mit Kohle und Stahl,
- Verbesserung der Lebens- und Arbeitsbedingungen,
- Förderung des Handels,
- Förderung der Investition.

• **EWG**:
- Gemeinsame Außenhandelspolitik,
- gemeinsame Agrarpolitik,
- gemeinsame Verkehrspolitik.

• **EAG**:
- Verbreitung der Kenntnisse der Forschung,
- Kontrollen,
- Schaffung eines gemeinsamen Kernenergiemarktes.

31. a) **Maastricht** liegt in **den Niederlanden**.

b) Der **Maastrichter Vertrag** ist ein völkerrechtlicher Vertrag, weil er von den Regierungen der zwölf EU-Staaten geschlossen und unterzeichnet wurde.

c) Ende 1992 wurde das **Ratifizierungsverfahren** des Maastrichter Vertrages abgeschlossen, d. h. die Zustimmung der verfassungsmäßigen Organe zu diesem Staatsvertrag ist erfolgt. Dies bedeutet, dass in dem genannten Jahre dem Gesetzentwurf von Bundesrat und Bundestag zugestimmt wurde. Das Gesetz wurde abschließend vom Bundespräsidenten unterzeichnet.

d) Der **Maastrichter Vertrag** trat erst **in Kraft**, nachdem die **Parlamente** aller **EU-Staaten zugestimmt** hatten.

e) Wesentliche **Inhalte**, die im **Maastrichter Vertrag** enthalten sind:
- Gründung der Europäischen Union. „Europäische Union" ist der offiziell verwendete Name für die erstrebte politische Einheit der EG-Staaten. Vor Inkrafttreten des Vertrages über die Europäische Union im Jahre 1993 lag der Schwerpunkt der EG-Staaten (heute EU-Staaten) nicht auf politischem, sondern wirtschaftlichem Gebiet.
- Es soll in den Ländern der EU eine **g**emeinsame **A**ußen- und **S**icherheits**p**olitik (GASP) betrieben werden (Wahrung der Menschenrechte, Hilfe für Drittstaaten, Abrüstung, Bekämpfung des Terrorismus und des Drogenhandels usw.).
- Gründung einer Wirtschafts- und Währungsunion (WWU) u. a. mit dem Ziel, der Einführung einer gemeinsamen Währung mit der Bezeichnung Euro.
- Wahlrecht jedes EU-Bürgers bei Kommunal- und Europawahlen an seinem Wohnsitz innerhalb der EU, unabhängig von seiner Staatsangehörigkeit.

usw.

32. a) **Gesamtwirtschaftliche Vorteile**, die der **EU-Binnenmarkt** mit sich bringt, sind:
- Zunahme der Wirtschaftstätigkeit (z. B. zunehmende Produktion),
- Dämpfung inflationärer Tendenzen,
- Schaffung zusätzlicher Arbeitsplätze.

b) Neben dem tatsächlichen Hersteller haftet jede Person, die sich als Hersteller ausgibt, sowie der Importeur, der ein fehlerhaftes Produkt aus Drittländern, wie z. B. China, einführt.

c) Der **gewerbliche Rechtsschutz** beinhaltet u. a. das Patentrecht und das Markenrecht.

33. Eine **Verschmelzung der nationalen Märkte** brachte bzw. bringt vier **Freiheiten** mit sich.

• **Freier Warenverkehr** - Abschaffung von Zöllen - Harmonisierung der Steuern usw.	• **Freier Dienstleistungsverkehr** - Anerkennung der Diplome - Angleichung der Telekommunikationsmärkte usw.
• **Freier Kapitalverkehr** - Gemeinsame Bankaufsicht - Angleichung der Vorschriften des Bankrechts usw.	• **Freier Personenverkehr** - Freie Berufswahl - Niederlassungsfreiheit usw.

34. **Vollendung des Binnenmarktes** bedeutet u. a.
- Grenzkontrollen werden vollkommen beseitigt.
- Technische Hemmnisse, wie unterschiedliche Normen für Beschaffenheit, Qualität, Kontrolle oder Verpackung von Produkten, werden beseitigt.
- Steuerliche Schranken, wie eine zu große Umsatzsteuerspanne in den einzelnen Ländern der EU, entfallen.

35. a) - **Montanunion**,
- **EWG**,
- **Euratom.**

b) Die **Organe der EU** sind:
- das Europäische Parlament,
- der Ministerrat,
- die Kommission,
- der Europäische Gerichtshof.

c) • **Europäisches Parlament**: Es hat mehrere Funktionen und Befugnisse. Beispiele dafür sind:
- politische Rechte wie Debatten über Euratom-Themen,
- Kontrollrechte, wie z. B. einen Misstrauensantrag gegen die Kommission stellen,
- Haushaltsrechte, wie z. B. die Verabschiedung des EU-Etats,
- Legislative, wie z. B. die Mitwirkung an der Gesetzgebung.

• **Ministerrat**: Er besteht aus Außenministern und Fachministern, die z. B. als Finanz- oder Verkehrsminister tätig sind. Als wichtigstes Entscheidungsorgan in EU-Angelegenheiten, wie z. B. im Hinblick auf Fragen der Harmonisierung von Steuersätzen, ist er zuständig für die Beschlussfassung im Rahmen der EU-Legislative.

- **Kommission**: Sie ist die Exekutive, d. h. ausführendes Organ und besitzt alleiniges Initiativrecht für die EU-Gesetzgebung. Ohne ihre Vorschläge kann der Ministerrat nicht entscheiden.
- **Europäischer Gerichtshof** in Luxemburg: Er hat die Aufgabe, die Wahrung des Rechts bei der Auslegung und Anwendung der Gemeinschaftsverträge zu sichern. Bei der Vielzahl der Aufgaben ist er als internationales Gericht zugleich Verfassungs-, Verwaltungs-, Zivil- und Schiedsgericht.

d) Die **erste Direktwahl zum Europäischen Parlament** fand im Jahre **1979** statt.

e)

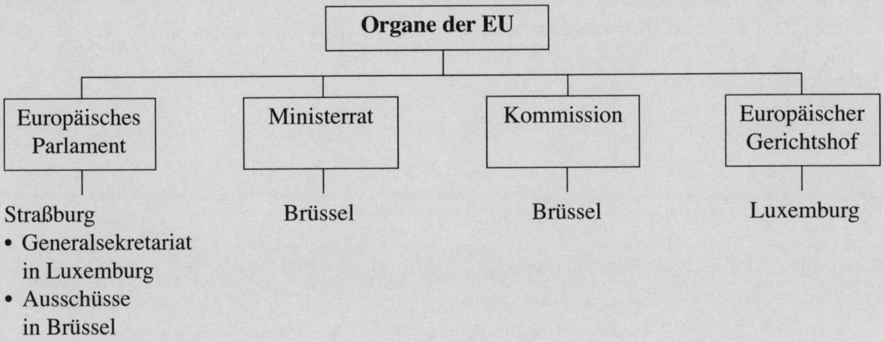

36. a) Die drei **Gründungsstaaten der GUS** (Gemeinschaft unabhängiger Staaten) sind Russland, Ukraine und Weißrussland.

b) Der **GUS** gehören u. a. folgende **ehemaligen Sowjetrepubliken** an:
- Aserbaidschanische Republik.
- Republik Armenien,
- Republik Kasachstan,
- Republik Kirgisien,
- Republik Moldawien,
- Republik Tadschikistan.

37. a) **G 7-Staaten**: Bundesrepublik Deutschland, USA, Frankreich, Kanada, Großbritannien, Italien, Japan (mittlerweile **G 8-Staaten** wegen Russland).

b) G7-Staaten und Russland = G8-Staaten.

c) Somalia, Äthiopien, Uganda, Indien, Pakistan.

d) Washington ist die Bundeshauptstadt der USA und ist deshalb mit Berlin, der Bundeshauptstadt der Bundesrepublik Deutschland, vergleichbar.

38. Im Jahre 1995 ist ein Abkommen zwischen Staaten rechtskräftig geworden, durch das die **WTO (= World Trade Organization)**, d. h. die neue Welthandelsorganisaiton, entstanden ist. Sie löste das frühere GATT (= Allgemeines Zoll- und Handelsabkommen) ab. Im Gegensatz zum GATT ist die WTO rechtsfähig. Aufgaben ergeben sich für diese Organisation u. a. im Bereich des internationalen Handels mit Waren, Dienstleistungen und geistigem Eigentum. Ein Ziel ist beispielsweise die Förderung des Wirtschaftswachstums aller Handelspartner und der Entwicklung der Entwicklungsländer. Im Rahmen der internationalen Handels- und Wirtschaftspolitik wird die WTO zur dritten Säule neben dem IWF (internationaler Währungsfolds) und der Weltbank.

39. a) Die **Opec** ist die **Organisation der Erdöl exportierenden Länder**.
b) Die **Gründungsstaaten** der Opec waren Irak, Iran, Kuwait, Saudi Arabien und Venezuela.
c) Die Opec besteht aus völlig heterogenen (artverschiedenen) Staaten. Dies bedeutet, dass sie über mehrere Kontinente verteilt ist. Außerdem bestehen erhebliche Unterschiede in ethnischer (= volksmäßiger) und religiöser Hinsicht und auch im Hinblick auf die unterschiedlichen Sprachen sowie auf die soziale Struktur des einzelnen Staates.
d) Die Maßeinheit für die Ölproduktion ist **Barrel**.
e) Ein Barrel umfasst 159 Liter.
f) Das auf dem **Weltmarkt** gehandelte Öl wird in **Dollar** bezahlt.

40. b) d)

41. c)

42. Auto + Benzin; Auto + Garage; Auto + Eisspray.

43. Art 51 GG: Jedes Land hat mindestens drei Stimmen, Länder mit mehr als zwei Millionen Einwohnern haben vier, Länder mit mehr als sechs Millionen Einwohnern fünf, Länder mit mehr als sieben Millionen Einwohnern sechs Stimmen. Kein Land hat 10 Stimmen.

44. a) Am 1. Mai im Jahre 2004 wurden die bisherigen 15 Länder der Europäischen Union (Deutschland, Frankreich, Spanien usw.) durch 10 Länder (Polen, Ungarn, Estland usw.) erweitert.
b) 7,1 Milliarden € entsprechen 93 %.
1 % = 7,1 : 93
100 % = 7,1 : 93 x 100 = 7,63 Mrd. €.
Im Vorjahr musste Deutschland einen Betrag von 7,63 Mrd € zahlen.

4.3.12 Steuern und Versicherungen

1. a) **Gebietskörperschaften** sind:
- der Bund,
- die Bundesländer,
- die Gemeinden.

b) **Ausgaben einer Gemeinde** sind: Personalausgaben (für Beamte, Angestellte, Arbeiter, Aufwendungen für ehrenamtliche Tätigkeit); Erwerb von Grundstücken; Haltung von Fahrzeugen.
c) **Gemeindesteuern** sind:
- die Grundsteuer,
- die Gewerbesteuer,
- die Hundesteuer.

d) **Ausgaben von Bundesländern** sind u. a.:
- Personalausgaben für die Bediensteten in den verschiedenen Ministerien,
- Ausgaben für den Bau öffentlicher Gebäude.

e) **Steuern**, die den **Ländern** zustehen, sind gemäß Art. 106 GG u. a.:
- die Kraftfahrzeugsteuer (sie soll künftig eine Bundessteuer sein, Stand Frühjahr 2009),
- die Biersteuer,
- die Erbschaftsteuer.

f) Zu den **Bundessteuern** zählen u. a.:
- Zölle,
- Verbrauchsteuern (außer Biersteuer),
- Versicherungssteuer.

2. a)

Bundeshaushalt
\- Plan -

Einnahmen	**Ausgaben**
• Lohn- und Einkommensteuer	• Arbeit und Soziales
• Umsatzsteuer	• Verteidigung
• Mineralölsteuer	• Zinsen
• Tabaksteuer	• Verkehr
• Branntweinabgaben	• Forschung
.	.
.	.
.	.
usw.	usw.

b) Die **Nettokreditaufnahme** ist auf der Einnahmenseite ausgewiesen.

3. a) **Steuern nach Steuergegenstand**: Besitz-, Verkehrs-, Verbrauchssteuern.
b) **Steuern nach Erhebungsarten**: direkte und indirekte Steuern.
c) **Steuern nach Abzugsfähigkeit:** Betriebs- und Personensteuern.
d) **Steuern nach Steuerempfänger:** Bund, Länder, Gemeinden, Kirchen.

4. a) **Direkte Steuern:** Lohnsteuer, Einkommensteuer, Körperschaftsteuer.
b) **Indirekte Steuern:** Umsatzsteuer, Verbrauchsteuern (Zölle, Mineralölsteuer usw.).
c) Im Falle von **direkten Steuern** muss die Person, die die Steuer schuldet, diese auch bezahlen, d. h. **Steuerschuldner und Steuerträger sind identisch**. Wälzt der Steuerschuldner, wie im Falle der Umsatzsteuer, die Steuer auf eine andere Person ab, sind also **Steuerschuldner und Steuerträger nicht identisch**, spricht man von einer **indirekten Steuer**.

5. a) **Steuern** sind i. S. d. Abgabenordnung (AO) Geldleistungen, die keine Gegenleistung für eine besondere Leistung darstellen und von einem öffentlich-rechtlichen Gemeinwesen zur Erzielung von Einnahmen allen auferlegt werden.
b) **Gebühren** sind für Gegenleistungen zu zahlen.
c) **Beiträge** sind zu zahlen, um zu gewährleisten, dass öffentliche Einrichtungen ihre Kosten abdecken können.

d) **Gebühren**: Rundfunkgebühren.
Beiträge: Sozialversicherungsbeiträge.
e) **Zölle** gelten i.S.d. Abgabenordnung als Steuern.

6.

		§ 2 Einkommensteuergesetz Einkünfte aus							
		1. Land- u. Forstwirtschaft	**2. Gewerbebetrieb**	**3. selbstständiger Arbeit**	**4. nichtselbstständiger Arbeit**	**5. Kapitalvermögen**	**6. Vermietung und Verpachtung**	**7. Sonstige Einkünfte**	**§§ 13 bis 22**
	Vorgang ↓ **gemäß** →	**§ 13 EStG**	**§ 15 EStG**	**§ 18 EStG**	**§ 19 EStG**	**§ 20 EStG**	**§ 21 EStG**	**§ 22 EStG**	
1.	Gewinnanteile der Gesellschafter einer OHG		**X**						15 (I), 2
2.	Verpachtung von Gebäuden						**X**		21 (1), 1
3.	Sterbegelder							**X**	22, Punkt 1
4.	Dividenden (= Gewinnanteile einer Aktiengesellschaft)					**X**			20 (1), 1
5.	Einkünfte eines freiberuflich tätigen Rechtsanwalts			**X**					18 (1), 1
6.	Einkünfte aus Jagd i. V. m. einem Landwirtschaftsbetrieb	**X**							13 (1), 3
7.	Gehalt eines Chefarztes im Krankenhaus				**X**				19 (1), 1
8.	Einkünfte für die Tätigkeit im Aufsichtsrat einer AG			**X**					18(1), 3
9.	Einkünfte eines Betriebes durch Torfgewinnung		**X**						15 (1), 1
10.	Einkünfte eines freiberuflichen Journalisten			**X**					18 (1), 1

7. a) Einkünfte aus Kapitalvermögen

b) **Dividenden** sind Anteile am Gewinn einer AG

8. Grundsätze der Besteuerung

- **Allgemeinheit**: Alle Personen sind, unabhängig von ihrer Staatsangehörigkeit, Religion, usw. grundsätzlich zur Steuer heranzuziehen.
- **Gleichmäßigkeit**: Alle Personen, die sich in gleichartigen Verhältnissen befinden, sind steuerlich gleich zu behandeln.
- **Leistungsfähigkeit**: Die Steuern sind so zu bemessen, dass Personen, in Abhängigkeit von ihren Einkommens- und Vermögensverhältnissen, mehr oder weniger stark zur Steuer heranzuziehen sind.

9. a) Die **Gemeinde**, in deren Bezirk der Arbeitnehmer am 20. September des Jahres, das dem vorangeht, für das die Lohnsteuerkarte gilt, seine Wohnung hat, **stellt** die **Lohnsteuerkarte aus**.

b) Die Gemeinde hat auf der Lohnsteuerkarte insbesondere **einzutragen**:
- die Steuerklasse in Buchstaben,
- die Zahl der Kinderfreibeträge bei den Steuerklassen I - IV.

c) Treten bei einem Arbeitnehmer im Laufe des Kalenderjahres, für das die Lohnsteuerkarte gilt, die Voraussetzungen für eine günstigere Steuerklasse ein, so kann er **bis** zum **30. November** die **Änderung** der Eintragung beantragen.

d) Wird auf der Lohnsteuerkarte ein Freibetrag eingetragen, so hat der Arbeitnehmer weniger Lohnsteuer zu zahlen.

10. a) Es gibt **sechs Steuerklassen**.

b) Ein Arbeitnehmer wird dann einer anderen Steuerklasse zugeordnet, wenn er
- arbeitslos wird,
- heiratet (und beide Ehegatten einen Vorteil darin sehen).

c) Steuerklasse I.

d) Die Steuerklasse VI des Einkommensteuergesetzes gilt bei Arbeitnehmern, die nebeneinander von mehreren Arbeitgebern Arbeitslohn beziehen, für die Einbehaltung der Lohnsteuer aus dem zweiten oder weiteren Dienstverhältnis.

e) Patricia ist in Steuerklasse III, ihr Mann in V einzuordnen.

11. a) **Werbungskosten** sind Aufwendungen zur Erwerbung, Sicherung und Erhaltung der Einnahmen.

b)
- Gewerkschaftsbeiträge,
- Aufwendungen des Arbeitnehmers für Fahrten zwischen Wohnung und Arbeitsstätte,
- Aufwendungen für Arbeitsmittel wie Werkzeuge und Berufskleidung,
- Aufwendungen für Fachbücher und Fachzeitschriften,
- Aufwendungen für das anerkannte eigene Arbeitszimmer,
- Fortbildungskosten.

c) 4. Reinigungskosten der Berufskleidung, 6. Prozesskosten der Ehescheidung.

d) Der Staat will solche Personen steuerlich durch die Geltendmachung von **außergewöhnlichen Belastungen** entlasten, die zwangsläufig größere Aufwendungen als die überwiegende Mehrzahl der Steuerpflichtigen haben und sich diesen Aufwendungen aus rechtlichen, tatsächlichen oder sittlichen Gründen nicht entziehen können.

e) - Pauschbeträge für Körperbehinderte und Hinterbliebene,
- Kinderbetreuungskosten Alleinstehender.

12. a) Bis spätestens am **10.** Tag nach Ablauf eines Lohnsteuer-Anmeldezeitraums.
b) Die **Lohnkonten** sind bis zum Ablauf des sechsten Kalenderjahres, das auf die zuletzt eingetragene Lohnzahlung folgt, aufzubewahren.

13. a) Gesetzlich ist die maschinelle Lohnabrechnung mittels Datenfernübertragung in § 41 b EStG geregelt.

b) Arbeitgeber mit maschineller Lohnabrechnung sind verpflichtet, die Lohnsteuerbescheinigung spätestens bis zum 28. Februar des Folgejahres nach amtlich vorgeschriebenem Datensatz durch **Datenfernübertragung** an die amtlich bestimmte Stelle zu übermitteln.

c) Bei diesem Verfahren handelt es sich um eine sog. elektronische Lohnsteuerbescheinigung. Das Verfahren selbst wird in Kurzform **ELSTER-Verfahren** genannt. ELSTER ist die Abkürzung für **EL**ektronische **ST**eurer**ER**klärung.

14. Für die **Datenfernübertragung** hat der Arbeitgeber aus dem Namen, Vornamen und Geburtsdatum des Arbeitnehmers ein Ordnungsmerkmal nach amtlich festgelegter Regel für den Arbeitnehmer zu bilden und zu verwenden. Die Finanzverwaltung stellt die zur Bildung dieses lohnsteuerlichen Ordnungsmerkmals (sog. eTIN) notwendigen Informationen zur Verfügung. Die Abkürzung **„eTIN"** bedeutet **„electronic Taxpayer Identification Number"**. Dieses lohnsteuerliche Ordnungsmerkmal (sog. eTIN) ist in die elektronische Lohnsteuerbescheinigung aufzunehmen. Zuständig ist gemäß Abgabenordnung das Bundesamt für Finanzen. Es teilt jedem Steuerpflichtigen zum Zwecke der eindeutigen Identifizierung in Besteuerungsverfahren ein einheitliches und dauerhaftes Merkmal (Identifikationsmerkmal) zu, das bei Anträgen, Erklärungen oder Mitteilungen gegenüber den Finanzbehörden anzugeben ist.

15. Der Anhang ist bis zum Ablauf des auf den Veranlagungszeitraum folgenden zweiten Kalenderjahres durch Abgabe einer Einkommensteuererklärung zu stellen. Da das Ausgleichsjahr das Jahr 2010 ist, muss Irina ihren Antrag bis spätestens zum 31.12.2012 beim Finanzamt eingereicht haben.

16. a) - Das Gehalt gehört zu den Einkünften aus nichtselbstständiger Arbeit.
- Der Mietzins gehört zu den Einkünften aus Vermietung und Verpachtung.
- Zinsen aus festverzinslichen Wertpapieren sind ebenso wie Dividenden aus Aktien grundsätzlich Einkünfte aus Kapitalvermögen.

b) Weitere **Einkunftsarten** gemäß § 2 Einkommensteuergesetz sind u. a. Einkünfte aus Land- und Forstwirtschaft und Einkünfte aus selbstständiger Arbeit.

c) Der Steuerpflichtige, also Jens, hat am 10. März, 10. Juni, 10. September und 10. Dezember **Vorauszahlungen auf die Einkommensteuer** zu entrichten, die er für den laufenden Veranlagungszeitraum voraussichtlich schulden wird.

17. **Werbungskosten** entstehen nur im Zusammenhang mit den **Einkunftsarten 4 bis 7** (siehe Aufgabe 6 in diesem Kapitel).

18. Zieht man vom jährlichen **Bruttoarbeitslohn** bestimmte steuerrechtlich zulässige Beträge (Arbeitnehmer-Pauschbetrag, Werbungskosten, Sonderausgaben, außergewöhnliche Belastungen) ab, so erhält man das **zu versteuernde Einkommen**.

19. a) Bei Einkünften aus nichtselbstständiger Arbeit wird die Einkommensteuer durch Abzug vom Arbeitslohn erhoben. Dieser Abzug wird steuerrechtlich als Lohnsteuer bezeichnet. Also ist die **Lohnsteuer** nicht eine eigene Steuer für sich, sondern lediglich eine **besondere Erhebungsform der Einkommensteuer**.

b) Der Arbeitnehmer ist **Schuldner** der **Lohnsteuer**.

c) Der Arbeitgeber hat die **Lohnsteuer** für Rechnung des Arbeitnehmers bei jeder Lohnzahlung (= Löhne und Gehälter) vom Arbeitslohn einzubehalten und an das Finanzamt abzuführen (**= Abzugsverfahren**).

d) Bei der **Ermittlung der Lohnsteuer** werden die **Besteuerungsgrundlagen des Einzelfalles durch**
- die Einreihung des Arbeitnehmers in **Steuerklassen**,
- Aufstellen von entsprechenden **Steuertabellen**,
- Ausstellen von entsprechenden **Lohnsteuerkarten** und
- Feststellung von **Freibeträgen**

berücksichtigt.

20. a) **Gewinn** ist der Unterschiedsbetrag zwischen dem Betriebsvermögen am Schluss des Wirtschaftsjahres und dem Vermögen am Schluss des vorangegangenen Wirtschaftsjahres, vermehrt um den Wert der Einnahmen und vermindert um den Wert der Einlagen.

b) **Entnahmen** sind Wirtschaftsgüter (Barentnahmen, Waren, Erzeugnisse, Nutzungen und Leistungen), die der Steuerpflichtige dem Betrieb für sich, für seinen Haushalt oder für andere betriebsfremde Zwecke im Laufe des Wirtschaftsjahres entnommen hat.

c) **Betriebsausgaben** sind Aufwendungen, die durch den Betrieb veranlasst sind.

d) **Betriebseinnahmen** sind alle Güter, die in Geld oder Geldwert bestehen und dem Steuerpflichtigen im Rahmen einer der sieben Einkunftsarten zufließen.

e) Betriebseinnahmen: Einnahmen aus der Veräußerung von Waren, Schadensersatzleistungen von Versicherungen, vereinnahmte Zinsen.
Betriebsausgaben: Darlehenszinsen, abgeführte Umsatzsteuer-Zahllast an das Finanzamt (ohne Umsatzsteuer für Eigenverbrauch).

21. a) Das zu versteuernde Einkommen eines Ledigen ergibt sich aus der **Einkommensteuer-Grundtabelle**.

b) Für Ehepaare, die gemeinsam veranlagen, gilt die **Einkommensteuer-Splittingtabelle**.

22. a) Ermittlung des zu versteuernden Einkommens

13 Monatsgehälter à 2.800 €	36.400 €
– Werbungskosten	2.100 €
– Sonderausgaben	3.150 €
= zu versteuerndes Einkommen	30.150 €

b) **Einkünfte aus Kapitalvermögen**, wie z. B. Zinsen und Dividenden, werden mit einer Kapitalertragssteuer, d. h. der sog. **Abgeltungssteuer** (= umgangssprachlich), versteuert. Dabei beginnt die Besteuerung dort, wo der **Sparer-Pauschbetrag** in Höhe von 801 € (1.602 € bei Verheirateten) überschritten wird. Der den Pauschbetrag überschreitende Betrag wird mit 25 %, zuzüglich 5,5 % Solidaritätszuschlag und evtl. 8 % oder 9 % Kirchensteuer, jeweils von dem ermittelten zu zahlenden Abgeltungssteuerbetrag, versteuert (§ 20 Abs. 9 EStG).

c) Erstellung einer Grafik

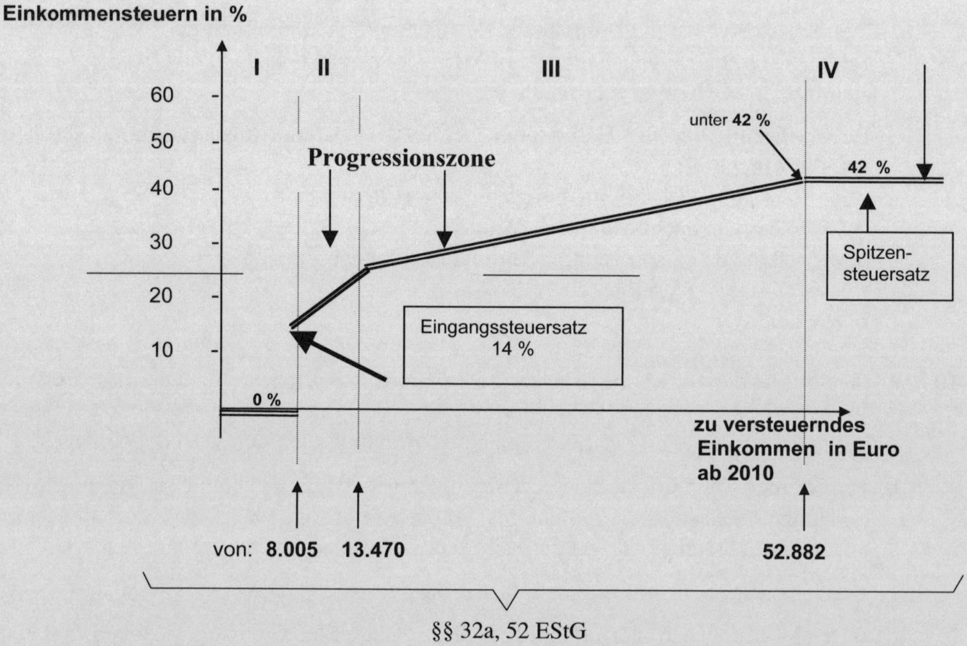

d) Das zu versteuernde Einkommen in Höhe von 30.150 € liegt in der zweiten Progressionszone.

e) Ab einem Betrag von 52.882 € ist das zu versteuernde Einkommen mit dem Spitzensteuersatz von 42 % zu versteuern. – Ab einem zu versteuernden Einkommen von 250.731 €, bei Verheirateten ab 501.462 €, sind zusätzlich 3 % Einkommensteuer zu zahlen (im Volksmund = sog. Reichensteuer).

23. Begründer der sozialen Sicherung in Deutschland war Reichskanzler **Bismarck**.

24. Der die **Beitragsbemessungsgrenze** übersteigende Betrag des monatlichen Bruttogehalts bleibt beitragsfrei.

25.

	Sozialversicherung				
	Krankenversicherung	**Pflegeversicherung**	**Arbeitslosenversicherung**	**Rentenversicherung**	**Unfallversicherung**
	SGB V	**SGB XI**	**SGB II + III**	**SGB VI**	**SGB VII**
Träger	• Allgemeine Ortskrankenkasse • Ersatzkassen (z. B. für Angestellte) • Betriebskrankenkassen • Innungskrankenkassen	• Pflegekassen der Krankenkassen	• Bundesagentur für Arbeit in Nürnberg	Deutsche Rentenversicherung	• Berufsgenossenschaften (für Städte, Länder und Bund bestehen eigene Versicherungen)

26.

	Sozialversicherung				
	Krankenversicherung	**Pflegeversicherung**	**Arbeitslosenversicherung**	**Rentenversicherung**	**Unfallversicherung**
Leistungen	• Ärztliche und zahnärztliche Behandlung • Arzneimittelversorgung • Maßnahme für Früherkennung von Krankheiten u. a.	• Häusliche Pflege • Teilstationäre und stationäre Pflege • Pflegevertretung	• Arbeitslosengeld • Berufsberatung • Arbeitsvermittlung	• Rente wegen Alters • Rente wegen verminderter Erwerbsfähigkeit • Rente wegen Todes	• Unfallrenten • Berufsbeihilfe usw.

27. Für die Gewährung von Leistungen sind pflegebedürftige Personen in folgende drei **Pflegestufen** einzuordnen:
1. Stufe: Erheblich Schwerbedürftige,
2. Stufe: Schwerstbedürftige,
3. Stufe: Schwerstpflegebedürftige.

28. a) Im Jahr 2007 wurde das **Gesetz zur Anpassung der Regelaltersgrenze** veröffentlicht. Es berücksichtigt die demografische Entwicklung und dient zugleich der Stärkung der Grundlagen der Finanzierung der gesetzlichen Rentenversicherung.
b) Die **Regelaltersgrenze** wird mit Vollendung des 67. Lebensjahres erreicht.
c) Ab dem Geburtenjahrgang 1964 gilt die Regelaltersgrenze von 67 Jahren.
d) Gloria kann in Rente gehen, wenn sie das Alter von 66 und 4 Monate beendet hat.
e) Da Semino Rossi nach 1964 geboren ist, kann er mit Vollendung des 67. Lebensjahres in Rente gehen.

f) Versicherte haben Anspruch auf Altersrente für langjährig Versicherte, wenn sie
1. das 67. Lebensjahr vollendet und
2. die Wartezeit von 35 Jahren erfüllt haben.

29. **Mobilitätshilfen**: Darlehen, Trennungskostenbeihilfe, Umzugskostenbeihilfe.

30. Grundsätzlich haben Arbeitnehmer einen Anspruch auf Arbeitslosengeld
1. bei Arbeitslosigkeit oder
2. bei beruflicher Weiterbildung.

Im Falle der Arbeitslosigkeit haben solche Arbeitnehmer Anspruch auf **Arbeitslosengeld**, die
1. arbeitslos sind,
2. sich bei der **Agentur für Arbeit** arbeitslos gemeldet und
3. die Anwartschaftszeit erfüllt haben (§ 118 SGB III).

Arbeitslos ist ein Arbeitnehmer, der
1. nicht in einem Beschäftigungsverhältnis steht,
2. sich bemüht, seine Beschäftigungslosigkeit zu beenden und
3. den Vermittlungsbemühungen der Agentur für Arbeit zur Verfügung steht (§ 117 ff. SGB III).

31. **Rente** wegen
- Alters,
- verminderter Erwerbstätigkeit,
- Todes.

32. Der **Generationenvertrag** besagt, dass die Arbeitnehmer ihren Beitrag in die Rentenversicherung zu leisten haben, damit die aus dem Arbeitsleben ausscheidenden Arbeiter und Angestellten Rente erhalten.

33. Da es sich um einen Wegeunfall zum Arbeitplatz handelt, ist der Träger der Sozialversicherung die zuständige **Berufsgenossenschaft**.

34. a) **Unbeschränkt körperschaftsteuerpflichtig** sind u. a.
- Kapitalgesellschaften (AG, GmbH, KGaA usw.),
- Erwerbs- und Wirtschaftsgenossenschaften,
- nichtrechtsfähige Vereine, Anstalten, Stiftungen,
- Versicherungsvereine auf Gegenseitigkeit.

b) Nein, die **Körperschaftsteuer** ist eine **Jahressteuer**.

c) Das Körperschaftsteuergesetz.

d) Der Gewerbesteuer unterliegt jeder stehende Gewerbebetrieb im Inland.

e) **Steuerschuldner der Gewerbesteuer** ist der Unternehmer, für dessen Rechnung das Unternehmen betrieben wird. Ist die Tätigkeit einer Personengesellschaft Gewerbebetrieb, so ist Steuerschuldner die Gesellschaft.

f) Die Gemeinden sind Steuerempfänger der Gewerbesteuer.

35. a) Umsatzsteuergesetz, Umsatzsteuer-Durchführungsverordnung, Umsatzsteuerrichtlinien.

b) Der allgemeine Steuersatz der **Umsatzsteuer** beträgt **19 %** und der ermäßigte Steuersatz **7 %**.

c) Für Lebensmittel, Getränke, Bücher des Buchhandels, Leistungen der Theater gilt der ermäßigte Steuersatz.

d) Die **Vorsteuer** ist die ausgewiesene Umsatzsteuer beim **Wareneinkauf**.

e) Die **Mehrwertsteuer** ist die ausgewiesene Umsatzsteuer beim **Warenverkauf**.

f) **Zahllast** = Umsatzsteuer - Vorsteuer

g) Bis zum 10. Tag nach Ablauf jedes Kalendermonats (Voranmeldungs-Zeitraum) ist die **Umsatzsteuer-Voranmeldung** abzugeben.

h) Am 10. Tag nach Ablauf des Voranmeldungszeitraums ist die **Umsatzsteuer-Vorauszahlung** fällig.

36. a) • Steuerpflichtiger Umsatz zum Steuersatz von 19 %: 68.476,00 €

$$\frac{68.476 \text{ x } 19}{100} = 13.010,44 \text{ €}$$

• Steuerpflichtiger Umsatz zum Steuersatz von 7 % von 9.264,00 €

$$\frac{9.264 \text{ x } 7}{100} = 648,48 \text{ €}$$

b) Beträgt die Steuer für das vorangegangene Kalenderjahr mehr als 6.136 €, ist der Kalendermonat Voranmeldezeitraum (§ 18 (2) UStG).

c) Aus § 18 UStG ist abzuleiten, dass der Unternehmer bis zum 10. Tag nach Ablauf jedes Voranmeldungszeitraums eine Voranmeldung nach amtlich vorgeschriebenem Vordruck abzugeben hat.

d) Die an das Finanzamt abzuführende Zahllast beträgt:

	13.010,44 €		13.658,92 €
+	648,48 €	–	3.123,79 €
=	13.658,92 €	=	10.535,13 € werden abgebucht.

37.

Soziales Sicherungssystem

Sozialversicherungsrecht	Sozialhilferecht	Sozialförderungsrecht	Sozialversorgungsrecht
- Krankenversicherung - Pflegeversicherung - Arbeitslosenversicherung - Rentenversicherung - Unfallversicherung	- Ausbildungsförderung - Wohngeld - Kindergeld usw.	anzuwenden auf den Einzelfall	- Flüchtlinge - Kriegsopfer usw.

38.

Bruttolohn

– Sozialversicherungsbeiträge
- 50 % des Beitrags zur Krankenversicherung
- 50 % des Beitrags zur Pflegeversicherung
- 50 % des Beitrags zur Arbeitslosenversicherung
- 50 % des Beitrags zur Rentenversicherung
- 0,9 % des Bruttogehalts als zusätzlichen Krankenversicherungsbeitrag (nur Arbeitnehmer)
- 0,25 % des Bruttogehalts als zusätzlichen Pflegeversicherungsbeitrag für Kinderlose ab Vollendung des 23. Lebensjahres

– Steuern
- Lohnsteuer
- Kirchensteuer[1] (bei Konfessionszugehörigkeit)
- Solidaritätszuschlag (5,5 % von der Lohnsteuer)

= **Nettolohn**

[1] 8 % oder 9 % von der Lohnsteuer

39. **Bundesversicherungsamt** in Berlin.

40. a) Nach vielen Prognosen wird die absehbare Bevölkerungsentwicklung bis zum Jahr 2040 zu einem steigenden Altersquotienten führen. Der Altersquotient wird wie folgt berechnet:

$$\textbf{Altersquotient} = \frac{\text{Personen ab 65}}{\text{erwerbsfähige Bevölkerung zwischen 20 und 64 Jahren}}$$

b) Die Berechnung des **Altersquotienten** lässt die Aussage zu, dass heute einem Rentner etwa vier Erwerbsfähige gegenüber stehen, im Jahr 2040 werden es nur noch knapp zwei Erwerbsfähige sein.

c) Nach Vorausschätzungen des Prognos Instituts für den Verband Deutscher Rentenversicherungsträger ist mit einem Ansteigen des Beitragssatzes auf bis zu 24,5 % im Jahr 2040 zu rechnen.

41.

Renten aus der gesetzlichen Rentenversicherung

Renten wegen Alters	Renten wegen verminderter Erwerbsfähigkeit	Renten wegen Todes
- ab Vollendung des 65. Lebensjahres - wenn die allgemeine Wartezeit erfüllt ist	- wegen Berufsunfähigkeit - wegen Erwerbsunfähigkeit	- Witwen- und Witwerrente - Waisenrente für unterhaltspflichtige Kinder (bis 18 Jahre) - Erziehungsrente (aus eigener Rente)

42. Alterspyramide (= demografische Entwicklung)

43.

Individualversicherung

Sachversicherungsverträge	Personenversicherungsverträge	Vermögensversicherungsverträge
Bsp.: Glasversicherung	Bsp.: Krankenversicherung	Bsp.: Haftpflichtversicherung

44.

Auto-Haftpflichtversicherung
im Falle von
- Personenschäden
- Sachschäden
- Vermögensschäden

mit Selbstbeteiligung	**ohne Selbstbeteiligung**
Versicherter trägt im Schadensfall einen Teil des Schadens selbst, z. B. 200,- €	Versicherung zahlt den gesamten Betrag

Teilkasko	**oder**	**Vollkasko**
Versicherung kommt für Schäden am eigenen Fahrzeug auf, so z.B. im Falle von Brand, Diebstahl, Sturm und Hagel.		Versicherung zahlt die Leistungen der Teilkasko und Schäden, die Dritten entstehen.

45.

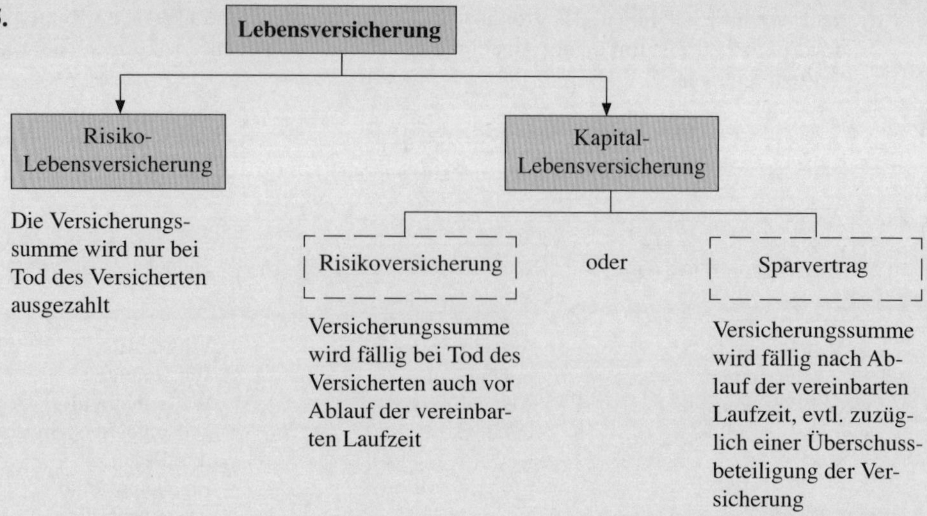

46. a) Beiden Versicherungen ist der Gedanke der Selbsthilfe und Gemeinwohlförderung gemeinsam.

b)

gesetzliche Krankenversicherung	private Krankenversicherung
• **Träger** sind die gesetzlichen Krankenkassen, Betriebs-, Innungs- und landwirtschaftliche Krankenkassen und Ersatzkassen. • Die **Beiträge** werden bis zur Höhe der Beitragsbemessungsgrenze vom Bruttoverdienst errechnet. • **Leistungen** werden nach dem **Sachleistungsprinzip** bezahlt.	• **Träger** sind Unternehmen, die die Rechtsform der AG oder des Versicherungsvereins auf Gegenseitigkeit besitzen. • **Beiträge** werden erhoben in Abhängigkeit vom Alter, Geschlecht und Gesundheitszustand. • **Leistungen** werden nach dem **Kostenerstattungsprinzip** bezahlt

47. a) Die Menschen erwarten, dass
- die Lebensmittel unbedenklich und gesund sind,
- die auf dem Markt erhältlichen Produkte einem hohen Sicherheitsstandard genügen,
- die Kinder in einer gesunden Umwelt aufwachsen,
- die Arbeitsplätze nicht nur sicher, sondern auch hygienisch sind,
- es auf Reisen innerhalb der Europäischen Union eine zuverlässige und qualitativ hochwertige gesundheitliche Versorgung und Beratung gibt.

b) Mit **„Aktionsprogramm“** der Europäischen Union im Bereich der öffentlichen Gesundheit sind Ziele festgelegt worden. Dabei handelt es sich um folgende Schwerpunkte:

1. **Verbesserung von Informationen und Kenntnisse im Bereich der Gesundheit**, wie z. B. Informationen über existierende Selbsthilfegruppen für krebskranke Patienten, Informationen für die Angehörigen der Gesundheitsberufe wie Ärzte, Krankenschwestern usw. und Informationen für die Gesundheitsbehörden (die im Falle einer im Ausland aufgetretenen Krankheit sofort Schritte im Inland zum Schutz der Bevölkerung einleiten müssen);

2. **Schnelle Reaktion auf Gesundheitsgefahren**, wie z. B. durch Impfungen;
3. **Berücksichtigung der Gesundheitsfaktoren**, wie z. B. die Krankheitsursache im Falle der durch die Rinderseuche verursachten Creutzfeld-Jacob-Krankheit.

c) Die Probleme und gleichzeitig Herausforderungen, die sich aus dem Gesundheitswesen in den nächsten Jahren ergeben, sind die der Finanzierung, ausgelöst durch:
1. Gesundheitsprobleme, wie z.B. die ungesunde Ernährungsweise einzelner Personen innerhalb der Bevölkerung,
2. die demografische Entwicklung und
3. die Entwicklung der Medizintechnik.

4.3.13 Programmierte Aufgaben

Aufgaben	Lösungen
1.	b)
2.	b)
3.	c)
4.	d)
5.	c)
6.	b)
7.	d)
8.	d)
9.	a)
10.	e)
11.	c)
12.	b)
13.	c)
14.	b)
15.	e)
16.	e)
17.	c)
18.	e)
19.	b)
20.	c)

5. Lösungen der praktischen Prüfung

5.1 Informationsverarbeitung

1. a)
- Explorer starten
- Laufwerk „a" oder „b" oder „c" anklicken
- Datei anklicken
- Neu anklicken
- Ordner anklicken
- In „Neuer Ordner" Abteilung_3 eingeben und Return-Taste drücken
- Abteilung_3 durch Anklicken öffnen
- Datei anklicken
- Neu anklicken
- Ordner anklicken
- „P5" als Bezeichnung für „Neuer Ordner" angeben und Return-Taste drücken (Markierung „entfernen")
- Datei anklicken
- Neu anklicken
- Ordner anklicken
- „P6" als Bezeichnung für „Neuer Ordner" angeben und Return-Taste drücken

b)
- WORD starten
- Datei anklicken
- Speichern unter ... anklicken
- Laufwerk „a" anklicken
- Ordner Abteilung_3 durch Anklicken öffnen
- Ordner P5 anklicken
- Unter Dateiname „Stelle1" eingeben und Speichern anklicken

c) Text eingeben

d)
- Datei anklicken
- Seite einrichten ... anklicken
- neben Oben: 2 cm eingeben
Unten: 5 cm eingeben
Links: 2 cm eingeben
Rechts: 2 cm eingeben

und OK drücken

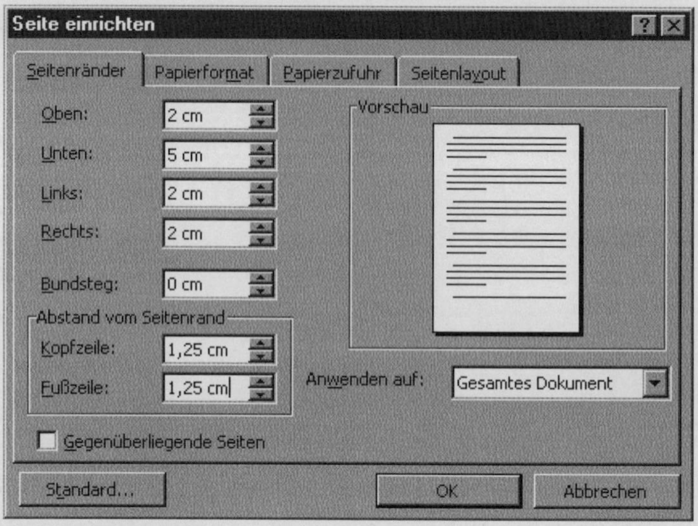

e) In der Symbolleiste
- **F** (ett) anklicken
- *K* (ursiv) anklicken
- <u>U</u> (nterstreichen) anklicken
- 20 (Schriftgröße) und Schrift „Algerian" anklicken

f)
- Text markieren (mit Maus oder Shift-Taste und Cursor)
- Format anklicken
- Rahmen und Schattierung anklicken
- Kasten anklicken
- Linienart 1 ½ pt anklicken
- Schattierung anklicken
- 20 % und OK anklicken
- Text markieren
- Rechter Einzug auf 15 ziehen
- Markierung entfernen

g) Schriftgröße 11 Punkte mit der Maus anklicken

h) Adresse eingeben

i)
- Setzen Sie den Cursor in die Bezugszeichenzeile
- Klicken Sie in der Symbolleiste das Icon „rechtsbündig" an
- Schreiben Sie „WE-P5"; fügen Sie nun das Datum ein

j)
- Fett anklicken
- Text schreiben

k)
- Mit Cursor auf den Anfang des Textes gehen
- Überschreiben (ÜB) anklicken (unten rechts) oder Einfügtaste (Einfg) betätigen
- Neuen Text schreiben
- ÜB anklicken oder Einfügtaste betätigen

l) • Datei anklicken
• Speichern anklicken

m) • Datei anklicken
• Schließen anklicken
} **oder:** Icon für Speichern anklicken

n) • Datei anklicken
• Neu ... anklicken
• Leeres Dokument und OK anklicken
• Datei anklicken
• Speichern unter ... anklicken
• Laufwerk „a" anklicken
• Ordner Abteilung_3 öffnen
• Ordner „P6" auswählen
• Dateiname „Absage2" eingeben und Speichern anklicken

o) • Datei anklicken
• Öffnen anklicken und im Ordner P5 Datei „Absage1" auswählen
• „Absage1" und Öffnen anklicken
• Bearbeiten anklicken
• „Alles markieren" anklicken
• Bearbeiten anklicken
• Kopieren anklicken
• Datei anklicken
• Öffnen anklicken
• „Absage2" und Öffnen anklicken
• Bearbeiten anklicken
• Einfügen anklicken
• Datei anklicken
• Speichern anklicken

p) • Mit Cursor auf „Urania..."
• Mit Entf.-Taste bisherige Adresse löschen
• Neue Adresse einfügen

q) • Datei anklicken
• Speichern anklicken

r) • Datei anklicken
• Drucken anklicken
• Aktuelle Seite und OK anklicken

s) Datei mit Maus schließen

Heilversicherung AG - Mainz

Frau
Marianne Neunklug
Habelstr. 524

65187 Wiesbaden

WE - PV5 25. März 20..

Ihre Bewerbung für den Bereich Pflegeversicherung

Sehr geehrte Frau Neunklug,

besten Dank für Ihr Interesse an der in der Allgemeinen Zeitung Mainz ausgeschriebenen Stelle in unserer Abteilung Pflegeversicherung.

Aus den von Ihnen übersandten Unterlagen ist ersichtlich, dass Sie die Voraussetzungen grundsätzlich erfüllen, die für diese Aufgaben erforderlich sind. Dennoch haben wir uns aus der Vielzahl der uns vorliegenden Bewerbungen für eine andere Mitbewerberin entschieden.

Zu unserer Entlastung erhalten Sie die diesem Schreiben beigefügten Bewerbungsunterlagen zurück.

Wir wünschen Ihnen weiterhin einen erfolgreichen beruflichen Werdegang und persönlich alles Gute.

Mit freundlichen Grüßen

Heilversicherungs AG
Personalabteilung

i. V.

Arianna Payot

Anlage
Bewerbungsunterlagen

2. a) Wahlberechtigt sind alle jugendlichen Arbeitnehmer, die das 18. Lebensjahr noch nicht vollendet haben, also alle Beschäftigten, die wegen fehlender Volljährigkeit noch nicht zum Betriebsrat wahlberechtigt sind. Außerdem sind alle zu ihrer Berufsausbildung Beschäftigten des Betriebs wahlberechtigt, die das 25. Lebensjahr noch nicht vollendet haben. Für beide Gruppen gilt der Wahltag als Voraussetzung für diese Unterscheidung.

b) Die regelmäßigen Wahlen zur Jugend- und Auszubildendenvertretung finden alle zwei Jahre in der Zeit vom 1. Oktober bis 30. November statt.

c) Der Betriebsrat ist zu informieren.

d)

Einladung
zur
Jugend- und
Auszubildendenversammlung

Liebe Auszubildenden,

hiermit lade ich zu einer Jugend- und Auszubildendenversammlung ein.
Sie findet am

10. August 20..

um 9 Uhr im Raum 12, Gebäude C

statt.

Tagesordnung

1. **Genehmigung des Protokolls vom 22. März 20..**
2. **Jugend- und Auszubildendenwahl**
3. **Innerbetriebliche Ausbildung im Werk D 4**
4. **Fortbildungsmöglichkeiten am PC**
5. **Verschiedenes**

Freundliche Grüße

e)

Anwesenheitsliste
der Mitglieder der
Jugend- und Auszubildendenversammlung
am 10. Augsut 20..

Nr.	Name d. Mitarbeiter	Unterschrift
1	P. Baum	
2	M. Briese	
3	A. Dannenbach	
4	P. Jung	
5	L. Keil	
6	E. Marsch	
7	S. May	
8	J. Schwarz	
9	O. Simon	
10	M. Sonnenbraun	
11	R. Urban	

3. a) Bruttogehalt im Veranlagungsjahr: 2.700 € x 13 = **35.100 €**

b) Kirchensteuer (9 % von 462,41 €) im Veranlagungsjahr: 41,62 x 13 = **541,06 €**

c) Solidaritätszuschlag (5,5 % von 462,41 €) im Veranlagungsjahr : 25,43 (255) x 13 = **330,62 €**

d) Lohnsteuer im Veranlagungsjahr: 462,41 x 13 = **6.011,33 €**

e) Berechnung des zu versteuernden Einkommens:

Bruttogehalt	35.100,00 €
- Werbungskosten	2.100,00 €
- Sonderausgaben (Kirchensteuer + Spenden)	690,93 €
- beschränkt abziehbare Sonderausgaben (Sozialversicherungsbeiträge + Haftpflichtvers.)	7.844,65 €
- außergewöhnliche Belastungen	0,00 €
Zu versteuerndes Einkommen	**24.464,42 €**

f) Nach der Einkommensteuer-Grundtabelle, die für u. a. Ledige gilt, hätte Herr Schwarz bei einem zu versteuernden Einkommen von 24.464,42 € Einkommensteuer in Höhe von 4.113,00 € zu zahlen gehabt.

Berechnung der Einkommensteuer
Tatsächlich hat er aber während des Veranlagungsjahres 6.711,25 € gezahlt. Er wird deshalb vom Finanzamt einen zu viel gezahlten **Einkommensteuerbetrag** zurückerhalten;

  6.011,33 €
– 4.113,00 €
= **1.898,33 €**

Berechnung der Kirchensteuer

Festgesetzte Einkommensteuer		4.113,00 €
9 % Kirchensteuer von 4.113 €	=	370,17 €

Herr Schwarz erhält zu viel gezahlte Kirchensteuer zurück.

  541,06 €
– 370,17 €
= **170,89 €**

Berechnung des Solidaritätszuschlags

Festgesetzte Einkommensteuer		4.113,00 €
davon 5,5 % Solidaritätszuschlag	=	226,22 €

Herr Schwarz erhält zu viel gezahlten Solidaritätszuschlag zurück.

  330,62 €
– 226,22 €
= **104,40 €**

Herr Schwarz wird vom Finanzamt insgesamt ein **Restguthaben** erhalten:

Einkommensteuer	1.898,33 €
Kirchensteuer	170,89 €
Solidaritätszuschlag	104,40 €
Rückzahlung	**2.173,62 €**

g) Wäre Herr Schwarz verheiratet gewesen, so hätte man in der **Einkommensteuer-Splittingtabelle** nachschlagen müssen.

5.2 Auftragsbearbeitung und Büroorganisation

1. Aufgabe

a) Beim Kauf von Arbeitsstühlen am Computer können folgende Fragen gestellt werden:
- Ist die Sitzhöhe einstellbar?
- Kann die Rückenlehne in der Höhe verstellt werden?
- Welche Polsterung sollten die Stühle haben (Material, Farbe)?
- Ist die Vorderkante der Stühle abgerundet?

b) gelb und orange

c) Dezibel (dB)

d) Konfiguration:
- Zentraleinheit
- Monitor
- Keyboard (Tastatur)

e) Die erste Frage beim Kauf eines Druckers ist die: Soll ein Tintenstrahl- oder Laserdrucker angeschafft werden. Außerdem ist für den Ausdruck von Grafiken von Bedeutung, dass die Speicherkapazität des Druckers relativ groß ist.

f) Die Hersteller bringen innerhalb weniger Jahre immer neue Hardware-Konfigurationen (= Bestandteile eines Computers) auf den Markt, sodass gekaufte PCs relativ schnell veraltet sind. Deshalb kann Leasing vor Kauf lohnen.

2. Aufgabe

a) 4.820,00 € : 100 x 2 % = 96,40 € Skonto

	4.820,00 €	
–	96,40 €	
=	4.723,60 €	= Überweisungsbetrag am 14. März

b) Rabatt ist ein Preisnachlass, der z. B. als Mengenrabatt gewährt wird.
Bonus ist ein nachträglich gewährter Preisnachlass.

c) § 305 ff. Bürgerliches Gesetzbuch.

6. Musterprüfung

6.1 Prüfungsvorbereitung

Die folgenden Regeln sollen es ermöglichen, das Lernen effektiver zu gestalten.

1. **Beeinflussung der Grundeinstellung**

   a) Versuchen Sie sich zu motivieren, indem Sie sich klar machen, was Ihnen ein Ausbildungsinhalt nützt – und sei es auch „nur“ das Fernziel eines Wissensvorteils in Beruf und Prüfung.

   b) Resignieren Sie nicht bei Pleiten (schlechte Noten/Prüfungsergebnisse), sondern analysieren Sie die Gründe (z. B. falsche Einschätzung der Schwierigkeiten des Stoffes), ziehen Sie die richtigen Folgerungen und gehen Sie gegen die Ursachen vor.

2. **Besseres Verstehen und Behalten**

   a) Seien Sie bei Unterweisungen, Lehrgesprächen und im Unterricht aufmerksam; denn was Sie aktuell aufnehmen, brauchen Sie nicht nachzuarbeiten.

   b) Haben Sie den Mut und fragen Sie, wenn Sie in der Ausbildung etwas nicht verstehen.

   c) Fangen Sie nicht zu spät an zu lernen, sonst stehen Sie plötzlich vor einem nicht mehr überschaubaren Berg. Verteilen Sie daher den Lernstoff möglichst gleichmäßig auf die verfügbare Ausbildungszeit. Für das Verständnis und für das Gedächtnis ist ein kontinuierliches Lernen von Vorteil.

   d) Verschaffen Sie sich zuerst einen Überblick und lernen Sie dann erst Einzelheiten.

   e) Wiederholen Sie das Erarbeitete mit eigenen Worten und versuchen Sie Querverbindungen zu bereits bekanntem Wissen herzustellen.

   f) Lernen Sie regelmäßig in kleinen Einheiten und wiederholen Sie in regelmäßigen Abständen, da nur durch Gebrauch des Erlernten das Vergessen auf Dauer gehemmt wird.

3. **Arbeitsplatzgestaltung**

   Wählen Sie einen Ort, an dem Sie ungestört arbeiten können. Entfernen Sie alles, was Sie ablenken könnte. Auch Musik aus dem Radio oder das Handy in Ihrer unmittelbaren Nähe blockiert einen Teil Ihrer Aufmerksamkeit.

4. **Zeitplanung**

   a) Erstellen Sie einen Wochen- oder Monatsplan und halten Sie diesen auch weitestgehend ein.

   b) Legen Sie regelmäßig Pausen ein, evtl. mit einer Pausenbeschäftigung bzw. Pausenbelohnung, d. h. erst nach einem zuvor festgelegten Lernabschnitt sorgen Sie für eine Ablenkung oder Erfrischung.

5. Gezielte Prüfungsvorbereitung

a) **Zeit-Ziel-Plan erstellen**

Eine effektive Prüfungsvorbereitung erfordert eine Zeiteinteilung und einen Arbeitsplan. Eine zweckmäßige Zeiteinteilung ergibt sich, wenn Sie sich Ziele setzen, die sich aus den Inhalten der Ausbildungsordnung ergeben.

Da das Prüfungsdatum langfristig vorliegt, können Sie mittels der Inhalte und Ihren Zeitansätzen rückläufig planen. Erstellen Sie einen Zeit-Ziel-Plan.

Nach diesem Plan sollten Sie dann einen genauen Wochenplan auf der Grundlage ganzer Zeitstunden erstellen, der jedoch 10 - 15 Minuten Pausenzeit beinhalten sollte. Versäumte Arbeitsstunden müssen in derselben Woche nachgeholt werden. Verschaffen Sie sich gleichzeitig auch einen Gesamtüberblick über Ihre praktische Ausbildung zu den einzelnen Sachgebieten. Benutzen Sie hierzu Ihr Berichtsheft.

Ein Zeit-Ziel-Plan könnte wie folgt gegliedert sein:

Woche (Zeit)	Lerninhalt (Ziel)	Lehrmaterial
17. Kalenderwoche	Bürowirtschaft Arbeitsabläufe	Lehrbuch Seite... Prüfungsbuch Seite... Eintrag im Schulhefter vom ...
18. Kalenderwoche	Personalwirtschaft	Infomappe des Ausbildungsbetriebes. Lehrbuch Seite...

b) **Lesepraxis verbessern**

Dies geschieht durch die folgenden drei Schritte:
- Sie überfliegen zuerst nur den Text um wichtige Stellen aufzuspüren.
- Sie lesen den Text nun sorgfältig und markieren oder übertragen wichtige Textinhalte auf ein Blatt oder auf Informationskärtchen (besser!) in Stichworten.
- Anhand der Stichworte wiederholen Sie über mehrere Tage hinweg die wichtigen Textaussagen.

c) **Prüfungsangst abbauen**

Es ist völlig normal mit Anspannung oder Angstgefühlen in die Prüfung zu gehen. Es ist jedoch zwischen einer allgemeinen Aufgeregtheit, die sich im Verlauf der Prüfung in gezielten Antriebswillen verwandelt (Typ 1) und ausgesprochener Prüfungsangst mit Blockade der geistigen Leistungsfähigkeit (Typ 2) zu unterscheiden. Kann sich der Kandidat des ersten Typs durch besonders gezielte und sorgfältige Vorbereitung stabilisieren, wirkungsvoll Stress vorbeugen sowie Nervosität abbauen, so ist im zweiten Fall eine besondere psychische Aufrichtung notwendig. Diesem sensiblen und prüfungslabilen Kandidaten muss verdeutlicht werden, dass nur sein Wissenstand in einem Bereich des Lebens und nicht seine Gesamtpersönlichkeit bewertet werden soll.

6.2 Prüfungsaufgaben

Lösungen ab Seite 501

1. Prüfungsfach Bürowirtschaft 60 Minuten

1. Aufgabe — **15 Punkte**

Die Elektronik GmbH, München, möchte ihr Video-Angebot verstärkt ausbauen und mit Billig-Produkten auf sich aufmerksam machen.

a) Wen sollten Sie beauftragen, um eine Marktanalyse zu erstellen?

b) Das Unternehmen möchte Direktmarketing betreiben. – Welchen Vorteil verspricht es sich davon?

c) Nennen Sie Instrumente des Direktmarketings!

2. Aufgabe — **10 Punkte**

Von einem Unternehmen ist folgender Organisationsplan bekannt.

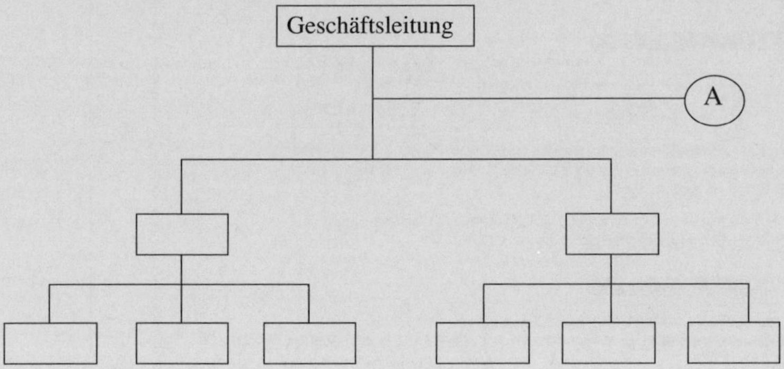

Charakterisieren Sie „A" mit eigenen Worten!

3. Aufgabe — **25 Punkte**

Stellen Sie sich vor, Sie haben es nach mehrjähriger Tätigkeit in einem Betrieb bis zum Prokuristen gebracht.

a) Dürfen Sie einem Mitarbeiter, den Sie schätzen gelernt haben, Prokura erteilen? - Begründung!

b) Woraus können Geschäftspartner, die mit ihrem Betrieb zusammenarbeiten, ableiten, dass Sie Prokurist sind?

c) Nennen Sie Formen der Prokura!

d) Welche Rechtshandlungen dürfen Sie als Prokurist nicht vornehmen?

e) Um welche Vertretungsvollmacht handelt es sich, wenn einer Ihrer Mitarbeiter ständig nur zuständig ist für den Einkauf?

4. Aufgabe

15 Punkte

Marina Notarangelo arbeitet in der „Moralinum GmbH“. Sie ist beauftragt, in den nächsten zwei Wochen diverse Weihnachtsgeschenke an langjährige Kunden in Deutschland zu senden. Es handelt sich dabei um Pakete, die zur Post gebracht werden müssen. Berechnen Sie den Gesamtbetrag für folgende Pakete mit den angegebenen Gewichten. Die Gebührentabelle, die Sie zu Grunde legen müssen, ist im Internet veröffentlicht. Die einzelnen Pakete für den heutigen Tag haben folgende Gewichte: 6 Pakete à 2,2 kg, 8 Pakete à 3,6 kg und 4 Pakete à 15 kg und 1 Paket mit 22 kg.

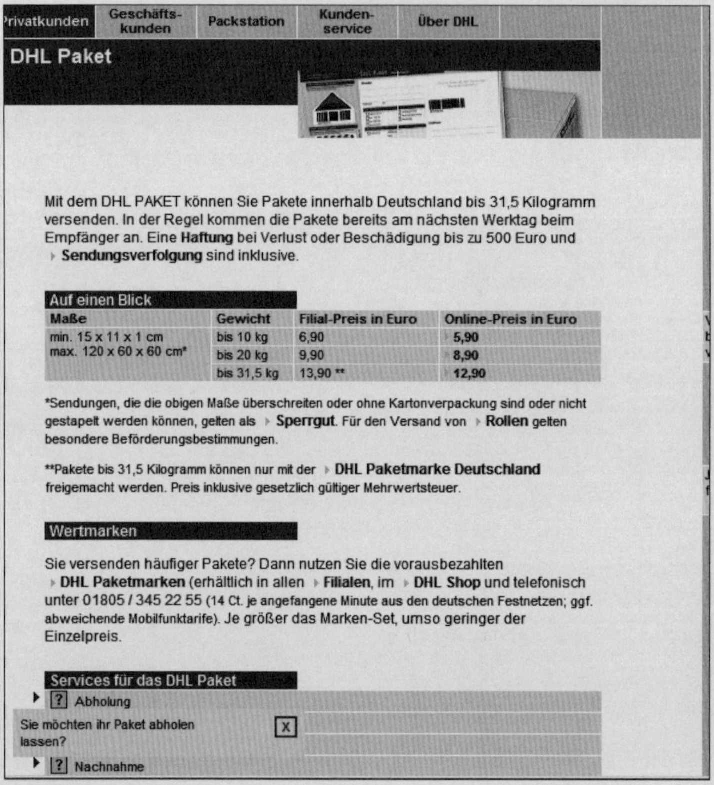

Privatkunden | Geschäftskunden | Packstation | Kundenservice | Über DHL

DHL Paket

Mit dem DHL PAKET können Sie Pakete innerhalb Deutschland bis 31,5 Kilogramm versenden. In der Regel kommen die Pakete bereits am nächsten Werktag beim Empfänger an. Eine **Haftung** bei Verlust oder Beschädigung bis zu 500 Euro und **Sendungsverfolgung** sind inklusive.

Auf einen Blick

Maße	Gewicht	Filial-Preis in Euro	Online-Preis in Euro
min. 15 x 11 x 1 cm max. 120 x 60 x 60 cm*	bis 10 kg	6,90	**5,90**
	bis 20 kg	9,90	**8,90**
	bis 31,5 kg	13,90 **	**12,90**

*Sendungen, die die obigen Maße überschreiten oder ohne Kartonverpackung sind oder nicht gestapelt werden können, gelten als **Sperrgut**. Für den Versand von **Rollen** gelten besondere Beförderungsbestimmungen.

Pakete bis 31,5 Kilogramm können nur mit der **DHL Paketmarke Deutschland freigemacht werden. Preis inklusive gesetzlich gültiger Mehrwertsteuer.

Wertmarken

Sie versenden häufiger Pakete? Dann nutzen Sie die vorausbezahlten **DHL Paketmarken** (erhältlich in allen **Filialen**, im **DHL Shop** und telefonisch unter 01805 / 345 22 55 (14 Ct. je angefangene Minute aus den deutschen Festnetzen; ggf. abweichende Mobilfunktarife). Je größer das Marken-Set, umso geringer der Einzelpreis.

Services für das DHL Paket

Abholung

Sie möchten Ihr Paket abholen lassen?

Nachnahme

5. Aufgabe

20 Punkte

Der F. Kiehl Verlag teilt seinen Autoren in einem Schreiben mit, dass sich die Rufnummern geändert haben, weil der Verlag über eine neue, moderne Telefonanlage im ISDN-Netz verfügt.

a) Was bedeutet die Abkürzung ISDN?

b) Was wird über ISDN vermittelt?

c) Worin besteht der technische Unterschied zwischen dem herkömmlichen Telefon und der Übermittlung der Sprache durch ISDN?

d) Nennen Sie Vorteile, die das Telefonieren im ISDN gegenüber dem herkömmlichen Telefondienst bietet!

6. Aufgabe **15 Punkte**

Durch elektronische Kassen hat der Handel mehr Möglichkeiten, einen schnelleren Zugriff zu aktuellen Daten zu erhalten. – Nennen Sie einige betriebliche Funktionen, die durch ein vorhandenes Warenwirtschaftssystem kontrolliert und gesteuert werden können!

2. Prüfungsfach Rechnungswesen 90 Minuten

1. Aufgabe **25 Punkte**

Die Johanna Wunschtraum KG hat im laufenden Kalenderjahr Kanthölzer aus Fichte eingekauft. Der Bestand soll am Jahresende bewertet werden. Der Endbestand der Hölzer beträgt 3.600 Stück. Der Marktpreis wird am 31. Dezember mit 8 € angegeben.

§ 256 HGB: Bewertungsvereinfachungsverfahren. *Soweit es den Grundsätzen ordnungsmäßiger Buchführung entspricht, kann für den Wertansatz gleichartiger Vermögensgegenstände des Vorratsvermögens unterstellt werden, dass die zuerst oder dass die zuletzt angeschafften oder hergestellten Vermögensgegenstände zuerst oder in einer sonstigen bestimmten Folge verbraucht oder veräußert worden sind. § 240 Abs. 3 und 4 ist auch auf den Jahresabschluss anwendbar.*

§ 240 HGB: Inventar.
(2) Vermögensgegenstände des Sachanlagevermögens sowie Roh-, Hilfs- und Betriebsstoffe können, wenn sie regelmäßig ersetzt werden und ihr Gesamtwert für das Unternehmen nachrangiger Bedeutung ist, mit einer gleichbleibenden Menge und einem gleichbleibenden Wert angesetzt werden, sofern ihr Bestand in seiner Größe, seinem Wert und seiner Zusammensetzung nur geringen Veränderungen unterliegt. Jedoch ist in der Regel alle drei Jahre eine körperliche Bestandsaufnahme durchzuführen.
(3) Gleichartige Vermögensgegenstände des Vorratsvermögens sowie andere gleichartige oder annähernd gleichwertige bewegliche Vermögensgegenstände und Schulden können jeweils zu einer Gruppe zusammengefasst und mit dem gewogenen Durchschnittswert angesetzt werden.

§ 253 HGB
(3) Bei Vermögensgegenständen des Umlaufvermögens sind Abschreibungen vorzunehmen, um diese mit einem niedrigeren Wert anzusetzen, der sich aus einem Börsen-oder Marktpreis am Abschlussstichtag ergibt. Ist ein Börsen- oder Marktpreis nicht festzustellen und übersteigen die Anschaffungskosten oder Herstellungskosten den Wert, der den Vermögensgegenständen am Abschlussstichtag beizulegen ist, so ist auf diesen Wert abzuschreiben. Außerdem dürfen Abschreibungen vorgenommen werden, soweit diese nach vernünftiger kaufmännischer Beurteilung notwendig sind, um zu verhindern, dass in der nächsten Zukunft der Wertansatz dieser Vermögensgegenstände aufgrund von Wertschwankungen geändert werden muss.

a) Das Unternehmen bewertet diesen Anteil des Umlaufvermögens i. S. d. § 256 HGB nach dem Fifo-Verfahren. – Was bedeutet dies?

b) Bewerten Sie die Ordner in der nachfolgenden Tabelle nach dem Fifo-Verfahren für einen Endbestand von 3.600 Stück:

Eingänge		Stückzahl	Preis je Stück in €
Anfangsbestand	01. Jan.	3.000	2,00
Zugang	14. Febr.	800	2,50
Zugang	04. April	600	3,50
Zugang	13. Mai	800	3,60
Zugang	22. Juli	800	4,20
Zugang	19. Okt.	1.700	5,00
Zugang	16. Dez.	1.100	7,50
		9.500	

c) Was ist das so genannte Lifo-Verfahren?

d) Bewerten Sie nach dem Lifo-Verfahren!

e) Welche Konsequenz hat die Anwendung des Lifo-Verfahrens für die Bewertung des Endbestands?

f) Welche Konsequenz hat die Bewertung nach dem Lifo-Verfahren, wenn der Tageswert am Abschlussstichtag niedriger ist als die zu bewertenden Waren?

2. Aufgabe

4 Punkte

Rotina Katumba sieht im Fenster eines Modehauses folgendes Schild. – Welchen Preis muss sie zahlen, wenn sie das Kleid kauft?

3. Aufgabe **10 Punkte**

Ein Unternehmer erhält von einem Lieferer eine Warensendung, die drei Warengruppen umfasst.

Die Frachtkosten betragen 180 € für das Gesamtgewicht der Sendung.

Ware	Gewicht	Listenpreis
A	40 kg	460 €
B	65 kg	820 €
C	95 kg	1.140 €

a) Berechnen Sie die Frachtkosten für die einzelnen Warengruppen!

b) Ermitteln Sie den Bezugspreis für die Ware B. Es werden 10 % Rabatt und 2 % Skonto gewährt!

4. Aufgabe **10 Punkte**

Das Service Computer Team erhält per Post eine Rechnung über den Kauf eines Schreibtisches und eines Büroschrankes zum Preis von insgesamt 3.944 € inkl. 19 % USt.

a) Wie lautet die Buchung?

b) Wie lautet die Buchung, wenn die Anlage 5 Jahre abgeschrieben werden soll?

c) Wie hoch ist der jährliche Abschreibungssatz im Falle dieser linearen Abschreibung?

d) Wie hoch ist der Buchwert für den PC nach drei Jahren, wenn eine 20%ige degressive Abschreibung erfolgt?

5. Aufgabe **14 Punkte**

Die Jutta Schwanhals GmbH mit Sitz in Saarlouis ist ein Großhandelsunternehmen. Gegenstand der Kapitalgesellschaft ist der Verkauf von Büroartikeln. Am 2. September geht bei der Jutta Schwanhals GmbH ein Angebot ein (siehe Anlage A). Bei Warenlieferung ist die Rechnung (siehe Anlage B+ C) beigefügt.

a) Nennen Sie Tätigkeiten, die bei Wareneingang vorzunehmen sind!

b) Beurteilen Sie die Rechnung auf ihre Rechtmäßigkeit!

c) Um welche Gesellschaftsform handelt es sich bei den beiden Unternehmen?

d) Wie hoch ist der Überweisungsbetrag der Schwanhals GmbH, wenn keine Ersatzlieferung für die Falschlieferung und kein Skontoabzug erfolgen?

Kompakt Aktiengesellschaft

Kompakt Aktiengesellschaft

Kompakt AG, Rathausstraße 12, 66450 Bexbach

Jutta Schwanhals GmbH
Goethestraße 211a
66740 Saarlouis

Bexbach, 26. August d. J.

Angebot

Guten Tag, sehr geehrte Damen und Herren,

besten Dank für Ihre Anfrage vom 16. August d. J. Ihren Wunsch erfüllen wir Ihnen gerne und unterbreiten Ihnen folgendes Angebot:

Artikel	Artikelnummer	Einzelpreis
Registrierkasse	RK 286	320,00 €

Ab einer Abnahme von 10 Stück gewähren wir Ihnen einen Rabatt von 6 %, ab 20 Stück 8 %, ab 30 Stück 12 % und ab 40 Stück 15 %. Wir beliefern Sie gerne innerhalb von 14 Tagen frei Haus. Zahlungsziel beträgt 30 Tage. Sollten Sie den Rechnungsbetrag innerhalb von 14 Tagen begleichen, gewähren wir Ihnen 3 % Skonto.

Wir freuen uns auf Ihren Auftrag.

Freundliche Grüße

M. Palawer
i.A. M. Palawer

Unternehmenssitz Rathausstraße 12 66450 Bexbach	Tel.: 06826-12341 Fax.: 06826-12342 E-Mail: Kompakt@t.online.de	Amtsgericht Homburg/Saar HRB 8714	Bankverbindung Kreissparkasse Saarpfalz BLZ 59450010 Kto-Nr. 24686420

Anlage A

Kompakt Aktiengesellschaft

Kompakt Aktiengesellschaft

Kompakt AG, Rathausstraße 12, 66450 Bexbach

Jutta Schwanhals GmbH
Goethestraße 211a
66740 Saarlouis

Bexbach, 14. September d. J.
USt-ID-DE 136264303

Rechnung

Guten Tag, sehr geehrte Damen und Herren,

wir danken Ihnen für Ihren Auftrag und freuen uns, Sie beliefern zu dürfen.

Pos.	Artikel	Artikelnummer	Einzelpreis	Menge	Rabatt	Gesamtpreis
1	Registrierkasse	RK 286	320,00	22	8 %	6.476,80 €
2	Transportkosten	-------------------	-----------	------	-------	160,00 €
						6.636,80 €
					19 % USt	1.260,99 €
						7.897,79 €

Freundliche Grüße

M. Palawer
i.A. M. Palawer

Unternehmenssitz	Tel.: 06826-12341	Amtsgericht	Bankverbindung
Rathausstraße 12	Fax.: 06826-12342	Homburg/Saar	Kreissparkasse Saarpfalz
66450 Bexbach	E-Mail: Kompakt@t.online.de	HRB 8714	BLZ 59450010
			Kto-Nr. 24686420

Anlage B

Wareneingangsschein

Lieferant: Kompakt AG	Lieferscheindatum: 16. September 20..
Lieferscheinnummer: 328	Eingangsdatum: 16. September 20..

Artikelbezeichnung	Artikelnummer	Bestellung	Lieferung	angenommene Menge
Registrierkasse	RK 286	22	22	21

Bemerkungen bei Mengendifferenz:

Artikel Nr. RK 284 wurde nicht bestellt.

geprüft: *Wedekind* **Datum**: 16. September 20..

Anlage C

6. Aufgabe

10 Punkte

Bilden Sie die Buchungssätze der folgenden in einem Großhandelsunternehmen anfallenden Geschäftsvorfälle:

a) Miete für betrieblich genutzte Privaträume 1.900 €

b) Telefongebühren werden vom Postbankkonto abgebucht 695 €

7. Aufgabe **8 Punkte**

Unternehmen nutzen die ABC-Analyse als Instrument, um das Risiko u. a. bei der Beschaffung von Waren möglichst gering zu halten. Welche beiden der nachfolgenden Aussagen zu diesem Thema sind richtig?

a) ABC bedeutet Analyse, Bestellung, Controlling.
b) Die Buchstaben ABC stehen der Reihe nach für Artikel der Lieferanten, die am meisten, durchschnittlich und wenig zum Erfolg des Unternehmens beigetragen haben.
c) Es wird untersucht, ob die Lager- und Bestellkosten minimiert werden können.
d) Es handelt sich insbesondere um eine Analyse des Bestellwertes.
e) Es handelt sich darum zu analysieren, welche Kunden wegen Geringbestellungen nicht mehr beliefert werden sollen.

8. Aufgabe **9 Punkte**

Die Firma Peters & Co. GmbH erhält folgende Rechnung aufgrund einer Warenlieferung. – Wie lautet der Buchungssatz am 21. April?

Ratzebutz Computer-System Mainz
Gerhard-Hauptmann-Str. 12
55112 Mainz
Tel.: 06131- ...... Fax: ....

R CS

Firma
Peters & Co. GmbH
Hirnfeldstr. 88

66450 Frankenholz

Rechnung

Nummer: PL 242322 Datum: 24. März .....
Ihre Bestellung vom 18. März ....

Kundennummer: 23478

Die Lieferung erfolgt mittels LKW, unfrei:

2 Personal-Computer Pentium III einschließlich Bildschirm 17 Zoll Einzelpreis 1.600,00 €	3.200,00 €
+ Fracht	60,00 €
	3.260,00 €
+ 19 % USt	619,40 €
	3.879,40 €

Die Rechnung ist innerhalb von 14 Tagen mit 2 % Skonto oder nach 30 Tagen ohne Abzug zu begleichen.

Bankverbindung: Mainzer Volksbank, BLZ 55190000, Konto 11122233

9. Aufgabe **10 Punkte**

Die Schrauben-Produktions AG stellt fest, dass der Umsatz zurückgeht. Deshalb soll in der Abteilung „Controlling“ eine neue Break-Even-Point-Analyse erstellt werden, um so in der Gegenwart die Kontrolle über die Entstehung der Kosten zu verschärfen und zugleich planerisch für die Zukunft tätig zu werden. Im Nachfolgenden sehen Sie eine Grafik. Schauen Sie sich diese an und ordnen Sie in Spalte II aus dem Schaubild den in spalte I enthaltenen Begriffen die richtigen Buchstaben zu, die Sie aus dem Schaubild entnehmen.

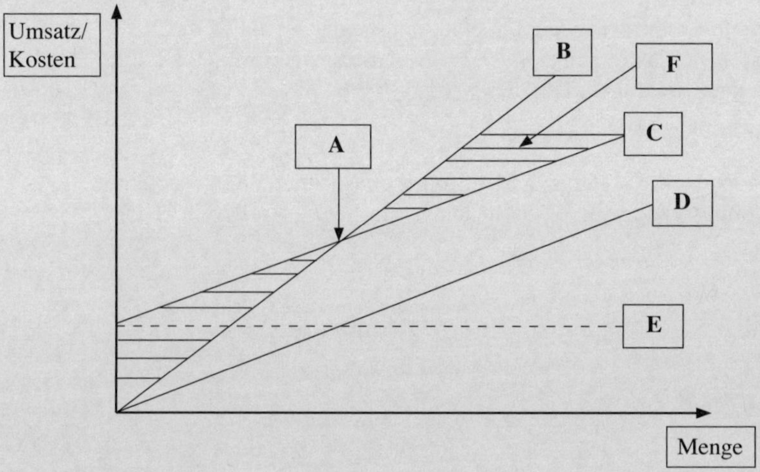

Spalte I	Spalte II
Fixe Kosten	
Gesamtkosten	
Umsätze	
Gewinnzone	
variable Kosten	
Break-Even-Point	

3. Prüfungsfach Wirtschafts- und Sozialkunde - 90 Minuten

1. Aufgabe **14 Punkte**

Das Großhandelsunternehmen Blümle GmbH hat Ware an die Firma Gregor Süßmann e. K. geliefert. Die Rechnung in Höhe von 5.650,- € ist auf den 18. Februar des „Jahres 9” datiert. Obwohl die Blümle GmbH bereits zweimal schriftlich gemahnt hat, ist von der Firma Süßmann keine Reaktion erfolgt.

a) Wann verjährt der Anspruch aus dieser Forderung aus Warenlieferung? – Begründung!
b) Wie wirkt sich eine Teilzahlung auf den Verlust der Verjährungsfrist aus?
c) Worin besteht der Unterschied zwischen einer Hemmung und dem Neubeginn der Verjährung?
d) Wie wirkt sich die Zustellung eines Mahnbescheides im Mahnverfahren durch die Blümle GmbH auf den Verlauf der Verjährungsfrist aus?

2. Aufgabe **15 Punkte**

Die beiden Einzelkaufleute Fritz Übermut e. K. und Gisbert Stark e. K. beabsichtigen gemeinsam ein Großhandelsunternehmen zu gründen. Aus diesem Grund wollen sie ihre bisherigen Unternehmen in eine OHG umwandeln.

a) Um welche Unternehmensform handelt es sich?
b) Nennen Sie einen wesentlichen Unterschied zwischen einer OHG und einer KG!
c) Wie wird der Gewinn der OHG nach der gesetzlichen Regelung verteilt?
d) Kann vertraglich eine andere als die gesetzliche Regelung über die Gewinn- und Verlustverteilung getroffen werden?
e) Worin sieht das Gesetz hinsichtlich der Gewinnverteilung bei der KG eine andere Regelung als die bei der OHG vor?

3. Aufgabe **14 Punkte**

In einer Zeitschrift steht folgender Satz:
„Factoring hat sich als Finanzierungsinstrument der deutschen Wirtschaft sehr bewährt".

a) Erklären Sie den Begriff „Factoring"!
b) Was bewirkt Factoring?
c) Inwiefern erfüllt Factoring eine Delkrederefunktion?
d) Nennen Sie je zwei Vor- und Nachteile, die durch Factoring als Finanzierungsinstrument entstehen!

4. Aufgabe **17 Punkte**

Auf einem Weltwirtschaftsforum in Berlin wies der Präsident des Deutschen Handelstages auf die Bedeutung des Handels mit dem Ausland hin.
a) Nennen Sie drei Exportländer, die einen großen Anteil an der Weltausfuhr haben!
b) Exporterfolge nach dem Zweiten Weltkrieg sind u. a. auf die Vereinbarung von Bretton Woods zurückzuführen. – Wodurch ist diese Vereinbarung gekennzeichnet?
c) Durch welche Maßnahmen können Importe beschränkt werden?
d) In welchem Falle führen Veränderungen der Währungen zur Verbilligung der exportierten Waren?
e) Wer sind die Gründungsmitglieder der ASEAN-Volkswirtschaften?

5. Aufgabe **6 Punkte**

Katharina Wollmaus schlägt die Tageszeitung auf und sieht folgende Anzeige. Sie zeigt diese ihrer Schwester und sagt ihr: „Schau mal, in diesem Text steckt ein Fehler. Er ist rechtlich nicht einwandfrei. – Was kritisiert Katharina?

6. Aufgabe **6 Punkte**

Im folgenden Schaubild ist das Modell des einfachen Wirtschaftskreislaufs unter Ausklammerung des Staates dargestellt. Welche Aussagen sind richtig?

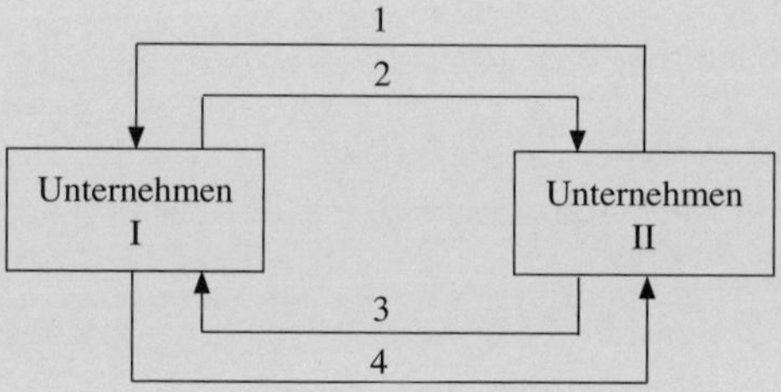

a) Das Wirtschaftssubjekt II sind die privaten Haushalte.
b) Das Wirtschaftssubjekt II stellt das Ausland dar.
c) Der Pfeil 1 verdeutlicht den Einkommenstrom mit u. a. Löhnen und Gehältern, während der Pfeil 2 den Produktionsfaktorenstrom Arbeit, Boden und Kapital darstellt.
d) Der Pfeil 1 stellt den Produktionsfaktorenstrom, der Pfeil 2 den Einkommenstrom dar.
e) Der Pfeil 3 stellt den Güter- und Dienstleistungsstrom dar, der Pfeil 4 hingegen den Ausgabenstrom.
f) Der Pfeil 3 stellt den Ausgabenstrom, der Pfeil 4 den Güter- und Dienstleistungsstrom dar.

7. Aufgabe **6 Punkte**

Im folgenden Schaubild sind die vier Kurven A_0, A_1, A_2 und N dargestellt.

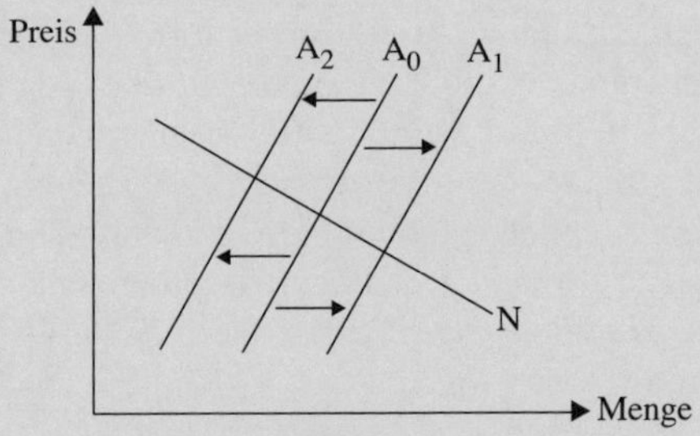

Welche Zusammenhänge sind aus der Darstellung als richtig festzustellen?

a) N ist die Nachfragekurve.
b) Im Falle von A_1 handelt es sich im Vergleich zu A_0 um eine Angebotsausweitung.
c) Im Falle von A_1 handelt es sich im Vergleich zu A_0 um einen Angebotsrückgang.
d) Im Falle von A_2 handelt es sich im Vergleich zu A_0 um einen Angebotsrückgang.
e) Im Falle von A_2 handelt es sich im Vergleich zu A_1 um eine Angebotsausweitung.

8. Aufgabe **6 Punkte**

Welche Aussagen zum nachfolgenden Schaubild sind richtig?

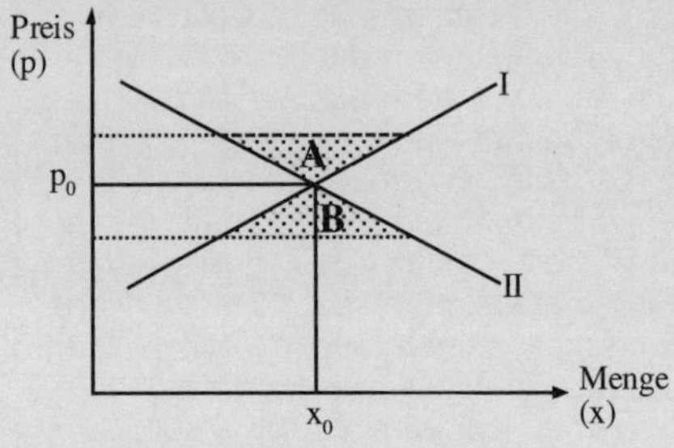

a) Der Schnittpunkt der Verbindung von p_0/x_0 ist der Gleichgewichtspreis.
b) Das schraffierte Feld A stellt eine Angebotslücke dar.
c) Das schraffierte Feld A stellt eine Nachfragelücke dar.
d) Das schraffierte Feld B stellt eine Angebotslücke dar.
e) Das schraffierte Feld B stellt eine Nachfragelücke dar.
f) Die Kurve I ist die Nachfragekurve, die Kurve II ist die Angebotskurve.

9. Aufgabe **16 Punkte**

Die Karl Brechstein GmbH beschäftigt 310 Arbeitnehmer. Von diesen sind 290 bei einer Betriebsratswahl wahlberechtigt. Der Betriebsrat lädt zum 12.

August zu einer Betriebsversammlung ein. Dort teilt er mit, dass die Gefahr bestehe, dass dem Unternehmen aufgrund von nur schwer einzutreibender Forderungen aus Warenlieferungen die Zahlungsunfähigkeit drohe. Aus diesem Grund wünsche der Arbeitgeber ein Gespräch mit dem Betriebsrat mit dem Ziel, die Betriebsvereinbarung vorzeitig zu kündigen. Es sei daran gedacht, Leistungen, die in der Betriebsvereinbarung vereinbart sind, zu kürzen bzw. ganz zu streichen. So sei dem Betriebsrat der Vorschlag unterbreitet worden, die Kantine zu schließen, somit Kosten einzusparen und damit ein Insolvenzverfahren zu vermeiden. – Beantworten Sie unter Zuhilfenahme der abgebildeten Gesetzesauszüge (Betriebsverfassungsgesetz/Insolvenzordnung) die nachfolgenden Fragen!

a) Aus wie viel Mitgliedern besteht der Betriebsrat der Karl Brechstein GmbH?
b) Wie setzt sich die Betriebsversammlung zusammen?
c) Kann der Betriebsrat die Presse einschalten, damit diese das Geschehen während der Betriebsversammlung verfolgen kann?
d) In welcher Rechtsgrundlage muss der Betriebsrat nachschauen, wenn er sich über den Ablauf eines Insolvenzverfahrens informieren will?
e) Die Eröffnung eines Insolvenzverfahrens setzt voraus, dass ein Eröffnungsgrund gegeben ist. – Nennen Sie Beispiele für einen Eröffnungsgrund!
f) Kann der Arbeitgeber eine Betriebsvereinbarung vorzeitig kündigen?

Betriebsverfassungsgesetz
§ 9 Zahl der Betriebsratsmitglieder

Der Betriebsrat besteht in Betrieben mit in der Regel

5	bis	20	wahlberechtigten Arbeitnehmern aus	1 Mitglied,
21	bis	50	wahlberechtigten Arbeitnehmern aus	3 Mitgliedern,
51	bis	100	wahlberechtigten Arbeitnehmern aus	5 Mitgliedern,
101	bis	200	wahlberechtigten Arbeitnehmern aus	7 Mitgliedern,
201	bis	400	wahlberechtigten Arbeitnehmern aus	9 Mitgliedern,
401	bis	700	wahlberechtigten Arbeitnehmern aus	11 Mitgliedern,
701	bis	1.000	wahlberechtigten Arbeitnehmern aus	13 Mitgliedern,
1.001	bis	1.500	wahlberechtigten Arbeitnehmern aus	15 Mitgliedern,
1.501	bis	2.000	wahlberechtigten Arbeitnehmern aus	17 Mitgliedern,
2.001	bis	2.500	wahlberechtigten Arbeitnehmern aus	19 Mitgliedern,
2.501	bis	3.000	wahlberechtigten Arbeitnehmern aus	21 Mitgliedern,
3.001	bis	3.500	wahlberechtigten Arbeitnehmern aus	23 Mitgliedern,
3.501	bis	4.000	wahlberechtigten Arbeitnehmern aus	25 Mitgliedern,
4.001	bis	4.500	wahlberechtigten Arbeitnehmern aus	27 Mitgliedern,
4.500	bis	5.000	wahlberechtigten Arbeitnehmern aus	29 Mitgliedern,
5.001	bis	6.000	wahlberechtigten Arbeitnehmern aus	31 Mitgliedern,
6.001	bis	7.000	wahlberechtigten Arbeitnehmern aus	33 Mitgliedern,
7.000	bis	9.000	wahlberechtigten Arbeitnehmern aus	35 Mitgliedern.

In Betrieben mit mehr als 9.000 Arbeitnehmern erhöht sich die Zahl der Mitglieder des Betriebsrats für je angefangene weitere 3.000 Arbeitnehmer um 2 Mitglieder.

*
*
*

§ 42 Zusammensetzung, Teilversammlung, Abteilungsleiterversammlung. (1) Die Betriebsversammlung besteht aus den Arbeitnehmern des Betriebs; sie wird von dem Vorsitzenden des Betriebsrats geleitet. Sie ist nicht öffentlich. Kann wegen der Eigenart des Betriebs eine Versammlung aller Arbeitnehmer zum gleichen Zeitpunkt nicht stattfinden, so sind Teilversammlungen durchzuführen.

Insolvenzordnung

§ 1 Ziele des Insolvenzverfahrens. Das Insolvenzverfahren dient dazu, die Gläubiger eines Schuldners gemeinschaftlich zu befriedigen, indem das Vermögen des Schuldners verwertet und der Erlös verteilt oder in einem Insolvenzplan eine abweichende Regelung, insbesondere zum Erhalt des Unternehmens, getroffen wird. Dem redlichen Schuldner wird Gelegenheit gegeben, sich von seinen restlichen Verbindlichkeiten zu befreien.

§ 13 Eröffnungsantrag. (1) Das Insolvenzverfahren wird nur auf Antrag eröffnet. Antragsberechtigt sind die Gläubiger und der Schuldner.
(2) Der Antrag kann zurückgenommen werden, bis das Insolvenzverfahren eröffnet oder der Antrag rechtskräftig abgewiesen ist.

§ 15 Antragsrecht bei juristischen Personen und Gesellschaften ohne Rechtspersönlichkeit. (1) Zum Antrag auf Eröffnung eines Insolvenzverfahrens über das Vermögen einer juristischen Person oder einer Gesellschaft ohne Rechtspersönlichkeit ist außer den Gläubigern jedes Mitglied des Vertretungsorgans, bei einer Gesellschaft ohne Rechtspersönlichkeit oder bei einer Kommanditgesellschaft auf Aktien jeder persönlich haftende Gesellschafter, sowie jeder Abwickler berechtigt.

§ 16 Eröffungsgrund. Die Eröffnung des Insolvenzverfahrens setzt voraus, dass ein Eröffnungsgrund gegeben ist.

§ 17 Zahlungsunfähigkeit. (1) Allgemeiner Eröffnungsgrund ist die Zahlungsunfähigkeit.
(2) Der Schuldner ist zahlungsunfähig, wenn er nicht in der Lage ist, die fälligen Zahlungspflichten zu erfüllen. Zahlungsunfähigkeit ist in der Regel anzunehmen, wenn der Schuldner seine Zahlungen eingestellt hat.

§ 18 Drohende Zahlungsunfähigkeit. (1) Beantragt der Schuldner die Eröffnung des Insolvenzverfahrens, so ist auch die drohende Zahlungsunfähigkeit Eröffnungsgrund.
(2) Der Schuldner droht zahlungsunfähig zu werden, wenn er voraussichtlich nicht in der Lage sein wird, die bestehenden Zahlungspflichten im Zeitpunkt der Fälligkeit zu erfüllen.

§ 19 Überschuldung. (1) Bei einer juristischen Person ist auch die Überschuldung Eröffnungsgrund.

§ 120 Kündigung von Betriebsvereinbarungen. (1) Sind in Betriebsvereinbarungen Leistungen vorgesehen, welche die Insolvenzmasse belasten, so sollen Insolvenzverwalter und Betriebsrat über eine einvernehmliche Herabsetzung der Leistungen beraten. Diese Betriebsvereinbarungen können auch dann mit einer Frist von drei Monaten gekündigt werden, wenn eine längere Frist vereinbart ist.

6.3 Lösungen der Prüfungsaufgaben

1. Prüfungsfach Bürowirtschaft 60 Minuten

1. Aufgabe

a) Sie sollte Marktforschungsinstitute beauftragen, wie z. B. das Emnid-Institut, um eine Marktanalyse zu erstellen.
b) Durch die Kontrolle des jeweiligen Rücklaufs ist eine relativ exakte Kosten-Nutzen-Analyse möglich.
c) Instrumente des Direktmarketings sind:
- Telefonmarketing,
- Haushaltswerbung,
- Beilagen in Zeitschriften,
- Postwurfsendungen.

2. Aufgabe

Es handelt sich um eine Stabstelle. Sie ist der Geschäftsleitung (Unternehmensführung) unmittelbar unterstellt und dient der Beratung in der Führungsarbeit. Stabstellen sind mit Spezialisten besetzt und handeln in der Regel im Namen der Geschäftsleitung (Bsp.: Beratung in einer neuen Revisions-, Presse- und Statistikabteilung).

3. Aufgabe

a) Nein, Prokura darf nur ein Kaufmann (der im Handelsregister eingetragen ist) erteilen.
b) Durch den Zusatz „ppa“ zur Unterschrift.
c) Einzel-, Gesamt- und Filialprokura.
d) - Grundstücke veräußern oder belasten;
- Rechtshandlungen vornehmen, die nur ein Kaufmann ausführen darf, wie z. B. die Bilanz oder das Inventar unterzeichnen.
e) Artvollmacht.

4. Aufgabe

Anzahl der Pakete	Gewicht der Pakete	Gebühr pro Paket	Gesamtgebühr nach Gewichtsklassen
6	2,2	6,90 €	6 x 6,90 = 41,40 €
8	3,6	6,90 €	8 x 6,90 = 55,20 €
4	15,0	9,90 €	4 x 12,90 = 39,60 €
1	22,0	12,90 €	1 x 14,00 = 12,10 €
			= 149,10 €

Die Gesamtgebühr für alle Pakete beträgt 149,10 €.

5. Aufgabe

a) Die Abkürzung ISDN steht für Integrated Services Digital Network.
b) Mit ISDN werden Sprache, Text, Daten und Bilder vermittelt.
c) Die Kommunikation über das Telefon erfolgt über ein zweiadriges Kupfernetz, während Informationen per ISDN über Glasfaser transportiert werden.
d) Telefonieren im ISDN bietet gegenüber dem herkömmlichen Telefondienst folgende Vorteile:
- die Sprachqualität ist, unabhängig von der Entfernung, hoch;
- die Verbindung ist im Durchschnitt innerhalb kürzester Zeit hergestellt;
- ein zusätzlicher Komfort, wie z. B. eine Dreierkonferenz ist möglich.

6. Aufgabe

Der Warenein- und Warenausgang, die Auftragsverwaltung, die Verwaltung von Warensortimenten, die Inventur und die Rechnungsprüfung sind Funktionen innerhalb eines Betriebes, die durch ein vorhandenes Warenwirtschaftssystem per EDV kontrolliert und gesteuert werden können; die Daten werden erfasst, verarbeitet und gespeichert.

2. Prüfungsfach Rechnungswesen (90 Minuten)

1. Aufgabe

a) Beim Fifo-Verfahren wird angenommen, dass die zuerst gekauften Güter auch zuerst verkauft werden. Fifo bedeutet: first in – first out. Wenn bewertet wird, ist der Bestand aus den letzten Zugängen zu bewerten.
b) Die zuerst eingekaufte Ware wird auch zuerst verkauft. Deshalb wird der Endbestand so bewertet, dass die zuletzt gekauften Waren mit deren Preisen bewertet werden. – Dies bedeutet für die Bewertung des Endbestandes der insgesamt 3.600 Ordner:

Anzahl der Ordner	Preis je Ordner	Gesamtpreis in €
1.100	7,50	8.250
1.700	5,00	8.500
800	4,20	3.360
3.600		20.110

Dieser nach dem Fifo-Verfahren errechnete Betrag wird im Inventar ausgewiesen und bilanztechnisch erfasst.
c) Beim Lifo-Verfahren nimmt man an, dass die zuletzt gekauften Waren als erste verkauft werden. Lifo bedeutet: last in – first out. Der Schlussbestand wird ermittelt aus dem Anfangsbestand und den ersten Einkäufen. Er ist mit diesen Preisen zu bewerten.
d) Bewertung nach dem Lifo-Verfahren:

Anzahl der Kanthölzer	Preis je Kantholz in €	Gesamtpreis in €
3.000	2,00	6.000
600	2,50	1.500
		7.500

e) Die Preise der Artikel sind kontinuierlich gestiegen. Die Anwendung des Lifo-Verfahrens führt in diesem Fall zu einer niedrigeren Bewertung des Endbestandes.
f) Ist bei der Anwendung des Lifo-Verfahrens der Tageswert niedriger als die zu bewertenden Waren, so muss der Wert nach dem Niederstwertprinzip angesetzt werden.

2. Aufgabe

Das Kleid kostete ursprünglich 326 €. 18 Prozent von dem ursprünglichen Betrag sind

$$\frac{326 \text{ x } 18}{100} = 58{,}68 \text{ €}$$

Wenn Rotina Katumba das Kleid kauft, muss sie folgenden Betrag bezahlen:

	326,00 €
–	58,68 €
=	267,32 €

3. Aufgabe

a) Das Gesamtgewicht der Ware beträgt 40 + 65 + 95 = 200 kg

200 kg = 180,- €
1 kg = x €

$$x = \frac{180 \cdot 1}{200} = 0{,}90 \text{ €}$$

Frachtkosten für A: 40 x 0,90 =	36,00 €
Frachtkosten für B: 65 x 0,90 =	58,50 €
Frachtkosten für C: 95 x 0,90 =	85,50 €
Probe:	180,00 €

b)

Listenpreis (Ware B)	820,00 €
– 10 % Rabatt	82,00 €
Zieleinkaufspreis	738,00 €
– 2 % Skonto	14,76 €
Bareinkaufspreis	723,24 €
+ Frachtkosten	58,50 €
Bezugspreis	781,74 €

4. Aufgabe

a) Berechnung der Vorsteuer: $\frac{3.944}{119} \text{ x } 19 = 629{,}71 \text{ €}$

Betriebs- und Geschäftsausstattung	3.314,29 €		
+ Vorsteuer	629,71 €	**an** Verbindlichkeiten	3.944,- €

b) Abschreibung a. Betriebs- und Geschäftsausstattung
an Betriebs- und Geschäftsausstattung 662,86 €
(3.314,29 : 5 = 662,86 €)

c) $\frac{100\ \%}{5\ \text{Jahre}} = 20\ \%$

d)

	3.314,29 €
– 20 % (von 3.314,29,-)	662,86 €
	2.651,43 €
– 20 %	530,28 €
	2.121,15 €
– 20 %	424,23 €
	1.696,62 €

5. Aufgabe

a) Im Rahmen der Warenannahme sind folgende Tätigkeiten vorzunehmen:
- Überprüfung, ob die Jutta Schwanhals GmbH der Warenempfänger sein soll,
- Überprüfung, ob die Anzahl der bestellten Waren mit der Anzahl der gelieferten Waren übereinstimmt,
- Überprüfung der Artikelnummer,
- Überprüfung der Verpackung um die gelieferte Ware,
- Wareneingangsschein ausfüllen,
- Falschlieferung dem Lieferanten melden.

b) Gemäß Angebot war „Lieferung frei Haus" vereinbart. Transportkosten durften also nicht berechnet werden.

c) In beiden Fällen handelt es sich um eine Kapitalgesellschaft.

d)

21 x 320 €	= 6.720,00 €
– 8 % Rabatt	= 537,60 €
	6.182,40 €
+ 19 % USt	1.174,66 €
Überweisungsbetrag	7.357,06 €

6. Aufgabe

a) Privat **an** Betriebsfremde Erträge 1.900 €
b) Telefongebühren **an** Postbank 695 €

7. Aufgabe

b), d)

8. Aufgabe

Wareneinkauf	3.200,00 €		
Warenbezugskosten	60,00 €		
Vorsteuer	619,40 €	**an** Verbindlichkeiten a. L.	3.879,40 €

9. Aufgabe

Fixe Kosten	**E**
Gesamtkosten	**C**
Umsätze	**B**
Gewinnzone	**F**
variable Kosten	**D**
Break-Even-Point	**A**

3. Prüfungsfach Wirtschafts- und Sozialkunde 90 Minuten

1. Aufgabe

a) Ansprüche aus Forderungen von Gewerbetreibenden gegenüber Gewerbetreibenden verjähren innerhalb von 3 Jahren. Die Verjährungsfrist beginnt am Ende des Jahres zu laufen, in dem der Anspruch entsteht. Im vorliegenden Fall beginnt die Verjährungsfrist am 31. Dezember des Jahres 9 und endet mit Ablauf des 31. Dezember des Jahres 12 (§§ 195, 199 BGB).

b) Erfolgt eine Teilzahlung, so beginnt die Verjährung erneut zu laufen (§ 212 BGB).

c) Der Zeitraum während dessen die Verjährung gehemmt ist, wird zur Verjährungsfrist hinzugerechnet.
Im Falle des Neubeginns beginnt die Verjährungsfrist ohne Anrechnung der verstrichenen Zeit sofort von neuem zu laufen.

d) Die Verjährungsfrist wird gehemmt (§ 204 BGB).

2. Aufgabe

a) Die OHG ist eine Personengesellschaft.

b) Ein wesentlicher Unterschied zwischen der OHG und der KG besteht darin, dass die OHG-Gesellschafter gesamtschuldnerisch mit ihrem Gesellschafts- und Privatvermögen haften, während bei der KG nur die Komplementäre (= Vollhafter) mit ihrem Gesamtvermögen haften, die Kommanditisten (= Teilhafter) hingegen nur mit ihrem Gesellschaftsvermögen, nicht aber Privatvermögen.

c) Gewinnverteilung nach HGB:
- zunächst 4 % des eingebrachten Kapitalanteils des einzelnen Gesellschafters;
- der verbleibende Restgewinn wird nach Köpfen verteilt, hier also durch zwei geteilt.

d) Vertraglich kann grundsätzlich eine andere als die gesetzliche Gewinnverteilung vereinbart werden.

e) Da die Geschäftsführungsbefugnis nur in Händen der Komplementäre liegt, erhalten die Kommanditisten einen geringeren Gewinnanteil vom Restgewinn als die Vollhafter einer KG. Im Falle der OHG liegt die gesetzliche Verpflichtung zur Geschäftsführung in Händen aller Gesellschafter.

3. Aufgabe

a) Factoring ist der Verkauf von Forderungen aus Lieferungen und Leistungen an ein Factoringinstitut.

b) Factoring bewirkt einen Liquiditätsgewinn durch sofortige Verflüssigung der Außenstände aus Inlands- und Auslandsgeschäften.

c) Delkrederefunktion des Factoring durch Übernahme des Risikos für den Forderungsausfall.

d) Vorteile: Verringerung des Kapitalbedarfs, verhältnismäßig geringer Verwaltungsaufwand;
Nachteile: Imageverlust, relativ hohe Gebühren (in Prozenten vom Umsatz).

4. Aufgabe

a) - Vereinigte Staaten von Amerika,
- Bundesrepublik Deutschland,
- Japan.

b) Vereinbarung von Bretton Woods: Prinzipien der Marktwirtschaft umsetzen, um das Ziel eines möglichst freien internationalen Handels und einer Liberalisierung des internationalen Zahlungsverkehrs zu erreichen.

c) Importe können beschränkt werden durch:
- Zölle,
- einseitige Importkontingente,
- „Freiwillige" Selbstbeschränkungen.

d) Durch Abwertung der Währung(en).

e) Gründungsmitglieder der ASEAN-Volkswirtschaften:
- Indonesien,
- Malaysia,
- Philippinen,
- Singapur, p
- Thailand.

5. Aufgabe

Die Anzeige enthält einen Fehler. Es handelt sich bei diesem Angebot nicht um eine Leihe, sondern um eine Miete, also um eine entgeltliche Gebrauchsüberlassung. Die richtig Antwort lässt sich aus dem BGB ableiten.

§ 535 Inhalt und Hauptpflichten des Mietvertrags
1) Durch den Mietvertrag wird der Vermieter verpflichtet, dem Mieter den Gebrauch der Mietsache während der Mietzeit zu gewähren. Der Vermieter hat die Mietsache dem Mieter in einem zum vertragsgemäßen Gebrauch geeigneten Zustand zu überlassen und sie während der Mietzeit in diesem Zustand zu erhalten. Er hat die auf der Mietsache ruhenden Lasten zu tragen.
(2) Der Mieter ist verpflichtet, dem Vermieter die vereinbarte Miete zu entrichten.

§ 598 Vertragstypische Pflichten bei der Leihe
Durch den Leihvertrag wird der Verleiher einer Sache verpflichtet, dem Entleiher den Gebrauch der Sache unentgeltlich zu gestatten.

6. Aufgabe

a), d), f)

7. Aufgabe

a), c), e)

8. Aufgabe

a), c), d)

9. Aufgabe

a) Der Betriebsrat besteht aus 9 Mitgliedern, da der Betrieb mit 290 gemäß § 9 BetrVG eine Anzahl von 201 bis 400 wahlberechtigte Arbeitnehmer beschäftigt.

b) Die Betriebsversammlung besteht gemäß § 42 BetrVG aus den Arbeitnehmern eines Betriebes.

c) Da die Betriebsversammlung gemäß § 42 BetrVG nicht öffentlich ist, können Vertreter der Presse nicht teilnehmen.

d) Wenn sich der Betriebsrat in Sachen Insolvenzverfahren sachkundig machen will, muss er in der Insolvenzordnung nachschauen.

e)

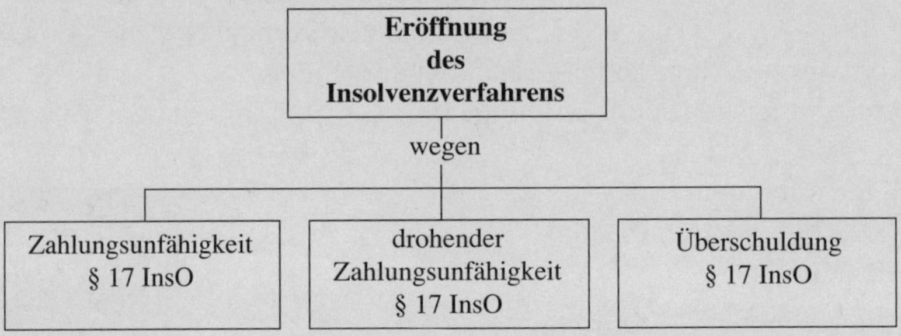

f) Im Falle eines Insolvenzverfahrens kommt auch dem Betriebsrat eine besondere Rolle zu. So sollen Insolvenzverwalter und Betriebsrat über eine einvernehmliche Herabsetzung der Leistungen beraten, wenn in der Betriebsvereinbarung Leistungen vorgesehen sind, welche die Insolvenzmasse belasten. Die Betriebsvereinbarung kann aber auch dann mit einer Frist von drei Monaten gekündigt werden, wenn eine längere Frist vereinbart war. Mit „Leistungen" sind Vereinbarungen in einer Betriebsvereinbarung gemeint, die das Unternehmen mit erheblichen Verbindlichkeiten belasten, wie etwa die Unterhaltung einer Kantine oder die eines Kindergartens (§ 120 InsO).

Stichwortverzeichnis